Peter Roessler (Herausgeber)

Achim Benning
In den Spiegel greifen
Texte zum Theater

Mit einem Essay von Peter Roessler

Dieses Buch entstand mit Unterstützung durch:
Die Kulturabteilung der Stadt Wien, Wissenschafts- und Forschungsförderung
Das Bundesministerium für Wissenschaft und Forschung in Wien
Das Bundesministerium für Unterricht, Kunst und Kultur

Bibliografische Information der Deutschen Bibliothek
Die Deutsche Bibliothek verzeichnet diese Publikation in der Deutschen Nationalbibliografie; detaillierte bibliografische Daten sind im Internet über http://dnb.ddb.de abrufbar.

Edition Steinbauer
Alle Rechte vorbehalten
© Edition Steinbauer GmbH
Wien 2012

Covergestaltung: typothese.at / Matthäus Zinner
Satz und Layout: typothese.at / Matthäus Zinner
Coverfoto: Franz Hausner
Der Verlag hat sich bemüht, sämtliche Rechteinhaber der Bilder ausfindig zu machen.
Sollten darüber hinaus Ansprüche bestehen, bitten wir um freundliche Nachricht.
Druck: Druckerei Theiss GmbH
Printed in Austria

ISBN: 978-3-902494-49-8
www.edition-steinbauer.com

Peter Roessler (Herausgeber)

Achim Benning

In den Spiegel greifen

Texte zum Theater

Mit einem Essay von Peter Roessler

EDITION **STEINBAUER**
Wien 2012

Inhalt

I Peter Roessler
Erkundungen
Über Achim Benning 6
Anmerkungen 61

II Achim Benning
Texte zum Theater

Wien 1976 – 1986
1 Burgtheater – 201. Jahr – Gedanken nach dem Jubiläum 72
2 Rückblick – Ausblick – Utopie 75
3 Wohin geht das heutige Burgtheater? 77
4 Alma Seidler – 8. 6. 1899 – 8. 12. 1977 80
5 40. Jahrestag der Besetzung Österreichs – Eine Matinee 82
6 Pressekonferenz vom 2. Mai 1978 83
7 Verleihung der Ehrenurkunde des Yad Vashem an Dorothea Neff 85
8 Verleihung der Josef Kainz-Medaille 1980 86
9 Was erwarten Sie vom Burgtheater? 89
10 Friedrich Heer – 10. 4. 1916 – 18. 9. 1983 93
11 Leopold Lindtberg – 1. 6. 1902 – 18. 4. 1984 94
12 Manfred Inger – 1. 1. 1907 – 25. 7. 1984 99
13 Norbert Kappen – 1. 2. 1928 – 23. 8. 1984 –
    Ein Briefwechsel mit Karl Fruchtmann 102
14 Adrienne Gessner – Kein Hasard-Spiel 108
15 Burgtheatertag „Insel der Seligen" – „Identität und Verdrängung
    in der Zweiten Republik 1945 – 1955 –1985 –?" 110
16 Burgtheatertag 1955 – 1985 – 30. Jahrestag der Wiedereröffnung 112
17 Blanche Aubry – 24. 2. 1921 – 9. 3. 1986 115
18 An das Publikum 118
19 Burgtheater – 211. Jahr 121

Bildteil zu Begegnungen 130

Zürich 1987 – 1992
20 Theater in Zürich 1987 136
21 Warum überhaupt Theater 139
22 Eine Revolution ist nicht absehbar 143
23 Theater in Zürich – wozu? 145
24 Eröffnung des Kultursymposiums 90 im Schauspielhaus Zürich 154

25 Ahnungsgarantien 156
26 Friedrich Dürrenmatt – 5. 1. 1921 – 14. 12. 1990 159
27 Alles ist gesagt, nichts ist gesagt 161
28 Lorbeerbaum und Bettelstab 163
29 Statt einer Bilanz 165
30 Werner Weber – Abschied 168

WIEN 1998 – 2010
31 In den Spiegel greifen – Notizen zu Arthur Schnitzlers
„Professor Bernhardi" 171
32 Michael Kehlmann – Der unbekannte österreichische Regisseur 177
33 Adolf Dresen – 31. 3. 1935 – 11. 7. 2001
Ein Briefwechsel mit Andreas Dresen 181
34 Georg Schuchter – 5. 12. 1952 – 29. 9. 2001 184
35 Oskar Werner – Der Andere 189
36 Matthias Kralj – Spuren lesen und Fährten legen 201
37 Das Phantom – Begegnungen mit Max Reinhardt 207
38 Veruntreute Jahre? – Verspätete Erinnerungen 216
39 Das Reinhardt-Seminar 2004 – Gedanken zum Jubiläum 222
40 Von Beruf: Werner Schneyder 229
41 Theatergedanken – Eine überflüssige Rede 236
42 Michael Kehlmann – Abschied 244
43 Annemarie Düringer – Flügel an den Füßen? 246
44 Wege der Erinnerung 251
45 Joachim Bißmeier – Statt einer Laudatio – ein Brief 260
46 Ernst Jacobi – Auf der Suche 263
47 Robert Meyer – „Der Komiker Valentin ist ein Nestroy" 270
48 Jiří Gruša – Mein bisschen Tschechien 274
49 Erika Pluhar – Der ganz gewöhnliche Anstand 284
50 Heinrich Schweiger – 23. 7. 1931 – 14. 7. 2009 289
51 Elias Canetti – Erinnerungen in Ruse 295
52 Reinhard Urbach – Ein Brief an Peter Michael Braunwarth 303
53 Toleranz – Gleichgültigkeit – Beliebigkeit – Zufall
oder der Triumph des Opportunismus 307
54 Maria Becker – Eine Laudatio 324
55 Das Burgtheater 1976 – 1986 –
Ebenbild und Widerspruch in der Kreisky-Zeit 329

III ANHANG
Editorische Notizen 344
Biographische Notizen 351
Personenregister 357

I Peter Roessler

Erkundungen
Über Achim Benning

Text und Spiegel

Die in diesem Buch versammelten „Texte zum Theater" entstammen verschiedenen Genres, sie lassen sich indes allesamt als „Anlasstexte" bezeichnen, und ihr Autor Achim Benning hat sie selbst so genannt.[1] Der Gestus der Bescheidenheit, der diesem Begriff anhaftet, widersetzt sich der angestrengten Bedeutsamkeit, von der die landläufigen Texte zum Theater so oft bestimmt sind, widerstrebt all den Verkündungen und Behauptungen, deren Anlass nur der Wille zur Wirkung bleibt. Aber der Verzicht auf solche Prätention ist in den Texten von Achim Benning mit dem höchsten Anspruch verbunden, den Anlass gleichsam zum Anlass zu nehmen, um die Gedanken und die Sprache zu finden, durch die erst die Probleme und Fragen erkennbar werden, die hinter dem Anlass verborgen sind. Die intellektuelle Kraft, die sich durch diese Texte zieht, kommt wesentlich daher, dass in ihnen das Theater nicht als einzig wichtiger Ort verstanden wird, sondern dass das Interesse des Autors der Beschaffenheit der Welt und den darin agierenden Menschen gilt.

In seinem Nachruf[2] auf den Schauspieler Manfred Inger, mit dem er befreundet war, zitierte Achim Benning eine Beobachtung des Schriftstellers Manès Sperber, den er einst durch Inger kennengelernt hatte und dem er dann ebenfalls freundschaftlich verbunden war. Manès Sperber hatte über Manfred Inger, den Freund seit Jugendjahren, geschrieben, dass dieser „nicht theatrozentrisch" sei, die „Bühne […] für ihn eine Welt" wäre, er aber wisse, „daß die Welt unermeßlich weiter und vielfältiger ist" und er „immer völlig ohne Pose" gewesen sei.[3] Diese Beschreibung ließe sich ebenso auf den Regisseur, Theaterdirektor, Schauspieler Achim Benning beziehen – und auf den Autor der Texte zum Theater. In seinen Reden, Essays, Briefen geht es zwar meist um das Theater, aber die Fragen hätten nicht so tief behandelt werden können, wenn es eben nicht auch um die Welt in ihrer Unermesslichkeit und Vielfalt ginge. Es gehört zum Verzicht auf Pose, wenn die vielfältigen Interessen des Autors an der Gesellschaft, an der Kultur, am Leben der Menschen, nicht stets betont zu werden brauchen, sondern sich wie selbstverständlich in den Theaterfragen aufgehoben finden. Dies ist eine Bescheidenheit der seltenen Art, denn sie verdankt sich einem Ethos des Denkens, das sich keine Beschränkung auferlegt, und daher rücksichtslos ausspricht, was die falsche Bescheidenheit in ihrer Hybris und Anpassungsbereitschaft auch nur zu denken vermeidet.

An die 80 „Texte zum Theater" hat Achim Benning geschrieben – die Stellungnahmen, Notate oder kürzeren Vorworte zu Vorschauheften gar nicht mitgerechnet. Viele der Texte, vielleicht die meisten, beziehen sich auf Menschen, mit denen er jahrelang zusammengearbeitet hat, und nicht wenige Menschen sind darunter, deren Attraktivität darin besteht, dass sie nicht als „theatrozentrisch" zu bezeichnen sind. Oft geht es, ausgesprochen oder unausgesprochen, um Freundschaft, die sich auf ein Drittes bezieht – auf Interessen, Projekte, Arbeit –, die eine Distanz zulässt, und somit Respekt und Kritik ermöglicht, die nicht auf den Tausch, sondern auf das unendliche Gespräch gerichtet ist, bei der aber auch Sympathie von Enttäuschung begleitet sein kann. Dieses unsentimentale Verständnis von Freundschaft, das sein eigenes Pathos und seine eigenen Illusionen hat, ist ein Gegenbild zu Kumpanei und Cliquenwesen, bei denen die Normalität durch Berufung auf Freundschaft verklärt wird. Dem Brauch überdies, bei allerlei Anlässen ein Verhältnis von Freundschaft zu behaupten, folgen diese Texte nicht, sie dienen nicht der Anmaßung von Intimität, in ihnen wird nicht retrospektiv eine Nähe zu bedeutenden Menschen konstruiert, um die eigene Bedeutsamkeit zu beweisen.

Es ist der Begriff des „Nebenmenschen", den Achim Benning in diesem Zusammenhang verwendet; er hat ihn von Goethe aus dessen Schrift „Bedeutende Fördernis durch ein einziges geistreiches Wort" entlehnt und einige Passagen daraus notiert. Goethe bemerkt, dass ihm die „bedeutend klingende Aufgabe: *erkenne dich selbst*, immer verdächtig" vorgekommen sei, dass sie zu „einer innern falschen Beschaulichkeit verleiten" würde und der Mensch nur sich selbst erkennen könne, „insofern er die Welt kennt". „Am aller fördersamsten aber", so Goethe, „sind unsere Nebenmenschen, welche den Vorteil haben, uns mit der Welt aus ihrem Standpunkt zu vergleichen und daher nähere Kenntnis von uns zu erlangen, als wir selbst gewinnen mögen. Ich habe daher in reifern Jahren große Aufmerksamkeit gehegt, inwiefern andere mich wohl erkennen möchten, damit ich in und an ihnen, wie an so vielen Spiegeln, über mich selbst und über mein Inneres deutlicher werden könnte." Benning schreibt dazu, das Thema zugleich auffächernd und umformend: „Diese Gedanken Goethes stehen wohl in Verwandtschaft mit Platons ‚Spiegel', dem Auge des anderen Menschen, in dem man sich sehen könne wie im Spiegel einer anderen Seele. Die Bilder in den Augen der anderen, die Schatten und die flüchtigen Bilder im Wasser, sie sind die ersten Spiegelerlebnisse in der Geschichte der Menschheit." Und das führt schließlich erneut zur Frage der Freundschaft, wenn Benning festhält, dass Goethe ausdrücklich betont hat, „Widersacher" kämen nicht in Betracht, sich in ihnen zu spiegeln, denn – so Goethes Formulierung – „sie können mich nicht fördern […]; von Freunden aber laß' ich mich ebenso gern bedingen als ins Unendliche hinweisen".

Diese Zitate finden sich in Überlegungen, die Achim Benning mit dem Titel „Notate zum ‚Spiegel'"[4] versehen hat, es sind Bruchstücke und Skizzen, geschrieben um 1998, in dieser Form nicht zur Veröffentlichung gedacht, aber von den Motiven her in vielen seiner Texte zum Theater wieder zu erkennen und auch auf seine Theaterarbeit beziehbar. Stets enthalten seine Texte übrigens Bezüge zur eigenen Arbeit, nie jedoch findet sich in ihnen die Interpretation einer Inszenierung, und es scheint, als sei gerade die hohe Bewusstheit, mit der die Arbeit am Theater getan wurde, eine Voraussetzung dafür, auf Schriften und Reden zu verzichten, die das szenische Geschehen erklären und verklären sollen. Es ist, als ob der Verzicht auf die interpretierende Verengung hier erst die bestimmte Weite der Interessen und Gedanken ermöglicht, die zu Haltungen führen. Ebenso wird die Selbstinterpretation vermieden, das Subjekt spricht in diesen Texten nicht über sich, aber indem es über Menschen und die von ihnen geprägten oder sie prägenden Konstellationen spricht, erstrecken sich die Erkenntnisse, die dabei entstehen, auf die eigene Person.

Dabei ist die Entstehung dieser Texte aber jeweils vom Zufall bestimmt, es ist nicht der Autor, der einen inneren Entschluss fasst, über einen Menschen oder ein Thema zu schreiben, vielmehr ist es gleichsam ein äußerer Beschluss in Form einer Bitte, eines Drängens, einer Erwartung, die das Schreiben veranlasst. Viel blieb wohl ungeschrieben, da weder eine Person es erbat noch eine Gelegenheit es erforderte, manche Freunde kommen in diesen Texten gar nicht vor, wie etwa die Schauspieler Hintz Fabricius und Alfred Balthoff, und ob die verklungenen Gespräche mit ihnen sowie mit Eva Zilcher und Dorothea Neff – der doch ein kurzer Text in diesem Band gewidmet ist –, ob die vielen Arbeitsbeziehungen des Regisseurs zu den Menschen, über die er letztlich nicht geschrieben hat, doch ihren Nachhall in den Texten gefunden haben, weiß nur der Autor selbst. Aber das Buch ist keine Autobiographie in Texten, und vermutlich wären sogar die vorliegenden Texte nie veröffentlicht worden, wenn nicht mehrere Menschen dies beharrlich gefordert hätten, und eben auch der Verleger dieses Buches.

Menschen sind es auch, die – neben den konstant behandelten Themen – real und ideell die Orte verbinden, auf die diese Texte sich beziehen. Arbeitsbeziehungen mit Schauspielerinnen und Schauspielern etwa wurden mit dem Wechsel der Theater-Orte aufrechterhalten, die Verbundenheit mit Schriftstellern erneuert. Hauptsächlich sind es drei Orte, denen von der inneren Topographie des Schreibens her besondere Bedeutung zukommt: Das Burgtheater, das Schauspielhaus Zürich und das Max Reinhardt Seminar. Diese Orte lassen sich, was den Schwerpunkt der Arbeit betrifft, verschiedenen Lebensphasen zuordnen, sie sind aber trotz ihrer Verschiedenheit biographisch nicht strikt voneinander zu trennen, schon deshalb nicht, weil Benning in einer bestimmten Phase zugleich zwei, später sogar drei dieser Orte durch Tätigkeit verbunden blieb. Zuvorderst entstand die Verbindung zwischen den Orten durch seine Haltung zur Theaterarbeit, die sich zwar verändern konnte, sich aber in ihrer Konsequenz nie von den jeweiligen Bedingungen überwältigen ließ. Diese Haltung zu beschreiben, ist nicht einfach und lässt sich zunächst vielleicht ex negativo andeuten: Unbedingt hält Achim Benning an seiner Intention fest, den Verlockungen und Zwängen des Konformismus, in welcher Gestalt auch immer sie auftreten, zu widerstreben.

Die Frage nach der Arbeit ist auch eine Frage nach den Verhältnissen, die Achim Bening zu gestalten vermochte, durch die er gefördert, aber auch gehemmt werden konnte. Die Suche nach Kenntnissen darüber kann hier nur in Versuche münden, etwas festzuhalten, was nicht vollends einzufangen ist. Die folgenden Erkundungen erheben weder den Anspruch einer umfassenden Darstellung der Lebensarbeit von Achim Benning, noch wollen sie eine Vereinheitlichung des Mannigfaltigen unternehmen. Bleiben also dabei viele Aspekte unberührt, viele Personen – vor und hinter den Kulissen – ungenannt, so mögen doch Konturen eines Themas erkennbar werden. Vieles davon, vermutlich sogar das Meiste, ist heute unbekannt und unerkannt – auch nach den Gründen hierfür wäre zu fragen.

Burgtheater

Als Achim Benning im September 1976 – übrigens ein Jahr früher als vorgesehen, denn der Rücktritt seines Vorgängers Gerhard Klingenberg hatte dies notwendig gemacht – das Amt des Burgtheaterdirektors antrat, verzichtete er auf programmatische Verlautbarungen. Dies bedeutete jedoch keineswegs eine Beschränkung auf die Bewältigung des Theateralltags, sondern ein stetes Nachdenken über die Möglichkeiten des Theaters jenseits der bereitliegenden Schablonen. Einzelne Anlässe waren dazu von ihm bereits öffentlich genutzt worden. 1975, in seiner ersten Erklärung nach der Vertragsunterzeichnung, hatte Benning formuliert, das Theater sei „in unserer Zeit eine fragwürdige Institution geworden, insbesondere das große Staatstheater" und die „fragwürdigste Funktion in diesem Theater" sei „zweifellos die des Theaterdirektors". Dabei hatte er sich zu einem „Theater der geistigen Unruhe, des Zweifels, der ‚produktiven Widersprüche'" bekannt und mit einem Zitat des von ihm geschätzten Heinz Hilpert aus dem Jahr 1932 gewünscht, „daß beim Theater wieder das Bild wichtiger ist als der Rahmen".[5]

Ein Jahr später, 1976, noch als designierter Burgtheater-Direktor, hatte Benning in seinem Beitrag „Burgtheater – 201. Jahr", der aus Anlass des Burgtheaterjubiläums entstanden war, sogar eine programmatische Absage an Programmatik verfasst, die dann – wie er schrieb – „doch gelegentlich ins Proklamieren" geraten war: „Die künstlerische Kraft – und damit die Glaubwürdigkeit eines Theaters – erweist sich nur und ausschließlich in der Probe und in der Vorstellung, nicht in den programmatischen Vorankündigungen einer Direktion und nicht in der Geschichte dieses Theaters."[6] Der Beitrag, der den Untertitel „Gedanken nach dem Jubiläum" trägt, enthält eine doppelte Kritik, die zugleich für die künftigen praktischen Vorhaben typisch war: Einerseits wandte sich Benning gegen das Bestreben, aus dem Theater eine „‚ideologische' Anstalt" zu machen und – damit verbunden – gegen den zum Zwang gewordenen Brauch, allerorts programmatische Erklärungen zu fabrizieren, die in den Begriff des ‚Konzepts' gegossen wurden. Diese ‚Konzepte' waren meist Widerhall der gesellschaftlichen Veränderungen dieser Jahre, Aufbruch und Endpunkt zugleich, aber eigentlich aus der Defensive heraus geschrieben, denn sie sollten die Nützlichkeit des Theaters mit Schlagworten beweisen. In vielen ‚Konzepten' – die sehr verschieden waren und dort wichtig wurden, wo sie die Selbstgenügsamkeit des Theaters in Frage stellten – schlug sich der Versuch einer politischen Instrumentalisierung des Theaters nieder, dem aufgebürdet wurde, die fehlenden sozialen

Kräfte für eine große Umwälzung hervorzurufen. Das zeigte sich insbesondere an westdeutschen Theatern und in Teilen der sie begleitenden Publizistik, hier drückten die appellativen ‚Konzepte' zwar ein Gefühl der Befreiung aus, waren jedoch bereits Ausdruck einer Krise des politischen Bewusstseins und hatten in dieser Gestalt auch in Österreich ihre Resonanz gefunden. Andererseits enthielt Bennings Beitrag eine deutliche Abgrenzung gegenüber einer konservierenden Haltung, die durch Verherrlichung der Vergangenheit des Burgtheaters ihre Sicherheit im Stillstand zu gewinnen suchte. Diese aus Klischees gezimmerte Mythologie verfügte in Wien über eine lange Geschichte, wurde deshalb für wahr gehalten und erhielt ihren Anschein von Lebendigkeit durch das Wiener Erbe der Theaterbegeisterung. Jene Sehnsucht nach einem verklärten Gestern wirkte als Säule eines Österreich-ideologischen Kulturbewusstseins, missverstand sich selbst als bürgerlich, sollte den eigenen Status festigen und wurde nicht zuletzt deshalb aggressiv gegen Veränderungen verteidigt. Es ist heute vielleicht schon schwer nachvollziehbar, wie beide Ansichten – das politische Konzept und die Beschwörung des Mythos – in dieser Zeit präsent waren, sich aus entgegengesetzter Richtung über das Burgtheater ereiferten und die jeweilige reale Situation des Theaters oft nicht beachteten. Während diese Meinungen existierten und weiterhin existieren sollten, hatte sich im Inneren des Hauses bereits zu Beginn der 1970er Jahre – zunächst gegen den Widerstand des Betriebsrates des künstlerischen Personals – die „Ensemble-Vertretung" gebildet, ein Zusammenschluss von Schauspielern, angeführt von Personen, die auf Veränderung der Arbeitsbedingungen, auf Mitgestaltung sowie inhaltliche Neuerungen des Burgtheaters drängten und ein „Reformpapier" vorgelegt hatten – Achim Benning war ihr Mitbegründer und ihr Sprecher gewesen.[7]

Unabhängig von den Forderungen der Progressiven und der Rückwärtsgewandten – um es in den dualistischen Vorstellungen der Zeit auszudrücken –, manifestierten also Achim Bennings 1976 formulierte „Gedanken nach dem Jubiläum", die nicht auf Festlegung, sondern auf gedankliche Bewegung ausgerichtet waren, und in denen ein „tiefes Misstrauen gegen jede Ideologie und jeden Dogmatismus" betont wurde, das Bemühen um Offenheit, Wirklichkeitsbezogenheit, Phantasie sowie das neuerliche Bekenntnis zu einem „Theater des Zweifels".[8] Die Umwälzungen, die im folgenden Jahrzehnt am Burgtheater stattfinden sollten, hatten gerade in solcher Fundierung ihre Verbindlichkeit. Es gab dabei noch genug Anlässe, sich zu Wort zu melden. Wenn der Verzicht auf Programmatik also nicht in ein pragmatisches Schweigen mündete, so hatte dieser aber bald doch seine taktische Seite, die mit der damaligen Konstellation zu tun hatte. Offenkundig sollte in der Folge vermieden werden, durch öffentliche Erklärungen weitere Angriffsflächen für die bald einsetzende Kampagne gegen die Burgtheater-Direktion zu bieten. Darüber hinaus galt es, den erhofften Beschluss des „Bundestheatergesetzes" nicht zu gefährden, das lange schon im Parlament debattiert worden war. Dieses hätte die Bundestheater vom „belastenden Kompetenzwirrwarr"[9] befreien sowie eine Fülle von Liberalisierungen ermöglichen sollen, vor allem die Überwindung der Kameralistik durch Schaffung eigener Budgets für die Direktionen. So stellte Benning – wie er im Rückblick festhielt[10] – am Anfang keine Forderungen zur Veränderung der Struktur, um nicht Streitpunkte zu schaffen, die als Gründe für eine Verzögerung genommen hätten werden können. Es kam jedoch damals im Parlament zu keiner Verabschiedung des „Bundestheatergesetzes" und so konnten Reformen im Rahmen der weiterexistierenden Kameralistik nur auf dem ‚Verordnungsweg' durchgeführt werden. Dazu gehörte etwa die Einführung eines neuen Gagensystems, das Benning mit Unterstützung des sozialdemokratischen Unterrichtsministers Fred Sinowatz und gegen den Widerstand der Ministerialbürokratie des Finanzministeriums durchsetzen konnte.

Die Veränderungen und Neuerungen, die am Burgtheater praktisch erreicht wurden, und die mit dem Begriff der Reform nur unzureichend bezeichnet werden können, waren von den politischen Bedingungen her durch die Determinanten einer sozialdemokratischen Politik ermöglicht worden, die natürlich ihrerseits wiederum mit dem gesellschaftlichen Wandel eng zusammenhing und auf ihn reagierte. Die mit der Person des Unterrichtsministers Fred Sinowatz verbundene Kulturpolitik war auf die Durchsetzung demokratischer Reformen hin konzipiert, folgte – als „Fortsetzung der Sozialpolitik"[11] – einem Ideal der allgemeinen Teilhabe aller Bevölkerungsschichten an Bildung und Kultur, und bot vor allem in ihrer Liberalität des Gewährenlassens Möglichkeiten für die Nutzung und Erweiterung kultureller Freiräume. Im Falle des Burgtheaters ging dies noch darüber hinaus: Die Bereitschaft des Ministers und seiner Berater, sich an inhaltlichen Kriterien zu orientieren, hatte die Ernennung Achim Bennings, der nicht über Prominenz, aber über Perspektiven für die Veränderung einer Institution verfügte, erst ermöglicht, seine Arbeit wurde gleichsam von oben gedeckt und der Unterrichtsminister selbst bekannte sich, unbeirrt durch die bald in Gang gesetzten diffamierenden Kampagnen, wiederholt öffentlich zu ihm. Dennoch kann die Direktion Benning nicht als Ausdruck damaliger sozialdemokratischer Politik gedeutet werden, wie dies für andere Bereiche der Bildungs- und Kulturpolitik zulässig wäre. Benning selbst hat in einem seiner Texte rückblickend nochmals die wichtige Rolle, die „Skepsis und Zweifel" bei den konzeptionellen Überlegungen spielten, hervorgehoben und hierin eine Differenz seiner Burgtheater-Zeit zum forcierten Optimismus der „Kreisky-Zeit" gesehen.[12]

Der Verzicht auf die Placierung von Programmatik, die nur Etikettierungen präsentiert hätte, war auch veranlasst durch die enorme Intensität, mit der die Reflexion über den Spielplan, über Themen und Stoffe betrieben wurde.

Eine der ersten Maßnahmen, die von Achim Benning gesetzt wurden, war der Ausbau und die Stärkung der Dramaturgie, was einer Installierung dieses Bereiches im modernen Sinne gleichkam. Die Einladung an den prominenten polnischen Dramaturgen und Theaterwissenschaftler Jan Kott, als Gastdramaturg zu wirken, kann hier mehr als ein Signal nach außen und innen gewertet werden, eine theoretisch und praktisch orientierte Dramaturgie zu legitimieren, die unter den damaligen Bedingungen keineswegs mit allgemeiner Akzeptanz rechnen konnte. Wesentlicher war die Etablierung einer Produktionsdramaturgie, also einer Dramaturgie, die an der Konzeption von Inszenierungen mitwirkte, diese begleitete, in die Gestaltung des Spielplans einbezogen war und zu einer unverzichtbaren Partnerin der Regisseure und der Direktion werden sollte. Innerhalb der Wiener Theaterverhältnisse hatte dies nichts Vergleichbares, schon dem Begriff der ‚Produktionsdramaturgie' – der seitens der Direktion nicht proklamiert worden war, aber verwendet wurde[13] – blieb etwas Anrüchiges, wenn nicht gar politisch Verdächtiges zugeschrieben. Der Antiintellektualismus, der sich in solchen Ressentiments äußerte, und der keineswegs nur in der Welt des Theaters anzutreffen war, konnte sich immer wieder an der Wahrnehmung entzünden, dass es sich um ein Theater handelte, an dem kritisches Denken essentiell geworden war, ein Denken, das zudem nicht auf das Theater beschränkt blieb, das also eben nicht „theatrozentrisch" war. So entging die Produktionsdramaturgie hier auch weitgehend den üblichen Verengungen ins Organisatorische und blieb mit der Literatur verbunden. Als Dramaturgen waren bereits Rudolf Weys und Konrad Schrögendorfer am Haus, von Benning engagiert wurden Reinhard Urbach, Gerd Leo Kuck, Bruno Hitz, Heiner Gimmler, Klemens Renoldner und Oliver vom Hove.

Wenn Achim Benning beharrlich die Bedeutung der Dramaturgie öffentlich hervorhob, dann sollte das in Wien lange noch etwas Provokantes haben. Die Dramaturgie war nunmehr in die Vorgänge am Haus so involviert, wie es noch einige Jahre davor für das Burgtheater kaum vorstellbar gewesen war. Wenig sinnvoll wäre es daher, die Arbeit der Dramaturgen aus der Gesamtarbeit zu lösen, aber einige Facetten lassen sich hervorheben: Der Literaturwissenschaftler Reinhard Urbach, der zuvor nicht am Theater gearbeitet hatte, und – obzwar in der Wiener Kulturpolitik verankert – außerhalb der akademischen Institutionen gewirkt hatte, wurde nach einem Jahr zum Leiter der Dramaturgie. Die Werke Arthur Schnitzlers und Johann Nestroys gehörten zu Urbachs Spezialgebieten, die auch seine dramaturgische Arbeit am Burgtheater bestimmten, er war seitens des Burgtheaters der wesentliche Gesprächspartner für Elias Canetti. Rudolf Weys, ein Studienfreund von Benning, war aufgrund seiner Sprachkenntnisse, die auch mehrere slawische Sprachen umfassten, nicht nur Dramaturg bei den Inszenierungen russischer Dramatik, sondern hielt die Verbindung zu Dramatikern aus ‚osteuropäischen' Ländern; besonders wichtig war hier der Kontakt mit Václav Havel. Bruno Hitz, der Essays zum Spielplan und zur kulturpolitischen Situation verfasste, spielte eine wichtige Rolle bei der Verbindung des Autors Thomas Hürlimann mit dem Burgtheater.[14] Der Skandinavist Heiner Gimmler wirkte als Übersetzer der Stücke Ibsens und Strindbergs und begleitete dramaturgisch Inszenierungen ihrer Werke, seine Übersetzungen sind in gewisser Weise epochal für die Rezeption dieser Autoren geworden. Die Arbeitspartnerschaft mit Übersetzern – über den Kreis der Dramaturgen hinaus – war wesentlich für Achim Bennings dramaturgische Textarbeit; mit Peter Urban etwa, dem überragenden Übersetzer russischer Literatur, arbeitete er intensiv in Wien und Zürich zusammen.

Obwohl nicht in die Tagesarbeit der Dramaturgie verwickelt, ist hier noch der bedeutende Historiker, Autor und frühere ‚Chefdramaturg' Friedrich Heer zu nennen, der die Direktion Benning von Beginn an uneingeschränkt unterstützte und diese gegen alle politischen und publizistischen Attacken öffentlich verteidigte. Heer wusste etwa die Wertschätzung, die Rolf Hochhuth ihm entgegenbrachte, für das Burgtheater zu nutzen, und er initiierte den Aufsehen erregenden Besuch von Arthur Miller. Friedrich Heer und Achim Benning waren einander seit langem verbunden gewesen, die Gespräche der so Verschiedenen hatten ihr Gemeinsames, das nicht zu relativieren war; eine Notiz von Benning zeugt davon: 1971 hatte im Palais Pálffy ein Diskussionsabend – „Burggespräch" genannt – über Wolfgang Hildesheimers Stück „Mary Stuart", das Benning inszeniert hatte, stattgefunden. Dort erging sich der Historiker Adam Wandruszka, Professor an der Universität Wien, „in antisemitischen Bemerkungen zu Hildesheimer" und der Prälat Leopold Ungar, Präsident der Caritas, sprach von einem „Theaterabend von Schweinen für Schweine gemacht." „Friedrich Heer, der anwesend war bei dieser skandalösen Diskussion, griff emotional ein", verteidigte Autor und Regisseur und machte Benning anschließend darauf aufmerksam, dass Wandruszka Nationalsozialist gewesen war.[15] Vom „Dank an unseren brüderlichen Freund […], der in unserem Theater Zuflucht gefunden hatte"[16], sprach Benning in seiner einleitenden Rede zur Matinee im November 1983, die an Friedrich Heer erinnern sollte.

Öffentliche Dokumente der Reflexion und des engen Zusammenhangs zwischen Direktion und Dramaturgie waren die Vorschauhefte, erstmals bereits für die Saison 1976/77 vorgelegt, wurden sie ab 1978/79 „Planungen" genannt und erschienen, stets umfangreich und von höchsten Ansprüchen bestimmt, ab 1979/80 zweimal jährlich. Sie enthielten neben Informationen über geplante Neuinszenierungen, Wiederaufnahmen oder neue Engagements vor allem Auseinandersetzungen mit inhaltlichen Aspekten des Spielplans, Darlegungen gesellschaftlicher Phänomene, die mit den Stücken in thematischer Verwandtschaft standen, und Erörterungen allgemeiner Fragen zum Theater, die in einen weiteren Zusammenhang gestellt wurden. Zu den – als Schwerpunkte ausgewiesenen – soziologisch bewegten Themen der Hefte gehörten in den Anfängen „Verstellung – Verkleidung – Verwandlung", „Kleinbürger", „Intellektuelle", „Frauen".[17] Bereits diese drei letztgenannten Themen, die sich auf vielfältige Weise in den Stücken bis 1986 finden lassen, hatten einen unverkennbaren Bezug zu zeitgenössischen Erscheinungen und damit zu den Lebensbedingungen des Publikums. Die Sichtweisen und Begriffe mochten sich über die Jahre hin verändern, die Betrachtung gegenwärtiger Verhältnisse über den Weg der Geschichte aber blieb erhalten. Rasch wurde in den Vorschauheften nicht nur das Spektrum der Themen, sondern über die Dramaturgen hinaus auch der Kreis von Autoren erweitert, die Artikel oder Essays lieferten. Vor allem gehörten dazu Schriftsteller – unter ihnen nicht wenige, die in dieser Periode zu Autoren des Burgtheaters geworden waren –, am Haus wirkende Regisseure und einige Wissenschaftler, zu denen der Literaturwissenschaftler Volker Klotz zählte, der einer Einladung als Gastdramaturg gefolgt war. Wie lebende Autoren wurden dabei auch die Schriftsteller, Regisseure, Publizisten vergangener Epochen behandelt, in mehreren Heften wurden Collagen von

Zitaten gebracht, die auf aktuelle Fragen beziehbar waren. Zu den auf solche Art zu Zeitgenossen erklärten Autoren gehörten Arthur Schnitzler, Alfred Polgar oder der Theaterkritiker Herbert Ihering, dessen Unterscheidung von „Tradition und Konvention" Achim Benning bereits in seiner Rede von 1976 als grundlegende Maxime zitiert hatte und auf die er noch öfter zurückkommen sollte.

Wurde in den Vorschauheften auf aktuelle Theaterfragen eingegangen, dann handelte es sich wiederholt um Themen, die gemeinhin gerne mit Schlagworten behandelt wurden, deren Evidenz es jedoch durch kritische Betrachtung zu erschüttern galt. Bereits in seinen Vorworten hierzu unterstrich Achim Benning, dass es dabei weder um die Akzeptanz von Trends noch um das Tradieren von Meinungen gehen sollte, sondern um ein Nachdenken, und dass dabei verschiedene Positionen nebeneinander existieren durften. „Wenn über das zeitgenössische Theater geurteilt wird, ist jetzt oft die Rede von ‚Vorherrschaft des Dekors', einem ‚Theater der Bühnenbauer', der ‚Vormacht des Bühnenbildners gegenüber der dramatischen Handlung' und ähnlichem mehr", schrieb er 1983 einleitend zu einem Heft, das den „Versuch" unternahm, „sich mit diesem kritischen Thema auseinanderzusetzen."[18] Zum Antiintellektualismus weiter Teile der österreichischen Theaterpublizistik gehörte, dass die Vorschauhefte dort nahezu keine Beachtung fanden, was Benning auf einer Pressekonferenz kritisierte.[19] Die Plattitüden der landläufigen Theaterkritik blieben, auch in ihrer wohlmeinenden Form, ungetrübt von den kritischen Gedanken, die hier regelmäßig in Form kleiner Bücher vorgelegt wurden. Illusionen über die Wirkung auf diesem Terrain dürfte es freilich keine gegeben haben, eines der Vorschauhefte bot gar eine Collage kritischer Zitate über Theaterkritik, darunter eine satirische Passage von Arthur Schnitzler.[20] „Die Vielfalt verschiedener und widersprüchlicher Inszenierungsformen unserer Zeit", schrieb Benning 1984 in einem Vorwort, „wird also auf unserer Bühne weiterhin sichtbar bleiben und keiner beliebigen Stil-Ideologie und keinem ‚Monopol auf den Zeitgeist' – wie Michael Schneider, der Autor des einleitenden Aufsatzes dieses Heftes, das nennt – zum Opfer fallen."[21]

Kampagne

Es ist kaum möglich, einen Überblick über die Arbeit einer Direktions-Zeit zu geben, ohne Kontinuitäten zu konstruieren, die das Auf und Ab des Theateralltags überblenden. Hingegen lassen sich hier als negative Kontinuität die politischen und medialen Kampagnen gegen die Burgtheater-Direktion nennen. Evelyne Polt-Heinzl hat die Periode „von den 1970er bis in die 1980er Jahre hinein" allgemein als „Jahrzehnt der künstlich und stets zu staatspolitischen Affären aufgeheizten Kulturkämpfe" bezeichnet und diese mit den Reaktionen vor allem des „konservativen Lager[s]" auf die gesellschaftlichen und kulturpolitischen Veränderungen in Verbindung gebracht.[22] In ihrem Überblick über die zahlreichen österreichischen „Kulturskandale" wirft sie auch einen Blick auf die Attacken gegen die Direktion Benning[23], und bricht dabei mit einer Ignoranz der besonderen Art, denn diese Angriffe, die einst öffentliches Aufsehen erregten, wurden später nicht mehr thematisiert.

Im Unterschied zu den Kulturskandalen jener Jahre, die sich an einzelnen Projekten entzündeten, ging es bei den Angriffen gegen die Burgtheater-Direktion um eine systematische Kampagne. Diese wurde von der „Kronen Zeitung" sowie von Politikern und Journalisten der FPÖ betrieben, hatte ihre besondere Intensität 1978 und 1981 und lässt sich im Kern als „Anti-Links-Kampagne" fassen – so wurde sie seitens des Burgtheaters auch bezeichnet.[24] In den Anfängen beteiligten sich daran Abgeordnete der ÖVP, die ihre eigene, aber inhaltlich verwandte Kampagne führten, ebenso gab es regelmäßig veröffentlichte Angriffe in der Tageszeitung „Die Presse".

Bereits 1976 – während der Direktion von Gerhard Klingenberg – hatte es anlässlich der Veröffentlichung des Rechnungshofberichtes über die Bundestheater eine Pressekampagne gegen das Burgtheater gegeben. Achim Benning hatte – als designierter Direktor – daraufhin Fred Sinowatz, „als für die Bundestheater verantwortlichen Minister" gebeten, „den schamlosen pauschalen Diffamierungen der an diesen Theatern arbeitenden Menschen mit all [seiner] Autorität entgegenzutreten." Benning schrieb von einer „Haß-Kampagne", dass ein „Klima des Hasses [...] jede verantwortungsvolle künstlerische Arbeit unmöglich" mache und „letzten Endes die gewissenhafte Durchführung notwendiger Strukturverbesserungen" verhindere.[25] Die spätere Kampagne gegen die Direktion Benning wurde dann offen als politische Hetze ausgetragen.

1977 publizierte Walter Seledec im FPÖ-Organ „Freie Argumente" einen Hetzartikel gegen die Burgtheater-Direktion, in dem er mit Invektiven arbeitete, die fortan in Variationen wiederholt wurden. Seledec warf der Direktion vor, „nahtlos an jene utopische gesellschaftsverändernde Programmatik anzuschließen, die von der Mehrzahl der Österreicher entschieden abgelehnt" werde und behauptete eine „Häufung von Engagements führender DDR-Regisseure oder politisch Gleichgesinnter, die ihre Ideologie auf der Bühne kaum merkbar für den Durchschnittsbesucher umsetzen konnten."[26] Friedrich Peter, ehemals Mitglied der 1. SS-Infanterie-Brigade – einer Mordeinheit, die Massenliquidierungen in den von Hitlerdeutschland besetzten Teilen der Sowjetunion durchgeführt hatte[27] –, nunmehr Obmann des Parlamentklubs der FPÖ, hielt im Februar 1978 im Parlament eine Rede, in der er Achim Benning direkt angriff:

„Es gehört zum besonderen Bemühen des derzeitigen Burgtheaterdirektors, mit einer ‚linken Welle' vor die Öffentlichkeit zu treten, die am augenfälligsten in der Spielplan- und in der Regiepolitik zutage tritt. Wenn wir die Regieexperimente des derzeitigen Burgtheaterdirektors prüfen, dann stellt sich heraus, daß deren Schwerpunkt immer mehr in den Bereich der DDR-Schule reicht und daß am Burgtheater derzeit sieben aus der DDR-Schule kommende Regisseure tätig sind.
Wenn sich dann kompetente und berufene Österreicher über diese Regie- und Spielplanpolitik des Burgtheaterdirektors ärgern oder aufregen, kommentiert der Burgtheaterdirektor das in einer Art und Weise, die den Eindruck erweckt, der Österreicher wäre in kultureller Hinsicht kleinkariert."[28]

Friedrich Peter trat in seiner Rede als Anwalt des „österreichischen Steuerzahlers" auf, flocht Behauptungen über einen „Rückgang der Besucherzahlen" ein und beschuldigte den „derzeitigen Burgtheaterdirektor", das Burgtheater „zu einer Bühne des Klassenkampfes gemacht zu haben", wofür er die Aufführung von Wilhelm Pevnys Stück „Der Traum vom Glück" im Akademietheater als Indiz anführte.[29] Die Verbreitung von Unterstellungen war auch durch keine Richtigstellung aufzuhalten, denn unbeeindruckt von Achim Bennings Berichtigungen im „Kurier", auf die Peter sich sogar negativ bezog, setzte er seine Angriffe gegen den Burgtheater-Direktor in der Nationalratssitzung vom 19. April 1978 fort. Peter operierte weiterhin mit dem Schreckbild einer „DDR-Schule" bei den Regisseuren, nannte dabei neben Adolf Dresen, Peter Palitzsch, Angelika Hurwicz, Manfred Wekwerth und Götz Friedrich einfach noch Ernst Seiltgen und Peter Zadek, wollte diese Behauptungen aber ohnehin nicht belegen, denn es ging ihm um ein ideologisches Schreckbild: „Wollen wir nicht", so Peter, „an der DDR-Schule kleben bleiben: diese sieben Persönlichkeiten sind Vertreter einer eindeutig linksideologischen Theaterpraxis."[30] Mit dem diffusen Begriff des ‚Linksideologischen' war in der damaligen Konstellation willkürlich alles erfasst, was als ‚links' gelten sollte, und letztlich hatte jegliche kritische Position gewärtig zu sein, mit dem ‚Osten' oder gar dem ‚linken' Terrorismus in der BRD in Verbindung gebracht zu werden. Die Rede Friedrich Peters gegen Benning richtete sich zugleich gegen die von Unterrichtsminister Fred Sinowatz vertretene Bildungs- und Kulturpolitik, dessen Reform- und Förderungsprojekte auch sonst stets Ziel wütender Attacken waren. Nebenbei sollte die Außenpolitik der SPÖ-Regierung getroffen werden, an der Peter in eben dieser Rede bemängelte, „dass die westeuropäischen Aktivitäten […] mit den osteuropäischen nicht immer in Einklang stehen". Gemeint war insbesondere das Verhältnis zur DDR, die von der Regierung völkerrechtlich anerkannt worden war und der Bundeskanzler Bruno Kreisky übrigens 1978 einen Besuch abgestattet hatte. Peter kombinierte seinen Vorwurf, am Burgtheater gäbe es eine „Schwemme von links progressiven Experimentalregisseuren" mit der Klage, dass dort „ein absoluter Mangel an deutschen Klassikern und solchen der Weltliteratur" herrsche, stellte fest, dass Benning „vom Burgtheaterauftrag", „von der Aufgabe des Burgtheaters" und „vom Spielplan her kein Burgtheaterdirektor sei" und forderte einen „neuen Mann".[31] Dies nun war die praktische Absicht dieser Rede: Es sollte eine Verlängerung des Vertrags verhindert werden.

Den Vorstoß verstärkten in weiteren Sitzungen parlamentarische Anfragen von Friedrich Peter und Friedhelm Frischenschlager an Sinowatz, in denen die FPÖ-Abgeordneten detaillierte Angaben über „Spielplanvorhaben", „Gastspiele", „Premieren" sowie über Neuengagements, „Spitzengagen" und die Beschäftigung der „Spitzengagenbezieher" verlangten. Neben dem Vorwurf, es würden keine „Klassiker" gespielt, lag den Anfragen die Unterstellung zugrunde, dass altgediente Ensemblemitglieder keine Rollen bekämen, da es zu viele Neuengagements gäbe, die daher nur sinnlose Kosten verursachen würden.[32] Auch Abgeordnete der ÖVP legten ihre Anfragen vor, gekleidet waren diese in das Bemühen um die „Klassiker" und die Bildung der „Jugend", so wurde Sinowatz gefragt, ob er über den „Mangel an Zyklen der Klassiker der Weltliteratur wie zum Beispiel Shakespeare" informiert gewesen sei; vor allem aber wurde die Sorge um das ‚Österreichische' betont, die Fragen suggerierten, dass österreichische Regisseure, Dramaturgen, Autoren und natürlich „Klassiker" benachteiligt wären.[33] Federführend war hier Erhard Busek, dieser hatte schon 1977 im Parlament bekundet, dass „die sehr starke Vertretung von Theaterrepräsentanten der Deutschen Demokratischen Republik ein Gegenstand ist, der mich mit Sorge erfüllt."[34] Nunmehr, 1978, wollte er die Kampagne der FPÖ verbal überbieten und äußerte sich in einem Interview im Literaturmagazin auf Ö1 folgendermaßen: „Ich habe den Eindruck, dass sich schon eine linke Richtung hier breitgemacht hat und dass sie in der Verteidigung ihrer Positionen sich manchmal faschistischer Methoden bedient."[35] Busek distanzierte sich in der Folge zwar von der Kampagne der FPÖ[36], seine weiteren Äußerungen zum Burgtheater waren aber eher eine Abschwächung der Beschuldigung – oder vielmehr Ressentiments im verbindlichen Ton vorgetragen – und keine Zurücknahme der Vorwürfe.[37]

Neben den taktischen Motiven, die auf die bevorstehende Nationalratswahl zielten, schwang in den Anfragen und Angriffen der Oppositionsparteien immer die Vorstellung mit, es ließen sich Engagements und Spielplan von ‚oben' bestimmen. Dieser autoritäre Wunsch war jedoch zugleich mit dem Anspruch verbunden, Kultur und Schule vor staatlichen ‚Eingriffen', die als ‚sozialistisch' angeprangert wurden, zu schützen und für die ‚Freiheit' einzutreten, die aber wiederum durch die Ausgrenzung unliebsamer Literatur gesichert werden sollte. 1978 wurde seitens der ÖVP gefordert, dass die – von der Edition Roetzer mit dem Thomas Sessler Verlag herausgebrachte – Reihe „Im Souffleurkasten", in der Stücke von Peter Turrini, Wilhelm Pevny und Peter Henisch erschienen waren, nicht mehr im Schulunterricht verwendet werden sollte, diese Forderung wurde mit einer öffentlichen Herabsetzung der Autoren verbunden und führte zu einem Prozess.[38] Das Burgtheater veranstaltete eine darauf bezogene Lesung von Peter Turrini.[39]

Die ständigen parlamentarischen Anfragen der FPÖ gegen die Burgtheater-Direktion erfolgten unter Berufung auf „Meldungen in den Massenmedien", wodurch der Eindruck erweckt wurde, es handle sich um mehrere Zeitungen. Tatsächlich fungierte nur die auflagenstärkste Zeitung Österreichs – die „Kronen Zeitung" – als Hauptquelle, deren Kampagne eben wiederum in Verbindung mit den Angriffen der FPÖ stattfand. In den Artikeln der „Kronen Zeitung" wurde die Burgtheater-Direktion als „ultralinks" bezeichnet und „[l]inke Faschisten"[40] am Werk gesehen, Benning wurde als „nimmermüde[r] Herbeiholer ostdeutscher Regisseure"[41] klassifiziert. Neben Richard Nimmerrichter, der diese Angriffe in seiner Kolumne publizierte, die unter dem Autorennamen „Staberl" erschien, war es vor allem Viktor Reimann, der die Artikel verfasste und sich dabei auf die persönliche Diffamierung Bennings konzentrierte. Viktor Reimann war ursprünglich illegaler Nationalsozialist gewesen, 1941 jedoch als Mitbegründer der Widerstandsgruppe Roman Karl Scholz verhaftet und dann bis 1945 im Zuchthaus Straubing inhaftiert worden, nach 1945 gehörte er zu den Mitbegründern des VdU, der Sammelorganisation für ehemalige Nationalsozialisten und Vorläuferpartei der FPÖ. Reimann war Autor der antisemitischen Serie „Die Juden in Österreich", die 1974 in der „Kronen Zeitung" erschienen war. 1978 schrieb Reimann – während der Zeit der parlamentarischen Anfragen – eine seiner Tiraden gegen Benning, in der er die „Anti-Links"-Kampagne mit antideutschen Ressentiments verband und die Rolle des Sprechers der „Öffentlichkeit" und des „Publikum[s]" annahm:

> „Benning, das stellt sich immer mehr heraus, ist zu introvertiert, um ein Theater wie die Burg zu leiten. Er sondert sich von der Öffentlichkeit ab, umgibt sich mit einer politischen Kamarilla, die am Burgtheater nachholen will, was in Deutschland außer Mode gekommen ist ...
>
> Es erbittert uns einfach, dass er das von den Linksintellektuellen hochgejubelte, aber vom Publikum abgelehnte deutsche Provinztheater, das eine Fäkalienära des Theaters eingeleitet hat, am Burgtheater einführen will. Wenn auf einer Salzburger Speisekarte Eisbein oder Tomatensaft steht, geht ein flammender Protest gegen die drohende Germanisierung durch unser Land, doch eine deutsche Unterwanderung des Burgtheaters mit mittelmäßigen Schauspielern und marxistischen Regisseuren und Dramaturgen regt niemanden auf."[42]

Außer einer Fülle von Artikeln mit unbelegten und falschen Behauptungen über sinkende Besucherzahlen, hohe Gagen, „Geldverschwendung", und immer wieder über die angebliche Unterbeschäftigung älterer Ensemblemitglieder – angeführt wurden etwa die Namen Johanna Matz und Walter Reyer, die mit der Zeitung in Kontakt standen und Interviews gaben –, fanden sich in der „Kronen Zeitung" unzählige Leserbriefe abgedruckt. Diese stimmten ausnahmslos den Beiträgen von Nimmerrichter und Reimann zu, waren häufig anonym oder mit falschem Namen versehen und – wie später offenkundig wurde – vielfach von den Redakteuren selbst verfasst. „Bravo Staberl! Nur so weiter gegen diese hirnlosen Trotteln!", war als Brief-Text zu lesen, dieser war nun nachweisbar eine Fälschung, denn die „Kronen Zeitung" hatte einfach den Namen Hugo Gottschlich darunter gesetzt, sodass der Eindruck entstehen musste, der Burgschauspieler sei der Verfasser, was aber nicht stimmte.[43] „In ihrem sehr treffenden Artikel über den Burgtheaterdirektor Benning", so lautete einer der typischen Akklamations-Sätze in den Leserbriefen, die vorzugsweise mit ländlichen Adressen versehen waren. Ein Brief aus der ‚Provinz', der so begann, demonstrierte Einigkeit mit Richard Nimmerrichter, der sich über eine Äußerung Bennings – in einem Fernseh-Interview – zur Bekleidungsfrage im Burgtheater empört hatte; Hintergrund der Angelegenheit war, dass die Direktion jenen Passus, der das Publikum aufforderte, in „angemessener Kleidung zu erscheinen", nicht mehr ins Programmheft setzen ließ. Der Schreiber des Leserbriefes bezog sich auf den Fernsehbericht und lobte, dass „die Frage, wie man sich im Burgtheater kleiden sollte, vom Fernsehreporter nicht nur Herrn Benning, sondern auch einer Klofrau des nämlichen Theaters gestellt worden" sei, „die ihrerseits durchaus für eine angemessene Kleidung der Theaterbesucher" plädiert habe; er zog daraus folgenden Schluss: „Vielleicht wäre es ein Ausweg, hier die Rollen zu tauschen. Benning als Oberhäuselputzer und die Klofrau als Direktrice könnten dem heutigen Burgtheater nur gut tun. Konsequenz muß man Herrn Benning allerdings zubilligen. Es ist ihm gelungen, mit Millionenaufwand einem Fetzenpublikum ein Fetzentheater zu präsentieren."[44]

Viktor Reimann blieb in seinen Beiträgen stets verworren, so rühmte er Manfred Wekwerth für seine „Prinz von Homburg"-Inszenierung, da hier ein ‚Klassiker' gespielt werde und vergab auch bei anderen Gelegenheiten Lob für Inszenierungen oder Schauspieler, verknüpfte dieses allerdings mit den immer gleichen Attacken gegen die Direktion. 1981 erreichten diese einen neuen Höhepunkt, als er anlässlich einer Premieren-Kritik von Pavel Kohouts Stück „Maria kämpft mit den Engeln" folgenden Vergleich anstellte: „Aber das Burgtheaterregime unter Bennings Führung schließt hervorragende Mitglieder seines Hauses vom Bühnenleben aus. Ähnlich dem Prager Regime."[45] Der Bundestheaterverband reichte deswegen eine – von Generalsekretär Robert Jungbluth eingebrachte – Beschwerde beim Österreichischen Presserat ein. Als Ergebnis des Verfahrens stellte der Presserat fest, dass Viktor Reimann „Berufspflichten der Presse verletzt hat."[46] 1981 war auch das Jahr, in dem Reimann seine vierteilige Serie „Benning und das Burgtheater" veröffentlichte, die Fülle an falschen und diffamierenden Behauptungen führte dazu, dass die „Kronen Zeitung" auf Antrag des Burgtheaters von der Finanzprokuratur zu umfangreichen Entgegnungen gezwungen wurde.[47] Im letzten Teil der Serie plauderte Reimann, der Benning mit Goebbels verglich,[48] aus, was ihn neben seinen üblichen Ambitionen offenkundig erneut zur Kampagne getrieben hatte: Bennings Rede anlässlich der Verleihung der Josef Kainz-Medaille der Stadt Wien 1980 für die Inszenierung von Maxim Gorkijs „Sommergästen". Was Reimann als „Journalistenbeschimpfung"[49] verstand, war in Wahrheit ein ironisches Sittenbild über Wiener Theaterkritiker gewesen, „ die sich", so Benning, „oft – in den verschiedensten Masken, manchmal sogar als alter Goethe hergerichtet – in der Nachfolge von Karl Kraus sehen, aber dessen großen Haß nur in kleinen Portionen schnell vergänglicher Gehässigkeit tradieren."[50] „Als alter Goethe hergerichtet" – in diesem Bild hatte sich Reimann erkannt; er, der sich auch als Verteidiger Goethes gegen die neue Zeit gerierte, bezog seinen Dichter übrigens in den Kampf gegen die Burgtheater-Direktion ein: 1982 – ein ‚Goethe-Jahr' – behauptete Reimann, dass sich Benning geweigert hätte, rechtzeitig die Inszenierung eines seiner Werke in den Spielplan zu nehmen und zog das Resümee seiner Klage mit einem Grillparzer-Zitat: „Wer kein Verehrer Goethes ist, für den sollte kein Raum sein auf der deutschen Erde."[51]

Die Beiträge in der „Kronen Zeitung", die das Immergleiche in vielen Varianten aufbereiteten und deren Parolen hier nicht weiter zitiert werden sollen, sind nur die deutliche Ausformung einer ideologischen Konstitution, die sich in weniger vulgär geäußerter Weise auch anderswo zeigte. Ilse Leitenberger, ehemals NSDAP-Mitglied, während des NS-Regimes Korrespondentin nationalsozialistischer Zeitungen, „Schriftleiterin" im Nachrichtenbüro des Propaganda-Ministeriums, und inzwischen Redaktionsmitglied der Zeitung „Die Presse", schrieb 1978 dort einen Beitrag, in dem sie ihre politisch aufgeladene Sorge um den Verfall von Bildung, Kultur und Jugend zu personalisieren suchte: „Österreich hat Bonhomie für alles Linke am unwiderstehlichsten kultiviert: etwa indem Minister Sinowatz niemand zutrauen wird, militanter Marxist zu sein, der sich ins Fäustchen lacht. [...] Wer kann auch der Behauptung entgegentreten, angesichts des Glückes, dass der Kalte Krieg von Amts wegen schließlich zu Ende wäre, dürften doch wohl ruhig auch in der Wolle marxistisch gefärbte Regisseure im Burgtheater ihre Ware unter die Leute bringen."[52] Unter dem Titel „Die Burg hat kapituliert" vermisste sie im ‚Goethe-Jahr' 1982 – auch hier Viktor Reimann ähnlich – den „Faust", klagte über den Mangel an ‚Klassiker'-Pflege am Burgtheater und missbilligte die dort gezeigten „Stücke, die man ausgräbt, um Ideologie zu verbreiten."[53] Die Kampagne der „Presse" wurde mit steigender Intensität auch von der dortigen Theaterkritik betrieben. Seit 1976 hatte die Zeitung zudem zahlreiche Leserbriefe abgedruckt, die das Lamento über fehlende ‚Klassiker' mit verbalen Ausfälligkeiten gegen die Direktion verbanden.[54] Das Grundmuster der Briefe war hier: der über die Burgtheater-Direktion sich empörende Wiener Akademiker. So war in einem Brief zu lesen, der vom „Presse"-Leser Dr. Fritz Potyka aus Wien XVIII unterzeichnet war: „Die Abgeordneten Busek und Peter hatten die Zivilcourage, auf den marxistischen Einfluß hinzuweisen, dem Dramaturgie, Stückauswahl und Regie unserer Theater, vor allem das Burg- und das Akademietheater seit geraumer Zeit unterliegen."[55]

Die politisch motivierten Fehlinformationen fanden durchaus Eingang in einen Journalismus, der als ‚objektiv' zu gelten beanspruchte und lebten dort fort. Auch konnten sie thematisch die Berichterstattung über das Burgtheater dominieren und die Auseinandersetzung mit der konkreten Arbeit überlagern, etwa wenn es allgemein um die Chimäre vom einheitlichen ‚linken' Spielplan ging.[56] Es war eine Phase, in der der politische Katholizismus an Boden verloren hatte, und auch im sogenannten ‚katholischen Lager' eine gewisse Ambition entstanden war, als ‚modern' angesehen zu werden; als ‚modern' konnte auch Kreisky gelten, und zugleich wurden Bereiche seines Umfelds oder Leute, die man zu seinen Anhängern zählte, angegriffen. Es zeigt sich, dass – im Unterschied zur österreichischen Kritik – in der deutschen Presse, die gesamte Direktions-Zeit hindurch, durchwegs positiv über die Inszenierungen geschrieben wurde; sofern es sich nicht um einzelne österreichische Korrespondenten handelte, die ihre negativen Kritiken in deutschen Zeitungen platzierten. Als Indikator für die anders gelagerte Einstellung des deutschen Feuilletons lassen sich die Einladungen zum Berliner Theatertreffen nehmen, dessen Jury aus deutschen Theaterkritikern gebildet wird.

Eine der wenigen innerhalb der österreichischen Publizistik, die sich direkt mit den Angriffen Reimanns auseinandersetzte, war Sigrid Löffler, sie stellte allgemein seine Artikel, die auf allen möglichen kulturellen Gebieten Kennerschaft behaupteten und Ressentiment verbreiteten, in einen historischen Zusammenhang. In ihrem Beitrag „Die Anatomie des Doktor Strudl" bezeichnete sie Reimann als „direkte[n] Erbe[n] jener goldenen Feuilletonzeiten, da die plattesten Köpfe über die tiefsten Fragen plaudern durften und damit die lange Wut des Karl Kraus nährten."[57] Löffler, die Reimanns blinde Wut in Verbindung mit seinen Plattitüden und Irrtümern betrachtete, analysierte dessen Artikel, und erzählte dabei eine Anekdote, die allen typologischen Ansprüchen dieses Genres gerecht wurde:

„Einer kann den Reimann noch immer schlagen. Der Reimann.

Der geht in ein Theater, das er nicht leiden kann, hat den Kopf noch beim letzten Antikommunismus-Leitartikel, sieht ein Stück, das er nicht kennt, von einem Autor, den er nicht kennt, und liest im Programmheft einen Satz, den er nicht versteht: ‚1778. Lenz bei Oberlin.'

Ein Blick genügt, und Reimann sieht rot. Und dann schreibt er: ‚Im Programm steht, daß Lenz 1778 nach Ostberlin (!) kam. Der DDR-Chargon ist tief in die Sprachweise eingedrungen. Im Goethe-Jahr hätte das Stück nicht unbedingt gespielt werden müssen. Ein Tragödienvorschlag: Die Leiden des Burgtheaters unter Benning.'

Erst wenn man die Sprachweise von Reimanns Chargon so richtig in sich hat eindringen lassen, begreift man, welche Tragödie seit Jahren am Burgtheater gespielt wird: die Leiden Bennings unter Reimann."[58]

Wiederholt hatte Sigrid Löffler die Bedeutung der Direktion Benning hervorgehoben und war auch bei dieser Einschätzung geblieben, als nicht wenige Theaterkritiker sich von Benning abwandten, nachdem er 1980 die erwähnte Rede zur Kainz-Medaille gehalten hatte. In den meisten Zeitungen war über die Angriffe von Reimann und Peter kaum etwas zu lesen gewesen, manche Behauptungen waren in dosierter Form aufgetaucht. Dennoch hatte sich auf den Kulturseiten zunächst durchaus Lob für die Inszenierungen am Burgtheater gefunden. Sicher war dann beim jähen Umschwung von weiten Teilen der Kritik ein gleichsam ‚psychologischer' Aspekt im Spiel, nämlich eine narzisstische Kränkung darüber, dass einer die Zunft nicht unbedingt so ernst nahm und dies noch dazu aussprach. „Es ist aber doch vorstellbar, dass einmal jemand auf die Idee kommt, eine Auszeichnung durch den Wiener Kulturjournalismus als unzumutbar zurückzuweisen"[59], hatte Benning in seiner Rede gesagt. Dass jemand in dieser Position auf Freundschaftsbekundungen gegenüber der Theaterkritik verzichtete und Unabhängigkeit bewies, war jedoch das Unvorstellbare und Unverzeihliche. Soweit erkennbar, war Sigrid Löffler die einzige Journalistin, die über die Rede berichtete, sie beschrieb dabei die unmittelbaren Reaktionen der Kulturkritiker und prognostiziert die Folgen: „Der Streit wurde nicht ausgetragen, man duckte sich unter ihm weg. Das Mucken wurde auf später, auf eine günstigere Gelegenheit, vertagt. Denn aus eben dieser Mischung aus Ducken und Mucken konstituiert sich die Wiener Konfliktscheu".[60]

Die Kampagnen konnten die Farben wechseln und es wäre müßig, sie nachzumalen, um retrospektiv eine Übersicht in das Gewirr der Bewertungen, Behauptungen und Forderungen zu bringen. Historisch bemerkenswert bleibt, wie sich – in der Zeitung „Die Presse" – ein journalistischer ‚Konservativismus' zu ‚modernistischen' Forderungen hinwenden und einen Habitus der ‚Fortschrittlichkeit' annehmen konnte. Das fiel umso leichter, als die dafür bereitliegenden Terminologien, die eine radikale Kritik behaupteten, ohnehin kaum inhaltlich zu bestimmen waren; die Phrasen der

‚Modernität' und ‚Radikalität' waren rascher zu bewegen, als die Realität, die sie verfälschten. Abgesehen von durchgehend negativen Kritiken zu den Inszenierungen, liefen die – mitunter mit politischen Phrasen garnierten – Maßstäbe darauf hinaus, dass die Präsenz prominenter Namen, manchmal auch Optiken des westdeutschen Theaters eingefordert und ihre Nicht-Präsenz als Beweis für den Niedergang des Burgtheaters gedeutet wurde. Das wurde von der Dramaturgie des Burgtheaters als „pseudorevolutionäre[r] Kulturjournalismus" bezeichnet: „Die Radikalität, die Sie für sich in Anspruch nehmen", hieß es in einem Schreiben an die Redakteurin Karin Kathrein, „erweist sich als radikale Konformität mit den in der Bundesrepublik Deutschland vorherrschenden Dogmen, als rückhaltlose Anpassung an die Stimme des ‚großen Bruders'."[61]

Sigrid Löffler, die übrigens meinte, dass das Burgtheater den Attacken von Viktor Reimann zu viel Bedeutung beigemessen habe und die sorgfältigen Entgegnungen eher als Vergeudung von Kraft ansah, ließ sich weiterhin nicht abhalten, positiv über die Theaterarbeit der Direktion Benning zu schreiben. „Der stille Revolutionär" lautete der Titel eines Artikels über Benning, in dem sie feststellte, „dass die Burg unter Achim Benning zur bestgeführten Bühne des deutschen Sprachraums aufgestiegen" sei und dass er vorzeige, „wie ein traditionsbefrachtetes Theater wie die Burg erneuerungsbewußt zu führen" wäre.[62] 1986, am Ende der Direktions-Zeit hob sie – durchaus mit kritischer Distanz, denn nicht Weniges missfiel ihr – die enormen Veränderungen hervor, die unter der Direktion Benning am Burgtheater vor sich gegangen waren: „Er hat es zu einem der bestgeführten Theater des deutschsprachigen Raums gemacht. Er hat das Haus ästhetisch geöffnet und in den europäischen Theaterbetrieb eingeklinkt. Er hat mehr renommierte Regisseure nach Wien geholt und in ihrer stilistischen Vielfalt zur Diskussion gestellt. [...] Benning hat Stücke ans Burgtheater geholt, an die sich keiner seiner Vorgänger wagte. Unter seiner Direktion hat der Mythos vom Burgtheater, diese imaginäre Fluchtburg österreichischer Großmachtphantasien, wohl endgültig den Ungeist aufgegeben."[63]

Spielplan

Eine generalisierende Einschätzung des Spielplans[64] zu geben, kann vor allem deshalb nicht gelingen, weil sich dessen Konzeption jeglicher Einförmigkeit entzog und eben nicht auf Punzierungen, sondern auf die jeweiligen Inszenierungen gerichtet war. Schwierig bleibt es ferner, im Nachhinein all die strukturellen und personellen Voraussetzungen zu erkennen, die den Spielplan eines solchen Hauses unweigerlich bestimmen, bis hin zu den Zufälligkeiten. Aber: Sucht man heute beim Studium dieses riesigen Corpus von Namen und Titeln eine Besonderheit, so lässt sich an den vielen wie autonom gebildeten Teilen eine Freiheit des Eigensinns entdecken, die – ohne dies jeweils betonen zu müssen – gegen die zeitgenössischen Erwartungen von Konservativismus und politischem Plakat, späterhin ebenso entschieden gegen Beliebigkeit und Designer-Norm gerichtet war. Die in einem Betrieb dieser Dimension stets auseinanderstrebenden Interessen der Einzelnen wurden von der

Leitung durch eine spezifische Verbindung von demokratischem Bewusstsein und antikonformistischer Haltung zusammengehalten und genützt. Von hier aus wird verstehbar, wie Kategorien, die oft als unvereinbar betrachtet wurden, umgeformt und dadurch zu einander bedingenden und vorantreibenden Seiten geworden waren. Dieser Spielplan war demnach so autonom wie offen, so geschichtsbewusst wie gegenwartsbezogen, so politisch wie auf die menschlichen Situationen konzentriert, so österreichisch wie international, so widersetzlich wie publikumsorientiert. Im letzten Vorschauheft hatte Benning das Neue dieses Theaters einmal in Zahlen ausgedrückt, „zwei Drittel der Stücke waren zum ersten Mal am Burgtheater zu sehen, 43 Autoren hatten in dieser Zeit ihr Burgtheater-Debüt, 51 Regisseure, 46 Bühnenbildner arbeiteten erstmals hier."[65] Die Neuerungen waren dabei inhaltlich bestimmt und folgten nicht einem sich allerorts bald beschleunigenden Galopp, der nur von der Fetischisierung des Neuen angetrieben wurde. In diesem substanziellen Sinne neu war auch die Etablierung des Kindertheaters, das integraler Bestandteil des Spielplans wurde. Hervorragende Regisseure wie z. B. Leopold Lindtberg und Adolf Dresen arbeiteten mit besten Schauspielerinnen und Schauspielern für Stücke wie die „Die verzauberten Brüder" von Jewgenij Schwarz, „Der Zauberer von Oos" von L. Frank Baum, „Jim Knopf und Lukas der Lokomotivführer" von Michael Ende, „Schule mit Clowns" von F. K. Waechter und Jérôme Savary inszenierte sein eigenes Stück[66] „Vom dicken Schwein, das dünn werden wollte".

Ein benennbarer Aspekt des Spielplans bestand darin, Dramen aufzunehmen, die bislang vom Burgtheater[67] ausgeschlossen oder dort lange Zeit nicht aufgeführt worden waren. Dazu gehörten Dramen vom Ende des 19. bis in die zwanziger und frühen dreißiger Jahre des 20. Jahrhunderts: Stücke von Ibsen, Cechov, Strindberg, Hauptmann, Sudermann, Wedekind, Sternheim, Gorkij, Fleißer, Horváth, García Lorca, O'Casey, Vitrac, sowie von den späteren und ihnen inhaltlich und formal verwandten Autoren, etwa von Arthur Miller oder Tennessee Williams, ebenso von Brecht, der nicht auf sein Frühwerk beschränkt wurde. Den unterschiedlichen Rezeptionsgeschichten all der Genannten in Wien nachzugehen, wäre gewiss eine eigene Darstellung der Ungleichzeitigkeiten und Brüche. Frank Wedekind, um hier ein Beispiel zu nennen, war im Spielplan des Burgtheaters bislang nur mit dem Stück „Der Kammersänger" (1914 und 1947) vertreten gewesen. Der Ausschluss vieler dieser Autoren – neben Wedekind etwa Sternheim oder Gorkij – reichte weit zurück und hatte erkennbare gesellschaftliche und politische Gründe, die jüngere Marginalisierung dieser so unterschiedlichen Dramatiker hängt mit den Auswirkungen von Austrofaschismus und Nationalsozialismus bis hin zu den postnazistischen Verhältnissen zusammen. Mit dem bewussten Rückgriff auf die nicht nur in der Geschichte des Burgtheaters vielfach vergessenen oder verkannten Autoren des modernen Dramas wurde für Benning eine Erkenntnis aus der Zeit seines Studiums praktisch wirksam. Als Student war er fasziniert gewesen vom Spielplan der Neuen Wiener Bühne, die viele dieser Autoren in Wien durchgesetzt hatte, und deren Direktor Emil Geyer gewesen war, der später von den Nationalsozialisten ermordet wurde.

Wie sich in der Frage des Spielplans geschichtliches Bewusstsein und Aufbruch verschränkten, lässt sich etwa am Werk von Arthur Schnitzler erkennen. In einem der Vorschauhefte wurde an den „Mut und die Kühnheit" Max Burckhards erinnert, der von 1890 bis 1898 Direktor des Burgtheaters gewesen war, und Schnitzlers Stücke aufgeführt hatte. Zugleich befasste sich der Beitrag mit dem Verschwinden der Dramen Schnitzlers von den Wiener Bühnen im „Ständestaat und im Dritten Reich" und der antisemitischen Hetze gegen ihn sowie mit dem verharmlosenden Verständnis der Stücke als „wienerischer Boulevard" nach 1945.[68] Der Umgang mit den Werken Schnitzlers während der Direktions-Zeit Benning mochte an frühere Versuche anknüpfen und praktisch zu unterschiedlichen Ergebnissen führen, kam aber einer Wieder- oder Neuentdeckung gleich: Etablierte Verklärungen beiseite schiebend, die nostalgisch eine Atmosphäre des ‚Fin de siècle' und des ‚Schnitzler-Stils' phantasierten, wurde das besondere Gewicht auf Schnitzlers große, in späteren Lebensphasen entstandenen Stücke gelegt. Zu überraschenden Entdeckungen für die Bühne gerieten weiters Werke von Robert Musil, Hermann Broch und Elias Canetti. Diese Autoren, die von den Nationalsozialisten ins Exil getrieben worden waren, galten zwar inzwischen als Teil der österreichischen Literatur, mit dem sich nicht zuletzt das beschädigte Image aufbessern ließ, sie waren jedoch weit entfernt davon gewesen, für den Spielplan des Burgtheaters in Betracht zu kommen. Auch hier wurde das öffentliche Bild von Schriftstellern nachhaltig verändert.

Nur äußerlich mochten sich die Anstrengungen, an die abgebrochenen oder gebrochenen Linien der modernen Dramatik anzuknüpfen, mit dem Konzept der nachholenden Modernisierung berühren, das in der politischen Praxis der Sozialdemokratie erfolgreich für weite Bereiche praktiziert wurde. Auch war die Suche nach den vergessenen und missachteten Dramen nicht den trüben Vorstellungen von einem frisch zu erzeugenden Avantgardismus verhaftet, die ebenfalls im Umfeld der sozialdemokratischen Kulturpolitik ihre Förderung erfuhren, und die sich häufig darin erschöpften, den Kampf gegen die zur Provinz erklärten Verhältnisse zu führen.

Die Arbeit am Burgtheater kann demgegenüber als praktische Kritik an der Geschichte einer Institution begriffen werden, sie wies in all ihrer Heterogenität Perspektiven einer anderen Traditionsbildung auf: Der Rückgriff auf die Werke dieser Revolutionäre im Dramatischen zeigte sich angetrieben vom Bewusstsein um ihre Bedeutung für das Verständnis der Gegenwart. Damit hatte sich in mancher Hinsicht am Burgtheater, wie nebenher, jener Anspruch des Politischen – der sich in den Konstellationen dieser Jahre auf vielen Gebieten des Kulturellen zeigte, dort aber nicht selten bloß in Behauptungen gekleidet war – auf vertiefte Weise entfalten können und war hier ohne Proklamation sowie ohne den Gestus der tabula rasa ausgekommen. Diese Erfahrungen hatten ihren Einfluss auch auf die verschiedenen Motive bei der Wiederentdeckung alter Werke, die oft völlig neu gedeutet wurden, dazu zählten Dramen von Sophokles, Goethe, Schiller, Kleist, Büchner, Raimund, Calderon, Molière, Marivaux sowie – in großer Zahl – von Nestroy, dessen Stücke „Umsonst", „Kampl", „Höllenangst", „Heimliches Geld, heimliche Liebe" bis dahin noch nie am Burgtheater zu sehen gewesen waren. Jakob Michael Reinhold Lenz gehörte – mit dem „Hofmeister", in der Bearbeitung von Brecht, und später mit „Der neue Menoza" – zu den Dichtern, deren Werke überhaupt erstmals an diesem Theater inszeniert wurden.

Diese Entdeckungen und gewonnenen Lesarten fügten sich, wie auch seitens des Burgtheaters explizit hervorgehoben wurde, mit der intensiven Bemühung um zeitgenössische Autoren zusammen, die in sehr großer Zahl – errechnet wurde ein Anteil von einem Drittel der gesamten Produktionen – im Spielplan vertreten waren und deren Gemeinsamkeit darin bestand, dass sie „sich nicht bereit gefunden [hatten], die Welt im Lichte harmonisierender Verklärung zu sehen."[69]

Die hohen thematischen und szenischen Ansprüche, die bei der Auswahl der Autoren gestellt wurden, führten in der Summe zu einem internationalen Ensemble von Schriftstellern, unter ihnen Václav Havel, Sławomir Mrożek, Tom Stoppard, Harold Pinter, Max Frisch, Peter Hacks, Hartmut Lange, D. L. Coburn, Pavel Kohout, Peter Shaffer, Peter Weiss, Maxi Wander, Martin Sperr, Rolf Hochhuth, Martin Walser, Botho Strauß, Armand Gatti, Friedrich Dürrenmatt, Lars Norèn, Thomas Hürlimann, Herbert Achternbusch, Simone de Beauvoir, Pavel Landovský, Märta Tikkanen, Tankred Dorst, Athol Fugard, Heiner Kipphardt, Klaus Pohl, Edward Bond; von den österreichischen Autoren fanden Werke von Wilhelm Pevny, Peter Handke, Ernst Jandl, Harald Kislinger, Alfred Paul Schmidt Aufnahme. Aus den Vorschauheften lässt sich ersehen, dass es hierbei nicht um eine Parade von Namen ging, sondern um inhaltliche Überlegungen, denen im einzelnen nachzugehen gewiss ebenso aufschlussreich wäre, wie der Frage, warum manche Autoren und manche Stücke nicht gespielt wurden.

Manche öffentliche Auseinandersetzung erfolgte auf verlagertem Terrain, wobei es dann nicht um die Thematik selbst, sondern darum ging, den Opportunismus von Teilen der Wiener Theaterkritik zu entlarven: „[N]ach Jahrzehnten anhimmelnder Liebe und devoter Verehrung […] lechzte eine, mit wenigen Ausnahmen, gewissensfaule Kultur-Schickeria nach einem Sturz der Idole". So äußerte sich Benning 1986, als – nach Jahren des Schweigens der Zeitungen zur Mitwirkung von Paula Wessely und Attila Hörbiger im nationalsozialistischen Propaganda-Film „Heimkehr" – in Folge der Bonner Uraufführung von Elfriede Jelineks Posse „Burgtheater" medial plötzlich die „Vergangenheitsbewältigung" der beiden Schauspieler und die Aufführung des Stückes am Burgtheater gefordert worden war.[70] Ohne die Zeitung direkt zu nennen – er meinte offenkundig „Die Presse" – sprach Benning in seiner Rede zum 90. Geburtstag von Attila Hörbiger, mit dem er vielfach zusammengearbeitet hatte, von einer „Zeitung, die heute die Fragen nach Dr. Waldheims Vergangenheit eine Verleumdungskampagne nennt, von ‚Böll und Konsorten' spricht", die noch 1981 über Attila Hörbiger geschwärmt habe, dass er „uns mit seinen Gestaltungen nach wie vor den Glauben an den Menschen" schenke und die plötzlich „den gerade noch geliebten und verehrten alten Leuten 1985 ein bisschen ins Gesicht schlagen" wollte. „Gleichzeitig", so Benning, „fährt dann der Herausgeber mit einem schönen Blumenstrauß in die Himmelstraße [der Adresse von Paula Wessely und Attila Hörbiger] und bittet um Nachsicht für die Metamorphose seiner aufrechten Feuilleton-Truppe. Heute sind nun wieder alle zur Verehrung angetreten! Wien ist eben doch eine Theaterstadt!" Das Stück „Burgtheater" wurde dann übrigens auch unter Claus Peymann nicht aufgeführt.

Nicht immer war Inhaltliches im Spiel, wenn ein Dramatiker im Spielplan nicht vorkam: Die beliebte Fama etwa, die Dramen von Thomas Bernhard seien von der Direktion abgelehnt worden, entspricht nicht den Tatsachen. Der operettenhafte Hintergrund dieser in mehreren Varianten kursierenden Sage ist darin zu sehen, dass Thomas Bernhard – hierin anderen österreichischen Dichtern der Vergangenheit durchaus ähnlich – Ambitionen auf die Position des Burgtheaterdirektors gehabt hatte, denen Gespräche und Verhandlungen[71] bis zur Vertragsreife gefolgt waren, worauf er von Unterrichtsminister Fred Sinowatz eine Absage erhalten hatte. Der gleichsam Unterlegene hatte daraufhin seine Dramen für das Burgtheater der Direktions-Zeit Benning sperren lassen und sich auch trotz des Bemühens von Direktion und Dramaturgie nicht anders besonnen.[72]

Ein besonderer Stellenwert wurde dem Schriftsteller Václav Havel beigemessen; er war ein Hausautor des Burgtheaters, der die Aufführungen seiner Stücke doch nicht sehen konnte. Havel, Gründungsmitglied der Charta 77, aufgrund seiner Bürgerrechtsaktivitäten verhaftet und von den Gerichten des Regimes zu jahrelangem Gefängnisaufenthalt verurteilt, über dessen Stücke in der ČSSR ein Publikations- und Aufführungsverbot verhängt worden war, blieb durch das Burgtheater nicht nur weiterhin im öffentlichen Gedächtnis, sondern konnte als Dramatiker eine hohe Wirksamkeit erreichen. Hier ist erneut eine der zahlreichen Dimensionen des besonderen politischen Theaters greifbar, zu dem das Burgtheater geworden war, und es wird deutlich, wie sich die Tugend des „Zweifels" – auf diesem und auf anderen Gebieten – mit kompromissloser Parteinahme verband. Letztere erstreckte sich etwa auch auf das Engagement des Schauspielers und Autors Pavel Landovský ans Burgtheater, der als einer der Initiatoren der Charta 77 und Sprecher der Bürgerrechtsbewegung in der Tschechoslowakei Auftrittsverbot hatte und nach Österreich emigriert war, sowie auf den Schriftsteller Pavel Kohout, ebenfalls Mitverfasser der Charta 77 und aus der ČSSR ‚ausgebürgert'.[73] Die Solidarität des Burgtheaters mit ihnen war nichts Äußerliches oder Punktuelles, sondern ein kontinuierliches Engagement für die Personen, ihre Werke und ihre Haltung, mit denen das Burgtheater dieser Jahre zuinnerst verbunden war. Eine Flut von Schmähbriefen – teils sogar namentlich unterzeichnet – erreichte das Burgtheater; in diesen breiteten die Schreiber ihre antitschechischen Beschimpfungen aus und verknüpften ihre Ausfälligkeiten gegen den ‚Osten' und gegen Dissidenten mit Antisemitismus.[74]

Mit den Stücken Václav Havels, in denen die Aporien des Realistischen und des Absurden aufgehoben waren[75], kam jene Thematik von Integrität und Opportunismus verdichtet zur Sprache, die auf verschiedene Weise in zahlreichen Inszenierungen dieser Burgtheater-Zeit, vor allem auch in den Regiearbeiten von Achim

Benning, eine Rolle spielte. Bei Václav Havels Werken zeigte sich der eigentümliche, scheinbar paradoxe Zusammenhang von Konkretion und Verallgemeinerung, der auch für andere Stücke und Inszenierungen dieser Burgtheater-Periode markant war: Gerade weil Václav Havel unmissverständlich und gründlich aus den Erfahrungen des Lebens in der ČSSR schöpfte, ließ sich das szenische Geschehen, insbesondere die Situation der Intellektuellen und ihre Krise, zugleich auf die Verhältnisse im ‚Westen' beziehen – wie dies in den Vorschau- und Programmheften wiederholt hervorgehoben wurde.[76]

Regisseure und Regisseurin

Zu den wesentlichen Aktivitäten der Direktion Benning gehörte das Engagement von Regisseuren, die auf unterschiedliche und oft gegensätzliche Weise, aber auf höchstem Niveau, ein Theater vertraten, das den Problemen der Geschichte und Gegenwart nicht auswich. Die besten Regisseure dafür zu finden, war hier nicht an das heimliche Kriterium einer staatlichen Herkunft oder gar Staatsbürgerschaft gebunden, umfasste also nicht nur Österreich, aber auch nicht nur den Bereich, der im Kalten Krieg als ‚Westen' bezeichnet wurde. War etwas außerhalb des Gewohnten angesiedelt, wurde es ohnehin bald als ‚fremd' angesehen. Der ‚Osten' aber war noch in Zeiten der zwischenstaatlich praktizierten ‚Entspannung' ein negatives Etikett, das rasch vergeben wurde, unabhängig davon, was Menschen vertraten, die aus den so bezeichneten Regionen kamen. Die entstandenen und erzeugten öffentlichen Erregungen über diese Öffnung des Burgtheaters äußerten sich zwar verschieden, doch im Kern einförmig, und vor allem nicht nur in der Harmlosigkeit von Missverständnissen.

Das Engagement ‚internationaler' Regisseure war schon eine der Neuerungen während der Direktion Gerhard Klingenbergs gewesen, der etwa Giorgio Strehler, Luca Ronconi, Jean-Louis Barrault oder Otomar Krejča ans Haus geholt hatte. Die öffentlichen Aufregungen hierüber waren wiederholt in die Sorge gekleidet worden, die deutsche Sprache und das Burgtheater vor dem Einfluss ‚fremdsprachiger' Regisseure retten zu müssen. Das Konzept, Regisseure aus dem ‚Ausland' zu engagieren, wurde also durch die Direktion Benning fortgesetzt und zugleich umgewandelt. Nicht der Prominenz internationaler Regisseure galt dabei das Interesse, sondern den hiermit eröffneten Möglichkeiten, ein Burgtheater zu schaffen, das tatsächlich zu einem der Hauptorte der schöpferischen Erkundung des Dramas und der Welt werden konnte. Wenn die Aufregung um die neuen Regisseure nicht die falsche Vorstellung einer einheitlichen Richtung erzeugte, dann war für die Zuschauer auch eine Spannung zwischen den Inszenierungen zu erleben, die durch so unterschiedliche Regisseure entstanden war. Viele von ihnen arbeiteten erstmals am Burgtheater wie Adolf Dresen, Angelika Hurwicz, Benno Besson, Hans Lietzau, Jurij Ljubimov, Peter Palitzsch, Jürgen Bosse, Terry Hands, Thomas Langhoff, Rudolf Noelte, Jérôme Savary, Johannes Schaaf, Karlheinz Stroux, Hans Neuenfels, Manfred Wekwerth, Hans Hollmann, Michael Gruner, Götz Friedrich, Horst Zankl, Christoph Schroth. Zahlreiche Regisseure, die bereits vorher dem Burgtheater verbunden gewesen waren, konnten ihre Arbeit fortsetzen und wurden dabei häufig in die Neuerungen einbezogen, dazu gehörten Erwin Axer oder der weiterhin kontinuierlich am Haus beschäftigte Leopold Lindtberg, der etwa die Uraufführungen von Václav Havels „Protest" und Pavel Kohuts „Attest" oder die Burgtheater-Erstaufführungen von Nestroys „Kampl" und „Höllenangst" inszenierte. In einem der Vorschauhefte der Spielzeit 1984/85 wurde sein Vortrag abgedruckt, mit dem er jene zahlreichen falschen Dichotomien aufzulösen versucht hatte, die in der Polemik um das Schlagwort „Regietheater" ständig reproduziert wurden.[77]

In den ersten Jahren nach 1976 ging es bei den Angriffen gegen die Regisseure allerdings noch nicht um den Begriff des „Regietheaters", sondern um das als Invektive gemeinte Wort von den „DDR-Regisseuren", das – wie gezeigt – eine so wesentliche Funktion in den politischen Kampagnen gegen die Burgtheater-Direktion spielte. „DDR-Regisseure", „Ost-Regisseure" – das überlagerte alles, der wahnhafte Kommunismus-Verdacht wurde personalisiert und zu einer Bedrohung für die Institution erklärt. Die als „DDR-Regisseure" inkriminierten Personen unterschieden sich in der künstlerischen Haltung beträchtlich voneinander, die meisten von ihnen hatten – was aber wiederum seitens des Burgtheaters bei der Frage ihres Engagements keine Rolle spielte – die DDR aus sehr verschiedenen Gründen verlassen.

Die im Zusammenhang mit dem Burgtheater verstärkt erst in den 1980er Jahren ausbrechenden Polemiken gegen das „Regietheater" konnten sich zunächst mit den Idiosynkrasien verbinden, die in den Attacken gegen die sogenannten „DDR-Regisseure" wirksam wurden. Das ging schon deshalb, da den Konstrukten von einem „Regietheater" bereits länger der Generalverdacht angeheftet war, hier handle es sich immer um westdeutsche ‚linke' Regisseure, die aus der Studentenbewegung von 1968 hervorgegangen seien. Zugleich aber bedeutete die Aufregung um das „Regietheater" einen gewissen Wechsel in den Auseinandersetzungen, von direkt politischen Kampfparolen zur ästhetisch begründeten Abwehr von Erscheinungen, als deren Verursacher die Regisseure identifiziert wurden. Sollte das Schlagwort vom „Regietheater" zunächst vorwiegend Abwehr ausdrücken, so konnte es plötzlich auch als Lobwort verwendet werden, wobei im Wiener Theater-Journalismus die Ablehnung von gestern heute schon in eine ebenso fragwürdige Apologie des ‚Neuen' umschlagen konnte. Die Aufklärungsversuche des Burgtheaters in dieser von außen aufgeworfenen Regie-Frage bestanden nebenher auch darin, die Rolle des Regisseurs in der Entwicklung des neueren Theaters überhaupt zu erklären und zu verteidigen. Eines der Vorschauhefte hatte sich, wie Achim Benning im entsprechenden Vorwort schrieb, beim Versuch, sich mit „Haltungen und Definitionen in der ‚aktuellen' Theater-Diskussion auseinanderzusetzen […] dem Allerweltsbegriff ‚Regietheater' zugewandt, in Wien kurioserweise allerseits ein Reizwort – bar jeglicher einvernehmlichen Definierbarkeit."[78]

Zu den Regisseuren, denen in stigmatisierender Absicht das Etikett des „DDR-Regisseurs" angeheftet wurde, zählte Adolf Dresen, der während der ersten Hälfte der Direktions-Zeit von Achim Benning am Burgtheater inszenierte. Es ist dabei bezeichnend, dass in den Kampagnen der Steckbrief auf einen Regisseur ausgestellt wurde, der eine politische Haltung einnahm, die sich gerade nicht eindeutig einem existierenden System zuordnen ließ. So kann die Ablehnung seiner Person auch als Teil der Aggressionen gewertet werden, die jenen entgegenschlug, die nicht als Konformisten auftraten.

Adolf Dresens Arbeit in Wien wurde durch die Fähigkeit Achim Bennings ermöglicht, Perspektiven für andere zu eröffnen und sich dann auch schützend vor die jeweiligen Personen zu stellen. Dresen gehörte wohl zu den Menschen, die für Benning zum „Nebenmenschen" im goetheschen Sinn wurden; mit ihm war in den Wiener Jahren eine geistige und künstlerische Verbundenheit entstanden, die das Trennende nicht negieren musste, nicht auf persönliche Nähe angewiesen war, und nicht endigte, als Adolf Dresen 1981 das Burgtheater verließ und Direktor vom Schauspiel Frankfurt wurde. Die philosophischen, literarischen und politischen Leidenschaften Adolf Dresens, seine vom Studium der Schriften von Karl Marx ausgehende Kritik der Gesellschaft, ließen seine Interessen weit über das Theater hinausreichen. Diesem aber widmete er sich in Wien mit unerhörter Intensität, bereit, alle Verhältnisse umzuwerfen, indem er sich selbst stets an das jeweils aktuelle Projekt fesselte, Probenzeiten und Raumbedingungen negierte.[79] Die wie in rasender Eile, oftmals im Theater, geschriebenen Briefe an Benning, die immer auf Arbeit bezogen blieben – „wahnsinnig in Zeitnot"[80], aber „zu jeder beliebigen Zeit zu jedem beliebigen Gespräch bereit"[81] – zeugen davon. In einem der Briefe schrieb Dresen, dem – wie sein mutiges Leben beweist – jede Liebedienerei fremd war, nicht aber der Überschwang: „Ich möchte sagen, dass ein Grund, der mich sehr bestimmt, hier zu sein, Sie selber sind, Ihre aufrichtige und kameradschaftliche Art, die für einen Theaterleiter absolut ungewöhnlich ist, ein Ruhmesblatt für die, die es fertiggebracht haben, Sie zu berufen."[82] Wie Viele und Vieles in dieser Periode des Burgtheaters mochte Dresen von außen als fremd angesehen werden, aber dieses Fremde, mit seinen Erfolgen und Niederlagen, war zum Eigentlichen dieses Theaters geworden und repräsentierte bereits dessen Inneres. Am Burgtheater konnte Dresen – wie vielleicht kaum sonst in ‚West' und ‚Ost' – seine umwälzenden Lesarten verwirklichen, die die Stücke plötzlich verstehbar machten, was auch als skandalös empfunden wurde: Dazu gehörte die Inszenierung von „Iphigenie auf Tauris", ein beunruhigendes Kammerspiel im Beduinenzelt, das aller Abgeklärtheit widerstrebte und die monologischen Textblöcke durch die Führung der Schauspieler wie Dialoge wirken ließ; oder die mit den Mitteln des Volkstheaters zur politischen Parabel geformte „Maß für Maß"-Inszenierung, bei der das turbulente Spiel im imaginären „Vienna" sich zur Kritik des Staatsapparates weitete und dabei so englisch wie wienerisch wirkte.[83] Dieses und vieles mehr, wie „Die Dreigroschenoper", „Emilia Galotti", „Clavigo", „Die Katze auf dem heißen Blechdach" entsprang der entschiedenen Auseinandersetzung mit Werk und Wirklichkeit.[84]

Nachdem Adolf Dresen eingeladen worden war, die Leitung des Schauspiel Frankfurt zu übernehmen, entwarf der Realist 1981 eine unrealistische Vision, die er gleich dem Kulturdezernenten Hilmar Hoffmann unterbreitete: „Ich erkläre am Ende, dass ich nach meiner Arbeit am Burgtheater Wien den Wunsch habe, meine Verbundenheit mit diesem Haus, vielen seiner Schauspieler und Direktor Achim Benning durch eine Kooperation auszudrücken. Eine solche Kooperation kann Gastspiele von Schauspielern und Inszenierungen betreffen, aber vielleicht auch darüber hinaus, ja vielleicht auch über den Rahmen des Schauspielhauses hinausgehen. Ich erbitte dafür die Unterstützung des Magistrats."[85] Als Dresen 1985 für das letzte Vorschauheft des Burgtheaters einen Beitrag schickte, den er „Achim Benning in Freundschaft und Dankbarkeit für die guten Jahre in Wien"[86] gewidmet wissen wollte, mochte dies wie eine Erinnerung an ein Versunkenes sein, dem er selbst nie ohne Zweifel und Kritik angehört hatte.[87] Die „guten Jahre" lagen für ihn jetzt fern der Gegenwart und die Schrift liest sich insgesamt bereits wie eine Erinnerung an das Theater, dessen Kraft er in einer babylonischen Verwirrung der Sprachen verschwinden sah. „Ich glaube, dass Du es verstehen wirst", schrieb er in seinem Begleitbrief an Achim Benning[88], das Gespräch der Freunde aus der Ferne auf diese Weise fortsetzend. Während Benning aber noch am Theater festhielt, führte Dresens „Resignation"[89], wie er selbst dies nannte, dazu, dass er sich zur Gänze vom Sprechtheater abwandte und in die Opernregie floh.

Die Regisseurin Angelika Hurwicz war während der gesamten Direktions-Zeit von Achim Benning dem Burgtheater verbunden, ihre Klugheit, ihr Interesse an den gesellschaftlichen Verhältnissen, gehören ebenfalls zu jenem Fremden, das in diesen Jahren zum Eigentlichen des Hauses geworden war. Ihre Inszenierungen der Stücke Carl Sternheims, den sie als „eminent politisch-philosophischen Schriftsteller"[90] begriff – „Tabula rasa", „1913", „Das Fossil", „Der Snob" –, die Inszenierung des „Professor Bernhardi" von Arthur Schnitzler, des „Hofmeister" von Lenz (Bearbeitung von Brecht) und der „Frau vom Meer" von Ibsen waren wesentlicher Teil des großen Rückgriffs im Dramatischen, der zur Gegenwart sprach.[91] Bei ihren Regiearbeiten war das Politische mit dem Menschlichen verbunden, aber nicht als Illustration des einen durch das andere, sondern als Bedingtheit, Spannung, Widerspruch, auch das war eine Auffassung von Theater, die sich am Burgtheater dieser Periode in so vielen Facetten finden ließ. Die Deutung eines Stückes hatte sich letztlich an der schauspielerischen Arbeit zu messen, das war der Regisseurin Angelika Hurwicz selbstverständlich, schon von ihrer Herkunft als Schauspielerin am Berliner Ensemble her. Dass sie unter Brechts Regie die stumme Kattrin in der „Mutter Courage" und, was weniger bekannt war, die Grusche im „Kaukasischen Kreidekreis" gespielt hatte, erhob sie, die öffentlich davon kein Aufhebens machte, zur Legende, und entzog sie bald etwas den politischen Angriffen durch die Presse. Mit ihrer Fähigkeit zu schreiben gehörte sie auf besondere Weise einem raren Typus in der Regiezunft an, der in seiner Ungewöhnlichkeit aber nunmehr zum Burgtheater passte.[92] Auch sie hatte hier gute Jahre erlebt, ihre Erfahrungen mit dem Direktor Achim Benning hatte sie 1986 im Rückblick beschrieben und dabei zugleich die Situation am Burgtheater charakterisiert:

"Als ich, epochaler Umstände wegen, mich künstlerisch als heimatlos empfindend, von Achim Benning mit Beginn seiner Direktion an das Burgtheater geholt wurde, fiel mir im Umgang zwischen ihm und dem Ensemble eine große Vertrautheit auf. Bennings langjährige Tätigkeit als Schauspieler, in [den] letzten Jahren vor seiner Direktionszeit auch als Regisseur innerhalb des Ensembles hatte meiner Meinung nach bewirkt, dass keine Seite der anderen etwas vormachen konnte. Allzu gut kannte man wohl die gegenseitigen Qualitäten, sicher die Schwächen auch. Die Atmosphäre im Haus erschien gereinigt von vornherein, keine Unsicherheiten, Mutmaßungen beklemmten den Atem. Die erprobten Beziehungen herrschten vor.
Diese Vertrautheit ist eine so notwendige wie wünschenswerte Basis für die Arbeit des Schauspielers, eine Arbeit, die naturgemäß verunsichert, verunsichern muß, um fruchtbar zu werden. Oft lassen die Verhältnisse eine solche Basis vermissen, man sehnt sie unter Schmerzen herbei, hier war sie gegeben. Als Regisseurin zwar selbst die ‚Neue', habe ich vom ersten Augenblick an auf diesem soliden Unterbau Grund unter den Füßen gefühlt.
Die Tatsache, daß Benning mich ohne die geringste öffentliche wie private Bemerkung über mein Geschlecht als erste Frau am Burgtheater inszenieren ließ, empfand ich als charakteristisch für seinen Führungsstil. Dieses sein Understatement war mir große Anerkennung und Förderung zugleich.
Das Verständnis, das er Stückvorschlägen, Interpretationsmöglichkeiten und – aus Gründen der Parallelität immer das Schwierigste – Besetzungsvorschlägen entgegenbrachte, dabei vorsichtig korrigierend und vor allem durch die Skylla und Charybdis der vielen Wünsche und Prioritäten anderer Mitarbeiter steuernd, hätte mich mit dem am Theater so gebräuchlichen bösen Blick den Direktor Benning auch als listenreichen Odysseus ansehen lassen können, mich nolens volens als eines der Regieungeheuer, wenn schon von Skylla und Charybdis die Rede ist.
Aber ein anderer gelehrter Vergleich drängt sich stärker und ernsthafter auf. Unter Bennings Leitung erschien mir das Burgtheater, die größte deutschsprachige Bühne, wie eine Universität, an der ein Rector Magnificus den einzelnen Fakultäten das Recht auf freie Forschung einräumte. Im Zeitalter allumfassender Desillusionierung, Verunsicherung und Ratlosigkeit sollte das Theater, ein so hoch subventioniertes erst recht, durchaus mit einer Universität verglichen werden können."[93]

Schauspielerinnen und Schauspieler

So wie die Direktion Benning unter dem Aspekt der Sorgsamkeit, die sie den Dramatikern und den Regisseuren zukommen ließ, beschrieben werden kann, so lässt sie sich auch unter dem Gesichtspunkt der Sorgsamkeit gegenüber den Schauspielerinnen und Schauspielern betrachten. Die Periode von 1976–1986 erweist sich in dieser Frage als eine Übergangszeit, die zu nachhaltigen Veränderungen genutzt wurde. Das Burgtheater war im Bewusstsein der Zuschauer über alle Perioden hinweg vor allem ein Theater der Schauspieler gewesen. Die in Wien besonders ausgeprägte Verehrung der Schauspieler hatte ihr Telos in einer mythisierten Institution, die ihre Mitglieder gleichsam auf Dauer aus dem gesellschaftlichen Gefüge heraushob und ihnen einen Heroenstatus verlieh. Das Dasein dieser Heroen oder Heroinnen, so verschieden die Einzelnen in ihrer schauspielerischen Tätigkeit sein konnten, wirkte wie eine vorgegebene Eigenschaft des Burgtheaters, demgegenüber sich andere Faktoren ausnahmen, als wären sie von außen hinzugefügt. Oft unabhängig von ihrer konkreten Arbeit, konnten diese Heroen in besonderem Maße als Projektionsfiguren oder als Träger von Ideologien, künstlerischen wie politischen, fungieren und wurden doch so betrachtet, als wären sie dem Lauf der Zeit enthoben, wodurch ihre Haltungen und Biographien kaum öffentlich in Frage gestellt werden mussten. Obwohl sie als isolierte Größen existierten, die real untereinander wenig Verbindung hatten, dominierte nach außen hin das Bild eines Burgtheater-Ensembles, dessen Mitglieder eng zusammenwirkten. Diese gleichzeitige Idealisierung der Schauspieler zu vereinzelten Denkmälern und zu Mitgliedern eines homogenen Ensembles gehörte zum Nimbus der Institution. Eine Idee des langsamen Aufstiegs, durch Legenden vermittelt, haftete der schauspielerischen Karriere an; hatten die alten Heroen ihre Anfänge in der Provinz gehabt, so war den jüngeren Schauspielern, die bereits am Burgtheater wirkten, also den jungen Alten, die Gewissheit vorgegeben, einst selbst Heroen zu werden. Diese Situation war allerdings bereits vor 1976 brüchig geworden; ein Zeichen dafür war nicht zuletzt die bereits erwähnte „Ensemble-Vertretung", sie wurde indes nur von einigen wenigen jüngeren Schauspielern und Schauspielerinnen getragen, die sich bemühten, ältere Kollegen zumindest formal und nicht zuletzt aus taktischen Gründen einzubinden.

Gehörten die Heroen bereits einer Theaterzeit an, die durch die Erfahrungen der Gegenwart in eine gewisse Ferne gerückt schien, so wurde das Bild des Burgtheaters vielfach noch von ihnen geprägt. Sie trafen nun auf die Jungen oder Jüngeren, denn die Periode von 1976–86 war dadurch charakterisiert, dass Neuengagements in einem bisher nicht gekannten Ausmaß getätigt wurden. Neben den Engagements von jüngeren Schauspielerinnen und Schauspielern, die an anderen Theatern, auch in Deutschland, tätig gewesen waren, wurden die ganz Jungen oft direkt von der Ausbildungsstätte weg engagiert, manchmal geradezu aus ihr geholt, um sogleich mit größeren Rollen besetzt zu werden. Die Idee des langsamen schauspielerischen Aufstiegs bis zum Status des Denkmals hatte sich durch die veränderte Realität aufgelöst. 140 Personen – 66 Schauspielerinnen und 74 Schauspieler – wurden ins Ensemble des Burgtheaters aufgenommen. Zu den erstmals am Burgtheater engagierten gehörten Elisabeth Augustin, Emanuela von Frankenberg, Regina Fritsch, Brigitta Furgler, Josefin Platt, Kitty Speiser, Gabriele Schuchter, Andrea Eckert, Karlheinz Hackl, Ulrich Reinthaller, Georg Schuchter, Helmut Rühl, Erwin Steinhauer, Oliver Stern. Nur einige Namen sind hier angeführt, die damals ihre schauspielerische Gestalt bekamen oder fanden. Es ist nicht möglich, all diejenigen zu nennen, die geholt wurden, und schon gar nicht ist es möglich, die verschiedenen Wege nachzuzeichnen, oder auch nur der Frage nachzugehen, wer davon dauerhaft blieb und wer das Haus wieder verließ. Aber eine mathematische Vorstellung vom Anteil an neu engagierten

Personen kann doch gegeben werden: Im letzten Jahr der Direktions-Zeit, 1986, bestanden inklusive der Gäste 40 Prozent des Ensembles aus Mitgliedern, deren Vertrag erst nach dem September 1976 geschlossen worden war.[94]

Die zahlreichen Neuengagements bewirkten eine Verjüngung des Ensembles, die mit einer Veränderung der schauspielerischen Haltung einherging. Das Burgtheater wirkte in dieser Zeit für viele junge Schauspielerinnen und Schauspieler als eine zweite Ausbildungsstätte oder als eine wesentliche Korrektur ihrer ursprünglichen Ausbildung.

Neben strukturellen und personellen Faktoren gehörten der Spielplan und die neuen Regisseure zu den Voraussetzungen, die diese Engagements der Jungen notwendig gemacht hatten, es ging um eine andere Form des Theaters. So waren die Neuengagements der Schauspielerinnen und Schauspieler wesentlich durch die inhaltlichen Veränderungen bestimmt und folgten nicht einer Ideologisierung alles Jugendlichen, wie sie vornehmlich in der Praxis und in den Debatten des westdeutschen Theaters Verbreitung gefunden hatte. Am Burgtheater war die sichtbare Verjüngung im Schauspielerischen zudem mit der offenkundigen Absicht verknüpft, verschiedene Generationen in der Arbeit nebeneinander existieren zu lassen oder sie gar zusammenzuführen.

Die Heroen des Burgtheaters wurden weiterhin besetzt, das konnte dazu führen, dass eigens Stücke mit Rollen gesucht wurden, die ihnen ihr Prestige erhielten, wodurch es gleichsam Gehege innerhalb des Spielplans gab. Aber ebenso konnte es dazu führen, dass sie mit anderen Rollentypen betraut wurden, als von ihrem Denkmalstatus zu erwarten war. Dabei spielten sie auch bei den neu am Haus wirkenden Regisseuren, waren also mitunter in die inhaltlichen Veränderungen integriert. Manchmal geschah dies wohl hinter ihrem Rücken, ohne dass ihnen zunächst die Konstellationen in allem durchschaubar gewesen wären.

Unter den Neuengagierten wiederum waren nicht nur Anfänger oder Jüngere, sondern ebenso erfahrene Schauspieler wie Rudolf Buczolich, der am Zürcher Schauspielhaus tätig gewesen war; oder etwa Herbert Probst und Walter Langer, die vom Volkstheater kamen, und deren Engagement am Burgtheater den Neuaufbau eines Nestroy-Ensembles beförderte. Die Veränderungen im Ensemble umfassten auch den verstärkten Einbezug von Schauspielern, die schon am Burgtheater tätig gewesen waren, wie Robert Meyer, der 1974 für die Rolle des Schweizerkas in der „Mutter Courage" ans Burgtheater geholt worden war, und der in der Direktions-Zeit Benning seine herausragende schauspielerische Laufbahn absolvieren konnte oder Kurt Sowinetz, der bereits am Ende der Direktion Klingenberg, 1976, engagiert worden war, und nun ebenfalls zu einem der wesentlichen Schauspieler dieses Hauses wurde.

Wie wenig der Zeitpunkt des Engagements allerdings im Theateralltag oder gar in der Frage der jeweiligen Besetzung von Bedeutung war, erweist sich schon daran, dass unter den Schauspielern, die häufig besetzt wurden und die für das Theater als prägend angesehen wurden, nicht wenige waren, die bereits seit längerem zum Ensemble gehörten wie Joachim Bißmeier, Rudolf Wessely, Wolfgang Hübsch, Michael

Heltau. Klaus Maria Brandauer spielte vier große Rollen, teilweise parallel zu seiner internationalen Filmkarriere, die damals begann.[95]

Achim Benning selbst arbeitete als Regisseur mit Schauspielerinnen und Schauspielern verschiedener Generationen und verschiedener künstlerischer Herkunft zusammen, ungeachtet dessen, wie lange sie schon dem Haus angehört hatten. Manchmal hatte es sich nicht anders ergeben und von ihm geschätzte Schauspieler hatten schließlich nur eine Rolle unter seiner Regie gespielt, wie Hans Christian Blech oder Andrea Jonasson, sehr oft hingegen währte die Zusammenarbeit über viele Jahre, wie mit Erika Pluhar, Annemarie Düringer, Hilde Krahl, Emanuela von Frankenberg, Kitty Speiser, Elisabeth Orth, Maresa Hörbiger, Gertraud Jesserer, Sylvia Lukan, Joachim Bißmeier, Karlheinz Hackl, Norbert Kappen, Robert Meyer, Wolfgang Gasser, Kurt Sowinetz, Fritz Muliar, Johannes Schauer, Heinrich Schweiger, Rudolf Buczolich. Es war kein bestimmter Typus, den Benning favorisierte, aber wohl lässt sich eine Vorliebe für komödiantische Leute konstatieren und eine Abneigung gegenüber ‚Monopolisten', die anstelle des Schauspielberufs den Beruf ‚Star' gewählt hatten. Ging er also gegenüber ‚Selbstdarstellern' auf Distanz, die einen Kult um die eigene Person trieben, so galt sein Interesse hingegen durchaus auch dem Leben von wesentlichen Schauspielern. Das fand seinen Niederschlag in den Texten zum Theater, insbesondere natürlich in Texten über Schauspieler und Schauspielerinnen, die ihm nahe standen. Diese Texte, die wie alle anderen Texte von absoluter Diskretion sind, basieren auf einer Kontinuität des Kennens und sind von der niemals erschöpfend zu klärenden Frage angetrieben, wie Biographie und Begabung in die schauspielerische Arbeit einfließen.

Regie

1980 schrieb Leopold Lindtberg an Achim Benning, „ein[en] ganz persönliche[n] Brief, der nichts mit den politischen oder organisatorischen Aspekten des abgesagten Moskau-Gastspiels zu tun hat."[96] Das Moskau-Gastspiel war seitens des Burgtheaters aus Solidarität mit dem Ensemble-Mitglied Pavel Landovský abgesagt worden; diesen hatten die ČSSR-Behörden durch Entzug der Staatsbürgerschaft ‚ausgebürgert', worauf die sowjetischen Behörden das Einreisevisum verwehrten; er hätte also nicht mitfahren können, was für die Direktion nicht in Frage kam.[97] Leopold Lindtberg, der gewohnt war, seine Eindrücke offen und ohne Kalkül auszudrücken, konnte dabei „leicht verschmerzen", dass seine eigene Inszenierung von Nestroys „Liebesgeschichten und Heiratssachen" daher nicht nach Moskau geschickt wurde, bedauerte aber, dass die Absage auch die „Sommergäste" betroffen hatte:

„Im Allgemeinen schaut bei den Auslandsgastspielen, wie sie seit einigen Jahren beinahe routinemäßig im Rahmen von div. Kulturaustausch-Verpflichtungen veranstaltet werden, nicht viel heraus.

Ihre Inszenierung des Gorki'schen Dramas im Rahmen eines Gastspiels in Russland hätte aber eine künstlerische und kulturpolitische Bedeutung gehabt, die mit dem bisher Unternommenen nicht zu vergleichen gewesen wäre. Hier hätten Wien und das

Burgtheater einen Beweis für eine durchaus eigenständige und hochwertige Werkauslegung, ein hervorragendes Ensemblespiel und ein grossartiges Bühnenbild erbringen können.

Selbst wenn man in der Sowjetunion nicht alles als original ‚russisch' empfunden hätte, hätte man diese Aufführung als ein Dokument höchsten Respekts vor einem der grössten Dramatiker unseres Jahrhunderts und als einen Beweis gegen die Verkommenheit des deutschen Theaterlebens verstehen müssen. Was die Wiener an ihrem gegenwärtigen Burgtheater haben, hätten sie vermutlich auf dem Umweg über Russland erfahren. (Aehnlich wie das in Ostberlin mit den Gastspielen des BE in Paris und London passiert ist)

Um diese Chance gebracht zu werden [,] ist der eigentliche Verlust, den sie und wir durch diese unglückliche (und leider dazu ziemlich lächerliche) Affaire erleiden. Glauben Sie, bitte, nicht, dass ich den Erfolg unterschätze, den die ‚Sommergäste' in Wien hatten, aber die Dinge in den richtigen Proportionen zu sehen, kann man den Leuten hier und – und nicht nur hier – erst auf Umwegen und im Quadrat der Entfernung beibringen.

Ich will Ihnen mit diesen Zeilen nicht das Herz schwerer machen als es ohnehin sein dürfte, wollte Ihnen aber andrerseits meine Gefühle der Sympathie nicht verhehlen."[98]

Das Moskau-Gastspiel konnte dann 1982[99] doch stattfinden, und es ist zu fragen, ob es – trotz seiner fraglos großen „künstlerische[n] und kulturpolitische[n] Bedeutung" – die von Lindtberg erwartete Wirkung auf „die Wiener" erreichte. Der Brief Lindtbergs ist allerdings ein Dokument für die substanzielle Bedeutung, die er der Inszenierung Bennings beimaß, um es mit seinen Worten zu sagen: In Bezug auf das Burgtheater, die „Werkauslegung", das „Ensemblespiel", das „Bühnenbild", den „Respekt" vor einem Dramatiker – und als „Beweis gegen die Verkommenheit des deutschen Theaterlebens".

Die Veränderungen, die zwischen 1976 und 1986 am Burgtheater stattfanden und die hier bereits unter den Aspekten Spielplan, Regie und Ensemble skizziert wurden, hingen wesentlich mit Achim Bennings Verständnis und Praxis als Regisseur zusammen. Mit seinen Inszenierungen prägte er selbst den Rückgriff auf jene Dramen, die noch nie oder schon länger nicht mehr am Burgtheater gespielt worden waren und die es für die Gegenwart zu entdecken galt. Dazu gehörten: August Strindbergs „Totentanz" (1977), erstmals an diesem Theater aufgeführt, und „Der Pelikan" (1978), Maxim Gorkijs „Sommergäste" (1979) – eine österreichische Erstaufführung[100] –, „Der Kirschgarten" (1983) von Anton Cechov, „John Gabriel Borkman" (1985) von Henrik Ibsen, sowie „Ein Monat auf dem Lande" (1986) von Ivan Turgenev. Die Dramatik vor und nach 1900 blieb nach der Direktions-Zeit einer der Schwerpunkte Bennings als Regisseur, er inszenierte etwa „Kinder der Sonne" (1988) von Gorkij – eine Erstaufführung, die zehn Jahre im Spielplan blieb, über hundert Vorstellungen erreichte und damit vermutlich auf die höchste Aufführungszahl dieses Gorkij-Stückes außerhalb Russlands kam –, „Onkel Vanja" (1992) und „Platonov" (1995)

35

von Cechov, sowie „Professor Bernhardi" (1998) und „Das weite Land" (1999) von Arthur Schnitzler. Eine weitere Burgtheater-Erstaufführung war – wie schon erwähnt – die Komödie „Heimliches Geld, heimliche Liebe" (1985) von Johann Nestroy, ein bis dahin vielfach verkanntes Werk, dessen Qualität mit seiner komplizierten dramaturgischen Struktur zusammenhängt. Diese wurde in der Inszenierung nicht vereinfacht, sondern genutzt, ebenso wie die komische Negativität, mit der die Gesellschaft dargestellt wird.[101] „Das Stück", so Benning in einem Radio-Interview, „zeigt insgesamt eine völlig desolate Gesellschaft [...], jede menschliche Gefühlsregung ist eigentlich suspekt und hat letztendlich materialistische Motive, [...] das ist ziemlich total gesehen und die Gegenwelt scheint kaum auf. Es ist [...], wenn es nicht komisch wäre, furchtbar trostlos."[102]

Von Nestroy, der zu seinen bevorzugten Autoren zählte, inszenierte Benning am Burgtheater – nach seiner Direktions-Zeit – „Umsonst" (1987), „Der Schützling" (1989) und „Einen Jux will er sich machen" (1996). Trotz seiner Nähe zur österreichischen Literatur hatte er sich als Regisseur erst relativ spät den Dramatikern Schnitzler und Nestroy zugewandt, da er als gebürtiger Deutscher eine gewisse Scheu hatte, dies zu tun.[103] Es bedurfte zunächst gleichsam des Umwegs über Zürich, wo Benning etwa Stücke von Schnitzler inszenierte, bis er schließlich am Burgtheater – unter den sich verändernden Bedingungen der Jahre nach 1986 – geradezu als Spezialist für österreichische Dramatiker angesehen werden sollte. Seine deutsche Herkunft übrigens wurde in der Presse oft dazu verwendet, einen genuinen Gegensatz des Direktors und Regisseurs zur österreichischen Kultur zu behaupten, wobei sich in solchen Invektiven antiintellektuelle und antideutsche Ressentiments verschwistern konnten. Im Widerspruch zu den homogenisierten Österreich-Bildern mit ihren Ausgrenzungen und Vereinnahmungen waren es freilich konkrete Fragen, die den Regisseur interessierten, ebenso wie die szenischen Mittel – etwa der Komödie –, die sich einem feierlichen Begriff von österreichischer Kultur ohnehin entzogen. Das besondere Interesse Bennings an Komödien war nicht von einer vorgegebenen Idee des Genres geleitet, konnte Heiteres mit Ernstem, Komisches mit Tragischem verbinden, das erwies sich an seinem Verständnis von Turgenev, Cechov und Gorkij. Und es zeigte sich in anderer Weise bei Georges Feydeaus „Einer muss der Dumme sein" (1980) sowie „Ein Klotz am Bein" (1985), ein Stück, das erstmals an diesem Haus zu sehen war. In den Inszenierungen dieser Komödien Feydeaus war die komische Negativität – stets auf realer Grundlage – bis ins Absurde hineingetrieben und die absolute Karikatur einer bürgerlichen Gesellschaft mit ihren pseudomoralischen Werten auf die Bühne gebracht.[104]

Mit der in Österreich wirksamen Tabuisierung der Französischen Revolution hing zusammen, dass auch ein Stück wie „Dantons Tod" von Georg Büchner kaum auf den Bühnen zu sehen gewesen war; Bennings Inszenierung von 1982 war erst die dritte dieses Dramas in der Geschichte des Burgtheaters.[105] Die historischen Figuren waren von ihm nicht in eine nachkonstruierte Historie versenkt worden, sondern agierten in einer irrealisierten historischen Landschaft von verspiegelten Räumen. „Das sich selbst bespiegelnde Bewusstsein löst die Einheit des Ichs auf", schrieb der Dramaturg Bruno Hitz über die Figur des Danton im Programmheft.[106] Szenisch schien die Welt nicht lokalisierbar, die Grenze des Geschehens nicht feststellbar, schon der Auftritt mochte nicht aus dem Nachbarzimmer erfolgt sein, doch war durch die Spiegel die Wirklichkeitsfrage umso deutlicher gestellt.

Einen historischen Stoff mit noch direkteren Konsequenzen für die Gegenwart behandelte Klaus Pohl in seinem Stück „Das alte Land", das in einem norddeutschen Dorf 1946/47 spielt. 1984, als die Uraufführung in der Regie von Achim Benning stattfand, war eine kritische Auseinandersetzung mit der Nachkriegsperiode – nicht nur am Theater – noch weitgehend tabuisiert. Umgekehrt hatten sich in der deutschsprachigen Theatersituation ‚politische' Ansprüche, die zuvor eine gewisse Konjunktur erlebt hatten, vielfach in ‚Stil'-Diskussionen verloren. War hier also in Bezug auf die Thematik ein öffentliches Niemandsland des ‚Noch-nicht' und ‚Nicht-mehr' gegeben, so ist dagegen „Das alte Land" exemplarisch dafür, wie politische Themen erfolgreich aus den gängigen Abstraktionen gelöst und über die Gestaltung menschlicher Verhältnisse zur Sprache gebracht werden konnten. Klaus Pohls Formulierung, diese Inszenierung seines „Schauspiels" hätte ihn „zum dramatischen Dichter gemacht"[107], kann auch auf die Arbeit des Regisseurs an einer Fassung bezogen werden, die die Verständlichkeit der Handlung erhöhte.

„Quadratkilometer von Phrasen" müsste man dafür „durchstampfen", entgegnete Achim Benning einem Radio-Journalisten, der von ihm erwartete, generalisierende Aussagen über die Aufgabe des Theaters zu erhalten.[108] Bennings Misstrauen gegen die Phrase bedeutete auch den Verzicht darauf, die eigene Arbeit den Kunstideologien der Epoche zuzuordnen. Das hing mit der inhaltlichen Bestimmtheit seiner Inszenierungen zusammen, die nicht dem szenischen Dienst an vorgegebenen ‚Stilen' geweiht waren. Hatte er sich – wie gezeigt – 1984 als Direktor von einer „beliebigen Stil-Ideologie" abgegrenzt, so sollte er in einem späteren Beitrag – 2005[109]– sich vom Regisseur Paul Kalbeck den Terminus „Stilunfug" borgen, um die eigene Epoche zu charakterisieren und seine Distanz zu Theaterkonzepten auszudrücken, die ihm als manieristisch galten, da formale Ideen über den Inhalt gelegt wurden. Die Kritik an der Phrase war mit der Parteinahme für ein Denken verbunden, das den Akteuren des Theaters ebenso aufgegeben sein sollte, wie dem Publikum, und das Gesinnungen und ‚Stile' zugunsten inhaltlicher Fragen aufzulösen hatte. Für den Regisseur war die Erprobung dieses Denkens in der szenischen Konkretion zu suchen, und wesentlich war dort eine schauspielerische Arbeit, die stets auf die jeweilige Situation bezogen blieb. Diese szenische Situation war eine Folge des Dialogs der Figuren, die daher auch nicht als Funktionäre einer ausgedachten stilistischen Situation zu agieren hatten.

Wiederholt hatte Benning etwaige Bekundungen, die das Theater fraglos zur ‚Kunst' erklärten, zurückgewiesen und für sich selbst eher eine Nähe zur Kunst gelten lassen. Er bezog sich dabei – wiederum in einem späteren Text – auf Fritz Kortners Bestimmung von Regie-Tätigkeit als einer „kunstnahen Berufsarbeit", die dieser übrigens im Zusammenhang mit dem Denken am Theater verwendet hatte.[110] Dieses Verständnis bestimmte auch seine Zusammenarbeit mit Bühnenbildnern wie Matthias Kralj, Herbert Kapplmüller und Raimund Bauer – viele Jahre hindurch –, oder mit Rudolf Hausner und Xenia Hausner bei einzelnen Inszenierungen.[111] Es führte zu stets besonderen, oft überraschenden Wegen und widersprach zugleich der Idee vom Regisseur als dem Künstler, der sich gegenüber dem Drama als zweiter und meist sogar übergeordneter Autor begreifen wollte.

Die Vorstellung vom Regisseur als dem wahren Autor, die historisch in zahlreichen Varianten existiert, war bereits in der zweiten Hälfte der 1980er Jahre in adaptierter Form wieder aufgetaucht und breitete sich schließlich in den 1990er Jahren verstärkt aus. Abgesehen von den immer mehr an Gewicht gewinnenden Marketing-Strategien, war damit die vage, aber umso offensiver auftretende Proklamation verbunden, sich vom ‚alten Theater' zu befreien. Dieses wurde oft in seiner Gesamtheit einem – allerdings längst depravierten und von früheren Regie-Generationen kritisch überwundenen – Historismus zugeordnet, der mit ein paar alten Kostümen und Möbeln sein Auslangen zu finden geglaubt hatte oder von dem dies zumindest behauptet wurde. Das – ebenfalls nicht neue – Bestreben, den alten Stoffen einen direkten Gegenwartsbezug zu verpassen, reduzierte sich jetzt vielfach darauf, diese in die optische Aktualisierung zu zwingen. Dies war zunächst auch einem Mangel geschuldet, den man auszugleichen versuchte.

In einem Gespräch Mitte der achtziger Jahre bedauerte Benning, der selbst so viel zeitgenössische Dramatik in den Spielplan genommen hatte, generell den Mangel an guter moderner dramatischer Literatur am Theater und sah einen Zusammenhang mit der Situation der Regie: „Man kann es den Regisseuren nicht zum Vorwurf machen, daß sie manchmal mit merkwürdigen oder lächerlichen Methoden versuchen, den klassischen Texten neues Leben einzuflößen. Dies seien bloße Selbstinszenierungen, wird heute häufig geschimpft. Fehling und Jessner haben sich früher auch nicht verleugnet. Wenn ein Regisseur seinen Autor aber sehr gut kennt, wenn diese seine Kenntnis mitklingt und mitschwingt in seiner Inszenierung, dann wird bei der sogenannten Selbstinszenierung auch der Autor zum Vorschein kommen."[112] Diese Aussage steht im Zusammenhang einer – freilich viel weiter reichenden – Verteidigung der modernen Regie und ihrer Subjektivität, zu deren Durchsetzung und Weiterentwicklung die Direktion Benning in Wien entscheidend beigetragen hat. Die Direktion verfocht geradezu, wenn man es überspitzt formulieren möchte, das ‚Regie-Theater', wobei der wenig erhellende Begriff – wie schon gezeigt – nur von den Gegnern in polemischer Absicht verwendet wurde. Die Erkenntnis der Notwendigkeit eines Theaters, bei dem die Lesart des Regisseurs eine zentrale Rolle zu spielen hatte, war jedenfalls eine Grundlage dieser Periode des Burgtheaters.

Aber allgemein zeigten sich nunmehr am deutschsprachigen Theater Tendenzen, die in eine andere Richtung wiesen. Das Selbstverständnis jener, die als ‚neue Regisseure' oder als ‚junge Regie' gehandelt wurden, konnte dabei ungefähr folgendes sein: Der Regisseur oder die Regisseurin beanspruchte, als Autor(in) eine Ästhetik zu erfinden, glaubte sich dem alten Dichter überlegen und mit dem alten Text, oder Elementen davon, ein eigenes Stück zu erschaffen. Den Gründen dafür kann hier nicht weiter nachgegangen werden: Phänomene wie die Erosion des Politischen, das Schwinden historischen Bewusstseins sowie eine medial und elektronisch produzierte Gleichzeitigkeit, über die das Subjekt zu verfügen meint, und dem es doch unterliegt, mögen Stichworte, aber keine Erklärungen bieten. Jedenfalls ist der Anschein von Freiheit evident, mit dem diese ‚Subjektivität' zelebriert wurde. Die neue Berufung auf Subjektivität am Theater wollte also vielfach bald nicht mehr den Autor kennen und erschöpfte sich praktisch in der Montage vorgefundener und vorgegebener ‚Ästhetiken', was bei aller Bekundung des Subjektiven paradoxerweise ein Schwinden der Subjektivität von Regie bedingte. In Verbindung mit einer Normierung durch medial verlautbarte Trends führte dies zu einer modernen Form der Subjektlosigkeit. Diese neue Subjektlosigkeit, die den Fundus des Neuesten belieferte, berührte sich schließlich mit der älteren Form der Subjektlosigkeit, die sich ohne eigene Haltung nur aus den Konventionen und dem historistischen Fundus bedient hatte.

Es wäre eine kaum zu lösende Aufgabe, die Inszenierungen Achim Bennings im Zusammenhang mit den Veränderungen der Bedingungen etwa zwischen den Jahren 1976 bis 1986 und dann weiter bis in die 1990er Jahre zu untersuchen. Solche Rekonstruktionsversuche hätten letztlich wohl etwas Vergebliches, denn man käme bald zu jenen phrasenhaften Festlegungen, die der Regisseur selbst vermieden hat. Statt Details anzuhäufen, versuche ich hier gleichsam von außen etwas Allgemeineres festzuhalten, das sich in Unterscheidung zu anderen Arbeitshaltungen bestimmen lässt, aber natürlich auch Gemeinsamkeiten mit anderen Regisseuren ausdrücken kann. Bennings Inszenierungen bewegten sich – ohne dass er solches irgendwo selbst formuliert hätte – in anderen geistigen und räumlichen Landschaften als es den Regisseuren gelingen konnte, die den erwähnten neuen und alten Formen der Subjektlosigkeit verhaftet blieben. Seine Arbeit gründet auf einem Denken, das nach einer Position gegenüber Text und Wirklichkeit sucht und darin seine Subjektivität ebenso findet wie behauptet. Das mündete jedoch nicht in feierliche Lehrhaftigkeit oder sezierende Seelenkunde, wohin eine Auffassung von Theater führen konnte, die sich auf die Suche nach der tieferen Bedeutung machte: Solche verschlungenen Wege ernsthafter Theaterarbeit, die durchaus unterschiedliche Ergebnisse brachten, hatten etwa zur Folge, dass das denkende Subjekt der Regie durch eine Ansammlung von Deutungszeichen auf der Bühne präsent war. Zwar war auch Benning – als einem Regisseur, der vom Drama ausging – vorgegeben, jeden Satz auf die jeweilige Person und Situation hin zu überprüfen, und dabei die Tiefe, die unter dem Geschehen liegt, zu begreifen. Das konnte einmal den Eindruck der Schwere, dann wieder der Leichtigkeit erwecken. Es ging ihm aber, so lässt sich ersehen, nicht darum, in der Tiefe gedankenvoll zu verharren und den Inszenierungen aufzubürden, diese Tiefe zu gestalten, indem eine vorhandene oder erdachte Bedeutsamkeit illustriert werden sollte. Die Analyse diene „nicht der Obduktion, sondern dem Leben", so äußerte sich Achim Benning in einem Gespräch mit mir, nach der Analyse käme die

„Rückkehr zur Oberfläche", es sei eine „gekräuselte Oberfläche", und darunter wäre die „Tiefe".[113] Diese Oberfläche in Bennings Inszenierungen verwies auf sich selbst, darunter konnte es Prozesse geben, die zu erkennen waren, sich aber doch nicht so einfach definieren ließen. Es war die Oberfläche, die das Theater zu zeigen vermag, und die zugleich die Erscheinungen der Welt ausmachte.

Die Theaterauffassung von Achim Benning ist mit dem Dialog untrennbar verbunden, und die Verteidigung des Dialogs erfolgte in seinen Texten zum Theater mit einer Leidenschaft, wie sie nur jemand empfinden kann, der das Schwinden des Dialogs am Theater zugleich als das Ende wesentlicher Möglichkeiten des Theaters deutet. Dabei ist es der gebrochene Dialog des modernen Dramas, der ihn in der Praxis vornehmlich interessierte, nicht das extensive Aussprechen der Gedanken und Gefühle in den alten dramatischen Kollisionen. Der moderne Verteidiger des Dialogs ergriff den Endpunkt des Dialogs, der so weit von Shakespeare und Schiller lag wie irgend denkbar. Dadurch konnte er gerade mit den Mitteln des Dialogs die Sprachunfähigkeit zeigen, also die Situation von Menschen auf die Bühne bringen, die zu einem Gespräch, einem Austausch der Gedanken und Gefühle eben nicht in der Lage waren. Die Dramen, zu denen Benning fand, waren – wie der von ihm geschätzte Peter Szondi in seiner „Theorie des modernen Dramas" dargelegt hatte – vielfach von jener Krise des Dialogs geprägt, die zu einer Krise der dramatischen Form geführt hatte, aus der indes vielfältige Möglichkeiten des Dramatischen entsprungen waren.

In einem Essay für das Programmheft der „Sommergäste"-Inszenierung äußerte sich der Dramaturg Rudolf Weys über die spezifische Form des Stücks. Er sprach dabei vom „Prinzip der vielstimmigen Gespräche", das „zugleich ein System der Illusionsbrüche, Widersprüche, Wiederholungen, Pausen, Parallelgespräche, Stille, Schweigen, Verstummen etc." sei.[114] Die Struktur dieses Dramas, das Rudolf Weys als atypisch für das Werk Gorkijs ansah, galt ihm als „‚avanciert' um nicht zu sagen ‚avantgardistisch'". Diese avancierte Vielstimmigkeit im Dramatischen nun, durch die der Dialog sich in der Auflösung behauptete, war die Grundlage einer Inszenierung, bei der eine ungekannte Vielstimmigkeit im Szenischen zu sehen war, die im Durcheinander des Redens, Kommens und Gehens, der sinnlosen Handlungen und des Nichtstuns erst jene gebrochene Einheit erzeugte, aus der eine ganze szenische Welt erwuchs. Diese blieb, so wie das Stück, stets offen, und die Anforderungen an das Denken der Zuschauer war Teil ihrer Wirkung. „Es ist für den Zuschauer unbequem", sagte Achim Benning, „aber, wie [...] ich hoffe, in einem unterhaltsamen und ein bisschen aufregenden Sinn"[115]. Vielleicht ist auch hierin etwas Typisches an der Regiearbeit Bennings zu erkennen, dass sich nämlich – wie er an anderer Stelle formulierte – „das fragmentarische Bühnenkunstwerk erst im Kopf des Zuschauers vollendet."[116]

Rudolf Weys' „Sommergäste"-Essay gibt eine Ahnung von den unkonventionellen Gesprächen zwischen dem Regisseur Benning und seinen Dramaturgen. Die Verhältnisse müssen ebenso beflügelnd wie anstrengend gewesen sein; wollte man das Bild von Angelika Hurwicz verwenden, so ließe sich ausmalen, wie – nebenbei und ohne wissenschaftliche Prätention – gleichsam eine kleine Fakultät des dramaturgischen Gesprächs entstanden war, eigentlich ein geistiges Gegenstück zur Universität, das in die praktische Arbeit einfloss. Die Begriffe oder Beobachtungen, die Rudolf Weys als schreibender Dramaturg fand, lassen sich als Stichworte nutzen, um thematische Interessen des Regisseurs Achim Benning zu benennen. Weys zitiert etwa Maxim Gorkijs Formulierung von der „Zerstörung der Persönlichkeit"[117], und der moderne Menschentyp, die Krise oder Auflösung des Subjekts, mit all ihren Auswirkungen, von der Einsamkeit bis zur Erinnerungslosigkeit, war tatsächlich eine immer wiederkehrende Thematik in den Inszenierungen Bennings. Nicht um die szenische Elegie über den Ich-Verlust ging es dabei, sondern um die unverstellte Gestaltung der Folgen: Ein Figurentyp, den Benning auch in seinen Texten zum Theater beleuchtet, ist der ‚Opportunist'; vorwiegend handelt es sich um den intellektuellen ‚Opportunisten', der in zahlreichen Varianten seine Wiederkunft erfährt. Dessen Darstellung drängte auf der Bühne zur Satire, und verwies, obwohl im Historischen angesiedelt, auf die Gegenwart.

Eine weitere Beobachtung von Rudolf Weys gilt „Gorkijs Ader fürs Absurde", diesen Zug – so Weys – „hinter der ‚schönen Hülle' tierischen Ernstes zu verschleiern, bedeutet die Verwandlung von Satire und Realismus in Kitsch."[118] Weys nennt den Namen nicht, aber die polemische Anspielung meint offenkundig Peter Stein, der mit seinen kunstvollen „Sommergästen" an der Schaubühne in Berlin und dem danach gedrehten Film von 1975, ebenso wie mit seinen Cechov-Inszenierungen, Nachahmer gefunden hatte, die immer weiter ein ernst-schönes Russland-Bild pflegten und den Realismus als ‚Stil' verstanden. Durch die naturalistischen Mittel war dort in gewisser Weise ein ‚westliches' Pendant zu dem als ‚Stil' begriffenen „sozialistischen Realismus" entstanden, nur dass der politische Anspruch sich im Seelenvollen aufgelöst hatte. Freilich findet sich vornehmlich auf den deutschen Bühnen dieser Jahre ein Durcheinander des „Realistischen", das – nicht nur – in einer szenischen Welt des ‚Russischen' exerziert wurde: So gab es daneben auch die Erlösung durch die rote Fahne am Ende oder das Lächerlichmachen der Figuren von Beginn an, also Agitation oder Groteske, letztere – wie Rudolf Weys dies in einem Essay zu Cechovs „Kirschgarten" kritisch festhält – als Manier, „die Comédie Humaine ins Schwankhafte zu verzerren".[119] Der Begriff des „Realismus" fungierte bereits als Phrase mit langer Geschichte, er hatte seine Fraktionen, und seine Verwendung schwankte, aber für das Theater wurde er durchaus noch mit positiver Bewertung verwendet.[120]

Viele Jahre später, im Jahr 2003, als zahlreiche ehemalige ‚Realisten' die Begriffe „Realismus" und „realistisch" bereits mieden, diese Worte am Theater aber immer noch als Phrasen fungierten, ihren positiven Klang indes gänzlich eingebüßt hatten und nunmehr dazu verwendet wurden, eine Geringschätzung des Gesehenen auszudrücken, äußerte sich Benning in einem Beitrag über Matthias Kralj dazu. In dem Aufsatz, der zugleich Wesentliches über Bennings Regiearbeit erzählt, aber auch darüber, wie sich diese nicht im Definitorischen von Begriffen festlegen lässt, ist nachzuvollziehen, dass seine „realistische Weltsicht", zu der er sich bekannte, gerade in ihrer Konsequenz auf der Bühne zu Ergebnissen führen konnte, die nun gar nicht mit der gebräuchlichen Vorstellung von ‚Realismus' übereinstimmen mussten, und das – wie er schrieb – „zum Beispiel auch das Absurde real" sein konnte. Benning beschreibt die Bühnenräume, die Matthias Kralj für ihn und mit ihm schuf, Räume und Landschaften, die „realistisch" genannt worden seien, denen allerdings mit diesem „ominösen Verdunklungsbegriff" nicht beizukommen wäre: „zum Beispiel die riesigen fabrikshallengroßen ‚Zimmer' im Haus des John Gabriel Borkman", „die Traumwelten Strindbergs, in denen der Tod durch die sich auflösenden Wände im Hause des Rittmeisters drang", das „verspiegelte, in sich labyrinthisch verschachtelte Palais-Chaos in Büchners ‚Dantons Tod', in dem Menschen toten Puppen begegneten", das „tödlich ausgelaugte Alte Land, das dicht unter dem Himmel lag" oder „das verlorene Land Gorkijs mit den toten Bäumen und dem gläsernen Haus der Sommergäste, das es weder in Russland gab noch sonst wo auf der Welt".[121] Während sie dies schufen und erfanden, war der „Realismus" ihre „Weltanschauung", aber nicht ihr Stil, und so ist es geblieben: „Wir haben uns am Leben und an der wirklichen Welt orientiert und uns auf die Texte verlassen. Und so waren wir eben Realisten."[122]

Erinnerung

Gemessen an ihrer Bedeutung, kann die Direktions-Zeit von Achim Benning als die am meisten verkannte Periode des Burgtheaters in jüngerer Zeit angesehen werden. Das gilt nicht für die Zeitgenossen der Jahre 1976–1986, denn diese hatten in hohem Maße als Besucher die gebotenen neuen Möglichkeiten ergriffen, wie belegt wurde.[123] Auch gilt dies nicht einmal für die politisch motivierten Attacken und Invektiven gegen die Direktion, die eine Front des Kulturkampfes eröffneten, denn die Zeitgenossen, die solches betrieben, hatten ihren Gegner gefunden und lassen sich identifizieren. Erst in der anonymen Sphäre, die gemeinhin als historisches Gedächtnis bezeichnet wird, hatte sich die Verkennung und Verschleierung vollends entfaltet. Vor allem aber ist es nunmehr so, als wäre es nicht gewesen. Erstaunlich, dass in die romantischen Gesänge über die Kreisky-Ära, die diese Zeit wie eine untergegangene politische Kultur verklären, das Burgtheater nicht eingeschlossen wird – nicht einmal als untergegangene Theaterkultur. Es fehlen Kenntnisse, auf die Faszination und Kritik sich erst beziehen könnten; abgesehen von wenigen Ausnahmen, existieren bislang keine publizistischen oder wissenschaftlichen Darlegungen.[124] Bei seltenen kursorischen Erwähnungen wiederum wird diese Direktions-Zeit zu einer Vorgeschichte späterer, heroisierter Epochen verkleinert. Es handelt sich dabei nicht um das gängige Vergessen, wie es der Flüchtigkeit des Theaters eigentümlich ist, sondern um einen Vorgang, der sich von seiner Wirkung her am ehesten als Ausweichbewegung beschreiben lässt. Dies auf einige Ursachen zurückzuführen, würde kaum Antworten liefern, denn sicher hat ein ungeheurer Wandel der Verhältnisse – der Gesellschaft und des Theaters – stattgefunden, natürlich gab es Personen des Theater- und Kulturbetriebs, denen am Vergessen gelegen war, da sie von der Illusion der tabula rasa profitierten, und freilich wollten ins ‚Fortschrittliche' und ‚Moderne' gewendete

Kritiker und Kritikerinnen nicht mit ihrer eigenen ‚reaktionären' Vergangenheit verglichen werden oder wollten ihre Anpassung nachträglich bestätigt finden; aber all das vermag wenig zu erklären. Stattdessen mögen hier noch einige Beobachtungen skizziert und die Fragen vermehrt werden.

Wollte man die jüngere Burgtheater-Zeit grob sortieren und sie mit den kulturellen Verhältnissen vermitteln, so ließe sich – an Namen geheftet und unter Absehung von einzelnen Inszenierungen – folgende Einteilung konstruieren: Die Direktionen von Gerhard Klingenberg, Achim Benning und Claus Peymann folgten Impulsen oder waren Einschätzungen und Angriffen ausgesetzt, die sich vornehmlich aus Themen ergaben, häufig sogar Inhalte betrafen, wenngleich diese nicht nur wesentlich, sondern auch verdreht erscheinen konnten. Neben Klatsch und Tratsch existierten Diskussionen über Theater, deren gesellschaftlicher Hintergrund zu erkennen war und denen – im weitesten Sinn – kulturpolitische oder gar politische Bedeutung zukam. Mit der Auflösung der Verhältnisse, die dies bedingt hatten, schwand jene Form der Auseinandersetzung, nicht nur am Theater, und lebte allenfalls nur mehr in Bruchstücken fort. Nunmehr dominierte in den Direktions-Perioden danach, also bis in die Gegenwart, das unübersichtliche Mosaik, auf dem keine Motive zu erkennen sind, eher Farbgebungen, geglückte und nicht geglückte. Berichte über das bunte Arrangement kreisen und kreisen dabei kaum um inhaltliche Probleme. Ärgernisse und Erregungen mögen sich zwar wie seit je aus Gerüchten und Animositäten ergeben, die früheren Aufregungen, Erschütterungen und Widerstände, die sich – in wie verdeckter Form auch immer – aus den Konflikten und Ideologien der Gesellschaft ergaben, sind in einem Gleichmut konsumistischer Aufgeschlossenheit verschwunden. Obwohl sich gerade hieran die gesellschaftlichen Zurichtungen identifizieren ließen, dominiert das Bewusstsein, in einer Art von Normalität zu leben, die durch die wechselnden Farben der Modernität belebt werden kann. Schwand mit einer Entwicklung, bei der sich der Begriff der Kulturpolitik zu Gunsten der Montage des Vorhandenen und des Marketing aufgelöst hat, die Kraft, sich Zeiten zu erinnern, in der kulturpolitische Absichten zu politischen Konflikten führten?

Dennoch existiert bereits eine beträchtliche Differenz zwischen den Direktionen Benning und Peymann, die sich am Begriff des ‚Politischen Theaters' hier mehr andeuten als entfalten lässt. Im Unterschied zum bereits skizzierten Verständnis eines politischen Theaters, das aus einem geschichtlichen Bewusstsein und vor allem aus konkreten Fragen erwuchs – und das plötzlich als konservativ galt, wenn überhaupt noch darüber gesprochen wurde –, im Unterschied also zu diesem Verständnis des Theaters, waren die Akteure der Direktion Peymann an eine Vorstellung von politischem Theater gebunden, die mehr auf Proklamation, Behauptung, Provokation gerichtet war. In seiner politischen Rhetorik, die stets durch Medien multipliziert wurde, nahm Peymann vorzugsweise die Doppelrolle von Provokateur und Opfer ein. Das Mittel, solches zu erhalten, war der Skandal, und der war in Wien leicht zu haben, wo der öffentliche Bedeutungsverlust des Theaters nicht erkannt oder noch nicht eingetreten war. Die Effekte hatten sich verkehrt, der Skandal bestimmte die

Aussagen und Ansagen; diese erhielten ein mediales Eigenleben, das unabhängig von der Bühne zu existieren schien, obwohl doch dauernd vom Theater die Rede war. Die angestrengte Skandalisierung der eigenen Theaterarbeit war aber wohl während dieser Zeit vor allem deshalb nur mehr in Wien möglich, da hier kritisches Bewusstsein vielfach in Form einer abstrakten ‚Österreichkritik' ausgedrückt wurde, der das ‚Österreichische' genuin als reaktionär oder zumindest als gegenüber ‚dem Ausland' zurückgeblieben galt. Der Typus des idiosynkratischen ‚Österreichkritikers', der die Weltoffenheit woanders wähnte, hatte sich in der Literatur und Publizistik etabliert. Insbesondere im Journalismus bot die ‚Österreichkritik' einen bequemen Steg, um von der restaurativen Apologie der Abgeschlossenheit Österreichs zur Reverenz gegenüber dem ‚modernen Ausland' zu gelangen. Die Rolle, die Peymann einnahm, oder die ihm zufiel, war die des politischen Ritters gegen ein von ihm und anderen zur Provinz erklärtes Österreich. Das führte nicht nur dazu, dass dieser äußerliche Begriff des politischen Theaters von der vielfältigen Geschichte politischer Theaterkonzeptionen abgetrennt war, sondern dass vor allem an die kritischen und demokratischen Traditionen der österreichischen Geschichte und Literatur, oder gar an die Hervorbringungen des österreichischen Exils, nicht angeknüpft wurde. Der politische Held hatte aus dem Augenblick heraus zu agieren, als stünde ihm die ganze österreichische Gesellschaft entgegen und konnte sich mit seinen zu ‚Schimpfreden' geschrumpften Parolen einer ungeahnten Beliebtheit erfreuen. Übertönte schließlich diese Proklamation des Politischen jene auf Reflexion basierende ältere Theaterarbeit, die ihr vorangegangen war und ihr de facto – von heftigen Angriffen begleitet, aber mit großen Erfolgen – den Weg bereitet hatte?[125]

All das wäre freilich bereits eine andere Thematik, aber sie soll hier doch noch anekdotisch und daher subjektiv illustriert werden. Ich breche damit als Beteiligter das Gesetz der Verschwiegenheit, das am Theater oft der gängigen Geschwätzigkeit so seltsam beigesellt ist: Als Achim Benning, der in der Ära Peymann weiterhin am Burgtheater als Regisseur arbeitete und dort günstige Bedingungen für seine Vorhaben fand, 1998 „Professor Bernhardi" von Arthur Schnitzler inszenierte, entzündete sich eine Aufregung um das „Programmbuch", das ich als Gastdramaturg mitzugestalten hatte. Im Zentrum des „Programmbuches" sollte – so unsere Konzeption – das Thema Antisemitismus stehen, vorbereitet waren unter anderem die Dokumentation antisemitischer Reden und Pamphlete sowie Texte von Schriftstellern des Exils. Nebenbei gesagt, waren das Materialien und literarische Texte, die bislang nicht oder kaum veröffentlicht worden waren, die Unbekanntes oder wenig Bekanntes enthielten. Der Leiter der Dramaturgie und Co-Direktor Hermann Beil, der stets ein verlässlicher Ansprechpartner für Benning war, hatte andere Vorstellungen für das „Programmbuch", die neben der bekannten, im Vagen gehaltenen aktuellen ‚Österreichkritik' darauf hinausgelaufen wären, die Direktion Peymann als Opfer darzustellen. Peymann als Bernhardi? Die Stilisierung Peymanns als überzeitliches Opfer österreichischer Verhältnisse bedurfte stets neuer Motive und sollte – nach den Vorgängen, die als „Heldenplatz"-Skandal gefeiert wurden – gleichsam wieder durch eine falsche Identifikation mit den Verfolgten erneuert werden. Dem kam ein altes Missverständnis zupass, das in der Nachkriegszeit erblüht war, nämlich die Idealisierung der Figur des Bernhardi zum Kämpfer für das Gute, kurzum zum edlen Nathan. Dass es diesmal zu dieser Opferverwirrung im „Programmbuch" nicht kam oder dass diese zumindest nicht im Vordergrund stand, ist den geduldigen Erklärungen Achim Bennings zu verdanken.

Der Theatermythologie ist freilich mit Anekdoten kaum beizukommen, eher mit beharrlicher Suche. Eine solche hatte die Direktion Benning initiiert und gefördert, als sie an den jungen Germanisten Johannes Sachslehner einen Forschungsauftrag erteilte und ihn „überfällige Betrachtungen zur Geschichte des Burgtheaters und seiner Idee"[126] anstellen ließ, die „dem Mythos Burgtheater mit wissenschaftlichem Anspruch"[127] nachspürten. Insbesondere war hier mit Schärfe und Akribie von der Genese dieses Mythos und seiner politischen Instrumentalisierung zu lesen, die umfangreiche Studie analysierte die Ideen, vor allem aber die Ideologien zum Burgtheater von der Gründung des Hauses bis zur Gegenwart und sparte auch die nationalsozialistische Theaterwissenschaft mit ihrem Wiener Protagonisten Heinz Kindermann nicht aus.[128] Ausführlich behandelte Sachslehner schließlich die Angriffe der „Kronen Zeitung" und anderer Zeitungen auf die Direktion Benning – auf jene Direktion also, die unter schwierigen und zugleich günstigen Bedingungen, den Mythos Burgtheater von innen aufgebrochen hatte.

Schauspielhaus Zürich

Dass Achim Benning unter den zahlreichen Angeboten, die Direktion eines Theaters zu übernehmen, gerade das Schauspielhaus Zürich gewählt hatte, hing mit dessen Geschichte zusammen.[129] Das Wirken deutscher und österreichischer Theaterleute, die vor den Nationalsozialisten ins Exil geflüchtet waren und hierauf die epochale Bedeutung dieses Theaters bestimmt hatten – darunter Leopold Lindtberg und Maria Becker –, war ihm ebenso wesentlich, wie die historische Verbindung des Hauses zu Max Frisch und Friedrich Dürrenmatt. All das war freilich bereits in einem Mythos des Schauspielhauses aufgegangen, der in der zeitgenössischen Realität wenig Entsprechung fand. Im Unterschied zum Burgtheater-Mythos war dies allerdings ein jüngerer Mythos, mit explizit demokratischen Inhalten, es galt, ihn nicht aufzubrechen, sondern ihn zu vergegenwärtigen, die treibenden Motive weiterzuführen, das verschüttete Erbe der wesentlichen Perioden des Theaters erst anzutreten. Dieser Mythos schob sich also nicht vor die Realität, sondern konnte Realität werden und die Realität erkennen helfen. Vor allem lebten Menschen aus den wichtigen Zeiten des Schauspielhauses noch und sie waren als Arbeitspartner zu gewinnen.

Achim Benning selbst hatte offenkundig Illusionen, die Situation durch Arbeit[130] verändern zu können, aber nicht die eine Illusion, dass die humanistischen und politischen Traditionen dieses Theaters bruchlos wirksam wären oder gar eine nachhaltige Wirkung in den kulturellen Verhältnissen Zürichs bewirkt hätten. Bereits im Vorwort zum ersten Heft der Programmvorschau, in dem er wie stets auf die gängigen

Ankündigungsparolen verzichtete, stellte er mit Rekurs auf die Geschichte zahlreiche kritische Fragen zur Gegenwart – vor allem zur Situation des Schauspielhauses in der aktuellen Zürcher Gesellschaft.[131] Da hatte er bereits an Max Frisch geschrieben, dessen „Triptychon"[132] 1981 am Akademietheater in der Regie von Erwin Axer uraufgeführt worden war: „Ich unternehme ab Herbst dieses Jahres, wie Sie vielleicht wissen, den Versuch, das Schauspielhaus zu leiten, und da möchte ich Ihnen sagen, dass Ihnen dieses Theater zur Verfügung steht und ich auch.

Ihre Anwesenheit in dem Ihnen verbundenen Haus in jedweder Form, lesend, redend und natürlich in Ihren Stücken auf der Bühne, wünschen wir uns sehr."[133]

Im Oktober 1989 – also in der ersten Spielzeit – erfolgte die Uraufführung von Max Frischs „Jonas und sein Veteran. Ein Palaver" am Schauspielhaus Zürich in der Regie von Benno Besson.[134] Der Text war eine Fassung des in Dialogform gehaltenen Prosawerkes „Schweiz ohne Armee? Ein Palaver", das Max Frisch als Reaktion auf die Initiative „Schweiz ohne Armee" verfasst hatte. Obwohl dies ursprünglich nicht geplant gewesen war, fiel die Uraufführung in die Zeit vor der Volksabstimmung, was hysterische Aufregung von Mitgliedern des Verwaltungsrates der Neuen Schauspiel AG erzeugte, die eine Aufführung verhindern oder zumindest eine Verschiebung der Premiere erzwingen wollten.[135] Der Verwaltungsratspräsident Werner Weber jedoch, Professor für Literaturwissenschaft an der Universität Zürich, verteidigte die Aufführung des Werkes öffentlich[136] und stellte sich auch weiterhin schützend vor die Direktion, Anlässe dazu gab es genug. Urs Bircher, Dramaturg dieser Inszenierung, der darüber hinaus nach den Vorstellungen die heftig verlaufenden Diskussionen zum Thema „Schweizer Armee – wozu?" geleitet hatte, schrieb 1991 anlässlich des Todes von Max Frisch – in seinem Beitrag für das Programmvorschau-Heft – zum „Jonas"-Skandal: „Ein neues Stück mit einer aktuellen Schweiz-Thematik, geschrieben von einem weltberühmten Schweizer Autor mit einer besonderen Beziehung zum Schauspielhaus, inszeniert vom grössten lebenden Schweizer Regisseur – solche Sternstunden hat das Theater nur selten. Benning fiel daher ziemlich unsanft aus den Wolken, als die Repressionsversuche begannen. Man drohte mit juristischen Schritten, mit finanziellen Konsequenzen – natürlich nicht öffentlich, man ist schließlich in der Schweiz –, doch um so deutlicher unter vier Augen, hinter geschlossener Türe: also nicht justiziabel."[137]

„Sie sind ein Glück für Zürich, aber ob die's merken?", schrieb Max Frisch im November 1989 Achim Benning als Widmung in ein Exemplar seines Buches „Schweiz ohne Armee?".[138] Vom Spielplan aus betrachtet, war Max Frischs „Jonas" keine Ausnahme, die kritische Haltung gegenüber den Verhältnissen und die Verbindung von historischen mit gegenwärtigen Fragen waren grundlegend für Bennings Direktions-Zeit. Diese Auffassung eines Theaters, das vielfältige Dimensionen des Politischen enthielt, entsprach der Weiterführung von Ideen aus der Burgtheater-Zeit, denn mit dem Ortswechsel war nicht plötzlich alles anders geworden. Zugleich aber sollte auf die gesellschaftliche Situation, die Geschichte und Gegenwart des Landes und der Stadt reagiert werden, was immer wieder als Affront gegen die Schweiz oder gegen

Zürich ausgelegt wurde. Die in den Gremien beheimateten Gegner dieser Orientierung des Theaters frönten dabei einer doppelten Abwertung des Gebotenen, denn einmal wurde der kritische Bezug zu den Schweizer Verhältnissen skandalisiert, dann wieder wurde der Spielplan als zu wenig schweizerisch angegriffen. Im Falle des „Jonas" konnten die beiden Invektiven vereinigt werden, das Stück störte die Schweizer Verhältnisse und war zugleich unschweizerisch.

Als Eröffnungspremiere inszenierte Benning „Professor Bernhardi" von Arthur Schnitzler, dem Stück wurde dabei keine illustrative Verdeutlichung eines Zusammenhangs mit dem Holocaust auferlegt, auch keine Aktualisierung. In Diskussionsveranstaltungen nach der Vorstellung aber und im Programmheft, das Essays des Dramaturgen Reinhard Palm und des Schriftstellers Thomas Hürlimann enthielt, wurde ausführlich auf den Antisemitismus in der Schweiz eingegangen. Gleich „Jonas und sein Veteran" stieß auch „Professor Bernhardi" auf großes Interesse beim Publikum, wie sich an den hohen Besucherzahlen ablesen lässt.[139] Dennoch: Was Achim Benning in den Jahren seiner Direktion am Burgtheater etabliert hatte, war nun in Zürich gegen Voreingenommenheiten anderer Art neuerlich durchzusetzen. Dazu zählte sogar Georges Feydeau, dessen Komödie „Ein Klotz am Bein" Benning in der ersten Spielzeit inszenierte. Seitens des Verwaltungsrats wurden Einwände gegen einen Dramatiker wie Feydeau vorgebracht, der den Mitgliedern nicht zum offiziösen Bild des Schauspielhauses zu passen schien. So wie am Burgtheater, wollte Benning dem Kindertheater auch am Schauspielhaus einen wesentlichen Stellenwert einräumen.[140] Bereits im ersten Jahr wurde das Märchenstück „Die verzauberten Brüder" von Jewgenij Schwarz gespielt, das Hansjörg Schneider ins Schweizerdeutsche übertragen hatte; im Jahr darauf folgte „Vogelchopf" von Albert Wendt. Die Verwendung von „Schwyzerdütsch" auf der Bühne eines großen Theaters stieß dabei auf allerlei Irritationen, da es hierin keine Tradition gab.

Fortgesetzt wurde auch die Verbindung mit Václav Havel, denn die erste Premiere im Schauspielhaus-Keller war die Uraufführung von Havels Schauspiel „Sanierung" in der Regie von Joachim Bißmeier. Dass es sich dabei nicht um die Uraufführung des Stücks eines Schweizer Dramatikers handelte, widersprach den Gewohnheiten und wurde demnach als Besonderheit registriert.[141] Havel war im Jänner 1989 bei der Gedenkveranstaltung zum 20. Jahrestag der Selbstverbrennung von Jan Palach erneut verhaftet, im Mai jedoch nach weltweiten Protesten auf „Bewährung" freigelassen worden. Der nach den Umwälzungen – der „samtenen Revolution" – im Dezember 1989 zum Staatspräsidenten der nunmehrigen ČSFR gewählte Autor besuchte im November 1990 privat das Schauspielhaus und Achim Benning. Am abendlichen Fest, das aus diesem Anlass stattfand, nahmen zahlreiche Schriftsteller teil, darunter Elias Canetti, Friedrich Dürrenmatt, Jürg Federspiel, Rolf Hochhuth, Franz Hohler, Thomas Hürlimann, Hugo Loetscher, Golo Mann, Niklaus Meienberg, Ilma Rakusa.[142] 1992 wurde Havels absurdes Drama über die Erfindung einer bürokratischen Kunstsprache unter dem Titel „D'Benachrichtigung" von Urs Bircher in einer von ihm erstellten schweizerdeutschen Fassung inszeniert, das Stück brachte „ein Thema auf die Bühne", so hieß es in der Ankündigung, „welches hier und heute (leider) nicht weniger aktuell ist als bei seiner Uraufführung am ‚Theater am Geländer' 1965 in Prag".[143]

Achim Benning hatte das Schauspielhaus Zürich in großem Umfang den Schriftstellern geöffnet, Möglichkeiten für ihr Schreiben geschaffen, Dramen angeregt und den Entstehungsprozess begleitet. Thomas Hürlimann, dessen Stücke „Großvater und Halbbruder" (1981) und „Stichtag" (1985) am Burgtheater gespielt worden waren, war von Benning als Hausautor an das Schauspielhaus Zürich geholt worden. Die intensive Zusammenarbeit zwischen dem Direktor und Regisseur Benning und seinem Dramatiker reichte weit über Fragen des Stückeschreibens oder der Bearbeitung von Stücken hinaus; Hürlimann verstand sich als schreibender Begleiter[144] des Schauspielhauses und wurde bald ein Verteidiger der Direktion. Bereits in der ersten Spielzeit inszenierte Benning Hürlimanns Stück „Der letzte Gast", eine Komödie um einen Schweizer Verein von Sportanglern an einem toten See – einer Kloake ohne Fische –, der seine Rettung darin sieht, Oskar Werner zum Obmann zu machen. Der Übersetzer und Dramaturg Maik Hamburger, als Gastdramaturg ans Schauspielhaus geholt, verglich die Verhältnisse in dieser Komödie mit Erfahrungen in der DDR: „In Hürlimanns Stück geht es vielfach um Erstarrung: Ein gekippter See, ein ‚gekippter' Schauspieler. Die Inhalte sind erstorben, die Rituale werden weiterhin zelebriert. Ist das so fern?"[145] Mit seinem 1991 in der Regie von Benning uraufgeführten Stück „Der Gesandte" thematisierte Hürlimann die Rolle der Schweiz während des Zweiten Weltkriegs, insbesondere die Handels- und Bankkooperationen mit dem NS-Regime, und stellte den Mythos von der „Festung" Schweiz in Frage. Als „Tresor" wird die Schweiz im Stück von Heinrich Zwygart bezeichnet, jener Figur, die an Hans Fröhlicher angelehnt ist, der während des Nationalsozialismus als Gesandter in Berlin fungiert hatte.[146]

Zu den weiteren zeitgenössischen Autoren, deren Stücke am Schauspielhaus Zürich während Bennings Direktionszeit im Spielplan vertreten waren, gehörten Friedrich Dürrenmatt, dem eine besondere Stellung zukam, Tankred Dorst, George Tabori, Friederike Kretzen, Rolf Hochhuth, Adolf Muschg, Monique Laederach, Felix Mitterer, Klaus Pohl, Harold Pinter, Lillian Hellman (sie war 1984 gestorben), Douglas Welbat, Hubert Kronlachner, Franz Wurm sowie Fritz Zorn (Fritz Angst), dessen Buch „Mars" in einer Bearbeitung von Ria Endres auf die Bühne gebracht wurde. Daneben gab es die Reihe „Autorenforum", in der schließlich über dreißig Autoren und Autorinnen gelesen und diskutiert hatten, sowie die Reihe „Verlage zu Gast im Schauspielhaus", in der Repräsentanten von Verlagen – Suhrkamp, Diogenes, Benziger – jeweils mit Autoren eingeladen wurden, und bei denen etwa Peter von Matt, Hugo Loetscher, Thomas Strittmatter gesprochen hatten.

Viele der Inszenierungen waren Uraufführungen, darunter fielen nicht nur Stücke lebender Dramatiker. In der Regie von Peter Palitzsch fand die Uraufführung von Gerhart Hauptmanns „Christiane Lawrenz" statt; von großer Bedeutung war die Uraufführung von Veza Canettis „Der Oger" (Regie: Werner Düggelin), mit der zur

Wiederentdeckung oder eigentlich Entdeckung dieser Schriftstellerin beigetragen wurde. Auch Werke des 1989 verstorbenen Thomas Bernhard konnten während der Direktions-Zeit Benning am Zürcher Schauspielhaus aufgeführt werden, Benning selbst übrigens inszenierte dort – nach seinem Rücktritt von der Direktion – 1992 „Vor dem Ruhestand" und 1995 „Der Schein trügt".

Manche Projekte mit Autoren konnten nicht oder nicht mehr verwirklicht werden, aber in den Plänen bleibt doch eine Haltung, eine Idee, eine Kritik aufbewahrt. So gab es den Plan eines Stückes von Niklaus Meienberg, wobei der Verwaltungsrat bereits allgemein gegen einen Stückauftrag an den politisch missliebigen Autor war. Meienberg sollte ein Stück über den Schweizer General Ulrich Wille schreiben, er hatte bereits ein Aufsehen erregendes Buch über den Familienclan Wille veröffentlicht, in dem er die antidemokratische und ‚deutschfreundliche' Position des Generals und Oberbefehlshabers der Schweizer Armee sowie die Kollaboration seines Sohnes Ulrich Wille II. mit den Nationalsozialisten dargestellt hatte.[147] Ein von Benning in Auftrag gegebenes Gutachten, das vom Zürcher Rechtsanwalt Moritz Leuenberger – dem sozialdemokratischen Politiker, späteren Regierungsmitglied und Bundespräsidenten – erstellt wurde, lief darauf hinaus, dass es der angesehenen Familie Wille, die zur herrschenden Kaste der Schweiz gezählt wurde, nicht gelingen hätte können, das Stück zu verbieten.[148] „Es ist für uns ein außerordentlich wichtiges Projekt in unserem Spielplan", schrieb Benning an Meienberg, „und ich werde jedenfalls alles tun, um es mit Anspruch zu verwirklichen."[149] Aber, obwohl er den Autor beschwor, „nicht aufzugeben" und versprach, dass es ihm an „dramaturgischer Mitarbeit"[150] nicht fehlen werde, kam es nicht zu dem gewünschten Stück. Rolf Hochhuth wiederum sollte ein Stück über Paul Grüninger schreiben, jenem Polizeihauptmann von St. Gallen, der zahlreichen Juden das Leben gerettet hatte, indem er Visa und Dokumente vordatiert oder gefälscht hatte, um ihnen die Einreise in die Schweiz zu ermöglichen, der dafür von den Schweizer Behörden entlassen und verurteilt wurde und schließlich verarmt in St. Gallen starb. Und: Der letzte Stückauftrag an Thomas Hürlimann trug den Arbeitstitel: „Der Trottel. Eine Karriere".

Opportunismus und Konformismus – die Auseinandersetzung mit diesen Phänomenen war für Benning als Regisseur weiterhin von Bedeutung, in Zürich setzte er dies vor allem mit Ibsens „Ein Volksfeind" (1990) oder Gogols „Der Revisor" (1992) fort, und stets öffnete er über die alten dramatischen Konstellationen den Blick auf die Gegenwart, ohne dass er in die Aktualisierung flüchten musste. Da die Situation im weltliterarischen Maßstab gemustert wurde, war sie nicht an ein Land gebunden, aber die mit Schärfe und ohne versöhnliche Moral dargestellten Missstände – der Blick auf die Verzerrung menschlichen Verhaltens in den engen Bahnen des Vorteilstrebens, die Demaskierung der Attitüden –, das alles musste Assoziationen zu den Verhältnissen der unmittelbaren Umgebung wecken. Vielleicht war dies mehr als sonst der Fall in diesen Jahren, die durch eine düstere politische Situation und die Entlarvung der Verhältnisse bestimmt waren: Die „Fichenaffaire" hatte ans Tageslicht gebracht, dass die Schweizer Behörden ihre Bürger jahrzehntelang überwacht und eine hohe Zahl geheimer Karteikarten – „Fichen" – angelegt hatten. Ein Spitzelwesen ungeheuren Ausmaßes, unterstützt und beliefert durch Denunzianten, war auf der wahnhaften Suche nach vermeintlich staatsgefährdenden Aktivitäten, die als ‚kommunistische Umtriebe' phantasiert wurden. Zu den kritischen Intellektuellen, die hiervon besonders betroffen waren, zählten auch Personen, die dem Schauspielhaus während der Direktion Benning verbunden waren, allen voran Max Frisch, dessen Leben von den Behörden minutiös überwacht worden war. Urs Bircher hat festgehalten, dass mit Max Frisch über die Möglichkeit einer „Fichenlesung" im Schauspielhaus gesprochen wurde, der bereits schwer kranke Dichter jedoch nicht wollte, dass sein „letzter Text sich mit diesem Dreck beschäftigt."[151]

Während politisch die lange Geschichte von Überwachung und Repression durch den Schweizer Staat, der sonst das Pathos der Freiheit ritualisiert hatte, neu erkennbar wurde, war in mehreren Beiträgen der Programmvorschau-Hefte von einem anderen Thema zu lesen, das damals vornehmlich das Theater in Deutschland betraf: Es handelte sich dabei um die Problematik ‚ästhetischer' Vorgaben, die trotz ihres Anscheins von künstlerischer Freiheit durchaus in einem autoritären Sinn als Norm wirkten, nicht zuletzt durch die Monopolstellung der Zeitschrift „Theater heute". Benning sprach von den „Dogmen der permanenten Innovation und des permanenten Nonkonformismus, die eng verbunden sind mit dem Dogma des ‚In-Seins'" und die schließlich in dem „Hauptdogma der totalen Beliebigkeit der Inhalte" aufgingen. Er kritisierte die „formalistischen Innovateure, denen es vorrangig um die Produktion von Nachrichtenwerten" gehe.[152] Im Gegensatz zur medialen Feierung solcher Erscheinungen des zeitgenössischen Theaters als Zeichen künstlerischen Mutes wurde in den entsprechenden Texten der Vorschauhefte ein Zusammenhang solcher Attitüden mit der Opportunismus- und Konformismus-Thematik hergestellt. Dabei wurden die Phänomene einerseits als Teil der jüngeren Entwicklung angesehen, andererseits Verwandtes bereits im deutschen Kulturbetrieb der 1930er Jahre gefunden, insbesondere dort, wo regressive Inhalte mit revolutionärem Gestus serviert worden waren.

Die Vorschauhefte des Schauspielhauses Zürich dürften eine der wenigen Publikationen gewesen sein, die die Situation des Theaters und seine mediale Gängelung auf diese Weise einer Kritik unterzogen. Dazu gehörte ein Beitrag von Adolf Dresen, worin er das Umschlagen von „leere[r] Originalität [...] in leere Uniformität, das Nichtsals-Neue ins Uralte" analysierte und solche Regie – in Anlehnung an einen Gedanken von Kleist über die mangelhafte Form – mit einem „schlechte[n] Spiegel" verglich, der nur auf sich selbst verweise, über den aber in Theaterkritiken leicht berichtet werden könne, da er eben „auffällt".[153] Am Ende des Beitrags wurde angekündigt, dass Dresen „auch am Schauspielhaus Zürich inszenieren" würde, dazu jedoch kam es nicht, da er die Konsequenz, die er aus seiner Kritik am Theater der Gegenwart und dessen publizistischer Umrankung gezogen hatte, nicht mehr revidieren wollte und das Sprechtheater weiterhin mied. Die rigorose Weigerung, den Status quo zu akzeptieren oder gar bei dessen Erhalt mitzumachen, hatte Dresen an dieser absoluten Verweigerung gegenüber dem Theater festhalten lassen; das schloss aber auch Orte des Theaters ein, an denen durch konsequente und inhaltsbezogene Arbeit praktische Kritik am Totalitäts-Anspruch der modernistischen „Theater heute"-Formation geübt wurde.

Die Arbeit des Schauspielhauses wahrte während jener Jahre gegenüber den hier kritisierten medialen und kulturellen Normierungen ihre Eigenständigkeit, geschichtsbewusst und der Gegenwart zugewandt. Die bereits erwähnte Sorgsamkeit Bennings gegenüber den Schauspielerinnen und Schauspielern eröffnete darstellerische Möglichkeiten, wie sie an anderen Theatern oft nicht mehr zu sehen waren: So fand Ernst Jacobi, der sonst nur mehr für den Film arbeitete, mit dem Schauspielhaus ein Theater, das seinen Ansprüchen entsprach. Neben Schauspielern, die dem Haus langjährig verbunden waren wie Maria Becker, Hans Dieter Zeidler, Angelica Arndts, Grete Heger, Eva Rieck, Peter Arens spielten etwa Martin Benrath, Emanuela von Frankenberg, Leslie Malton, Felix von Manteuffel, Hans-Michael Rehberg, Edgar Selge, Georg Schuchter, Gisela Uhlen, Christoph Waltz. Auch in Zürich engagierte Benning junge Schauspielerinnen und Schauspieler und betraute diese Anfänger gleich mit großen Rollen.

Eine wesentliche Bedeutung wurde neuerlich der Dramaturgie zuerkannt, die stets in die Planung und die Produktionen einbezogen war. Ähnlich wie zuvor am Burgtheater, wiesen übrigens die zweimal in der Saison erscheinenden Programmvorschauhefte die Ausstattung kleiner Bücher auf; die darin veröffentlichten Texte waren ebenso kritisch wie gedankenreich und frei vom Jargon der Werbung, der in dieser Zeit verstärkt in der Selbstrepräsentation von Theatern an Terrain gewann. Außer den bereits erwähnten Reinhard Palm und Urs Bircher sowie dem Gast Maik Hamburger, arbeiteten hier als Dramaturgen unter anderem Beat Schläpfer, Peter Wilcke, Martin Kreutzberg und als Gast Hans-Rüdiger Schwab. Unter dem Titel „In Diskussion" fanden sich in den Vorschauheften ab einem gewissen Zeitpunkt umfangreiche Listen mit Stücktiteln, Erträgnisse von Gesprächen zwischen Direktion und Dramaturgie, die sich aus den Zwängen der praktischen Planungen erhoben, um auf dem Papier zu fliegenden Projekten und Botschaften zu werden. Selbst jenen Listen ist der Impetus anzumerken, sich dabei weder von einer gremialen Obrigkeit, noch von den Normen des Kulturbetriebs beherrschen zu lassen.

Das Programm lässt von außen kaum erkennen, unter welchen ökonomischen Schwierigkeiten die Arbeit stattzufinden hatte[154] und welche Widerstände der Direktion seitens des Verwaltungsrates und der Stadt Zürich entstanden waren. Die Probleme hingen nicht mit dem Publikum zusammen – denn die ‚Auslastungszahlen' waren hoch –, sondern mit der politischen Kaste allerlei Couleur, die in den Gremien regierte, und eine obrigkeitsstaatliche Konstellation erzeugte, bei der Zensur über die Finanzen ausgeübt werden sollte, und vor allem versucht wurde, den Inhalt von Verträgen einseitig zu ändern. Als zentraler Punkt kann dies benannt werden: Im „Arbeitsvertrag" war festgelegt worden, dass Benning für das Schauspielhaus einen erweiterten Repertoirebetrieb einführen konnte; das hatte er zu einer der Bedingungen für die Übernahme der „künstlerischen Gesamtleitung" des Theaters gemacht.[155] Praktisch bedeutete diese Vereinbarung die Umwandlung des verdeckten Stagionebetriebs in ein „Repertoire-Theater", und damit die Gewährleistung einer Spielplangestaltung, bei der die erfolgreichen Inszenierungen über einen größeren Zeitraum gezeigt werden konnten – wie es bei den anerkannten deutschsprachigen Theatern üblich war. Die damit verbundenen Ausgaben waren ursprünglich garantiert worden, denn für einen ‚wirklichen' Repertoirebetrieb war es notwendig, länger laufende Verträge mit den Schauspielern abzuschließen und für die Kosten der Magazinierung des Bühnenbildes samt Transport zu sorgen. Die Stadt Zürich – in Gestalt der neu gewählten ‚rot-grünen' Regierung – hielt die finanzielle Zusage nicht ein, worauf der Verwaltungsrat – vertragswidrig – verlangte, Einsparungen bei den Personalkosten und die Entlassung älterer Ensemblemitglieder vorzunehmen. Das hätte auch die letzten noch am Schauspielhaus tätigen ehemaligen Exilantinnen betroffen. Weiters wurde gefordert, Personal in den Werkstätten zu entlassen, da manche Berufsgruppen – etwa die Bildhauer – nicht bei jeder Produktion beschäftigt seien. Benning weigerte sich, diese Entlassungen vorzunehmen, auch die Rückkehr zu einem Stagionebetrieb kam für ihn nicht in Frage; er kündigte seinen Vertrag und legte mit dem Ende der Spielzeit 1991/92 die Direktion zurück.

Es gab insbesondere von Intellektuellen zahlreiche Bemühungen, Achim Benning zum Bleiben zu bewegen; zu denjenigen, die seine Arbeit über die Jahre unterstützt hatten – und die sich sonst in ihren politischen oder literarischen Haltungen beträchtlich voneinander unterschieden –, gehörten neben Max Frisch und Elias Canetti etwa der Verleger Daniel Keel, Begründer und Eigentümer des Diogenes Verlags,[156] der Publizist François Bondy, Redakteur der „Schweizer Monatshefte" oder der Chefredakteur der „Weltwoche" Jürg Ramspeck, der sich nicht nur publizistisch einsetzte, sondern auch versuchte, die verantwortlichen Vertreter der politischen Parteien in einem gemeinsamen Gespräch zu überzeugen, was jedoch vergeblich blieb.[157] Elias Canetti schrieb einen Brief an den Verwaltungsratpräsidenten Werner Weber, worin er seine Bestürzung über die Vorstellung äußerte, „dass Achim Benning einmal nicht mehr hier sein könnte"[158], Václav Havel[159] und Tankred Dorst[160] drückten ihre Unterstützung aus, und Thomas Hürlimann brachte in der „Weltwoche" einen „Offenen Brief" an Achim Benning zur Veröffentlichung, in dem er die Lage seines Landes kritisierte – „Es gibt nur noch Zahlen, nur noch Bilanzen" – und die Praxis der Zürcher Stadtregierung anprangerte: „Die Schweiz AG, sagte ich, sei ein moderner Staat, und ganz gewiss ist der Nihilismus, wie er von den Stadtzürcher Räten praktiziert wird, in seiner rotgrüngrauen Ausstattung eine Weltneuheit. Das tapst auf Heilandssandalen daher, nennt sich Sepp oder ähnlich und leiert der eigenen Stadt, ihren Insassen und also auch sich selbst mit seelenloser Automatenstimme den Countdown herunter. Die Stadt ist gebaut, die Theater haben gespielt, die Menschen sind gewesen."[161]

„Den Zürcher Kulturpolitikern freilich", schrieb Sigrid Löffler im „profil", „kann man mit einem Nobelpreisträger, einem Staatspräsidenten und ein paar renommierten Dramatikern als Fürsprecher nicht imponieren."[162] Wenngleich es vor und unmittelbar nach dem Rücktritt Achim Bennings durchaus Reaktionen seitens der Schweizer Presse gab – vom „kleinkrämerisch-karierten Geist der Verwaltung" war etwa im „Tages-

Anzeiger"163 zu lesen –, so war doch bald die publizistische Erregung verschwunden und auch sonst gab es zunächst kaum Versuche, den Hintergründen nachzugehen. Die Sparideologie schien als allumfassendes Prinzip der Kulturpolitik obsiegt zu haben. Während der Direktion von Gerd Leo Kuck inszenierte Benning weiterhin am Schauspielhaus, was vom Verwaltungsrat wegen der stets zu erwartenden hohen Besucherzahl und den damit verbundenen Einnahmen sogar gewünscht wurde.

1998 allerdings veröffentlichten Ute Kröger und Peter Exinger ihr umfangreiches Buch über die Geschichte des Schauspielhauses, und hierin war in einem eigenen Kapitel positiv von der Direktion Benning, aber auch kritisch von den Vorgängen zu lesen, die ihn zum Rücktritt veranlasst hatten. In einem Brief aus Wien an die Autorin und den Autor, die ihn zu einer Diskussionsveranstaltung ans Schauspielhaus eingeladen hatten – zu der er nicht kommen konnte und wollte –, schrieb Benning von der einstigen „Irreführung", die ihn zu der „falschen Entscheidung verleitet hat, die Direktion des Schauspielhauses zu übernehmen", fügte aber hinzu, dass er gerne an die „Zusammenarbeit mit dem seinerzeitigen Ensemble des Schauspielhauses und die guten Freunde, die [er] in Zürich gefunden habe" denke.164 Das Antwortschreiben von Ute Kröger vermittelt eine Ahnung von der bedrückenden Situation und davon, wie in Zürich die Erinnerung getilgt werden sollte:

„Das Buch bereitet […] uns viel Ärger und Verdruss – Stil und Ausmass hätten wir uns nicht so vorgestellt. Insbesondere die Kapitel, die sich mit Ihrer Direktionszeit und der nachfolgenden beschäftigen, haben offenbar hier alle Akteure vergrätzt: die Zürcher Presse, Verwaltungsrat, Politik. Besondere Bösartigkeiten werden uns aus den Reihen des Verwaltungsrates und der Politik zugetragen – Herr Estermann [Josef Estermann, damaliger Stadtpräsident von Zürich] verweigert seit Monaten jegliches Gespräch, ist noch nicht einmal bereit, uns auf Fehler oder Falsches hinzuweisen. Gerüchte kursieren, wir hören von den bizzarsten Unterstellungen. Die Zürcher Presse scheint nicht geneigt, sich mit dem Buch und schon gar nicht mit dem Inhalt auseinanderzusetzen, was ja eine gewisse Bereitschaft zur Selbstkritik voraussetzen würde. Und wir hatten auf faire, gerechte und inhaltlich ausgerichtete Resonanz hier in Zürich gehofft! Nun ja, wir hätten es eigentlich wissen müssen, schließlich haben wir es gewagt, Zürcher Bedingungen, über sechzig Jahre hinweg zu beschreiben. Nun haben wir zur Kenntnis zu nehmen, dass keine offene Diskussion stattfindet, und schon gar nicht eine, an der wir uns beteiligen könnten. Von einer sachlichen ganz zu schweigen. Und da wir hier niemanden kennen, also auch keine ‚Lobby' haben, finden wir wohl auch nicht so leicht Unterstützung."165

Max Reinhardt Seminar

Als Achim Benning 1993 zum Professor für Regie am Max Reinhardt Seminar berufen wurde, geschah dies ohne sein Zutun, er war von der zuständigen Kommission gefragt worden, ob er bereit sei, dieses Amt zu übernehmen. Äußerlich war es eine Rückkehr zur alten Ausbildungsstätte, aber trotz der ihm bekannten Verhältnisse, mochte es der Eintritt in eine fremde Welt sein, mit Konventionen, die dem Theater zwar verwandt, aber doch fern waren. Dass bei Benning mit seiner Berufung nicht eine Instituts-Frömmigkeit erweckt wurde, wie sie andere bei Gelegenheit zu bekunden pflegten, und eine solche bei ihm wohl auch niemals existiert hatte, lässt sich aus den Beiträgen über das Seminar ersehen, die ihm später – aus Anlass eines Jubiläums – abverlangt wurden.

Emphatisch, aber historisch richtig, kann das Studium der Regie am Max Reinhardt Seminar – das der Universität für Musik und darstellende Kunst angehört – auf seinen Gründer Max Reinhardt zurückgeführt werden; und tatsächlich hatte es nahezu von Beginn an eine mit der Schauspielausbildung eng verbundene Regieausbildung gegeben. In der jüngeren Zeit war diese in einen eigenen „Studienzweig Regie" gefasst und als „Regieklasse" bezeichnet worden, zu deren Leiter nun Benning mit der Annahme der Professur geworden war. Eine Besonderheit des Regiestudiums am Max Reinhardt Seminar liegt bis heute darin, dass die Regiestudierenden zahlreiche Fächer gemeinsam mit ihren Kolleginnen und Kollegen des Studienzweigs Schauspiel absolvieren. Diese wiederum agieren in den Inszenierungen der Regiestudierenden als Schauspielerinnen und Schauspieler. Nicht zuletzt solches Miteinander der Studierenden, aber auch die vielen praktischen Möglichkeiten und die unterschiedlichen Erfahrungen, die an dieser Institution zusammenfließen, haben eine durchaus einzigartige Situation des Theaterstudiums hervorgebracht, der häufig allerdings die Illusion einer über den Zeiten schwebenden Ausbildung innewohnt. Als etablierte Studiensituation fand Benning Folgendes vor: Die Regiestudierenden hatten zahlreiche Fächer zu belegen, die überwiegend aus dem Bereich des Schauspielstudiums stammten, und sie erlernten durch Inspizienzen und Assistenzen am Haus Grundlagen der Theaterarbeit. Darüber hinaus hatten sie ihre eigenen Szenenarbeiten sowie schließlich ihre größeren Inszenierungen; der Regieprofessor besuchte gewöhnlich Proben und Aufführungen, gab Hinweise oder ‚Kritik' und bot vorwiegend Einzelgespräche an.

In seiner mehr als zehn Jahre dauernden Arbeit am Max Reinhardt Seminar hat Achim Benning das Regiestudium deutlich verändert. Dabei übernahm er durchaus wesentliche Bereiche der geltenden Ausbildungsstruktur, vor allem die eigenständigen Inszenierungen der Regiestudierenden, denen er zentrale Bedeutung beimaß. Die Veränderungen, die er anstrebte und zum Teil gegen Widerstand innerhalb der Institution praktizierte, sollten einerseits eine Intensivierung des Regiestudiums durch Etablierung eines kontinuierlichen praktischen und theoretischen ‚Regie-Unterrichts' erbringen und damit eine Situation schaffen, die auch in der Realität dem Rang eines eigenen „Studienzweiges" entsprach. Andererseits wollte er die bereits vorhandene enge Verbindung zwischen Schauspiel- und Regiestudium weiterentwickeln und ihre oft verborgenen Möglichkeiten entfalten, da dies seiner Auffassung einer schauspielerbezogenen Regiearbeit entsprach, von der er ja selbst seit den Tagen seines eigenen Studiums am Seminar geprägt war. Die Umgestaltung der tradierten Gewohnheiten bedeutete mitunter bloß die eigentliche Erfüllung des existierenden Studienplanes, meist aber war sie eine Suche nach anderen Wegen.

Als mit einem neuen Universitätsgesetz staatlicherseits die Neueinreichung von Studienplänen an Kunstuniversitäten verordnet worden war, legte Achim Benning 2002 ein Papier vor, in dem er Kritik an den Studienverhältnissen übte und Reformvorschläge unterbreitete, die freilich auf seiner seit Jahren bereits praktizierten Lehrtätigkeit fußten; diese hatte er bislang – wie er offen schrieb – häufig „am Studienplan vorbeigeführt."[166] Die geforderte Verankerung seiner theoretischen und praktischen Neuerungen wollte Benning durch ein „vierjähriges kontinuierliches Schauspielstudium der Regiestudenten – ganz im Sinne der einstmals angestrebten Reinhardtschen Gesamtausbildung" ergänzt wissen. Absolventen und Absolventinnen der „Regieklasse" sollten in der Lage sein, „in anderen Bereichen qualifiziert mitzuarbeiten", dabei dachte er ebenso an den Bereich ‚Dramaturgie'. Auch verfolgte er die Idee, Regiestudierende in Kontakt mit Schriftstellern zu bringen, sie auf diesem Weg mit den Problemen der zeitgenössischen Dramatik vertraut zu machen und selbst zum Schreiben zu motivieren. Mit seiner Konzeption beabsichtigte er allgemein, die beruflichen „Chancen der Regiestudenten, vor allem auch ihre schwierigen Startmöglichkeiten" zu verbessern und zugleich die Situation des deutschsprachigen Theaters durch schauspielerische und intellektuelle Ansprüche zu konterkarieren.

„Die wesentlichen Voraussetzungen für einen in diesem kritisch-optimistischen Sinn ertragreichen Unterricht liegen aber nicht vorrangig in den organisatorischen Umständen, sondern in der ideellen Konzeption des Seminars und vor allem in der Qualität und dem selbstkritischen Anspruch der Lehrenden, die freilich auch zu einer Grundsolidarität finden müssen."[167] Dies hatte Achim Benning in seinem Papier zur „Neugestaltung des Studienplans" geschrieben, und es war hiermit eine Distanz zu den Verhältnissen ebenso ausgedrückt, wie das Ethos, dem er in der Lehrtätigkeit verpflichtet war. Benning selbst widmete sich seiner Tätigkeit am Seminar mit Intensität, er arbeitete an Szenen, analysierte Inszenierungen, behandelte Fragen der szenischen Dramaturgie, versuchte einer Theorie der handwerklichen Mittel den Weg zu bereiten und die erlernbaren Seiten der Regie zu vermitteln. Besonders viel Zeit verbrachte er mit der Betreuung der studentischen Inszenierungen, dadurch hatte er zugleich Einfluss auf die Erfahrungen der Schauspielstudierenden, von denen er nicht wenige in seinen eigenen Inszenierungen besetzte, was für sie oft den Einstieg ins Theater bedeutete.

Gleich zu Beginn hatte Benning eine enge Kooperation mit dem Fach Dramaturgie vorgeschlagen, die am Seminar bislang nicht selbstverständlich gewesen war, manchen sogar als fragwürdig galt, aber auch von mir gewünscht wurde und etwa dazu geführt hatte, dass wir – Achim Benning, seine Mitarbeiterin Isabella Suppanz und ich – in dem von uns neu strukturierten Fach „Regietheorie" gemeinsam lehrten. Hier wurden Regiestudierende aus sämtlichen Jahrgängen zusammengebracht und mit Themen konfrontiert, die weit über den Bereich des Theaters hinausreichten, wodurch dieser mit gesellschaftlichen und politischen Fragen verknüpft wurde. Diese aufwändig geplanten, mit umfangreichen literarischen und theoretischen Materialien ausstaffierten Lehrveranstaltungen wurden vielleicht von den Studierenden als erzwungene Unterbrechung auf dem Weg zur Regie angesehen. Möglicherweise aber haben die Gespräche mitunter die Bereitschaft zu Reflexion und Kritik gefördert, das Misstrauen gegenüber dem Gängigen bestärkt, ein wendiges Machertum desavouiert; die Erinnerung an manche konfliktreiche Debatte mag diese Einschätzung nahe legen. Die Veranstaltungen hatten gerade durch ihren Realitätssinn etwas Utopisches; das bewirkte eine gewisse Kümmernis der drei Lehrenden: Besonders der Typus von Studierenden, der das Interesse an einem schauspielerbezogenen Theater mit Klugheit, Bildung und kritischem Bewusstsein verband, der sich nicht nur fürs Theater interessierte und unter günstigen Umständen noch eine gewisse Integrität behalten konnte, besonders dieser Typus also, den wir uns wünschten und den wir öfter als erwartet fanden, musste angesichts der realen Theaterverhältnisse mit Schwierigkeiten rechnen.

Durch die institutionellen Vorgaben hatte Achim Benning am Max Reinhardt Seminar nicht die Möglichkeit, sich im gewohnten Umfang rasch einen Kreis von vertrauten Arbeitspartnern für wichtige Bereiche – etwa des Bühnenbilds – aufzubauen. Zur Mitarbeit in Instituts-Gremien war er bereit, die Idee einiger Lehrender und zahlreicher Studierender, ihn zum Leiter des Max Reinhardt Seminars zu wählen, wies er von sich. So blieb er, was die Situation des Instituts betraf, in der Rolle desjenigen, der Kritik übte und Vorschläge unterbreitete, der vor allem aber in seinem Bereich arbeitete, in dem er so viele Aufgaben fand. Ein wesentlicher Versuch, zu jener „ideellen Konzeption des Seminars" beizutragen, die Benning gefordert hatte, ist in den Essays und in der Rede anlässlich des 75. Jahrestages der Eröffnung des Max Reinhardt Seminars zu finden, in denen sein historischer Sinn und seine persönlichen Erfahrungen die Verhältnisse in Vergangenheit und Gegenwart durchsichtig werden ließen.[168]

Jahrestage und Jubiläen sind wahrhaft äußerliche Anlässe und dieser Äußerlichkeit wird nichts genommen, wenn dabei der Gründervater beschworen wird, dessen Sentenzen auch sonst benutzt werden, um wandelbare Ansichten jeglicher Art zu schmücken. Achim Benning selbst hatte die Anrufung Max Reinhardts nie benötigt, sein Schreiben und Reden war ohne Beschwörung eines ‚Magiers' ausgekommen. Gegen die hartnäckigen Konventionen, die stets mit einigen Max Reinhardt-Zitaten das Auslangen fanden, rückte er bei dem sich bietenden Anlass 2004 aber nunmehr öffentlich die Frage nach der negierten und verschütteten Tradition des Max Reinhardt Seminars ins Zentrum. Und dies bedeutete die Erinnerung an die von den Nationalsozialisten vertriebenen Lehrer des alten Reinhardt-Seminars, etwa an dessen langjährigen Direktor Emil Geyer, der im Konzentrationslager Mauthausen erschossen worden war, oder an Paul Kalbeck, der im Exil am Stadttheater Bern gewirkt hatte, sie alle, die Vergessenen und Missachteten des Seminars, wollte er – ebenso wie den ebenfalls vertriebenen Gründer Max Reinhardt – als Menschen verstanden wissen, die nicht zu idolisieren wären, deren Wege und Haltungen zu kennen, ihm jedoch als unverzichtbar für das Selbstverständnis eines Instituts galten und den Blick auf die Prozesse der Gegenwart schärfen sollten. Statt einer Beschwörung von Kontinuität, brachte Benning den ungeheuren Bruch in der Geschichte des Seminars zur Sprache. „Veruntreute Jahre?"[169] lautete seine Frage, die nicht überall Gehör gefunden hat, aber überall wirksam werden könnte.

Spiegel und Text

„Der Spiegel", schreibt Achim Benning, „ist ein gewissermaßen reiches Symbol, in dessen geheimnisvollen Schatzkammern eine Fülle von ‚Lebens-Zeichen' der Menschheit bewahrt sind. Die Kulturgeschichte der Menschheit könnte als Kulturgeschichte des Spiegels und seiner Symbolik und seiner magischen Kräfte geschrieben werden."[170] So bewegen sich die knappen, rhapsodisch gehaltenen „Notate zum ‚Spiegel'" von 1998 zwischen verschiedenen Gebieten, sind auf rabbinische Exegesen, auf die Bibel, die Literatur, Philosophie und bildende Kunst bezogen, zu einer Festlegung der eigenen Theaterarbeit durch Symbol und Metapher versteigen sie sich nicht. Die Scheu vor der Phrase zeigt sich auch hier.

Gemeinhin weist die Spiegelmetapher Verzeichnungen auf, die ihr im historischen Prozess zugefügt wurden: In der jüngeren Geschichte gehört der Versuch dazu, die Vorstellungen von ‚Realismus' durch die Instrumentalisierung des Begriffs ‚Widerspiegelung' zu bestimmen und zu normieren; der Terminus ist inzwischen als Weltanschauung versunken oder in anderen Begriffen aufgegangen. Das hierzu antipodische Unterfangen, die Spiegelmetapher spielerisch zu verwenden, war schließlich im Zusammenhang mit dem vagen Begriff der ‚Postmoderne' in Gebrauch genommen worden; dieser Tanz mit dem Spiegel konnte seine befreiende Wirkung ebenso haben wie zu Beliebigkeit, Dekor und Apologie des Bestehenden führen. Von allen Parteiungen stets in Dienst gestellt, findet sich die epochale Spiegelmetapher aus Hamlets Rede an die Schauspieler, mit ihrer berühmten Forderung, „der Natur gleichsam ihren Spiegel vorzuhalten". Diese hatte ihre Karriere in den Reflexionen über Theater und war schließlich im Fundus der Sentenzen gelandet, eine lehrhafte Ergänzung zum berühmteren „Sein oder nicht sein"-Monolog, der wiederum gerne als lyrisch gehaltene Selbstbespiegelung missverstanden wurde.

Unbeeindruckt von programmatischen oder dekorativen Ambitionen veröffentlichte der britische Regisseur und Doktor der Medizin Jonathan Miller – der während der Direktions-Zeit von Achim Benning am Burgtheater Shakespeares „Sommernachtstraum" inszeniert hatte – 1998 das Buch „On Reflection", das seine Ausstellung in der National Gallery in London begleitet hat.[171] Zwischen Ästhetik und Naturwissenschaft schwebend, auf Wirkung bedacht und von Fachvertretern gescholten, präsentiert Jonathan Miller darin populär die vielfältigen Möglichkeiten der Darstellung von Spiegelung. Dass es dabei vorwiegend um die Malerei, aber auch um Zeichnung und Fotografie, geht, bot für Benning einen besonderen Anreiz, diesem Band zahlreiche Anregungen zu entnehmen. In der Frage des Verhältnisses von Subjekt und Spiegel interessierten Benning etwa die „Depersonalisierungen" René Magrittes, der diese „mit Hilfe von Spiegelungen verwirklicht hat und darauf bedacht war, sich selbst nicht in seinen Bildern zu spiegeln", oder im Gegensatz dazu die Selbstportraitisten, „die uns über Jahrhunderte den Blick der Maler in den Spiegel bewahrt haben" und „deren bildnerische Kunst der Selbsterkenntnis [...] frei ist von allen sittlichen Appellen".[172]

Der hohe Stellenwert, den Malerei, Zeichnung, Fotografie für Achim Benning haben, ließ sich auch an seinen Inszenierungen erkennen, an der Beachtung etwa, die er dem Einsatz des Lichtes beimaß. Immer geht es dabei aber um die Situation der Menschen, und als er einmal – ein Zitat Robert Musils aufgreifend und wendend – fragte, „was [...] Inszenieren anderes als in den Spiegel greifen"[173] sei, da war bei ihm von den „Personen eines Dichtwerks" die Rede, mit denen Schauspieler wie „mit lebenden Menschen" leben. Gleichsam der erste Spiegel war für ihn stets der dramatische Text, dessen zentrale Bedeutung er unbedingt anerkannte, in den er eingreifen konnte, um eben diese Bedeutung zu steigern, und der auf solche Weise die Welt ebenso erfahrbar werden ließ, wie er die Möglichkeit eröffnete, sich selbst zu erkennen. In seinen Texten zum Theater verzichtet Benning allerdings darauf, ausgedehnte Analysen von Dramen zu liefern, es sind eher reflektierende Streifzüge durch die ins Dramatische gebrachte Welt. Vielleicht liegt es für ihn sogar näher, über Werke zu schreiben, die er nicht inszeniert hat, da in diesen Fällen Erzählung und Begriff sich noch nicht verbunden und in der Szene aufgehoben haben. Dabei entsteht eine eigene Poesie des Gedankens; wie beim Nachdenken über die „hierzulande alteingesessene Misanthropie" und ihre Gestaltung in Ferdinand Raimunds Zauberspiel „Der Alpenkönig und der Menschenfeind", bei dem sich Spiegel, Doppelgänger, Selbsterkenntnis verknüpft finden:

„Astragalus, der Alpenkönig, nimmt die Gestalt des Rappelkopf an und führt ihn als seinen Doppelgänger zur heilenden Selbsterkenntnis. [...]
Wenn Astragalus den Irdischen in Rappelkopfs Haus erscheint – in einem Zimmer, in dem ein großer Spiegel steht – dann heißt es in der Regieanweisung Raimunds: ‚Donnerschlag. Der Spiegel öffnet sich, man sieht auf einem schroffen Fels den Alpenkönig sitzen ...'
Hinter dem Spiegel liegt das andere Land, hier ein freundliches Leben spendendes. – Manchmal eröffnet sich ein Traumland hinter dem Spiegel wie zum Beispiel in ‚Alice hinter den Spiegeln' von Lewis Carroll. Das Spiegelglas verwandelt sich in weiche Schleier, durch die man in das andere Land gelangt. – Sehr oft aber ist der Spiegel das Tor in das Schattenreich des Todes, in das zum Beispiel Orpheus in Cocteaus gleichnamigem Theaterstück und in seinem berühmten Film durch den Spiegel hindurch eindringt."[174]

Nicht den friedvollen „Tempel der Erkenntnis", in dem der geheilte Rappelkopf seine Tage fortan friedvoll verleben möchte, sondern die gefährlichen und verstörenden Rätsel der Erkenntnis fand Achim Benning bei den zahlreichen Dramatikern, deren Werke er inszenierte. Sie haben dann doch ihren eigentümlichen Widerhall in seinen Texten zum Theater gefunden. So ist es Nestroys Witz, der in Zitaten auftritt, dabei manche Wendung herbeiführen hilft und sich wie von selbst mit dem besonderen Witz des Autors Achim Benning verbindet. In Zürich, wo Nestroys Stücke auf der Bühne nicht präsent sein konnten, hat ihn der Theaterdirektor Benning in seinen Texten zum Theater besonders häufig zitiert; Nestroy sprach auf diese Weise über Zürich, das lag zugleich an den Verhältnissen. Das Ensemble der zitierten Dichter ist unübersehbar, und sie kommen wahrlich nicht nur aus der Dramatik, sondern aus allen Bereichen. Theodor Fontane und Karl Kraus, Alfred Polgar und Manès Sperber – Benning lässt sie sprechen und widersprechen, so wie die vielen Regisseure, die er zu Wort kommen lässt, sie alle werden zu Zeitgenossen, auch wenn sie es nicht mehr sind. Es ist ein Gespräch der zum Leben Erweckten, deren Lebendigkeit gegen die toten Verhältnisse des Theaters, der Kultur, der Gesellschaft gesetzt wird. Oder es sind die Themen aus den Dramen Ibsens, Cechovs, Strindbergs, Gorkijs, Schnitzlers, wie Einsamkeit, Isolation, Opportunismus, Peinlichkeit, deren historische und aktuelle Erscheinungsformen beleuchtet werden. Die Beharrlichkeit, mit der diese hartnäckigen Probleme behandelt werden, widerstrebt an sich schon einer Konvention des Schreibens über Theater, die nur den wechselnden Tagesthemen folgt oder – konträr dazu – ins Ewige flüchtet oder beides zugleich tut.

Achim Bennings Texte zum Theater sind freilich zeitgebundene Dokumente, sollen es sogar sein. Vieles bezieht sich auf ein Theater, das heute nicht mehr existiert, und es kann dieses gar nicht zu einer Norm erhoben werden, als müsse man so und nicht anders Theater machen. Die Texte lassen sich auch als Zeugnisse einer Zeitenwende oder einer Zeit des Übergangs begreifen; es ließe sich – sie chronologisch lesend und ihre Themen auf die jeweiligen Verhältnisse zurückspiegelnd – darüber nachdenken, welche enormen Veränderungen der Gesellschaft und der Kultur vom ersten bis zum letzten Text dieses Buches für diese fünfunddreißig Jahre zu konstatieren wären. Und zugleich käme das neuerliche Erschrecken darüber, dass unsere Gegenwart im Banne des noch nicht Vergangenen steht: Das Sprechen über die von den Nationalsozialisten vertriebenen Lehrer des Max Reinhardt Seminars etwa, wurde von denjenigen, die verstehen wollten, im Jahr 2004 als unmittelbar die Gegenwart treffend begriffen.

Wie eine übergreifende Thematik wirkt stets die Frage nach der Erinnerung, ihrer Möglichkeit und ihrer Zerstörung. ‚Erinnerung' – dieser wesentliche Begriff der Gegenwart, dem real so wenig Bedeutung beigemessen wird und um den dabei so viele unterschiedliche wie fragwürdige Aktivitäten des Kulturbetriebs kreisen – wird in den vorliegenden Texten nicht beschworen oder behauptet, sondern wirkt wie eine bohrende Frage, die an das Theater und an die Gesellschaft gestellt wird. Es ist auch das Phänomen der Erinnerungslosigkeit, dem hier nachgegangen wird, und dem sich zu widersetzen zu einem der Motive dieses Schreibens geworden ist. ‚Erinnerung' wurde zum Pathos dieser so unpathetisch gehaltenen Texte, das schließt das Misstrauen gegenüber den eigenen Erinnerungen ein. Die Gedanken und Bilder streben auseinander und bleiben doch verbunden, da die Anstrengung des Suchens und Verstehens nicht aufgegeben wird.

In den Spiegel greifen? Immer hört man den Autor sprechen, der aber zugleich die auftretenden Personen zu Wort kommen lässt, ihnen zuhört, sie unterbricht oder ihnen seine Stimme verleiht – das Gespräch führt. „Das Gespräch als eine Quelle des Lebens und als wesentliches Element aller Lebensbeziehungen", wie er schreibt.[175] Nicht nur hierin mögen die Texte dem Theater verwandt sein – sie indes scheinen nicht mit den ‚Anlässen' zu vergehen, die sie aufbewahren.

Anmerkungen

1 Vgl. Achim Benning: [Notizen zu Texten]. Manuskript [2011]. (Sammlung Benning, im Folgenden abgekürzt mit S. B.).
2 Vgl. Achim Benning: „Manfred Inger. 1. Jänner 1907 – 25. Juli 1984". In: *Burgtheater. Saison 1984/85. Planungen*, Heft II, S. 87–90. (Vgl. den Abdruck im vorliegenden Buch).
3 Vgl. Manès Sperber: *Bis man mir Scherben auf die Augen legt. All das Vergangene …* Wien: Europa Verlag 1977, S. 307–309.
4 Achim Benning: Notate zum „Spiegel". Manuskript, 5 S. [1998], S. 3f. (S. B.). Der Begriff des „Nebenmenschen" taucht auch in anderen Texten von Benning auf. (Vgl. Johann Wolfgang von Goethe: *Sämtliche Werke. Münchner Ausgabe*. München: btb 2006, Bd. 12, S. 306–309.)
5 Achim Benning: „Erklärung". In: Reinhard Urbach und Achim Benning (Hrsg.): *Burgtheater Wien 1776 – 1986. Ebenbild und Widerspruch. Zweihundert und zehn Jahre*. Wien: Anton Scholl & Co 1986, S. 209. (Vgl. den Teil-Abdruck in den „Editorischen Notizen" des vorliegenden Buches).
6 Achim Benning: „Burgtheater – 201. Jahr. Gedanken nach dem Jubiläum". In: *die republik. Beiträge zur österreichischen Politik*, 12. Jg. (1976), Heft 2, S. 24–27; S. 27. Wiederabdruck in Urbach/Benning (Hrsg.): Burgtheater, S. 217–219. (Abdruck im vorliegenden Buch).
7 Vgl. Konvolut „Ensemble-Vertretung", darin u. a. das Papier „Reformvorschläge" (1970). (S. B.).
8 Benning: „Burgtheater – 201. Jahr", S. 25 u. 26 (zit. n. *die republik*).
9 Vgl. die Antwort von Robert Jungbluth, Generalsekretariat des Bundestheaterverbandes, auf die Umfrage „Was erwarten Sie von dem seit langem geplanten Bundestheatergesetz?". In: *die republik*, 12. Jg. (1976), Heft 2, S. 31f.
10 Vgl. Achim Benning im Interview mit Sigrid Löffler (Titel: „Ja, ich habe Fehler gemacht"). In: *profil*, 17. Jg., Nr. 27 (30. 6. 1986), S. 48–50; S. 50.
11 Vgl. z. B. die Stellungnahme von Fred Sinowatz 1978 im Parlament, in der er die „siebziger Jahre" als „jene Jahre" bezeichnete, „in denen man eben nicht nur mehr über Kunstförderung gesprochen hat, sondern über Kulturpolitik"; hier benannte er auch die „Kulturpolitik" als eine „sinnvolle Fortsetzung der Sozialpolitik". Vgl. Sitzung des Nationalrates der Republik Österreich am 7. Dezember 1978. Stenographische Protokolle, Bl. Nr. 11259. (Gemeinsame Beratung über Beratungsgruppe VI: „Kapitel: Unterricht, Kunst, Bundestheater" und Beratungsgruppe XIV: „Kapitel: Wissenschaft und Forschung"). (www.parlament.gv.at).
12 Vgl. den Beitrag: „Ebenbild und Widerspruch". (Abdruck im vorliegenden Buch).
13 Vgl. den Themenschwerpunkt „Dramaturgie, Produktionsdramaturgie" in: *Burgtheater. Saison 1982/83. Planungen*, Heft I, S. 8–19.
14 Vgl. Bruno Hitz: „Versuch über den Schwindel. Zu den Stücken Thomas Hürlimanns". In: Hans-Rüdiger Schwab (Hrsg.): *„…darüber ein himmelweiter Abgrund". Zum Werk von Thomas Hürlimann*. Frankfurt a. M.: Fischer 2010, S. 236–248.
15 Vgl. Achim Benning: [Notiz zu einem Diskussionsabend über „Mary Stuart" von Wolfgang Hildesheimer]. Geschrieben auf ein Exemplar der Einladung zum 17. Burggespräch (29. 11. 1971) im Palais Pálffy. (S. B.).
16 Vgl. Achim Benning: [Einleitung zur Matinee „In memoriam Friedrich Heer" am 6. 11. 1983 im Akademietheater]. Manuskript (S. B.).
17 Vgl. *Burgtheater. Planungen 1979/80*, Heft I. (zit. n. dem Titel des Vorschauheftes, der in der Folge leicht verändert wurde).
18 *Burgtheater. Saison 1983/84. Planungen*, Heft II, S. 3.

19 Ein Ausschnitt der Pressekonferenz ist im ORF-Film über Achim Benning zu sehen. („Ohne Phantasie gibt es keine Wirklichkeit". Achim Benning im Portrait. TV-Film von Lola Braxton und Jochen Bauer, ORF 1981).
20 Vgl. *Burgtheater. Saison 1980/81. Planungen*, Heft II, S. 17–25.
21 *Burgtheater. Saison. 1984/85. Planungen*, Heft I, S. 3.
22 Vgl. Evelyne Polt-Heinzl: „Kulturskandale der 1970er Jahre. Lauter kleine Staatsoperetten". In: Dies. (Hrsg.): *Staatsoperetten. Kunstverstörungen. Das kulturelle Klima der 1970er Jahre. ZIRKULAR Sondernummer 75.* Wien: Dokumentationsstelle für neuere österreichische Literatur, S. 9–42; S. 14.
23 Ebd., S. 21f.
24 Das Burgtheater erstellte damals eine Dokumentation, in der zahlreiche Zitate aus Artikeln der *Kronen Zeitung* bis 1981 zusammengestellt und kommentiert sind. Vgl. *Die Kampagne der Kronen Zeitung gegen Achim Benning und das Burgtheater.* Maschinschriftl., o. J.
25 Vgl. Brief von Achim Benning an Fred Sinowatz, 13. 2. 1976. (S. B.)
26 *Freie Argumente*, 4. Jg. (1977), Folge 4 (zit. n.: *Kampagne*, S. 58).
27 1975, nach der Nationalratswahl, war diese Mitgliedschaft durch den Leiter des Jüdischen Dokumentationszentrums, Simon Wiesenthal, einer größeren Öffentlichkeit bekannt gemacht worden. Bundeskanzler Bruno Kreisky, der sich vor der Wahl die Option einer Koalition mit der FPÖ offen gehalten hatte, diese aber nach Erreichen einer knappen absoluten Mehrheit eigentlich nicht mehr benötigte, verteidigte Friedrich Peter und griff Wiesenthal im Fernsehen und auf einer Pressekonferenz heftig an. Vgl. dazu und zu den Folgen etwa: Tom Segev: *Simon Wiesenthal. Die Biographie.* Aus dem Hebräischen von Markus Lemke. München: Siedler 2010, S. 344ff.
28 Sitzung des Nationalrates der Republik Österreich am 2. Februar 1978. Stenographische Protokolle, Bl. Nr. 8096. (Tagesordnungspunkt: „Bericht des Rechnungshofausschusses über den vom Rechnungshof vorgelegten Bundesrechnungsabschluss", Jahr 1976). (www.parlament.gv.at).
29 Dazu schrieb Evelyne Polt-Heinzl: „Die Kritiken zu Pevnys Nestroy-Bearbeitung fielen überwiegend harsch aus, wobei zwischen den Zeilen zu lesen ist, dass es weniger um ein Pevny- denn ein Benning-*Bashing* ging [...].". (In: *Wiener Zeitung*, 16. 4. 2010; Titel ihres Beitrags über Wilhelm Pevny: „Der freiwillige Abseitssteher").
30 Sitzung des Nationalrates der Republik Österreich am 19. April 1978. Stenographische Protokolle, Bl. Nr. 8755. (Tagesordnungspunkt: Bericht des Unterrichtsausschusses über den Kunstbericht 1976 des Bundesministers für Unterricht und Kunst). (www.parlament.gv.at).
31 Ebd., Bl. Nr. 8755f.
32 Vgl. Anfrage der Abgeordneten Peter, Dr. Frischenschlager vom 17. April 1978 an den Herrn Bundesminister für Unterricht und Kunst betreffend Ensemblepolitik im Burgtheater (1815/J) sowie Anfrage der Abgeordneten Peter, Dr. Frischenschlager vom 2. Mai 1978 betreffend Vorwürfe des Burgtheaterdirektors gegenüber Ensemblemitgliedern (1861/J). (Text der Anfragen vorhanden in S. B.).
33 Vgl. Anfrage der Abgeordneten Dr. Busek und Genossen an den Bundesminister für Unterricht und Kunst betreffend die künstlerische Leitung des Burgtheaters (1862/J). Eingebracht in der Sitzung des Nationalrates vom 3. Mai 1978. (Text der Anfrage vorhanden in S. B.).
34 Sitzung des Nationalrates der Republik Österreich am 24. März 1977. Stenographische Protokolle, Bl. Nr. 5030. (Tagesordnungspunkte zusammengefasst: „Bericht über den Tätigkeitsbericht des Rechnungshofes über das Verwaltungsjahr 1975 samt Nachtrag. Bericht

über den Bericht des Rechnungshofes über die Durchführung besonderer Akte der Gebarungsprüfung betreffend den Budgetvollzug 1975"). (www.parlament.gv.at).

35 Zit. n. *Kurier*, 19. 4. 1978. Der Titel des Artikels lautet „Verdächtigt des gezielten Linksdralls"; in dem Beitrag von Paul Blaha werden die Angriffe als „Campagne" bezeichnet und deren Behauptungen widerlegt, auch wird Bennings Replik aus der Radiosendung zitiert. Vgl. zu Buseks Äußerungen auch Polt-Heinzl: „Kulturskandale", S. 21.
36 Vgl. *Kurier*, 22. 4. 1978.
37 Vgl. *Kurier*, 29. 4. 1978 (Abdruck einiger Zitate aus einem von Paul Blaha arrangierten Gespräch zwischen Erhard Busek und Achim Benning).
38 Die Forderung war vom Wiener Schulsprecher der ÖVP Rudolf Zörner auf einer Pressekonferenz erhoben worden, den Autoren wurde u.a. Pornographie vorgeworfen. Die angegriffenen Autoren Peter Turrini, Wilhelm Pevny und Peter Henisch reichten die gerichtliche Klage ein. Vgl. dazu und zur Diskussion mit Josef Taus im Thomas Sessler Verlag 1979 Evelyne Polt-Heinzl: „Kulturskandale der 1970er Jahre", S. 27. In der Sitzung des Nationalrates vom 7. 12. 1978 konzedierte der ÖVP-Abgeordnete Josef Gruber zwar, dass die Reihe *Souffleurkasten* an Schulen benutzt werden könne, sprach jedoch in diesem Zusammenhang gegen die „linken Autoren" und über die „Linkshändigkeit" des Ministers Fred Sinowatz. Vgl.: Sitzung des Nationalrates der Republik Österreich am 7. Dezember 1978. Stenographische Protokolle, Bl. Nr. 11224.
39 Die Lesung (Soirée) fand am 8. 2. 1980 im Akademietheater statt.
40 Vgl. *(Neue) Kronen Zeitung*, 25. 1. 1978 und 12. 3. 1978. (Zit. n. *Kampagne*, S. 17).
41 Vgl. *Kronen Zeitung*, 16. 12. 1978. (Zit. n. *Kampagne*, S. 17).
42 *Kronen Zeitung*, 22. 4. 1978. (Zit. n. *Kampagne*, S. 18).
43 *Kronen Zeitung*, 7. 2. 1978. (Zit. n. *Kampagne*, S. 26; vgl. dort auch die Erläuterung).
44 *Kronen Zeitung*, 31. 7. 1979. (Zit. n. *Kampagne*, S. 24f.).
45 *Kronen Zeitung*, 9. 3. 1981. (Zit. n. *Kampagne*, S. 42f.) Reimanns Bemerkung bezog sich auf den angeblichen Ausschluss Martha Wallners von Auftrittsmöglichkeiten; sie spielte aber in der Inszenierung eine Hauptrolle und wurde auch sonst besetzt. Vgl. dazu den Gastkommentar von Pavel Kohout „Es leben die Toten" in: *profil*, 12. Jg., Nr. 11 (16. 3. 1981), S. 66.
46 Schreiben des Österreichischen Bundestheaterverbandes (Generalsekretariat) an den Österreichischen Presserat, 25. 3. 1981; Schreiben des Österreichischen Presserates an den Österreichischen Bundestheaterverband (Generalsekretär Robert Jungbluth), Wien 29. 6. 1981 (gez. von Geschäftsführer Franz Ivan). (S. B.).
47 Vgl. Schreiben der Finanzprokuratur an den verantwortlichen Redakteur der periodischen Druckschrift „Neue Kronen Zeitung" Herrn Adolf Kindl, 1. 7. 1981. (S. B.). In einer „Erklärung zu einem außergerichtlichen Vergleich" musste Viktor Reimann die Äußerung, Bennings Führung ähnle dem Prager Regime, ebenso zurücknehmen, wie seine Behauptung, Benning wünsche Verhaltensweisen, die in „diktatorischen Staaten linker oder rechter Prägung" üblich seien. Vgl. *Kronen Zeitung*, 15. 2. 1981.
48 *Kronen Zeitung*, 15. 6. 1981.
49 Ebd.
50 Achim Benning: „Rede, gehalten zur Verleihung der Josef Kainz-Medaille der Stadt Wien 1980". In: Urbach/Benning (Hrsg.): *Burgtheater*, S. 225f. (Vgl. Abdruck im vorliegenden Buch).
51 *Kronen Zeitung*, 21. 3. 1982. (Zit. n. *Burgtheater intern* Nr. 2, Mai 1982, S. 17).
52 *Die Presse*, 22. 4. 1978.
53 *Die Presse*, 12. 2. 1982.

54 Vgl. *Burgtheater intern* Nr. 2, Mai 1982, S. 9. Zitiert wird darin auch der in der *Presse* abgedruckte Leserbrief vom 30. 12. 1980, in dem der Satz enthalten ist: „Greifen Sie zur Feuerschaufel, Herr Minister!"
55 *Die Presse*, 2. 5. 1978.
56 Vgl. dazu das Interview von Volkmar Parschalk und Rudolf Nagiller mit Achim Benning, Mittagsjournal, Reihe: Im Journal zur Gast, 27. 6. 1981. (www.journale.at).
57 Sigrid Löffler: „Die Anatomie des Doktor Strudl". In: *profil*, 13. Jg., Nr. 37 (13. 9. 1982), S. 62–64; S. 62.
58 Ebd., S. 64.
59 Benning: „Rede, gehalten zur Verleihung der Josef-Kainz-Medaille der Stadt Wien 1980", S. 225.
60 *Die Zeit*, 20. 3. 1981.
61 Schreiben der Dramaturgie des Burgtheaters (gez. von Reinhard Urbach) an Karin Kathrein, 23. 2. 1984. (Abgedruckt in: *Burgtheater intern* Nr. 6, Juni 1984, S. 5–7; S. 7).
62 Vgl. Sigrid Löffler: „Der stille Revolutionär". In: *profil*, 11. Jg., Nr. 48 (24. 11. 1980), S. 80–83; S. 80f.
63 Sigrid Löffler: „Eine große kleine Lösung". In: *profil*, 17. Jg., Nr. 27 (30. 6. 1986), S. 46f; S. 47. Vgl. auch den Beitrag von Sigrid Löffler: „Der Reformist – ein Revolutionär? Wie sich das Burgtheater zwischen 1976 und 1986 (nicht) verändert hat. Über fünf Prozent einer 200jährigen Geschichte: die Direktion Achim Bennings". In: *Jahrbuch der Zeitschrift „Theater heute"*, 27. Jg. (1986), S. 110–121.
64 Vgl. die Analyse des Spielplans bei Oliver vom Hove: „Ein Konzept für zehn Jahre". In: Urbach/Benning (Hrsg.): *Burgtheater*, S. 58–61.
65 *Burgtheater. Saison 1985/86. Planungen*, Heft II, S. 7.
66 Nach einer Erzählung von Colin McNaughton.
67 Im Folgenden wird bei der Nennung der Institution Burgtheater meist nicht zwischen den Spielorten Burgtheater, Akademietheater, 3. Raum (Lusterboden und am Schwarzenbergplatz) unterschieden.
68 Vgl. „Arthur Schnitzler und das Burgtheater". In: *Burgtheater. Saison 1980/81. Planungen*, Heft II; S. 4–13. (Verfasst von Reinhard Urbach). Vgl. auch den Abdruck in: Urbach/Benning (Hrsg.): *Burgtheater*, S. 111–113.
69 Bruno Hitz: „Spielplan – Aspekte". In: *Burgtheater. Saison 1980/81, Planungen*, Heft II, S. 26–34; S. 33.
70 Vgl. Achim Benning: Zum 90. Geburtstag von Attila Hörbiger. Aufnahme seines Portraits in die Ehrengalerie des Burgtheaters, 21. 4. 1986. Manuskript (S. B.). Benning nannte den Titel des Stücks nicht, sondern spielte nur darauf an: „Stimuliert durch ein schwaches Theaterstück und die landesübliche Skandalsucht, suchte man wieder einmal Stellvertreter für die ‚Vergangenheitsbewältigung', der man sich selbst immer entzogen hat." – 1985 hatte übrigens bereits Sigrid Löffler zur Frage einer Aufführung des Stücks in Wien geschrieben: „Jetzt nicht, auch wenn ORF und Zeitungen, offen skandallüstern, auf eine Aufführung, ein Gastspiel drängen." Löffler, die Jahre zuvor schon auf das Stück hingewiesen hatte, sich mit der Thematik auseinandersetzte und prinzipiell für eine Aufführung des für sie „gegenwärtig wichtigste[n] österreichischen Theaterstücks" am Burgtheater war, befand, dass der Zeitpunkt dafür nicht gegeben war: „Nicht, wenn Attila Hörbiger im nächsten April neunzig Jahre alt wird." (Vgl. *profil*, 16. Jg., Nr. 47 [18. 11. 1985], S. 72f.; S. 73. Vgl. auch: *profil*, 16. Jg., Nr. 48 [25. 11. 1985], S. 88–95.)
71 Diese wurden vom Generalsekretär des Österreichischen Bundestheaterverbandes Robert Jungbluth forciert und geführt. Vgl. dazu Martin Huber: „Die theatralische Bruchbude auf

dem Ring'. Thomas Bernhard und das Burgtheater". In: Manfred Mittermayer und Martin Huber (Hrsg.): „*Österreich selbst ist nichts als eine Bühne*". *Thomas Bernhard und das Theater*. Wien: Christian Brandstätter Verlag/Österreichisches Theatermuseum, S. 31–46; S. 31–33.

72 Vgl. Maria Fialik: *Der konservative Anarchist. Thomas Bernhard und das Staats-Theater*. Wien: Löcker 1991. Darin die Gespräche mit Achim Benning (S. 49–60) und Reinhard Urbach (S. 61–66).

73 Vgl. Carol Rocamora: *Acts of Courage. Václav Havel's Life in the Theater*. Hanover NH: 2005, u. a.: S. 158f., 188f., S. 350–55.

74 „An die nützlichen Idioten im Burgtheater zu Hdn. Herrn Direktor Benning", begann ein solcher Brief und dann hieß es: „Ja, ja das kommt davon, wenn man am Burgtheater čech u. polackische Dissidenten u. Juden beschäftigt." (S. B.). Gezeichnet war dieser zweiseitige handschriftliche Brief, der von weiteren aggressiven Ausfälligkeiten strotzt und in dem auch von den „Sudetendeutschen" die Rede ist, mit „Anton Czibulka". Anlass des undatierten Schmähbriefes war das Gastspiel des Burgtheaters in der ČSSR; das sollte die beigelegte Meldung aus der *Kronen Zeitung* zeigen, die über die Umstände des Gastspiels berichtet. Bei diesem Gastspiel des Burgtheaters in Bratislava und Prag (1979), das von den Behörden der ČSSR zwar genehmigt worden war, aber dann boykottiert wurde; waren keine Plakate aufgehängt worden und an der Abendkassa war die Information „geschlossen" angebracht gewesen – dennoch waren die Vorstellungen sehr gut besucht.

75 Vgl dazu Václav Havel: „Anatomie des Gag". In: *Programmheft Akademietheater*, 1979/80, Heft 3.

76 Vgl. (auch mit Bezug auf Pavel Kohut): *Burgtheater. Planungen 1979/80*, Heft I, S. 53–56; sowie Hans-Peter Riese: „Largo-Desolato – Ein Stück vom ‚aggressiven' Begreifen der Welt". In: *Programmheft Akademietheater*, 1984/85, Heft 7 (Wiederabdruck des Beitrags unter dem Titel „Havel" in Urbach/Benning: *Burgtheater*, S. 63f.).

77 Leopold Lindtberg: „Wie schützt man die Regisseure vor dem Anspruch der Klassiker?". In: *Burgtheater. Saison 1984/85. Planungen*, Heft I, S. 14–19. (Der Vortrag war 1980 am Wiener Theatertag gehalten worden).

78 *Burgtheater. Saison 1983/84. Planungen*, Heft I, S. 3.

79 Vgl. Brief von Adolf Dresen an Achim Benning, 25. 1. 1978. (S. B.).

80 Brief von Adolf Dresen an Achim Benning, ohne Datum (S. B.).

81 Brief von Adolf Dresen an Achim Benning, ohne Datum. (Briefkopf „Burgtheater, Direktion Achim Benning", [S. B.]).

82 Brief von Adolf Dresen an Achim Benning, 3. 9. 1978. (S. B.).

83 Vgl. die ORF-Aufzeichnungen der Inszenierungen: „Iphigenie auf Tauris" (1978) und „Maß für Maß" (1981).

84 Vgl. auch zur eigenen Arbeit am Burgtheater: Adolf Dresen: *Wieviel Freiheit braucht die Kunst? Reden Briefe Verse Spiele 1964 bis 1999*. Hrsg. von Maik Hamburger mit einem Essay von Friedrich Dieckmann. (Recherchen 3). Berlin: Theater der Zeit 2000.

85 Brief von Adolf Dresen an Hilmar Hoffmann, 30. 5. 1981 (Kopie, S. B.).

86 Brief von Adolf Dresen an Achim Benning, 28. 8. 1985. (S. B.). (Der Aufsatz erschien, ohne Widmung, in: *Burgtheater. Saison 1985/96. Planungen*, Heft II, S. 8–13).

87 Vgl. z. B. Adolf Dresen: „Ich hänge in der Luft. Brief an Gerhard Wolfram, Intendant des Deutschen Theaters", 26. 5. 1978. In: Ders.: *Wieviel Freiheit braucht die Kunst?*, S. 193–196.

88 Brief von Adolf Dresen an Achim Benning, 28. 8. 1985. (S. B.).

89 Ebd.

90   Brief von Angelika Hurwicz an Paul Hoffmann, 29. 8. 1981. (Abgedruckt in: Urbach/Benning: *Burgtheater*, S. 155).
91   Vom ORF 1981 aufgezeichnet wurde ihre Inszenierung von „Professor Bernhardi".
92   Vgl. Angelika Hurwicz: „Über Regie". In: *Burgtheater. Saison 1985/86. Planungen*, Heft II, S. 14f; S. 15; vgl. vor allem ihr Buch: *Die Nische des Insekts*. Engelsbach: Fouqué-Literaturverlag 1999; sowie: *Legenden des 20. Jahrhunderts*. Gießkendorf: Merlin 1989.
93   Abgedruckt in: *Burgtheater intern*. Informationen für die Mitglieder des Burgtheaters, Juni 1986, S. 29.
94   Zahlenangaben nach: *Burgtheater intern* Nr. 9, März 1986, S. 27f.
95   Klaus Maria Brandauer spielte den Victor („Victor oder die Kinder an der Macht", 1977/78), den Prinzen („Emilia Galotti", 1978/79), Tartuffe (1979/80) und Hamlet (1985/86).
96   Brief von Leopold Lindtberg an Achim Benning, 13. 11. 1980. (S. B.).
97   An der viel beachteten Pressekonferenz zur Absage des Gastspiels nahmen – neben Achim Benning und Robert Jungbluth – Unterrichtsminister Fred Sinowatz und Außenminister Willibald Pahr teil. In einer Stellungnahme hatte Bundeskanzler Bruno Kreisky erklärt, es gehe nicht an, dass man einen Schauspieler aus dem Ensemble „herausschießt" und die Auswahl der Schauspieler den sowjetischen Einreisebehörden überlässt. Vgl. die ausführlichen Berichte u. a. in: *Die Presse, Salzburger Nachrichten, Arbeiter-Zeitung (AZ Tagblatt für Österreich), Wiener Zeitung*, jeweils am 13. 11. 1980.
98   Brief von Leopold Lindtberg an Achim Benning, 13. 11. 1980. (S. B.).
99   Das Burgtheater gastierte – wie bereits 1980 vorgesehen – drei Wochen in der UdSSR mit „Iphigenie auf Tauris" von Goethe (Regie: Adolf Dresen), „Liebesgeschichten und Heiratssachen" von Nestroy (Regie: Leopold Lindtberg), den „Sommergäste(n)" von Gorkij (Regie: Achim Benning) und einem „Lese/Lieder-Abend" („Begegnung mit österreichischer Literatur", Zusammenstellung: Gerd Leo Kuck; Klavier: Hansgeorg Koch). Gespielt wurde im Neubau des Moskauer Künstlertheaters, im Leningrader Gorkij Theater, im Estraden-Theater (Leningrad) und in Tallinn. Vgl. dazu die Dokumentation in *Burgtheater Intern* Nr. 3, Dezember 1982, S. 13–17.
100 Die viel beachtete Inszenierung wurde zum Berliner Theatertreffen eingeladen, konnte jedoch dort nicht gezeigt werden, da die räumlichen Verhältnisse dafür nicht geeignet waren.
101 Die Inszenierung wurde vom ORF aufgezeichnet (1985).
102 Interview mit Achim Benning, Mittagsjournal, 4. 2. 1985. (Bericht über die Inszenierung von „Heimliches Geld, heimliche Liebe" von Johann Nestroy am Akademietheater, Brigitte Hofer). (www.journale.at).
103 Vgl. Interview von Alfred Pfoser mit Achim Benning (veröffentlicht unter dem Titel „Das Theater ist heute völlig irrelevant geworden"). In: *Salzburger Nachrichten*, 26. 9. 1989.
104 Eine Aufzeichnung (ORF) der Inszenierung von „Einer muss der Dumme sein" aus dem Jahr 1980 (Akademietheater) existiert in der Reihe: edition BURGTHEATER. Nr. 27. (Vertrieb Hoanzl). Ebenfalls vom ORF aufgezeichnet wurde „Ein Klotz am Bein".
105 Am Burgtheater war „Dantons Tod" 1947 und 1967 inszeniert worden.
106 Bruno Hitz: „[Zu Dantons Tod]". In: *Programmheft Burgtheater*, Saison 1981/82, Heft 3 (zit. nach Abdruck in: Urbach/Benning: *Burgtheater*, S. 97–99; S. 99).
107 Schreiben von Klaus Pohl (November 1984). Abgedruckt in: *Burgtheater intern*, März 1986, S. 44.
108 Vgl. Interview von Volkmar Parschalk mit Achim Benning. Mittagsjournal, Reihe: Im Journal zu Gast, 21. 6. 1986. (www.journale.at).

109 Vgl. Achim Benning: „Der Dialog mit den Nebenmenschen. Mutmaßungen über Paul Kalbeck". In: Judith Pór-Kalbeck (Hrsg.): *Paul Kalbeck – ein Poet der Regie. Der Lebensweg eines Wieners.* Wien: Verlag Lehner 2005, S. 214–225; S. 225.

110 Vgl. Achim Benning: Annemarie Düringer. Rede anlässlich der Verleihung des Goldenen Ehrenzeichens des Landes Wien, 2005. (Vgl. den Abdruck im vorliegenden Buch unter dem Titel „Annemarie Düringer. Flügel an den Füßen?").

111 Der Maler Rudolf Hausner, der gewiss nicht „theatrozentrisch" war, gestaltete das Bühnenbild zu Bennings Inszenierung von Wolfgang Hildesheimers „Mary Stuart" am Akademietheater (1971). Die Bühnen-, Kostümbildnerin und Malerin Xenia Hausner begann in der Zeit von Bennings Direktion ihre Arbeit am Theater, sie gehörte zu der großen Anzahl von Bühnenbildnern, die von Benning erstmals ans Burgtheater engagiert worden waren (darunter waren auch Herbert Kapplmüller und Raimund Bauer). 1987 schuf Xenia Hausner Bühnenbild und Kostüme zu Bennings Inszenierung von Edward Albees „Empfindliches Gleichgewicht" am Thalia Theater in Hamburg. 1978 hatte sie die Kostüme für Bennings Inszenierung von Strindbergs „Pelikan" am Akademietheater entworfen.

112 „Das Theater braucht die moderne dramatische Literatur. Gespräch mit Achim Benning". In: Herbert Mainusch: *Regie und Interpretation. Gespräche mit Regisseuren.* München: Wilhelm Fink 1985, S. 17–24; 21f.

113 Gespräch mit Achim Benning am 25. 3. 2011.

114 Rudolf Weys: „[Sommergäste]". In: *Programmheft Burgtheater,* Saison 1979/80. Heft 3.

115 Interview mit Achim Benning, Mittagsjournal, 23. 11. 1979. (Bericht über die Österreichische Erstaufführung der „Sommergäste" von Maxim Gorkij im Burgtheater; Erich Gabriel). (www.journale.at). Die Inszenierung wurde vom ORF aufgezeichnet (1981).

116 Achim Benning: „Das Max Reinhardt Seminar 2004. Gedanken zum Jubiläum". In: Peter Roessler und Susanne Gföller (Hrsg.): *Erinnerung. Beiträge zum 75. Jahrestag der Eröffnung des Max Reinhardt Seminars. Eine Dokumentation.* Wien: Max Reinhardt Seminar 2005, S. 9–14; S. 14.

117 Vgl. Rudolf Weys: „[Sommergäste]".

118 Ebd.

119 Vgl. Rudolf Weys: „[Der Kirschgarten]". In: *Programmheft Burgtheater,* Saison 1982/83, Heft 4. (Die Kritik lässt sich als auf die „Kirschgarten"-Inszenierung von Manfred Karge und Matthias Langhoff gemünzt entziffern).

120 Nach dem Begriff „Realismus" wurde Achim Benning übrigens auch 1981 im ORF-Portrait-Film *„Ohne Phantasie gibt es keine Wirklichkeit"* gefragt.

121 Vgl. Achim Benning: „Spuren lesen und Fährten legen". In: *Matthias Kralj. Scene in Kostumi. Bühnenbilder und Kostüme.* Ljubljana: Slowenisches Theatermuseum 2003, S. 23–26; S. 25. (Vgl. den Abdruck in diesem Band).

122 Ebd. S. 26.

123 Vgl. die Zusammenstellung der „Auslastungsziffern" in: *Burgtheater intern,* Nr. 9, März 1986, S. 30–38. (Die Auflistungen waren veranlasst durch eine Pressekonferenz des designierten Direktors Claus Peymann, in der er u. a. die „schlechte Auslastung von Burg- und Akademietheater" behauptete. Der Betriebsrat des Burgtheaters und die Ensemble-Vertretung ersuchten daraufhin Achim Benning als Direktor um eine Stellungnahme. Die Direktion widerlegte die Behauptung Peymanns durch Veröffentlichung detaillierter Zahlenangaben).

124 Der einzige mir bekannte Artikel zu Achim Bennings 70. Geburtstag stammt von Ulrich Weinzierl (*Die Welt,* 20. 1. 2005). Daniel Kehlmann ging anlässlich seiner kritischen Besprechung des (im Rahmen der Thomas Bernhard-Ausgabe erschienenen) neu edierten Buches

„Holzfällen" positiv auf Bennings Direktions-Zeit ein. (*Frankfurter Allgemeine Zeitung*, 10. 10. 2007). Wolfgang Freitag führte mit Benning ein Gespräch für die ‚Beilage' (*Spectrum*) der *Presse* (16. 1. 2010). 1996 wurde eine von Ulf Birbaumer betreute theaterwissenschaftliche Diplomarbeit approbiert. (Salih Omar: *Achim Benning als Direktor und Regisseur am Burgtheater [1976–1986]*. Dipl.-Arb.: Wien 1996).

125 Einen Zusammenhang zwischen den Skandalisierungs-Ritualen Peymanns und der Nicht-Erinnerung an die Benning-Zeit stellten schon Ulrich Weinzierl (im bereits angeführten *Welt*-Artikel vom 20. 1. 2005) sowie Evelyne Polt-Heinzl („Kulturskandale der 70er Jahre") her.

126 Achim Benning: „Vorwort (An das Publikum)". In: *Burgtheater. Saison 1985/86. Planungen*, Heft II, S. 3–7; S. 7. (Vgl. den Abdruck im vorliegenden Buch unter dem Titel „An das Publikum").

127 Vgl. [Redaktionelle Vorbemerkung zum Aufsatz von Johannes Sachslehner]. In: *Burgtheater. Saison 1985/86. Planungen*, Heft II, S. 101.

128 Vgl. Johannes Sachslehner: „Hier sind wir noch eins … Einige kritische Beobachtungen zur Geschichte des Burgtheaters und seiner Idee". In: *Burgtheater. Saison 1985/86. Planungen*, Heft II, S. 101–120. Teil II: „Die ‚rote Burg' oder Ein österreichischer Lernprozeß. Anmerkungen zur Burgtheaterkritik der Ära Benning". In: *Burgtheater intern*, Nr. 10, Juni 1986, S. 4–16.

129 Anfragen an Achim Benning zur Übernahme einer Direktion betrafen u. a. folgende Theater: Schauspielhaus Hamburg, Schauspiel Frankfurt, Schauspiel Köln, Theater Basel, Bayrisches Staatsschauspiel (Residenztheater München) sowie Volkstheater (Wien). (Vgl. Konvolut – Briefe, Gesprächsprotokolle etc. – in S. B.).

130 „Es wird viel Arbeit geben", mit diesem Satz zitiert Maria Becker Achim Benning in ihrem Portrait. Vgl. Maria Becker: „Achim Benning: Das Resultat ist wichtiger als der Glanz. Portrait eines Theaterdirektors". In: *Musik und Theater* 12/1987, 9–12; S. 12. Zu Beginn der Direktions-Zeit veröffentlichte Oliver vom Hove in der Zürcher Zeitschrift *Turicum* ein Portrait über Achim Benning, er schrieb darin über dessen Burgtheater-Direktion und über die Vorhaben für Zürich. Vgl. Oliver vom Hove: „Vernunftmensch unter Spielern". In: *Turicum. Vierteljahresschrift für Kultur, Wissenschaft und Wirtschaft*, Herbst 1989, S. 30–35.

131 Vgl. Achim Benning: „Vorwort". In: *Schauspielhaus Zürich. Programmvorschau. Saison 1989/90. I*, S. 5–11. (Vgl. den Abdruck im vorliegenden Buch unter dem Titel „Warum überhaupt Theater"). Vgl. auch Ute Kröger und Peter Exinger: *„In welchen Zeiten leben wir!". Das Schauspielhaus Zürich 1938–1998*. Zürich: Limmat 1998, S. 369–391.

132 Es handelte sich um die Uraufführung der überarbeiteten Fassung.

133 Brief von Achim Benning an Max Frisch, 23. 2. 1989. (S. B.).

134 Die Uraufführung fand in Zusammenarbeit mit dem Théâtre de Vidy statt, an dem das Werk wenige Tage später in französischer Sprache zur Aufführung kam.

135 Vgl. Kröger/Exinger: *„In welchen Zeiten leben wir!"*, S. 373f.

136 Vgl. *ZüriWoche*, 19. 10. 1989.

137 Urs Bircher: „Max Frisch und das langsame Wachsen des Zorns". In: *Schauspielhaus Zürich. Programmvorschau. Saison 1991/92. II*, S. 79–86; S. 80f.

138 Exemplar in S. B.

139 Vgl. Kröger/Exinger: *„In welchen Zeiten leben wir!"*, S. 374.

140 „Das Kinder- und Jugendtheater" war bereits Teil des Perspektivenpapiers von Achim Benning zur „Einleitung der entsprechenden Massnahmen zur grundlegenden Strukturverbesserung des Schauspielhauses Zürich und zur Wiedereinführung des erweiterten Repertoire-Systems" gewesen. (S. B.).

141 Vgl. *ZüriWoche*, 28. 9. 1989.
142 Vgl. die Dokumentation in: *Schauspielhaus Zürich. Programmvorschau. Saison 1990/91. II*, S. 66–76.
143 *Schauspielhaus Zürich. Programmvorschau. Saison 1991/92. II*, S. 35.
144 Vgl. etwa seine emphatische Beschreibung der Inszenierung von „Professor Bernhardi" in seinem Brief an Achim Benning, 23. 9. 1989. (S. B.).
145 Maik Hamburger: „[Text zu Thomas Hürlimann ‚Der letzte Gast']". In: *Schauspielhaus Zürich. Programmvorschau. Saison 1989/90. II*, S. 11–15; S. 11.
146 Vgl. auch die Aufzeichnung der Inszenierung durch das Schweizerfernsehen in Verbindung mit dem Südwestfunk Baden Baden, 1992.
147 Vgl. Niklaus Meienberg: *Die Welt als Wille & Wahn. Elemente zur Naturgeschichte eines Clans*. Zürich 1987.
148 Vgl. Moritz Leuenberger: Wille und Wahn als Drama. Rechtliche Überlegungen. Manuskript (25. 3. 1988), 8 S. (S. B.).
149 Brief von Achim Benning an Niklaus Meienberg, 24. 6. 1988. (S. B.).
150 Brief von Achim Benning an Niklaus Meienberg, 28. 8. 1989. (S. B.).
151 Vgl. Urs Bircher: „Max Frisch und das langsame Wachsen des Zorns", S. 85.
152 Vgl. Achim Benning: „Theater in Zürich – wozu?". In: *Schauspielhaus Zürich. Programmvorschau. Saison 1990/91. I*, S. 85–99, S. 88f. (Vgl. den Abdruck im vorliegenden Buch).
153 Vgl. Adolf Dresen: „Wie kompetent ist die Kritik?". In: *Schauspielhaus Zürich. Programmvorschau. Saison 1989/90. II*, S. 69–78; S. 73f. u. 75.
154 Vgl. Kröger/Exinger: *„In welchen Zeiten leben wir!"*, S. 378ff.
155 Die drei wesentlichen – und zusammenhängenden – Punkte im Vertrag lauteten: „a) Gewinnung zusätzlicher Mittel für Sonderaufwendungen des Schauspielhauses (Mietzinse; hohe Einmalinvestitionen; neue Bestuhlung); b) Umwandlung des gemilderten Ensuite-Betriebes (ca. vier Produktionen gleichzeitig verfügbar) in ein Ensemble-/Repertoire-Theater mit einer ständigen Verfügbarkeit von fünf bis sieben Produktionen; c) Verwendung zusätzlicher verfügbarer Mittel des Schauspielhauses in erster Linie für Rückgängigmachung von Budgetkürzungen für das künstlerische Personal." Ihre etwaige Nichterfüllung durch den Verwaltungsrat wird ausdrücklich als möglicher Grund für eine „vorzeitige Auflösung" des – auf fünf Jahre abgeschlossenen – Vertrags durch Benning angegeben. Vgl. Arbeitsvertrag zwischen der Neuen Schauspiel AG, Zürich und Herrn Achim Benning, unterzeichnet am 8. 9. 1987. (S. B.).
156 Vgl. auch den Beitrag von Achim Benning zum 60. Geburtstag von Daniel Keel. In: *Tintenfaß. Das einmalige Magazin. Nummer 60. Daniel Keel und Rudolf C. Bettschart zum 60. Geburtstag am 10. Oktober 1990*, S. 254–256.
157 Vgl. „Teilnehmer am Ramspeck-Gespräch", Notiz vom 23. 5. 1991. (S. B.). Achim Benning bedankte sich bei Jürg Ramspeck brieflich (27. 5. 1991; [S. B.]) und formulierte seinen Eindruck: „Nicht verhehlen möchte ich allerdings, wie sehr mich der unerklärliche Informationsnotstand der Politiker, ihr zum Teil entsetzlich kleinkariertes Polit-Gerangel und ein Klischee-Denken, das seinesgleichen lange suchen müsste, erschreckt haben, da ich das alles in einem solchen Ausmaß nicht vermutet hatte." Er schloss mit den Worten: „Leute wie Sie, sehr geehrter Herr Ramspeck, machen den Abschied schwer." In der *Weltwoche* (21. 2. 1991) wurde etwa ein Vergleich mit der Subventionierung deutscher Theater angestellt, das „Zürcher Schauspiel" rangierte in der Liste an letzter Stelle und wurde als „Negativausnahme" bezeichnet.
158 Vgl. Brief von Elias Canetti an Werner Weber, 16. 4. 1991 (Abgedruckt in: *Schauspielhaus Zürich. Programmvorschau. Saison 1991/92. II*, S. 67).

159 Vgl. Brief von Klaus Juncker an Achim Benning, 23. 4. 1991. (S. B.).
160 Vgl. Brief von Tankred Dorst an Achim Benning, 23. 4. 1991. (S. B.).
161 „Bleib! Tu es für uns, Deine Zuschauer". Offener Brief von Thomas Hürlimann an Achim Benning, den Direktor des Schauspielhauses Zürich. In: *Weltwoche*, 11. 4. 1991.
162 S. L. (=Sigrid Löffler): „Benning geht. Zürich ist drauf und dran, sich als Theaterstadt zu demontieren". In: *profil*, 22. Jg., Nr. 23 (3. Juni 1991), S. 111.
163 Vgl. *Tages-Anzeiger*, 30. 4. 1991.
164 Vgl. Brief von Achim Benning an Ute Kröger und Peter Exinger, 23. 11. 1998 (Handschriftl.). (Sammlung Ute Kröger). Es handelte sich um eine Matinee mit dem Titel „Theater in Zürich – wozu?", bei der das Buch als Diskussionsgrundlage diente, sie fand am 29. 11. 1998 statt. (Vgl. Programm der Sonderveranstaltung, Sammlung Ute Kröger).
165 Brief von Ute Kröger an Achim Benning, 27. 11. 1998. (S. B.)
166 Achim Benning: Gedanken zur Neugestaltung des Studienplans für das Fach „Regie" am Reinhardt-Seminar. Manuskript, Jänner 2002, 4 S. (Sammlung Peter Roessler). Die folgenden Zitate entstammen diesem Papier.
167 Ebd. S. 4.
168 Vgl. u.a. Achim Benning: „Das Max Reinhardt Seminar 2004". Gedanken zum Jubiläum. In: Peter Roessler und Susanne Gföller (Hrsg.): *Erinnerung. Beiträge zum 75. Jahrestag der Eröffnung des Max Reinhardt Seminars. Eine Dokumentation.* Wien: Max Reinhardt Seminar 2005, S. 9–14. (Vgl. den Abdruck im vorliegenden Buch).
169 Vgl. Achim Benning.: „Veruntreute Jahre? Verspätete Erinnerungen". In: Peter Roessler, Günter Einbrodt und Susanne Gföller (Hrsg.): *Die vergessenen Jahre. Zum 75. Jahrestag der Eröffnung des Max Reinhardt Seminars.* Wien: Max Reinhardt Seminar 2004, S. 53–61. (Vgl. den Abdruck im vorliegenden Buch).
170 Benning: Notate zum „Spiegel", S. 4.
171 Vgl. Jonathan Miller: *On Reflection*. London: National Gallery Publications Limited 1998.
172 Benning: Notate zum „Spiegel", S. 5.
173 Achim Benning: „In den Spiegel greifen. Gedanken zu Arthur Schnitzlers ‚Professor Bernhardi'". In: *Programmbuch des Burgtheaters Nr. 200*, S. 159–168; S. 168. (Vgl. den Abdruck im vorliegenden Buch).
174 Benning: Notate zum „Spiegel", S. 1.
175 Achim Benning: Notate zum „Dialog". Manuskript. 7 S. [2004]. (S. B.).

II Achim Benning

Texte zum Theater

Wien 1976 – 1986

1 Burgtheater – 201. Jahr
Gedanken nach dem Jubiläum

Das Burgtheater gehe, so konnte man es in den letzen Wochen wiederholt und allerorten lesen und hören, einer ungewissen Zukunft entgegen. Ich hoffe das von ganzem Herzen. – Freilich ist meine Hoffnung eine ganz andere als jene der zitierten Auguren, die dem Burgtheater wohl oft lieber anempfehlen würden, einer gewissen Vergangenheit nachzulaufen. – In unserer Welt der Unruhe, der Unbeständigkeit, der Angst und des Zweifels kann kein glaubwürdiges Theater, auch kein Staatstheater, kein Nationaltheater ein Ort der Gewissheit, der Ruhe und der beschaulichen Beglückung sein – aber sehr wohl, fern aller Esoterik, ein Ort der Hoffnung. – In unserem kleinen Vorschauheft, das wir Ihnen überreicht haben, stehen ein paar Sätze, die vielleicht geeignet sind, Ihnen anzudeuten, was wir unter *glaubwürdigem* Theater verstehen. Es heißt da, das *glaubwürdige* Theater könne die Wirklichkeit vergegenwärtigen und unsere Sehnsüchte am Leben erhalten, sie sicht- und hörbar werden lassen, es könne unsere Gedanken versinnlichen und unsere Träume artikulieren, d. h. es könne *Kunst* sein. – Die aufklärerischen Ansprüche haben das Theater oft stranguliert, da sie, insbesondere im deutschen Sprachraum, immer wieder zu einer Waffe der Doktrinäre und Oberlehrer geworden sind. – Mit dem Scheitern der bürgerlichen Aufklärung ist natürlich das aufgeklärt-humanistische Denken in keiner Weise diskreditiert; und selbstverständlich können Lessing und Schiller und auch nicht Joseph II. die provinziellen Theater-Oberlehrer vorgeworfen werden, die sich permanent als leidenschaftliche Liebhaber der Vernunft deklarieren – und auch nicht die pubertären Weltbeglücker, die aus der *moralischen* eine *ideologische* Anstalt zu machen versuchen; denn es ist nun einmal, wie Peter Brook das sagt, „nicht die Schuld des Heiligen, dass er zu einer Waffe der Mittelklasse geworden ist, damit die Kinder artig bleiben."

Das Theater ist also nicht die Fortsetzung der Erziehung mit anderen Mitteln. Wenn es schöpferisch ist, dann ist es ein Ort der Ungewissheit und unberechenbar wie die Wirklichkeit. Ohne Phantasie gibt es eine Welt der Fakten, der Zustände, der Vorkommnisse, doch keine Wirklichkeit. Die theatralische Vergegenwärtigung von Wirklichkeit ist also ein Werk der Phantasie, ist, wenn sie gelingt, *Kunst*, und Kunst ist immer, wie das Ernst Fischer gesagt hat, ein „Sieg der Wirklichkeit über die Ideologie." – Unsere Zeit, unsere Wirklichkeit müssen uns täglich neu verletzen können. Es ist eine wichtige Voraussetzung unserer Glaubwürdigkeit, in diesem Sinne *verwundbar* zu sein. Wir dürfen uns nicht in die scheinbare Sicherheit der *Programme* flüchten. Wenn ich in diesem Zusammenhang von *Programmen* spreche, dann meine ich selbstverständlich vor allem die im Handel befindlichen *Programme* und

Perspektiv-Pläne der deutschsprachigen Intendanten und Direktoren. – Der Reigen der programmatischen Erklärungen und Spielplan-Konzepte, die jährlich zwischen Flensburg und Klagenfurt mit großem und ernstem Anspruch verkündet werden, legt doch vor allem Zeugnis ab über das schlechte Gewissen des Theaters, das offenbar überall unter Anklage steht und sich gesenkten Blickes schämt, weil es scheinbar nicht so ‚nützlich‘ ist wie die Autobahn oder die Krankenhäuser und trotzdem viel Geld kostet. Das anspruchsvolle *Konzept* gibt da wohl sehr oft zunächst einmal vor, dass die Subvention für etwas sehr Wichtiges, etwas „Relevantes", das kulturelle Wohl und Wehe der Gemeinde, des Landes, des Staates Bestimmendes ausgegeben wird. Diese theoretische Überbeanspruchung des Theaters ist dann zumeist künstlerisch nicht zu erfüllen, so dass infolge der unvermeidlichen Enttäuschung das Misstrauen gegen das Theater wächst, und seine Verächter immer zahlreicher werden.

Das Burgtheater wurde und wird zudem noch der Überbeanspruchung durch seine Vergangenheit ausgesetzt: Das ‚eigentliche‘ Burgtheater ist immer das vergangene, nie das gegenwärtige, manchmal das zukünftige, wenn die Zukunft der Vergangenheit ähnlich zu werden verspricht.

Mit dieser Feststellung sind wir in die Nähe eines Begriffes geraten, der in der Geschichte dieses Theaters immer von Bedeutung war, und der auch heute noch im Zentrum vieler Diskussionen, Aggressionen und Apologien steht, nämlich der Begriff der *Tradition*. Ich bekenne mich zur *Tradition* des Burgtheaters, wobei ich unter *Tradition* das Gegenteil von *Konvention* verstehe – ganz im Sinne Iherings, der den Kampf um die ständige Erneuerung des Theaters als Auseinandersetzung zwischen Konvention und Tradition interpretiert, und seine Definitionen sind für das Burgtheater wohl von andauernder Aktualität. – „Wenn Tradition die Solidarität des künstlerischen Handwerks bedeutet, das sich immer wieder in der Gegenwart erneuert, so ist Konvention die Schlamperei, die das Handwerk zu einer stumpfsinnigen Gewohnheit entarten lässt und gegen den Blutkreislauf der Gegenwart abschließt. Tradition bleibt streng und selbstkritisch, Konvention genügsam und selbstzufrieden. Die Tradition betont sich nicht und ändert und entwickelt sich im Zusammenhang mit der Zeit. Die Konvention ist laut und der Feind jeden Fortschritts. Sie diskreditiert die Tradition, indem sie sich diesen Begriff aneignet und der Entwicklung in den Weg wirft. Was in der Tradition Genauigkeit und Klarheit ist, wird in der Konvention wolkig und trübe."

Die Weltoffenheit des Burgtheaters – wie sie seit dem „Welttheater-Spielplan" Heinrich Laubes erkennbar ist – scheint mir eine der wertvollsten Traditionen dieses Theaters zu sein. Sie hat sich, übrigens oft in Symbiose mit einer provinziellen Selbstherrlichkeit, als außergewöhnlich lebensfähig erwiesen. Dabei wurde und wird die ‚Weltoffenheit‘ wohl oft im oberflächlich modischen Sinne nur als *geographische* verstanden: offen gegenüber den Literaturen und der Theaterkunst des Auslandes. Wir sollten aber den Begriff der ‚Weltoffenheit‘ weiter fassen und mehr darunter verstehen als nur eine Art der Gastfreundschaft: offen gegenüber der Welt, in der wir leben, offen für die Herausforderungen der zeitgenössischen Literatur, Musik, Malerei etc., offen auch gegenüber den Kräften, die das Theaterspielen – sofern es den

Anspruch der Kunst erhebt – heute so unbequem machen. – Dass unser Beruf wieder sehr unbequem geworden ist, steht wohl heute außer Frage. Wir dürfen uns unsere Lage aber sicher nicht dadurch scheinbar erleichtern, dass wir z. B. die übliche Hatz auf Minderheiten eines Teiles der Öffentlichkeit, ihren leidenschaftlichen Neid, ihr Bedürfnis nach Kristallnächten, ihre Kultur- und Geistfeindlichkeit unsererseits zum Vorwand eines Standpunkts elitärer kultureller Überlegenheit nehmen. Wir müssen uns an alle wenden – und nicht deshalb, wie Jean Vilar das gesagt hat, „weil das Theater als Kunstform generöser ist als andere Künste, nein, sondern weil es selbst alle braucht, damit es nicht krank wird."

Die Frage nach dem *Stellenwert* des Burgtheaters im *Begründungszusammenhang* der demokratischen österreichischen Gesellschaft kann durch ein *Direktionsprogramm* nicht oder nicht schlüssig beantwortet werden. Eine solche *Standortbestimmung* kann nicht ausschließlich an die Theaterleute delegiert werden; der Staat als Garant der künstlerischen Freiheit, die Gesellschaft als Trägerin und das Publikum als mitwirkender Partner des Theaters sind zur Beantwortung dieser Frage in gleicher Weise wie die Theaterleute aufgerufen. Dabei darf diese notwendige geistige Auseinandersetzung mit dem Theater nicht von der Alibi-Diskussion über die sogenannte *Wirtschaftlichkeit* des Theaters verschüttet werden. – „Offensichtlich benützt man Etatfragen als Vorwand, um sich der geistigen Auseinandersetzung mit dem Theater, im Besonderen mit dem subventionierten Theater, zu entziehen. [...] Das Theater dient offensichtlich für viele als Sündenbock, auf dem Spiel- und Geistfeindlichkeit, vor allem die Abneigung gegenüber geistiger Provokation, abgelagert wird." (Dr. Hermann Glaser, Kulturdezernent der Stadt Nürnberg). – Die künstlerische Kraft und damit die Glaubwürdigkeit eines Theaters erweisen sich nur und ausschließlich in der Probe und in der Vorstellung, nicht in den programmatischen Vorankündigungen einer Direktion und nicht in der Geschichte dieses Theaters. – Die Zehntausende Abende, an denen das Burgtheater in den 200 Jahren seines Bestehens gespielt hat, sind ja nicht eine theatergeschichtliche Summe, die mit Zinsen und Zinseszinsen als Erbe auf uns gekommen ist. Die Geschichte der Kunst, die hier an manchen Abenden stattgefunden hat, die ist, wie Garrick es, auf die Schauspieler bezogen, gesagt hat: „in Wasser geschrieben". Greifbar ist für uns nur die Geschichte der Institution *Burgtheater* – und deren Kraft ist unbestritten und wird es wohl auch in Zukunft sein.

Es heißt, die Kultur sei insgesamt eine große *Zukunftswerkstätte*. Davon war einleitend die Rede, das Theater könne ein Ort der Hoffnung sein, in dem Wirklichkeiten entworfen werden, eine durchaus unheile Welt, die Sehnsüchten und Träumen Gastfreundschaft gewährt und sie gestärkt oder entzaubert wieder entlässt. Wenn das Theater das zu leisten vermag, dann ist es auch *gesellschaftlich relevant*.

In diesem Sinne hoffe ich, dass wir in den nächsten Jahren in Solidarität mit allen, die an diesem Theater arbeiten, einen Weg finden, auf dem uns möglichst viele Menschen mit Neugier in eine ungewisse Zukunft folgen.

Pressekonferenz in der Concordia Wien am 8. Juni 1976.

2 Rückblick – Ausblick – Utopie

Gebeten, zurückzublicken und einen Ausblick zu wagen, fühle ich mich einerseits heillos überfordert und andererseits ermutigt, Sie mit meinen Utopien bekanntzumachen.

1. Der *Rückblick* ist nicht mein Geschäft: Das handliche Verpacken des gerade Vergangenen erfordert journalistische Gaben, die Aufbereitung des längst Vergangenen solche des Historikers, die mir nicht hinreichend gegeben sind. Zudem ist in diesem Jubiläumsjahr des Burgtheaters so ausgiebig zurückgeblickt worden, es ist so unendlich viel Vertrauen in die Vergangenheit investiert worden, dass man schon aus Gründen der Originalität einen weiteren Rückblick unterlassen und wenigstens einen kleinen Rest des verschwendeten Vertrauens in die Vergangenheit für die Zukunft übriglassen sollte.
2. Der *Ausblick* ist eigentlich nur ein vorweggenommener Rückblick, vor allem dann, wenn es um das Burgtheater geht. Zum einen ist das so, weil beim Rück- wie beim Ausblick zumeist nicht das, auf das geblickt wird, interessiert, sondern lediglich die Perspektive dessen, der da zurück- oder ausblickt; zum anderen wird, glaube ich, in Wien ein Ausblick in jedem Fall so verstanden, als stelle der Ausblickende Vermutungen darüber an, wie sich die unmittelbare Zukunft in einer späteren Zukunft als Vergangenheit bewähren könnte. Es ist also nur folgerichtig, in der Utopie die einzige realistische Alternative zum Rückblick zu sehen, da nur die Utopie nicht geeignet ist, in absehbarer Zeit Vergangenheit zu werden.
3. Die *Utopie* eines werdenden Burgtheaterdirektors sieht nun in etwa so aus: Bald wird es in Österreich nur noch wenige Leute geben, die der Meinung sind, Kultur sei eine unzeitgemäße Freizeitgestaltung von einigen wenigen anderen Leuten; die *Theater* werden glaubwürdig sein und ihr Publikum gut unterhalten und aufregen, sie werden die Sehnsüchte der Menschen am Leben erhalten, sie werden ihre Träume artikulieren, sie werden unsere Wirklichkeit mit entwerfen; das *Publikum* wird offen und kritisch sein, es wird – sofern es Burgtheater-Publikum ist – seine vielgerühmte Hassliebe zu diesem Theater als große einheitliche, stimulierende Leidenschaft bewahren und nicht mehr vorwiegend die Liebe der Vergangenheit und den Hass der Gegenwart zuwenden, es wird Alfred Polgar Lügen strafen, der gesagt hat:
„Unbedingt stellt sich die Wirkung ein, dass jene Hörer, welche ganz der Meinung sind, die von der Bühne herab propagiert wird, zu dieser eisenfest in ihnen verankerten Meinung herumgekriegt werden. Sie werden von der Überzeugung, die sie haben, überzeugt und zum Bekenntnis, auf das sie eingeschworen sind, hingerissen."

Und es wird eine große Solidarität unter den *Künstlern* geben; Hochmut und Neid werden keine Rolle spielen, provinzielle Intrigen der Theater untereinander werden ein viel belachtes Kapitel der Theatergeschichte sein. Die *Gewerkschaften* werden fanatisch für das Recht auf Arbeit im Theater kämpfen, sie werden sich mit aller Macht für jene Mitglieder einsetzen, die ihres Schutzes in besonderer Weise bedürfen, nämlich für die Theaterdirektoren. Die zeitgenössischen österreichischen *Dramatiker* werden unsere Spielpläne dominieren und die Dramaturgien vor die schwierige Aufgabe stellen, den großen Werken der Vergangenheit wegen der Fülle und der Qualität der zeitgenössischen Dramatik zu ihrem Recht zu verhelfen.

Von all diesen erfreulichen Vorgängen und paradiesischen Zuständen wird die ganze Welt erfahren, weil gebildete und völlig unbestechliche *Journalisten* in den großen weltweit gelesenen österreichischen Zeitungen darüber kritisch und objektiv schreiben werden.

Leider muss man wohl davon ausgehen, dass die Österreicher des Jahres 2000, sollte diese Utopie einmal Wirklichkeit werden, wehmutsvoll an ihre große und interessante kulturelle Vergangenheit denken und, wenn sie dann gelegentlich aus ihrer unendlichen Langeweile aufschrecken, sicher auch von den 70er Jahren des 20. Jahrhunderts schwärmen.

Bis dahin müssen wir versuchen, unsere armselige Gegenwart zwischen der jeweils großen Vergangenheit und irgendeiner Zukunft hindurch zu retten.

Erschienen im „Kurier" am 6. September 1976.

3 Wohin geht das heutige Burgtheater?

Robert Musil, 1926 anlässlich des 150-jährigen Burgtheaterjubiläums mit der Rundfrage des „Tag" konfrontiert, wohin denn das heutige Burgtheater seiner Meinung nach gehe und wohin es seiner Meinung nach wohl gehen solle, gab folgende Antwort: „Ihre zwei Fragen erinnern mich an die Geschichte der Türkei. Am 14. Jänner 1853 ist das Osmanische Reich zum ersten Mal mit einem an Altersschwäche leidenden Kranken verglichen worden, bald darauf mit einem sterbenden Mann, danach ist 60 Jahre lang mit ungeduldigem Bedauern vom kranken Mann gesprochen worden, aber heute lebt dieser historische Kranke, soviel man hört, wie ein frischer Jüngling. Als Ersatz haben wir das Burgtheater bekommen. Darum lässt sich ihm eine schöne Zukunft keineswegs noch absprechen. Aber ich bin außerstande, ihm einen Weg dahin vorherzusagen."

Heute, 50 Jahre danach, zeigt dieses Theater noch immer deutliche Symptome von Lebensfähigkeit, gibt nach 200 Jahren Krise immer noch Anlass zur Hoffnung, die Zukunft könne besser werden, als es die Vergangenheit war.

Das hoffende Wiener Publikum, vor allem aber die hoffenden Wiener Kritiker, orientieren sich immer wieder am Theater des übrigen deutschen Sprachraumes, das sie allerdings meistens gar nicht kennen. Die einen hoffen, das Burgtheater möge den *Anschluss* an das deutsche Theater gewinnen, die anderen erwarten eine *splendid isolation.* Als „Erstes Theater Deutscher Zunge" – so meinen sie – könne man sich einiges an distanzierter Arroganz leisten, unter anderem deshalb, weil man so „spezifisch österreichisch" ist oder es zumindest sein sollte, so dass jeder Vergleich mit anderen Bühnen von vornherein ganz einfach absurd sei. Dergleichen lässt sowohl auf Wiens mangelhaftes Selbstverständnis als Theaterstadt schließen, als auch auf einen Minderwertigkeitskomplex dieser Stadt, der ständig von der sinnlosen Frage genährt wird, auf welcher Stufe einer imaginären Werteskala der deutschsprachigen Theater man wohl stehe.

Schon vor mehr als 50 Jahren hat Egon Friedell zu dieser imaginären Wertskala Stellung genommen und in seinem Aufsatz „Das Burgtheater" vermerkt: „Und so ist denn auch das Burgtheater seit undenklichen Zeiten die ‚Erste Deutsche Bühne', aber seit mindestens einem halben Menschenalter ist es das nur noch für Wien." Die Kritiker als professionelle Vergleicher, die heute allerdings sehr oft ihre Kenntnis des heimischen Theaters mit bloßen Vermutungen und aufgrund sporadischer, touristischer Kostproben des deutschen Theaters vergleichen, denken in diesem Zusammenhang dem Publikum etwas vor, was das Publikum gar nicht interessiert. Für das Publikum, das am Abend ins Theater geht, ist es nämlich völlig unerheblich, an welchem Platz der imaginären Skala der Kritiker sich sein Theater befindet. Seine Bewertungsmaßstäbe richten sich nach den Erwartungen, mit denen es ins Theater geht, unabhängig davon, was und wie in Berlin, München oder Hamburg gespielt wird.

Wenn man die deutschsprachige Theaterszene analysiert, und – unabhängig von der besagten Wertskala – die Situation der vergleichbaren Theater vergleicht, stellt sich immer wieder heraus: Es gibt keinen Theater-Vatikan. Wichtige Theaterereignisse können heute in Hamburg oder Berlin, morgen in Freiburg oder Tübingen, im nächsten Jahr in München oder Wien oder woanders stattfinden. Wenn überhaupt, so findet man jenes imaginäre „Erste Theater Deutscher Zunge" jeden Abend in einer anderen Stadt – und sicher manchmal auch in Wien.

In diesem Theater-Atlas wird Wien aber trotz aller Verbindungen zu anderen Theaterstädten als „Insel" aufscheinen. Die geographische und politische Insellage bestimmt zweifellos in besonderer Weise das Wiener Theater einschließlich des Burgtheaters, und sie kennzeichnet die Wiener Theaterkritik in ihrer splendid isolation; da außerdem die großen deutschsprachigen Zeitungen ihre Kritiker zwar zu wichtigen Premieren in die Bundesrepublik und auch in die Schweiz schicken, Wien aber im Allgemeinen aussparen, kommt es fast immer dazu, dass in der Bundesrepublik Informationen über die Wiener Theater nur von Wiener Kritikern zu lesen sind, die ihrerseits wiederum – mit wenigen Ausnahmen – die deutsche Theaterszene aussparen.

Darunter leidet ein so großes Theater wie das Burgtheater ganz besonders, weil es seine Mitarbeiter im gesamten deutschsprachigen Raum suchen muss. Da sich auch sehr bedeutende Schauspieler, Regisseure, Bühnenbildner usw. in Wien vom übrigen deutschsprachigen Theaterraum abgeschnitten fühlen, ist es nicht leicht, aus der ohnehin nicht großen Anzahl von Talenten dem Burgtheater die gewünschten qualifizierten Mitarbeiter zu gewinnen. So muss sich ein hervorragender Regisseur wie Dieter Dorn, mit dessen Arbeiten in Deutschland sich die großen deutschsprachigen Zeitungen auseinandersetzen, bei einer erfolgreichen Arbeit in Wien eben mit einigen wenigen Sätzen der Wiener Korrespondenten in diesen Zeitungen abfinden, da die österreichischen Zeitungen im Allgemeinen nur von heimwehkranken Auslandsösterreichern mit Verspätung gelesen werden. Sie haben daher an der Meinungsbildung im übrigen deutschsprachigen Raum keinen Anteil. So trägt neben der Abgeschiedenheit Wiens diese „Un-Internationalität" seiner Presse einiges dazu bei, das Burgtheater im deutschen Sprachraum als populäre Unbekannte im Halbdunkel von Klischee-Vorstellungen zu belassen. (Die Schuld des Burgtheaters besteht nun darin, diesen an sich falschen Klischee-Vorstellungen gelegentlich immer wieder einmal zu entsprechen – und Tradition mit Konvention zu verwechseln.)

Die Wiener Kritik betreffend, möchte ich abschließend noch einmal den polemischen Egon Friedell zitieren, der in seinem Aufsatz „Die ‚Theaterstadt' Wien" 1920 geschrieben hat: „Der Wiener will Kritiker, die zu allem einen Korrekturrand machen, die abstreichen und reduzieren, ‚Einflüsse aufzeigen', beschämende Vergleichungen ziehen, für jedes begeisterte Bemühen sofort eine kalte Dusche bereit haben; er will Kritiker, die die Kunstwerke verhässlichen."

Vielleicht habe ich mit meinen Gedanken zu der Frage, wo das Burgtheater wohl stehe und wohin es gehe, gleichfalls nur „Korrekturränder" gemacht und „verhässlicht". Das war nicht beabsichtigt. Ein Theater jedoch, das seinen künstlerischen Auftrag darin sieht, auf glaubwürdige Weise offen zu sein, durch die Wirklichkeit verwundbar zu sein und sich zu seinen produktiven Widersprüchen, zu seinen Unsicherheiten und zu seinen Zweifeln zu bekennen, ein solches Theater kann nicht nur sich, sondern muss auch seine Kritiker, sein Publikum, seine Stadt in Frage stellen können, wobei freilich gilt:

„Die einzige Kunst, über die das Publikum ein Urteil hat, ist die Theaterkunst. Der einzelne Zuschauer, also vor allem der Kritiker, spricht Unsinn, alle zusammen haben sie recht." (Karl Kraus)

Erschienen in den „Oberösterreichischen Nachrichten" am 18. Jänner 1977.

4 Alma Seidler

8. 6. 1899 – 8. 12. 1977

Lieber Karl Eidlitz,
verehrter Herr Dr. Eidlitz,
Eminenz,
Herr Bundesminister,
Frau Staatssekretärin,
verehrte Trauergäste,
in den frühen Morgenstunden des 8. Dezember hat der Tod von Alma Seidler unsere Welt verändert und uns in tiefe fassungslose Trauer gestürzt. Verzweifelt und ohne Trost stehen wir heute an ihrem Sarg und können ihre Abwesenheit noch nicht begreifen. – Dieser Tod hat das Burgtheater verwundet.

Jedes Wort des Abschieds, das wir hier zu sagen versuchen, ist daher nicht nur Ausdruck unserer Dankbarkeit und Verehrung, sondern bekundet auch unsere armselige Bemühung, Trost zu suchen und uns aus der Lähmung zu lösen, die auf unseren Herzen lastet.

Die Erinnerung an das erfüllte Leben der Alma Seidler, der Gnade, Glück und Liebe in einem Maße zuteil wurden, wie ein Mensch das gemeinhin nicht erwarten darf, gewährt allen, die sie geliebt haben, Trost und Einsicht; aber wir haben sie nicht nur geliebt, wir haben sie wirklich und wahrhaftig gebraucht und wir hätten ihrer noch lange bedurft; und da hilft uns kein tröstliches Erinnern und keine Flucht in verklärende Nachrufe, die vor dem Reichtum ihres Lebens und ihrer großen Kunst sowieso nur zu Phrasen erstarren können.

Ich maße mir also nicht an, Alma Seidler in dieser kurzen Abschiedsstunde zu würdigen, denn die Würde und die Größe dieser wunderbaren Schauspielerin bedürfen hier und heute keiner Benennung; aber wir bedürfen der lebendigen Wahrheit der Alma Seidler, ihrer zarten Anmut, ihrer sanften Dämonie, ihres ironischen Witzes, ihrer Poesie, ihrer urmütterlichen Liebeskraft, ihres geheimnisvollen Zaubers, mit dem sie in nahezu 60 Jahren hunderte Gestalten an tausenden Abenden zum Leben erlöst hat; wir bedürfen ihrer unsagbaren Bescheidenheit, ihrer leidenschaftlichen Treue, an die wir uns alle schon so leichtfertig gewöhnt hatten, dass wir nun nicht begreifen können, dass der Tod diese Treue gebrochen hat; wir bedürfen ihrer Demut und ihrer Hingabe, und wir bedürfen in dieser Zeit ihres beruflichen Ethos.

Alma Seider war die mütterliche Mitte unseres Theaters; darum hat uns ihr Tod so arm gemacht, darum hat uns ihr Tod so verwundet. Darum erscheint uns unsere Dankbarkeit, die wir sichtbar bekunden durch die Aufnahme eines Portraits von Alma Seidler in die Ehrengalerie des Burgtheaters und durch den Antrag auf eine Stiftung, die der Herr Bundesminister für Unterricht und Kunst vorstellen wird, so ärmlich.

Was immer wir tun werden, wir bleiben in ihrer Schuld.

Hugo von Hofmannsthal schrieb in einem Aufsatz, der Eleonora Duse gewidmet war: „Und vieles gewann für uns einen neuen Sinn und das künstliche Leben unseres Inneren einen großen Reiz mehr. Denn dazu, glaube ich, sind Künstler: dass alle Dinge, die durch ihre Seele hindurchgehen, einen Sinn und eine Seele empfangen.' ‚Die Natur wollte wissen, wie sie aussah, und schuf sich Goethe.' Und Goethes Seele hat widerspiegelnd tausend Dinge zum Leben erlöst. Und dann gibt es Künstler, die waren viel kleinere Spiegel, wie enge stille Brunnen, in denen nur ein einziger Stern blinkt: die gossen den Schmelz ihrer Seele um ein einziges Ding und tauchten ein einziges Fühlen in Schönheit. So einer war Eichendorff, der das sehende Suchen offenbarte und das rätselhafte Ruhen der atmenden Nacht, wenn die Brunnen plätschern. Und Lenau hat dem Schilf reden zugehört und der Schönheit der Heide einen Namen gegeben. Und manche Wolken, schwere bodengeballte, haben ihre Seele von Poussin und manche, rosigrunde, von Rubens, und andere, prometheische, blauschwarze, düstere, von Böcklin. Und es gibt Regungen unserer Seelen, die Schumann geschaffen hat; und es gibt Gedanken, die ohne Hamlet uns nie geworden wären; und viele unserer Wünsche haben die Farben aus einem vergessenen Bild und den Duft von einem verwehten Lied."

Und ich glaube, wir dürfen fortsetzen und sagen: Es gibt Regungen unserer Seelen, die uns ohne Alma Seidler nicht geworden wären.

In Ehrfurcht vor diesem schöpferischen Geheimnis ihres Lebens und ihrer Kunst nehmen wir nun von ihr Abschied, verwundet und verzweifelt – und in tiefem Mitleid mit unserem Kollegen Karl Eidlitz und mit den Hinterbliebenen unserer geliebten Alma Seidler.

Rede zum Tod von Alma Seidler auf der Feststiege des Burgtheaters
am 16. Dezember 1977.

5 40. Jahrestag der Besetzung Österreichs
Eine Matinee

Sehr geehrter Herr Bundespräsident,
sehr geehrter Herr Bundeskanzler,
sehr geehrte Mitglieder der Bundesregierung, Exzellenzen,
sehr geehrte Damen und Herren Abgeordnete zum Nationalrat,
sehr geehrte Festgäste,
ich heiße Sie alle zu dieser Stunde des Gedenkens und der Besinnung herzlich willkommen.

Das Burgtheater ist in der Zweiten Republik als österreichisches Nationaltheater wieder ein Ort österreichischen Selbstverständnisses und österreichischer Selbstbehauptung geworden und ist in den Begründungszusammenhang der demokratischen österreichischen Gesellschaft fest eingeschlossen.

Der aufklärerische Auftrag Josephs II. hat die Gründung des Burgtheaters bestimmt und hat dieses Theater in seiner zweihundertjährigen Geschichte begleitet. Heute begreift sich das Burgtheater nicht nur dem Titel nach als österreichisches Nationaltheater; über die bürgerlich humanistischen Postulate der Aufklärung hinaus gehend will dieses Theater ein Ort sein, an dem unsere Welt vergegenwärtigt wird, an dem Sehnsüchte am Leben erhalten und Träume artikuliert werden und an dem die Kunst eine Front gegen Unmenschlichkeit und Barbarei jedweder Provenienz bildet.

Es kommt dem Burgtheater daher im besonderen Maße zu, heute an der Vergegenwärtigung der Märztage von 1938 mitzuwirken, den Demokraten dieser Zeit seine Achtung zu erweisen, der Opfer der faschistischen Diktatur zu gedenken und sich jenseits jeder Phrase zur Demokratie zu bekennen, *denn der Sinn des Menschen für Gerechtigkeit macht die Demokratie möglich, aber die Neigung des Menschen zur Ungerechtigkeit macht die Demokratie notwendig.*

Die heutige Veranstaltung soll auch helfend dazu beitragen, dass die Jüngeren unter uns, denen das Erleben dieser Phase faschistischer Barbarei erspart geblieben ist, ihr Wissen über diese historische Zeit zum Wohle unserer gemeinsamen demokratischen Zukunft vertiefen; denn unser Gewissen, unser politisches Gewissen ist ohne Kenntnis schwach.

„Es ist gut", wie Manès Sperber in seinem Text „Die polizistische Geschichtsauffassung" sagt, „wenn sich das Gewissen gegen jede Ungerechtigkeit empört, die auf unserer Welt begangen wird. Doch ist es auch nötig, dass jene Leute, die protestieren, weder zu faul noch zu feige sind, um sich über die Tatsachen zu unterrichten. Das Recht auf Unwissenheit ist nicht unverbrüchlich."

    Eröffnungsrede zu einer „Gedenkmatinee anlässlich des 40. Jahrestages der Besetzung Österreichs" im Theater an der Wien am 12. März 1978.

6 Pressekonferenz vom 2. Mai 1978

Ich danke Ihnen, meine Damen und Herren, dass Sie so zahlreich meiner Einladung gefolgt sind, obwohl das Thema inzwischen einiges an Brisanz, an journalistischer Brisanz, für Sie eingebüßt hat. Unser heutiges Thema die „Situation am Burgtheater" oder die „Krise des Burgtheaters" oder der „Fall Benning" wird der Gegenstand meiner Ausführungen und, ich hoffe, unseres Gesprächs sein.

Eigentlich könnte ich Sie heute in extremer Weise langweilen, indem ich Ihnen Ihre eigenen Feuilletons der letzten Tage vorlese. Sie haben mir da nämlich in vieler Hinsicht die Worte aus dem Mund genommen. Viele von Ihnen haben in der Kampagne dieser letzten Tage mit Mut und Eindeutigkeit, unbeschadet ihrer sonstigen kritischen Einstellung dem Burgtheater oder mir gegenüber, die Position des Theaters vertreten und haben für eine sachliche, durch Kenntnis getrübte, durch Diffamierung ungetrübte Diskussion über das Burgtheater und über meine Direktionstätigkeit plädiert.

Ich möchte Ihnen dafür ohne jedes Kalkül herzlich danken. Es ist auch sonst den Initiatoren dieser künstlich heraufbeschworenen „Krise des Burgtheaters" und des „Falles Benning" in eindrucksvoller Weise gelungen, innerhalb und außerhalb des Hauses Sympathie, Zustimmung und Solidarität zu aktivieren – zu unserer großen Freude ... Bevor ich nun zu meiner detaillierten Stellungnahme komme, erlauben Sie mir, bitte, einleitend ein paar allgemeine Feststellungen zu dieser Kampagne. Wenn ich Kampagne sage, dann meine ich ‚Kampagne' und nicht ‚Kritik'.

1. Ich glaube, dass die „Frankfurter Allgemeine Zeitung" (26. April 1978) sich nicht irrt, wenn sie über die Urheber dieser Kampagne schreibt, es handle sich um „eine ‚seltsame Allianz', nämlich eine Allianz zwischen dem FPÖ-Obmann Peter und Herrn Stadtrat Busek, Redakteuren der Kronen Zeitung und einer Minorität unzufriedener Burgschauspieler". Das ist zumindest das äußere Erscheinungsbild dieser Allianz.

2. Diese Kampagne zeichnet sich durch ein besonderes Vokabular aus. Ich zitiere wahllos:
„Bürokraten mit Polit-Neurosen leiten das Theater" – „Linke Unterwanderung" – „Monströse Theaterkonfusionen" – „Ansatz zur Zwangsbeglückung" – „Durchgehende politische Linie" – „Besucherschwund" – „Experimentierbühne" – „Vorstadttheater" – „Experimentierbühne für linke Polit-Regisseure" – „Experimentierfeld für DDR-Regisseure" – „Krankhaftes Bestreben des Direktors nach Experimenten" – „Das verfehlte Benning-Experiment" – „Faschistische Methoden" – „Politische Kamarilla" – „Provinztheater" – „Einführung der Fäkalienära" – „Deutsche Unterwanderung mit mittelmäßigen Schauspielern" – „Marxistische Regisseure und Dramaturgen" – usw. und so fort.

3. Diese Kampagne ist wesentlich bestimmt durch den Wahlkampf, durch die Direktionsnachfolgefrage – Herr Peter und die FPÖ verlangen meine Ablöse und fordern

eine Direktion Gobert – und durch die Unzufriedenheit einer kleinen, einer sehr kleinen Anzahl von Kollegen und Kolleginnen, die ihre Lobbies in Politik und Presse mobilisiert haben.
4. Ich nehme zur Kenntnis, dass diese Kampagne weitergeht. Ich nehme die Worte des Herrn Peter zur Kenntnis, der in der Zeitung „Die Presse" am 28. April erklärt: „Wir haben mit unseren Attacken überhaupt erst angefangen. Das wird jetzt Schlag auf Schlag weitergehen." Nun gut, ich fürchte für Herrn Peter, es wird auch diesmal nichts aus einem Endsieg.
Und da wird es auch sicher nichts nützen, wenn nun nach bewährtem Muster, nach der ideologischen und künstlerischen Diffamierung die materielle folgen wird, d. h. dass der Direktor, die Dramaturgen, die Regisseure vielleicht keine „Linksfaschisten", „Fäkalienproduzenten" usw. sind, dass sie aber jedenfalls für das, was sie tun, zu viel Geld bekommen, dass der Steuerzahler dann eben deshalb vor ihnen geschützt werden muss. Diese Methode wird auch dieses Mal – „Schlag auf Schlag" – in gleicher Weise angewendet werden, aber wie gesagt, zum Endsieg wird auch das nichts beitragen. Wir haben nämlich die besseren Argumente, und die Wahrheit ist keine Frage der Auflagenhöhe.

Nach dieser pathetischen Einlage möchte ich mich nun den Detailfragen zuwenden:
Thema 1 ist der *Spielplan*, die *Angriffe auf den Spielplan*. Die künstlerische, konzeptionelle, ideologische oder ideelle – wie immer sie das nennen wollen – Diskussion über das Burgtheater und seinen Spielplan in meiner Direktion steht noch aus, sie hat noch nicht begonnen, auch wenn manche der in letzter Zeit erhobenen Vorwürfe einer solchen Gesprächseröffnung ähnlich sehen.
Diese Diskussion, die wir wünschen, die kann und soll gekennzeichnet sein durch Kritik, durch Widersprüche, von mir aus auch durch ehrliche, persönliche Gegnerschaft, aber diese Diskussion hat sich an der Bühne, am Theater zu orientieren, und sie setzt Liebe zum Theater, Offenheit und ein Mindestmaß an Sachkenntnis voraus.
Wenn die Diffamierungen und Pöbeleien der letzten Zeit, wenn diese Orgie von Unkenntnis und Unwahrheit, außer dass sie so viel Sympathie und Solidarität für unser Theater mobilisiert hat, auch noch dazu beiträgt, diese für ein glaubwürdiges Theater, das sich zu seinen Widersprüchen bekennt, sehr notwendige und wichtige Auseinandersetzung in Gang zu setzen, dann wollen wir mit dieser jetzigen Kampagne sogar zufrieden sein.
Das Burgtheater ist jedenfalls zu diesem Gespräch bereit. Doch wie gesagt, so weit ist es noch nicht. Heute muss ich mich vorwiegend darauf beschränken, mit Zahlen zu argumentieren, allerdings im Gegensatz zu meinen Widersachern mit richtigen Zahlen.

Aus dem Protokoll der Eröffnung einer Pressekonferenz anlässlich der Kampagne gegen das ‚politische', ‚linke' Burgtheater am 2. Mai 1978.

7 Verleihung der Ehrenurkunde des Yad Vashem an Dorothea Neff

Sehr geehrter Herr Bundespräsident,
sehr geehrter Herr Bundeskanzler,
sehr geehrte Herren Bundesminister,
Exzellenzen,
sehr geehrte Damen und Herren,
es ist für das Burgtheater eine besondere und gern empfangene Ehre, dass heute, hier in unserem Hause Dorothea Neff, der großen Schauspielerin des Volkstheaters, die unserem Burgtheater in vieler Hinsicht verbunden ist – und nicht nur darum, weil sie ihre letzten Rollen auf dieser Bühne gespielt hat – die Medaille und die Ehrenurkunde des Yad Vashem verliehen wird.

Meine Damen und Herren, ich heiße Sie alle hier im Akademietheater herzlich willkommen, vor allem Dich, liebe Dorothea, und ich bitte Dich, fühle Dich auf dieser Bühne, umgeben von Schauspielerinnen und Schauspielern, die Deines Vorbildes bedürfen und das wissen, in Verehrung und Zuneigung geborgen. Ich glaube, Du bist hier am rechten Ort; Havels *Versuch, in der Wahrheit zu leben*, hat sich auf dieser Bühne mehrfach artikuliert, die Macht der Ohnmächtigen hat sich auf dieser Bühne mehrfach erwiesen.

Heute wird hier von Deinem Versuch, in der Wahrheit zu leben, von Deiner guten Tat die Rede sein, die zwar mehr als 35 Jahre zurückliegt, aber keiner Verjährung anheimgefallen ist.

Du hast einem Menschen unter Einsatz Deines Lebens das Leben gerettet. Du hast wahrscheinlich gar nicht anders handeln können, da Du immer unter Einsatz Deines Lebens gelebt hast – in Treue zu Dir selbst und unter der faschistischen Diktatur mit der gleichen leidenschaftlichen Entschlossenheit zu Deiner Wahrheit und mit dem gleichen Mut, mit dem Du Dir wohl später Dein eigenes Leben gerettet und dabei auch entschlossene Hilfe gefunden hast.

Ich maße mir aber jetzt nicht an, Dich zu würdigen; ich möchte Dir am Anfang dieser Feierstunde nur sagen, dass wir, die wir uns dem Theater gewidmet haben, in Dir ein verpflichtendes Vorbild sehen, weil das Gesetz der Menschlichkeit und der entschlossenen Wahrhaftigkeit, unter dem Dein Leben stand und steht, auch Deine Kunst bestimmt hat. Diese Einheit, die nie von biographischen Zufälligkeiten beschädigt worden ist, bewundern wir zutiefst.

Du hast unserem Berufsstand große Ehre gemacht, und wir freuen uns sehr, dass Du heute ausgezeichnet wirst.

Die Verleihung fand auf Wunsch von Dorothea Neff
im Akademietheater statt, am 21. Februar 1980.

8 Verleihung der Josef Kainz-Medaille 1980

Sehr geehrter Herr Dr. Zilk,
sehr geehrter Herr Dr. Mauthe,
meine Damen und Herren,

nach angemessener Gegenwehr habe ich die ehrenvolle Aufgabe übernommen, im Namen der heute Geehrten den gebotenen Dank auszusprechen und meine Freude und die meiner ausgezeichneten Kolleginnen und Kollegen über die freundliche Ehrung zu bekunden. Ich gestehe Ihnen, meine Damen und Herren, dass ich dies zu tun nur mit großer Befangenheit imstande bin; jedenfalls erbitte ich gleich einleitend Ihr nachsichtiges Verständnis für die womöglich allzu rigorose Subjektivität meiner Danksagung. Besagte Befangenheit erwächst nicht nur aus dem Bewusstsein, dass viele mit der Empfehlung der unabhängigen Jury unglücklich sein mögen, dass diese Auszeichnung für die Ausgezeichneten beschämend ist – im Angesicht so mancher wunderbaren Schauspielerin, des einen oder anderen hervorragenden Schauspielers und einiger großartiger Regisseure, denen diese Auszeichnung bislang nicht zuerkannt wurde. Diese Befangenheit erklärt sich auch nicht nur aus der Festlichkeit der heutigen Überreichungszeremonie, oder aus der Prominenz dieser Versammlung, oder aus der Ehrfurcht vor dem, in dessen Namen dies alles geschieht, sondern sie wurzelt wohl auch und vor allem in der Befürchtung, solche Feierlichkeit und solch ein öffentliches Ineinanderverliebtsein verschleiere gar zu sehr die wahre Lage, verewige unsere unaufrichtigen Haltungen zueinander und handle unsere jeweiligen opportunistischen Attitüden als aufrichtige Überzeugungen.

Zu Ehren des großen Josef Kainz, der ein ehrlicher Mann war, wollen wir das doch vermeiden, uns nicht allesamt in Feierlichkeit verbrüdern, wollen auf dem bestehen, was uns trennt – im Sinne des mahnenden Satzes von Brecht, daran zu denken, dass gutes Theater nicht vereinen dürfe, sondern trennen müsse.

1911 polemisierte der große Hasser Karl Kraus gegen ein Kainz-Denkmal, sprach von der Überschätzung seines Talentes, die allerdings, wie Kraus meinte, insofern berechtigt war, „als nie zuvor die Distanz eines einzelnen Könners zum Jammer einer herabgekommenen Bühne so deutlich erlebt wurde." – Kraus beendet seinen Aufsatz „Schauspielermonumente" mit den Sätzen: „Künstler brauchen kein Monument. Schauspieler verdienen keines und haben an jeder Möglichkeit, durch ein Denkmal ersetzt zu werden vorbeigelebt. Einem Schauspieler ein Monument zu setzen, schließt, um der Nachwelt wenigstens einen Trost der Logik zu gewähren, die Verpflichtung in sich, auch dem Publikum ein Denkmal zu setzen, das den Schauspieler bewundert hat. […] Die Verewigung des Publikums wäre aber ein Ziel, aufs innigste nicht zu wünschen. Zudem wächst es immer frisch nach. Und mit ihm die sozialen Parasiten, die aus dem Rahmen des Publikums herausbrechen, um sich im Zwischenakt bemerkbar zu machen. Sie verdienen gewiss kein Denkmal. Sie können die Logik eines Denkmals nicht zu Ende denken." Im krassen Widerspruch zu diesen Sätzen von Karl Kraus halte ich die Stiftung der Josef Kainz-Medaille durch die Stadt Wien für eine lobenswerte Denkmalsetzung und für eine freundschaftliche Geste der Stadt an uns Theaterleute; wir, vor allem die heute Ausgezeichneten, nehmen den Ruhm des Toten als Reklame der Lebenden an und danken der Stadt Wien und Ihnen, sehr geehrter Herr Stadtrat, für die Verleihung der Kainz-Medaillen an uns.

Hernach wäre der Jury zu danken für ihr freundlich gesinntes Votum. Die jeweilige Freundlichkeit der Jury, verbunden mit der Eitelkeit der jeweils Geehrten, hat wohl 23 Jahre lang die konfliktfreie Annahme der zugesprochenen Kainz-Medaillen gewährleistet. Es ist aber doch vorstellbar, dass einmal jemand auf die Idee kommt, eine Auszeichnung durch den Wiener Kulturjournalismus als unzumutbar zurückzuweisen. – Allerdings glaube ich, solange auch nur ein Mitglied der Jury Achtung verdient, solange einige wenige Journalisten sich mit denen, die Theater machen, in der Hoffnung begegnen, man könne im Theater auf freundliche und diesseitige Weise mit seinen Träumen, seiner Angst, seiner Sehnsucht und seiner Verzweiflung verständnisvolle Aufnahme finden, solange sollte das Aufbegehren gegen diese Unzumutbarkeit bezähmt werden. Der Minderheit zuliebe!

Aus Eitelkeit, das sei zugegeben, aus pragmatischem Kalkül und, wie gesagt, aus Solidarität mit den wenigen vom Theater tatsächlich berührten und betroffenen Journalisten, nehmen wir Theaterleute die Stimmen derer in Kauf, die von ihrer kritischen Aufgabe intellektuell überfordert zu sein scheinen; die in einem traurig qualvollen Verhältnis mit der deutschen Sprache leben, sich auf ihre Arbeit nicht vorbereiten, Stücke, Übersetzungen, Sekundärliteratur nicht lesen, für Pressekonferenzen zu fein sind oder zu spät aufstehen; die aber, wenn sie kommen, nicht in der Lage sind, die gebotenen Informationen ihren Lesern zu vermitteln; die das Theater nicht leiden können und die, die es machen, schon gar nicht und die sich oft – in den verschiedensten Masken, manchmal sogar als alter Goethe hergerichtet – in der Nachfolge von Karl Kraus sehen, aber dessen großen Hass nur in kleinen Portionen schnell vergänglicher Gehässigkeiten tradieren; ferner nehmen wir die Stimmen derer in Kauf, die Informationen als Erschwernis ihres Geschäftes betrachten, die Stimmen der geistig oder seelisch ausgemergelten Gouvernanten und Oberlehrer, die sich nie mit dem Publikum, aber immer das Publikum mit sich identifizieren.

Sollte das wirklich so sein, dann sind wir wohl – bei aller Notwendigkeit der Solidarität mit der Minderheit – doch einigermaßen inkonsequent. Aber, so hat Emerson gesagt: „Konsequenz ist ein Kobold, der in engen Köpfen spukt." – Und so danken wir der Jury nochmals für ihr freundliches Votum.

Ohne die genannte Befangenheit kann ich als Regisseur meinen Schauspielern, Ausstattern, Dramaturgen, Technikern und allen anderen Mitarbeitern der „Sommergäste" danken, die mir die Kainz-Medaille verdient haben – womit die Reihe der Danksagungen eigentlich abgeschlossen wäre.

Aber da ich der amtierende Burgtheaterdirektor bin, der mit einer Kainz-Medaille ausgezeichnet wird, erlauben Sie mir bitte, auch ein paar Worte des Dankes an die

Theaterleute, für die Kainz-Medaillen oder andere *theatralische* Auszeichnungen gar nicht vorgesehen sind und die uns Schauspielern, Regisseuren und Bühnenbildnern unsere Arbeit überhaupt erst möglich machen und sie als Partner begleiten. Unter diesen Partnern gibt es eine Gruppe, die in Wien nicht nur keinen öffentlichen Dank erfährt, sondern im Gegenteil zumeist angepöbelt und diffamiert wird: Ich meine die Dramaturgen. Ohne sie wäre unsere heutige Arbeit nicht so erfolgreich, ohne sie hätte das Burgtheater in den letzten Jahren wohl nicht so viele Kainz-Medaillen hinzugewonnen. Die dramaturgische Arbeit, die dramaturgische Haltung des Burgtheaters, ist in der österreichischen Tagespresse ohne Echo, ohne sachliche Auseinandersetzung, Zustimmung oder Ablehnung geblieben.

So werden z. B. seit 1976 die Vorschauhefte des Burgtheaters keiner Beachtung durch die Presse für würdig befunden.

Allerdings ist jetzt wenigstens eine ablehnende Auseinandersetzung – sogar auf holzfreiem Papier einer Kulturzeitschrift – mit den Programmheften angekündigt; aber wie – nun sagen wir: ‚sachlich' wird die wohl werden, da der Initiator dieses Artikels seine Diffamierung der Dramaturgie schon vor meinem Direktionsantritt gestartet hat, also ein echter Pionier war und später auch geblieben ist beim Aufspüren österreichfeindlicher, zersetzender Linkstendenzen in der Dramaturgie und Direktion unseres Theaters, deren Dauer besagter Kulturkritiker schon vor ihrem Beginn als ein für das Publikum – natürlich wieder in fiktiver Identität – „allzu langes Zwischenspiel" klassifizierte. – Aber ich irre ab, besagter Herr ist nicht mehr in der Jury, und solche Erinnerungen können meinen Dank für das freundliche Votum nicht trüben.

Außerdem verführt mich die Festlichkeit dieser Stunde und meine befriedigte Eitelkeit zu einem durchaus optimistischen Schluss meiner Danksagung: Ich bin überzeugt, dass die Zeit nicht mehr fern ist, in der in Wien gut informierte, gebildete, nicht korrumpierbare, sprachgewandte Kulturjournalisten in den internationalen und großen weltweit gelesenen österreichischen Zeitungen kritisch und objektiv – nach erkennbaren Kriterien – über das Wiener Theater schreiben werden; sollte dann jemals wieder die Arbeit der Theaterleute und der Kulturpolitiker durch theaterfeindliche Gesetze erschwert, durch dilettantisches Geschwätz sogenannter Experten – und seien es auch solche der Wirtschaft – und durch verantwortungslose Vorschläge von Kammervertretern behindert werden, die die Existenz der Bundestheater und Hunderter Arbeitsplätze gefährden, dann werden diese Journalisten der Zukunft – ohne jede philisterhafte Pose triefender Fürsorge für den an den Kulturbudgets verblutenden kleinen, ausgebeuteten Steuerzahler – nach gründlichen Analysen und gewissenhaften Recherchen all den Schwätzern journalistisch den Garaus machen.

Die kurze Zeit, bis sich dieser Optimismus erfüllt, müssen wir alle gemeinsam irgendwie überbrücken. Das fällt uns, mit Kainz-Medaillen ausgezeichnet, leichter.

Dankesrede aus Anlass der Verleihung der Kainz-Medaille der Stadt Wien an Helmuth Lohner, Josefin Platt und Achim Benning (für die Inszenierung der „Sommergäste" von Maxim Gorkij) im Wiener Rathaus am 23. Februar 1981.

9 Was erwarten Sie vom Burgtheater?

Der Titel dieses Versuchs, mit Ihnen über das Burgtheater ins Gespräch zu kommen, ist eine Frage an Sie und bürdet Ihnen, meine Damen und Herren, von vornherein die Hauptlast der heutigen Veranstaltung auf; denn natürlich werde ich Sie nicht mit meinen Mutmaßungen über Ihre Erwartungen belästigen – zumal ein in Wien Zugereister als Wiener Gast in Graz schon besonders vermessen sein müsste, Ihnen Ihre Meinung zu sagen –, sondern ich werde mich lediglich bemühen, die gestellte Frage aufzufächern, um den Boden für die Diskussion zu bereiten und gelegentlich deutlich zu machen, welcher Art denn meine Erwartungen sind; denn der Status quo des Burgtheaters ist selbstverständlich nicht die Summe meiner erfüllten Hoffnungen.

Das Burgtheater ist als österreichisches Nationaltheater auch Ihr Theater, auch dann, wenn Sie in Graz leben, nur selten in dieses Theater gehen können, die einzige authentische Informationsmöglichkeit aber der regelmäßige Besuch wäre. Welche Beziehung auch immer Sie zu Ihrem Nationaltheater unterhalten, zumindest finanzieren Sie es und haben in einer demokratischen Gesellschaft schon deshalb das Recht, Ihren Erwartungen Gehör zu verschaffen und Nachdruck zu verleihen; Ihre Erwartungen könnten sich also durchaus zu Forderungen auswachsen, die den Staat erreichen und seine Theaterpolitik mitbestimmen. Ihre Erwartungen sind daher wichtig, sie kennenzulernen ist kein Zeitvertreib, kein unverbindlicher Gedankenaustausch.

Unsere thematische Frage ist sicher eine Folge-Frage der Grundfrage: „Was erwarten Sie von der Kunst?" und der Nach-Frage: „Was erwarten Sie vom Theater?", wenn man von der Voraussetzung ausgeht, dass Theater den Künsten zuzurechnen ist und nicht Egon Friedells Meinung teilt, die Oberflächlichkeit des Theaters schrecke die Kunst ab, sich zum Theater zu degradieren. Wie immer man die Grundfrage beantwortet – *Kunst als Lebensbereicherung, Lebenshilfe, unverzichtbares Element der Lebensqualität, als Bildung, als Zukunftswerkstätte, als Überlebensmittel* und ähnliche Versuche zu sagen, was man von der Kunst erwarte – wie immer: alle diese Umschreibungen bedrängen auch das Theater, oft mit besonderer Betonung irgendeines pädagogischen Auftrags: Eine *moralische Anstalt* sei das Theater oder solle es sein, ein *nationales Forum*, ein *Bildungsinstitut*, ein Ort des „gesteigerten Daseins" (Jouvet), „an dem das Volk seine Idee vom Leben in einem wachen Traum erblickt" – „ein Ort der Verdichtung, Entzündung und Entladung schöpferischer Phantasiekräfte der Volksseele" (B. Viertel), ein Ort der „Irrealität", der „Magie der Seele", der „Mythomanie" – oder aber *politisches Forum*, ein Ort ideologischer Auseinandersetzungen, oder Agitprop usw. usw. – oder eben schlechthin der „Spiegel der Zeit".

Vom Theater als purem Zeitvertreib, zu dem sich die Kunst nach Meinung der überwiegenden Mehrheit der erwartenden Interpreten tatsächlich nicht degradieren darf, soll in diesem Zusammenhang nicht die Rede sein, obwohl die schlichte Unterhaltung, die Entspannung nach Arbeit und Mühe, das Vorgaukeln heiler Annehmlichkeiten nach einem sorgenvollen Tag durchaus zu den Erwartungen eines beachtlichen Teils des Publikums – z. B. auch des Burgtheaterpublikums – gehören und seit Anbeginn gehört haben. So wurde das Burgtheater mit großem aufklärerischen Anspruch als „Teutsches National-Theater" gegründet, aber mit dem zu Recht vergessenen Stück „Die Schwiegermutter" eröffnet, und der Gesamtspielplan wurde seit 1776 bis weit in das 20. Jahrhundert hinein von dramatischer Alltagsware dominiert: Nur ca. ein Fünftel der in zweihundert Jahren gespielten Stücke sind der ‚gehobenen Literatur' zuzurechnen. Dieser Umstand bedürfte sicher einer diffizilen und historisch verständnisvollen Darstellung, auch wenn er zu polemischer Verkürzung verleitet. Dieser Versuchung ist der schon zitierte Feind des neueren Burgtheaters Egon Friedell erlegen, als er 1920 schrieb: „Literarisch war das Burgtheater ja niemals eine führende, geschweige denn die erste Bühne; auch nicht unter Laube. Dieser hat sich in seinem Geschmack immer vom Publikum leiten lassen, nicht aus Schwäche, sondern aus Überzeugung. Er hielt dies im Gegensatz zu Goethe, für das einem Theaterdirektor einzig angemessene Verfahren."

Friedell behauptet dann, Laube hätte sicher, so liberal und fortschrittlich er politisch war, als erzkonservativer Ästhetiker, auch „Die Räuber" abgelehnt, wenn sie zu seiner Zeit neu gewesen wären. – Allerdings hatte der Intendant, der „Die Räuber" uraufführte, der Freiherr von Dalberg, in dem von ihm geleiteten Mannheimer Theater ebenfalls neben der großen Literatur vorwiegend Unterhaltungspossen, Singspiele und Rührstücke zu verantworten, und natürlich war Schiller der Konkurrenz von Rautenstrauchs „Der Jurist und der Bauer", dem meist gespielten Stück der Aera Dalberg, nicht gewachsen. Friedells Vorwurf gegen das Burgtheater und gegen Laube verfängt also nicht so recht, zumal er an anderer Stelle sogar die Meinung vertritt, auch die guten Stücke waren fast nie so gut wie die Schauspieler.

„Nun wurden die vielen schlechten Stücke, die das Burgtheater auf dem Gewissen hat", setzt Friedell seine Polemik fort, „in seiner Blütezeit allerdings von ganz außerordentlichen Schauspielern mit so viel Eigenart und Leben gefüllt, dass man ganz und gar vergaß, was denn eigentlich auf der Bühne geredet wurde. […] Und nun muss man zugeben, dass auch heute noch das Burgtheater die Gabe besitzt, durch den Reichtum, die Farbigkeit und die Gestuftheit seines Ensembles den hohlsten Kitsch mit Glanz zu umgeben. Aber so viel Geist auch seine einzelnen Mitglieder besitzen, dieses Ensemble selber hat keinen Geist."

Die von Friedell polemisch behauptete Geistlosigkeit des Burgtheater-Ensembles – ein inzwischen traditionsreicher Vorwurf – ist wohl gleichzusetzten mit der von Herbert Ihering 1922 beschriebenen „Versteinerung des Burgtheaters".

Das folgende Zitat aus dessen Essay „Der Kampf ums Theater" ist von aufregender Aktualität und bezeichnet eine noch heute scheinbar lebendige Erwartungshaltung gegenüber dem Burgtheater. Es ist, wie mir scheint, der erklärten Absicht dienlich, die Frage „Was erwarten Sie vom Burgtheater" aufzufächern und den Boden für die Diskussion zu bereiten. Ihering schreibt: „Das Theater kann die Zeit als Lebensform oder die Zeit als Idee wiedergeben. Es kann Spiegelbild oder Ausdruck sein. Als es Spiegelbild war, hatte es seine reinste Vollendung im Burgtheater Laubes. Wo es Ausdruck werden will, erwartet es seine Vollendung in der Zukunft.

Das Burgtheater empfing von der Zeit die gesellschaftliche Kultur, wie sie durch den Wiener Hof repräsentiert wurde, und gab sie als menschliche Kultur zurück. Es verlieh den äußeren Lebensformen, die der Darsteller als Geschenk des Milieus empfing, durch die schauspielerische Übersetzung künstlerische Wärme und trug sie als seelische Harmonie, als Takt ins Publikum hinaus. Der Schauspieler erhielt von Hof und Adel die Gebärde und entzündete im Wiener Bürgertum die Produktivität des Herzens. Die Bühne verband die Gesellschaftsschichten. Der Schauspieler war Mittler. Die mimische Gestaltung wurde im Publikum zu Ende geführt. So konnte das Theater zum Regulativ der gesellschaftlichen Kultur werden. Der Schauspieler des Burgtheaters machte allgemeingültig, was nur einer Kaste angehörte. Er aristokratisierte das Publikum und demokratisierte den Hof.

Das Theater, das die Kultur einer Zeit spiegelt, richtet sie gleichzeitig als Beispiel auf. Dieses Theater kann nur am Ende, niemals am Anfang einer Entwicklung stehen. Darum ist das Wiener Burgtheater jetzt ein Widerspruch in sich selbst. Weil die Schauspielkunst in Wien immer noch als Spiegelbild und als Beispiel beurteilt wird – obwohl das, was gespiegelt und beispielhaft erhöht werden soll, längst nicht mehr existiert – ist das Wiener Theater versteinert."

Wie gesagt, die Analyse stammt von 1922. Seit nunmehr 60 Jahren arbeiten am Burgtheater Schauspieler, Regisseure, Bühnenbildner, Dramaturgen und zahlreiche Direktoren unter der Fiktion, dass alle Diagnosen dieser Art falsch waren und sind, oder die früheren ‚schlechten' Zustände, die freilich der überwiegende Teil des Publikums für die jeweils besseren hält, überwunden werden können und die Chance besteht, das womöglich zukunftsträchtigste Kapitel der Geschichte dieses Theaters in Kürze aufzuschlagen. Alle diese Hoffnungen, Enttäuschungen und aller künstlerischer Ehrgeiz werden begleitet von der mechanischen Musik der sich ständig drehenden, knarrenden Walzen mit den sich ständig wiederholenden Vorwürfen und Erwartungen und den damit ständig wiederkehrenden Krisen des Burgtheaters. – Gegenüber gewöhnlichen Theaterkrisen ist an den jeweiligen Burgtheaterkrisen die Tatsache bemerkenswert, dass ihre beschreibenden Auskoster immer auf die Vergangenheit verweisen, in der dieses Theater jeweils die „erste Bühne deutscher Zunge" – wie das dann heißt – gewesen sein soll. Bei länger dienenden Wiener Theaterkritikern kann man während der jeweiligen aktuellen Verriss-Periode feststellen, dass sie die jeweils zehn bis fünfzehn Jahre zurückliegende Burgtheaterzeit, die sie einst als Untergangszeit, den Direktor als Totengräber, das Ensemble als verrottet, den Spielplan als stumpfsinnig klassifiziert hatten, allmählich zu glorifizieren beginnen und dem jeweils gegenwärtigen Direktor als unerreichbar schönes Vorbild aus großer Zeit vor Augen halten.

In neuerer Zeit sind freilich politische und moralische Diffamierungen als Mittel Wiener Theaterkritik dazu gewonnen worden. Natürlich sind diese Hilfsschüler des Karl Kraus unter den heutigen Kritikern trotz allem ihrem Meister, der z. B. 1911 meinte, eine „Verunehrung des Burgtheaters" sei gar nicht möglich, da dieses nichts mehr zu verlieren habe, und vom „Jammer einer herabgekommenen Bühne" spricht, an Rigorosität weit unterlegen.

Was also, meine Damen und Herren, erwarten Sie nach dieser Burgtheater-Krisen-Philosophie vom Burgtheater anderes als die nächste Krise oder die Überwindung der derzeitigen? – Natürlich wäre die Auffächerung der gestellten Frage misslungen und eine törichte Verengung, wenn man diese oberflächlich pointierte Schlussfolgerung aus einer Reihe von extremen Zitaten anders werten wollte als eine stimulierende Aufforderung, andere Antworten auf die Frage nach Ihren Erwartungen zu artikulieren.

Ihre Erwartungen richten sich auf ein Theater mit dem größten Saison-Repertoire der Welt, mit 130 Schauspielern und mit zumindest vier parallel geprobten und unabhängig voneinander besetzten Produktionen. Im Burgtheater, im Akademietheater und im 3. Raum, auf Gastspielen im In- und Ausland werden in der Saison mehr als 700 Vorstellungen gespielt. Die Direktion verwaltet ein autonomes Budget von ungefähr 130 Millionen Schilling. In meiner Direktionszeit wurden 23 Autoren zum ersten Mal am Burgtheater gespielt und erlebten 12 Uraufführungen, 1 deutschsprachige Uraufführung, 8 deutschsprachige und 10 österreichische Erstaufführungen, d. h. es kamen jährlich circa 5 Stücke zur Aufführung, die nie zuvor am Burgtheater gespielt worden waren. Der Hauptvorwurf gegen den Spielplan des Burgtheaters seit 1976 richtet sich daher gegen die angebliche Vernachlässigung der „Klassiker", wobei die Kritiker zumeist frei bestimmen, welche Autoren den Klassikern zuzurechnen sind und welche nicht.

Ohne einer berechtigten Kritik, die sich aus künstlerischer Leidenschaft und womöglich aus tatsächlicher Kenntnis der klassischen Literatur herleitet, die Ehre abschneiden zu wollen, möchte ich noch einmal Herbert Ihering zu Wort kommen lassen, der auf die Herkunft der sogenannten „Klassiker-Pflege" hinweist:

„Im Bildungszeitalter, dem 19. Jahrhundert, galten die Klassiker als geistiges Mobiliar des wohlsituierten Bürgertums. Sie waren Schmuck seiner guten Stube, gehörten zu ihm wie die Plüschmöbel, waren anwendbar und zur Hand in allen Lebenslagen. [...] Das klassische Drama diente zur Bestätigung einer Welt, gegen die es entstanden war [...]. Aber dieser ganze Bildungstumult, dieses Philistertum des Wissens, dieser Größenwahn, selbst für Gedankenfreiheit zu sein, wenn Marquis Posa sie auf der Bühne forderte, selbst gegen diese Welt anzurennen, wenn Karl Moor es tat, diese Sucht, sich hinter andern Gestalten zu verstecken, ermöglichte auch die Begeisterung für große Schauspielkunst. [...] Es war die Überheblichkeit, die sich einer Gedankenwelt gleichsetzt, ohne Verbindlichkeiten einzugehen."

Meine Damen und Herren, ich habe Ihnen viele Zitate zugemutet, und Sie werden unter Umständen argwöhnen, ich hätte meine Meinung hinter fremdem Text verborgen. Vielleicht ist das so und vielleicht trägt dieser Argwohn auch dazu bei, das nun folgende Gespräch zu beleben.

Vortrag und Diskussion im Palais Herberstein bei der Veranstaltung „Graz international" auf Einladung von Vizebürgermeister Alfred Stingl am 3. Juni 1982.

10 Friedrich Heer
10. 4. 1916 – 18. 9. 1983

Dunkle Mutter Wien, mein Wien:
„An keinem anderen Ort der Welt fühl' ich mich zu Haus als hier, zwischen Häusern. Nicht: in den Häusern."

Die Häuser am Ring sind schon dem Kind nicht geheuer. „Die großen Häuser gehen mich nichts an. Auch heute nicht," sagt Heer 1978.

Und doch findet Friedrich Heer mit 45 Jahren Asyl in einem dieser zu großen, abweisenden, nicht menschlich bemessenen Häuser und bekundet 20 Jahre später: „Ich habe durch das Burgtheater überlebt."

In der Fremde dieses großen Hauses erfuhr er Toleranz, aber nicht nur die, die den anderen erträgt, sondern er fand Aufnahme, fand die Bereitschaft, sein „Leben in Konflikten" anzunehmen. Er fand Freundschaft.

Wenn man Theater als den beständigen Versuch versteht, die Einsamkeit des Menschen zu durchbrechen, dann war Friedrich Heer der Dramaturg dieser Grenz-Überwindung.

Freilich blieb er immer der „Sonderfall von Fremdheit" in der Gesellschaft der Theaterleute, die ihn aber als brüderlichen Störenfried annahmen und ernst nahmen.

Friedrich Heer war das Programm ‚Citoyen' des Burgtheaters, wirkend durch seine Existenz in diesem Theater, so wie er die mögliche Wirksamkeit eines Schriftstellers in Österreich einschätzte, als er sagte, er halte es für wahrscheinlicher, dass ein Schriftsteller in Österreich bei seinen Lebzeiten mehr durch seine Existenz wirken könne als durch seine Schreibereien.

Die Spuren von Friedrich Heers Existenz im Burgtheater werden noch lange nicht verwehen.

Ausgezeichnet mit seiner Freundschaft, beklage ich den Tod dieses mutigen Außenseiters, mit Bewunderung für sein Leben, in Ehrfurcht vor der Größe seiner letzten Jahre.

Rede zum Tod von Friedrich Heer in der Lueger-Kirche
auf dem Zentralfriedhof am 28. September 1983.

11 Leopold Lindtberg
1. 6. 1902 – 18. 4. 1984

Der 25. April 1984 war ein sanfter Frühlingstag in Zürich, warm, blau. Auf dem blühenden Friedhof Enzenbühl, in der Mittagszeit, wurde Leopold Lindtberg still der Erde seiner Schweizer Wahlheimat übergeben, deren einst lebensrettende Gastfreundschaft er so überreich bedankt hat.

Seit einer Woche war Leopold Lindtberg tot. – Die Wirklichkeit seines Todes hatte viele von uns tagelang kaum erreicht und nicht zu erfassen vermocht, so sehr war uns sein „inbrünstiges Leben" gegenwärtig und hatte uns erfüllt. Nun waren die Unwiderrufbarkeit dieses letzten Abschieds, die Unabänderlichkeit der immerwährenden Trennung sichtbar geworden und mit aller Gewalt und schmerzhaft ins Bewusstsein getreten. Auf der kurzen Fahrt von Enzenbühl zum Schauspielhaus, wo sich Hunderte versammelt hatten, um zu gedenken und sich des toten Freundes zu besinnen, schien dieser Frühlingstag seine helle Schönheit zu verlieren. Dann, im Halbdunkel des Theaters, kehrte Leopold Lindtberg zurück, und seine Anwesenheit erfüllte sich in den schönen Worten der Maria Becker, die energisch und aus tiefster Seele diesem Tod widersprach.

Aus Wien kommend, der Heimat Leopold Lindtbergs von Geburt und Herkunft, aus dem Burgtheater, seiner anderen Wahlheimat, glaubte man ihn in fremder Erde begraben, so sehr war er ein ‚citoyen' unseres Hauses und besserem Wissen zum Trotz hielt man es im Burgtheater nie so recht für möglich, dass der große Mann des Zürcher Schauspielhauses, der Schweizer Regisseur Leopold Lindtberg tatsächlich derselbe Mann war wie der österreichische Burgtheater-Regisseur gleichen Namens, zu allgegenwärtig, zu bestimmend, zu wesentlich war seine Arbeit in Wien, von 1947 bis zu seiner letzten Nestroy-Premiere im Herbst 1983, bis zu den Planungs-Gesprächen für die nächsten beiden Spielzeiten. Von fast 400 Theater-Inszenierungen Lindtbergs fanden 57 in 36 Jahren am Burgtheater statt; unglaubliche Zahlen, die ein unsagbares Maß an Denk- und Willenskraft, an Arbeit und Kampf, an Freude und Verzweiflung, an Schmerz und Genugtuung in sich einschließen und die von übermenschlichem Fleiß künden. So ist, was er geleistet hat, wohl zählbar, aber kaum vorstellbar.

Eine unbarmherzige Zuchtstätte des Fleißes – so nannte es Elisabeth Brock-Sulzer – sei das alte Zürcher Schauspielhaus gewesen, das ja mit zumeist mehr als zehn Inszenierungen im Jahr an der Ungeheuerlichkeit dieser Statistik beteiligt ist; niemals und nirgends habe man so unermesslich viel arbeiten müssen wie damals in diesem Theater; aber Lindtbergs Fähigkeiten sind von solchen Anforderungen herausgefordert und nicht erdrückt worden; er hatte das „Talent zum Fleiß", und das versiegte bis zu seinem Tode nicht. Sein tiefes Begehren, sich geistig und physisch, mit allen seinen Gaben, so ganz zu *verbrauchen*, war eine Quelle seiner Tatkraft und seiner energischen und klaren Regiearbeit, war sein Lebenselixier.

Was Leopold Lindtberg über den Schauspieler Erwin Kalser 1958 gesagt hatte, das gilt wohl ganz und gar auch für den Regisseur Leopold Lindtberg, nämlich, dass Kalser *ein ebenso guter Schriftsteller, Philologe, Forscher oder Lehrer gewesen wäre, aber Schauspieler wurde, weil er in diesem Beruf seine ganze geistige und physische Existenz verbrauchen konnte.* – Übrigens schreibt Lindtberg in diesem schönen, berührenden Nachruf auf Erwin Kalser über den „noblen und treuen Freund" so betroffen in seiner Zuneigung, dass ihm wohl das Bekenntnis zu seinem Freund zum Selbstbekenntnis geraten ist.

Das gilt sicher auch für einen anderen der wenigen konfessionellen Texte Lindtbergs, für seinen Nachruf auf Teo Otto, zehn Jahre später; auch hier stellt Lindtberg das „Sich-Verbrauchen" als Kraftquelle dar:

„An die 30 Premieren in 9 Monaten, und gut zwei Drittel davon von einem Mann ausgestattet – wie begreiflich wäre es gewesen, wenn ein Maler sich in solch aufreibender Arbeit und der kaum erträglichen Spannung der Kriegsjahre verbraucht hätte. Aber Teos Arbeit erwies sich nicht nur als ein Segen für das Schauspielhaus in den Jahren der Bedrängnis, sie befähigte ihn, unerschöpfliche Kräfte in sich aufzuspeichern, die sich nach dem Kriege dynamisch, ja beinahe explosiv entladen sollten."

Das *Sich-Verbrauchen* Lindtbergs war wohl dem *gesteigerten Dasein* Jouvets und dem *inbrünstigen Leben* Hilperts ähnlich und ebenbürtig; und da es um seine innerste Existenz ging, hatte Lindtberg – anders als die großen Stilisten und als die Feuilleton-Regisseure – immer Scheu, selbstanalytische Auskünfte über seine schöpferische Arbeit zu erteilen: Es widerspreche „dem Gefühl für künstlerischen Takt und Anstand, künstlerisch-schöpferische Vorgänge ans Licht zu zerren – dem sie nicht ausgesetzt sein wollen" – so Lindtberg.

Diese Keuschheit ist natürlich publizistisch unergiebig und mehrt den Ruhm in den Zeitungen nicht. Wer in der Nachfolge von Erwin Piscator „nicht das Wirkungsvolle, sondern das Richtige" suchte, wer sich nie einem Dogma verpflichtet, wer nie Moden gemacht oder mitgemacht hatte, wer nie den journalistischen Interpreten als Adressaten seiner Arbeit betrachtet und wichtiger als das Publikum genommen hatte, wer nie Nachrichtenwerte inszenierte, von dem gibt es eben in einer Zeit des ziellosen Formalismus und der permanenten Innovation um jeden Preis, wie die „Frankfurter Allgemeine Zeitung" zu seinem 80. Geburtstag schrieb, „bestenfalls einen allgemeinen aber keinen genaueren Begriff" in der Bundesrepublik – und der ist auf keinem Theatertreffen zu finden gewesen.

Von keiner prätentiösen Deklaration neuer *Seh- und Arbeitsweisen*, von keinem *revolutionären Chic*, von keinem folgenreichen *Stil*, von keinen *Mythomanien* und anderen spektakulären Überanstrengungen war also jemals zu berichten und nicht von einzelnen „richtungsweisenden, gut kopierbaren Modellinszenierungen"; nein, nicht die eine oder andere Inszenierung war der größte Erfolg Leopold Lindtbergs, sondern die Summe aller seiner Lebens-Arbeit ist sein großer überwältigender Erfolg. Zu würdigen wäre, wenn das in einem Nachruf, der nur Dank, Achtung und freundschaftliche Zuneigung – vielmehr Liebe – bekunden möchte, überhaupt geleistet werden könnte, eben das inbrünstige Leben von Leopold Lindtberg, aus dem seiner künstlerischen Arbeit alle Kraft zuströmte.

„Was sich dann als der besondere Stil eines Regisseurs herausstellt", schrieb Heinz Hilpert 1943, „ist nicht das Produkt seines Wollens, sondern das Resultat eines inbrünstigen Lebens". – Der „besondere Stil" von Leopold Lindtberg ist der der dramaturgischen Wahrhaftigkeit, es war und ist nicht der Stil eines Reformierers und nicht die Vielfalt von Stilen und der „Triumph der Charge" wie bei Reinhardt.

Fontane meinte, *großen Stil zu haben, das heiße vorübergehen an dem, was die Menschen eigentlich interessiere.* Lindtberg war nie *vorübergehend* wie die großen Stilisten, deren Erfolge allerdings meist spektakulärer sind, weil Theaterhistoriker und Journalisten ihre windigen Geschäfte mit diesen leichter und effektvoller betreiben können und: „So fehlt es bei uns an kompetenten Kennern seiner Bedeutung für das Theater deutscher Sprache" – hieß es 1982 in der „Frankfurter Allgemeinen Zeitung", die freilich dann einen kompetenten und ehrenden Nachruf veröffentlichte, wie ihn der heimische Waschzettel-Journalismus nicht zuwege brachte. Da stand am Ende: „Der junge linke Avantgardist, der alte Bewahrer, der Anreger und der Überlieferer – so wird er im Gedächtnis bleiben. Ein nobler Mann war er dazu."

Noblesse, Bildung, Phantasie, Mut, Fleiß und Wahrhaftigkeit, das sind Begriffe seines Lebens, und „dramaturgische Wahrhaftigkeit" – auf Lindtbergs Arbeit bezogen – ist sicher kein besseres Schlagwort, das ein schlechteres ersetzt, sondern eben sein „besonderer Stil". Dazu Leopold Lindtberg 1966 in seinen „Notizen zu einem Vortrag": „Langsame Entwicklung einer Zusammenarbeit mit dem Burgtheater. In Zürich indessen bedeutende Phase durch Bertolt Brechts Aufenthalt in der Schweiz.

Großer Sprung. Von heute aus gesehen erweist sich damaliges Gespräch, damalige Diskussion um Inhalte und Ziele, nicht Stile, als besonders aufschlussreich. Nach ca. anderthalb Jahrzehnten klaffen tiefe Abgründe zwischen den Vertretern einer organischen, vom Thema und persönlichsten Engagement getragenen Stilentwicklung einerseits und forcierter Stilentwicklung um des Stils willens andrerseits. Erbfolge: Nazizeit – Neoexpressionismus – mündet im Treten an der Stelle, Provokation, Nihilismus, l'art pour l'art." Und auf Brecht verweisend: „Die formalistische *Erneuerung* der klassischen Werke ist die Antwort auf die traditionsgebundene, und es ist die falsche Antwort. Das schlecht konservierte Fleisch wird sozusagen nur durch scharfe Gewürze und Saucen wieder schmackhaft gemacht." („Tu recht viel Pfeffer dran, dass er den Gestank nicht merkt" – Mutter Courage drückt sich drastischer aus und meint das gleiche.)

Das Richtige suchen, nicht das Wirkungsvolle, Dramaturgie als theatralisches Ausdrucks-Register ethischer Haltungen begreifen, die wahre Kunst, wie Schiller, nicht bloß als „vorübergehendes Spiel" ansehen, den Wandel in der Kontinuität erstreben und die Kontinuität im Wandel erkennen und akzeptieren, politisch sein im Sinne Jessners, d. h. immer das *Gesicht der Zeit haben*, den Theatermenschen unter Einschluss aller menschlichen Lebensmöglichkeiten und Fähigkeiten, eben auch der leidenschaftlicher Intellektualität und komödiantischer Heiterkeit, als Künstler verstehen und das Theater als Menschenhaus erhalten wollen, das alles könnte uns Lindtberg lehren.

Seinem Vermächtnis sollten wir uns an diesem Theater nicht verschließen.

Leopold Lindtberg hat in die Arbeit am Burgtheater einen ethischen und intellektuellen Anspruch eingebracht, ohne den die Geschichte dieses Theaters in den letzten Jahrzehnten nicht so glücklich verlaufen wäre.

Wenn das Burgtheater in seiner mehr als 200-jährigen Krisen-Geschichte letzten Endes einen inneren künstlerischen, geistigen, ja sogar seelischen Zusammenhang und Zusammenhalt wahren konnte, dann verdankt es das ganz wenigen Einzelnen; zu denen gehört Leopold Lindtberg, und er ist nach der Barbarei des Faschismus sicher der wichtigste dieser ‚Einzelnen'.

Sein Tod hat uns daher besonders arm gemacht. Unsere Trauer wird noch lange währen, denn es fehlen die Nachfolger Lindtbergs, die uns im Theater zu trösten vermögen.

Freilich ist Lindtbergs Hinterlassenschaft groß und ermutigend; und so schien denn auch an jenem schönen Frühlingstag in Zürich, nach der Trauerfeier im Schauspielhaus, beim Zusammensein der Freunde und Kollegen mit Lindis Familie in den sonnigen Räumen des Pfauen, bald niemand mehr des Trostes zu bedürfen. Das trauernde Gedenken wich der Freude über das erfüllte und bis zur Neige verbrauchte Leben von Leopold Lindtberg, das jäh und gnadenvoll abstürzte.

Valeska Lindtberg, bewunderns- und verehrenswert, war die Sachwalterin dieser *höheren Heiterkeit* in der Gesellschaft der Freunde. – Noch bevor man sich trennte, gingen im Kunsthaus gegenüber die Lichter an; die Sonne des Spätnachmittags hatte allmählich ihre Kraft verloren. Noch immer kamen dort Menschen, um die Zeichnungen von Courbet und Seurat zu sehen. Am Vormittag, beim Besuch dieser Ausstellungen vor dem Begräbnis in Enzenbühl, geriet dort alles in Bezug zu Lindtberg:

Gustave Courbet – die Lust aus Gegensätzen eine Welt zu bauen, die indépendance du montagnard, Courbet, der Avantgardist und der Traditionalist, und Georges Seurat, mit 31 Jahren gestorben, das stille Gespräch in seiner Zeichnung „Kondolenzen", seine entschwindenden Menschen, „im letzten Moment Ihrer Existenz gebannt", ein Satz aus dem Katalog: „Die Klärungs- und Ordnungsleistung der Kunst ist ein Schutz gegen die Gefahr des Schwindens, des Sich-Entziehens, der Auflösung der wahrgenommenen Welt" – das alles sprach von Lindtberg, schien plötzlich Botschaft von ihm zu sein. Jedenfalls hat er uns diesen ganzen schönen Frühlingstag lang begleitet.

Ich möchte meinen Versuch, Leopold Lindtberg Dank zu sagen, mit Sätzen aus seinem brüderlichen Nachruf auf Erwin Kalser beschließen und mir, der seine ganze bisherige Theaterzeit vom Eleven bis zum Direktor in der Nähe und in Begleitung Leopold Lindtbergs verbringen durfte, keine freundschaftliche Vertraulichkeiten anmaßen, sondern meine Verehrung und meine Zuneigung lieber fremden Worten anvertrauen:

„Was aber sollen alle Aussagen über Arbeitsmethode, Können und Wissen des dahingegangenen Freundes, wenn wir seinem Geist kein Denkmal setzen, den Kern seines Wesens nicht darlegen können? Einem Menschen von so hohem geistigen Adel kann nur ein Dichter gerecht werden. Und da Kalser" – d. h. Leopold Lindtberg – „sich sein Leben lang dem Dienst des großen Geistes verpflichtet gefühlt hat, der Leben und Kunst verbindet, mag hier ein Satz des Dichters Martin Buber stehen, der dem Andenken Erwin Kalsers" – d. h. Leopold Lindtbergs – „gewidmet sein könnte:

‚Aber was ist das, Geist? Was kann er einer Zeit bedeuten, die jeden flinken Schwätzer geistvoll nennt und im Grunde nur noch die Wahl zu haben meint, im Geist ein perfektioniertes Kampfmittel oder eine ebensolche Belustigung zu erblicken? – Wohl, ich bekenne mich zum Glauben an den Geist, der über der in den Wassern aufkeimenden Kreatur wie der Adler über seinem Neste schwebt; das heißt, ich glaube daran, dass es das gibt, die Wasser und den flügelspreitenden Vogel darüber, und nur wo das ist, sehe ich und sage ich, dass Geist sei.'"

In Verbundenheit mit seiner Familie werden wir am Burgtheater Leopold Lindtberg in unserem Herzen bewahren und versuchen, ihn in unserer Arbeit gegenwärtig zu erhalten, uns in seinem hochgemuten Pessimismus zu üben und uns an seine Heiterkeit zu erinnern.

Rede zum Tod von Leopold Lindtberg auf der Bühne des Burgtheaters am 6. Mai 1984.

12 Manfred Inger

1. 1. 1907 – 25. 7. 1984

In aller Herrgottsfrüh des 16. Oktober 1983, noch während des Gastspiels des Burgtheaters im Deutschen Theater, flog ich von Berlin nach Frankfurt, um an der Verleihung des Friedenspreises des Deutschen Buchhandels an Manès Sperber teilzunehmen. Ich wusste von Sperbers Krankheit, war aber überzeugt, ihn nun zu treffen, und freute mich darauf.

In aller Eile durch die regnerische Stadt in die Paulskirche; Gerüchte an der Garderobe; Einzug der Gastgeber, geführt vom Bürgermeister und Manès Sperber fehlte. In letzter Stunde hatten ihm die Ärzte die Reise nach Frankfurt untersagt.

In der wachsenden Kälte des trostlosen Schwarz-Weiß der Festversammlung in dieser riesigen oberirdischen Katakombe fiel es mir schwer, den Reden zu folgen; Erinnerungen stiegen auf; Befürchtungen befielen mich, Freunde zu verlieren, Freunde, zu denen ich Manès Sperber zählen durfte, alte Freunde – und einen der besten: Manfred Inger; auch der war krank.

Vor mehr als zwanzig Jahren, im Frühsommer des Jahres 1962, hatte mich Manfred zu einer Verabredung mit Sperber – nach einer gemeinsamen Vorstellung – mitgenommen. Seither konnte ich Zeuge der lebenslangen Freundschaft dieser beiden „authentischen" großartigen Männer sein. – Manès Sperber habe ich durch Manfred Inger kennengelernt, und Manfred Inger bin ich durch Manès Sperber nähergekommen, habe mehr von ihm, dem „fremden Freund", verstanden.

Die ängstlichen Ahnungen, die mich an dem 16. Oktober 1983 so bedrängten, erfüllten sich im folgenden Jahr. Am 5. Februar starb Manès Sperber, am 25. Juli Manfred Inger.

Seit dem ersten Jahr seines Burgtheaterengagements ging die Beziehung zwischen Manfred und mir über die Grenzen allgemeiner guter Kollegialität hinaus und mündete in einer Freundschaft, deren Verlust mich zutiefst getroffen hat. Ich schreibe das hier deshalb so privat bekennerisch, weil ich keinen Zweifel darüber aufkommen lassen möchte, dass ich zu einem „Nachruf von Amts wegen" nicht fähig und zu einer üblichen Würdigung des Schauspielers Inger durch besondere Zuneigung ungeeignet bin – und durch mangelhafte Kenntnisse auch. Manfred war 53 Jahre alt, ich 25, als wir uns kennenlernten; wir waren wohl beide 1960 als Vater und Sohn (Charly und Bernard) im „Tod des Handlungsreisenden" dem Alter nach richtig besetzt, und er war und blieb mir so fremd, wie Väter den Söhnen eben fremd sind, auch wenn sie Freundschaft schließen: gerade die lässt ja das Voneinander-Entfernt-Sein bewusst werden. Jenen Manfred Inger, der mit sechzehn Jahren bei Roller und Strnad zu lernen beginnt, schließlich mit neunzehn Jahren als Schauspieler nach Breslau geht, 1933 nach Wien zurückkehrt, u. a. in der Literatur am Naschmarkt spielt, habe ich nicht gekannt. Dieser Fremde rettet sich 1938 in die USA, arbeitet dort als Packer, als

Gärtner, als Schleifer in einer Gipsfabrik, gibt Deutschunterricht, spielt dann in einem Emigrantentheater, wird zur Armee eingezogen, und er, der freundliche, sanfte Mann, wird für den Dschungelkrieg ausgebildet.

Kurz bevor er nach Ostasien eingeschifft werden soll, wird in den USA eine Gruppe für den europäischen Kriegseinsatz zusammengestellt und ausgebildet. Manfred wird als Chefsprecher eines US-Militärsenders eingesetzt in Frankreich, Belgien und Luxemburg. Nach Kriegsende wird er nach Frankreich versetzt, kehrt aber für kurze Zeit nach Amerika zurück, wird schließlich nach kurzem Paris-Aufenthalt von Barnay ans Volkstheater in Wien engagiert, heiratet 1950, filmt in Wien, geht nach Hamburg, dann nach Berlin, wieder nach Hamburg, ist der erste Nachkriegs-Schwejk an den dortigen Kammerspielen, wird 1958 von Stroux nach Düsseldorf engagiert und zieht 1960 nach München, um als freier Schauspieler sich noch intensiver als zuvor dem Fernsehen widmen zu können. Kurze Zeit später aber tritt er ins Ensemble des Burgtheaters ein und spielt hier bis zu seinem Abschied in der „Trilogie der Sommerfrische" von Carlo Goldoni und in „Der Sturmgeselle Sokrates" von Hermann Sudermann mehr als 60 Rollen.

Mit Mut und, so schien es, mit Gelassenheit stellte er sich in den letzten Jahren seinen Krankheiten und besiegte sie ungebrochenen Herzens mit seinem Leben; aber er konnte trotz seiner glückhaften Überlebensenergie nicht mehr Theater spielen; der Tod blieb in der Nähe.

Nun malte Manfred Inger mit scheuer Besessenheit und jugendlich in seinen Ansprüchen an sich selbst; auch diese Kunst übte er zärtlich und mit Bescheidung aus. Als ihm seine letzte heimtückische Krankheit die Hände lähmt, das Malen zur schmerzhaften Anstrengung wird und ihm auch diese Quelle seiner Lebenskraft zu versiegen droht, da scheint er sich in Sehnsucht nach dem Leben im wahren Sinne des Wortes zu verzehren. – Der alte Freund in Paris stirbt. Manfred, sich mehr und mehr entfernend und bis zum Ende begleitet von der fürsorglichen Liebe seiner Frau, folgt ihm einige Monate später nach.

Manès Sperber hatte geschrieben, Manfred Inger sei nicht „theatrozentrisch", die Bühne sei für ihn wohl eine Welt, aber er wisse, dass die Welt unermesslich weiter und vielfältiger ist, und so sei er immer „völlig ohne Pose" gewesen. – Ja.

Mit Manfred Inger zu arbeiten war immer befreiend; er zwang seine Menschen nicht in eine vorgeformte Existenz und presste sie in keine Pose, putzte sie mit keinen modischen Attitüden zu Kunstfiguren heraus, sondern erlöste sie aus eben dieser unermesslich weiten und vielfältigen Welt zu einem begreifbaren Leben – ohne jegliche komödiantische Kraftmeierei, ohne jede Eitelkeit, nicht spekulativ und gewissermaßen voller Scham über die eigene Anmaßung, Künstler zu sein und sein inneres Leben preiszugeben. Alle Figuren Manfred Ingers scheinen sich ein wenig darüber zu wundern, dass sie geboren wurden und dass sie leben und dass sie so sind, wie sie sind – so wie Manfred verwundert zu sein schien, dass der junge Student der Graphischen Lehr- und Versuchsanstalt und der junge Schauspieler aus der Literatur am Naschmarkt, die in ein ihnen fremdes und ungemäßes Leben verstoßen wurden, nun nach den mörderischen Jahren der Nazi-Barbarei noch auf der Welt und wieder *daheim* waren. – Das Wunder des Lebens war für Manfred das Wunder des Überlebens.

Mit 70 Jahren sei Manfred, so schrieb Sperber, „jenem Jungen" von einst noch unverwechselbar ähnlich gewesen – und er war wohl zeitlebens den Hoffnungen seiner Jugend, die er begraben musste, treu geblieben, wie Sperber – wie Friedrich Heer, Leopold Lindtberg, Norbert Kappen, auch Ernst Haeusserman; zu viele Lebenszeugen unseres Theaters haben uns in letzter Zeit verlassen! Der Tod von Manfred Inger ist von den meisten Nachrufern übersehen worden; er starb außerhalb der Saison.

Von allen seinen Menschen auf der Bühne habe ich den Lebedew in unserem „Iwanow" von Cechov besonders geliebt; diesen traurig-albernen, armseligen, zärtlichen Tölpel, der ganz einsam, von untauglichen Freunden kaum vor seiner Verzweiflung bewahrt, aber voller nicht versiegender Sehnsucht einen komischen Kampf gegen die unendliche Langeweile seines lächerlichen Lebens führt.

Kein Zitat von Bedeutung, nur eine Erinnerung an Manfred (Lebedew, II. Akt, 4. Szene): „Mein Lieber, du kannst dir nicht vorstellen, wie langweilig mir ist ohne meine Freunde. Ich möchte mich aufhängen vor Sehnsucht. …"

Nachruf auf Manfred Inger 1984.

13 Norbert Kappen

1. 2. 1928 – 23. 8. 1984

Ein Briefwechsel mit Karl Fruchtmann

Lieber Achim,
ein bisschen Unruhe – schon ist die Oberfläche wieder glatt – vorbei.
Sterben heißt, einen Finger aus dem Wasser ziehen. Den dunklen Fluss hält nichts auf. Auch nicht den Fluss der Geschäfte und der Geschäftigkeiten, der uns schnell, schnell weiterleben lässt. „Norbert Kappen ist tot. Ja? Ach, was du nicht sagst, wie schrecklich" und weiter im Laufschritt.

Wir, Achim, teilen die Abneigung gegen Phrase, Lüge und Pose, die das Unerträgliche tragbar machen sollen, aber weil wir unsrer Trauer nicht den Mund verschließen lassen wollen, haben wir verabredet, Briefe über Norbert und seinen Tod zu wechseln. Ich will ihm nichts nachrufen. Ich will keine schmerzlich-geistreichen Aphorismen austauschen, kein glättendes Schmieröl der Phrase über seinen Selbstmord gießen, und gar nicht will ich mit ihm über seinen Tod rechten. Nur sprechen würde ich gern mit ihm, über ihn, damit er noch eine Zeit bleibt, ehe er um die Ecke des Vergessens biegt, eh der Zug so weit weggefahren ist, dass man ihn nicht mehr sieht und dass alles Winken sinnlos geworden ist. Reisende soll man nicht aufhalten. Aber ich hätte ihn doch gerne aufgehalten: bleib, bleib noch, wir sind ärmer ohne dich, keiner kann dich ersetzen.

Ich möchte dir nichts vorschreiben, ich könnte dir nichts vorleben, und, du weißt, zum Vertreter des Positiven und zur Anerkennung eines vorgegebenen Sinns des Lebens und des Todes bin ich nicht geeignet. Es gibt so viele bezahlte und unbezahlte Werbekaufleute, die das vertreten und die als professionelle Lebens- und Grabprediger den Überlebenden Trost und den Toten Zensuren erteilen. Ich will auch, was deine Sache ist, nicht zur Sache aller machen. Und ich will über deinen Tod nicht rechten. Ich weiß, die Toten haben immer recht.

Sie sind in der erdrückenden Mehrzahl, sie haben die stärkeren Bataillone. Manchmal wird das bewusst, und das Leben scheint ein Umkehrbild zu sein, eins jener Bilder, die nicht stabil bleiben, sondern sich plötzlich ändern: in einer Landschaft erscheinen auf einmal Menschenköpfe, die vorher nicht zu sehen waren, und verschwinden wieder nach kurzer Zeit, was vorher zurückweichend und hintergründig war, wird vordergründig und beherrschend. Norbert hat lange Zeit ein Leben geführt, das der Tod beherrscht hat. Wir haben einmal Tür an Tür in Wien gewohnt. Sein Zimmer war fensterlos und finster. Er hat mir gesagt, er hätte die dunkle Wohnung mit Absicht gewählt, so bereite er sich auf seinen Tod vor. Mag sein, dass darin auch etwas ‚originelle' Philosophie enthalten war, aber der Tod war wirklich an seiner Seite und ist immer wieder bei ihm eingebrochen.

Wir haben in Bremen zusammen ein Fernsehspiel gemacht. Eines Abends ist er im Taxi weggefahren. Nach ein paar Stunden war er wieder da und hat den Tod mitgebracht: das Flugzeug, mit dem die Frau, die er liebte, zu ihm kommen wollte, war bei der Landung verunglückt, und sie war tot.

Wir haben in Berlin zusammengearbeitet und gemeinsam in einem Haus gewohnt. Nach ein paar Tagen kam ein Anruf aus München: Man hatte seinen Sohn an einem Baume hängend gefunden. Er hat wirklich mit dem Tod gelebt und mit der Angst vor ihm. Wer keine Angst hat, ist ein Feigling. – Ich halte die Angst für ein schöpferisches Prinzip der Menschen. Nicht nur eine adäquate Antwort auf die Existenz, sondern auch eine Grundlage der menschlichen Entwicklung. Ich glaube, die Kunst ist aus der Angst vor dem Tod – und vorher aus der Angst vor den Toten geboren. Sie hat die wiederkehrenden Toten, den Tod und schließlich die Angst vor dem Tode gebunden und gebannt. Ich glaube, Norberts selbstzerstörendes Trinken und seine Wahnzustände waren auch Ausgeburten dieser Angst. Seine Heftigkeit, seine Gewaltsamkeit, seine oft menschenfressenden Neigungen waren Wege, dieser schrecklichen Angst zu entkommen. Wenn die Ängste still und die Bestien gefüttert waren, im Frieden, in dem Glück, das aufgelöste Angst sein kann, wie zart und schön war er da! Er hat sich immer nach Liebe, nach Freundschaft, nach endzeitlichen Glückszuständen gesehnt, er hat sie rücksichtslos gejagt – ein Kopfjäger des Glücks. Er war wie wir – aber mehr als wir – nicht fähig und nicht bereit, statt der Erfüllung seines totalen Glücksanspruchs, sich mit der Abfindung einer kleinen, bequemen, eingerichteten Existenz zufrieden zu geben, er wollte das Glück nicht in Kleingeld ausgezahlt haben. Vielleicht hat er das Leben und sich und andere überfordert. Aber in der Überforderung war er oft großartig und von leuchtender Wahrheit und Schönheit.

Lieber Achim, ich hoffe, Du wirst viel über Norbert als Schauspieler schreiben. Ich merke, mir fällt es schwer: ich kann den Schauspieler Norbert nicht von dem Menschen trennen, und für mich liegt gerade darin seine Größe.

Ich bin für Lorbeerkranzverleihung nicht kompetent, aber ich glaube, er war ein großer Schauspieler.

Wenn Du ihn jetzt vor Deine Augen kommen lässt, erscheint Dir sein Bild als das eines Gewaltsamen, eines Ausbrechenden, eines Rasenden? Mir tritt er ganz still vor die Augen. Ein mit Liebe Beladener und mit Schmerzen, einer, der Jahrhunderte Schmerzen mit sich trägt. Er hat mit mir zweimal einen Juden gespielt, und die jüdische Last der Schmerzen hat er spielend getragen. Einer, der Intelligenz und den Sieg des menschlichen Geistes triumphierend leuchten lassen kann.

Ich habe nur dreimal mit Norbert gearbeitet. Das letzte Mal in einem Film nach einem Roman von Jurek Becker: „Der Boxer". Er war unvergesslich, und ich werde ihn nicht vergessen. Ich denke oft an ihn als einen „Boxer" in einem ganz anderen Sinne als dem des Films. Vielleicht können die, die ihr Leben zu einer Kette von Siegen machen müssen, die Boxer, es nicht ertragen, nur nach Punkten zu siegen oder gar zu verlieren. Aber die menschliche Existenz ist der Niederlage viel näher als dem Sieg – die „Boxer" müssen aufgeben.

Warum hat Norbert sich das Leben genommen? Auch wir haben lange darüber gesprochen. Ich habe keine Antwort gefunden.

Von seiner Freundin habe ich letzte Fotos von Norbert bekommen. Kennst Du sie? Ich sehe sie an: in seinem Gesicht ist so viel Resignation, so viel Trauer und so viel Einsamkeit, dass ich mich schuldig fühle. Norbert und ich waren eine Zeit lang Freunde. Vieles von der Freundschaft war in der Gewächshaus-Temperatur der gemeinsamen Arbeit gewachsen. Mit der Entfernung und mit der Zeit ist es geschrumpft und verkümmert. Aber ich denke: was, wenn ich ihn angerufen hätte, wenn ich ihm geschrieben hätte? Vielleicht – ? Geht es Dir auch so? – Warum hat er sich das Leben genommen?

Hat er Bilanz gezogen und ist zu dem Schluss gekommen, es lohne sich nicht mehr? Hat er unter Zwang gehandelt, nicht wissend, was er tut, letztes Glied in einer Kette von Determiniertheiten?

Man sagt mir, er hätte sehr unter den Verlusten und Unschönheiten des Älterwerdens gelitten. Hat er sich nicht mit der großen Schönheit begnügen können, die er durch seine Kunst geschaffen hat? So oder so, er muss schrecklich allein gewesen sein. Ich weiß, um Menschenfresser ist selten Gedränge, aber da müssen doch viele sein, die ihn lieben, die ihn schätzen, die seine Freunde waren, die die schreckliche Leere um ihn, die aus den Bildern spricht, hätten füllen können. – Wo waren wir?

Ich denke an ihn und versuche, etwas von ihm in ein paar Worten zu fangen:
er war ein brüderlicher Mensch, der einsam war –
er war ein Liebender, der voll Hass war –
ein Zärtlicher, der gewalttätig war –
ein Skeptiker, der glauben wollte –
ein Anti-Bürger der die gebraucht hat, die er verachtet hat –
und er war Kain und Abel in einer Person.

Ich weiß, dass er an Deinem Theater viel Anerkennung vom Publikum gefunden hat. Die Zeitungen zeigen nicht viel davon. Das ‚gute' Publikum scheint gleichgültig geblieben zu sein.

Norbert hat die Kunst-Bürger gehasst, er hätte ihren Hass verdient. Wir, ehe er ganz im Dunkel verschwindet, wollen ihn im Geist noch einmal umarmen und uns vor seinem schöpferischen Genius verneigen.

Karl Fruchtmann

Lieber Karl,

die Unruhe ist noch nicht vorbei, noch nicht bei allen; der Schock des Endgültigen scheint allmählich durch Erinnerungen besänftigt, aber Norberts Tod hat sich in unserem Theater ausgebreitet und das Haus erfüllt und ist noch gegenwärtig.

Natürlich ist er mit diesem – so lange erwarteten – Tod einer der ‚Sonderfälle von Fremdheit' geblieben, der er immer war: einer der großen Schauspieler unserer Zeit; bestürzend einsam, oft abstoßend und widerwärtig, voller Anspruch und Banalität, voller Gewalt und Zärtlichkeit, liebesfähig und - bedürftig und hasserfüllt und zynisch; von hoher Intelligenz und neugierig auf die Welt und primitiv, naiv und apathisch, lebensgierig und von Todessehnsucht erfüllt, berstend vor Kraft und verwundbar wie ein neugeborenes Kind – in dieser Stadt nicht beliebt, kurzatmig bemitleidet bestenfalls, kein Günstling des Feuilletons, kein Party- und Empfangsschwätzer: nicht populär.

Wenn beliebte Burgschauspieler sterben, dann bekunden gewöhnlich Minister, führende Politiker und andere, der Prominenz dieser Stadt und dieses Landes zuzurechnende Persönlichkeiten, ihre Anteilnahme in zahlreichen Beileidsschreiben. Nach Norberts Tod, der doch wahrlich einen „hohen Nachrichtenwert" hatte, kam e i n österreichisches Telegramm ins Haus, e i n e s – von Doktor Alois Mock. – In der Presse die üblichen Leer-Texte („Wien und der Wein wurden ihm zum Verhängnis") – mit Ausnahmen. Auf dem Friedhof in Klosterneuburg eine kleine Gemeinde; das junge Ensemble ist in der Überzahl.

Das hiesige Fernsehen zeigt keinen Film, keine Theateraufzeichnung, hält diesen Tod keiner kleinen Programmänderung für würdig. Ein Künstler, der aus der Tiefe seiner verzweifelten Existenz mit all seiner bedingungslosen Hingabefähigkeit dem Burgtheater gedient hat, wenn er nur konnte, und der, wie gesagt, einer der großen, verstörenden Schauspieler unserer Zeit war, der erfährt nicht die Ehren, die populärer Mittelmäßigkeit von den Mittelmäßigen erwiesen werden. Das ist auch gut so, kein Grund zur Klage. Ich glaube auch nicht, dass sich darin lediglich der Hass der Kunstbürger offenbart, den Norbert wohl verdient habe, wie Du schreibst, lieber Karl. So einfach ist das mit den „Kunstbürgern" nicht.

Jedenfalls hatte unser Publikum ganz ohne Zweifel Norbert akkreditiert, und er war, das glaube ich, diesem Publikum zugewandt, so wie er das Burgtheater über alle Entfernungen seiner Seele hinweg geliebt hat. Barbara Kappen hat mich darauf aufmerksam gemacht, dass Norbert an keinem Theater so lange engagiert war wie am Burgtheater und dass er hier „die längste Gratwanderung gemacht hat, die er je mit einem Intendanten geschafft hat." Es war uns doch gelungen, den Reisenden mehr als ein Jahrzehnt aufzuhalten!

In seinem zweiten Burgtheaterjahr habe ich zum ersten Mal mit Norbert gearbeitet: „Die Verbannten" von James Joyce, ein herrliches, schwieriges Stück; glückliche Proben, aber doch Wochen schwerer Bedrängnis und qualvoller Herausforderung, immer wieder lange nächtliche Telephonate, Selbstmorddrohungen, Absagen in der Früh („mit dem Revolver in der Hand"), depressive Phasen, Ausfälle – aber eben doch – 1974 – Theaterarbeit in – ja, ich möchte das so sagen: in Vollendung. – Damals lernte ich auch die Todes-Wohnung kennen, von der du schreibst.

Deine Frage lieber Karl, ob Norbert, wenn ich ihn vor meine Augen kommen lasse, als ein Gewaltsamer, ein Ausbrecher, ein Rasender vor mir erscheine, beantworte ich so wie Du: Richard Rowan sehe ich, einen mit Liebe Beladenen, der seiner Frau Bertha (einer wunderbaren Elisabeth Orth) seine Liebe erklärte, „tief" und „schön", an der Grenze der Hörbarkeit, männlich und so dunkel zärtlich, wie nur Norbert sein konnte:

„Ich habe meine Seele für dich verwundet – eine tiefe Wunde des Zweifels, die nie geheilt werden kann. Ich kann's niemals wissen, niemals auf dieser Welt. Ich will auch nicht wissen, noch glauben. Es ist mir gleich. Nicht im Dunkel des Glaubens begehre ich dich. Sondern in rastlosem ständigem verwundbarem Zweifel. Dich ohne jede Bindung, nicht einmal die der Liebe, zu halten, mit dir in Leib und Seele in äußerster Nacktheit vereint zu sein – danach hab ich mich gesehnt. Und jetzt bin ich müd für eine Weile, Bertha. Meine Wunde macht mich müde."

Von seinen Wunden ermüdet und erschöpft, hat er im vergangenen August den Verlockungen des Todes nicht mehr widerstehen können. „Und wo waren wir!?" – fragst Du – und Du fragst: „warum". – Ich weiß nicht, warum an diesem 23. August 1984; denn immer, wenn die Sonne kam und die Welt hell wurde, geriet sein Leben in Gefahr – die dunkle Wohnung hat ihn eben auch geschützt! – und die Arbeit wurde zum Kampf. Der Sommer 1984 war schlecht, aber Ende August kam die Sonne, der Himmel wurde blau. – Und Norbert war auch physisch schon sehr krank. Aber deshalb? Er hat das Geheimnis seiner letzten Stunden nicht preisgegeben. Achten wir das.

Norbert hat immer in der Nähe des Todes gelebt, in seinem Schatten, hat alle seine großen Bühnen-Menschen auf ihren Tod hin überprüft und gespielt, toderfüllt – bei aller Spaßigkeit, Komik, Kauzigkeit und Schmiere und Klamotte, zu denen er fähig war; sein Spiel mit dem Tod trieb er sogar bei Feydeau. Rupi Weys erinnert daran, dass Norbert einmal im Schlussakt von „Wie es Euch gefällt" in der Kulisse bleibt, einfach ausbleibt: Jacques sieht zu, was dort auf der Bühne ohne ihn geschieht, stumm beobachtend, stumm lachend.

Vielleicht ist sein Tod nur diese Abwesenheit des Jacques. Wenn Du an ihn denkst, fühlst Du Dich dann nicht von ihm beobachtet?

Lieber Karl, Du vermutest, ich könne über den „Schauspieler" Kappen schreiben. Ich kann das nicht – jetzt noch nicht, nur: Ich habe nie im Theater so gelacht wie über Norberts Pinchard in Feydeaus „Einer muss der Dumme sein", war nie berührter, verstörter als von dem heiligen Trinker Tjétjerew in Gorkijs „Kleinbürgern", dem lumpigen Spießer Basov in den „Sommergästen", dem Juden Bernhardi, und habe keine aufregendere und beglückendere Probenarbeit erlebt als mit Norbert; das gilt auch für die letzten Jahre – auch für den ausufernden Danton – in denen die wunderbaren Ergebnisse der Proben manches Mal in den Vorstellungen in anarchistischem Urgeschrei untergingen. – Für mich war er auf den Proben kein Schwieriger, sondern ein verschworener Freund, mit dem man vertrauensvoll und ganz intim umgehen konnte.

„Im Leben" waren wir weit entfernt voneinander; sein Kannibalismus hat mir immer große Angst gemacht. In den letzten Jahren war unsere Beziehung in jeder Hinsicht belastet: Er warf mir vor, zu wenig mit ihm zu arbeiten. Er akzeptierte keine Erklärung des Direktors und verlangte den Regisseur. „Der Unbekannte", „Lear", „Tobias Rülp", „Hickman", „Adam" und andere, das waren noch gemeinsame Pläne. Nun kann ich meine Versäumnisse nicht mehr nachholen. – Gesten bleiben noch: Ihm zum Dank und den Kultur-Bürgern zu trotziger Erinnerung wird sein Bild in die Ehrengalerie des Burgtheaters aufgenommen werden – und Deine Frau soll es malen.

Lieber Karl, wir haben uns den Nachruf auf Norbert beide nicht zugetraut und Ausflucht in diese Briefe genommen, aus Angst vor der Phrase. Norbert, fürchte ich, würde uns mancher Phrase zeihen bei unserem gemeinsamen Versuch, unserer Trauer nicht den Mund verschließen zu lassen, und er würde uns fragen: Wo wart Ihr Ende August 1984? Und neben Richard Rowans Liebesworten höre ich die dunklen inbrünstigen Nachtgedanken von Büchners Danton, voller Trauer und Sehnsucht:

„Doch hätte ich anders sterben mögen, so ganz mühelos, so wie ein Stern fällt, wie ein Ton sich selbst aushaucht, wie ein Lichtstrahl in klaren Fluten sich begräbt. – Wie schimmernde Tränen sind die Sterne durch die Nacht gesprengt; es muss ein großer Jammer in dem Aug' sein, von dem sie abträufelten."

Ich möchte den Brief beschließen wie Du, lieber Karl: Wir, ehe Norbert, der uns einmal nahe war, ganz im Dunkel verschwindet, wollen ihn im Geist noch einmal umarmen und uns vor seinem schöpferischen Genius verneigen.

Dein Achim

Briefwechsel zum Tod von Norbert Kappen im Jahr 1984.

14 Adrienne Gessner

Kein Hasard-Spiel

Wir haben uns zu Ehren – und wie ich hoffe – zur Freude von Adrienne Gessner versammelt, um ihr schönes Portrait von Ferdinand Kitt in die Ehrengalerie des Burgtheaters aufzunehmen. So viele Kollegen, Freunde und Bewunderer, hilfreiche, mitfühlende und nur sich erinnernde heute auch gekommen sein mögen, um Adrienne Gessner „Gutes zu sagen" und sie zu feiern, für sie werden wir wohl alle nur eine recht armselige Festversammlung sein, denn die ihrem Leben die Nächsten waren, fehlen.

Ernst Lothar vor allen, der Teil ihres Lebens war und ist und der in dieser Stunde in unseren Gedanken anwesend ist, anwesend sein muss, wenn wir Adrienne Gessner tatsächlich ehren wollen. Zum Zeichen dieser Anwesenheit steht neben dem noch verhüllten Bild von Adrienne Gessner seine Maske; um diese Maske wiederzusehen, war Adrienne Gessner im Frühjahr 1980 schon früh vor einer Vorstellung ins Burgtheater gekommen, war gestürzt und hatte sich schwer verletzt. Über den folgenden Tag schreibt sie in ihrer Autobiographie: „Allein überdachte ich die letzten Stunden, die mich anscheinend wieder zu einem Krüppel schlagen wollten, [...]. Ich fing bitterlich an zu weinen über mein maßloses Pech. Aber einen Armbruch würde ich schon noch überstehen, wenn ich einen Oberschenkelhalsbruch überstanden hatte." Sie überstand den Armbruch und vieles andere seither, wie vieles andere zuvor, von „äußersten Momenten" nicht verschont.

So ist ihre Lebensleistung ihrer Kunst wohl ebenbürtig und verdient die höchste Achtung; nicht nur angesichts der Not des Alters und der Bedrängnis in den letzten Jahren seit dem Tod ihres Mannes; auch in den glücklichen „Pausen zwischen den Katastrophen" ihres langen und tatsächlich erfüllten Lebens lässt sich ihre Biographie nie auf das Stenogramm eines Rollenverzeichnisses verkürzen. Adrienne Gessner wusste immer, dass die wirkliche Welt größer ist als die Bühnen, auf denen sie spielte. Ihr erstaunlicher Intellekt, dessen bissige Nebenprodukte in Gestalt herrlicher Anekdoten und scharfzüngiger Aperçus wenige trafen und viele erfreuten, bewahrte sie zeitlebens vor auszehrender Theatromanie und verlieh ihr eine zähe Kraft, die ihrer zarten Gestalt so ganz und gar nicht zugehörig zu sein schien.

Diese geheimnisvolle Kraft half ihr nach der Vertreibung „des Geistigen aus Österreich", die amerikanische Emigration zu einer glücklichen Zeit ihres Lebens und ihrer Schauspielkunst zu machen. – „Ich habe auch nicht zu verschweigen", schreibt Ernst Lothar über diese Jahre, „dass Adrienne Gessner, meine Frau, Trägerin des Max-Reinhardt-Ringes und Besitzerin der Kainz-Medaille, im freiwilligen Exil der USA, englisch sprechend, mehr als sechs Jahre Abend für Abend [...] vom Beifall strengster Kritiker begleitet, sozusagen auf Stelzen die Bühne betrat: ein Hasardspiel, das sie als einzige Fremdsprachige gewann."

Bei allem Respekt vor Ernst Lothar, ein Hasard-Spiel war das wohl denn doch nicht, auch wenn ihr damals das Glück zur Seite stand. So einfach als Spielgewinn war ihr der amerikanische Erfolg sicher nicht in den Schoß gefallen. Wie tief die Erlebnisse der Emigration, ihre Hoffnungen und Enttäuschungen, ihre Sehnsucht und ihr Glück in die Existenz von Adrienne Gessner eingedrungen waren – und dass die Spuren dieser Zeit noch lange nicht verweht waren, davon konnte ich vor Jahren einmal einen unmittelbaren Eindruck gewinnen.

Im Frühjahr des Jahres 1968, auf der Weltreise des Burgtheaters, waren einige Kollegen in Amerika den alten Erinnerungen ihrer Emigrationszeit offenbar sehr verwundbar ausgesetzt: Manfred Inger zum Beispiel, aber auch Ernst Deutsch, Ernst Haeusserman, Ernst Lothar und eben Adrienne Gessner. – Bei einem Spaziergang spätnachmittags in New York im Central Park in der Nähe unseres Hotels begegneten Otto Kerry und ich Ernst Lothar und Adrienne Gessner; wir gingen eine Weile zusammen, und es war die Rede von ihrer amerikanischen Zeit.

Mich hat das damals sehr berührt – auch, weil dieses Gespräch ein so unvermutetes Zutrauen den zufälligen Begleitern gegenüber zeigte; Adrienne Gessner und Ernst Lothar waren wie verwandelt, beide; sie geradezu schüchtern und versonnen, er ohne die gewohnte höfliche Strenge und Distanz, die sonst für einen jungen Schauspieler schwer überwindbar waren, ganz offen und sehr freundlich, mehrfach wiederholend: „Ja, ja, wir haben hier gelebt." – als müsse er sich dessen nach Jahren, an diesem Spätnachmittag endgültig vergewissern.

Der verwunderliche Spaziergang ist mir in Erinnerung geblieben als eine kurze vertrauliche Begegnung, der keine ähnliche vorausging und der keine solche folgte. Die zwei alten Menschen waren von ihrer Vergangenheit ganz ergriffen worden und hatten uns teilnehmen lassen an ihrem Erinnern.

Das war vor 17 Jahren.

> Rede anlässlich der Aufnahme des Portraits von Adrienne Gessner
> in die Ehrengalerie des Burgtheaters am 31. Jänner 1985.

15 Burgtheatertag „Insel der Seligen"

„Identität und Verdrängung in der Zweiten Republik
1945 – 1955 – 1985 – ?"

Sehr verehrtes Publikum,
ich heiße Sie herzlich willkommen zum heutigen Burgtheatertag, der kein Festtag sein soll, kein Gedenktag der feierlichen Art. So sehr und von Herzen die Erlösung von der Diktatur des Hitler-Faschismus vor 40 Jahren, so sehr die Erlangung der Souveränität Österreichs vor 30 Jahren, so sehr also die Wiederherstellung menschenwürdiger demokratischer Lebensverhältnisse auch zu feiern sind, so wenig können wir uns in dieser Zeit des organisierten Erinnerns vor den bedrängenden Fragen und Zweifeln verschließen, ob wir denn mit dem Pfunde der wiedergewonnenen Freiheit auch gehörig gewuchert haben, ob wir – beladen mit der Schuld der großen und kleinen Verbrechen oder mit der Schande des Schweigens – oder ob wir als ‚Gerechte' oder als unverdient schuldlose Nachgeborene imstande sind, die Gegenwart angesichts dieser Vergangenheit nicht nur ökonomisch und materiell zu bewältigen. Jedenfalls sind wir gemeinsam verantwortlich für das, was aus den faschistischen Verbrechen und den darauf folgenden großen Leistungen der Demokraten in Zukunft einmal wird.

Im Sinne dieser Verantwortung und unter dem Titel „Insel der Seligen – Identität und Verdrängung in der Zweiten Republik" möchten wir Sie heute ansprechen.

Vor zehn Jahren hat unser Freund Friedrich Heer aus gleichem Anlass geschrieben: „Österreich 1945 bis heute ist ja wesentlich auch dies: eine Verdrängungsgemeinschaft, in der man die nahe Vergangenheit verdrängte, wie man in der 1. Republik die Erinnerungen an das alte Reich verdrängte. Für diese Verdrängung müssen heute und morgen unsere politischen Parteien bezahlen; und es bezahlen, ohne es zu wissen, unsere in den Schulen unaufgeklärten Generationen: ohne Wissensbildung gibt es keine Gewissensbildung." – Spiegel dieser Verdrängung in den Nachkriegsjahrzehnten war auch das Burgtheater – das sich auch in dieser Hinsicht als ‚Nationaltheater' erwies.

„Das dramaturgische Amt einer Burgtheaterleitung, die sich des Zieles: Nationaltheater bewusst ist, geht heute über alle bisherigen dramaturgischen Verpflichtungen weit hinaus" – so schrieb es vor zirka 45 Jahren ein bis heute hochangesehener Theaterwissenschaftler; und weiter: „Durch Vorgeschichte und Rassenkunde ist unser historisches Fassungsvermögen, so weit es den ganzen nordisch-germanischen Bereich angeht, viel weiträumiger geworden. […] das neue Auswahlprinzip kann nur aus nationalsozialistischer Haltung und zugleich aus einer souveränen Sachbeherrschung heraus getroffen werden, um gerade auch all das freizulegen und der Nation lebendig zurückzuerobern, was die liberalen Zeiten bewusst verschüttet hatten." Ende des Zitats.

Bis heute gibt es keinen österreichischen Versuch, die nationalsozialistischen Jahre des Burgtheaters kritisch darzustellen, keinen Versuch der sogenannten *Vergangenheitsbewältigung* für dieses Theater, auch nicht im Hinblick auf die verbliebenen ästhetischen und kulturideologischen Restbestände aus dieser Zeit, die heute so lebendig sind wie früher und uns im gutbürgerlichen Gewande immer wieder belasten. – Da wären noch viele Tabus zu verletzen.

Meine Damen und Herren, ich wünsche Ihnen einen guten Burgtheatertag und empfehle Ihnen alles, was wir für Sie vorbereitet haben, vielleicht mit besonderem Hinweis auf den Film von Karl Fruchtmann „Zeugen", der noch nie in Österreich gezeigt wurde.– Ich freue mich sehr, dass ein großer Mann dieser Nachkriegsjahrzehnte, einer der entscheidenden Gestalter der Geschichte dieses Landes, nun auf dieser Bühne reden wird: Dr. Bruno Kreisky. – Der junge Autor Josef Haslinger, ein Nachgeborener, spricht über den Umgang mit Krieg und Faschismus in der Zweiten Republik. – Unser Programm eröffnet Rolf Hochhuth, der wohl wichtigste und wirksamste Schreiber von *Zeitstücken*, dem Burgtheater als Autor und Freund verbunden, mit seiner Rede „Österreich als Modell".

Ich möchte nicht schließen, ohne allen, die zum Gelingen des heutigen Tages beigetragen haben, zu danken, vor allem auch allen Sponsoren, ohne deren Unterstützung die großzügige Ausgestaltung des Rahmenprogramms und der Ausstellungen nicht hätte durchgeführt werden können. – Nochmals: Einen guten Tag.

Eröffnungsrede zum Burgtheater-Tag am 11. Mai 1985.

16 Burgtheatertag 1955 – 1985

30. Jahrestag der Wiedereröffnung

Ein Jahr der Jubiläen und des organisierten Erinnerns neigt sich seinem Ende zu. Das Recht auf Unwissenheit wurde feierlich bestritten und war nicht mehr unverbrüchlich. Die Kenntnis der dunklen Vergangenheit, und des ihr folgenden Aufbruchs in eine vermeintlich bessere Zeit und das nationale Bekenntnis zur demokratischen Gegenwart waren geforderte staatsbürgerliche Tugenden dieses Jahres in Österreich.

Aber ob die vielfach beschworenen *historischen* Ereignisse aus den Jahren nach 1945 durch all die Gedenkfeiern des Jahres 1985 nicht noch tiefer in die Vergangenheit abgesunken sind, ob nicht inzwischen die Erinnerungen an die Erinnerungen die Oberhand gewonnen und das Vergangene noch dichter verschüttet haben, das ist wohl die Frage. Wenn sie es ist und Skepsis geboten scheint, warum also nun auch noch eine Jubiläumsfeier, die lediglich der Wiedererrichtung eines Theatergebäudes gewidmet ist? Oder ist dem restaurierten Burgtheater 1955 ein feiernswerter künstlerischer Neuanfang gelungen, hat es 1955 ein neues Selbstverständnis gewonnen, ist ihm 1955 Theatergeschichte widerfahren, die folgenreich nachwirkte? – Das ist wohl nicht die Frage.

Wir können doch – bei allem Respekt – heute die nationalen Wertungen dieses schönen Wiederaufbaus nicht für uns annehmen: all das, was da vor 30 Jahren gedacht, gefühlt, geredet und geschrieben wurde: von einer „herrlichen Manifestation" ist da die Rede, von einem „geistigen Hochfest", von der „Ordensregel hoher Bühne", von „Geist und Sendung", von der „Mission des Burgtheaters", von der „Krönung unserer wiedergewonnenen Freiheit" – und wie die alten Schlagzeilen noch lauteten, die zumeist viel älter sind als 30 Jahre.

Heute werden andere Vorurteile gefällt, lieblosere, oft dümmere, und sie wehren sich zäh gegen die Urteile über dieses Theater – so wie in den mehr als 200 Jahren zuvor. Wohl kein Theater ist im Laufe seiner Geschichte so unablässig von bedrohenden Vorurteilen begleitet und solchen Strapazen der Hassliebe ausgesetzt worden wie das Burgtheater.

Aber im Oktober 1955 herrschte für kurze Zeit eitel Freude, und man war „stolzerfüllt" über das wiedererrichtete, restaurierte Gebäude. Der groteske Streit um die Eröffnungsvorstellung löste sich in weihevoller Ergriffenheit. Mit Grillparzers „König Ottokars Glück und Ende" war „Österreich auf der Bühne", ein Stück, dessen Befürworter vor nur 30 Jahren folgendermaßen argumentiert hatten:

„Grillparzers ‚Ottokar' ist für uns der Ausdruck jenes katholisch-österreichischen Geschichtsstromes, der nach der Zerschlagung des Heiligen Reiches in Österreich weiter gelebt hat, das Bekenntnis zur Legitimität, zum Recht einer Gemeinschaft, in Zucht und Ordnung unter einer gerechten Herrschaft zu leben. Der ‚Egmont' ist das

Bekenntnis zur Freiheit des Individuums, zu den Gedankengängen des deutschen Idealismus, zu jenem ‚Deutschland von Weimar', das uns Österreichern fremd ist". (Die Presse, 2. 4. 1955)

Nicht fremd erschienen 1955 offenbar die von Burgtheaterautoren, man nannte sie Dichter, in Ehrfurcht geschriebenen Grußadressen, in denen es z. B. hieß: „Die Zukunft des Burgtheaters liegt in seiner Vergangenheit". – Oder: „Das chaotische Jahrzehnt ist vorbei, die Experimente mit dem epischen Theater, mit einer radikalen Auflösung der europäischen Dramaturgie sind ins Leere ausgelaufen, das Theater will und wird wieder Theater sein. Damit ist nichts gegen das Neue gesagt." (Die Presse, 16. 10. l955) – Ein dritter Autor stellt fest, *dass die Geschichte des Burgtheaters – wie jede Theatergeschichte – völlig unabhängig von der Geschichte ihrer Zeit verlaufe.*

Natürlich erheben wir heute den Anspruch, in bewusster und schmerzlicher Abhängigkeit von der Zeit Theater zu spielen, eben weitab von der Weihestimmung und der Kunst-Religiosität des Jahres 1955, in diesem neuen alten Haus, das seine Exterritorialität Gott sei Dank eingebüßt hat.

Meine Damen und Herren, zu feiern ist heute tatsächlich nur der Geburtstag dieses wiedererrichteten Gebäudes, und dieser „Burgtheatertag" soll nicht unter dem hohen Anspruch der Selbstdeutung und Vergangenheitsbewältigung dieses österreichischen Jubiläumsjahres stehen. Eine freundschaftliche Begegnung mit unserem Publikum soll uns dieser Tag bringen. Vielleicht ist eine anspruchsarme Geburtstagsfeier in dieser Zeit der Geifer-Sprache, des Schimpfens und Sudelns, in der die Hilfsschüler des Karl Kraus schon längst in die schmutzigen Bezirke der „Stürmer-Sprache" geraten sind, bereits eine kulturpolitische Manifestation der humanen Art und vielleicht nicht weniger „mutig" als der bejubelte Mut gegen die Toleranten und Machtlosen der so ganz und gar risikolos ist und der in der Öffentlichkeit besonders dann gepriesen wird, wenn er so ganz und gar nicht notwendig war.

Ein Theater, so hat Heinz Hilpert das gesagt, sei ein „Menschenhaus"; das ist ein guter Name, wenn man ihn nicht sentimentalisch missversteht. So lassen Sie uns also den Geburtstag dieses „Menschenhauses" feiern, in dem Sie und alle, die hier arbeiten, ein Stück ihres Lebens verbracht haben. Zumindest das verbindet uns.

Im Namen der Mitglieder des Burgtheaters danke ich den österreichischen Bürgern, die dieses Theater wiedererrichtet haben, die seine Erhaltung ermöglichen und dafür und für neue technische Einrichtungen und für wesentliche und notwendige Umbauten, so zum Beispiel den großen Portalumbau im vergangenen Jahr, seit 1955 142 Millionen Schilling ausgegeben haben – viel Geld im Vergleich zu den 114 Millionen Baukosten von 1955; ich danke den Architekten, die seit 1955 an diesem Haus gebaut haben, den Arbeitern, den Politikern, die sich um dieses Theater verdient gemacht haben; Herr Vizekanzler a. D. Dr. Bock – Träger des Ehrenringes des Burgtheaters – ist eincr von ihnen, und ich danke als Direktor, der ein Drittel dieser 30 Jahre zu verantworten hat, den Menschen, die in diesem Haus arbeiten, vor allem dem Ensemble, das zu den besten „Truppen" der Theaterwelt zählt. Dieses Ensemble verdient die Schmähungen der letzten Zeit nicht. Stagnation und Beamtentum, künstlerisches Desinteresse und feige Bequemlichkeit sind nicht seine Merkmale. Das wissen die vielen angesehenen Regisseure, die sich wünschen, mit diesem Ensemble zu arbeiten, das wissen die vielen Schauspieler, die trotz nicht so verlockender Gagen diesem Ensemble angehören möchten, und das weiß das Publikum, das seinen Schauspielern so eindrucksvoll die Treue hält und das der Spießerideologie von der die Kunst befördernden sozialen Unsicherheit der Schauspieler offenbar nicht anhängt. Dieser deutsche Bürgertraum aus dem 19. Jahrhundert vom Spitzweg-Künstler, der sich – leidend und hungernd, möglichst lange verkannt und erfolglos, ohne Weib und Kind – die Werke abringt, die man selbst, geborgen in allen Annehmlichkeiten des bürgerlichen Lebens, als *Kunst schlechthin* genießt, dieser Traum sollte 1985 ausgeträumt sein. Die existentielle Gefährdung, die einen Menschen verwundbar macht und seine künstlerische Arbeit bestimmt, verwechseln nur Kleinbürger mit materieller Unsicherheit.

Unter den vielen Vorurteilen des Jahres 1955 findet sich dergleichen nicht. Immerhin. Erinnern wir uns also an die Träume von 1955 und feiern wir Geburtstag.

Meine Damen und Herren, es wäre schön, wenn Ihnen dieser „Burgtheatertag" Freude macht.

Ich wünsche Ihnen das.

            Eröffnungsrede zum Burgtheater-Tag am 20. Oktober 1985.

17 Blanche Aubry
24. 2. 1921 – 9. 3. 1986

Sehr geehrte Trauergemeinde, lieber Götz von Langheim!
Blanche Aubry ist tot.
Gestorben am 9. März, in der Mittagszeit, nach langem Leiden erloschen. Und wir, noch erfüllt von ihrer lebensvollen, alles ergreifenden Gegenwart, sind nun der Trostlosigkeit dieses Abschieds ausgesetzt. Wir, die wir so viele Jahre mit ihr in diesem Theater gelebt und gearbeitet haben, verlieren mit ihr ein Stück unseres Lebens, und dieses Theater verliert für immer die zärtliche Kraft ihrer tiefen Ängsten entkommenen Phantasie: für immer, denn niemand ist ersetzbar, niemand.

Blanche Aubry hat dem Burgtheater mehr als ein Vierteljahrhundert angehört und für sein Publikum mehr als 40 Rollen an ungezählten Abenden gespielt. Am 13. Oktober 1985 steht Blanche Aubry zum letzten Mal auf einer Bühne des Burgtheaters: im 3. Raum am Schwarzenbergplatz spielte sie die „Winnie" in Becketts „Glückliche Tage". Sie hatte sich die Rolle lange gewünscht, die Aufführung mit bewundernswerter Zähigkeit mit vorbereitet und sich und dem Burgtheater einen großen Abend geschenkt. Niemand, der diesem mit allen Fasern ihres Lebens gestalteten Beckettschen Endspiel an diesem Oktobertag zuschaute, ahnte, dass er Zeuge eines Lebens-Endspiels gewesen war. Kraftvoll, ohne jede Schwäche der von einer tödlichen Krankheit Getroffenen, war ihre Gestaltung des Abgesanges kurz vor Ende des Stücks: „Oh, dies ist ein glücklicher Tag, dies wird ein glücklicher Tag gewesen sein."

Blanche Aubry wurde in der französischen Schweiz geboren, begann ihre Karriere als Sängerin und Tänzerin in Basel. Vielseitig begabt, war sie nicht nur im Theater zu Hause, sondern beherrschte auch das Metier des Cabarets, sang in der Oper immerhin die „Micaela" und die „Musette", arbeitete beim Film. 1953 kommt sie erstmals nach Wien, spielt in der Josefstadt und am Volkstheater. Das Burgtheater engagiert sie 1959. In einer lapidaren Pressemitteilung heißt es: „Die bekannte schweizerische Schauspielerin Blanche Aubry, die bereits in den letzten beiden Jahren am Wiener Volkstheater gastierte, spielt nunmehr am Burgtheater die ‚Amalie Kneifel' in Fritz Hochwälders Mysterienspiel „Donnerstag". Nach einer zweiten Rolle soll dann ein Vertrag mit Blanche Aubry für die nächste Spielzeit abgeschlossen werden."

Hier bleibt sie, findet Heimstatt und Zufluchtsort für ihre eigenwillige und schon von ihrer Sprachgestaltung her unverwechselbare Kunst, die ihre romanische Herkunft nie verleugnet. Unverständige haben sie dafür kritisiert und bezweifelt, dass sie tatsächlich eine echte Burgschauspielerin sein oder werden könne. In Wirklichkeit war und ist dies gerade ein Geheimnis des Burgtheaters, eine Kraft der besonderen Art, nämlich die Fähigkeit, große Künstler sehr unterschiedlicher Kulturkreise aufzunehmen und ihnen den Lebensraum für ihre Arbeit zu geben, eben solche „Sonderfälle von Fremdheit" nicht nur zu ertragen, sondern sie geradezu zu begehren.

Blanche wurde eine der Burgschauspielerinnen, die man aus Wertschätzung nicht so nennt. Ihre Ehrfurcht vor dem Schauspielerberuf ließ keine Unterschiede in der Hingabe an die jeweilige Aufgabe zu, ob sie die Frosine im „Geizigen" von Molière, ob sie die Spelunken-Jenny in Brechts „Dreigroschenoper" spielte, ob die Klytämnestra in den „Fliegen" von Sartre oder ob sie im belächelten Boulevard auftrat, immer galt für sie: „Ich habe jeden Abend Angst, die Stimme zu verlieren oder zu versagen, dass ich keine andere Rolle mehr bekomme, mein Engagement verliere oder der Vorhang fallen muss. Ich weiß, das ist infantil, aber es ist so."

Vielen Kindern hat sie mit ihrer Darstellungskunst den prägenden ersten Theatereindruck vermittelt, in der Rolle der Baba Jaga in den „Verzauberten Brüdern" von Jewgenij Schwarz und als Frau Wirx in Tankred Dorsts „Ameley". In vielen lebendigen Erzählungen der Kinder leben diese Aubry-Figuren als Theaterlegenden fort. Blanche hat vielen Kindern die Sehnsucht nach dem Theater geschenkt, verschwenderisch und mit Liebe.

Von zwei großen Triumphen Blanche Aubrys außerhalb des Burgtheaters muss hier auch die Rede sein, da sie in der Theatergeschichte Wiens für immer festgeschrieben sind: 1968 verhilft sie dem Musical „Der Mann von La Mancha" mit zu einem sensationellen Erfolg. Zusammen mit Josef Meinrad und Fritz Muliar konnte sie unter der Überschrift „Vor Versäumnis wird gewarnt" damals lesen: „Oder die Blanche Aubry mit ihrer berührenden Wandlung von der ordinären ‚Aldonza' zur geläuterten ‚Dulcinea': dass der Glaube Berge versetzt, wird selten so schlicht belegt. Dazu der Klang von zwei Stimmen, einem dunklen, sinnlich rauen Sprechorgan und einem engelsgleichen Sopran, dazu Musikalität und Wortdeutlichkeit und tänzerischer Einsatz bis zur Selbstentäußerung."

Lohn dieser Angst ist hierfür die Josef Kainz-Medaille der Stadt Wien. Für Blanche Aubry wiederholt sich dieser Musical-Triumph nochmals drei Jahre später als Conferencier in dem Musical „Cabaret", ebenfalls im Theater an der Wien. Auch diese Rollen waren trotz aller komödiantischen Brillanz *Überlebensanstrengungen* gefährdeter Menschen. – In seinen „Studien zur Geschichte des Todes im Abendland" beschreibt Philippe Ariès, wie der Mensch heute um seinen Tod betrogen wird: „Der Sterbende hat keinen Status mehr, weil er keine soziale Bedeutung mehr hat."

Für den Schauspieler aber ist der Tod allgegenwärtig. Er ist Teil seiner Kunst, auch wenn er den Tod verdrängt. Abend für Abend ist mit dem Ende der Vorstellung wieder ein Teil seiner Kunst gestorben. Sie lebt lediglich weiter in der Imagination seiner Zuschauer. Blanche, die spielte, „um eine andere zu sein", wie sie sagte, hauste ihr Leben lang in der Nähe des Todes.

„Wo der Tod auf uns wartet", sagt Montaigne, „ist unbestimmt; wir wollen überall auf ihn gefasst sein. Sich in Gedanken auf den Tod einrichten, heißt, sich auf die Freiheit einrichten; wer zu sterben gelernt hat, den drückt kein Dienst mehr: nichts mehr ist schlimm im Leben für denjenigen, dem die Erkenntnis aufgegangen ist, dass es kein Unglück ist, nicht mehr zu leben. Sterben können befreit uns von aller Knechtschaft, von allem Zwang."

Leben, das konnte Blanche, weil ihr Mann sie immer wieder bewahrte. Sie war – das kann man so sagen – auch sein Lebenswerk. Und so hatte Blanche Aubry wohl einmal im Leben unbeschreibliches Glück, und das war ihre Ehe mit Götz von Langheim.

Lieber Götz, mit Respekt und Bewunderung verbeuge ich mich vor dem Lebenswerk von Euch beiden.

So lange Künstler wie Blanche für das Burgtheater leben und sterben, wird dieses Theater leben und nicht sterben. Winnie sagt am Ende der „Glücklichen Tage" in einem ironisch-traurigen Operettenschluss:

„Lippen schweigen,
's flüstern Geigen:
Hab' mich lieb!
All die Schritte
Sagen: Bitte
Hab' mich lieb!
Jeder Druck der Hände
Deutlich mir's beschrieb,
Er sagt klar:
's ist wahr, 's ist wahr,
Du hast mich lieb!"

Kann es für eine Schauspielerin eine schönere Utopie als Hinterlassenschaft geben?

Rede zum Tod von Blanche Aubry auf der Feststiege des Burgtheaters
am 18. März 1986.

18 An das Publikum

„... mit allen unseren Erfahrungen die alten und neuen Stücke immer wieder herausfordern, ohne Erbarmen, aber mit Respekt."
(Jan Kott)

* * *

„Das Burgtheater gehe, so konnte man es in den letzten Wochen wiederholt und allerorten lesen und hören, einer ‚ungewissen Zukunft' entgegen.
Ich hoffe das von ganzem Herzen. Freilich ist meine Hoffnung eine ganz andere als jene der zitierten Auguren, die dem Burgtheater wohl oft lieber anempfehlen würden, einer gewissen Vergangenheit nachzulaufen."
(Rede „Burgtheater – 201. Jahr", 8. Juni 1976)

Die ‚ungewisse Zukunft' hat sich in eine zehnjährige Vergangenheit verwandelt; manche meiner Hoffnungen von 1976 haben sich erfüllt, manche haben sich als Illusion erwiesen; manche haben die Enttäuschung überlebt, manche sind ohne Spur verlorengegangen in den Freuden und Qualen der zehn Jahre. – Eine Rechnung darüber will ich an dieser Stelle nicht aufmachen und keine Summe ziehen, aber ich weiß, dass eine solche Bilanz, Schulden und Verpflichtungen erbrächte, die ich noch zu begleichen habe:

Ich bin *vielen* Menschen Dank schuldig; vielen deshalb, weil Sie, unser Publikum, zu den Gläubigern gehören, und Sie sind *viele, sehr viele*. Ihnen von Herzen zu danken für Ihre Verbundenheit mit dem Burgtheater in den vergangenen Jahren, ist mir eine wohltuende Pflicht, zumal ich weiß, dass manchen von Ihnen diese Treue schwergefallen ist.

In Übereinstimmung mit einer Minderheit unseres Publikums, die zu stärken wir uns immer bemüht haben, sind wir einen Weg gegangen, auf dem uns die Mehrheit zunächst nur zögernd und vorwurfsvoll folgte. Zu ‚politisch', zu ‚links', zu ‚experimentell' sei diese Direktion, zu wenig ‚österreichisch', zu leichtfertig im Umgang mit den ‚althergebrachten Werten' des Burgtheaters; ‚Festlichkeit' und ‚Erbauung' wurden eingemahnt, mehr ‚Feierabend-Entspannung' und ‚Unterhaltung' gefordert – und dieses Repertoire der alten Wünsche konfrontiert uns noch immer, ganz unberührt von der jähen Fortschrittlichkeit des Wiener Feuilletons, mit den tatsächlichen Erwartungen vieler unserer Besucher, die wir trotz unserer Enttäuschung als Partner respektiert haben und die unserem Theater trotz ihrer Enttäuschung im wesentlichen mit Toleranz verbunden geblieben sind.

Als Wien noch zwei Millionen Einwohner hatte, glaubte der Burgtheaterdirektor Franz Herterich, ein Gegner von *Popularisierungsversuchen*, ein ‚fester Besucherstand' des Burgtheaters von 30 000 Wienern, als dem 70. Teil der Wiener Gesamtbevölkerung sei der Idealzustand – aber er zweifelte an der Erreichbarkeit dieses Zieles.

Ein Grund zur Nachdenklichkeit und jedenfalls auch ein Anlass, ein nüchterner, rechnerischer, neben dem ideellen, die Partnerschaft mit den Unzufriedenen aufrechtzuerhalten und zu pflegen, ohne die eigenen Überzeugungen anbiederisch zu verraten.

So sind wir den ‚Mittelweg' Heinrich Laubes gegangen und haben uns keine Verachtung gestattet. Wir haben noch einmal versucht, die alten und die neuen Kräfte zu vereinen, auf der Bühne und im Zuschauerraum. Wir haben nie einen anderen Adressaten als das Publikum gesucht, aber wir haben wohl oft unser *Ideal* vom Publikum zur *Wirklichkeit* erhoben und sind dabei manches Mal Ihren sehr verschiedenen Idealen vom Burgtheater begegnet. Und waren mitunter so unglücklich wie Sie – wie viele von Ihnen.

Trotzdem hat unsere Partnerschaft gehalten, und dafür danke ich vor allem denen unter Ihnen, die es sich und denen wir es schwer gemacht haben. Sie haben trotz exorbitanter Kartenpreise, die immer wieder erhöht werden mussten, trotz fehlender Werbung, trotz eines sehr gestörten Verhältnisses unseres Theaters zur Wiener Presse – ja, und trotz eines sehr hohen Anteils zeitgenössischer Literatur im Spielplan der letzten zehn Jahre – Vertrauen, Verständnis, Anerkennung und Geduld und Nachsicht und, neben manchmal schrecklicher Gleichgültigkeit, auch echte Toleranz in unsere Partnerschaft eingebracht und dazu beigetragen, dass unser Theater in Europa zu den bestbesuchten Häusern dieser Größe gehört.

Sie haben an Erfolgen von Uraufführungen mitgewirkt, Sie haben bislang erfolglosen Stücken zu ihren ersten Erfolgen verholfen, Sie haben viele Herausforderungen angenommen, manche freilich nicht; sie haben auch schlechte Vorstellungen zu Erfolgen gemacht und gute verkannt. Sie waren eben kein ideales Publikum und sind kritikwürdig – so wie wir, die wir spielen und inszenieren, konzipieren und planen; und so wie wir sind auch Sie von der professionellen Kritik getroffen worden – allerdings nur ein Bruchteil von Ihnen, das Premierenpublikum, denn nur dieses ist den Kritikern vertraut.

Die heimische Lokalpresse ruft Sie nach Bedarf zu Zeugen auf oder beklagt Ihr Unverständnis; die deutsche Groß-Kritik rügt gern Ihre Rückständigkeit und Ihre Gedankenlosigkeit, und es trifft auch Sie die strafende Verachtung der gelegentlich anreisenden Damen und Herren, die dem österreichischen Theater und seinem Publikum schon lange Insubordination vorwerfen, weil es auch in diesem Fall den Anschluss für überholt hält und sich eigene Kriterien erlaubt – was einem theatralischen Entwicklungsland nicht zusteht. Auch Ihr Verhältnis zur Presse ist demnach nicht das beste. Wo das Publikum die höchste Instanz ist, fühlt sich der Kritiker verständlicherweise zurückgesetzt, zumal wenn sein Einfluss auf dieses Publikum sich erst hinterm Komma bemerkbar macht.

Freilich ist dies für das Publikum nicht nur ein Zeugnis selbstständigen Denkens und Urteilens und also dankeswert; es verrät wohl auch mangelnde Artikulationsfähigkeit und *Mutlosigkeit des Geistes*, wie es Robert Musil nannte. Das Theater aber braucht die gegenseitige Auseinandersetzung aller, die es lieben, mehr denn je, denn bei aller

Freude, die uns ergreifen kann: Pessimismus und Zweifel an der *Sprachfähigkeit* und *Wirksamkeit* des heutigen Theaters befallen wohl nur die Schauspieler, Regisseure oder Direktoren nicht, die imstande sind, sich an der eigenen Karriere zu berauschen und in dieser die Sinnfälligkeit des Theaters zu erkennen.

Robert Musil sprach 1924 von der „Müdigkeit, Hoffnungslosigkeit und Gleichgültigkeit, welche in der Atmosphäre des Theaters lagern". Seine Sätze scheinen bedrückend aktuell zu sein – aber laufen die Impulse der Theater tatsächlich allabendlich ins Leere?

Wenn wir für Kinder spielen, dann sind wir ganz sicher, dass diese Frage zu verneinen ist. Auch deshalb spielen wir für Kinder. Die Tausende Kinder, die uns jährlich willkommen waren, seien in den Dank an das Publikum eingeschlossen.

So gilt der Mehrheit wie der Minderheit unseres Publikums, die nun zu unserer Freude nicht mehr dieselben sind wie 1976, mein Dank für die guten Jahre.

Abschließen möchte ich mit jenem Wunsch an Sie, an das Burgtheater und an Claus Peymann, den ich 1976 für meine Direktionszeit ausgesprochen hatte:

> „Das Burgtheater möge in den nächsten Jahren einen Weg finden, auf dem ihm möglichst viele Menschen mit Neugier in eine ‚ungewisse Zukunft' folgen."
>
> * * *
>
> „RAKITIN: … Ist es nicht komisch, wir sind auf einmal die Arrièregarde.
> SPIGELSKIJ: Die Avantgarde, wissen Sie, wird sehr leicht zur Arrièregarde. Das ist nur eine Frage der Marschrichtung."
> (Ivan Turgenev: „Ein Monat auf dem Lande", II. Akt)

Nach Turgenevs „Ein Monat auf dem Lande", das vor 101 Jahren am Burgtheater mit Charlotte Wolter und Adolf von Sonnenthal seine deutschsprachige Erstaufführung erlebte, wird als letzte Premiere der Saison im Burgtheater Molières „Don Juan" in der Inszenierung von Benno Besson stattfinden. Im ersten Teil dieses Heftes finden Sie Aufsätze von Thomas Langhoff, Adolf Dresen, Angelika Hurwicz und Götz Friedrich. Der junge Germanist Johannes Sachslehner stellt im Anhang überfällige kritische Betrachtungen zur Geschichte des Burgtheaters und seiner Idee an.

In den 16 Vorschauheften der letzten zehn Jahre sind Ihnen über 180 Inszenierungen angekündigt worden, zwei Drittel dieser Stücke waren zum ersten Mal am Burgtheater zu sehen; 43 Autoren hatten in dieser Zeit ihr Burgtheater-Debüt, 51 Regisseure, 46 Bühnenbildner arbeiteten erstmals hier.

Hinter diesen Zahlen verbergen sich Phantasie, Begabung, Hingabe, Fleiß, Arbeit, Enttäuschungen, Freude, Ängste, Hoffnungen von vielen Menschen, die während meiner Direktionszeit am Burgtheater gearbeitet haben.

Auch ihnen gilt mein Dank.

Vorwort zum letzten Vorschauheft des Burgtheaters, 1986.

19 Burgtheater – 211. Jahr

„Das Heimweh nach dem verlorenen Paradies, nach der märchenhaften guten alten Zeit, hatte mit der Verfälschung verblasster Erinnerungen zu tun, die der gerade herrschenden Generation zustatten kam, um ihre Autorität gegenüber den ungeduldigen Nachkommen zu legitimieren und das Neue durch den unvorteilhaften Vergleich mit dem Alten zu entwerten."
(Manès Sperber)

„Führe ich nicht den Leser hinters Licht, da ich doch die wichtigsten Fragen nicht zu beantworten weiß?"
(Anton Cechov)

Das Schlechteste erwarten, der Unvollkommenheit dauernd auf der Spur sein, den sicheren oder vermuteten Untergang beschwören und genießen, schon die alten Griechen haben es uns gelehrt, Sophokles und Euripides unter ihnen. Aber erst nach Jahrtausenden wurde der auf die dunklen Schattenseiten dieser Welt gerichtete „trübe Sinn" auf den Namen „Pessimismus" getauft. Im Jahre 1776 kann dieses Wort zum ersten Mal nachgewiesen werden und gewinnt dann im 19. Jahrhundert hohes Ansehen. Seine Lebenstüchtigkeit hat sich bis heute erhalten und vielfach erneuert.

Im gleichen Jahr dieser „Namensgebung" wurde in Wien das Hoftheater nächst der Burg zum „teutschen Nationaltheater" erhoben – und blieb auf seinem Weg durch die Geschichte immer in der Nähe jenes „trüben Sinnes". Die stereotypen Verfalls- und Niedergangsklagen über das jeweils einstmals „erste Theater deutscher Zunge" sind, nunmehr schon durch Jahrhunderte, der cantus firmus der österreichischen, vielmehr der wienerischen Burgtheaterkritik, der die kontrapunktischen Bewegungen der jubilierenden Stimmen vorgibt.

Der immer wieder angekündigte Untergang fand freilich nicht statt, da die Wiener Gesellschaft, „dieses seltsame Geschlecht der aufrührerischen Bewahrer", ihr Theater gerade auch kraft ihres Pessimismus am Leben erhielt, das heißt: Sie bewahrte, auch wenn sie nicht liebte – dem Theater als Institution zugeneigt, seinen wenigen Erneuerern zumeist abgewandt.

Metternich, Heine, Schopenhauer, Wagner und Hebbel zum Beispiel liebten die herrschende Ordnung nicht, aber sie verteidigten sie: müde, heiter, grimmig, wie Ludwig Marcuse meint. Diese Verteidigung des Ungeliebten sei ein Zeichen modernen Konservativseins: Bewahrung, da von der Zukunft keineswegs Besseres zu erwarten ist; Konservativismus als „Pessimismus in Aktion".

In der Geschichte des Burgtheaters war solcher „Pessimismus in Aktion" ein wienerisches Lebenselixier, in guten wie in schlechten Zeiten.

Auch in der Mitte des vergangenen Jahrhunderts, in der „goldenen" Laube-Ära: Damals wurde die „Vernichtung des künstlerischen Bewusstseins" und „der gänzliche Ruin dieses Instituts" vermutet. Moritz Gottlieb Saphir hatte 1848 gar blutige Visionen, in denen ihm das Burgtheater als eine Henne erschien, die noch läuft, auch „wenn sie schon abgeschlachtet ist". Mit einem Glied verglich er es, das „noch zuckt, wenn es schon abgehackt ist".

Und 1975, im Jahr meiner Ernennung, klangen die „Diagnosen" ähnlich; außerdem belastete damals eine beispiellose Kampagne gegen die Bundestheater, vor allem gegen das Burgtheater, auf Grund von gesetzwidrigen Veröffentlichungen aus einem Vorbericht einer Rechnungshofprüfung die Arbeit der designierten Direktion ganz außerordentlich, und es schien, als schwäre die „Kulturwunde" Burgtheater gerade zum 200jährigen Jubiläum einer tödlichen Krise entgegen. Natürlich war das nicht so ... Die Henne hatte weiterhin ihren Kopf und der Körper noch alle Glieder.

Der wienerische Pessimismus hatte mich nie ergriffen. Mir als Preußen war die ortsübliche Hassliebe zum Burgtheater eine exotisch fremde Leidenschaft; freilich hatte ich Zuneigung zu diesem Haus und den darin lebenden Menschen und hatte als Schauspieler und Regisseur am „inneren Leben" des Burgtheaters viel Anteil genommen, aber der irrwitzige Ehrgeiz, der Direktor dieses Theaters zu werden, hatte mich nicht befallen. Trotzdem habe ich schließlich das Angebot des Ministers angenommen, weil ich als Mitglied des Ensembles das Angebot als Verpflichtung und Chance verstand. Die Aussicht auf Macht bedrückte mich eher; Repräsentieren war mir ein Gräuel – es war nichts verführerisch an dem Angebot – außer der Arbeit, die zu tun war.

Vier Jahre hatte ich mir in meiner ersten öffentlichen Erklärung günstigenfalls zugebilligt; ich habe nicht Wort gehalten, es wurden zehn. In republikanischen Zeiten hat es bisher keiner meiner Kollegen länger ausgehalten: Ich habe also einen schweren Wortbruch begangen und die Arbeit getan, die einer tun musste. Ewald Balser hatte mir 1975 geraten: „Du musst genau hinhören, wohin das Burgtheater gehen will, und dahin musst du es führen."

Diesen wohlmeinenden Rat habe ich mir zu Herzen genommen und nicht befolgt. Zum Vollstrecker unabänderlicher Burgtheatergesetzlichkeiten habe ich mich nicht berufen gefühlt. Die Herausforderung lag nicht im „Bewahren".

Die gestellten Aufgaben hießen 1975:
- Neuordnung des Betriebes (unter anderem: Einrichtung eines zentralen Direktionsbüros; personelle und organisatorische Neugliederung des künstlerischen, des technischen und des administrativen Betriebsbüros; nach der ersten Zentralisierungsphase Wiedereinsetzung einer technischen Leitung für beide Häuser);
- Stabilisierung der Planung;
- Durchführung von Sparmaßnahmen;
- Verbesserung der Zusammenarbeit mit dem Österreichischen Bundestheaterverband (Werkstätten) und Mitwirkung bei der Erstellung des Bundestheatergesetzes, das offene Wünsche (Personalpolitik, Preis- und Budgetgestaltung, Abonnementsystem usw.) erfüllen sollte, schließlich aber scheiterte.

Die gewählten Aufgaben waren neben wesentlichen organisatorischen und personalpolitischen (unter anderem: neues Gagensystem, neues Probenabkommen, Verlängerung der Arbeitszeit, Steigerung der Gastspieltätigkeit im In- und Ausland, Erweiterung des Gesamtprogramms) künstlerisch-konzeptionelle:
- Erweiterung des Spielplans (im klassischen Bereich von Lenz bis Nestroy; Jahrhundertwende; 20. Jahrhundert; literarisches Theater – zum Beispiel: Musil – Broch – Canetti);
- Einführung des „Burgtheaters für Kinder" (Kinderstücke ganzjährig im Spielplan);
- Aufbau eines dramaturgischen Büros – wie es an anderen Theatern längst üblich war (Planungs- und Produktionsdramaturgie) unter Mitwirkung von Jan Kott;
- Gründung einer dritten Spielstätte (3. Raum im Kasino am Schwarzenberg Platz);
- Verjüngung des Ensembles (1975/76 war der jüngste fest engagierte Schauspieler 33 Jahre alt, nur eine Schauspielerin war unter 30);
- Öffnung in konzeptioneller und engagementpolitischer Hinsicht zum ganzen deutschen Sprachraum unter Einschluss der DDR (was ausfallende Polemiken und massive Kampagnen zur Folge hatte).

Nach den verdienstvollen Engagements internationaler Regisseure (von Strehler bis Peter Hall und Barrault) durch Gerhard Klingenberg sollte das Burgtheater nun den wesentlichen deutschsprachigen Regisseuren und Bühnenbildnern offen stehen. Das alles war bei der Beharrlichkeit des Burgtheaters und seines Publikums eine Herausforderung.

Zu den gewählten Aufgaben gehörten ferner:
- Neukonzeption der Programmhefte, Erweiterung ihres Umfangs; Herausgabe von „Vorschauheften" mit dramaturgischen Texten; Herausgabe eines hausinternen Blattes zur Information des Ensembles;
- Herstellung von Stück-Plakaten; die Förderung der künstlerischen Theaterphotographie u. a.

Und nicht zuletzt: Die Gestaltung des „inneren Lebens" als humaner, demokratischer Umgang miteinander, in Solidarität, ohne Kumpanei; das war die alte Illusion und blieb die täglich neue Aufgabe. Die geplante „Revolution" sollte eine stille sein, ohne Barrikaden, und bei vollen Häusern stattfinden, nicht aus Ängstlichkeit, sondern damit die Reaktion nicht stärker werde als die Wirksamkeit der Aktion.

Dieses Programm von 1975/76 hat sich – mit geringen Einbußen – im Laufe der Jahre in seinen Ergebnissen bestätigt und bewährt. Das Publikum hat den „neuen" Spielplan, die vielen „neuen" Regisseure, die „neuen" Schauspieler und die „neuen" Aufführungen im Wesentlichen angenommen, anders als das vielerorts in der Bundesrepublik Deutschland der Fall war: „Es kann keine Rede davon sein, dass das Publikum die Entwicklungssprünge der Theaterästhetik wirklich mit vollzogen hätte. [...] In den oft erschreckend leeren Theatern bei uns muss man das wissen" (Peter Iden, 1982).

In Arthur Schnitzlers „Komödie der Verführung" sagt der Dichter Ambros Doehl: „Mit dem Widerhall fängt die Kunst erst an" – und Eligius Fenz, der Sänger, stimmt zu: „Das ist sehr wahr. Ohne Publikum keine Kunst." Das Publikum des Burgtheaters verstörte immer wieder die Theaterkritik und besonders die deutsche, den genannten Peter Iden so wie andere. Und der stellte 1980 die Frage, ob das Selbstverständnis Wiens als Theaterstadt nicht doch auf einer Fiktion gründe; die alteingesessenen Zuschauer machten es schwer, wenn nicht unmöglich, „das Burgtheater irgendwie zu einer heutigen Bühne zu machen". Ein Theater brauche aber Zuschauer, „die die Wagnisse und sogar das Scheitern mittragen".

Aus Anlass der krassen Ablehnung der Inszenierung eben der „Komödie der Verführung" erhob Peter Iden den Vorwurf, in Wien lasse „ein gleichsam vorgefertigter, vortönender Widerhall Kunst vielfach gar nicht erst zu". Nun hat der deutsche Kulturjournalismus das Wiener Theater oft und erschreckend „kolonialistisch" abgekanzelt und unter Missverständnissen begraben, aber der Diagnose vom „vortönenden Widerhall" ist schwer zu widersprechen. – In welchem Grade der „Pessimismus in Aktion" und der „vortönende Widerhall" auch verwandt sein mögen, sie bestimmen in ähnlicher Weise die Neigungen und die Abweisungen und Querulanzen des *aufrührerisch bewahrenden* Wiener Theaterpublikums.

Was immer eine Stadt zu einer Theaterstadt erheben mag, die Definitionen und Wertungen werden sehr widersprüchlich sein: „Bildungs- und Kulturmüdigkeit, Unsicherheit, Mutlosigkeit des Geistes" (Robert Musil) – und was auch immer nach dem langen Taumel der letzten Jahre durch die echten und falschen Skandale Österreichs alles hinterblieben ist, es vermehrt das Heer der Gelangweilten und steigert zum anderen die Ansprüche des „Sensationspöbels" (Karl Kraus), aber es fördert nicht die Neugier, die Sensibilität und die Einsichten eines urbanen Theaterpublikums.

Tut das die Presse? Macht sie Wien zur Theaterstadt? Leistet sie das womöglich ohne Aufklärung? Vielleicht mit dem Theater, das sie um das Theater macht? Wo sonst als in einer Theaterstadt kann es geschehen, dass die *seriöseste* der Tageszeitungen ihre Titelseite kostenaufwendig mutiert, weil im Burgtheater eine Vorstellung ausfällt? Wo sonst ist das denkbar? Die kleine Geschichte soll hier erwähnt werden, weil sie vielleicht der Beweis ist für das Theaterstadthafte, das Peter Iden für eine Fiktion hält. Nämlich: Im Sommer 1976 erhielt das Burgtheater eine neue Beleuchtungsanlage; alle Stücke mussten mit Beginn der neuen Saison neu eingeleuchtet werden; die Direktion hatte schon vor dem Sommer angekündigt, dass mit Schließungen zu rechnen sei, da keine Vorproben möglich waren. Der Fall trat am Freitag, dem 3. September, ein:

„König Ottokars Glück und Ende" von Franz Grillparzer musste kurzfristig abgesagt werden. Die seriöse Zeitung sprach vom „glücklosen" Beginn einer Direktion, von einem „Debakel", von einem „schwarzen Freitag" und wechselte das einzige große Photo auf der Titelseite aus: Anstelle eines Bildes der Allenby-Straße von Beirut mit der Unterschrift „Der unaufhörliche Selbstmord einer Hauptstadt" erschien in der mutierten Ausgabe ein Photo von sieben enttäuschten Burgtheaterbesuchern vor dem geschlossenen Theater. – Bis heute blieb übrigens rätselhaft, wieso diese sieben Männer so heiter waren und wieso sie in Anzügen ohne Mäntel und Schirme da standen, hatte es doch an diesem Abend stark geregnet. Der 3. September 1976 war übrigens in zehn Jahren der einzige Tag, an dem das Burgtheater geschlossen war, und so erweist sich die damalige Mutation der Titelseite im nachhinein als journalistischer Glücksfall, da Bilder des Grauens aus Beirut immer wieder und in großer Anzahl zur Verfügung standen.

Und weitere Indizien bieten sich an: Wo sonst als in einer Theaterstadt können die kaum oder nie aufgeführten Dramatiker des Landes das ganze Feuer ihrer verkannten Talente in Zeitungen entfachen und alle, die sie nicht aufführen so wie alle, die sie nicht sehen und hören wollen, nach Herzenslust beschimpfen? Im Fegefeuer so vieler auf das Theater gerichteter Aggressionen – denn auch der das Burgtheater boykottierende Dichter, einst Kandidat für die Burgtheaterdirektion, lässt sich beim Hassen nicht lumpen – erweist sich Wien als Theaterstadt, wenn auch als eine von besonderer Art.

Trotzdem ist die Vermutung, Wiens Selbstverständnis als Theaterstadt – sozusagen einer der gewöhnlichen Art – gründe auf einer Fiktion, gar nicht so abwegig. Allerdings würde man die schöpferische Kraft von Fiktionen und die Lebensfähigkeit des Unmöglichen und kaum Denkbaren in dieser Stadt grob unterschätzen, wenn man etwa annähme, eine wienerische *Fiktion* zerplatze wie eine Seifenblase an der sogenannten Wirklichkeit.

Wien ist ganz einfach auch deshalb eine Theaterstadt, weil sie sich dafür hält. Vielleicht ist Wien keine „Burgtheaterstadt", denn die Wiener verstehen es offenbar nur, mit dem Mythos dieses Theaters zu leben, nicht mit seiner jeweiligen Realität. Sie wollen immer ein anderes Burgtheater als das, was sie haben – und das Burgtheater sehnt sich immer nach einem Wien, das es jeweils gerade nicht gibt. Die Dynamik dieser gegenseitigen Herausforderung ist wohl neben dem „Pessimismus in Aktion", ihm folgend und ihm widersprechend und neben der schöpferischen Fiktion, eine Theaterstadt zu sein, ein weiteres Lebenselixier für das Burgtheater und seine aufrührerischen Bewahrer.

„Im Verhältnis zu Österreich gibt es zur Zeit ein neues Beispiel für den Tausch-Kontakt auf zwei Gebieten, die man lange als Beweis dafür vorweisen konnte, dass es einen ästhetischen Unterschied zwischen beiden Ländern doch gebe: die Kunsttheorie und das große Theater. [...] Vor einigen Jahren musste sich noch eine Gruppe deutscher Kritiker in Wien, die die Entfernung des Wiener Theaters von den szenischen Vorgängen in Deutschland beklagte, belehren lassen, dass die Verschonung vor der ‚deutschen Experimentiererei', die Bewahrung der Konventionen und die Lust an der schauspielerischen Bravour gerade das erhaltenswerte Spezifikum des Wiener Theaters sei. – Heute traut man in Wien seinen Augen nicht. Die Szene krempelt sich um. Ein Marsch deutscher Regisseure ins Burgtheater hat begonnen." Das schrieb Günther Rühle 1978 in der „Frankfurter Allgemeinen Zeitung" unter dem Titel „Deutscher Schub", und er erklärte den Zug nach Wien mit der Sehnsucht der Künstler, in einer Metropole zu arbeiten, die es im deutschen Sprachraum sonst nicht mehr gebe: „Es wächst eine Sehnsucht."

Die österreichische Erwiderung in der seriösen Tageszeitung zum Beispiel, „Profilneurose" übertitelt, war durchaus kein Willkommensgruß; sie führte den Zuzug auf die „Reize des Alpendollars" zurück, wetterte gegen die „Klassikerbeschädiger" und „Tausendsassaregisseure", die nun am Burgtheater arbeiten oder arbeiten sollten, wie „Dresen, Neuenfels und Luc Bondy", meinte, man sei eben nur ein „Asylland bewährter Manier" für die, die ihre „letzten Chancen nutzen, ehe sich die junge Generation [...] ermüdet abwenden wird".

Rühles rhetorische Frage von 1978, ob Wien sich „die forcierten Kräfte von gestern kurz vor dem Ende ihrer Funktion" hole, findet 1986 wohl die gleiche pessimistische Antwort wie 1978 und ist heute wie vor acht Jahren Ausdruck eines geschwächten Selbstbewusstseins.

In dieser kleinen Kontroverse werden große Probleme sichtbar, deutsche und vor allem österreichische, eben auch solche, die das Theatermachen in der Theaterstadt Wien besonders erschweren: Das mangelnde österreichische Selbstbewusstsein, wie gesagt, dem „Ausländischen" gegenüber – bis hin zu kritikloser Heroisierung und kellnerhafter Unterwürfigkeit – und andererseits eine Mir-san-mir-Haltung, eine Wiener splendid isolation bis hin zur Fremdenfeindlichkeit, die sich oft hinter dem Charme nasaler Arroganz und langvokaliger Blasiertheit verbirgt.

Der eigene, ja durchaus österreichische Weg eines österreichischen Theaters mit internationalem Anspruch zwischen diesen Extremen hindurch, einfach mit Selbstvertrauen und in Treue zu eigenen Überzeugungen, zu unkonformistischen eben, dieser Weg provoziert beide Extreme und ist ein schwerer Weg. Ein solches Programm verdient sich die Polemiken der Konservativen und der fortschrittlichen Konformisten redlich.

Mit diesem gestörten Selbstbewusstsein der einheimischen Kulturbürger hängt ein Phänomen, das man am besten als Überholungs-Reaktion benennen könnte, aufs engste zusammen, ein Spezifikum des österreichischen Kulturjournalismus. Gemeint ist die Tatsache, dass allzu häufig die Vorwürfe von gestern die Forderungen von heute und morgen werden, wobei sie an Rigorosität, oder um das Modewort zu benutzen, an Radikalität zunehmen. Die peinliche Verspätung, mit der das Wiener Feuilleton dem Ausland auf seine Modernitäten draufkommt, und die Angst der Hinterwäldler, als solche ertappt und verspottet zu werden, sind die wesentlichen Voraussetzungen für die meisten Überholungs-Reaktionen. So wird zum Beispiel das deutsche („ostdeutsche", „in der Wolle marxistisch gefärbte", „auf Kosten der Autoren Furore machende", „die Klassiker schändende") Regietheater zunächst empört abgelehnt und der, der dieses Theater – ohne jede missionarische Absicht – ins Land lässt, wird diskriminiert. Geraume Zeit später wird von gleicher Stelle, oft von denselben Leuten, die Forderung erhoben, besagtes Regietheater müsse endlich entdeckt und gewürdigt werden und die österreichischen Bühnen erobern; die Rollen werden – scheinbar – getauscht. Der skeptische Förderer wird zum Reaktionär gestempelt. Die Konvertiten werden rigoros und empfinden in ihrem neuen Glaubenseifer die skeptische Aufgeschlossenheit nun als Blasphemie.

Die Reihe der Beispiele, wie Feindbilder zu Vorbildern umgekrempelt werden, ließe sich fortsetzen bis hin zum Dramatiker Elias Canetti, der laut der seriösen Zeitung auf der Burgtheaterbühne nichts verloren habe, um bald danach als „österreichischer" Nobelpreisträger enthusiastisch gefeiert zu werden (übrigens im Gegensatz zu „Heinrich Böll [...] und Konsorten" – Glosse auf der Titelseite vom 2. 9. 1983).

Die „Zeit der umgekehrten Vorzeichen" (Ihering, 1930) hat neuerlich Konjunktur, und der Fortschritt ist wieder die „Maske für die wütendste Reaktion", „jeder Stumpfsinn" gebärdet sich revolutionär und „lähmende Gleichgültigkeit" liberal – und so können in Wien die Reaktionäre von gestern plötzlich das Wasser ihrer jähen Modernität nicht mehr halten. Dabei werden gleichzeitig alte Filzhüte wieder aufgedämpft, und alte Wörter werden wieder zu Programmen; auch das Nationaltheater soll wieder das „Nationaltheater" werden.

„Wörter sind Kinderklappern", meinte Fontane. – Theodor Fontane war einer der Großen der deutschen Theatergeschichte; er war ein schöpferischer Kritiker. Seine Tugenden stünden uns „faute de mieux" in unserer Übergangszeit gut an. Seine Skepsis ist kein „Pessimismus in Aktion"; freimütig, aufgeschlossen, im Niemandsland zwischen Altem und Neuem seine Stellung haltend, verdrückte er sich nicht in die Unverbindlichkeiten seiner Übergangszeit, posierte aber auch nicht als lautmäuliger Behaupter von „Kunstanstrengungen" und „Stil-Bildungen" („Hauptsache sind die Menschen") – und verschanzte sich andererseits nicht als Bewahrer einer vergangenen Welt. Bei ihm war Mut noch eine Tugend und nicht, wie Carlo Schmid das einmal nannte: „eine Abzweigung der Geschicklichkeit". Fontane hatte den nach heutigen Begriffen geradezu unbändigen Mut, einer Kritik das Wort zu reden, die ihr „Gesetz, am besten das ins eigene Herz geschriebene, haben und darnach verfahren" solle; „wenn sie das nicht kann, ist sie gut für nichts".

So fragwürdig historische Vergleiche sind, die hier auch nicht bemüht werden sollen, so zugänglich können 100jährige Texte wieder werden, auch Theaterkritiken: „Eine ganz eigentümliche Kunstfertigkeit, ich darf sie nicht Kunst nennen, beherrscht die moderne Bühne: die Fertigkeit, einem was Unterhaltliches vorzumachen. Es ist die Übertragung des Possenprinzips auf die ernsteren, ja selbst auf die ernstesten Gattungen der Kunst", schrieb Fontane 1883.

Die Angst der Theaterleute vor der Langeweile des Publikums, deren Auswirkung Fontane beschreibt, entspricht der Angst der Gesellschaft vor der Leere, der Sinnlosigkeit, der Ziellosigkeit ihrer Existenz; sie macht das Publikum zum „Sensationspöbel" und die Künstler zu Produzenten von Nachrichtenwerten, sie macht den Rahmen wichtiger als das Bild, befördert den denunziatorischen Formalismus und begünstigt die wortlosen Künste; sie kreiert die „Verschwörung von uns selbst ausgedachter Zeichensysteme" (Ernst Wendt), sie macht das Theater-Theater, gebiert die Scharen der „Selbstfinder" und „Feeling-Fühler" (Volker Klotz), die strampelnden Innovateure und altpubertären Faxenmacher, die Star-Behaupter und Oppositionskomödianten, deren Oppositionskonformismus als Mut firmiert bei ihrem überflüssigen Kampf gegen die Toleranten, denen Skepsis und Zweifel das „Behaupten" schwermachen und die deshalb von den Medien mangels Beweisen schuldig gesprochen werden. Ihnen werfen die sich Langweilenden Langweiligkeit vor, so wie all die Beobachter ihrer selbst bei Turgenev und Cechov es tun, die andere beschuldigen und doch ganz allein die Ursache ihrer Langeweile sind.

Die Langeweile ist eine Schwester jenes „trüben Sinnes", der seit dem Gründungsjahr des Burgtheaters seinen Namen hat und der in der wienerischen Ausprägung das Selbstverständnis Wiens als Theaterstadt so anhaltend beflügelt. Die Skepsis Fontanes ist etwas anderes; das „Theater des Zweifels", wofür Ihering plädierte, und Peter Brooks Theater der „leeren Hände" ebenso. Bekennt man sich in Wien dazu, so sitzt man „zwischen den Stühlen".

Da saßen wir zehn Jahre lang – immerhin, der „Pessimismus in Aktion" ließ es zu, die Presse auch. Fairness und Kritik statt Desavouierung kamen ja vor. Aber alles in allem konnte mir der Wiener Kulturjournalismus – spätestens nach meiner Kainz-Medaillen Rede – meine Meinung über ihn von ganzem Herzen nicht verzeihen. Ein Blick in die Geschichte des Burgtheaters lehrt jedoch, dass viele bedeutende Direktionen in dieser Hinsicht weitaus größere Not litten als wir. Zudem war es dank der Solidarität des Ensembles und dank der ermutigenden Unterstützung durch das Publikum und die nicht veröffentlichte öffentliche Meinung eben möglich, auf jeden Medien-Opportunismus zu verzichten und gute Arbeit zu leisten.

Der versuchte „österreichische Weg" führte auf freies Gelände, unter niemandes Obhut, auch nicht trotz der bewussten Öffnung zum übrigen deutschen Sprachraum, in die Schutzgebiete des westdeutschen Groß-Theaters. Es war nicht so, dass es nicht gelang, diesen „Anschluss" zu finden; wir wollten ihn nicht. Bertolt Brecht hat gesagt:

„Was ich nicht gern sehe: wenn in einer Kritik steht: Die Farbe meines Hutes sei zu dunkelblau und wäre besser hellblau, wenn die Farbe meines Hutes gelb ist."

Und Ihering zitiert einen bekannten Dramatiker, der über eine Kritik kopfschüttelnd sagt: „Das ist, als ob ein Mann, der von draußen hinter den Scheiben eines Fensters Bewegungen zweier Körper sieht, geschwellt von Erfahrungen ausriefe: aber so vergewaltigt man doch keine Frau! und gar nicht merkte, dass sie Billard spielen." –

Ich glaube, wir trugen einen gelben Hut und spielten Billard.

Im 211. Jahr können nicht alle Worte, nicht alle Standortbestimmungen und Programme des 201. aufrechterhalten werden. Die „Oberlehrer" von damals zum Beispiel, dem „ewigen Laster der Priester" verfallen, sich „einen dummen Manichäer zu erfinden, um sich dann daran zu weiden, diesen Manichäer zu widerlegen" (Stendhal), sind längst formalistische Innovateure geworden, die sich um Inhalte nicht mehr viel scheren; heute, im 211. Jahr, wäre wieder Aufklärung zu fordern, gegen die Selbstfinder und Verdunkler.

Aber vieles von damals kann bestehen, jedenfalls alles, so könnte man sagen, was sich in dem Bekenntnis zu Václav Havel fassen lässt, unserem Hausautor, der ein vorbildlicher Künstler ist, gewissenstreu und unbestechlich.

Theater machen heißt, ein Bild vom Menschen machen, sich und den anderen, das seine Entfremdung und seine Einsamkeit beschreibt und seine Träume verkündet.

„Jeder hat eine gewisse Sehnsucht nach menschlicher Würde, moralischer Integrität, nach der freien Erfahrung des Seins, nach der Transzendenz der Welt des Daseins" (Václav Havel). – Dieser Sehnsucht wurde im Zweifelsfall der Vorzug vor den ästhetischen Dogmen gegeben.

Raffael hat ein Bild als Meisterwerk gelten lassen, wenn es die Phantasie nicht weiter vervollkommnen könne.

Das Theater kann dem Anspruch dieser Definition sowieso nicht genügen, aber es kann jene „Sehnsucht nach der freien Erfahrung des Seins" beherbergen und die ins Utopische gesteigerte Sehnsucht, die ganze Welt auf dieses Ziel hin zu verändern, zur Maxime seines spielerischen Handelns machen. So, wie Thomas Mann es meinte, als er über Cechov schrieb:

„Der Satz, zu dem sich, je länger er lebte und schrieb, sein Denken zusammenzog, war der: ‚Die Hauptsache ist, das Leben umzugestalten; alles übrige ist unnütz.'"

Der unbescheidene Satz eines skeptischen Dichters, fernab von jenem „trüben Sinn". – Auch Cechovs Tugenden stünden uns –„faute de mieux" – wie die Fontanes gut an. Übrigens hat Thomas Mann ja auch über ihn, den er einen „unsicheren Kantonisten" nannte, einen schönen Essay geschrieben („Der alte Fontane"). Da findet sich der Satz: „Aber Fontane's Bescheidenheit […] war ein Ergebnis jener letzten Künstlerskepsis, die sich gegen Kunst und Künstlertum selber richtet und von der man sagen kann, dass alle Künstleranständigkeit in ihr beruht."

„Künstleranständigkeit" – welch ein Wort! Wer wagt es in Wien, über dieses Wort eines alten Meisters nicht zu lächeln?

201. bis 211. Jahr: ein weiter und schwerer Weg; alles in allem: eine glückliche Zeit, für die ich allen, die mich begleitet haben, dankbar bin.

Beitrag für das Buch „Burgtheater 1976–1986", 1986.

Der Hausautor Vacláv Havel – Achim Benning – in Havels Wohnung – Prag 1986

Foto: Konrad Schrögendorfer

Achim Benning – Der Präsident Vacláv Havel – Schauspielhaus – Zürich 1990

Foto: Leonhard Zubler

Pavel Kohout – Achim Benning – Arthur Miller – Burgtheater – Wien 1977

Foto: Elisabeth Hausmann

Tom Stoppard – Achim Benning – Pavel Kohout – Wien 1978

Foto: Elisabeth Hausmann

Max Frisch – Achim Benning – Erwin Axer – Akademietheater – Wien 1981

Foto: Privatarchiv Achim Benning

Thomas Hürlimann – Achim Benning – Klaus Pohl – Wien 1984

Foto: AnnA BlaU

Charlotte Kerr – Friedrich Dürrenmatt – Christina von Podewils – Achim Benning –
beim Havel-Besuch im Schauspielhaus – Zürich 1990
Foto: Elfie Wollenberger

Harold Pinter – Heinrich Maria Ledig-Rowohlt – Achim Benning – Heiner Müller –
Zürich 1992
Foto: Elfie Wollenberger

Achim Benning – Jiří Gruša – Pavel Kohout – Wien 2008

Foto: Privatarchiv Achim Benning

Achim Benning – Pavel Landovský – Jitka Jirková – Prag 2010

Foto: Privatarchiv Achim Benning

Angelika Hurwicz – Manès Sperber – Achim Benning – Wien 1979

Foto: Privatarchiv Achim Benning

Johanna Canetti – Elias Canetti – Achim Benning – Katrin Thurm – nach der Premiere von „Der Oger" von Veza Canetti – Zürich 1992

Foto: Klaus Hennch

Zürich 1987 – 1992

20 Theater in Zürich 1987

Mit Freunden soll man offen reden – auch in schlechten Zeiten, die nicht besser werden, wenn man sie mit falschen Hoffnungen belädt. „Freunde" des Theaters sollen wissen, dass Schauspieler und Regisseure, Bühnenbildner und Dramaturgen und nicht zuletzt Autoren und gerade die wesentlichen unter ihnen, die den Sinn der ganzen Theatermacherei nicht in der eigenen Karriere finden, in diesen schlechten Theater-Zeiten an der *Sprachfähigkeit*, an der *Wirksamkeit*, an der künstlerischen, der politischen und der gesellschaftlichen *Attraktivität* des heutigen Theaters zweifeln. Nur die Schickeria der Stil- und Meinungsjongleure unter den Produzenten und Konsumenten, den rechten und den linken, den jungen und den alten, nur diese Koalition der Reaktionäre und Avantgardisten mit ihrer Ideologie des beliebigen *Schicks*, nur diese immer *Zeitgemäßen* sind von diesen tiefen Zweifeln nicht befallen; die zweifeln bestenfalls daran, ob der Direktor X und der Regisseur Y auch tatsächlich jede Trendwende erwischen, permanent ‚in' sind und im Strom des Fortschritts schwimmend, ihre Zuschauer auch wirklich modekonform und rechtzeitig mit dem ‚dernier cri' beglücken.

Aber: Nur tote Fische schwimmen mit dem Strom.

Und dann gibt es natürlich noch die, die am Theater der Gegenwart zweifeln, weil es eben nicht so ist, wie es in der Vergangenheit war, und die hoffen, dass die Vergangenheit zur Zukunft werde. Das sind die Freunde des vergangenen Theaters, und die laufen Gefahr, mitschuldig zu werden, wenn das Theater der Gegenwart keine Zukunft hat; sie plädieren in Wirklichkeit genauso wie die modischen Trendsetter für das „tödliche Theater", wie Peter Brook es nannte, der übrigens schon vor Jahren, in seinem noch immer bemerkenswerten Buch „Der leere Raum" die Frage stellte: „Warum überhaupt Theater? Wozu? Warum klatschen wir Beifall und wofür? Hat die Bühne einen wahren Platz in unserem Leben?"

Und diese Frage beantwortet Brook an anderer Stelle: „Das Wort Theater hat viele unscharfe Bedeutungen. Fast überall in der Welt hat das Theater keinen genauen Platz in der Gesellschaft und kein klares Ziel, es existiert nur fragmentarisch in einzelnen Bestrebungen."

Auch in Zürich hat das Theater kein klares Ziel, existiert nur fragmentarisch und hat keinen genauen Platz in der Gesellschaft. Die Freunde des Zürcher Schauspielhauses müssen also damit fertig werden, dass sie ihre Freundschaft einem ziemlich unsicheren Kantonisten anbieten; diese Freundschaft verleiht zudem keinerlei Besitzanspruch, denn das öffentlich subventionierte Theater gehört auch seinen Feinden, die es, wie ich erfahren musste, in Zürich auch gibt. Das Schauspielhaus muss sich demnach mit seiner Arbeit auch an die wenden, die sich nicht als seine Freunde deklarieren und es auch nicht sind.

Theater richte sich an alle, hat Jean Vilar gesagt. Diesem Anspruch von Jean Vilar muss man sich wohl anschließen. Ich war daher – weil ich Zürich ja erst noch lernen muss – einige Male konsterniert, bei Vorgesprächen mit Verwaltungsräten und anderen Bürgern dieser Stadt geradezu „klassenkämpferische" Äußerungen zu hören, wie ich sie in Wien nicht kennengelernt habe, obwohl ich dort immerhin Klassifizierungen wie „Erneuerer" – „Zerstörer alter Werte" – bis hin zum „Linksfaschisten" kassieren musste und andererseits der bürgerlichen Ängstlichkeit und Solidität und der Bewahrung von Traditionen geziehen wurde.

Zwar waren diese Wiener Wechselbäder oft alles andere als heilsam, aber es ging dabei meistens nicht darum, das Theater für bestimmte Gesellschaftsschichten zu monopolisieren und andere daraus zu vertreiben. Döbling und die Innere Stadt, das waren in Wien eher geographische Bezeichnungen. Sie avancierten nicht in der Weise zu kulturpolitischen Reizworten wie der Züriberg und die Goldküste. Die österreichische Volkstheatertradition hat wohl solche gesellschaftspolitischen Fragen ganz einfach zu Publikumsfragen werden lassen.

Und dann das Gerede vom „neuen Publikum"! Nach dem neuen Publikum wurde und wird freilich hier wie dort und allerorten immer wieder verlangt, und merkwürdigerweise wollen alle, die das tun, natürlich nicht, dass sie bei einer solchen Erneuerung unter die Räder kommen, das heißt gegebenenfalls keine Kritiken mehr schreiben können, das Engagement verlieren oder als Zuschauer aus dem Theater verdrängt werden.

Da diese Forderungen nach dem neu zu gewinnenden Publikum also zumeist von denen erhoben werden, die jetzt Theater machen, die jetzt Theater besuchen und die jetzt über das Theater schreiben, aber eben nicht von denen, die gar keine Beziehung zum Theater haben, so laufen die, die dauernd nach Erneuerung rufen, Gefahr, sich mit ihrer Forderung selbst für nicht erneuerungsfähige Kulturbürger und für veraltet zu erklären. Deshalb wird diese Klischeeforderung oft auf die *Jugend* eingeengt: Das junge Publikum soll das „neue Publikum" sein. Gerät dieses Postulat in die Kehlköpfe der Kulturpolitiker – gleichgültig welcher Einfärbung – so verstärkt sich oft der Verdacht, dass man sich aus Opportunismus der Jugend anbiedert, um die eigene geistige Erstarrung und den eigenen Ideen-Verlust als *Mit-Jugendlicher*, sozusagen als *Ehren-Jugendlicher*, wirksamer verbergen zu können, da *Jugend* und *Fortschritt* ja wahrheitswidrig als verschwistert und unzertrennlich gelten.

Wenn diese Anbiederung so weit geht wie zum Beispiel bei den *Revolutionären* der 60er Jahre, die inzwischen die repressiven Autoritäten von heute geworden sind und die ihre unerschütterliche ewige Jugendlichkeit mit Hilfe ihre monopolisierten Machtinstrumente nachdrücklich und flächendeckend der nachfolgenden Generation eingehämmert haben, dann fällt der Generationskonflikt aus. Das war und ist im Theater des westlichen deutschen Sprachraums der Fall. Nur Scheinkonflikte sind übrig geblieben; die wurden in die sogenannte *Alternativkultur* verlagert, die mögliche Opposition wurde ghettoisiert, und die Schickeria nimmt nun an der Alternativszene aus sicherer Entfernung voyeurhaften Anteil, kann sich aber darauf verlassen, dass das kulturelle Establishment sich hektisch bemüht, den eigentlichen, den überregionalen und feuilletonwürdigen avantgardistischen Kitzel zu liefern.

Das Zürcher Theater ist in dieser Hinsicht Gott sei Dank noch rückständig, und darin liegt, wie ich glaube, eine gute Chance, die Chance, ohne Bekenntniskunstgewerbe, jenseits von unverbindlicher Feierabendkunst, ohne spekulativen Formalismus das Auslangen zu finden und zu versuchen, das Theater so zu machen, dass es, wie Strehler das gesagt hat, „die Einsamkeit des Menschen in unserer Zeit zu durchbrechen" vermag – das heißt: Ein Bild vom Menschen sich und anderen zu machen, das die Entfremdung des Menschen und seine Einsamkeit überwindet.

Fontane hat das einfacher gesagt: „Die Hauptsache sind die Menschen."

So könnte das Programm des Schauspielhauses lauten.

> Vortrag vor der „Gesellschaft der Freunde des Schauspielhauses Zürich"
> am 24. September 1987.

21 Warum überhaupt Theater

„Führe ich nicht den Leser hinters Licht, da ich doch die wichtigsten Fragen nicht zu beantworten weiß?"
(Anton Cechov)

„Die Impulse, welche das Theater allabendlich aussendet, verlaufen ins Leere, weil die kulturellen Kategorien fehlen, sie aufzunehmen. Diese müssten zuerst wiederhergestellt werden." Robert Musil schrieb das 1924, in einer Theaterzeit, die wir gemeinhin als vital und aufregend, geschichtsträchtig und folgenreich, von großen und begabten Persönlichkeiten bestimmt, klassifizieren würden. Diese Musilsche Diagnose träfe doch eher, so scheint es, auf das Theater-Theater unserer Tage zu, das der Wirklichkeit nachhaltig, oft mit elitärer Arroganz, entsagt, sich am blendenden Leerlauf ständiger scheinbarer Erneuerungen berauscht und seine tatsächliche Ratlosigkeit und Müdigkeit hinter formalistischen *Kunstanstrengungen* verbirgt. – Oder nicht?

Müdigkeit, Hoffnungslosigkeit und Gleichgültigkeit, die in der Atmosphäre des Theaters lagern, seien, so meinte Musil, „weit ärger als nur durch das Theater gerechtfertigt ist, sie sind Bildungs- und Kulturmüdigkeit, Unsicherheit, Mutlosigkeit des Geistes, nicht mehr wissen, wozu." – Oder wissen wir es? Haben wir heute bessere Gründe als Musil, an den Sinn des Theaters zu glauben, und wenn ja, woher nehmen wir unsere Zuversicht? Woher?

Eine bedrängende Frage, und sie ist „die einzig entscheidende Frage", wie Peter Brook sagt: „Warum überhaupt Theater? Wozu? Ist es Anachronismus, ein veraltetes Unikum, das am Leben bleibt wie ein altes Monument oder eine bizarre Sitte? Warum klatschen wir Beifall und wofür? Hat die Bühne einen wahren Platz in unserem Leben?" Brook meinte, wir seien immer zu beschäftigt, um diese entscheidende Frage zu stellen, immer sei eine neue Saison zugange, die „knarrende Maschine Theater" halte eben niemals an. Aber wäre das nicht eine verlockende Utopie: eine Atempause in der Theatergeschichte?

Max Frisch hat 1964 mit der Hypothese, die knarrende Maschine Theater stehe tatsächlich einmal still, versucht, der Bedeutung des Theaters auf die Spur zu kommen: „Um also vom Theater zu sprechen, nehmen wir einmal an: das Theater, das Sie als Intendant betreuen, als Dramaturg beraten, als Kritiker überwachen, nicht das Theater als Begriff, sondern ganz konkret und lokal: Ihr Theater, das vertraute Haus an der Sowiesostraße … ist über Nacht geschlossen worden: Außer Betrieb." – Max Frisch fand diese Vorstellung einer theaterlosen Welt belebend und meinte, es werde sich dann ja zeigen, was unser Theater noch bedeutete oder nicht. – „Sollte unsere Gesellschaft sich irgendwie verändern, sei's auch nur, dass sie sich rapider auf die Restauration hinbewegt, weil da kein Theater mehr ist, so wäre immerhin bewiesen, dass das Theater tatsächlich eine politische Anstalt ist, war, hätte sein können. Ich bin gespannt."

Was würde denn dieser „Test" in Zürich ergeben? Wäre Zürich ohne das Schauspielhaus überhaupt eine merkbar veränderte Stadt? – Das ist doch keine absurde Frage für eine neue Direktion, angesichts wachsender Bedeutungslosigkeit des Theaters im öffentlichen Leben und angesichts der steigenden Anzahl seiner intellektuellen Verächter – auch in Zürich.

Solche Fragen können wir doch nicht einfach unter den bei Direktionswechseln üblichen Parolen begraben, derer da sind: Wir werden *lebendiges Theater* machen – *Theater für diese unsere Stadt, Theater für Zürich, aktuelles, junges, kühnes* und *mutiges Theater;* voller *Elan* und *Zuversicht,* pflegen die *Klassiker,* fördern die *Zeitgenossen,* sind in jeder Hinsicht *radikal,* pluralistisch; wir lieben das *Risiko,* sind für die *Jugend,* das ganz besonders, sind so *neugierig* und haben *große Lust,* neue *Bildfindungen* und *Sehweisen* sind unsere Sache – und welche weiteren Zutaten zu diesem immer wieder aufgetischten Phrasensalat noch gehören mögen.

Das Neue, die Erneuerung – wer ist schon dagegen; die Reaktionäre zumeist nicht, denn für sie ist einerseits die „ständige Wiederkehr des Neuen" das letzten Endes konservativste Element in der gesellschaftlichen Entwicklung und andererseits garantiert die zwangsläufige Kurzlebigkeit des Neuen, das anderntags schon vom Neuesten abgelöst werden muss, am sichersten den Bestand des Alten. „In der Kunst", so Robert Walser, „gibt es nie etwas zu erneuern, nur neu zu erfassen, nie etwas zu reinigen, nur selber reinlich zu sein, nie neue Werte zu schaffen, nur selber zu versuchen, wertvoll zu sein." – Ja.

Die knarrende Maschine Theater läuft auch bei einem Direktionswechsel weiter, und die Fragen nehmen kein Ende. – Was zum Beispiel bedeutet für Zürichs Theatertradition die Tatsache, dass sich hier als besonderes Relikt der Borniertheit und Engstirnigkeit durch das ganze Zeitalter der Aufklärung und der deutschen Klassik hindurch bis 1834 ein Theaterverbot hatte halten können? Inwiefern unterscheidet sich ein Theater in einer Stadt, in der es verboten werden kann, von einem anderen in einer anderen Stadt, die Theaterverbote nicht kennt?

Wie ist der alte Anspruch des Schauspielhauses, auf dessen Ruf als ehemaliges Emigrantentheater die Stadt mit Recht stolz ist, zu vereinbaren mit dem Vorfall, dass hier ein anderes Theater am Spielen gehindert wird, weil es sich mit Asylanten solidarisiert? Ist das ohne Preisgabe der vielberufenen Tradition möglich? – War die große antifaschistische Zeit des Schauspielhauses tatsächlich traditionsfähig? – War die unrühmliche Vertreibung der Stein-Truppe ein Bruch der Tradition oder nur ein hektischer Irrtum?

Oder liegt die Tradition des Schauspielhauses nur in seiner Bedeutung als Bildungstheater? – Liegt die Tradition, salopp gefragt, im zerquälten Lavieren zwischen Anbiederung nach links und Beschwichtigen nach rechts (oder umgekehrt), zwischen gesellschaftskritischer Instanz ohne durchschlagendes Erfolgserlebnis und heiterem Institut für die gehobenen Genüsse einer Feierabend-Kultur wider besseres Wissen? Oder gar in einer fragwürdigen Existenz als Amüsierbühne in der Nachfolge jenes

Animierbetriebes, der das Pfauentheater einmal war? Ergibt sich denn ein Anspruch aus der Geschichte, und wie wäre dieser zu formulieren?

Ist das Schauspielhaus – in Abwandlung einer Äußerung von Max Frisch – „eine Ehrensache" der Stadt? – Ist das Schauspielhaus ein „schweizerisches Theater"? Wenn ja, was ist das: ein schweizerisches Theater? Hieße das etwa: Über Schweizer Themen schreiben einheimische Schriftsteller Stücke, die von Theaterleuten mit Schweizer Pass aufgeführt werden? – Doch wohl nicht.

Die europäischen Nationaltheater definieren sich wesentlich über ihre alten Autoren, die der Weltliteratur zugerechnet werden: Racine und Molière, Shakespeare, die deutschen Klassiker, Grillparzer und Nestroy, sie sind die Ahnen des französischen, des englischen, des deutschen, des österreichischen Nationaltheaters. Und die des schweizerischen Nationaltheaters, wenn es denn eines gäbe und wenn das das Zürcher Schauspielhaus wäre, hießen Dürrenmatt und Frisch, Autoren der Weltliteratur, und die leben, sind nicht in der Ferne vergangener Jahrhunderte aufzuspüren, sondern ganz in der Nähe, ja sogar zu Fuß in wenigen Minuten vom Schauspielhaus erreichbar! Ist das Schauspielhaus, dessen Hausautoren Dürrenmatt und Frisch waren, d e s h a l b ein schweizerisches Theater, womöglich ein Nationaltheater, oder sollte es t r o t z d e m eines sein, und was wäre es dann für ein anderes Theater; sähen der Spielplan und das Ensemble anders aus als gestern und heute, und wer wäre Direktor?

Machen wir es uns nicht leicht, und beantworten wir die Fragen nicht; sie zu stellen und sie als Begleiter oder als irritierende Herausforderung anzunehmen, das könnte uns helfen, unserem Theater Glaubwürdigkeit hinzuzugewinnen, auch wenn es, wie Brook das nannte, „viele unscharfe Bedeutungen" hat. – „Fast überall in der Welt hat das Theater keinen genauen Platz in der Gesellschaft und kein klares Ziel. Es existiert nur fragmentarisch in einzelnen Bestrebungen." (Brook) Die Fragen bleiben – auch das Zürcher Schauspielhaus hat keinen festen Platz im Leben dieser Stadt und hat kein klares Ziel. Es existiert nur fragmentarisch in einzelnen Bestrebungen und wird das auch in Zukunft tun.

Fragen machen kein Programm aus, dieses aber wird am Anfang einer neuen Direktionszeit erwartet und gefordert. Wir wollen uns aber nicht in die falsche Sicherheit der Programme flüchten und die alten Schlagworte nicht durch neue ersetzen. „Alles ist Name. Alles ist Tarnung", schreibt Herbert Ihering und plädiert für ein *Theater des Zweifels*. Sein Plädoyer soll gelten, in Zürich wie in Wien.

Das bedeutet nichts anderes als die Forderung nach grundsätzlicher Gegenwartsbezogenheit des Theaters, seine Abgrenzung gegen oberflächliche Moden und die Befriedigung des Konsumenten mit beliebigen „Reizen" und „Ereignissen". *Die Form sollte – das alte Wort sei erlaubt –, vom Inhalt der Sinn sein.*

Also keine „Verschwörung von uns selbst ausgedachter Zeichensysteme" (Ernst Wendt), keine Nabelschau der Selbstfinder und Feeling-Fühler; aber auch kein Bekenntnis-Kunstgewerbe, keine Nachrichtenwerte für den „Sensationspöbel" (Karl Kraus); kein Theater für Oppositionsopportunisten und Feuilleton-Spekulanten, sondern ein verwundbares, offenes Theater, in dem wir zunächst einmal „unsere leeren

Hände öffnen und zeigen, dass wir nichts im Ärmel versteckt halten" (Peter Brook); ein Theater, das sich zu seinen Widersprüchen und Zweifeln bekennt, das vielleicht imstande ist, *die Einsamkeit des Menschen zu durchbrechen* (Giorgio Strehler), das, wie Heinz Hilpert das genannt hat, ein „Menschenhaus" sein sollte.

Und wenn das nun zum Schluss doch noch so etwas wie eine programmatische Erklärung gegen die „Mutlosigkeit des Geistes" geworden sein sollte, dann wollen wir hoffen, dass sich dieses Programm in den Proben und Vorstellungen des Schauspielhauses als glaubwürdig erweist und dass die Menschen, die in dieses Theater kommen, vielleicht hier ihrer Sehnsucht begegnen können, von der Václav Havel spricht: „Jeder hat eine gewisse Sehnsucht nach menschlicher Würde, moralischer Integrität, nach der freien Erfahrung des Seins, nach der Transzendenz der Welt des Daseins."

Dieses Vorschauheft empfehle ich Ihrer Aufmerksamkeit. Es wird künftig halbjährlich erscheinen, da wir unsere Planung so beweglich wie möglich halten möchten, zum Nutzen des Theaters und damit zu Ihrem Vorteil. Dieses Vorschauheft bekundet, dass sich unser Theater an alle Menschen in dieser Stadt richtet, auch an alle Generationen, auch zum ersten Mal an Kinder, eine Randgruppe der Gesellschaft, ohne die das Theater nicht auskommen will und kann.

Ich heiße Sie im Zürcher Schauspielhaus herzlich willkommen.

                    Vorwort zur ersten Programmvorschau des Schauspielhauses Zürich 1989.

22 Eine Revolution ist nicht absehbar

„Ist denn wirklich das menschliche Wort so mächtig, dass es die Welt ändern und die Geschichte beeinflussen kann? Und wenn es je so mächtig war, gilt das auch heute noch?"
(Václav Havel im Juli 1989)

Am Ende dieses Revolutionsjahres 1989 ist der Schriftsteller Václav Havel Präsident seines Landes geworden, aus dessen Kerkern er erst wenige Monate zuvor entlassen worden war.

Sein Wort war stärker als die Divisionen der Diktatur, sein Wort hat sein Volk vor dem Verlust seines moralischen und politischen Selbstbewusstseins zu bewahren geholfen, sein Wort hat Vertrauen gestiftet und die Herzen seiner Landsleute mit Zuversicht erfüllt. Aber ihre Hoffnungen sind dünnhäutig und bedürfen des Schutzes und der ständigen Bekräftigung. Und so wurde der machtlose Schriftsteller in die politische Pflicht genommen, als Garant der Erneuerung, als Symbol der Revolution mit reinem Antlitz. Auch die wählten ihn, die ihn verfolgt hatten und die sich mit seiner Wahl zu rehabilitieren hofften.

Václav Havel muss nun manche verspätete – klebrige – Solidarität aushalten und sich über manche neuen Freunde wundern, allerorten, und wohl auch im deutschsprachigen Theater, das diesen Autor – im Gegensatz zum übrigen europäischen Theater – weitgehend ignorierte, ihn als nicht zeitgemäß, als nicht modern im Sinne der formalistischen Novitätenhatz, lediglich als ganz sympathischen, bestenfalls mutigen kleinen Störenfried, zwischen Mitleid und Missachtung schwankend, beiseite geschoben hat. Und nun: Wendehälse überall, eben nicht nur in den revolutionären „neudemokratischen", sondern auch in den erstarrten „altdemokratischen" Gesellschaften.

Das nächste Stück von Václav Havel wird auf sich warten lassen; nach der Uraufführung der „Sanierung" in Zürich wird die nächste Uraufführung eines Havel-Stückes – nach mehr als 20 Jahren – in Prag stattfinden. Ein Grund zur Freude.

Überhaupt, löst die Freude über die glücklichen Veränderungen des Jahres 1989, über die wesentliche Mitwirkung der Schriftsteller, der Musiker, der Theaterleute an dieser großen europäischen Revolution nicht auch unseren Pessimismus auf? Vertreibt sie aus der Atmosphäre des Theaters nicht auch die „Hoffnungslosigkeit und Gleichgültigkeit", die „Mutlosigkeit des Geistes", das „Nicht-mehr-Wissen, wozu", von dem Robert Musil gesprochen hat und von dem im ersten Vorschauheft im vergangenen Jahr die Rede war?

Hat sich etwas für uns verändert? – Der Dramatiker auf dem Hradschin: Hilft das dem Theater?

Und Kurt Masur in Leipzig, Andrzej Szczypiorski in Warschau, Mircea Dinescu in Bukarest: Ist die Kunst an die Macht gekommen? Oder bleiben diese Künstler die Außenseiter, die die Machtlosen nur so lange ertragen können, bis sie die Mächtigen sind? – Und täuschen wir uns nicht überhaupt über die Wirksamkeit der Kunst in dieser Revolution? Waren Kirchen und Theater nicht vor allem willkommene Versammlungsräume, die einzigen oft, die den Machtlosen zur Verfügung standen – oder haben diese Institutionen wesentlich durch ihre ureigenen Leistungen, Gottesdienste und Vorstellungen, etwas vorangetrieben, zumindest die „Staatsmacht ermüdet", wie das ein taktisch begabter DDR-Schriftsteller für sich und seine Kollegen beanspruchte?

Auch in Thomas Hürlimanns Komödie „Der letzte Gast" hofft eine Gesellschaft darauf, dass ein charismatischer Künstler ihre Sorgen tilgt und sie in eine bessere Zukunft führt: An einem längst gekippten See zelebriert ein Anglerverein die alten Rituale, feiert die alten Feste und vereinsmeiert in einer verrotteten Welt wie eh und je. Die Erneuerung des Vereins, den neuen Anfang, den neuen Aufschwung erwarten die Angler von einem Künstler, der die Welt aus ihrem tödlichen Stillstand erlöst und sie wieder mit Zuversicht und Hoffnung erfüllt:

Oskar Werner soll Vereinspräsident werden. Er wird es nicht; er ist nur noch ein Wrack.

In diesem Stück steht die Welt still. Eine Revolution ist nicht absehbar. Das Stück spielt in der Schweiz.

Herzlich willkommen im Schauspielhaus.

Vorwort zur zweiten Programmvorschau des Schauspielhauses Zürich 1990.

23 Theater in Zürich – wozu?

Wozu? Warum und weshalb, wofür, wogegen und womit, für wen und mit wem und wie? Das Fragezeichen ist wichtig, ein Punkt zum Beispiel, der ein ausatmendes Senken der Stimme verlangt, würde einen Nachruf auf das hiesige Theater signalisieren: Theater in Zürich – wozu. Ein Ausrufungszeichen macht den Titel gar zu einem Verzweiflungsausbruch: Theater in Zürich – wozu! Gar kein Satzzeichen zu setzen, was ja bei einem Titel erlaubt wäre, das hieße, in das Niemandsland zwischen Punkt und Fragezeichen eine anwendbare Resignation eindringen zu lassen und auf die halbe Frage „Theater in Zürich – wozu" nach längerem Klären die weise Antwort „Was weiß ich" zu kassieren. Übrigens wäre auch ein Doppelpunkt fehl am Platz, gäbe er doch vor, man könnte unter diesem Titel wohl gegliedert erstens, zweitens, drittens Sachverhalte darlegen und, wenn schon nicht kurz, so doch bündig eingängige Thesen aufstellen und verbindliche Aufklärung anbieten.

Nein, nur das Fragezeichen öffnet den Titel und nimmt ihm die Hoffnungslosigkeit; das Fragezeichen kämpft gegen den zwielichtigen Charakter des Wortes „wozu" und stemmt sich gegen die in ihm lauernde Resignation. Das Fragezeichen kündigt an, dass bedenklich gefragt wird und noch jedwede Antwort erwartet werden kann, vielleicht sogar eine optimistische.

Gleich am Anfang dieses Versuchs, über das Theater nachzudenken – und dieser Vortrag will nur das und nicht Historikern und Journalisten Konkurrenz machen – soll die begründete Vermutung ausgesprochen werden, dass die, die das Theater erhalten, und die, die es besuchen, jedenfalls berufener wären, schlüssige Antworten auf unsere „entscheidende" Frage zu geben, als die, welche das Theater in ihrem Auftrag machen. Also müssten die Kulturpolitiker und das Publikum die fragmentarischen Überlegungen, die sich auch nicht zu einem Bekenntnis versteigen wollen, ergänzen; erst dann wäre das Thema erfüllt. Die Frage soll zunächst einmal eine allgemeine, auf das Sprechtheater eingegrenzte sein, und sich erst in der Folge den besonderen Zürcher Verhältnissen zuwenden, die es ja gibt, auch wenn man nicht meint, Zürich *sei eine tiefere Stadt, wo man Wunder und Weihen immer als Inhalt hat.*

Vor 20 Jahren schrieb der vielzitierte Peter Brook, wir seien, weil die knarrende Maschine „Theater" niemals anhalte, wohl immer „zu beschäftigt, um die einzig entscheidende Frage zu stellen, die der ganzen Struktur das Maß anlegt: Warum überhaupt Theater? Wozu?"

Zweifel sind geboten, auch wenn die alte Maschinerie noch ein Weilchen weiterknarrt. Überall wird das wohl nicht der Fall sein; was die Revolution von 1989 für die Theatergeschichte Europas bedeutet, wer könnte da jetzt schon anderes tun, als mutzumaßen; aber bezweifeln darf man zum Beispiel, dass alle Theater der DDR die deutsche Vereinigung überleben werden; leer sind sie schon jetzt; voll waren sie noch im vergangenen Jahr, wie die Kirchen, weil sie die einzigen dem Volk zugänglichen

Versammlungsräume waren. Die Theaterleute hatten während der Diktatur wie andere Künstler ihren gesicherten Platz in der „Nischengesellschaft", in der Günter Grass „etwas Biedermeierliches wie zu Metternichs Zeiten" entdeckte.

Die „Kunstschaffenden" werden in den befreiten Oststaaten nun in die Unwirtlichkeit des freien Marktes geraten und werden sich, sofern sie die subventionierten Künste ausüben, dem in den Demokratien ständig wachsenden Rechtfertigungszwang ausgesetzt sehen, und sie werden erfahren, dass die öffentlichen Subventionen ihnen, jedenfalls den Sensiblen, allmählich ein schlechtes Gewissen verursachen, auch wenn eigentlich die Konsumenten subventioniert werden. Es scheint, dass dieses schlechte Gewissen den Mehrheiten nicht unwillkommen ist. Ob da das Theater als *Ehrensache des Staates*, von dem einmal Max Frisch gesprochen hat, überhaupt – außer in Wien – noch gefragt ist, das sei dahingestellt.

Der Ausweg des politischen Künstlers in die Berufspolitik ist wohl ein Irrweg; vielleicht ist er das nicht im Fall von Václav Havel; aber wie viele wahre Helden gibt es schon in unserer Zeit? Der ungarische Intellektuelle Mihály Vajda verlangt heute, die Künstler und Intellektuellen hätten die aktive Politik zu verlassen: „Der Intellektuelle ist der Hüter der Wahrheit, der Politiker dagegen ein pragmatischer Lügner. Wer wollte leugnen, dass das meist tatsächlich zutraf. Schlimm wird es, wenn der Intellektuelle, schon an der Macht, sich noch immer für den Hüter der Wahrheit hält."

Auch bei diesem Verständnis der klassischen Oppositionsrolle der Künstler und Intellektuellen lauert das schlechte Gewissen im Hintergrund. Das schlechte Gewissen der Subventionierten verstärkt im deutschen Sprachraum den sowieso kaum zu bändigenden leidenschaftlichen Drang zu ständigen theoretischen Einordnungen und philosophischen Strapazierungen der Künste, auch des Theaters, und treibt die Selbst-Interpreten immer tiefer in die Interpretation ihrer Arbeit hinein. Hinter all diesem ständigen Gerede verbirgt sich auch die heimliche Sehnsucht nach geistigen Sicherheiten und verbindlichen künstlerischen Normen.

In Deutschland hieß diese Instanz, die verbindliche Urteile produzierte, in entarteter Form einmal ‚Reichstheaterkammer'; heute gibt es Nachfolge-Instanzen, die in all dem föderalistischen Durcheinander sagen, wo es lang geht. So hat der viel beschworene „Pluralismus" zu ästhetischen Monopolisierungen geführt, und viele Künstler lechzen geradezu danach, von den Hohepriestern der „Szene" ex cathedra in das große Ganze der Haute-culture, der sogenannten Etablierten und der sogenannten Alternativen, als dogmentreue Gläubige aufgenommen zu werden. Die Dogmen der permanenten Innovation und des permanenten Nonkonformismus, die eng verbunden sind mit dem Dogma des „In-Seins", gehen schließlich in dem Hauptdogma der totalen Beliebigkeit der Inhalte auf und sind für alle Adepten der geheimen *Bundestheaterkammer* verbindlich. Die Hohepriester bieten den Gläubigen außer ihrer Karrierehilfe eben nur Wegwerfdogmen; sie können sich *am Haltlosen festhalten*.

Die Zeit der *umgekehrten Vorzeichen*, die Herbert Ihering 1930 diagnostizierte, feiert gar nicht fröhliche Urstände. Unter der falschen Prämisse, eine bedrängte, mutige Minderheit zu sein, kämpft unter dem Beifall des Jetsets der Hithopper die mächtige konformistische Mehrheit der Trendsetter gegen die Toleranten und die wenigen wirklichen Nonkonformisten und dagegen, dass, wie der kluge Ernst Wendt 1985 schrieb, „statt der täglichen Simulation des Neuen entweder eine Besinnung auf den Nullzustand der Gegenwart stattfände oder eine Besinnung und Wiedergewinnung von Qualitäten der Tradition, die imstande wären, den Modekreislauf zu unterbrechen. Ihm das künstlerische Blut abzudrehen."

An die Stelle der „Einschüchterung des Publikums durch Klassizität" von der Brecht gesprochen hatte, ist heute, nach dem Untergang des deutschen Bildungstheaters, die Einschüchterung durch Modernität getreten, und der Begriff der Tradition kann sich von demagogischen Verdächtigungen kaum erholen.

Natürlich meint Wendt die Tradition, die Ihering als „Solidarität des künstlerischen Handwerks" definiert hat. Tradition ist undenkbar ohne Erfahrungen, welche die sogenannten Produzenten und die sogenannten Konsumenten gemeinsam für sich in Anspruch nehmen können.

Erfahrungen zu machen und sich ihrer zu bemächtigen, das hat Walter Benjamin schon vor 50 Jahren beschrieben, werde immer schwieriger, da die ständig steigende Informationsflut und die wachsende Erlebnishäufung die Fähigkeit des Menschen, das Erlebte zu „verarbeiten" und in Erfahrung zu verwandeln, heillos überfordert. Die formalistischen Innovateure, denen es vorrangig um die Produktion von Nachrichtenwerten geht, versuchen auf ihrer Dauerflucht nach vorn, die Tradition als Konvention zu diskreditieren und die Frage nach der „Erfahrung" im Sinne Benjamins wird gar nicht gestellt.

Im letzten Heft von „Musik und Theater", der in neuem Glanz wieder erstandenen zu beachtenden Zürcher Zeitschrift, kann man zum Theater lesen: „Vermissen wir denn lediglich den wütenden Protest? Nein, wir vermissen lediglich die Überraschung, den Versuch, den ungebärdigen Entwurf, auch den, der schief geht – das Theaterabenteuer."

Gegen dieses Verlangen ist gar nichts einzuwenden, nur das eine, dass es das dauernde, stereotype und alles dominierende ist. Unsere entscheidende Frage könnte dann auch an Kuoni gerichtet werden und die Konjunktur der Abenteuer-Reisen ergründen. Aber immerhin, was da in „Musik und Theater" vermisst wird, das zu erfüllen, auch dazu wäre das Theater ja aufgerufen. Vielleicht suchen die meisten Menschen sogar im Theater lediglich das, was sie in der sogenannten Wirklichkeit vermissen:

die Ängstlichen das „Abenteuer",
die Verzagten den „wütenden Protest",
die Abgestumpften die „Sensibilität",
um ein anderes Mode-Wort aus dem Repertoire des Jargons des Vermeintlichen anzuführen, und die Reihe wäre fortzusetzen:
die Verklemmten vermissen die „Sinnlichkeit",
die Oberflächlichen rufen nach der „Radikalität",
die Grobschlächtigen verlangen „Subtilität" oder das „Sublime",

die Fortschrittlichen die „Tradition" und
die Konservativen und Reaktionäre den „Fortschritt".

Der bietet im Theater preiswert und folgenlos das schönste Alibi für die grässlichste Spießbürgerei in der Wirklichkeit. Und damit wären wir wieder bei Herbert Ihering.

Natürlich wäre es zu billig, mit dem Schlagwort „Umkehrung aller Vorzeichen" die genannten Erwartungshaltungen abzutun. Wenn's gut geht, begegnet man sich im Theater selber, in Gemeinschaft mit anderen, die sich im Theater auf der Spur sind. Und man möchte seinen Träumen begegnen und sich unterhalten; jedenfalls trägt man ein gerüttelt Maß an Mitverantwortung für die eigene Unterhaltung. So ist es denn verständlich, dass die sich Langweilenden dem Theater jedenfalls angeödet Langweile vorwerfen, so wie alle diese wunderbar oberflächlichen, sich selbst bemitleidenden Alltags-Philosophen bei Turgenev und Cechov ihre Mitmenschen für ihre eigene Langweile verantwortlich machen und doch ganz allein selber Ursache ihrer Krankheit sind.

Diese verlorenen bürgerlichen Individuen des 19. Jahrhunderts sind die Ahnen der heutigen Gelangweilten, die das Ihre dazu beitragen, dass ein Teil des Theaterpublikums immer wieder zum *Sensationspöbel* verkommt, wie Karl Kraus es nannte. Der braucht dann auch die Hilfe der eloquenten Trend-Herolde, die ihm die Erfolge verkünden, die die Bestseller-Listen und die Hit-Paraden aufstellen und ihn durch den Mode-Wirrwarr führen. Das Buch, das Stück, die Aufführung, der Film des Monats, des Jahres bringen Ordnung in den Dschungel der kulturellen Angebote und lichten auch das Unterholz all der Symposien, Workshops, Lesungen, Chanson- und Kabarett-, Lieder und Kammermusik-Abende, der Diskussionen, Matinéen und Soiréen, der Ausstellungsführungen usw., ganz zu schweigen von den Filmwochen, Theatertreffen, Opernfestspielen und Festspielen an sich und überhaupt.

Natürlich bleiben gerade in diesem Chaos die Trends nichts anderes als die Trends, werden aber posthum zu Geschichte umgemünzt, auch wenn sie nicht traditionsfähig sind, weil die Trendsetter zumeist auch noch ihre eigenen Historiker sind, und somit jede Revision der fixen Urteile ausgeschlossen wird, vor allem bei der transitorischen Kunst des Theaters, der Schauspielkunst. Anders bei den Stücken. Freilich gibt es auch da zunächst keine Revision, aber die Texte bleiben. Wenn also ein großer deutscher Verlag, der Suhrkamp-Verlag, einen Band „Drama heute" über die Dramatik der achtziger Jahre herausgibt, dann wird die Aufnahme des wichtigen Schweizer Autors Thomas Hürlimann verweigert, ausdrücklich mit der Begründung, er habe ja nie den Mülheimer Dramatiker-Preis erhalten und keines seiner Stücke sei zum „Stück des Jahres" gekürt worden. Der Verlag begibt sich also eigener Kriterien, tabuisiert das Trend-Setting, die Konformität ist perfekt.

Es kann wegen der Seltenheit des Falles nicht beispielhaft sein, dass der deutschsprachige Kulturjournalismus seine über Jahre hin gefällten hochnäsigen höchstrichterlichen Urteile über einen Dramatiker dann revidiert, bzw. ganz einfach vergisst, wenn dieser Staatspräsident wird.

Diese Karriere bleibt Schweizer Dramatikern voraussichtlich noch lange verschlossen.

In einem mutigen Aufsatz von Adolf Dresen, einem der intelligentesten der deutschen Regisseure, der seine Schauspiel-Arbeit leider aufgegeben hat, verzweifelt über die Aussichtslosigkeit, seine Vorstellung von einem glaubwürdigen Theater unserer Zeit zur Geltung bringen zu können, heißt es unter dem Titel „Wie kompetent ist die Kritik":

„Wichtig ist nicht, ob man eine Meinung hat – man muss sie behaupten, sich damit behaupten. Meinung verallgemeinern, Meinung machen ist das Geschäft. Nicht die Begründung entscheidet, sondern die Bravour. In unsicherer Position umgibt man sich mit dem Dunst der Drohung, wo Normen nicht für Konformität sorgen, tut es Konformitätsdruck. Die Beliebigkeit der Meinung schlägt dann um in den Terrorismus von Cliquen. Das von Kritikern bestrittene Gerücht, die Meinung werde von einer Mafia gemacht, ist leider begründet. Nicht von einsamen Kritikern, doch vom Kritikerkartell. Es bläst in eine Richtung, und all die schwankenden Rohre, die nicht wissen, was von was zu halten ist, wehen mit. Unangreifbar auch hier, wer das Unverständliche puscht – er hat den höheren Sinn. Das deutsche Publikum, wie kein anderes durch Fachleute einzuschüchtern, sieht des Kaisers neue Kleider. Eine Zeitung wirbt schon zynisch, aber keineswegs wirklichkeitsfern, mit dem Slogan ‚Lesen Sie unser Blatt, damit Sie wissen, wie Sie die Premiere gefunden haben.'

Wo die Kritik eine Macht ist, da macht sie Politik. Die Politiker, ohnedies von der Moderne überfordert, halten sich den Berater aus den Medien. Die Kritik mischt mit, ob es den Marktwert von Leuten betrifft oder die Wahl von Intendanten. Einen hippokratischen Eid der Journalisten gibt es nicht. ‚Das Theater ist in die Hände der Presse gefallen', sagte vor einigen Jahren Hans Lietzau." – Der eine oder andere Verlag auch.

Wenn Botho Strauß in seiner Büchner-Rede feststellt, *die Geschichte der neueren Literatur und die des Schauspiels strebten hoffnungslos auseinander, das Regietheater und die Autoren hätten ihren Teil Schuld daran*, so lässt er wohl außer Acht, dass die Kulturjournalisten, oft als Autoren-Kritiker auf und über ihren eigenen Stücken und Romanen hockend, nachdrücklich zu wenig oder nichts dazu beigetragen haben, die neue Literatur mit dem Theater wiederzuvereinigen. Strauß vermerkt, *dass gut 150 Jahre nach Büchners Tod bei uns niemand mehr ein Drama schreibe, keine Tragödie, kaum je eine Komödie; bestenfalls Stücke würden hier und dort noch geliefert.*

„Theaterdichter, Ureinwohner des Abendlandes, [...] ein Stamm, der seine Gelüste verlor und sich nicht mehr vermehrt, nicht mehr ordentlich für seine Ernährung sorgen kann, der die Gebräuche und Techniken seines Handwerks verlernt hat, [...] eine durch Populationsschwund verendete Gattung. Zu wenige sein, das zehrt an der Kraft und Fühlung jedes einzelnen. Die Minderzahl innerhalb der Spezies untergräbt den Aufbau des Individuums."

Erinnern wir uns an die entscheidende Frage, die der ganzen Struktur das Maß anlegt: Wozu, wenn das alles so ist, wenn ein erfolgreicher Autor wie Botho Strauß eine solche Klage führt, wozu dann überhaupt noch Theater? – Es ist zu teuer, zu museal oder zu modernistisch, oft beides in fataler Mischung; das Publikum hat die Orientierung verloren, Kritiker ihre Glaubwürdigkeit; die Schauspieler sind proteische Versteller geworden und aus der *Solidarität ihres künstlerischen Handwerks* ausgeschieden, die Regisseure sind zu Rampenvögten verkommen, die nur noch die Bühnenarbeiter am Talmi-Glanz des Regietheaters teilhaben lassen – und die Autoren sterben einfach aus.

Egon Friedell, ein Feind des Theaters, als der er sich bekannte, würde wohl nicht ohne Genuss das Theater heute in dieser Weise rigoros und verallgemeinernd abtun. Friedell, der sich in der Theatrokratie Österreichs einen gesunden Hass auf das Theater zugezogen hatte, meinte, es sei grundsätzlich so oberflächlich, dass es die Kunst abschrecke, sich zum Theater zu degradieren, ja es habe sich im Laufe der Kulturentwicklung geradezu ein Dualismus zwischen der Kunst und dem Theater herausgebildet; Friedell hätte sicher bei dem heutigen Thema ein Ausrufungszeichen hinter das „Wozu" gesetzt.

Wenn man nun aber das Theater liebt, welche Antwort hat man dann? Max Frisch hat, glaube ich, einmal gesagt, *man müsse die Schauspieler lieben, sonst halte man sie nicht aus*. Mit dem Theater ist es ähnlich. „Hass muss produktiv machen. Sonst ist es gleich gescheiter, zu lieben", meint ein anderer großer Hasser: Karl Kraus. – Also!

Botho Strauß spricht in seiner Büchner-Rede nach seiner Klage über die verendende Gattung, dass die Tendenz gebrochen werden könne; und wo es gelinge, und das Fernste durch die Schauspieler in unfassbare Nähe rücke, da könnte die Gegenwart durch das Theater Augenblicke einer ungeahnten Ergänzung gewinnen.

„Augenblicke einer ungeahnten Ergänzung" – eine schöne poetische Antwort auf die einzig entscheidende Frage, aber ist es eine ausreichende? Wohl so wenig wie alle die schönen unzeitgemäßen und doch gültigen Antworten.

Alle die, welche dem Theater mit alten und neuen aufklärerischen Ansprüchen ethischer, politischer oder manchmal auch religiöser Provenienz fordernd entgegentreten, sind natürlich durch die *schönen* Antworten nicht zu befriedigen. Wollten sie ihre Gedanken in der Vergangenheit absichern und in Zitaten beglaubigen, so fänden sie eine Fülle der anspruchsvollsten Definitionen, Beschreibungen und Zweckbestimmungen des Theaters, die alle geläufiger sind als die poetischen Antworten, weil sie, zu Lehrstoffen verdünnt, in das bürgerliche Bildungsgut eingerieselt sind.

Von Schiller bis Brecht bieten einige Theorien den Fragenden Unterschlupf, und man könnte natürlich das Thema „Theater – wozu?" engmaschig und seriös und so einleuchtend behandeln, dass die Antworten auch in jedem Parteiprogramm heimisch werden könnten, was sie ja auch schon oft wurden, die poetischen Antworten natürlich nie. Zumindest mit Kant beginnend, ausgehend von der „Vergleichung der drei spezifisch verschiedenen Arten des Wohlgefallens" kämen wir nach langer Verfolgung des „Angenehmen", des „Schönen" und des „Guten" durch mehr als 150 Jahre Theater- und Literaturgeschichte bei Bertolt Brecht wieder an das Tageslicht und würden, sicher zunächst geblendet durch die grellen und ziemlich chaotischen

Entwicklungen in den letzten Jahrzehnten, noch immer und wieder in der Lage sein, die weltverbessernde Ideologie der Aufklärung neu und zeitgemäß zu formulieren und die Schaubühne als eine moralische Anstalt zu betrachten. Diese sehr deutschen Antworten auf die entscheidende Frage des Peter Brook wären wohl in Zürich einleuchtender als alle anderen und entsprächen dem Bildungsanspruch liberaler Tradition – und sind auch nicht katholisch. Schließlich argumentierte die Antitheater-Propaganda in dieser Stadt auch immer wieder konfessionell; so erklärte 1730 die Zürcher Geistlichkeit:

„Traurige Exempel zeigen, dass auf Comödien erpichte Leute nur stärkeren Trieb zu päpstlichem Gottesdienst als zu wahrer Religion bekommen."

1830, also kurz vor Goethes Tod, trat dann in Zürich eine „provisorische Theaterkommission" zusammen und beriet die Errichtung eines Theaters in der Stadt. Das sollte zum Zwecke der Bildung, der „höheren Sittlichkeit" geschehen. Inzwischen war die ganze deutsche Theaterklassik passiert und war in Zürich auf Betreiben der Geistlichkeit sozusagen übersprungen worden. *Goethe* hatte schon 1813 den norddeutschen Pastoren und kreuzbraven Theaterbürgern Ekhof, Schröder und Iffland die Schuld dafür zugewiesen, dass das Theater, „diese der höheren Sinnlichkeit eigentlich nur gewidmete Anstalt für eine sittliche ausgegeben" werde. Goethe hatte neben der „Religion" und der „Polizei" ja in den höheren sittlichen Ansichten die Hauptgegner eines sich frei entwickelnden Theaters gesehen und hatte die Pfarrer und Superintendenten, die behaupteten, das Theater könne lehren und bessern und also dem Staat und der Gesellschaft unmittelbar nützen, für die „fortdauernde und vielleicht nie zu zerstörende Mittelmäßigkeit des deutschen Theaters" verantwortlich gemacht.

Übrigens sprach auch Gottfried Keller vom Theater als einer „Hauptunterichtsanstalt".

Lehren und *bessern, der Gesellschaft nützen*, lauter gute Subventionsgründe fürs Theater, die in Zürich hoch im Kurs standen und anscheinend noch stehen; Goethes Behauptung folgend, kann man sagen, da ist auch „fortdauernde Mittelmäßigkeit" lange in Kauf genommen worden, jedenfalls bis in die dreißiger Jahre dieses Jahrhunderts; und immer hatte das Sprechtheater, und das heißt das Schauspielhaus, schwer um seine Existenz zu kämpfen, auch in der großen Zeit der antifaschistischen Ära. Allein die unglaublichen Premieren-Zahlen (mehr als 30 Premieren in einer Saison!) legen Zeugnis dafür ab. Lediglich in der glücklichsten Phase dieses Hauses, als zwei lebende Autoren des Welt-Theaters seine *Hausautoren* waren, vereinte sich hohes künstlerisches Ansehen mit einer breiten Zustimmung des Publikums. Spätestens mit der unrühmlichen Vertreibung der Stein-Truppe war es damit vorbei. Seither hat das Schauspielhaus seinen guten bescheidenen Anteil am deutschsprachigen Theater mit all seinen Krisen und Mängeln, die alle, manche sehr verzögert, auch Zürich erreicht haben, deshalb war dieser Versuch, über das Theater nachzudenken, von Anfang an nichts anderes als das Bemühen, sich den eigenen Antworten auf die Frage: „Theater in Zürich – wozu?" zu nähern. Ich möchte gerne optimistische Antworten geben.

Dazu wären noch ein paar Voraussetzungen anzuführen, so dass einige Konditionalsätze die Antworten noch ein wenig hinausschieben. – Also:

Wenn die Stadt Zürich, die „Weltkleinstadt", wie Dürrenmatt sie nannte, die vor wichtigen grundsätzlichen kulturpolitischen Entscheidungen steht, sich für eine mutige und großzügige Kulturperspektive entscheidet, die ihren kulturellen Institutionen einen respektablen und nicht provinziellen Rang in einem vereinten Europa ermöglicht,

wenn die kulturpolitische Aufgabe bewältigt wird, die vielen Ghetto-Mauern einzureißen, die in dieser Stadt die Bevölkerungsschichten, die Generationen, die Hochschulen, Universitäten, Akademien, Theater und Museen und die Wissenschaftler und Künstler der verschiedenen Sparten voneinander trennen,

wenn sich die unsinnige Kluft zwischen der sogenannten etablierten und der sogenannten Alternativkultur schließt – wobei ich die gesamte Basiskultur meine und nicht die alternative Kultur, die Ernst Wendt scharfzüngig eine „Vermarktungsstrategie des Trivialen" nannte, *die sich einbilde, mit dem Austeilen von Bier in Pappbechern und der Eröffnung möglichst vieler Würstchenbuden rund um die Kultur herum seien bereits die Fragwürdigkeiten, unter denen die bürgerliche Kultur ja zweifellos leide, beiseite gewischt*,

wenn ferner die bürgerliche Untugend der Neugier zur kulturellen Tugend würde,

wenn das bürgerliche kapitalistische Publikum, das anstelle der Bibel die Agenda zum Buch der Bücher erkoren hat, im Bereich der Kultur endlich nicht mehr der orthodoxen Planwirtschaft anhinge und spontan und beweglich, offen und eben neugierig an den Wechselfällen des kulturellen Lebens teilnähme,

wenn für die Zuschauer die Begegnung im Theater grundsätzlich attraktiver wäre als die Wiederbegegnung,

wenn der Theaterbesuch von der Mehrheit des Publikums nicht vorwiegend als Fest oder aber als Schlechtwetterveranstaltung, sondern ganz einfach fürs innere Leben als notwendig, schön und sinnvoll verstanden würde,

wenn die Hit-Konsumenten in Zukunft in Stücke, in Opern, zu Bildern usw. und nicht einfach nur zu Hits gingen, die das Gesellschaftsgeschwätz beleben und sonst nichts bei den Hithoppern hinterlassen,

wenn die vielen Leute, die nur einmal im Jahr das Schauspielhaus besuchen, ihren Glauben – anders als die guten Christen, die nur am Heiligen Abend in die Kirche gehen – mehrmals im Jahr dem Theater schenken würden und dafür Platz in ihrer Agenda fänden,

wenn die Gewerkschaften theaterfreundlichen Gesamtarbeitsverträgen zustimmten,

wenn der Verwaltungsrat, der sich zum Glück des Theaters einen hervorragenden Geisteswissenschaftler als Präsidenten leistet, die Idee, dass es grundsätzlich kein besseres als ein volles Theater geben könne, nicht grundsätzlich eine glorreiche fände,

wenn also alle diese Voraussetzungen und andere in naher Zukunft erfüllt werden könnten, dann kann man auf die Frage „Theater in Zürich – wozu?" eine optimistische Antwort geben.

Der Einwand, dass das ja alles Utopien seien, gilt fürs Theater nicht; denn nur auf dem festen Boden der Utopie stehend, können Theaterleute in dieser Zeit optimistisch sein. Ich bin es in diesem Sinne und möchte daher für möglich halten,
dass man in Zürich das Theater machen kann, das andernorts immer schwieriger wird, nämlich das Theater der Schauspieler und der Autoren, in dem der Regisseur mit ästhetischem Takt (Fontane sprach davon) dahin wirkt,
dass sich nicht die Nullen vor die Einser stellen,
dass die Fragen wichtiger sind als die Antworten,
dass Geheimnisse gewahrt, aber Unwahrheiten aufgedeckt werden,
dass es so ist, wie Karl Kraus es sagte: „Künstler ist nur einer, der aus einer Lösung ein Rätsel machen kann" – und
dass eine Inszenierung so offen und fragmentarisch sein kann,
dass sie sich erst in den Köpfen und Herzen der Zuschauer vollendet,
dass bei all dem die Form vom Inhalt der Sinn sei und dass der Mensch auf der Bühne wichtiger ist als jede „Bildfindung".

Ist das alles so, dann erfüllt sich die Arbeit des Schauspielers in der Vorstellung, die des Regisseurs auf der Probe. – Vielleicht gelingt uns ein wenig davon; da die Lage nicht hoffnungslos ist, möchte ich nach all dem ernsthaften Nachdenken mit den Worten des genialen Komödianten Johann Nestroy schließen:

„Die Zukunft bietet Hoffnungen,
aber wie zur Zukunft gelangen ohne sie?"

Ich danke für Ihre Aufmerksamkeit.

Öffentlicher Vortrag auf Einladung von François Bondy, gehalten im Anschluss an die Generalversammlung der Gesellschaft Schweizer Monatshefte am 29. März 1990.

24 Eröffnung des Kultursymposiums 90 im Schauspielhaus Zürich

Meine Damen und Herren,
ich wünsche Ihnen einen guten Morgen und heiße Sie herzlich willkommen.
Die Rote Fabrik, der „Kulturboykott 700" und das Schauspielhaus haben zu einem Symposium eingeladen, von dem wir uns wohl alle mehr erhoffen als zwei unterhaltsame und lehrreiche, aber schließlich und endlich doch folgenlose Tage.

Mag diese Hoffnung auch einigermaßen tollkühn sein, genährt von Verzweiflung über die bedrängten Chancen des kulturellen Lebens und beflügelt von utopischen Träumen, so ist sie doch der einzige triftige Grund für diesen heute beginnenden Versuch, über die Gräben hinweg in gegenseitiger Achtung offen und nicht spekulativ miteinander zu reden.

Mauern sind nicht mehr en vogue; vielleicht gelingt es in der Folge dieser Tage doch einmal, die befestigten Grenzen innerhalb des Landes, wenn schon nicht zu schleifen, so doch wenigstens unsicher zu machen, und vielleicht gelingt es fernerhin, die vielen Ghetto-Mauern, wenn schon nicht einzureißen, so doch wenigstens passierbar zu machen. Mauern, die in dieser Stadt die verschiedenen Bezirke, die Hochschulen, die Universität, die Theater, die Museen und auch die Generationen, die Bevölkerungsschichten, die Wissenschaftler, die Künstler – die sogenannten etablierten und die sogenannten alternativen – und eben die Rote Fabrik, den „Kulturboykott 700" und das Zürcher Schauspielhaus voneinander trennen.

Bertolt Brecht befand, dass gutes Theater nicht vereint, sondern trennt. Die hoffentlich guten Gespräche, die hier heute eröffnet werden, sollen ja auch nicht zu einer sentimentalen Kumpanei führen, in der die neuen Kumpane womöglich nur durch den gemeinsamen Geldmangel miteinander verbunden sind. Die alte „neue Armut" der öffentlichen Hand kann sicher grundsätzlich nichts Gutes stiften, und als kleinster gemeinsamer Nenner reichen die materiellen Nöte der Künste in einem steinreichen Land nicht aus, um so verschiedene Partner gesprächsfähig zu machen.

Und wenn in diesem Zusammenhang die alte Rede davon ist, wir säßen ja alle in einem Boot, dann könnte das stimmen; es könnte aber auch so sein, dass wir in einem falschen Boot sitzen – oder dass das Boot, in dem wir sitzen sollten, noch leer ist – oder dass es sowieso besser mehrere Boote gäbe.

Jedenfalls dürfen die neuen Gespräche sicher nicht um jeden Preis zu einer kurzlebigen Übereinstimmung führen, und der bezahlbare Preis dürfte jedenfalls nicht, wie Adolf Muschg das im Hinblick auf die Staatlichkeit der Schweiz meinte, „mit dem Falschgeld der Phrase und der verbalen Harmonie" bezahlt werden. – „Man muss die Kraft haben, auch das wirklich Trennende leben zu lassen." Diese Maxime sollte zumindest heute und morgen auch gelten.

Weitergehend möchte ich meine Begrüßung nicht ausdehnen und mir auch nicht erlauben, mich so nebenbei zu einem Beitrag zum Thema unseres Symposiums zu versteigen. Das maße ich mir als zugereister Neu-Österreicher nicht an, da ich, viele Jahre verwöhnt von einer sozialdemokratischen Kulturpolitik, die sich durch Liberalität und Großzügigkeit ausgezeichnet hat, gar nicht kompetent bin, über die ganz andere Kulturpolitik hierzulande etwas zu sagen. Außerdem habe ich gerade erst gelernt, mit Bewunderung und mit Verstörung zugleich, dass der Schweizer Kulturboykott die Geschichte der Boykottformen ganz wesentlich bereichert hat.

Ich komme aus einer Stadt, wo es im Bereich der Kultur schon mehrmals Boykotte gegeben hat, die allerdings von ganz anderer Qualität und ausnahmslos unfruchtbar waren. Die prominenten Beispiele der österreichischen Boykott-Verwandtschaft sind einmal der legendäre Brecht-Boykott während des Kalten Krieges, der die Deckung durch den österreichischen Staat hatte, und der Boykott des verachteten und hassgeliebten Landes Österreich durch den 1989 verstorbenen Dichter Thomas Bernhard, der schließlich sogar den posthumen Boykott geschichtsfähig gemacht hat.

Ich will nicht verhehlen, dass ich nicht nur solche paradoxe Boykottformen, sondern grundsätzlich den Boykott als das letzte Wort in einer geistigen Auseinandersetzung nicht anerkenne. Natürlich kann ein Boykott nur sinnvoll sein, wenn er nicht zum Selbstzweck verkümmert, sondern wenn er etwas in Bewegung setzt – und das ist, wie wir es hoffentlich heute und morgen erleben werden, ja auch geschehen.

Der Kulturboykott hat die Gräben sichtbar gemacht, über die hinweg und aus denen heraus nun gesprochen werden soll. Die Hoffnung auf die guten Folgen des Symposiums bewegt sich für mich zwischen den Gedanken der beiden folgenden Zitate von Adolf Muschg und Johann Nestroy.

Adolf Muschg schreibt in seinem Essay „Eigensinn und Europa": „Die Utopie muss realistisch sein, sonst ist es die Zukunft nicht mehr. Wir haben keine Wahl; umso mehr müssen wir sie nutzen. Ob das Werk gelinge, ob es zum Gelingen nicht zu spät sei, brauchen wir nicht zu fragen; erfahren werden wir es nur, wenn wir damit begonnen haben. Und nur durch diese Arbeit selbst verändern wir uns möglicherweise so, dass wir jenen Sieg über die Wahrscheinlichkeit erringen, auf den wir angewiesen sind."

Ich möchte auch diese Rede mit meinem Zürcher Nestroy-Zitat par excellence beenden, das sich in dieser Stadt immer wieder aufdrängt: „Die Zukunft bietet Hoffnungen, aber wie zur Zukunft gelangen ohne sie?"

So oder so – nochmals herzlich willkommen und zwei gute, ertrag- und folgenreiche Tage.

Eröffnungsrede im Schauspielhaus Zürich am 3. November 1990.

25 Ahnungsgarantien

> „In dem klaren Gefühl, so kann's nicht bleiben, liegt eine Ahnungsgarantie,
> da steht immer schon die Zukunft als verschleierte Schönheit vor mir ..."
> (Johann Nestroy)

In das Jahr 1990 ging das Schauspielhaus mit den optimistischen Nestroy-Worten: „Wenn sich die Lage bessert, dann wird alles noch gut werden." In der Mitte des Jahres 1990 schien uns der Zukunftsglaube dieses größten Komödianten deutscher Sprache in einer andern Variation anmerkenswert, nämlich der, wie man denn ohne gegenwärtige Hoffnung zu den Hoffnungen der Zukunft gelangen könne.

Und nun am Beginn des Jahres 1991, im zweiten Jahr dieser Direktion, entbehren unsere Hoffnungen der „Ahnungsgarantien", welche eine Zukunft in Gestalt einer Schönheit, wenn auch einer derzeit noch verschleierten, erwarten lassen. So sollte denn – in dem klaren Gefühl, dass es so nicht bleiben kann – das einleitende Nestroy-Zitat als Ausdruck unseres festen Willens zum Optimismus verstanden werden, damit Ihnen dieses Vorwort nicht im Laufe der Lektüre zum Nachwort missrät. Drei Uraufführungen sind anzukündigen; neben Hebbel und Joyce bestimmen vier Schweizer Autoren den Spielplan der zweiten Saisonhälfte: Friedrich Dürrenmatt und Fritz Zorn, Adolf Muschg und Thomas Hürlimann. Und der gute alte Emanuel Striese wird um die Gunst des Publikums buhlen, in einem alten Schwank, der vielleicht als Groteske im Sinne Dürrenmatts der Wirklichkeit unserer Theater-Zukunft näher kommt, als wir das im Augenblick noch wahrhaben wollen. Kann dieser Spielplan im Schatten eines furchtbaren Krieges überhaupt bestehen? Kann das irgendein Spielplan?

Kann das irgendeine Kunst? – Kann das Theater im Feuer der täglichen CNN-Aktualitäten überhaupt noch Zeitbezogenheit behaupten? – Ja. Wenn die Kunst gegen die Aufdringlichkeit der Geschichte sozusagen als Unterhaltungskonkurrenz bestehen müsste, hätte sie schon die Perserkriege nicht überlebt.

Mit dem Leben fertig zu werden, es zu „bewältigen", dazu bedürfen wir der Hilfe der Phantasie und sich immer wieder erneuernder Hoffnungen. Das Theater kann unseren Hoffnungen und Träumen Gastfreundschaft gewähren und helfen, unsere Phantasie am Leben zu erhalten. Da muss man das Theater nicht gleich als *Zukunftswerkstätte* überschätzen – und das tun wohl auch Banken nicht, die plötzlich Theater für unterstützenswert halten. Ja, der Bank Leu ist zu danken; in ihrer Hilfe liegt vielleicht doch die genannte „Ahnungsgarantie", so könnte man jedenfalls hoffen, „denn selbst die anständigsten Ertrinkenden", um noch einmal Nestroy zu Wort kommen zu lassen, „erlauben sich so Strohhalmanklammerungsversuche". Auch in dieser Hinsicht ist das Theater ein Spiegel der Gesellschaft, die in dieser Zeit des Zerfalls auch auf manche Strohhalmanklammerungsversuche angewiesen ist.

Einige Gedanken Thomas Hürlimanns zu unserem Spielplan sollen an dieser Stelle ihren Platz finden:

„Wir leben in einer Zeit des Zerfalls. Nicht nur die sozialistischen, auch die bürgerlichen Wertsysteme verlieren mehr und mehr ihre Gültigkeit. Die Freiheit, die wir meinen, hat sich zu einem hohlen Pluralismus verflüchtigt, und für den einzelnen wird es zunehmend schwerer, sein Handeln an einem Maßstab, an einem inneren oder äußeren Gesetz, zu überprüfen. So stellt sich eine alte Frage dringend wie selten zuvor: Was kann ich wissen, was soll ich tun, was darf ich hoffen? Moderner formuliert: Gibt es in nihilistischen Räumen eine Wahrheit, die unser Denken, Handeln und Hoffen bestimmt?

Professor Bernhardi kämpft für eine humane Wahrhaftigkeit und löst gerade dadurch eine Welle der Intoleranz aus, die ihn und sein Lebenswerk zerstört. Bernhardi erkennt zu spät, dass die Weltanschauung, die er angreift, nur noch als Fassade besteht. Er scheitert nicht an den christlichen Geboten, sondern an einer Gesellschaft, die ihren Antisemitismus mit christlichen Phrasen tarnt. Modern an Schnitzlers Stück: Bernhardi bringt nicht die Fassade, sondern sich selbst zum Einsturz. Die Verlogenheit der vielen ist stärker als die ehrliche Überzeugung eines einzelnen. Ähnlich ergeht es Dr. Stockmann im ‚Volksfeind' von Ibsen. Auch er ist Arzt, seinem Eid und wissenschaftlichen Daten verpflichtet. Sie zeigen ihm, dass das Heilbad, dem er vorsteht, verseucht ist. Stockmann nimmt den Kampf gegen die Seuche auf und erkennt, genau wie Bernhardi, zu spät, dass ihm seine Gegner mit gezinkten Argumenten begegnen. Sie geben vor, ihre bürgerlichen Grundsätze zu verteidigen, in Tat und Wahrheit jedoch geht es ihnen nur um die Wahrung der eigenen Interessen. Modern an Ibsens Stück: Der Badearzt entlarvt nicht nur die korrupte Bürgerschaft, sondern auch sich selbst. Stockmann verklärt sein richtiges Handeln zu einem verlogenen Übermenschentum, so dass auch hier, wie bei Schnitzler, die Phrase über die humane Wahrhaftigkeit triumphiert.

In meinem Stück ‚Der Gesandte' geht es noch einmal um die Frage, wie der einzelne in einer nihilistischen Welt bestehen kann. Der Gesandte – im Stück heißt er Zwygart – war während des Zweiten Weltkriegs Missions-Chef der Schweizerischen Gesandtschaft in Berlin. Um sein Land vor dem Überfall der Nazis zu bewahren, verrät Zwygart sich selbst. Er lügt im Namen einer ‚höheren Wahrheit', er versucht Gutes zu tun, indem er das Böse riskiert. So verläuft er sich in einem gefährlichen Niemandsland zwischen Recht und Unrecht, zwischen Wahrheit und Lüge. Genau wie Bernhardi und Dr. Stockmann kämpft er auf verlorenem Posten. Die Phrase, die er als Diplomat so elegant zu nutzen verstand, ist stärker als die späte, ehrliche Einsicht in seine Schuld.

Auch Zwygart ist kein Held im klassischen Sinn – wie etwa die Judith von Hebbel. Ihr Unter- und Opfergang verändert die Gesellschaft, bringt die Welt um einen Schritt voran. Das ist weder Zwygart vergönnt noch den Ärzten bei Ibsen und Schnitzler. Anders als die heldische Frau bei Hebbel bewirken die drei Männer nichts, im Gegenteil: Die von ihnen bekämpften Interessen und Phrasen überstehen den Ansturm ohne Schaden.

Wie kann der einzelne in dieser nihilistischen Welt bestehen? Indem er den Misserfolg in Kauf nimmt. Indem er den Phrasen der vielen misstraut und mit seinen Überzeugungen – mögen sie richtig sein oder falsch – steht und fällt."

Solche Gedanken und Fragen, die unseren Spielplan umgeben, bewegen uns in kriegerischen und in scheinbar friedlichen Zeiten, in geschichtslosen und in solchen wuchtiger und gewaltträchtiger Art, also auch heute.

Wir hoffen auf den Frieden in der großen Welt – und wir hoffen auf eine wünschbare Zukunft in unserer kleinen Theater-Welt.

Wir hoffen auf Ihren Besuch und freuen uns darauf. Herzlich willkommen im Schauspielhaus.

Vorwort zur vierten Programmvorschau des Schauspielhauses Zürich 1991.

26 Friedrich Dürrenmatt
5. 1. 1921 – 14. 12. 1990

Ich heiße Sie willkommen zu dieser Stunde des Gedenkens für Friedrich Dürrenmatt.

Eine Geburtstagsfeier hätte die heutige Matinee werden sollen; nun wollen wir versuchen, ohne an unserer tiefen Trauer Verrat zu üben, die Heiterkeit eines Geburtstages nicht aus unseren Gedanken zu verbannen. Das hat der wunderbare Komödiant Friedrich Dürrenmatt, dem wir so viel Lachen zu verdanken haben, wohl verdient.

Der gigantische Reichtum seines Werkes, das uns bleibt, wird uns auch in dieser Gedenkstunde tröstend erkennen lassen: Große Freude ist angezeigt über diese lebensvolle Hinterlassenschaft.

Am 22. November, beim Fest für Václav Havel, war Friedrich Dürrenmatt zum letzten Mal in diesem Theater. Nach seiner großen vaterländischen Rede in Rüschlikon anlässlich seiner Laudatio auf Václav Havel war er zusammen mit seiner Frau ins Schauspielhaus gekommen. Trotz der Erschöpfung eines langen Abends, vielleicht bleicher als sonst, genoss er offenbar das Gesprächsdurcheinander unseres Festes, sagte zum Beispiel auch Nachdrückliches zur Besetzung der bevorstehenden „Meteor"-Inszenierung und war willig und gelöst dem Erfolg seiner Hável-Rede ausgesetzt. 43 Jahre zuvor hatte seine Verbindung mit diesem Theater ihren Anfang genommen, einem Theater, das er einmal ein *durch seine Unvollkommenheit vollkommenes* genannt und seiner Liebe für wert befunden hatte.

„Es steht geschrieben" war noch ein Skandal, die Hável-Rede, sofern sie nicht von einigen alten Honoratioren als „senil" geschmäht wurde, war ein Erfolg. Vielleicht nur deshalb, weil unsere Zeit in den Bereichen des Geistes nicht mehr skandalfähig ist.

In einer autobiographischen Skizze schrieb Dürrenmatt: „Mein Großvater väterlicherseits war Politiker und Dichter im großen Dorf Herzogenbuchsee. Er verfasste für jede Nummer seiner Zeitung ein Titelgedicht. Für ein solches Gedicht durfte er 10 Tage im Gefängnis verbringen. ‚Zehn Tage für zehn Strophen, ich segne jeden Tag', dichtete er darauf. Diese Ehre ist mir bis jetzt nicht widerfahren. Vielleicht liegt es an mir, vielleicht ist die Zeit so auf den Hund gekommen, da sie sich nicht einmal mehr beleidigt fühlt, wenn mit ihr aufs allerschärfste umgesprungen wird." Vielleicht. –

Mit dem Tod dieses großen Mannes ist unser Vorrat an Hoffnungen wieder einmal geringer geworden.

Uns Theaterleute hatte Dürrenmatt freilich schon seit Jahren auf die alten Bestände verwiesen und nicht mehr für die Bühne geschrieben, da er sich vom deutschen Gegenwartstheater gewissermaßen *entlassen* fühlte. Aus der Gnade des deutschen überregionalen Feuilletons gefallen, musste er sich mit seinem Weltruhm begnügen und sich damit bescheiden, in mehr als 40 Ländern gespielt zu werden.

In unserem Theater wird Friedrich Dürrenmatt beheimatet bleiben und nicht nachträglich als Mode-Dramatiker der sechziger und siebziger Jahre abgetan werden, sondern der Schweizer Dramatiker der europäischen Weltliteratur bleiben, der er ist. Die europäischen Nationaltheater definieren sich über ihre alten Autoren, die der Weltliteratur zugerechnet werden: Racine und Molière, Shakespeare, die deutschen Klassiker, Grillparzer und Nestroy, sie sind die Ahnen des französischen, des englischen, des deutschen, des österreichischen Nationaltheaters.

Und die des schweizerischen Nationaltheaters, wenn es denn eines gäbe – und wenn das das Zürcher Schauspielhaus sein sollte oder könnte – waren und sind Dürrenmatt und Frisch, Autoren der Weltliteratur und Hausautoren dieses Theaters.

So wird denn Max Frisch auch Dürrenmatts Hausgenosse bleiben, der Kastor, wie ihn Dürrenmatt in „Der Brandstifter Zweiter Teil" nannte, wo es heißt: „Wir stellten einmal am schweizerischen Schriftstellerhimmel ein Doppelgestirn dar, Kastor und Pollux, wobei es unklar ist, wer von uns beiden Kastor und wer Pollux darstellt, sind doch die beiden nur scheinbar ein Doppelgestirn: Kastor ist 42 und Pollux 31 Lichtjahre von uns entfernt; dass Frisch zehn Jahre älter ist als ich, passt auf den elf Lichtjahre weiter entfernten und damit ‚älteren' Kastor, auch dass dieser kein Gestirn, sondern ein System von sieben Sonnen darstellt, die umeinander kreisen, deutet auf Frisch hin, [...] während die Sage, dass Pollux unsterblich sei, dagegenspricht, ich sei dieser, Frisch hat eine relativ größere Chance; relativ, die heutige Weltlage garantiert keinem Schriftsteller Unsterblichkeit. Doch auch sonst hat sich die scheinbare Konstellation der beiden Sterne geändert. Vorher schien unsere Bahn umeinander in einer Ellipse zu verlaufen, bald näherten wir uns, bald entfernten wir uns, um uns wieder zu nähern, jetzt sinken wir auf einer Hyperbelbahn auseinander – um in einer Parabel zu sprechen – und ins Alter hinab."

Max Frisch hat mich gebeten, ihn heute zu entschuldigen. Er schreibt mir in einem Brief zum Tode Dürrenmatts: „ ... das war einmal eine wirkliche Freundschaft, meine ich; über Jahrzehnte ... " und er schreibt, dass er krank sei. „Manchmal gehe ich noch: hundert Meter. Oder ich sitze. Eine Stunde oder gar zwei; ... Ich bitte Sie und das Haus um Nachsicht. Es geht wirklich nicht mehr."

Ich möchte in diesem Augenblick und an diesem Ort Max Frisch von Herzen unsere Verbundenheit bekunden und ihm Gutes wünschen.

Hans Mayer, Christiane Hörbiger, Sara Capretti, Hans Christian Blech und Ernst Jacobi werden uns nun zu Friedrich Dürrenmatt führen und uns bei unserer Trauer und unserer Freude helfen. Der Herr Stadtpräsident wird dieses Gedenken einleiten.

Wir alle sind uns bewusst, wie unzureichend und hilflos unsere Worte sind. Alles ist gesagt und nichts ist gesagt über den Dichter Friedrich Dürrenmatt.

So ist es wohl auch angemessen, Friedrich Dürrenmatt mit Schweigen zu ehren. Ich bitte Sie daher, sich für einige Augenblicke des stillen Gedenkens von den Plätzen zu erheben.

Rede zum Tod von Friedrich Dürrenmatt
im Schauspielhaus Zürich am 6. Jänner 1991.

27 Alles ist gesagt, nichts ist gesagt

„Nichts leichter als das: Man schneidet eine Kartoffel zurecht, bis sie wie eine Birne aussieht, dann beißt man hinein und empört sich vor aller Öffentlichkeit, dass es nicht nach Birne schmeckt, ganz und gar nicht."
(Max Frisch)

Friedrich Dürrenmatt ist tot. Max Frisch ist tot. Das Land, die Stadt sind tatsächlich ärmer geworden.

Nun sind die Nachrufe verhallt, die der alten Freunde und die der posthum unversehens dazugewonnenen. Die Werke der beiden großen Schweizer Schriftsteller werden weiterleben, so hieß es oft, und die Erinnerung an sie. Mit Folgen? – Frisch war da sehr skeptisch. Vor 60 Jahren zitierte Heinrich Mann in seiner Totenrede auf Arthur Schnitzler dessen Satz: „Wer tot ist, der ist sehr tot."

In 60 Jahren wäre das, wie es jetzt bei Arthur Schnitzler geschieht, mit dessen Schauspiel „Der Ruf des Lebens" die Saison 91/92 eröffnet wird, für Dürrenmatt und Frisch zu überprüfen – am besten hier am Schauspielhaus. – Natürlich ein erschreckender Gedanke, so weit in die ferne Zukunft blicken zu wollen, wo schon die nahe in Überlebensfragen keine guten Antworten verheißt.

Das gilt nicht für den Spielplan der kommenden Saison, der den eingeschlagenen Weg dieses Mal noch fortsetzt, und wir wollen weiterhin „das Gesicht der Zeit" (Leopold Jessner) haben, das Gesicht, nicht die modisch getünchte Maske.

Zum Thema „Zukunft des Schauspielhauses" sind die passenden lustigen Nestroy-Zitate (siehe unsere vorangegangenen Vorschauhefte!) erst einmal verbraucht.

Alles ist gesagt, nichts ist gesagt.

***

Geschätzte Abonnentinnen und Abonnenten, verehrte kurzentschlossene Theaterbesucher, liebe Studentinnen und Studenten, Schülerinnen und Schüler,

geneigte Leserinnen und Leser dieses Heftes, die mit dem Gedanken spielen, wieder einmal oder überhaupt einmal ins Theater zu gehen,

erlauben Sie mir abschließend eine Bitte, denn vielleicht kennen Sie jemanden, der mit jemandem bekannt ist,

der den Vorzug genießt, Zugang zu solchen Kreisen zu haben,

in denen Menschen verkehren,

die zumindest gelegentlich Umgang mit Politikern pflegen, und zwar mit solchen, die wissen, welchen ihrer Kolleginnen und Kollegen die Kultur so ganz eng am Herzen liegt – und sie daher natürlich auch bedrückt – und wer von denen womöglich die anonymen Fachleute der geheimen Kommission oder Kommissionen, die über

die Zukunft des Zürcher Schauspielhauses beraten, beim Namen nennen oder einem von ihnen dieses Heft unter Umständen sogar direkt zukommen lassen könnte – oder der wenigstens die richtigen toten Briefkästen dieser Stadt, also die wenigen, die auch gelegentlich geleert werden, zu finden weiß, und der bereit wäre, dieses Heft und vielleicht auch noch die vorangegangenen darin zu deponieren – um durch eine solche subversive Aktion zur Aufklärung über das Schauspielhaus beizutragen und eine insgeheime Verbindung zwischen dem Publikum, den bekannten Mitgliedern des Schauspielhauses und den unbekannten Fachleuten in den geheimen Kommissionen herzustellen, mit der gar nicht auszudenkenden Folge, dass der eine oder andere der anonymen Experten es unter Umständen riskieren würde, eines unserer Vorschauhefte zumindest teilweise zu lesen – ins Schauspielhaus zu einer Vorstellung, Gott behüte, müsste er ja dann nicht auch noch gehen; vielleicht würde er erkannt und ertappt und liefe somit Gefahr, seinen Experten-Glanz unnötigerweise einzubüßen; kurzum, es wäre also unsere Bitte, wenn Sie, wie gesagt, so jemanden mit solchen Verbindungen kennen, dass Sie dem dieses Heft einfach weitergeben.
Sie bekommen von uns ein neues.

Sie sehen, wir glauben unerschütterlich an die Macht der Aufklärung, aber wir wissen, dass es doch viele „Fachleute" gibt, nicht nur anonyme, für die Johann Nestroy einen treffenden Couplet-Text geschrieben hat:
„Ich lass mir mein Aberglaub'n
durch keine Aufklärung raub'n."
Herzlich willkommen im Schauspielhaus.

Vorwort zur fünften Programmvorschau des Schauspielhauses Zürich 1991/92.

28 Lorbeerbaum und Bettelstab

„Übrigens sagen scharfsichtige Achselzucker, Wohlunterrichtete von Profession, was in der Schweitz möglicher Weise geschlossen worden, dürfte möglicher Weise in der Schweitz leicht annullierbar seyn."
(Nestroy: „Nur Keck", 1855)

Von den scharfsichtigen Achselzuckern und den Wohlunterrichteten von Profession und von allen anderen Besuchern des Schauspielhauses möchte ich mich – nicht leichten Herzens – verabschieden.

Für dreijährige Treue, Anteil – oder zumindest Kenntnisnahme, Neigung oder gar Zuneigung, Kritik oder Begeisterung – in jedem Fall also für die willkommene Begleitung in dieser Zeit – bedanke ich mich herzlich. Es war ein kurzer Weg, und wohin er führen sollte, das hätte sich erst gezeigt, wenn wir weitergegangen wären.

Aber die Wegweiser wurden plötzlich verstellt und wiesen seitab und zurück in die Kreuz und Quere, und die Wegzehrung reichte nicht, und die Wegeordnung wurde wichtiger als das Ziel des Weges, und der Weg wurde ein Kreuzweg zur höheren Ehre des Wegerechts; es wurde ein Weg, auf dem nur noch die Wegepolizei freudig ausschreiten mag.

Vielleicht aber war der eingeschlagene Weg zu felsig und die Wegegebühr einfach zu hoch – und der führende Verwaltungsrats-Politiker, der mir schon 1987 gesagt hatte, *der Ruf des Schauspielhauses müsse gar nicht über die Grenzen der Stadt hinausdringen*, hätte das vielleicht lustiger und eindrucksvoller ausdrücken können, wenn er den leichteren Weg mit der letzten Couplet-Strophe des Leicht in Nestroys „Weder Lorbeerbaum noch Bettelstab" besungen hätte, die da heißt:

„LEICHT: Wer nicht enorm bei Kräften is,
Soll nicht au'm Felsen steig'n,
Er rutscht und fällt ins Präzipiß,
Viel' Beispiel' tun das zeig'n.
Die Mittelstraß'n is ein breiter Raum,
Die führt kommod talab,
Es wachst zwar darauf kein Lorbeerbaum,
Doch auch kein Bettelstab, […].
CHOR DER LANDLEUTE: Lalalalala etc. etc.
Der Vorhang fällt."

Nestroy ist übrigens der meistzitierte Autor in den Texten unserer Vorschauhefte. – Wir konnten ihn leider in diesen drei Jahren nicht spielen; aber die vielen Zitate sind ein Bekenntnis zu ihm und bekunden, dass uns dieser größte deutsche Komödienschreiber auf der Bühne fehlte und fehlt.

Mit ihm wäre unser Spielplan reicher und doch so zeitgenössisch gewesen, wie er es ist, und wie wir ihn wollten, und, wie manche kritischen Zuschauer vermerken, auch so „wenig erbaulich" und so „unausgewogen", wie er ist, und wie wir ihn wollten – und wie wir ihn nun auch für die letzten Monate dieser Spielzeit vorstellen möchten.

Gottfried Kellers „Haupterziehungsanstalt" wollen wir bis zum Schluss nicht sein, ganz ohne Groll auf die Kritisierenden, die diese Anstalt gerne hätten. Ohne den Groll von dem Nabokov in seinem Essay „Der Spukbeamte" schreibt: „Ich habe einen dauerhaften Groll auf Leute, die ihre Literatur gerne erzieherisch oder erbaulich, völkisch oder so gesund wie Ahornsirup oder Olivenöl hätten, und das ist der Grund, warum ich auf diesem eher mäßigen Aspekt (Gesellschafts- oder Moralsatire) des ‚Revisors' von Gogol so herumreite."

Gogols Stück sei „in Handlung überführte Poesie", sei so wenig eine Komödie wie Shakespeares Traumstück „Hamlet" oder „Lear" Tragödien genannt werden können, meint Nabokov, und er vernichtet dann Molières „Sachen", die er „eindimensional", eben Komödien, nennt. – Wahrscheinlich würde es wohl auch Nestroy bei Nabokov schlecht ergehen – zu Unrecht, versteht sich.

„Der Iger ist komisch! Er ist eine Gogol-Figur! Er ist schrecklich und komisch zugleich. Wie bei Gogol!". So sagte es Veza Canetti zu Elias Canetti, der vom Gogol „besessen" war, nach der Lektüre des „Revisors". – Solche bescheidenen bruchstückhaften Hinweise locken vielleicht den, der es wissen will, auf die Spuren der Konzeption unseres unausgewogenen Spielplans.

Ich will mich jedenfalls zum Abschied der demagogischen Verkündigungs-Dramaturgie und der üblichen Konzeptionsduselei enthalten und auf die folgenden Texte verweisen. Der „Revisor" von Gogol ist übrigens das einzige Stück in der zweiten Spielhälfte, das schon einmal im Schauspielhaus gespielt wurde.

Nur in Stichworten: Die letzte Spielzeit ist gekennzeichnet durch 5 Uraufführungen, 4 Erstaufführungen, die österreichische Literatur dominiert wieder einmal; 3 Autorinnen werden gespielt; die Arbeit mit Thomas Hürlimann wird fortgesetzt, bis zum Ende dieser Direktionszeit, und im Keller kommen noch 2 Prager Autoren zu Wort, der in Zürich lebende Franz Wurm und Václav Havel, dessen „Sanierung" wir zur Uraufführung und zur Eröffnung meiner Direktionszeit angenommen hatten, als der Autor noch im Gefängnis saß.

Die Weltgeschichte hat in diesen letzten Jahren die ungeheuerlichsten Sprünge gemacht.

Die Geschichte des Schauspielhauses nicht.

Bewegung war hier nicht erwünscht.

Aber dazu ist alles gesagt – und auch in diesen Heften nachzulesen.

Herzlich willkommen im Schauspielhaus!

          Vorwort zur sechsten Programmvorschau des Schauspielhauses Zürich 1991/92.

29 Statt einer Bilanz

Nestroy-Zitate hätte es noch für viele Vorschauhefte gegeben; da hätte sich die Direktion noch lange hinziehen können.

Aber schon 1994 – wenn ich mich entschlossen hätte, entgegen meinen Überzeugungen als exekutierender Funktionär im Amte zu bleiben – wäre ein anschließendes Nestroy-Zitat doch recht sarkastisch oder pessimistisch ausgefallen. Die Gabriel-Gedanken aus dem „Kampl" hätten dann gut gepasst:

> „GABRIEL: … – (*mit dumpfen Hinbrüten*)
> Es ist einmal einer auf den Ruinen von Karthago gesessen, was er gemacht hat weiß niemand – das wird in Zukunft meine Beschäftigung sein. Fort!! Fort von hier – !!
> (*Geht in die Seitentür links ab.*)"

So geh ich lieber 1992 durch den Haupteingang ab und weiß über meine zukünftige Beschäftigung mehr als der Mann auf den Trümmern Karthagos. Und kein Politiker, kein Verwaltungsrat und kein Gewerkschaftsfunktionär und auch sonst kein Geistespony (Nestroy) kann sich einmal berühmen:

> „Ich hab' ihm den Hut herabgeschlagen, und damit er sich nicht zu bücken braucht, ihn niedergeworfen." (Nestroy, Nachlass)

Im Grunde genommen wäre ja jetzt, auch im Hinblick auf die Genannten, ein freundliches Nestroy-Zitat vielleicht doch zu vertreten gewesen – wie z. B. die Worte des Edelschein aus den „Anverwandten":

> „Auf Ehr' für die ernsthafte Zeit,
> Gibt's noch immer viel spaßige Leut."

Aber die spaßigen Leut haben doch unser Scheitern in Zürich erzwungen und uns das Theater, das einvernehmlich geplant war, nicht machen lassen und dem Schauspielhaus eine Krise an den Hals geredet, weil Theater für sie offenbar nichts anderes ist als eine Budgetfrage und ein Verwaltungsproblem, bei deren Bewältigung die Kunst stört.

So wurde mit „Krisenmanagern" parliert, und die trugen landauf und landab als enttäuschte Nachfolger-Kandidaten das ihre zur Verschlimmerung der Rufschädigung bei. Gar zu gern hätten sie mit dem trotz allen Demontageversuchen guten Ruf des Schauspielhauses ihre Karrieren aufgepäppelt.

Schließlich entdeckten die Verantwortlichen und einige Medien ein offenbar ganz wesentliches Krisenelement im Schauspielhaus! Die Überalterung des Ensembles! Und im Stadthaus machte man sich große Sorgen, ob denn das Schauspielhaus in der Lage wäre, die „Räuber" ohne Gäste zu besetzen, obwohl dieses Stück gar nicht auf dem Spielplan steht!

Dazu möchte ich hier gern sagen: Wenn ich jemals wieder am Schauspielhaus arbeiten sollte, dann vor allem wegen der alten Schauspielerinnen und Schauspieler!

Im Übrigen ist mir der postfaschistische Jugendkult – „Friedhofsgemüse" nannten die Nazis die alte Generation – zutiefst zuwider; er war es mir auch, als ich noch jünger war.

Mir gefällt, was Ernst Wendt dazu geschrieben hat: „Ich habe gelernt, dass ein Schauspielerleben sich wohl überhaupt nur lohnt, wenn es am Ende als ein Modell von Menschenfreundlichkeit dasteht. Wenn die Wahrheit sich aus einer heiteren Melancholie speist, einer Weisheit, die auch an so manchen Niederlagen sich erackert hat. Da wächst dem Gestus des spielenden Menschen etwas zu, das kein Kulturbetrieb, keine Mode ihm noch bestreiten könnte und um keinen Marktwert der Welt ihm abzukaufen wäre." (Münchner Begegnungen)

Ich habe es immer genossen, und finde es weiterhin wunderbar, dass das Theater der einzige Ort ist, wo Kinder und Greise, alle Generationen miteinander arbeiten und das heißt leben können. Und alte Menschen sind in diesem Beruf besonders kostbar. Wenn das Wort „Liebe" nicht inflationär entwertet wäre, würde ich sagen: Ich liebe alte Schauspielerinnen und Schauspieler ganz besonders.

Die vielen Anfänger, die ich in meinem Leben engagiert habe, liebe ich allerdings auch ganz besonders – und ganz besonders liebe ich auch die dazwischen. Und dann gibt es in allen Altersstufen Leute, die einen anderen Beruf schwänzen und ihre charakterlichen Schwierigkeiten wie Pretiosen umhängen, und die liebe ich dann nicht so sehr, gleichgültig, ob sie Schauspieler, Verwaltungsräte oder Kulturpolitiker, ob sie alt oder jung sind.

Wenn es im Schauspielhaus ein Altersproblem geben sollte, dann hat es jedenfalls etwas mit den vergreisten Analytikern dieses Problems zu tun. Die ganz gleich, welchen Alters sie sind, seit Jahr und Tag sich gegen Veränderungen stellen und die schon Löffler und Stein verjagt haben, die Linken und die Rechten in bis heute ungetrübter Eintracht, wenn es um die Kunst geht.

Vielleicht ist diese Eintracht der „Schweizer Focus", den ein bedeutender Zürcher Kulturpolitiker am Schauspielhaus vermisst. Im Spielplan und auf der Bühne ist der *Focus*, wenn man das Wort in der üblichen Bedeutung verwendet, ja erkennbar. Allerdings kann Focus laut Lexikon auch „Infektionsherd" heißen.

Vielleicht liegt da das Missverständnis. Ich lasse es darauf beruhen, aber vielleicht wird es die nachfolgende Direktion klären. Ich wünsche Gerd Leo Kuck jedenfalls viel Glück für seine Arbeit. Er weiß schon, was ich erst lernen musste, dass Zürich „kein kritisch destabilisierendes Theater erträgt" (den „Frisch-Skandal" hatten wir nur mit der Hilfe des Verwaltungsratspräsidenten Werner Weber – zunächst – überstanden), und er weiß schon, dass das intellektuelle Umfeld, mit ganz wenigen Ausnahmen, in tiefem Schweigen verharrt, anders als an anderen Orten. Gottfried Honegger spricht das sehr deutlich aus:

„Wo sind die Dichter und Schriftsteller heute, da man ihnen in unseren Zeitungen kritisch kaum begegnet? Erschöpft sich ihr Tun mit der Unterschrift auf Manifesten?

Warum überlassen sie das geschriebene Wort einem mehrheitlich resignierten Journalismus? […] Wo bleibt ihre Stimme?"

Vielleicht hat sich der Verwaltungsrat mit der Wahl von Gerd Leo Kuck als Interimsintendanten wieder einmal geirrt; dem Schauspielhaus wäre es zu wünschen, wenn es nicht weiter *interimistisch* zuginge. Gerd Leo Kuck war jahrelang der Mitarbeiter von Peter Löffler und später von mir. Da schließt sich vielleicht der Kreis.

Vielleicht kann er viel später als in drei Jahren das vorlegen, was wir nach kurzen drei Jahren nicht zu bieten haben: eine Bilanz.

Ich sage noch einmal allen Menschen innerhalb und außerhalb des Schauspielhauses, die unsere Arbeit trotz allem immer wieder zur Freude werden ließen, herzlichen Dank.

Auf Wiedersehen!

Nachwort zur letzten Programmvorschau des Schauspielhauses Zürich, 1991/92.

30 Werner Weber
Abschied

Heinrich Heine hat geschrieben, je wichtiger ein Gegenstand sei, desto lustiger müsse er dargestellt werden. – Ich werde mich bemühen.

Herr Stadtpräsident,
meine Damen und Herren,
lieber, verehrter Herr Professor Weber!
    Als noch amtierender Direktor, an dem Sie, verehrter Herr Professor, schuld sind, darf ich Sie zu dieser ehrenden Feierstunde herzlich willkommen heißen und Sie bitten, die bescheidenen Versuche der Mitglieder des Schauspielhauses, Ihnen für Ihre zwölfjährige Fürsorge zu danken, nachsichtig anzunehmen.
    Der Herr Stadtpräsident hat Ihre ungewöhnlichen Verdienste um das Zürcher Schauspielhaus eindrucksvoll gewürdigt, so dass ich mir den rednerischen Luxus leisten kann, ganz und gar persönlich zu werden und den Abschied in solche Erinnerungen aufzulösen, die gute sind und die vielleicht die Melancholien dieses Tages überleben werden.
    Als wir uns vor ziemlich genau fünf Jahren in einem Hamburger Hotel kennenlernten, legten wir im gegenseitigen Vertrauen – wir verstanden uns damals, glaube ich, sehr gut – den Grundstein für unsere spätere Fehlentscheidung. Aber wenn es so ist, dass das Traurige an unserer Zeit nicht ist, was sie nicht erreicht, sondern was sie nicht versucht, dann müssen wir uns für unseren Irrtum nicht einmal schämen. Vielleicht haben wir uns der „Einbildung" schuldig gemacht, der „Gegenkraft zum Sinn für Tatsachen" wie Sie, verehrter Herr Professor, das „Einbilden" in einem schönen Fontane-Essay definieren.
    Es ist hier nicht der Ort und heute nicht die Zeit, darüber nachzudenken, ob denn das Theater, und das heißt auch: dieses Theater, ohne die „Gegenkraft", ohne die „Einbildung" noch über die Runden kommen kann. – Es soll bei der Frage bleiben, da die Feierlichkeit dieser Vormittagsstunde in diesem Punkt zu einer Notlüge führen könnte, die, wie Karl Kraus meint, immer verzeihlich ist; „wer aber", so lautet der zweite Satz dieses Aphorismus, „ohne Zwang die Wahrheit sagt, verdient keine Nachsicht."
    „Erinnerung ist viel, ist alles", sagte Fontane. – Bleiben wir also dabei, dass das „Erinnern" im Sinne Fontanes, nicht im Sinne eines Nachrufs bei Lebzeiten unsere Abschiedsworte leiten soll. Erlauben Sie mir bitte, für ein paar Augenblicke bei diesem Autor, diesem altem Mann par excellence, diesem *unsicheren Kantonisten* zu verweilen, obwohl Sie heute Heinrich Heine zum literarischen Mentor Ihres Abschieds gewählt haben. Ich darf Sie zitieren:
    „Das Glück steht bei Fontane in der Erinnerung, nicht in der Erwartung. Das Glück ist ein Perfekt. ‚Erinnerung ist viel, ist alles. Und die hab ich nun und bleibt

mir und kann mir nicht mehr genommen werden. Und ich fühle ordentlich, wie mir dabei leicht zu Mute wird.' So ist Theodor Fontanes Neigung zur Historie kein Vergnügungsspiel, sondern eine lebensernste Entscheidung: Geschichte ist ihm ein möglicher Trostraum vor dem Geschehenden. Geschehenes nimmt das Geschehende ein. In der Erzählung ‚Vor dem Sturm' kommt über die knappe Gegenwart weniger Tage viel gelebtes Leben aus der Tiefe der Zeit und aus weitem Raume. Die erinnerte Vergangenheit scheint nur da, um zu lehren: ‚Bäume nicht auf, versuch's nicht mit Streit, / Berühr es nicht, überlass es der Zeit.' Ich sage: Geschehenes nimmt das Geschehende ein. Das gilt bis zum Grade, wo das Erinnern zugleich ein Erretten aus dem Angriff der Gegenwart ist. Erinnerungsvermögen – das heißt bei Theodor Fontane soviel wie Sinn für Tatsachen, für getane Sachen. Diesem Sinn verdanke er viel, sagt er: ‚Es erwächst einem aus diesem Sinn ein Trost, jedenfalls eine Resignation. Es ist nun mal so'. Die Gegenkraft zum Sinn für Tatsachen heißt Einbildung".

Theodor Fontane schrieb seine Theaterkritiken unter dem Signum „Th. F.". Spaßige Kollegen übersetzten das mit „Theater-Fremdling". Solchem Witz setzen sich Menschen der Literatur leicht aus, wenn sie sich in die Nähe des Theaters begeben. Einem „literarischen" Verwaltungsratspräsidenten geht es da sicher nicht besser als einem Theaterkritiken schreibenden Romancier.

Dass Fontanes „Causerien über das Theater" so lesbar und klar, so kenntnisreich und integer, so unverwechselbar und unprätentiös sind, dass der vergleichende Leser heutiger Theaterkritiken nur haltlos in Tränen ausbrechen und heillos nostalgisch werden kann, das mag allen derzeitigen Theaterfremdlingen Trost und Ansporn sein.

Verehrter Herr Professor Weber, Sie verabschieden sich heute als Verwaltungsratspräsident und nicht als Autor und Wissenschaftler. Trotzdem ist so nachdrücklich von Literatur die Rede, und das ist gut und richtig so.

Als die Literaturwelt Sie mit einer umfangreichen Festschrift feierte, war freilich vom Theater nicht die Rede; weder in den Klappentexten noch in den biographischen Texten innerhalb des prächtigen Bandes fand die Tatsache Erwähnung, dass Sie Verwaltungsratspräsident der Neuen Schauspiel AG und dem Theater sehr verbunden sind. Vielleicht hat das Theater für Ihre Ehe mit der Literatur nur eine geringe Rolle gespielt, aber die Literatur war für Ihr Verhältnis mit dem Theater bestimmend.

Vielleicht aber erklärt sich dies Verschweigen Ihrer für diese Stadt doch so wichtigen Theater-Tätigkeit auch aus dem Thema Ihrer Festschrift: „Et in Arcadia ego". Wahrscheinlich fällt einem im Zusammenhang mit dem Topos „Arkadien" die Neue Schauspielhaus AG einfach nicht ein. Mir aber fallen einige Begebenheiten in den letzten Jahren ein, als Sie, verehrter Herr Professor, in besonderer Weise Ihre Fürsorgepflicht für dieses Theater wahrnahmen – und das hatte fast immer etwas mit Literatur, mit Autoren zu tun.

Ich erinnere mich heute zum Beispiel daran, dass Sie ohne Wenn und Aber für die Aufführung von Max Frischs „Jonas und sein Veteran" eingetreten sind und das Theater in seinem für viele Menschen noch immer unverzeihlichen Bekenntnis zu Max Frisch und seinem letzten Stück gestützt und von Anfang an immer wieder verteidigt haben.

Dann erinnere ich mich zum Beispiel an Ihr Votum für Thomas Hürlimann im Zunfthaus zum Rüden im März 1990 gegen die Einwände des Verwaltungsrates gegen diesen Autor, ebenso an Ihre Verteidigung Feydeaus und unserer Stückaufträge an Autoren, die man auch „unsichere Kantonisten" nennen muss.

Ich erinnere mich an Diskussionen im Schauspielhaus, z. B. an die „Volksfeind"-Diskussion vor einem Jahr, die vor allem durch die Mitwirkung des Publikums eine kulturpolitische wurde, daran, dass Sie an das Publikum appellierten, für dieses Theater öffentlich einzustehen, damit uns nicht die Luft zum Atmen ausgehe.

Und ich erinnere mich an die „Bernhardi"-Diskussion, die Sie leiteten, an Ihr berührendes Schlusswort. Sie sprachen über Nelly Sachs und Paul Celan, über sein Gedicht: „DU SEI WIE DU, immer". Das wichtigste Wort in Celans Gedicht sei „Geheimnis", das heiße „Nachdenken", „Sich-Erinnern". „Erinnern ist viel, ist alles".

An diesen Beispielen möchte ich meinen Dank orientieren. Vieles bleibt dabei offen und nicht gesagt. Unausgesprochen bleibt auch unsere, wie ich aus unseren persönlichen Gesprächen weiß, erhebliche Übereinstimmung in den kulturpolitischen Existenzfragen dieses Theaters. Ich weiß aus unseren Gesprächen, wie nahe wir uns zwischen Utopie und Wirklichkeit dieses Theaters stehen. „Es ist nun mal so."

Die geheimen und die öffentlichen Niederlagen, die man in einem solchen Amt, wie Sie es heute aufgeben, nun einmal erleidet, die treffen Leute, die von Berufs wegen intelligent, sensibel, phantasievoll und damit verwundbar sein müssen, stärker als glücklichere Naturen.

Und nun wird endlich der Autor zu Wort kommen, den Sie sich gewünscht haben. Einen „verhängnisvollen Erleichterer" hat Gundolf ihn genannt. Ein an dieser Stelle zumindest überflüssiges Zitat, aber ohne das Adjektiv liefert es einen guten Namen für das, was Sie als Verwaltungsratspräsident wohl immer sein wollten: Ein Erleichterer.

Rede zum Abschied von Werner Weber als Verwaltungsratspräsident auf der Bühne des Schauspielhauses Zürich am 23. Februar 1992.

Wien 1998 – 2010

31 In den Spiegel greifen
Notizen zu Arthur Schnitzlers „Professor Bernhardi"

3. Akt / Ort: Sitzungssaal des Elisabethinums, Privatklinik in Wien – Zeit: Februar – Abend vor 100 Jahren. Neun dunkel gekleidete Männer mittleren Alters, der älteste ungefähr 60, der jüngste ungefähr 30 Jahre alt, sitzen an neun zusammengeschobenen Tischen in einem großen Raum, dessen hohe weiße Wände sich im Zwielicht aufzulösen scheinen.

Die neun Tische bilden die Form des Buchstabens H; der ist asymmetrisch und hat drei verschieden lange Elemente: Zwei nebeneinander stehende Tische verbinden zwei Tischreihen, auf der linken Seite der Bühne mit drei, auf der rechten mit vier Tischen.

Der Vorsitzende und sein Stellvertreter sitzen an den Verbindungsstücken im Blickfeld aller anderen Mitglieder dieses Gremiums, die sich gegenübersitzen.

Die abendliche Zusammenkunft einer *geschlossenen Gesellschaft* – eines *Ordens*, eines *Geheimbundes*, eines *Parteigremiums*, eines vornehmen *Herrenclubs*?

Die Männer haben nacheinander den Saal betreten, an dessen hinteren, der Tischgruppe gegenüber liegendem Ende sich eine große hohe Tür befindet. In der Lünette über der Tür ist im fahlen Licht des Gewölbes ein Bild der Kaiserin Elisabeth zu erkennen.

Das nächtliche Licht der Stadt, das aus den Gewölbefenstern und den hohen Fenstern an zwei Seiten des Saales dringt, mischt sich mit den zittrigen Reflexen der hellen Tischlampen, die vor jedem der Männer stehen, ihre Gesichter hell erleuchten und der Beobachtung preisgeben: Gelehrtenphysiognomien, Gesichter mit Schmissen – Lebensbilder – ein panoptisches Ensemble von Köpfen. Manchmal zerbirst die Sitzordnung und die Gruppe gerät in Bewegung.

In dem großen weißen Saal, hinter dessen Fenstern die *hassumschattete Stadt* (Friedrich Heer) lauert, in der diese Männer zu Hause sind, verlieren sie sich wie Fremde in der Weite einer Landschaft.

Dieser kurze Blick in den Sitzungssaal des Elisabethinums in Wien, in dem das Ärztekollegium nach der den Weiterbestand dieser Klinik gefährdenden Demission des Kuratoriums zu einer außerordentlichen Sitzung zusammengekommen ist, zeigt eine entscheidende Konstellation von Arthur Schnitzlers dramaturgischer Versuchsanordnung: Menschen jenseits ihrer privaten Existenz, ausschließlich in ihrem beruflichen Lebensbereich. Diese Fokussierung ist so scharf eingestellt, dass die „Figuren" – mit Begriffen Schnitzlers gesagt – in den „Situationen", „die sie zum Sprechen bringen", zu „Gestalten" werden, in denen sich die politischen und die „allgemein ethischen Dinge" wie sie „da draußen in der Welt" das Leben bedrängen, bündeln und szenisch in Erscheinung treten.

Wahrscheinlich ist diese rigorose Versuchsanordnung der „Figuren" und „Situationen", ihre „reine" Gestaltung im „Professor Bernhardi" so ausdrücklich von der naturwissenschaftlichen Ausbildung Arthur Schnitzlers geprägt, wie das in keinem anderen seiner Stücke erkennbar ist.

„Und wenn dieses letzte Stück [...] besser geraten sein sollte, als jene anderen, so wäre es nicht darauf zurückzuführen, dass es als eine im engeren Sinne politische Komödie gelten darf, sondern darauf, dass es technisch sicherer gebaut und dass seine Figuren reiner gestaltet wären als ich es bisher vermocht hätte." Das schreibt Arthur Schnitzler an Richard Charmatz. Diese „reine" Gestaltung der Figuren setzt die Radikalität der Versuchsanordnung voraus. Dass unter diesen rigorosen Bedingungen aus den „Figuren" Menschen, Charaktere, Boten der „Vielfältigkeit der Welt" und nicht etwa glänzend organisierte dramaturgische Funktionäre werden, das ist das schriftstellerische Meisterstück des Dramatikers Schnitzler. So stürzt im 3. Akt, dem politischen Nervenzentrum dieser Komödie, das Stück eben nicht ab, sondern öffnet sich für die *Vielfältigkeit der Welt*.

Die dunkel gekleideten Männer kommen ins Elisabethinum von irgendwoher aus der „hassumschatteten Stadt", in der sie leben, mit ihren Freuden, ihrer Lebens- und Todesangst, ihrer Liebe, ihrem Hass, mit Verwandten und Freunden – oder eben allein. Das alles bleibt für immer verborgen. Was auch da draußen ihr privates Leben ausmacht, spätestens nach dem Betreten des großen weißen Saales ist es im Halbdunkel erloschen, und alles Fühlen und Denken der Männer verbraucht sich in der Diskussion der „bekannten Angelegenheit" und ihrer Folgen. Die Auseinandersetzungen sind einmal geistreich und ironisch, dann wieder impertinent und hinterhältig, pastoral und moralisierend, resignierend oder trotzig, fanatisch oder behutsam, opportunistisch oder aufrichtig, pathetisch oder unaufwendig und leise – und sehr oft lächerlich oder komisch. Und die Frau, „die Sepsis", um deren „glückliches Sterben" es einmal ging, scheint vergessen.

Das „süße Mädel", ein Opfer der Liebe, hinter der großen Tür im 1. Akt, durch die uns kein Blick erlaubt ist, gehört zu den wenigen Frauen in der Versuchsanordnung Schnitzlers. Zu Gesicht bekommen wir nur die hysterische Krankenschwester Ludmilla, eine schwache armselige Person, so einsam wie die Sterbende. Wir hören noch von der „durchlauchtigsten Gans", der Fürstin Stixenstein, von der Gemahlin des eitlen Filitz, offenbar einer Gesellschaftspuppe, von der bigotten Wirtschafterin Bernhardis und der auf den Hofratstitel versessenen Professorengattin Tugendvetter. Welch ein erbärmliches Panoptikum! Nur die sterbende junge Frau wäre der Zuneigung wert gewesen.

Die Liebe ist in der Versuchsanordnung nicht vorgesehen. Auch die zwischen Vätern und Söhnen nicht. Zwischen Bernhardi und seinem Sohn ist eine große Entfernung spürbar; ironische und beinah unfreundliche Aperçus des Vaters zur Auswirkung seines Verhaltens auf die Karriere des Sohnes – der im Übrigen ein freundlicher, aber ziemlich glatter Dandy ist, fatal ahnungslos in den Dingen des Lebens, ein bisschen angeberisch – signalisieren das nicht herzliche Verhältnis zwischen dem alten und dem jungen Bernhardi.

Der andere Sohn, Kurt Pflugfelder, scheint Bernhardi näher zu stehen als Oskar. Das Lob des alten Pflugfelder dafür, dass Kurt den Lumpen Hochroitzpointner vor Gericht einen Lügner genannt hat, ist schon der intimste Kontakt zwischen Vater und Sohn. Im 1. Akt erfahren wir, dass Kurt deutschnationaler Couleurstudent und Antisemit war und ist, sich aber gleichzeitig dazu bekennt, „Antiarier" zu sein. Wie auch immer, der altliberale Vater war ihm jedenfalls kein Vorbild. Die Frage des Dozenten Adler, wie es denn seinem Vater gehe, beantwortet Kurt gar nicht.

Spröde, kühle Beziehungen durchbrechen nicht die familiäre Einsamkeit dieser Väter und Söhne. Keine Frauen, keine Kinder, aber Freunde, die ans Leben binden, die scheint es doch in dieser Männergesellschaft zu geben. Explizit ist die Rede von der Freundschaft zwischen Bernhardi und Flint, ihrer Jugendfreundschaft; aber, was immer sie war, sie ist erloschen, auch wenn Flint noch im 5. Akt sagt: „da drin *(auf sein Herz deutend)* steckt noch immer eine gewisse Sympathie für ihn. So was, scheint's, wird man nie ganz los." – Hofrat: „Ja, Jugendfreundschaften … " – Flint: „Freilich, das ist's." Flint und Bernhardi begegnen einander als zwei Hinterbliebene einer erloschenen Freundschaft.

„Nicht selten", schreibt Manès Sperber, „erinnern mich nächtliche Reflexionen und Träume daran, dass es lebende Abgeschiedene gibt, denen wir selbst Abgeschiedene geworden sind, leibhafte Gespenster. Sie und wir sind Hinterbliebene einer erloschenen Freundschaft, einer zerschlissenen, schließlich wie Sand verstreuten Liebe. Jeder war für den anderen ein Mittelpunkt gewesen – viele Wochen, Monate, Jahre lang; alles wurde auf ihn bezogen, alle ängstlichen und freudigen Erwartungen. Der Gewesene, in derselben Stadt, vielleicht in der zweiten Nachbarstraße wohnend, ist so gleichgültig geworden wie der geschmolzene Schnee, der in einem fernen Frühling von der Erde aufgesogen worden ist. So nahe und doch abgeschieden für alle Ewigkeit wie die Toten – so sind wir ihnen, so sind sie uns. So sind wir alle wandelnde Friedhöfe und tragen manch lebenden Toten in uns eingesargt."

Filitz, dieser Komtur der Eitelkeit, der alles tun wird, um Bernhardi zu Fall zu bringen, spricht bis zuletzt von seinem „Freunde Bernhardi". Ohne den „bekannten Vorfall" wäre diese Freundschaft vielleicht nie aufgeflogen, und sie hätte vielleicht die Definition des Stephan von Sala aus dem „Einsamen Weg" ausgehalten, der zu Julian Fichtner sagt: „Wir bringen einander die Stichworte so geschickt – finden Sie nicht? Es gibt pathetische Leute, die solche Beziehungen Freundschaft nennen."

Die Allergien und Nervositäten, die sich in geschlossenen Gesellschaften entwickeln – übrigens ein wesentliches komisches Element in diesem Stück – befallen alle Mitglieder des Ärztekollegiums, belasten ihre Beziehungen zueinander und schwächen die spärlichen Kräfte der Freundschaft. Cyprian, Löwenstein und Pflugfelder zum Beispiel gehen sich schlechterdings gegenseitig und anderen auf die Nerven, ihre treue Solidarität nimmt Bernhardi spröde zur Kenntnis. Wenn sich Pflugfelder im 4. Akt pathetisch verabschiedet, dann ignoriert das Bernhardi oder bemerkt es gar nicht. Das Gefühl der Freundschaft kommt nicht auf.

Die Freundschaftserfahrungen des ‚Wiener Kreises' haben Schnitzler wohl bei der Gestaltung der „Erwachsenen-Freundschaften" in „Professor Bernhardi" beeinflusst. Felix Salten schrieb über die bleibende Distance zwischen den Schriftstellern des ‚Wiener Kreises': „Merkwürdig bleibt mir bis zum heutigen Tage die gedeckte Herzlichkeit, mit der wir untereinander verkehrten, und die immer wieder auf mich den Eindruck von Kühle, ja sogar Kälte geübt hat. Arthur Schnitzler war gegen jede körperliche Berührung wie das vertrauliche Handauflegen auf die Schulter überaus empfindlich und ablehnend bis zur Schroffheit. Eine schier unmessbare Distance hat Richard Beer-Hofmann immer gewahrt. Einmal sagte er sogar: ‚Freunde? Freunde sind wir eigentlich nicht – wir machen einander nur nicht nervös." Nicht einmal dieser Minimal-Definition genügen die Freundschaften in „Bernhardi".

Tatsächlich sind alle diese Menschen einsam, keiner bindet den anderen, keiner erreicht den anderen wirklich. Einsamkeit, der Kult und die Krankheit der Jahrhundertwende, hat jeden eingehüllt.

In Schnitzlers „Sprüchen und Bedenken" heißt es: „Kein Gespenst überfällt uns in vielfältigeren Verkleidungen als die Einsamkeit, und eine ihrer undurchschaubarsten Masken heißt Liebe." Und ohne Zweifel, eine andere heißt Freundschaft. Hugo von Hofmannsthal schreibt Ähnliches über seine Freundschaft zu Schnitzler. – Handke, der Bewunderer Hofmannsthals, stellt „am Felsfenster morgens" fest: „Ich bräuchte einen kritischen Freund, und da ich keinen habe, bin ich mir das selber."

Der einsamste Mensch in „Professor Bernhardi" ist wohl der Pfarrer. Auf der Suche nach einem Menschen, der ihn versteht, bei dem sein Gewissen Ruhe finden kann und der ihm die Angst vor dem Verlust seines Glaubens nehmen könnte, trifft er auf einen anderen Einsamen, der ihm wohl über den Abgrund, der sich im Gespräch immer tiefer und unüberwindlicher aufgetan hat, die Hand reicht, aber nur für einen Moment und zum letzten Mal. Das Gespräch hat sie für immer getrennt. Keiner konnte die Einsamkeit des anderen durchbrechen. Zwei Verlierer verlassen die Bühne. Übrigens ist es das einzige Gespräch im ganzen Stück ohne komische Elemente.

Die Gespräche in „Professor Bernhardi" konsolidieren die Einsamkeiten der Gesprächspartner. Diese österreichische Komödie ist eine Tragikomödie der Einsamkeit. Das ist ihre Aktualität. Sie ist auch eine Tragikomödie des Kampfes zwischen Gedächtnis und Vergesslichkeit (Konstanze Fliedl hat das mit Recht so betont). Auch das ist ihre Aktualität in unserer gedächtnislosen Gesellschaft. Und eine Tragikomödie des Duckmäusertums ist sie, des Strebertums, des Cliquenwesens, des Phrasendreschens und vor allem des Opportunismus. Diese alte Krankheit ist die Seuche unserer Zeit. Und eine „Tragikomödie des Eigensinns" ist sie wohl auch. Die Charakterkomödie, als die Schnitzler sein Stück bezeichnete, lebt eben von den menschlichen Schwächen.

Die Schwächen Bernhardis, sein Eigensinn, seine Naivität, seine Arroganz, seine Leichtgläubigkeit, sein Ruhebedürfnis und andere menschliche Unzulänglichkeiten auch seiner jüdischen Freunde haben wohl nach dem Zweiten Weltkrieg bewirkt, dass man am Deutschen Theater in Berlin bedauerte, „Professor Bernhardi" nicht aufführen zu können, „weil in dem Stück so viele schlechte Juden auftreten". Das berichtet Angelika Hurwicz. Die seinerzeit verständliche Bedenklichkeit ist natürlich nicht zu vergleichen mit den andauernden philosemitischen Verkrampfungen, denen dieses Stück – so wie Lessings „Nathan" – immer wieder ausgesetzt ist. Und schon gar nicht kehrt Nathan in der Gestalt Bernhardis auf die Bühne zurück.

Bernhardi hat jedenfalls „gar keine Lust, um jeden Preis den Helden zu spielen", im Gegensatz zu manchen guten Menschen von heute, die ihre kleinen Skandale mit dem großen Skandal des Antisemitismus verwechseln und große Lust haben, um jeden Preis den Helden zu spielen. Anders als sie flieht Bernhardi vor der Lächerlichkeit seines ungewollten Ruhmes und vor der Verfolgung durch seine Anhänger und Bewunderer. Er flüchtet nicht vor den Antisemiten und er schreibt kein Buch gegen den ekelhaften politischen Hexensabbat, gegen die politischen Scharlatane und die „Schweine", unter denen man, wie Schnitzler 1899 an Brandes schrieb, in Wien leben musste, nein, er will seine Ruhe haben; ein sehr anständiger Mann will seine Ruhe haben; er will in die „Heimat Einsamkeit" zurückkehren – ja, er muss sich sogar nach dem Verlassen des Gefängnisses beeilen, seinen alten Freund Flint aufzusuchen, damit er noch den nötigen Ernst für die große Abrechnung aufbringen kann. Aber sosehr er sich auch beeilt, der Zorn überlebt nicht, der Groll erlischt. Was bleibt, ist seine Einsamkeit.

War Schnitzler Bernhardi? – War Schnitzler „ein Prophet, dem der Zorn fehlte"? – Gehört „Professor Bernhardi" zu den „bösen Träumen künftiger Wahrheit"? – Während Arthur Schnitzler den „Professor Bernhardi" in Wien schreibt, lebt in dieser Stadt Adolf Hitler und bekehrt sich zum Antisemitismus.

An der Schwelle zu diesem Jahrhundert des Todes, des Massenmordes an den Juden treffen sich in der „hassumschatteten" Stadt Wien an einem Februarabend neun Ärzte im Sitzungssaal des Elisabethinums und streiten sich über die bösen Folgen einer guten Tat.

Über diese Menschen auf der Bühne heißt es in einer Berliner Rezension von 1912: „Wollten wir länger und tiefer mit ihnen verkehren, so würde es sich wahrscheinlich zeigen, dass man nicht um sie herumgehen kann, weil sie mehr durch den Schnitt der Silhouette als durch runde plastische Existenz gekennzeichnet sind." Diese kritisch gemeinte Beschreibung, die eine Schwäche des Stückes aufdecken möchte, verweist aber ungewollt auf seine unverwechselbare Qualität: Schnitzlers dramatische Versuchsanordnung, die uns die Ungeheuerlichkeiten der Wirklichkeit verstehen lässt und die lebensbestimmende Einsamkeit der scheinbar in Silhouette auf der Bühne erscheinenden Menschen szenisch verwirklicht. „Schnitzler war ein großer Meister der Einsamkeit. Sie bildet den tiefsten Inhalt all seiner Werke und Gestalten" (Franz Werfel).

Die Erfahrung der Einsamkeit dieser Figuren erschließt den Schauspielern deren Seele, ermöglicht deren „plastische Existenz".

Robert Musil behauptet in einem Kritik-Versuch über Theodor Reiks Schnitzler-Buch: Bühnenfiguren, das heißt „Gestalten eines Dichters haben keine Seele. Keine kausale. Keine in sich selbst verständliche. [...] Personen eines Dichtwerks wie lebende Menschen behandeln, ist die Naivität des Affen, der in den Spiegel greift."

Schauspieler leben mit Personen eines Dichtwerks wie mit lebenden Menschen – und was ist Inszenieren anderes als in den Spiegel greifen? – Und was ist Schreiben und Reden über Menschen und das Leben und das Theater anderes?

Beitrag für das Programmbuch von „Professor Bernhardi".
Premiere am 9. Mai 1998 im Burgtheater.

32 Michael Kehlmann
Der unbekannte österreichische Regisseur

Lieber Mischa!
Die schöne Gelegenheit dieses kleinen Symposiums nehme ich gerne wahr, um Dir nach vielen Jahren unausgesprochener, aber ungefährdeter Verbundenheit und freundschaftlicher Achtung meine Bewunderung für Deine Lebensleistung zu bekunden und Dir zu sagen, dass ich Dir mehr Dank schulde, als ich Dir je abstatten konnte. Das wird sich mit dem heutigen Tag auch nicht ändern, aber gesagt soll es werden.

Dabei würde ich heute lieber nur zuhören – natürlich Deinen alten Freunden und Weggefährten Milo Dor und Alexander Kerszt – aber wie wunderbar wäre es, wenn heute Helmut Qualtinger aus seinem Buch „Mein Freund, der Mischa" vorlesen würde, wenn der Attila Hörbiger und der Leopold Rudolf, der Hannes Messemer und der Fritz Eckhardt sich bei ihren Kehlmann-Erinnerungen und -Anmerkungen gegenseitig ins Wort fielen, der Manfred Inger ein leises Lob vorbrächte und die Adrienne Gessner Dir ein paar exquisite Bosheiten zum Geschenk machte.

Im Gegensatz zu einigen Lebenden sind die Genannten hier entschuldigt – und loben Dich anderenorts zusammen mit Joseph Roth und Ödön von Horváth.

Bei diesem *großen* Kehlmann-Symposium, an dem Du hoffentlich noch sehr, sehr lange nicht teilnehmen kannst, stünde ich jedenfalls mit diesen Randbemerkungen nicht auf der Rednerliste; daher will ich die Gelegenheit dieses *kleinen* Symposiums, das Dr. Robert Streibel und sein Institut Dir dankenswerterweise gewidmet haben, doch für ein paar Randbemerkungen nutzen.

In der Ankündigung dieser Kehlmann-Retrospektive heißt es, der Regisseur, Schriftsteller und Schauspieler Michael Kehlmann gehöre zu den Unbekannten der österreichischen Film- und Kulturgeschichte. Die Initiatoren hätten es sich zur Aufgabe gemacht, einen Beitrag zur Wiederentdeckung des Werkes dieses Künstlers zu leisten.

Hätte mir jemand während meiner Studentenzeit oder später, als ich Schauspieler – oder später als ich Burgtheaterdirektor geworden war, vorhergesagt, dass im Jahr 2000 ein Symposium stattfinden wird, um einen Beitrag zur Wiederentdeckung des unbekannten Michael Kehlmann zu leisten, dann hätte ich diesen Propheten wegen seiner hanebüchenen Ahnungslosigkeit ausgelacht oder ihn wegen pathologischem Kulturpessimismus nicht ernst genommen.

Heute weiß ich, dass der galoppierende Gedächtnisschwund, der alle Bereiche unserer Gesellschaft befallen hat und im Kunstbetrieb sogar zum Programm erhoben wurde, die vor Jahrzehnten als grotesk erscheinende Hellseherei in den Rang einer kundigen Prognose erhoben hat. Seit Jahren ist der Steh- und Kernsatz programmatischer Erklärungen im Kunstbetrieb, vorrangig im Theater, *man müsse bei „Null" anfangen*, d. h. doch offenbar bei und mit sich selber. Um aber immer und immer wieder bei „Null" anfangen zu können, darf man eben das, was vorher war, nicht zur Kenntnis nehmen oder muss es gegebenenfalls vergessen und aus der Welt schaffen.

So versuchen sowohl die juvenilen Altstars als auch die forsche Shooting-Elite kraft ihrer Feuilletonkompetenz, den Zeitgeist zu simulieren, das Neue nicht nur zu machen, sondern es schlechthin zu sein und ihre Null-Ideologie zum unvergleichlichen Standard zu erheben – ganz im Sinne des Satzes von Bernard von Brentano: „Nur Dummköpfe und Spinnen produzieren aus sich selbst heraus."

Auch ein verflossener österreichischer Kulturminister hatte sich diesen Gedanken Brentanos nicht gemacht und verlieh Festspieleröffnungsreden mit dem brillanten Satz: „Die Kunst ist das schlechthin Neue" gern ihren intellektuellen Höhepunkt.

Die schöpferische Tradition, die der so gar nicht veraltete Herbert Ihering als „Solidarität des künstlerischen Handwerks, das sich immer wieder in der Gegenwart erneuert", definiert hat, diese Tradition scheint vorläufig ausgespielt zu haben. Auf den „Erinnerungsbühnen" werden die Lichter gelöscht. Das „Gedächtnistheater" hat seine Pforten geschlossen.

Schnitzler ließ schon 1911 seinen Minister Flint – Minister für Kultus und Unterricht – im „Professor Bernhardi" sagen: „Man sollte keine Erinnerung haben in unserer Stellung." Der Wunsch Flints ist längst in Erfüllung gegangen. Das Vergessen ist eine Tugend geworden; es ist nicht nur die gewöhnliche Vergesslichkeit, eine Phrasen und Karrieren fördernde Hirn- und Bildungsschwäche, sondern auch eine ganz bewusste Verweigerung von Vergangenheit.

Manchmal sind die Verweigerer erstaunt oder verstört, wenn sie gelegentlich entdecken, dass das Erinnerungsvermögen im übrigen Europa noch nicht in gleicher Weise verkümmert ist, und die Beliebtheit Österreichs mit seiner Selbstverliebtheit so gar nicht Schritt halten kann. Aus der Mesalliance von Erinnern und Vergessen entstammt das Zwillingspaar Beliebtheit und Selbstverliebtheit. Das Vergessen und das Beliebtsein sind also verwandt.

In Österreich ist das Beliebtsein eine der wesentlichen Existenz-Bestätigungen für Intellektuelle und vor allem natürlich für Künstler. So schwelgen einst spätstalinistische Damen und Herren, denen vor Jahren die brutale Unterdrückung der sogenannten Dissidenten kaum einen Laut der Solidarität entlockte, in wehleidigem Selbstmitleid, weil die Leute, die sie so medientrunken verachten und bekämpfen, sie nicht mögen.

Auch der linkeste österreichische Künstler will beliebt sein, auch bei seinen unersetzlichen Feinden; auch von denen will er gelobt und geliebt werden, sonst wandert er womöglich aus oder verbietet die Aufführung seiner Stücke in Österreich, was den rechten Banausen vermutlich keine Entzugserscheinungen ob dieser kulturellen Entbehrungen verursachen dürfte. Schließlich und endlich wollen alle zusammen der großen Koalition der „Lieblinge" angehören, die Reaktionäre und die Avantgarde-Simulanten, die Berufsösterreicher und die Österreich-Missionare aus dem Ruhrpott, die sich nach anfänglichen Hemmungen alle lieb gewinnen, sich gegenseitig tätscheln und ansafteln – und sich gelegentlich, je nach feuilletonistischer Marktlage, auch einmal ein bisschen bekämpfen, zumeist mit Knallerbsen-Argumenten, die tatsächliche Auseinandersetzungen gar nicht erst aufkommen lassen und die genannte Koalition keinesfalls gefährden.

Lieber Mischa, Du gehörst dieser Koalition der Lieblinge nicht an, Du bist auch kein juveniler Altstar und Du warst nie ein Null-Anfänger, nie ein Vergangenheits-Verweigerer; Du hast nie Haltungen simuliert, Du hast sie gehabt. Du hast nur Deine Stücke und Filme inszeniert; Deine „Skandale" haben andere in Szene gesetzt; daher ist der sogenannte „Heldenplatz"-Skandal mit der beispiellosen „Radetzkymarsch"-Kampagne nicht vergleichbar.

Du warst eben auch nie Staatskünstler und Staatsfeind in Personalunion. Du hast Dich keinem Flint an den Hals geworfen, kurzum: Du hast den österreichischen Berufsweg eines „Lieblings" vorsätzlich nicht eingeschlagen. Du warst nur Schauspieler, nur Regisseur, nur Autor – und so geht es eigentlich in Ordnung, dass Du zu den Unbekannten der österreichischen Kulturgeschichte gehörst, und wir Dich nun wiederentdecken müssen und ich so die Gelegenheit habe, ein paar Anmerkungen zu machen und Dir Dank zu sagen.

Ich danke dem Regisseur Kehlmann als Schauspieler und als Theaterdirektor für die schöne solidarische Zusammenarbeit, die ich in Wien und München und später in Zürich genießen durfte. Ich danke Dir als Zuschauer, der wie sehr viele andere Menschen zuerst durch Dich und Deine großartigen Filmfassungen Joseph Roth vor allem, Ödön von Horváth und andere bedeutende Autoren kennenlernte.

Ich danke Dir auch als zugewanderter Preuße, der „Österreich" lernen wollte und bei Dir ein gehöriges Pensum dieser Lektion absolvieren konnte – und ich danke Dir als Regisseur, weil Du ganz einfach dem Anfänger ein gutes Beispiel für diese Spezies abgegeben hast.

Die Zeiten waren freilich andere; ihnen nostalgisch nachzuklagen, wäre nur eine andere Art der Vergesslichkeit oder Altersschwäche; aber man muss auch nicht alles, was einen geprägt hat, opportunistisch verschweigen, nur weil der *Regisseur* von damals heute zu den bedrohten Arten gehört – jedenfalls im deutschen Sprachraum.

Natürlich war die Partnerschaft zwischen Autor, Regisseur und Schauspieler in der Regel eine andere als heute – und der Vierte im Bunde war der Zuschauer und nicht das Feuilleton. Der Autor war nicht der Materiallieferant für den Regisseur. Handwerkliches Können war kein Handicap, Bildung keine Behinderung und künstlerische Haltung und vielleicht auch politische Überzeugung waren keine Fragen des Designs.

Natürlich gab es klebrige Verlogenheiten, üble Scharlatanerien und hohle Angeberei und was das Herz sonst noch gern entbehrt, aber das wurde doch öfter beim Namen genannt und nicht unbedingt zum *neuen Stil*, zur *neuen Ästhetik*, zur *neuen Sehweise* erhoben – und wie diese Gewäsch-Begriffe noch heißen mögen. Und wenn jemand partout keine Stücke schreiben konnte, dann wurde er nicht unbedingt zum Dramatiker des Jahres gewählt.

Die Zeit der umgekehrten Vorzeichen, die der schon erwähnte Herbert Ihering 1930 beschrieb, kehrt wohl periodisch wieder, und der „Fortschritt" ist wieder nur die „Maske für die wütendste Reaktion" und wieder „zäumt sich jeder Stumpfsinn" als revolutionäre Erneuerung auf und „jede lähmende Gleichgültigkeit" putzt sich wieder einmal als Liberalität heraus. (Wem nicht einmal das einfällt, der proklamiert dann die Spaßkultur.)

Die paradiesischen Zustände in Kakanien, wenn es sie denn jemals gegeben hat, über die Robert Musil in seinem „Kakanien"-Text schreibt, die kehren leider nicht wie die von Ihering beschriebenen Phänomene periodisch wieder. Es ist noch nicht wieder so wie in Kakanien, wo „immer nur ein Genie für einen Lümmel gehalten, aber niemals, wie es anderswo vorkam, schon der Lümmel für ein Genie." – Es ist längst so wie anderswo.

Du, lieber Mischa, warst und bist ein geheimer Botschafter aus dem Lande Kakanien, „in dem man immer anders handelte, als man dachte, oder anders dachte, als man handelte" – aber Du hast Dich auch an diese Regel nicht gehalten, und dieser Regelbruch hat auch Deine Arbeit bestimmt. Das war Dein ‚Stil'.

Mischa, Du hast Grund, Dich über alle Deine Erfolge zu freuen, über die im Theater, die „in Wasser geschrieben" sind und über die Deiner Filme, die da sind und die immer wieder gesehen werden können – auch in besseren Zeiten, wenn Du längst wiederentdeckt sein wirst.

>Vortrag unter dem Titel „Randbemerkungen" in der Volkshochschule Hietzing zur Eröffnung des Symposiums „Retrospektive und Erinnerung – Michael Kehlmann – Der unbekannte österreichische Regisseur" am 11. November 2000.

33 Adolf Dresen
31. 3. 1935 – 11. 7. 2001
Ein Briefwechsel mit Andreas Dresen

Großgmain, den 15. August 2001

Lieber Andreas Dresen,
sehen Sie mir bitte nach, dass ich Ihnen erst jetzt schreibe.

Die Nachricht vom Tode Ihres Vaters hatte mich schockiert, und ich wusste zunächst gar nicht, was ich überhaupt einem mir leider Fremden zu diesem schrecklichen Verlust sagen könnte, außer eben einfach nur mein Beileid und das Übliche zu bekunden.

Adolf Dresen war – und ist – mir viel wert. Wir wurden vor 25 Jahren Vertraute oder Freunde, zunächst in der Nähe, später in der Ferne; wir wussten ‚privat' fast nichts voneinander, haben uns lange nicht gesehen, nur geschrieben, haben immer wieder Treffen geplant, erfolglos, waren uns aber einer großen Übereinstimmung in allem, was uns wichtig war, einfach sicher und waren von einem selbstverständlichen gegenseitigen Vertrauen erfüllt, wie einem das so unantastbar und jenseits jeder Kumpanei nur ganz selten geschieht.

Nur einmal war ich für kurze Zeit enttäuscht: Unsere Verabredung für das Zürcher Schauspielhaus (1989) konnte und wollte Adolf Dresen nicht mehr einhalten, da er vom deutschsprachigen Firlefanz-Theater, wie Sie ja wissen, inzwischen so abgrundtief enttäuscht war, dass er sein Asyl in der Oper schließlich doch nicht mehr verlassen wollte. Aber er hat weiterhin zugunsten eines anderen Theaters, eines besseren, fabelhafte, klare, unumgängliche Texte geschrieben. So ist die alte Partnerschaft im Geiste für mich lebendig geblieben, bis heute, auch in meiner Arbeit mit der Regieklasse des Reinhardt-Seminars. Adolf Dresen ist ein ‚Thema'; die Studenten werden ihn auch weiterhin als vorbildlichen Theatermenschen kennen lernen, der künstlerisch integer, gewissenhaft, unbestechlich, mutig und phantasievoll nachdenklich war – eine Rarität.

Aber das wissen Sie ja alles, und ich möchte Sie nicht mit einem armseligen Nachruf belästigen, ich wollte Sie eigentlich nur wissen lassen, dass Ihr Vater in Wien am Burgtheater, wie ich glaube, eine glückliche Zeit hatte. Viele Kollegen aus dieser Zeit sind nun zutiefst bestürzt; ich weiß aus Gesprächen, dass der Dresen für viele noch immer eine Hoffnung war.

Glücklich, wenn man das überhaupt sagen darf, war diese Zeit für ihn auch am Rande der Arbeit, zum Beispiel bei unseren vielen Reisen, vor allem mit seiner „Iphigenie" und der „Dreigroschenoper" – in der österreichischen Provinz, in Italien, in Israel, in Russland und in Japan. Bei diesen Gastspielen trat Adolf nicht nur als Mitglied des Burgtheaters und als DDR-Bürger in einer konsularischen Sonderrolle auf; er genoss seine Freiheiten in der fremden Welt oft auf so ausgefallene Weise, dass viele Dresen-Anekdoten von diesen Reisen überlebt haben. So erstürmte er in Turnschuhen in Bad Gastein den dortigen Hausberg zwischen Probe und Vorstellung in einer ganz unwirklich kurzen Zeit, kämpferisch, ohne Genuss, als sei der Berg ein ignoranter Kritiker. Am Abend war er natürlich völlig erschöpft und ausnahmsweise hatten die Schauspieler einmal Schwierigkeiten, ihm etwas zu glauben.

In Japan rückte er mit gleichem Elan, aber nicht so erfolgreich, dem Fudschijama zu Leibe, als einziger von uns; und als einziger schwamm er tatsächlich im Toten Meer – alle anderen planschten und paddelten herum – und erklomm schließlich völlig erschöpft eine entfernte Salzsäule und residierte auf der wie eine seltsame Fata Morgana über diesem unwirklichen Gewässer. – Ein symbolisches Dresen-Bild.

In Israel machte er manches Mal auch Schwierigkeiten und war scheinbar undiszipliniert. Die Ursache für ein solches für ihn unübliches Verhalten lag darin, dass er statt eines „Polyglott" oder eines anderen üblichen Reiseführers die Bibel zur Orientierung benutzte, so dass er sich doch öfter verirrte und sich verspätete und wir auf ihn warten mussten. – „Wo bleibt denn der Dresen?!" war oft die Frage. Damals.

Und nun bleibt diese Frage. Das ist ein Jammer.

Von seinen letzten Monaten weiß ich kaum etwas. Leider. Sollte es einmal die Gelegenheit für ein Gespräch über Ihren Vater geben, dann würde ich sie gerne wahrnehmen und wäre Ihnen dankbar.

Ihre wunderbaren Filme haben Ihrem Vater sicher besondere Freude bereitet. Für ihn, der es sich immer so schwer gemacht hat, war es wohl eine seltene schöne Erfahrung, einen Erfolg einmal einfach nur genießen zu können. Es ist ihm also manchmal auch gut gegangen. Das ist tröstlich. Ein wenig.
Mit meinen guten Wünschen für Sie
Ihr
Achim Benning

***

Potsdam, 26. 10. 01

Lieber Achim Benning,

auch ich muss mich bei Ihnen entschuldigen – für die späte Antwort auf Ihren herzlichen Brief, der in dem schweren Sommer sehr gutgetan hat. Vielen Dank für die schöne Erinnerung an Adolf, die ihn mir noch einmal hat so ganz lebendig werden lassen.

Ich lege Ihnen eine seiner letzten Reden bei, die er vergangenen Winter in Dresden gehalten hat, niemand hätte da geahnt, dass er nur noch so kurze Zeit bei uns sein würde. Sein Tod kam sehr schnell, innerhalb nur weniger Tage, er hatte einen Hirntumor und hat die Operation wegen seiner ohnehin angeschlagenen Gesundheit nicht überstanden. Gott sei Dank hatte ich noch zweimal die Gelegenheit, ihn zu besuchen und auch lange mit ihm zu reden. Trotz der bedrohlichen Situation war er ganz der Alte, hat blöde Witze gerissen und mit Energie dem Unausweichlichen die Stirn geboten. Er ist schnell und energisch gestorben, wie er auch gelebt hat. Das muss man wohl als Gnade betrachten.

Trotzdem, ich habe sehr an ihm gehangen, wir hatten ein gutes Verhältnis und er fehlt mir sehr. Es hat eine ganze Weile gedauert, bis ich wieder arbeiten konnte und ins Leben zurückgekehrt bin, daher fange ich auch jetzt erst damit an, die viele liebe Post zu beantworten, die mich in dieser Zeit erreicht hat.

Merkwürdigerweise inszeniere ich gerade in Leipzig am Theater, ausgerechnet in der Stadt, wo Adolf in den letzten Jahren meist gelebt hat. Und wo er auch gestorben ist. Manchmal gibt es doch merkwürdige Zufälle! Aber auf diese Weise bin ich wenigstens gezwungen, mich der Erinnerung zu stellen und damit umzugehen.

Ich würde mich auch sehr freuen, wenn sich die Gelegenheit ergeben sollte, dass wir uns kennenlernen. Adolf hat immer mit größter Hochachtung und Sympathie von Ihnen erzählt und ich denke auch, dass die Zeit in Wien für ihn eine sehr schöne war.

Ich wünsche Ihnen alles Gute und grüße Sie von Herzen!
Ihr
Andreas Dresen

Briefwechsel aus Anlass des Todes von Adolf Dresen
mit seinem Sohn Andreas Dresen 2001.

34 Georg Schuchter
5. 12. 1952 – 29. 9. 2001

Im Schauspielhaus Zürich führt der Weg eines Schauspielers auf die Bühne zu seinem Auftritt durch einen halbdunklen asymmetrischen vieleckigen Raum, vorbei an einer schrägen Wand mit einem Spiegel, vor dem ein gewöhnlicher Holztisch mit einem Sessel an seiner Schmalseite steht, zu einer Treppe linker Hand und hinauf über ein paar Stufen zu einer Tür, hinter der sich die Bühne befindet. Gegenüber lässt eine doppelflügelige Glastür das gelbgraue Abendlicht von dem nur einige Meter entfernten Zeltweg in diesen Nebenraum der Bühne ein; später dann das schmuddelige Mischlicht der nächtlichen Stadt, das je nach Jahreszeit der dämmrigen elektrischen Beleuchtung des Raumes im Verlauf der Vorstellung die schwächliche Vorherrschaft überlässt.

Tagsüber während der Proben mogelt sich manchmal sogar theaterfeindliches Sonnenlicht durch die architektonischen Hindernisse und verwandelt das Durcheinander der Garderober, Maskenbildner und Requisiteure, die Schauspieler vor ihrem Auftritt oder nach ihrem Abgang betreuen, in bizarre Schattenspiele. Dann wird es in all dem Chaos auch hektisch und laut, und der Raum verliert sein Geheimnis.

Abends mit Beginn der Vorstellung kehrt es zurück. Es fällt kein lautes Wort mehr. Die leisen Gespräche der auf ihren Auftritt wartenden Schauspieler sind nur in der Nähe verständlich. Manche warten schweigend, manche kommen und gehen wortlos auf die Bühne. Nur während der Umbauten und in der Pause verliert der Raum für kurze Zeit seine stille abendliche Abgeschiedenheit. Würde man diese Gespräche belauschen, so hörte man Lebensweisheiten und Albernheiten, Krankheitsberichte und Witze, Erzählungen von der vergangenen Szene oder der letzten Vorstellung, endgültige Erkenntnisse über die Inszenierung, neue Erlebnisse mit der Rolle. Probentratsch, Familien- und Liebesgeschichten – und wieder Philosophie – kurzum: An keinem Thema der Welt käme man vorbei und man könnte teilhaben an dem bisschen Schauspielerleben zwischen den Auftritten. Und man wäre wohl erstaunt darüber, dass die so intim miteinander Redenden offenbar im gegenseitigen Einvernehmen einander gar nicht wirklich zuhören; in ihren Gedanken sind sie schon oder noch auf der Bühne. Manchmal aber waren diese Begegnungen zwischen den Auftritten etwas Besonderes: vertrauliche Augenblicke, in denen man auf eine geheimnisvolle Weise auch hinter einigen flüchtigen Sätzen unvermutet einen Blick in das Innerste eines Menschen werfen kann, das in anspruchsvollen Gesprächen zumeist verborgen bleibt.

Und manchmal waren die Gespräche in diesem Niemandsland eben von der Art, dass man sich nach Jahren plötzlich wieder an sie erinnert und an die Menschen in diesem Niemandsland, die nicht mehr leben, besonders deutlich.

Als mich Karlheinz Hackl anrief und mir mitteilte, dass Georg Schuchter tot ist, war ich zuerst verständnislos und empört, wie man das ist, wenn einer gestorben ist, dessen Leben noch nicht erfüllt war; so pflegt man ja ein Leben zu nennen, wenn es allmählich durch die Tore des Alters im Dunkel verschwunden ist. Dann war ich unendlich traurig, wie man das ist, wenn ein so freundlicher, warmherziger und so begabter Mensch plötzlich und brutal vernichtet wird – und ich war verstört, wie man das ist, wenn ein Mensch gestorben ist, dessen Lebenslauf mit dem eigenen für einige Zeit verwoben war und mit dessen Tod der eigene Vorrat an Hoffnungen wieder einmal geringer wird.

Ich habe Georg Schuchter mehr als sein halbes Leben lang gekannt. In den letzten Jahren haben wir leider nicht mehr miteinander gearbeitet. Es gab keine Gelegenheit. Nur noch selten sind wir einander begegnet.

Und dann diese furchtbare Nachricht. Seither begegne ich ihm wieder. Ich weiß wieder viel von ihm. Er ist mit all der ruhigen und nachdrücklichen Kraft seiner sanften Person in meine Gedanken und Erinnerungen zurückgekehrt. Die erste wieder gewonnene Erinnerung nach dieser schockierenden Unglücksbotschaft führte mich seltsamerweise in diesen merkwürdigen Zürcher Theaterraum, dieses Niemandsland zwischen Traum und Wirklichkeit, wo wir viele Gespräche geführt haben, vor allem 1991, Arbeitsgespräche während der Proben, später vor und während der Vorstellungen von Arthur Schnitzlers „Der Ruf des Lebens", unserer letzten gemeinsamen Arbeit.

Georg spielte den Forstadjunkten, einen Menschen, den wir nur erleben, als er sozusagen einen Abstecher im Hause Moser macht, um sein Lebensglück zu verfolgen und die geliebte Marie Moser endlich zu sich zu holen und zu heiraten. Eigentlich hält er sich aus bürokratischen Gründen in Wien auf; er ist dienstlich ins kaiserliche Oberforstamt bestellt. Trotz aller schüchternen Vorausahnungen trifft ihn ungeschützt die radikale Verweigerung der geliebten Frau. Sie erklärt ihn zum Fremden und wirft mit vernichtender Brutalität seine ganze Existenz auf den Müll ihrer abgestorbenen Gefühle: „Und wenn Sie daran zugrunde gehen, was liegt mir daran. Sie sind mir nichts mehr. […] Dort in der Lade liegen Ihre letzten Briefe, sie sind nicht einmal eröffnet. Sie hätten sterben können, ich hätte keine Träne um Sie geweint."

Georg hat den Einsturz aller Hoffnungen, das Erlöschen aller Träume dieses gerade noch jugendlichen Mannes, der eben noch auf dem Wege zum Ort seiner glücklichen Lebensgestaltung war, wortlos, tief aus den innersten Bezirken seiner Seele heraus vollkommen unsentimental und bedingungslos vergegenwärtigt und das Desaster dieses scheinbar schicksalsarmen Menschen offenbart, indem er es zu verbergen suchte – und dieser Versuch ließ so viel Lebensgeheimnis und Menschenwürde übrig, dass dieser beschädigte Mann im letzten Akt, als er für kurze Zeit aus der Einsamkeit seines Forsthauses ins Dorf herabgestiegen ist, also wieder einmal nur auf einen Abstecher vorbeischaut, kein lebender Leichnam, sondern ein schicksalsfähiger Überlebender ist. Am Schluss macht er sich wieder auf den Weg in die Berge, nun in der Hoffnung, dass ihm für einige Zeit ein Freund, der Arzt, folgt – für einige Zeit eben.

Für mich gehören diese Lebensmomente, die Georg Schuchter in dieser Rolle dargestellt hat, zu den raren Augenblicken des Theaters, die der Liebe zum Theater neue

Nahrung geben und den Schauspielerberuf auch für intelligente und vielseitig begabte erwachsene Menschen erträglich, sogar sinnvoll erscheinen lassen. – Jedenfalls war Georg Schuchter zu Hause in der Welt dieser „schöne[n], wunderliche[n] Komödie, [die] eilig zwischen Tod und Leben hin und wieder wandel[t], brutal und zart, resigniert und doch hell von mancherlei milden Zuversicht, […] zweifelnd, anklagend, entschuldigend, unempfindlich und empfindsam, überlegen bis zur Demut und pathetisch bis zur Einfachheit", wie Alfred Polgar den „Ruf des Lebens" beschrieben hat. – Das war Georgs Land; in dem kannte er die Wege.

Ich erinnere mich an unsere Gespräche in dem Zürcher Nebenraum über Polgars Essay, über die scheinbare Konturlosigkeit des Adjunkten und die große Kunst Schnitzlers durch ein paar Oberflächlichkeiten, Banalitäten, Nebensächlichkeiten, durch ganz behutsame Veränderungen der Tagessprache seiner Figuren – eben auch dieses bestimmungsarmen Mannes, den wir nur unterwegs erleben – manchmal durch eine einzige ungewöhnliche Formulierung („Ich freue mich hin."), durch kleine armselige Äußerungen und Gesten die Vermutung eines reichen oder auch dürren Schicksals zu evozieren und zu begründen und den Lesern oder den Zuschauern Erkenntnisse anzuempfehlen.

Georg konnte das: Schicksale eröffnen, Vermutungen dringlich machen, die richtigen Fragen stellen. Polgar lastet ja dem „Ruf des Lebens" an, es sei ein Stück „voll großer Fragen und bescheidener Antworten". Dieser Vorwurf ist eigentlich eine Definition großer Theaterkunst. *Die richtigen Fragen stellen, nur das sei die Aufgabe des Künstlers*, sagt Cechov.

Georg war ein Schnitzler-Schauspieler par excellence. Polgars Beschreibung des Theaterdichters Schnitzler könnte man wohl verstanden und ohne falschen Anspruch auf Georg Schuchters Theaterbegabung übertragen. Polgar schreibt über Schnitzler: „Er hatte als Dramatiker eine so sichere wie weiche Hand. Die volle Plastik gelang ihm weniger gut, als das formenzarte Relief." *Er sei ein romantischer Skeptiker gewesen, in seinen Dramen werde über Tod und Leben, Größe und Kleinheit, Wollen und Können das Zeichen eines wehmütig fatalistischen Lächelns gesetzt. Selbst das Tragische habe eine Art von Sanftheit*: „Langsam öffnet sich die Hand der Nacht und lässt das Finstere frei. Das Unheil kommt auf Zehenspitzen." – Freilich, den Adjunkten überfällt es, und Georg stürzt es in den tödlichen Abgrund, als er unterwegs war.

Nun kommen die Erinnerungen und werden bleiben. – Ich sehe Georg auf der Probebühne des Mozarteums wieder, als ich ihn kennenlernte. Er sprach „Die Glocke" vor; eine Rolle konnte er noch nicht. Ich engagierte ihn. Nach dem Abschluss seines Studiums kam er ans Burgtheater und erarbeitete sich eine glückliche Entwicklung über viele Jahre. Er spielte bald eine Hauptrolle: den Richard in Strindbergs „Pelikan"; es war unsere erste Zusammenarbeit.

Seine schauspielerischen Tugenden entfalteten sich schon am Anfang so überzeugend, dass er diese sehr schwierige Strindberg-Figur, einen gefolterten jungen Mann, der verzweifelt versucht, einer tödlichen Welt zu entkommen und das Leben zu gewinnen, in all ihrem Elend glaubhaft machen konnte. Schon am Anfang zeigte sich seine große Begabung für das *formenzarte Relief*. Schon am Anfang war es eine Freude, mit ihm zu arbeiten.

Und es war eine Freude, wenn die Schuchter-Familie unter der Führung des wunderbaren Vaters in die Premieren Georgs einzog und anschließend glücklich und stolz auf der Premierenfeier residierte. Das freudige Ereignis wiederholte sich dann in wechselnder Besetzung, als der schwesterliche Glücksfall Gabriele das Burgtheater bereicherte. Im Laufe der Burgtheaterjahre gab es in beiden Fällen viele gute Anlässe für die Anreise aus Salzburg und die familiäre Solidarität.

Nach Georgs Berliner Zeit kam es dann schließlich zur Bindung an das Zürcher Schauspielhaus. – Zum Abschluss dieser Erinnerungsskizze sei noch vermerkt: Georg hatte eine gute Zeit in Zürich; er war sehr erfolgreich und genoss die herrliche Umgebung dieser abweisenden Stadt. Einmal waren wir gemeinsam unterwegs, zusammen mit dem Ensemble vom „Ruf des Lebens", ein paar Tage vor der Premiere für einige Stunden auf dem Zürichsee und verbrachten dann einen langen Abend auf der Halbinsel Au. Ich erinnere mich an die fröhliche Ausgelassenheit Georgs an diesem schönen Septembertag. Er freute sich sichtlich an der heiteren Gesellschaft und fühlte sich in der ihm bewussten Sympathie der Kollegen des Schauspielhauses gut aufgehoben. Es gibt Photos von dieser Exkursion, und Georg ist mit allen zu sehen: mit Matthias Kralj, Joachim Herzog, Daniel Fueter, Peter Wilcke, Irene Herbst und Röbi Egli und mit Hans Dieter Zeidler, Peter Arens, Stephan Benson und Hakon Hirzenberger und vor allem mit Emanuela von Frankenberg, Eva Rieck und Katrin Thurm.

Auch Hans Dieter Zeidler lebt nicht mehr. Er war der große alte Mann des Zürcher Ensembles – ein Monarch des Theaters. Er hatte Georg in sein Herz geschlossen. Vor seinen Vorstellungen und zwischen seinen Auftritten thronte er in dem Niemandsland neben der Bühne des Schauspielhauses an dem alten Holztisch, mit dem Rücken zum Spiegel, neben sich auf dem Tisch einen kleinen Cafe, manchmal das Rollenbuch, rauchte ohne Leidenschaft eine Zigarette und schwieg unnahbar oder erzählte alte Geschichten – auch als Großer Kurfürst. Dann saß oft auf dem Tisch, ihm halb zugewandt, sein Prinz von Homburg, hörte ihm freundlich zu oder schloss sich dem raumfüllenden Schweigen des Monarchen an. Sie konnten im Dialog schweigen, sie schwiegen nicht nebeneinander her.

Heute denke ich, ein geheimnisvoller Kreis umschließt diese drei Schuchter-Rollen, den Richard von Strindberg, den Prinzen von Kleist und den Adjunkten Schnitzlers: sie alle kennen die Nähe des Todes – wie Georg sie kannte; sonst hätte er sie nicht so wahrhaftig spielen können. Und sie alle sind hellhörig für den *Ruf des Lebens*, wie Georg es war.

Vielleicht ist das ein postumes Hinein-Denken aus dem Wissen des abgeschlossenen Lebens heraus, wenn die Lebenslinien sich zur Schicksalsfigur zusammengeschlossen haben.

Dem Überlebenden stehen Antworten nicht zu, nur Fragen, die für immer offen bleiben, wie die von Max Frisch: *Wenn man einen Toten sehe: Welche seiner Hoffnungen erschienen einem belanglos oder belangvoll: die unerfüllten oder die erfüllten?*

Als Überlebender weiß man, gerade wenn man den zu frühen Tod eines Menschen beklagen muss und die Fragen nach dem Sinn des Lebens fordernder, schroffer, verzweifelter und immer unaufschiebbarer werden, dass das Nie-Vergessen befristet ist, unabhängig von dem, was die Erinnerungen mit uns alles anstellen, draußen in der Welt oder auf der Bühne – oder im Niemandsland zwischen Traum und Wirklichkeit, in einem Raum aus dem man auftritt und in den man abgeht. Man weiß, dass viel für den lapidaren Gedanken Schnitzlers spricht, der feststellt und zugleich fordert:

„Was war, ist. – Das ist der tiefere Sinn des Geschehens."

Beitrag zum Buch: „Georg Schuchter – ganz Träumer, ganz Draufgänger", 2002.

35 Oskar Werner – Der Andere

„Freuet euch des wahren Scheins,
euch des ernsten Spieles;
kein Lebendiges ist Eins.
Immer ist es Vieles."
(Johann Wolfgang von Goethe: „Epirrhema")

Der Bahnhof von Buchs. Hier steigt man aus, wenn man nach Triesen will.
Eines Nachts, in einem Herbst vor vielen Jahren begegnet Thomas Hürlimann im Bahnhofsbuffet von Buchs Oskar Werner. – Die Stühle stehen bereits auf den Tischen.

„Da öffnete sich die Tür, und es erschien in einem schwarzen Pelzmantel ein Herr. ‚Wissen Sie, wer das ist?' fragte mich die Serviertochter. Ich nickte. ‚Dann können Sie bleiben', sagte sie. Oskar Werner trank eine Flasche Fernet.[…]. Ich sah zu, wie Oskar Werner trank. Er sagte einen einzigen Satz: ‚Morgen nehme ich den Nachtzug nach Wien.' Als die Flasche leer war, sank sein Kopf auf den Tisch."

Viele Jahre später erscheint Oskar Werner in diesem Bahnhofsbuffet, das nun ein Bühnen-Ort ist, in Thomas Hürlimanns Komödie „Der letzte Gast".
Das Buffet ist längst geschlossen, aber Oskar Werner „steht plötzlich mitten im Raum" – und spricht mit einem Unsichtbaren:

„WERNER: Spiegel – Spiegel, aber sie haben Macht über mich. Sie zwingen Grimassen in mein Gesicht. Siehst du, Werner? Siehst du mein Gesicht? Meine Muskeln! Ohne mein Zutun fangen sie an zu zucken. Ich könnte schluchzen vor Begeisterung. Ist das nicht großartig? Ich muss nicht mehr spielen, Werner, nie mehr. Mein Gesicht ist die Bühne. Ich bin das Theater. […] Ich bin Tasso Hamlet Homburg, Werner, ich bin alle meine Rollen zugleich, der Rubikon ist überschritten. Flasche Fernet! Unter uns, Werner, sehr unter uns! Wenn ich nur wollte, könnt ich die Welt regieren, und wer weiß, vielleicht leist ich mir den Spaß einer Weltregierung. Oder ich übernehme die Burg. Bedienung, ich bin in Eile, der Alleinbesitzer aller Augen, wie ein Orkan umbraust mich die applaudierende Menschheit, mich lässt man nicht warten. […] Wollt ihr den totalen Werner? Wollt ihr ihn? Und sie wollten ihn. Sie hoben mich auf die Schultern, sie trugen mich hinaus in die Nacht. Ich pflückte Sterne vom Himmel und warf sie unters Volk. Hast du gewusst, Werner, dass in den Zuschauersälen lauter Pferde sitzen? Meine Damen und Herren, ich möchte ihre Hälse umarmen, meine Lippen an Ihre Nüstern pressen, meine Stürme will ich in Ihre Visage werfen, Stürme und Sterne – –
Draußen scheppern die Lautsprecher.
WERNER: Ich nehme den Nachtzug nach Wien.

Ein Abfahrtspfiff.
WERNER: Morgen."

Werner will das Bahnhofsbuffet verlassen, aber die Tür ist verschlossen.

„*Er wischt sich den Schweiß ab.*
WERNER: Durst in Buchs. In Buchs am Verdursten. Letzter Auftritt, und nicht wahr, du gute Pistole, du gehst los –
Sein Schweißtuch verwandelt sich in eine Pistole.
du gehst los, ehe mir klar wird, dass mein Vorhaben nicht einmal den Schuss Pulver wert ist. Dir ist ja wurscht, warum du losgehst.
Er setzt die Pistole an die Schläfe."

Philosophisches Grübeln und äußere Störungen hindern ihn aber, wie Nestroys Gottlieb, am Selbstmord.

„WERNER: [...] JAJA; DER KÖRPER IST SO EIN HARTNÄCKIGER ANBETER DES LEBENS UND LEHNT SICH AUF GEGEN DEN GRABESENTSCHLUSS DES GEISTES. [...]
Werners Pistole verwandelt sich in eine davonflatternde Taube. [...]
FREDY FRUNZ ist von der Toilette gekommen.
WERNER: Sie hätten mich als erster gefunden.
FRUNZ: Oder Sie mich.
FRUNZ starrt WERNER an. [...]"

Fredy Frunz ist ein Schweizer Sportangler, den eine Magenkolik auf der Toilette festgehalten hatte; seine Angler-Kameraden haben ihn vergessen und sind längst weitergereist. – Frunz erregt die Aufmerksamkeit Werners anfangs dadurch, dass er Rilke zitiert: „Das Schöne ist des Schrecklichen Anfang". Im folgenden Gespräch, das von Missverständnissen durchsetzt ist und in dem Werner Frunz für den Kellner hält und Frunz Werner zunächst mit Hanns Lothar verwechselt, erkennt Frunz schließlich die große Chance, die sich ihm durch diese unverhoffte Begegnung mit dem weltberühmten Oskar Werner eröffnet: Der könnte seinen geliebten Anglerverein retten, der seine ideelle Existenzberechtigung verloren hat, weil der heimatliche See gekippt und mausetot ist. Er lädt Werner ein, ihm dorthin zu folgen, um Obmann der Angler zu werden. Werner hält Frunz zwar für verrückt, will der Einladung aber folgen, weil er in seinem berauschten Zustand den toten See als eine passendere Kulisse für seinen geplanten Selbstmord ansieht als eben dieses Bahnhofsbuffet. Auch die drastische Darstellung von Frunz, dass der See zum Himmel stinke, nach Fäulnis und Verwesung, schreckt Werner nicht ab:

„WERNER: Wo Oskar Werner ist, da reden tote Wellen mit Rilkes Zunge, da zischt es und schäumts, da gischtets und träumts."

Nach den Gesetzen der Komödie reden beide immer weiter aneinander vorbei. Frunz ist schließlich felsenfest davon überzeugt, dass nur Werner, den er einen *Zauberer* nennt, imstande ist, den völlig sinnlos gewordenen Anglerverein, der an einem See ohne Fische residiert, vor dem Untergang zu bewahren.

> „FRUNZ: [...] Rette unseren Verein durch deine große Kunst.
> [...] Ihr Genie lässt unseren Verein und auch den See in neuem Glanz erstehen. Ha ho he!
> Und die beiden Berauschten machen sich auf den Weg zum toten See.
> V o r h a n g"

Ende des zweiten Aktes. Der dritte spielt am See. Der vierte wieder im Bahnhofsbuffet von Buchs. – Die Komödie ist nicht lustig.

Der bürgerliche Glauben an die charismatische Zaubermacht des Künstlers und die Sinn stiftende Kraft der Kunst, beharrt auch dann noch auf diesen Wundern, wenn die Kunst nur noch Legende und der Künstler nur noch ein Schatten seiner selbst ist. – Und so beanspruchen diese Schweizer Angler für sich die Behauptung des von Oskar Werner so gern zitierten Friedrich Nietzsche: „Wir haben die Kunst, um nicht an der Wahrheit zugrunde zu gehen."

Oskar Werner hätte in diesem Satz vielleicht die ‚Wahrheit' durch die ‚Wirklichkeit' ersetzt und dem Gedanken zugestimmt. Die Heilskraft der Kunst hätte er nicht in Zweifel gezogen und auch nicht die des auserwählten Abgesandten aus dem apollinischen Musenreich, der sie den gewöhnlichen Sterblichen überbringt, selbst aber nicht durch sie erlöst werden kann. Wenn er auch hundertmal von der Hurerei des Schauspielerberufs gesprochen hat, so meinte er doch immer die ‚heilige Hure', die der profanen Gier des Kunst-Pöbels ausgesetzt ist.

„Hast du gewusst, Werner, dass in den Zuschauersälen lauter Pferde sitzen?"

Bei der Arbeit an dem Stück „Der letzte Gast", dessen Uraufführung 1990 am Schauspielhaus Zürich stattgefunden hat, haben Thomas Hürlimann, Maik Hamburger und ich den ‚wirklichen' Oskar Werner vor die Schranken unserer Erinnerung geladen und ihn täglich befragt. Wir haben auf den Proben mit einem hervorragenden Ensemble mit der ‚Wernerisch' wunderbaren Gisela Uhlen an der Spitze wochenlang mit ihm gelebt, haben um ihn geworben und haben gehofft, dass er unseren OSKAR WERNER brüderlich annehmen würde wie einen Schatten, der ihn verlassen hat, aber wir haben zugleich befürchtet, dass er diesen Anderen so wenig ertragen könnte wie jenen dämonischen Doppelgänger zu Lebzeiten, seine „Komplementseele", von der Egon Friedell spricht, der sie „die legitime und wahrhaft herrschberechtigte Schwester unserer Alltagsseele" nennt, die hervorbricht, „wenn der Mensch sich auf die ebenso reizvollen wie gefährlichen Pfade der Kunst begibt und am stärksten im Schauspieler, der nie etwas anderes zu gestalten vermag als jenen unheimlichen ‚Anderen'".

Diese Zürcher Arbeit rief Oskar Werner zu seinem letzten großen Auftritt auf meine Erinnerungsbühne. Das war vor zwölf Jahren. Seither ist mir Oskar Werner immer seltener begegnet; er verschwand allmählich aus den hellen Zonen der Erinnerung und wich mehr und mehr in das Dunkel der Vergangenheit zurück.

In diesem Jahr im November wäre Oskar Werner 80 Jahre alt geworden. Anlässlich der Geburtstagsausstellung wurde ich gebeten, über ihn und meine Begegnungen mit ihm etwas mitzuteilen. Nach dem ersten Nachdenken stellte sich die Erinnerung an die alten Erinnerungen von 1990 wieder ein und sie war am Anfang stärker als die an die Zeit vor 20 – 30 – 40 Jahren. Das machte mich misstrauisch und ich lehnte zunächst ab. Ich wollte mich auch beim Beschreiben des Unbeschreiblichen nicht verrenken und wollte die postumen kleinen Aufdeckungen der Überlebenden nicht denunziatorisch vermehren, keine kleinen Richtigstellungen offerieren oder anstelle von Einsichten Anekdoten daher formulieren. Ich kenne die Misere von Nachrufen jeglicher Art und so manche Texte und Reden über tote Schauspieler, die sehr oft an den Karl-Kraus-Satz erinnern: „Wes das Herz leer ist, des geht der Mund über."

Wenn schon von Kraus die Rede ist, dann trifft mich eher seine Aufforderung: „Wer etwas zu sagen hat, der trete vor und schweige".

Warum tue ich das nun nicht, obwohl mir, wenn die Erinnerungen wieder zurückkehren, das Herz voll ist und ich, mit den Worten Lichtenbergs gesagt, *hinlänglich Stoff zum Stillschweigen* hätte.

Warum? – Weil ich denke, dass diese Ausstellung in dieser Zeit der kollektiven Amnesie, in der das vorübergehende Neue von heute dem vorübergehenden Neuen von morgen schleunigst den Platz räumen muss, doch zum Innehalten einlädt und die Erinnerung befördert. – Man weiß doch gerade noch, dass Mnemosyne die Mutter der Musen ist. Melpomene und Thalia sind ihre Töchter. – Ohne Gedächtnis verkrüppelt auch das Theater.

So ist es geradezu eine Bürgerpflicht, zur Stärkung des kulturellen Gedächtnisses etwas beizutragen und in diesem Fall an einen unbeschreiblichen Schauspieler zu erinnern, der vielleicht ein Genie war, den eine Büchnersche Lebenszeit vielleicht unsterblich gemacht hätte, der aber ein alter Jüngling wurde, dem das Glück eines menschenwürdigen Alters versagt blieb und der lange vor seinem Tod das Leben verlor.

Alle, die Oskar Werner in seinen letzten Jahren erlebt haben, laufen Gefahr, sein Leben von seinem Untergang her zu betrachten. Dürfen aber die Erinnerungen an sein armseliges Ende die an die glanzvollen Jahre bevormunden? Es ging doch dem Schlechten das Schöne voraus.

Ernst Wendt hat einmal geschrieben, „dass ein Schauspielerleben sich wohl überhaupt nur lohnt, wenn es am Ende als ein Modell von Menschenfreundlichkeit dasteht."

Hat sich dann das Schauspielerleben des Oskar Werner ‚gelohnt'? – Am Ende war es ein Modell von Einsamkeit. Schnitzler wollte ein Leben lang *ein Virtuose der Einsamkeit* werden. Vielleicht wollte Oskar Werner das auch; es ist ihm nicht gelungen, so wenig wie er die Freundschaft mit Lebenden kaum je geschafft hat – der freundliche und der bösartige, der hassende und der liebende, der traurige und der glückliche, der demütige und der arrogante, der dumme und der gescheite, der weinerliche und der brutale, der naive und der gefinkelte, der abstoßende und der liebenswerte – der aus der Zeit gefallene Kämpfer gegen alles Nicht-Vergangene, der heilige Trinker, dieser einsame arme Mensch, der sich Oskar Werner nannte und dem das Theater schauspielerische Sternstunden, wie man das so nennt, zu verdanken hat, Augenblicke, in denen sich die Schöpfung offenbarte, in denen Leid und Glück und Schmerz und Freude durch diesen jungen Mann mit der alten Seele ihren Ausdruck an der Grenze des Menschen-Möglichen fanden.

Der Versuch, das Unbeschreibliche zu beschreiben, soll an dieser Stelle enden; nur ein Dichter könnte den Phrasen entkommen.

Ob das Unbeschreibliche das war, was Peter Brook das heilige Theater nannte, die *magische Sprache der Töne*, nicht der Worte, das *Sichtbar-Machen des* Unsichtbaren, oder ob es das betörende Charisma eines genialen Spielers oder die dionysische Irrfahrt eines Entrückten war, oder was immer das Geheimnis dieses Theaters ausmachte, wer weiß das, außergewöhnliches Theater war es jedenfalls, das magische Theater des Oskar Werner; und wenn man den Zauberer schließlich zu durchschauen glaubte, dann war es immer der ‚Andere', den man entdeckte und das Geheimnis vertiefte sich und blieb unergründlich.

„Ich pflückte die Sterne vom Himmel und warf sie unters Volk."

Wenn schon die Beschreibung des Unbeschreiblichen den Dichtern, so wie endlich eine seriöse biographische Darstellung qualifizierten Autoren und theaterwissenschaftliche Anhäufungen und Einordnungen den dazu Berufenen überlassen werden sollen, was bleibt dann dem Auftrag entsprechend zu berichten noch übrig für den befreundeten Zeitgenossen, der schließlich kein Freund sein konnte, für den hilfsbereiten Kollegen, der nicht helfen konnte, für den verständnisvollen Begleiter auf kurzen Wegstrecken, der so viel nicht verstehen und keinen Schutz gewähren konnte, der am Ende den tödlichen Willen zur Einsamkeit auf dem Weg in den Untergang respektieren musste? Was? – Ein neues Bild entwerfen, da man sich nach so vielen Jahren wahrscheinlich nur noch an das alte Bild von einem Menschen erinnern kann, das man sich einmal gemacht hat?

Durch diese alten Erinnerungen hindurch hinter die fertigen Bilder zur vergangenen Wirklichkeit vorzudringen und die dann einfach nur zu beschreiben, das kann jedenfalls nur ein utopisches Ziel sein. – Es ist also mit *Erinnerungsfälschung* zu rechnen.

Der Anfang war so:
1959 – 1961

Als Student hatte ich mit naivem Staunen den „Don Carlos" am Burgtheater gesehen. – Ein paar Jahre später war ich an diesem Theater engagiert und musste als Anfänger an der Seite der berühmten Baronin Leddihn Josef Gielen bei der Wiederaufnahme des „Don Carlos" assistieren. Ewald Balser und Walther Reyer standen statt Werner Krauß und Oskar Werner auf der Bühne. – Bei den Proben, und schon vor deren Beginn, in der leeren Dekoration, glaubte ich Werner Krauß und vor allem Oskar Werner auf der Bühne zu sehen und zu hören. Ich erlebte postum die längst vergangene Vorstellung in der Erinnerung viel intensiver als in der ‚Wirklichkeit'. Der wirkliche Oskar Werner war für mich nur das Vorspiel für die Begegnung mit dem anderen Oskar Werner in meiner Phantasie. Ich erlebte bei diesen Proben die Kraft des abwesenden Oskar Werner; ich musste glauben, dass ein Schauspieler, der in absentia eine solche Macht über die Phantasie eines Menschen gewinnen konnte, die Kräfte eines Magiers haben musste. – Ich habe später bei vielen Menschen beobachten können, dass Oskar Werners schauspielerische Wirkungen erst in der Erinnerung ihre Höhepunkte erreichten und so auf dem kürzesten Weg zur Legende wurden.

Einige Zeit später begegnete ich Oskar Werner bei den Proben zu Shakespeare's „Heinrich IV." zum ersten Mal. Ich beobachtete ihn sehr oft und war immer wieder von dem Geheimnis irritiert, dass diese hohe, manchmal schneidende und schrille Stimme, die den Text schrie oder zärtlich flüsterte, ihn jauchzte oder schluchzte, ihn sang oder sprechend dachte und dabei alle hörbaren Welten durchlief oder durchraste, scheinbar gar nicht aus diesem blassen und – wie es mir schien – marmornen griechischen Gesicht dieses ephebischen Mannes kam. Immer wieder glaubte ich, es spräche ein anderer. Die Stimme und das Gesicht schienen verschiedenen Wesen zu gehören.

Nach den Vorstellungen eskalierte meine Fassungslosigkeit, wenn der rätselhafte Prinz Heinrich nach der Tragödie im Satyrspiel beim Schmid-Hansl in der trunkenen Seligkeit von unzähligen Heurigenliedern zu versinken drohte. Und Shakespeare's Saufkumpan Falstaff in der Gestalt des wunderbaren Hermann Schomberg war immer dabei; der mächtige Mann wurde an jedem Abend so sentimental, dass er immer wieder genussvoll weinte und im saftigsten Bass unter strömenden Tränen die Herrlichkeit all dieses Kitsches und der wundersamen Stadt Wien pries, während daneben, völlig unberührt von all dem Gesang und all den Tränen der alte russische Regisseur Scharoff hockte und in abenteuerlichem Deutsch versuchte, uns junge Schauspieler mit seiner Tuck-tuck-Philosophie und seinen Stanislawskij-Elegien zur wahren Kunst zu bekehren – im Shakespeare'schen Narrenloch beim Schmid-Hansl!

Ein paar Monate später hatte Anouilh's „Becket oder die Ehre Gottes" Premiere. Eine kurze Szene miteinander, gelegentliche Gespräche, so ganz nebenbei, von geringer Bedeutung, das war alles; und doch waren es die letzten Begegnungen, bevor ich zehn Jahre später in Salzburg sein Horatio wurde. – Der Regisseur des „Becket" und der Shakespeare-Dramen war Leopold Lindtberg, über den Oskar Werner noch 1970 in Salzburg und später immer wieder geradezu hasserfüllt gesprochen hat; grundlos, wie ich glaube, nur weil er Regisseur war (und noch lebte!) und einen analytischen Verstand hatte. Ein bitteres Unrecht gegen diesen intelligenten Mann, dem das Burgtheater so viel verdankt! – Und Oskar Werner seine letzten großen Erfolge auf dieser Bühne! Die bisherigen Werner-Bücher erwähnen den Regisseur nicht einmal! – Lindtbergs Geburtstag jährt sich übrigens in diesem Jubiläumsjahr von Oskar Werner zum hundertsten Mal. Auch er wäre auf die Erinnerungsbühne zu bitten, in dieser erinnerungsmüden Stadt, deren Gedächtnis überfüllt zu sein scheint.

Nach diesen Erfolgen verließ Oskar Werner sehr bald das Burgtheater aus den bekannten Gründen. ‚Schwierigkeiten' der verschiedensten Art, banale, groteske, unsinnige kennzeichneten die letzte Zeit. So hatte Oskar Werner z. B. verlangt, dass Regieassistenten die Bühne nicht mehr betreten durften und abends im Konversationszimmer auf das Ende der Vorstellung warten mussten, um dann die jeweils Abendregie führenden mitspielenden Schauspieler zu befragen, ob die Vorstellung gut gelaufen sei, und gegebenenfalls besondere Vorkommnisse ins Vorstellungsbuch einzutragen. Am ersten Tag nach In-Kraft-Treten der entsprechenden direktorialen Anweisung klebte sich im „Becket" der Abendregisseur Albin Skoda als Bischof von London einen knielangen Märchenbart, brachte mit dieser Albernheit den großartigen Heinrich Schweiger in arge Bedrängnis und gefährdete den Schluss der Vorstellung. Das war nichts Schlimmes, in den Augen Werners, denn Skoda gehörte ja nicht zu der verhassten Kaste der derzeitigen oder künftigen Regisseure. – Ich war privilegiert und durfte die Bühne betreten, da ich Schauspieler und nach Werners Meinung nur irrtümlich und nebenbei Regieassistent war.

Werners Hass traf aber nicht nur lebende Regisseure, sondern vor allem Journalisten und Kritiker, die er abgrundtief verachtete, und Ärzte (bis auf zwei Ausnahmen), aber auch Architekten. Als ich ihn 1975 in Triesen besuchte, baute er das Haus gerade um und quittierte mein Lob für die Neugestaltung mit dem Eigenlob, dass er das alles selbst entworfen habe, weil er das besser könne als jeder Architekt. „Architekten und Regisseure kommen mir nicht ins Haus!"

Den Hofmannsthalschen „Schwierigen" hat Werner – wie so viele Rollen, die er nicht hätte meiden dürfen – nicht gespielt, aber ansonsten gab er sich durchaus mit Genuss der Rolle des großen Schwierigen hin, der auch und gerade in den Randbereichen seiner Arbeit wütete und z. B. Schauspieler schmählich davonjagte, wenn sie in seiner Gegenwart ehrfurchtlos die Beine übereinander geschlagen hatten. Solche ‚Geschichten' vom schwierigen *Anderen* stärkten natürlich beim spießigen Kulturbürger die Legende, dass solches Schwierig-Sein im proportionalen Zusammenhang mit dem Großer-Künstler-Sein stehe, der Oskar Werner seiner *rasenden Arroganz* und *kindischen Impulsivität* zum Trotz tatsächlich war.

Und dann:
1970 und später

Hinlänglich *Stoff zum Stillschweigen* bietet auch die Salzburger „Hamlet"-Zeit, in der man zum letzten Mal Werners schauspielerische Größe auf einer Bühne erahnen konnte.

Diese Wochen in Salzburg brachten viele, viele Stunden des Beisammenseins, auch in vielen Nächten; aber Gespräche, richtige Gespräche, die ich mir gewünscht hätte, zum Beispiel über Werner Krauß, die kamen nicht zustande; aber es gab immer wieder die meistens nächtlichen ‚Anrufungen' von Werner Krauß, der ihm doch den Iffland-Ring nicht zugesprochen hatte. (Heute erzählt bei Burgtheaterführungen ein führender Theaterwissenschaftler den staunenden Besuchern, Werner sei derart arrogant gewesen, dass er nicht einmal den Iffland-Ring angenommen habe. So freizügig kann man mit Tatsachen und dem Verhältnis dieser beiden Schauspieler natürlich auch umgehen. – Oder eigentlich nicht.) – Die Iffland-Ring-Geschichte hat mich nicht interessiert, aber sehr wohl die Frage, wie Oskar Werner zum Beispiel mit dem Antisemitismus seines Idols zurande kam, nicht mit dem schrecklichen Film seines Vorbilds, sondern mit dessen Geisteshaltung, wenn man das so nennen darf. Berthold Viertel hatte schon 1937 über Krauß geschrieben. „Immer schon deutschnational und ein bekannter Kultur-Antisemit gewesen, brauchte er nicht erst mitzumachen, als es endlich losging. Er brauchte nur dazusein [...]." – Und auf der anderen Seite Heinz Hilpert, dem der von Oskar Werner so verehrte Ernst Wiechert seine Befreiung aus dem Konzentrationslager verdankte, spielte der eine Rolle auf der Erinnerungsbühne von Oskar Werner? – Es war nicht möglich, davon zu reden, damals in Salzburg jedenfalls nicht.

Am Ende war ich froh, allen Horatio-Pflichten entkommen zu sein. Trotz dieser Salzburger Erfahrungen habe ich mich als designierter Direktor sofort bemüht, Oskar Werner wieder ans Burgtheater zu holen, weil ich wider besseres Wissen gehofft habe, doch noch einmal einen Abglanz seiner alten Kunst sichtbar machen zu können.

Wir kamen 1975 wieder zusammen. Es gab gute und vernünftige Gespräche über ein Nietzsche-Projekt, dann die obligatorische „Homburg"-Überlegung. Kleist war sein Bruder im Geiste; Oskar Werner war wohl auch so *weltvergessen* und *zielverloren* wie Kleist, als er den „Homburg" schrieb.

Diese Gespräche waren, ich wiederhole das, zunächst vernünftig – bis dann der Andere sich zu Wort meldete und im Planungsstadium, in das diese Gespräche geraten waren, die Besetzung von Orson Welles und Max von Sydow (dazu Kückelmann) verlangte, mit denen er schon gesprochen habe und die an ihrem Deutsch so arbeiten würden, dass es fürs Burgtheater ausreiche. In meiner Bedrängnis führte ich finanzielle Argumente an, die Werner einsah – und daraufhin mit Vaduz und Hohenems koproduzieren wollte. Es verging eine spannungsvolle Zeit, dann rief mich Werner plötzlich aus dem Parkringhotel an und teilte mir ziemlich unverständlich zuzzelnd mit, dass die Koproduktion mit Vaduz geplatzt sei, weil der Stadtpräsident von Vaduz in Triesen nach dem Abendessen in Werners Haus seine Tochter und seine Lebensgefährtin erotisch derart bedrängt habe, dass er, Oskar Werner, sich genötigt sah, die Damen unter Einsatz von körperlicher Gewalt zu schützen. Leider habe sich der Stadtpräsident als stärker erwiesen und seinerseits kräftig zurückgeschlagen, weswegen er, Oskar, nun in Wien sei, um die Künste eines Zahnarztes in Anspruch zu nehmen.

Auf diese bizarre Art fand der ganze Wahnsinn ein glückliches Ende. – Später hat mir Oskar Werner allerdings die Schuld am Scheitern dieses Projekts gegeben; ich benötige wohl alles Geld für die ostdeutschen Regisseure. Er verfiel in die schäbige Sprache der „Kronen Zeitung"; die Möglichkeit zu vernünftigen Gesprächen schwand mehr und mehr. In den folgenden Jahren sahen wir uns nicht.

Zum Schluss war es so:
1982 und 1983

Eines Nachts in einem Berliner Hotel erreichte mich Oskar Werner am Telephon; freundlich wie vor dem Ende der „Homburg"-Gespräche teilte er mir mit, er sei nun bereit, den Hamlet am Burgtheater zu spielen. Ich lehnte das ab, wir trafen uns aber zu weiteren Gesprächen in Wien. Oskar Werner teilte mir mit, dass er sein Alkohol-Problem nun im Griff habe, dass es ihm körperlich wesentlich besser ginge und er arbeiten wolle. Wider besseres Wissen habe ich mich auf die „Cäsar"-Gespräche eingelassen, wieder mit der wahnwitzigen Hoffnung, das Wunder der Rückkehr auf die Bühne, die er noch immer kindlich liebte, könne vielleicht doch mit Hilfe aller nur denkbaren begleitenden Zu- und Mitarbeit von ihm vertrauten Menschen bewerkstelligt werden. Das alles wurde diskret gehandhabt, unter Ausschluss der Öffentlichkeit, bis plötzlich diese Vorbereitungen ruchbar wurden und sich sofort alle möglichen Festspiele auf Werner stürzten, um ihn postwendend und bedingungslos zu engagieren, da er ja nun offenbar wieder arbeite. Wir flehten ihn an, sich auf den „Cäsar" zu konzentrieren; Werner blieb auch zunächst standhaft und lehnte alles ab, bis ihm nicht nur die eine oder andere Festspielstadt, sondern ein ganzes Land als Morgengabe zu Füßen gelegt wurde: seine seit seiner Kindheit geliebte Wachau – und die Höllenfahrt begann.

Der Sommer kam. Das Wachauer „Homburg"-Debakel ging durch die Zeitungen. Dann der endgültige Untergang aller Hoffnungen.

Ende August 1983; Krems; ein Weinfest; die Straßen voller Menschen; wühlende Hitze; die Luft ist rauschig, man atmet Wein ein; der ganze Ort scheint zu wanken; ein Rummelplatz jagt seinen Orchestrion- und Sirenenlärm durch die Straßen. Man empfindet seine Nüchternheit wie einen Makel. Wenn man stehen bleibt und versucht, sich zu orientieren: Südtiroler Platz? Brauhof? – und dem bacchantischen Treiben zu entgehen, wird man gerempelt und weitergeschoben.

Dann endlich der Platz. Schon im Schatten des frühen Abends das Gasthaus. Ein großes Plakat, nachlässig angebracht, handschriftlich mit Filzstift beschriftet: Oskar Werner – Prinz von Homburg – Heinrich von Kleist – Eintritt 500,– ÖS. Die Buchstaben und Zahlen können wie manche Festgäste auf dem Platz das Gleichgewicht kaum halten; die Zeilen drohen nach rechts abzustürzen. Ein dunkler Vorraum; die Eintrittskarten; der Wirtshaussaal; Holzbänke für mindestens 200 Zuschauer. Eine Pawlatschenbühne, die deftiges Bauerntheater erwarten lässt. Zwei oder drei Videokameras sind aufgebaut; die Vorstellung wird aufgezeichnet werden. Schließlich finden sich ungefähr 60 Menschen ein. Darunter wir paar Leute vom Burgtheater. Wir mussten das ansehen; ich hatte es Oskar Werner versprochen; danach wollte er über den „Cäsar" reden. – Wir wussten seit einem Besuch in der Wachau vor dem Beginn der Todesspiele, dass er den Cäsar nicht mehr schaffen kann. Oskar Werner war im Absturz begriffen und sein Verfall war so weit fortgeschritten, dass es schon damals keine Hoffnung mehr gab.

Es wird dunkel und ruhig im Saal. Von draußen dringt der fröhliche Lärm des prallen Lebens herein. Das Herz schlägt mir zum Hals heraus. Die Vorstellung beginnt:
Szene: Fehrbellin. Ein Garten im altfranzösischen Stil. Im Hintergrund ein Schloss, von welchem eine Rampe herabführt. – Es ist Nacht.
Ein Inferno beginnt, das nicht zu beschreiben ist. Sechzig Voyeure und ein paar beklommene unfreiwillige Zuschauer vom Burgtheater, sehen dem Untergang eines Menschen zu, der einmal ein großer Schauspieler war und der sich nun selbst vernichtet. – Dieser arme Mensch. Zu schwach, um ruhig zu stehen; stolpernde Gänge; suchendes Tasten nach den Partnern; alles ist hilflos, grotesk, zum Erbarmen. Der Text ist oft völlig unverständlich, wird verzweifelt gesucht, gestammelt, gelegentlich schrill geschrien, gelegentlich wiederholt; Szenen werden wie auf einer Probe abgebrochen und nochmals begonnen. Das Stück ist nicht erkennbar. Warum hat das niemand verhindert! – Wahrscheinlich ist niemals in der Geschichte des Theaters ein Schauspieler öffentlich so elend zugrunde gegangen.

Nach der Vorstellung in einem kleineren Wirtshaussaal, der Sammelgarderobe: Oskar Werner mitten im Raum, bereits ausgezogen. Eine herzliche und geradezu überschwängliche Umarmung mit spindeldürren zitternden Armen; ein zerbrechlicher schwankender Mensch.

Ein Schauspieler wie nach einer erfolgreichen Aufführung; kein Zeichen der Unsicherheit oder Scham über das, was gerade auf der Bühne geschehen war. Weiß er das alles gar nicht? – Dann zeigt er wie im Triumph auf eine Aktentasche und sagt: „Da ist der ‚Cäsar' drin. Wir können anfangen!" – So behutsam wie möglich schlage ich vor, den Cäsar zu v e r s c h i e b e n, es sei doch notwendig, sich erst einmal zu erholen, neue Kraft zu schöpfen nach den Wachauer Strapazen und dann in Ruhe zu besprechen, wann und wie es weitergehen könne. Oskar Werner spürte natürlich meinen Zweifel an einer solchen Zukunft und begann sofort zu toben und zu schreien: „Verräter! Verräter!" Er war von einer Sekunde auf die andere nicht mehr ansprechbar, warf mit Stühlen und anderen Gegenständen, so dass nur die Flucht blieb. Später erfuhr ich, dass dieser schwache und völlig erschöpfte Mann anschließend die Einrichtung dieser Garderobe zertrümmert hat.

In der Folge traf mich nach Jahren der distanzierten unaufgeregten *Freundschaft*, die frei von Attitüden der Unterwürfigkeit und auf der anderen Seite von den sonst häufigen Wernerschen Demütigungen und Versklavungsversuchen war – auch die degradierende Etikettierung mit einem mehr oder weniger originellen Spitznamen blieb mir erspart – der besinnungslose Hass des abstürzenden Oskar Werner. Er erging sich nun im üblen Hetz-Vokabular der „Kronen Zeitung", die er immer zutiefst verachtet hatte.

Nun waren alle Hoffnungen nicht einmal mehr Utopien.

Je länger ich über Oskar Werner nachdenke und die Erinnerungen suche, umso weiter entfernt er sich, und es gelingt nicht, die Erinnerungen miteinander zu versöhnen. Das mag auch damit zu tun haben, dass es keine *unschuldigen Erinnerungen* gibt und dass in den 23 Jahren die gemeinsame Zeit sehr kurz war. Trotzdem nehme ich den Gedanken Fontanes in Anspruch, dass sogar „über die knappe Gegenwart weniger Tage [...] viel gelebtes Leben aus der Tiefe der Zeit" zu erfahren ist.

Ein Bote aus der Tiefe längst vergangener Zeiten schien mir Oskar Werner schon bei den ersten Begegnungen mit dem Prinzen Heinrich auf der Burgtheaterbühne zu sein: ein Abgesandter des Olymp, der in verschiedener Gestalt den Sterblichen erschien. So verwandelte sich der knabenhafte Apoll, der die Musen anführt, plötzlich in einen ziemlich ordinären Ottakringer, der unversehens der Knabe Phaeton wurde, dem die Sonnenpferde durchgingen. Er war immer nach kurzer Zeit der ‚Andere'.

Rollen der antiken Literatur scheinen in Oskar Werners Repertoire zwar nicht auf, aber den Prometheus, der die Allmacht der Götter geschmälert und im Olymp das Feuer gestohlen hat, den hat er als Lebensvergleich für sich in Anspruch genommen. *Er fühle sich wie Prometheus, der den Menschen das Feuer bringe; aber in der Nacht käme der Adler und fresse an seiner Leber.* – Im Mythos ist die Nacht freilich die gute Zeit, in der die Leber wieder neu wächst. Dieses Wunder blieb Werner versagt; Zeus begnadigte ihn nicht, obwohl der Olymp in der Schuld seines Boten stand, da er ihn in ein falsches Jahrhundert gesandt hat, in ein besonders chaotisches, das die schöne Botschaft der großen heiligen Kunst nicht mehr so recht hören wollte, da sie für längst vergangene Zeiten bestimmt war. Und dieses Chaos verwirrte die Seele des Boten und quälte seinen Verstand.

Herbert Ihering schrieb über Pallenberg: „In Pallenberg ist das Chaos. Eine gärende Phantasie wirft Trümmer hoch. Was sonst nebeneinander, ineinander ist, schießt in ihm auf, als ob es verschiedenen Wesen angehörte." – Da gibt es Vergleichbares. Und auch hier ist vom ‚Anderen' die Rede.

Gegen das Chaos in ihm und in der Welt wehrte sich Oskar Werner mit Vehemenz; er witterte das Chaos in der zeitgenössischen Kunst und bekämpfte und diffamierte sie. Seine Liebe galt der Vergangenheit und den Toten. Unter denen fand er seine Vorbilder und seine Freunde. Gegen die Zerrissenheit seiner Zeit setzte er eine heile Welt, eine Enklave der unantastbaren Kunst, und seine Phantasie warf nur manchmal Trümmer hoch – in den großen schöpferischen Momenten seiner Kunst. Der tief berührende ‚Dr. Schumann' im „Narrenschiff" zum Beispiel kann das bezeugen. Im Grunde aber war es sein Bestreben, das Theater aus der Welt herauszuhalten und die Welt aus dem Theater – die gewöhnliche Welt. Sein Traum war es, der Schauspielkunst sagen zu können, was Schubert in seinem Lied „An die Musik" gesungen hat: „ ... und hast mich in eine bessere Welt entrückt." In den letzten Jahrzehnten vor seinem Tod ist ihm das nur noch in seinen Lesungen gelungen. Sie sind uns größtenteils auf Platten erhalten und bleiben eine unvergängliche Botschaft aus seiner besseren Welt.

Die Lesungen waren die letzte Zuflucht seiner Kunst, die letzte Möglichkeit *sein Herz zu waschen,* wie Thomas Mann das vom Schreiben gesagt hat. Mit den Worten von Goethe, Heine, Büchner, Rilke und anderen, deren wunderbare Stimme er war, kämpfte er gegen das ausrinnende Stundenglas an. Am 23. Oktober 1984 hat er in Marburg diesen Kampf verloren.

Diese Gedanken an Oskar Werner erheben keinen anderen Anspruch als den, der Ausstellung zu seinem 80. Geburtstag ein wenig dabei zu helfen, an diesen Jahrhundert-Schauspieler zu erinnern und ihm ein Denkmal auf Zeit zu setzen.

Das würde wohl auch Karl Kraus zulassen, der gegen ein steinernes Denkmal für Josef Kainz zu Felde zog und es einen *albernen, abstrusen und geradezu wienerischen Einfall* nannte, auf diese Weise *dem Nachruhm einer Theatergröße eine Quittung auszustellen.* – Wie dem auch sei: Auch dieser Versuch, ein Denkmal auf Zeit zu setzen und sich nur befristet an einen Toten zu erinnern, läuft am Ende auf einen Satz von Arthur Schnitzler, dem großen Meister des Erinnerns hinaus, den Heinrich Mann in seinem Nachruf zitiert: „Wer tot ist, der ist sehr tot."

 Beitrag für den Ausstellungskatalog des Österreichischen Theatermuseums „Oskar Werner. ‚Welch einen sonderbaren Traum träumt' ich …'. 1922 – 1984", Oktober 2002.

36 Matthias Kralj
Spuren lesen und Fährten legen

„Das Fest ist jetzt zu Ende; unsre Spieler,
Wie ich euch sagte, waren Geister, und
Sind aufgelöst in Luft, in dünne Luft.
Wie dieses Scheines lockrer Bau, so werden
Die wolkenhohen Türme, die Paläste,
Die hehren Tempel, selbst der große Ball,
Ja, was daran nur teilhat, untergehn
Und, wie dies leere Schaugepräng' erblaßt,
Spurlos verschwinden [...]."
(William Shakespeare: Prospero in „Der Sturm")

Unsere Arbeit ist getan; auch wenn vielleicht ein Rest verbleibt. Die Vergangenheit ist unsere Zeit; wir sind auf Erinnerung angewiesen. – Aber die Gedächtnisse sind überfüllt und die erinnerungsmüde Gegenwart huldigt dem Vergessen.

In der fernen Vergangenheit von 1956 bin ich Matthias Kralj an der Wiener Universität begegnet. Wir studierten Theaterwissenschaft; Matthias Kralj hatte seine künstlerische Ausbildung an der Akademie für Bildende Künste hinter sich, ich die meine am Reinhardt-Seminar vor mir. Diese erste gemeinsame Wiener Zeit endete, als Matthias Kralj als Bühnenbildner nach Lübeck ging und ich als Schauspieler ans Burgtheater engagiert wurde.

1967 machten wir unsere erste gemeinsame Inszenierung in Braunschweig, 1999 unsere letzte am Burgtheater, dessen Direktor ich von 1976 bis 1986 war. In dieser Zeit war Matthias Kralj der Ausstattungsleiter dieses größten Sprechtheaters im deutschen Sprachraum. Unsere Zusammenarbeit fand in diesen Jahren ihre Erfüllung, so pathetisch darf man das sagen, auch wenn wir später in Zürich und Wien noch einige Inszenierungen gemacht haben, die für uns gleichermaßen wichtig und unverzichtbar für unsere künstlerischen Lebensläufe waren. Die sind bis heute auf das engste miteinander verbunden. Und wir sind Freunde. – Das ist meine Legitimation, ein paar Worte über unsere Zusammenarbeit zu sagen, die wohl für uns beide von Bedeutung war.

Das Fest ist jetzt zu Ende – auch wenn wir den Anspruch erheben, keinen *lockren Bau des Scheins* errichtet und kein *leeres Schaugepräng* veranstaltet zu haben, aber die Vergänglichkeit von Prosperos Fest hat auch unsere Arbeit ereilt. Was immer die Träume unserer Jugend gewesen sein mögen, gemeinsame Pläne haben wir damals nicht geschmiedet, keine Versprechen ausgetauscht, keine Verabredungen getroffen, aber es war unausgesprochen einfach ganz klar, dass wir uns später einmal in gemeinsamer Arbeit zusammenfinden werden.

Heute im Alter treffen wir uns an den Universitäten, an denen wir studiert haben und unterrichten unsere Studenten mit dem gleichen skeptischen Misstrauen gegenüber der Gegenwart und mit dem gleichen tollkühnen Vertrauen unserer jungen Jahre in die Zukunft – als Spurenleser und als Fährtenleger zugleich.

Die schöne Unternehmung des Theatermuseums von Ljubljana, sich eines Sohnes der Stadt zu erinnern, der ‚nur' seine Kindheit hier verbracht hat und später ein bedeutender Bühnenbildner des deutschsprachigen Theaters wurde, ist eine sympathische Kampfansage an die allgemeine Amnesie und bekundet den Respekt vor einem unvergleichlichen Lebenswerk.

Natürlich kann auch eine kluge Ausstellung vergangenes Theater nicht vergegenwärtigen. Die einst lebendige Vorstellung überlebt nur eine Zeit lang in der Erinnerung der Zeugen und erlischt nach einigen Jahren für immer oder wird zu einer Erinnerung an eine Erinnerung. Keine Skizze, keine Zeichnung, kein Modell, kein Photo, kein Tonband und kein Video, keine Berichte der Mitwirkenden, der Zuschauer und schon gar nicht der Kritiker können gegen die gnadenlose Vergänglichkeit des Theaters etwas ausrichten. Auch das sogenannte *Bühnenbild* ereignet sich nur in der tatsächlichen ‚*Lebenszeit*' einer Theatervorstellung, es sei denn, es ist nur *Rahmen, Dekoration, Ausstattung,* also *leeres Schaugepräng*, und nicht wie bei Matthias Kralj untrennbarer Teil des Ganzen, eingebunden in den Kreislauf aller schöpferischen Kräfte, die auf der Bühne eine neue Welt stiften.

Auch die vielfältigsten Theater-Dokumente erreichen nicht einmal die Qualität archäologischer Scherben, die ja *nur* materielle Gegenstände der Vergangenheit rekonstruierbar machen. Aber natürlich können die Bilder dieser Ausstellung den einstigen Zeugen den Weg zu ihren alten Erinnerungen weisen und die Erinnerungslosen nachdenklich machen, zu schöpferischen Vermutungen führen und ihre Phantasie entfachen und damit die engen musealen Grenzen der *Theater-Archäologie* sprengen.

Die Bühnen-Bilder dieser Ausstellung geben, wenn auch nur in bescheidenen Ausschnitten, zeichenhaft Auskunft über die unverwechselbare E i n m a l i g k e i t eines jeden Bühnenraums von Matthias Kralj. Diese Singularität als Ergebnis eines langen Arbeitsprozesses mit allen Recherchen, Analysen, Diskussionen, emotionalen Annäherungen an die Menschen eines Stückes darzulegen, das *Einfühlen in seine Seele* zu schildern und die lange Reise in das Innere eines Textes zu beschreiben, das ist für den Mitreisenden ein sehr schwieriges Geschäft; denn er ist befangen, weil das Auseinander-Dividieren einer so engen symbiotischen Zusammenarbeit, wie Matthias Kralj und ich sie doch immer wieder zustande gebracht haben, in ihre einzelnen Elemente kaum möglich und deren sozusagen *urheberrechtliche* Zuordnung illusorisch ist. Da gerät man zwangsläufig in die fatale Nähe einer Selbstdarstellung mit nostalgischem Pathos oder lässt sich zu einem fremden theoretischen Vokabular verführen, dem wir beide lebenslang mit tiefer Skepsis begegnet sind. Daher möchte ich zunächst einmal ohne theoretischen Anspruch einfach von unserer Arbeit erzählen. Nach Art der Theaterleute beginne ich mit einer Anekdote.

Im Frühherbst des Jahres 1982 gastierte das Burgtheater mit Goethes „Iphigenie", mit Nestroys „Liebesgeschichten und Heiratssachen" und mit Gorkijs „Sommergästen" im Moskauer Künstlertheater. Für die „Iphigenie" und für die „Sommergäste" hatte Matthias Kralj die Bühne gestaltet. – Am Ende der ganztägigen technischen Einrichtungsprobe der „Sommergäste" stand das große Glashaus im magischen Arbeitslicht wie ein geheimnisvoller Tempel aus einer anderen Welt auf der Bühne. Die wenigen Menschen, die schattenhaft durch die mit weißen Schonbezügen bedeckten Sitzreihen geisterten oder in ihnen hockten, waren müde geworden; manche starrten erschöpft auf die Bühne, andere besprachen das Arbeitsprogramm des folgenden Tages. Da löste sich aus dem Halbdunkel des Zuschauerraums eine kleine Gruppe und näherte sich zögerlich dem Regiepult. Es waren Mitarbeiter des Künstlertheaters mit einem sehr freundlichen Dramaturgen an der Spitze, der mich höflich fragte, ob er denn auch im Namen seiner Kollegen etwas zum Bühnenbild und zu den Kostümen unserer „Sommergäste" sagen dürfe. Ich bekundete ebenfalls sehr höflich mein Interesse, und der freundliche Kollege machte mich nun mit wachsender Bestimmtheit auf einige ‚Fehler' aufmerksam, die uns bedauerlicherweise in unserer Inszenierung unterlaufen seien. Er monierte historische Ungenauigkeiten bei den Kostümen; so tadelte er z. B. im Detail die Schuhe des Zamyslov. Die habe es in Russland nicht gegeben! Auf der Bühne hielten einige Möbel und Requisiten seinem strengen sozialistisch-realistischen Urteil nicht Stand. Das und dieses habe es so in Russland nicht gegeben. Auch zwei Heuballen erregten den freundlichen Kritiker. Diese seien erst in den 50er Jahren in der Sowjetunion so gebunden worden wie in unserer Inszenierung. „In Russland", so sein cantus firmus, „gab es das nicht."

Ich versuchte zu erklären, dass wir diese ‚Fehler' aus Zeitgründen nicht mehr reparieren könnten, dass wir das aber auch gar nicht wollten, da es uns um diese Art von Realismus gar nicht gehe. Das stieß auf blankes Unverständnis. – In der Verlegenheitspause nach der vergeblichen Diskussion der Mängelliste fiel mir plötzlich auf, dass die gestrengen Künstlertheater-Kollegen kein Wort über das große Glashaus verloren hatten, und ich fragte die inzwischen ihr Unverständnis deutlich zeigenden Berater: „Wo in Russland gab es denn solche möblierten Glashäuser, in denen Menschen leben?" – Nach einigem Schulterzucken kam die Antwort: „So etwas gab es überhaupt nicht!" – Und die sozialistischen Realisten sahen sich ratlos an.

Diese kleine Theateranekdote führt mit ihrer bescheidenen Pointe genau zum Wirklichkeitsbegriff des Bühnenbildners Matthias Kralj. Das gläserne Haus der „Sommergäste" hat es in Russland nie gegeben, es war als architektonische Realität *draußen in der Welt* nicht einmal denkbar. Aber auf der Bühne wurde es ganz ohne Rückfrage als Wirklichkeit angenommen – nicht als ästhetisches Kunstgebilde, nicht als absurde Interpretation der realen Welt von Maxim Gorkij, obwohl es doch eine Absurdität sondergleichen war, nein, das Bühnenbild wurde immer als *realistisch* gelobt oder kritisiert. Und sogar die Missionare des sozialistischen Realismus schüttelten da nicht einmal den Kopf; sie kapitulierten ja nicht, sie hatten vielmehr den Gegner gar nicht erkannt.

Der Bühnen-Realismus Kraljs, der niemals mit der profanen Realität in Konkurrenz trat, weil er niemals abbildete, niemals platt zitierte und andererseits nie in die Interpretationsspirale der Interpretation der Interpretationen geriet, nie einen anmaßenden Bedeutungsanspruch erhob, wie das bei so vielen Mode-Champions der Branche der Fall ist, die ihre eindrucksvollen, scheinbar realistischen Welterkenntnisse in stereotyp sich wiederholenden Variationen über alle möglichen Stücke stülpen. Da erfährt man dann immer wieder: *Das Leben ist ein Albtraum* oder: *Das Leben ist ein Wartesaal – Das Leben ist ein Hinterhof – Das Leben ist ein Reihenhaus mit Swimmingpool* oder: *Das Leben ist ein Trümmerfeld* oder wie die jeweiligen patenten Bildfindungen noch zu übertiteln sind.

Andererseits hat Matthias Kralj nie die Bühne mit einem Schaufenster verwechselt, sich nie in beliebigen ästhetischen Kunstgebilden verloren, die nur sich selber meinen und bestenfalls das Nirwana wohnlich gestalten, aber nie *eine neue Welt auf der Bühne stiften*.

Also: Matthias Kralj war kein Bildfinder, kein Designer von Parolen; nie hingen bei ihm Welterklärungen vom Schnürboden herunter, nie fuhr Bedeutung aus der Versenkung herauf, nie wurden Erkenntnisse an die Wände gemalt.

Nie sind wir Einfällen längere Zeit nachgelaufen, im Gegenteil, wir haben immer versucht, sie zu vermeiden. Was wir weggelassen haben, war immer ein Vielfaches von dem, was wir schließlich auf die Bühne gebracht haben. – Nie haben wir Texte in Räume einquartiert, weil die ‚trendy' waren, obwohl wir auch die DOKUMENTA-Ausstellungen kannten und die Kataloge studierten, die damals für viele Theaterleute und Kritiker die verbindlichen Musterkataloge für die nächsten Spielzeiten waren. (Ich will aber gar nicht leugnen, dass die DOKUMENTA schwache Spuren auch in unserer Arbeit an den „Sommergästen" und an „John Gabriel Borkman" hinterlassen hat.)

Jedenfalls waren uns letzte Schreie und formalistische Kraftmeiereien zuwider, auch wenn sie nicht den verordneten Trends der permanenten Innovation zuzuordnen waren. Der Mensch auf der Bühne war für uns immer das Maß jeglichen Gestaltungswillens, denn an ihm scheitern schließlich alle stilistischen *Kunstanstrengungen*; der Schauspieler hat doch die Nase immer ungefähr mitten im Gesicht, die Augen rechts und links davon, die Arme und Beine ungefähr immer an den gleichen Stellen des Körpers etc. Die Freiheiten Picassos waren immer größer als die eines Bühnenbildners, vor allem dann, wenn er wie Matthias Kralj das auf der Bühne Sichtbare als nicht auflösbare E i n h e i t begreift, die den agierenden Menschen mit einschließt. – Wir teilten diese Überzeugung auch mit unserem Freund, dem wunderbaren Kostümbildner Leo Bei, der aus unserer Zusammenarbeit nicht wegzudenken ist.

Diese E i n h e i t war und ist unser S t i l, wenn man diesen Begriff für das Theater überhaupt guten Gewissens verwenden darf. Der R e a l i s m u s war und ist unsere W e l t a n s c h a u u n g. Die Bühne war und ist für uns Teil dieser Welt und nicht ein exterritorialer Ort, nur weil sie, wie Cechov sagte, die *Quintessenz des Lebens* bildet; deshalb solle man *nichts Überflüssiges auf die Bühne bringen*. – Ja!

Die *Quintessenz* kann, ja muss bei einer *realistischen* Weltsicht auf sehr verschiedene Weise auf der Bühne sichtbar werden. So ist zum Beispiel auch das Absurde real. „Der Realismus liegt darin, dass eine absurde Sache anders als absurd nicht zugänglich beschrieben werden kann." (Hans Magnus Enzensberger)

Der im Tagesumlauf kursierende Verdunklungsbegriff *realistisch* ist heute in der Bildenden und in der Darstellenden Kunst eher ein ziemlich vernichtendes Schimpfwort und rangiert in unmittelbarer Nachbarschaft der geradezu diffamierenden Bezeichnung *psychologisch*; gleichzeitig verwenden dieselben Leute dasselbe Wort, auf die Literatur und vor allem auf den Film bezogen, als ungetrübten Qualitätsbegriff. – Warum eigentlich? Was bringt die Leute heute überhaupt dazu, diesen Begriff so reflexartig abzusondern? Manchmal kommt der Verdacht auf, im Theater reichen dafür schon die Feststellungen aus, dass der Text, womöglich auch noch das Bühnenbild verständlich, die Rollen geschlechtsspezifisch besetzt und so etwas wie Fenster und Türen, irgendwelche Tische und Stühle erkennbar sind – und schon sind die schlüssigen Kriterien zur Hand.

Die immer wieder sogenannten *realistischen* Räume und Landschaften von Matthias Kralj, das sind zum Beispiel die riesigen fabrikshallengroßen ‚Zimmer' im Haus des John Gabriel Borkmann, die größten je im Burgtheater umbauten Bühnenräume, in denen sich zwei oder drei oder höchstens vier Personen verloren; das sind zum Beispiel die Traumwelten Strindbergs, in denen der Tod durch die sich auflösenden Wände im Hause des Rittmeisters drang; das ist zum Beispiel das verspiegelte, in sich labyrinthisch verschachtelte Palais-Chaos in Büchners „Dantons Tod", in dem Menschen toten Puppen begegneten; das ist zum Beispiel das tödlich ausgelaugte *Alte Land*, das dicht unter dem Himmel lag; das ist das verlorene Land Gorkijs mit den toten Bäumen und dem gläsernen Haus der *Sommergäste,* das es weder in Russland gab noch sonst wo auf der Welt. – Der *stilistischen* Vielfalt all dieser Räume und Landschaften, die wie alle Bühnenkunst eklektizistisch ist, kann der ominöse Verdunklungsbegriff jedenfalls nicht beikommen.

Die *Einheit* einer Inszenierung, die das höchste *stilistische* Ziel der Zusammenarbeit zwischen dem Regisseur und dem Bühnenbildner ist, gelang nur, wenn wir auf dem Wege in das *Innere* des Stückes den verborgenen *Mittelpunkt*, wie wir das nannten, aufspüren konnten. Anspruchsvoller könnte man auch vom Kleist'schen *Schwerpunkt* sprechen.

Unser Studienkollege Rudolf Weys, später unser Dramaturg am Burgtheater, hat in einem brillanten kleinen Essay über die „Sommergäste" auf den – durchaus fragwürdigen – stiltheoretischen Begriff des „Integrationspunkts" eines Dramas hingewiesen, der natürlich auch etwas mit unserem geheimnisvollen ‚Mittelpunkt' zu tun hat; nur lässt sich der eben nicht so makellos definieren; versucht man das, dann kann man ihm leicht den Garaus machen.

Gelingt die *Einheit* einer Inszenierung, dann zeichnet sich die auch durch *Einfachheit* aus. Dann ist die Konzentration auf die *Quintessenz des Lebens* erreicht, und es ist nichts *Überflüssiges* auf der Bühne. – Einige Male ist uns das gelungen.

In *unserer* Zeit hatte noch ein anderer Verdunklungsbegriff Konjunktur, nämlich der Kampf-Begriff *Werktreue*, der von reaktionären Leuten annektiert wurde. Die sogenannten Fortschrittlichen akzeptierten diese Beschlagnahme und erklärten die *Werktreue* zum Kainsmal der Ewig-Gestrigen. Ohne hier auf diese uns damals sehr bewegende Frage einzugehen (den damit verbundenen Glaubenskampf fanden wir allerdings lächerlich), möchte ich doch feststellen, dass der Respekt vor dem Autor und seiner Zeit für uns wichtig war. Für uns waren Inszenieren und Bühnenbild-Machen dienende Künste und die Hilpertsche Forderung nach der *Anonymität* dieser Künste kam uns zwar weltfremd vor, war aber in der Sache unserer Meinung nach völlig richtig. Das heute einzubekennen kommt natürlich der Selbstbezichtigung gleich, ein versteinertes Fossil zu sein. Wir werden wohl noch eine Weile warten müssen, bis unsere Haltung wieder einmal fortschrittlich sein wird; aber in dieser Frage wird der Vergangenheit die Zukunft gehören!

Die *historische Werktreue* verstanden wir so, dass man tief in die Zeit eines alten Stückes eindringen muss, um durch die Vergangenheit hindurch wieder zur Gegenwart zu gelangen, um die Menschen und ihre Sprache aus der fernen Zeit abzuholen und sie in unsere Zeit mitzunehmen. Die *großen* Stücke sind eben nicht *zeitlos*, wie die Spießer sie nennen, sondern wie alle große Kunst mit ihrer Zeit auf das Engste verbunden. Nur wenn man das respektiert, kann man die alten Stücke tatsächlich in unsere Zeit herüberholen, ihre Figuren für ein paar Stunden ins Leben zitieren und in den Menschen aus der Vergangenheit die Zeitgenossen erkennen. In BOSS-Anzügen vergreisen die jugendlichen Helden der Klassik, und ihre alte Sprache löst sich in deplacierte Zitate auf. Uralt ist Tasso, wenn er vor einer Schreibmaschine sitzt, ein Spuk aus einer fremden Zeit!

Wir mussten die alten Stücke auch nie „entstauben" oder „entrümpeln" oder wie die entsprechenden Modebegriffe noch heißen mögen. Warum auch! Aus dem Weg räumen kann man doch höchstens das Regie- und sonstige Interpretations-Gerümpel, das den Stücken die Luft nimmt. Wenn man aber kein *Theater-Theater* macht und sich einfach in den Text begibt, dann stößt man auf dieses Gerümpel nicht. Und das *Theater-Theater* mit seinem *Ersatzleben* statt der *Quintessenz* hat uns nie interessiert. Inzestuöse Beziehungen zu anderen Inszenierungen wären uns peinlich gewesen. Die entsprechenden klüngelhaften Vorgaben der berühmten Hochglanzzeitschrift haben wir nicht befolgt. Wir haben uns am Leben und an der *wirklichen* Welt orientiert und uns auf die Texte verlassen. Und so waren wir eben Realisten.

Das Fest ist jetzt zu Ende – ? Ich leiste mir am Schluss dieses Fragezeichen. Und das ist wahrscheinlich nicht realistisch.

Beitrag für den Ausstellungskatalog „Matthias Kralj – Scene in Kostumi"
des Slowenischen Theatermuseums in Ljubljana, 2003.

37 Das Phantom
Begegnungen mit Max Reinhardt

„Vieles hätte ich verstanden, wenn man es mir nicht erklärt hätte."
(Stanislaw Jerzy Lec)

Ende Februar 1956 kam ich bei regnerischem Wetter in Wien an, verabschiedete mich von meiner Reisebekanntschaft, die mir auf der Fahrt von München viel über die mir unbekannte Stadt erzählt hatte. Der freundliche Mitreisende hieß Heinz Politzer; vor der Reise wusste ich nicht, wer das ist. – Ich deponierte meinen Koffer am Westbahnhof, kaufte mir auf Anraten eines Trafikanten in der Mariahilferstraße ein „Neues Österreich" und las die Wohnungsanzeigen.

Nach einigem Hin und Her landete ich in der Rembrandtstraße im II. Bezirk bei dem Ehepaar B. Ich blieb sechs Jahre in dieser Wohnung und zog erst aus, als ich schon zwei Jahre Mitglied des Burgtheaterensembles war.

Die Wirtsleute waren ein wunderbares altes Menschenpaar, eine wienerisch proletarische Reinkarnation von Philemon und Baucis, sie Café-Köchin in einem Hurenbeisl am Praterstern, er Bäckereiarbeiter bei Anker. In diesen Menschen lernte ich die verborgene gute Seele von Wien kennen. Später fiel mir auf, dass sie nicht einmal Antisemiten waren.

Als ich ans Burgtheater engagiert wurde, kaufte sich Frau B. antiquarisch eine illustrierte Schillerausgabe und las fast alle Stücke mit Begeisterung. Sonst hatte sie keine Bücher. – Die beiden gingen auf meinen Dienstkarten zum ersten Mal in ihrem Leben ins Burgtheater, in „Heinrich IV." von Shakespeare und waren sehr glücklich. Sie ging dann öfter, er nur zweimal. Nach dem „Tod des Handlungsreisenden" von Arthur Miller, immerhin mit Heinz Rühmann, nahm er keine Karten mehr an. Er war von dem Abend bitter enttäuscht, weil in diesem Stück der Falstaff nicht vorkam. In diese Figur hatte er sich bei seinem ersten Theaterbesuch verliebt und war nicht bereit, sich dieses Erlebnis durch irgendwelche schwächeren Bühnengestalten schmälern zu lassen. Auf spätere Angebote fragte er nur: „Kommt der Falstaff vor?" „Spielt der Schomberg?" Das war nie mehr der Fall, und Herr B. ging nie wieder ins Theater.

Diese Leute, die unwissend waren, die nicht dazu gehörten, über die jeder Wiener Theaterbürger konvulsiv die gebildete Nase gerümpft hätte, diese Leute wussten merkwürdigerweise, wer Max Reinhardt war und dass das Reinhardt-Seminar eine berühmte Theaterschule ist. Sie waren stolz auf ihren Untermieter, als der dort aufgenommen wurde. Ein gewöhnlicher Stud. Phil., das war grauer Alltag im Vermieterleben, aber ein Reinhardt-Seminarist als Untermieter, das war eine Auszeichnung für den Wohnungsinhaber! – Genauer gesagt: Sie wussten eigentlich nur, dass Max Reinhardt ein weltberühmter Theatermensch ist, sie kannten ein Phantom und glaubten, er lebe noch, sei einmal Burgtheaterdirektor gewesen, leite nun das Reinhardt-Seminar und die Salzburger Festspiele.

Dem Reinhardt-Phantom begegnete ich immer wieder in Wien, z. B. mehr als 40 Jahre später bei Regie-Aufnahmeprüfungen am Reinhardt-Seminar, wo hochschulreife Kandidaten nicht nur Gorkij zeitlich vor Molière einordneten, sondern auch von Reinhardt nicht viel mehr wussten als Herr und Frau B. in der Rembrandtstraße und z. B. Brechts theatertheoretische Grundsätze hemmungslos Reinhardt zuordneten und dessen barocke Theaterenthusiasmen dem armen BB. – Nach ihrem Scheitern bei der Aufnahmeprüfung wandten sich die Kandidaten im Allgemeinen dem Studium der Theaterwissenschaft zu, oder setzten es fort.

Im Herbst 1956 wurden wir bei der Aufnahmeprüfung, die nur aus zwei Vorsprechrunden bestand, nicht nach Reinhardt und schon gar nicht nach dem Kommunisten Brecht befragt. Ich wage freilich zu behaupten, dass unsere damalige Halbbildung uns vor derartigen Fehlleistungen bewahrt hätte. Allerdings war Reinhardt im Schulunterricht in Braunschweig, soweit ich mich erinnere, eher eine Randfigur der Allgemeinbildung; er war nur der Nachfolger von Otto Brahm, weil der für den Deutschunterricht mehr hergab. Er gehörte zu einem Stil, Reinhardt nicht. Der war auch nicht berühmt; Gustaf Gründgens war berühmt und in Braunschweig damals auch Heinz Hilpert. Gelegentlich fuhr ich nach Göttingen ins Deutsche Theater, um mir eine Inszenierung von ihm anzusehen (z. B. die Uraufführung von Zuckmayers „Ulla Winblad", Cechovs „Kirschgarten").

Durch meine Beschäftigung mit Hilpert erfuhr ich einiges über Reinhardt und hatte damals eine sehr unzureichende Kenntnis, aber doch eine klarere Vorstellung von diesem Theatermenschen. Die Kenner und klugen Interpreten Reinhardts, auf die ich später stieß, haben sich oft die Kulissen so lange zurecht geschoben, bis sie gut dahinter schauen konnten. Die Reinhardt-Freunde an der Universität und am Seminar trugen das Ihre dazu bei, mich zu verwirren.

In München studierte ich Germanistik und bei Arthur Kutscher nebenbei Theaterwissenschaft, erfuhr viel von seinem Freund Wedekind, auch von Falckenberg und sah Schweikart- und Noelte-Inszenierungen; von Reinhardt sprach niemand. Das änderte sich in Wien. Dort traf ich auf der Universität und im Seminar auf Kenner und Verehrer Reinhardts, ja sogar auf frühere Mitarbeiter, die nachdrücklich ihre Nähe zu Reinhardt betonten.

Wir Studenten waren damals unverständlich leichtgläubig, fragten uns aber doch sehr bald: Wer war Max Reinhardt, dass er solche Mitarbeiter und Freunde hatte? – Erst sehr, sehr zögerlich offenbarte sich, dass manche dieser Reinhardt-Jünger schlechterdings Nazis waren. Der Nebel lichtete sich für mich, als ich an der Universität eine Seminararbeit über die Neue Wiener Bühne machen musste und im Reinhardt-Seminar über deren Direktor recherchieren wollte, dabei auf beträchtliche Schwierigkeiten stieß und Herr Dr. Niederführ, der Leiter des Reinhardt-Seminars, entschied, dass es im Seminar keine Unterlagen über Emil Geyer gäbe. Die Neue Wiener Bühne habe ja auch nichts mit dem Reinhardt-Seminar zu tun. Dabei war

Emil Geyer ja nicht nur Direktor der Neuen Wiener Bühne gewesen, sondern auch Reinhardts Direktor in der Josefstadt und sein Stellvertreter im Reinhardt-Seminar und tatsächlich dessen Leiter bis 1938, bis er von Herrn Dr. Niederführ „entfernt" wurde.

Natürlich kannte ich damals den Brief des Herrn Dr. Niederführ an den Reichsdramaturgen Schlösser noch nicht, in dem er als neuer Leiter des Seminars bereits am 24. März 1938 (!) von den Fortschritten der Entjudung des Instituts berichtet und den Adressaten liebedienerisch aufklärt, dass die Verbindung des Seminars mit Max Reinhardt nur eine „rein äußerliche" war, dass der „auf die Führung und Gestaltung des Unterrichts keinerlei Einfluss" hatte, nur formell als Inhaber galt. Von Emil Geyer ist schon gar nicht mehr die Rede – der ist schon „entfernt". (Bis heute hat das Reinhardt-Seminar der Nazi-Opfer unter seinen Dozenten und Studenten nicht gedacht.)

Den Auftrag für die Seminar-Arbeit, die mich auf Emil Geyer aufmerksam machte, hatte mir Prof. Kindermann erteilt – übrigens auch ein Bewunderer Reinhardts, Schnitzlers und anderer einst von den Nazis verfemter Autoren – so stellte er sich dar. Später war er folgerichtig auch Mitbegründer der Max Reinhardt Forschungs- und Gedenkstätte.

Natürlich wussten wir Studenten schon damals, dass der hoch angesehene Vater der Wiener Theaterwissenschaft in seinem Institut in der Hofburg, das ihm Baldur von Schirach gewährt hatte, nicht immer so achtungsvoll über die genannten österreichischen Künstler geredet und geschrieben hatte; aber Genaues, Nachlesbares war uns zunächst kaum bekannt. Das Burgtheater-Buch von Kindermann war lange Zeit wie vom Erdboden verschluckt. (Wenn ich „wir" sage, so meine ich Studenten, mit denen ich engeren Kontakt hatte. Rudolf Weys und Matthias Kralj gehörten u. a. dazu.)

Als wir das Buch aufgetrieben hatten, haben wir im Vorwort des Autors gelesen, dass es sich um den erstmaligen „Versuch einer politisch und weltanschaulich begründeten Theatergeschichte" handelt, „die von den Grundwerten: Rasse, Volk, Reich ausgeht" – und wir haben z. B. gelesen, dass in der Direktion Burckhard Schnitzlers „Liebelei" ein „Fehlgriff" war, ganz im Gegensatz zu Keims bodenständiger „Spinnerin am Kreuz", die erfreulicherweise „einen wichtigen Raum einnahm", dass im Ersten Weltkrieg, „als die meisten anderen draußen ihre Pflicht taten", die jüdischen Literaten „die Kriegszeit […] dazu benützten, um sich im Burgtheaterspielplan immer stärker einzunisten." – Wir haben weiterhin gelesen, dass der deutschnationale Burgtheaterdirektor Max von Millenkovich den bewundernswerten Mut hatte, bei seiner Antrittsrede der Korona von Juden, Judenfreunden und Freimaurern die antisemitischen Leviten zu lesen. Der Herr Burgtheaterdirektor hatte sich als Deutschnationaler dargestellt, „der das christlich-germanische Schönheitsideal im Herzen trägt, das einzige, das in diesem Hause Geltung haben kann […]." Mit Bewunderung für den mutigen Millenkovich und geradezu mit Ekel schreibt Kindermann weiter: „Juden und Freimaurer, alle die Hinter- und Vordermänner der Schnitzler, Auernheimer, Salten, brachen in wahre Tobsuchtsanfälle aus. Sie spürten sofort: hier stand einer, der versuchen wollte, ihre angemaßte Fremdherrschaft über deutsche Kunst und Kultur zu brechen [...]." (Revidierte Ausgabe des Burgtheaterbuches von 1943, erschienen 1944).

Heinz Kindermann schreibt das alles nicht 1917 als begeisterter Antisemit und deutschnationaler Bewunderer des christlich-germanischen Herrn Millenkovich, sondern mit 45 Jahren, jenseits der Jugend-Sünden-Grenze und er stellt die „jüdischen Totengräber" an den Pranger, als seine Gesinnungsgenossen bereits Millionen Juden ermordeten – auch Emil Geyer – 1942 in Mauthausen.

In all den antisemitischen, rassistischen Auslassungen des Vaters der Wiener Theaterwissenschaft sind die persönlichen Herabsetzungen Reinhardts, verglichen mit den Diffamierungen Schnitzlers etwa, noch einigermaßen harmlos, vielleicht weil Reinhardt das heilige ostmärkische Nationaltheater nicht persönlich entweiht und besudelt hatte. Arnolt Bronnen, ein anderes Politchamäleon, schrieb z. B. 1933, ein paar Wochen, nachdem Reinhardt das Deutsche Theater verlassen hatte: „Achtundzwanzig Jahre lang war Max Reinhardt der Direktor jenes Theaters; es wird viel Arbeit kosten, dies alles auszumerzen mit Stumpf und Stiel. Dieses Theater ist nicht mehr ‚Reinhardt', sondern rein und hart."

Kindermann war, wie gesagt, in diesem Fall nicht so rein und hart; aber natürlich lobte er Wildgans vorrangig dafür, dass er Reinhardt als Burgtheaterdirektor mit verhindert und somit das Burgtheater vor der „Auslieferung [...] an ihm ungemäße und unwürdige Lebensformen" bewahrt hatte. – Was eine Ernennung Reinhardts bedeutet hätte „und welche von der jüdischen Presse sicherlich zynisch begrüßte Degradierung des Burgtheaters und seines Ensembles darin gelegen hätte, lässt sich denken."

Robert Musil hatte freilich noch im Juli 1922 gehofft, dass die kommende Saison „noch reicher an jenen wechselhaften Spannungen" sein möge als die gerade abgelaufene, „wenn das Kriegsvolk der Antisemiten ausrückt, um diese heilige Stätte vor Reinhardt zu schützen." Es ist nicht bekannt, ob das Unterhaltungsbedürfnis Musils in dieser Hinsicht hinreichend befriedigt wurde.

Reinhardts Sekretärin Gusti Adler beschreibt den Reichtum an wechselhaften Spannungen, die Musil erwartete, jedenfalls ein wenig deutlicher: „Die Wiener Presse – mit wenigen Ausnahmen – überbot sich in Angriffen niedrigster Art" – und sie spricht von den „Vorläufern hitlerscher Elemente".

Das alles war im Wien der ausgehenden fünfziger Jahre kein Thema. Österreich hatte gerade seinen Staatsvertrag bekommen. Die meisten alten Kultur-Kämpfer hatten sich ihre Wendehälse wundersamerweise nicht völlig verrenkt, hatten ihre Metamorphosen nach kleinen Auszeiten glücklich überstanden und sich endgültig das Chamäleon als ihr Wappentier erkoren. Wäre der Kalte Krieg anders ausgegangen, hätten sich Kindermann und Niederführ höchstwahrscheinlich als Kommunisten entpuppt und hätten mit Brecht und Piscator dasselbe getrieben, was sie damals mit Reinhardt veranstalteten. So bewerteten wir Studenten unsere angesehenen Lehrer und waren so opportunistisch, weiter zu studieren. Das schränkt uns lebenslang in unserem Recht ein, die Charakterlosigkeit dieser Leute lauthals an den Pranger zu stellen. Aber benennen dürfen wir sie. Vor allem auch deshalb, weil diese Leute sich ja nicht nur mit einem verbrecherischen System identifiziert hatten, sondern weil sie ihre professionelle Qualifikation irreparabel beschädigt haben. Ein Germanist, den das „Horst-Wessel-Lied" als poetisches Werk begeistert, ein Theaterwissenschaftler, der den Dichter Franz Keim über dem Talmi-Autor Arthur Schnitzler einstuft, der ist doch fachlich nicht gerade lehrfähig. Das dachten wir, haben uns aber offenbar geirrt, was die Nachkriegsgeschichte der Wiener Theaterwissenschaft beweist.

Noch unbegreiflicher als die Wendehälse waren uns gelegentlich ihre Opfer, denn die Opfer und die Wendehälse verstanden sich gut miteinander – so jedenfalls schien es uns. Unsere Lehrer, die nationalsozialistischen Wissenschaftler und Reinhardt-Mitarbeiter, geistesverwandte Journalisten und andere Eliten der damaligen Gesellschaft, aber auch Rückkehrer aus der inneren und aus der äußeren Emigration, die nordisch-dinarischen Ostmärker, die politisch und rassisch Verfolgten, sie alle waren da einfach nur noch Österreicher, Herzens-Österreicher, und es schien in der Tat oft so, dass für alle das Schlimmste, was da 1938 aus dem Reich über die Grenze kam, der Eintopf war. Dass der nun aus den Speisekarten verschwunden war, das war letzten Endes der eigentliche, der gemeinsame Sieg über das Dritte Reich. Da hatten dann Kindermann und Reinhardt einiges gemeinsam: Sie waren beide keine Piefke – und keine Kommunisten. Und da Reinhardt schon zu Lebzeiten ein Mythos war, kam man mit dem toten Reinhardt umso besser zurecht und der Idolisierung je nach Bedarf stand nichts mehr im Weg. Dieser Prozess dauert bis heute an – auch am Reinhardt-Seminar.

In der „Wiener Dramaturgie", die Ernst Haeusserman zusammen mit Heinz Kindermann gegründet hatte, saßen nun die neuen und die alten Freunde Max Reinhardts beisammen – viel später saß ich dort auch zwei-, dreimal, neben dem Vater meines Freundes Rudolf Weys, einem wunderbaren, integren, humorvollen Menschen, der mit seiner Familie dem faschistischen Rassenwahn entkommen war und der mir gleich beim ersten Mal meiner Teilnahme sagte: „Hör'n Sie hier am besten nicht zu." – Man intrigierte dort ein bisschen mit- und gegeneinander, dachte ein bisschen über die österreichische Zukunft des österreichischen Theaters nach und trug sein Scherflein zum Brecht-Boykott bei. Man atmete dort die „weiche, duslig-verschwätzte österreichische Mischluft" ein, von der Anton Kuh in seiner Kraus-Rede „Der Affe Zarathustras" spricht.

Ich erinnere mich, dass ich mich damals gefragt habe, was die dort oft Genannten, Brecht, vor allem Grillparzer, Schnitzler, Horváth, gar nicht zu reden von Nestroy, wohl gesagt und getan hätten, wenn sie an einer Sitzung der „Wiener Dramaturgie" hätten teilnehmen müssen – und was im Falle solcher illustren Besuche die Mitglieder der „Wiener Dramaturgie" gesagt hätten. – Nicht auszudenken!

Ähnliche utopische Vorstellungen hatte ich manchmal auch als Student am Reinhardt-Seminar und dachte mir gelegentlich: Wenn jetzt die Tür aufginge und der reale Max Reinhardt käme herein, um nach dem Rechten zu sehen, würde er den Dr. Niederführ rausschmeißen? Und andere? Würde er sich anhören, dass und wie die alten Recken sein Erbe bewahrt hatten über die tausend Jahre? Würde er fragen: „Wo ist Emil Geyer geblieben?" – Jahre danach bis heute würde ich fragen: Hätte Reinhardt sie womöglich alle geliebt, auch den Dr. Niederführ, so wie Helene Thimig nach ihrer Rückkehr nach Österreich alle Menschen geliebt hat, wie sie selber schreibt („Ich durfte wieder Theater spielen, ich war daheim in meiner Sprache! Ich liebte jeden Menschen! Und wurde wiedergeliebt – [...]"). Hätte er auch Werner Krauß, „der immer schon ein bekannter Kultur-Antisemit gewesen ist" (Berthold Viertel, 1937), so wie Helene Thimig hilfreich bei der Hand genommen, um ihm vor dem protestierenden Berliner Publikum seine Solidarität zu demonstrieren? In Leopoldskron hatte Reinhardt, so heißt es, Werner Krauß, der zuvor in Berlin eine üble antisemitische Hetzrede gegen ihn und seinen Bruder gehalten hatte, ja vor die Tür gesetzt, als er ihm das Angebot von Goebbels überbrachte, ihn zum „Ehren-Arier" zu ernennen. – Sehr gern würde ich auch wissen, ob Reinhardt sich gefreut hätte, dass sein Assistent Haeusserman über ihn eine Dissertation geschrieben und als Doktorvater den Professor Kindermann gewählt hat. Und was hätte er anderen Remigranten gesagt, die den schnellen Doktortitel über die Batthyanystiege zu erlangen suchten oder das zumindest in ernsthafte Erwägung zogen? – Und noch viele Fragen wären offen. Und werden es immer bleiben, diese Phantom-Fragen nach Max Reinhardt in Wien in den Jahrzehnten nach dem Zweiten Weltkrieg ebenso wie die realen Fragen nach dem realen Leben des wichtigsten Theatermannes der deutschen Theatergeschichte. Die Person, die sich hinter der Menge der Dokumente jeglicher Art verbirgt, diese Reinhardtsche Welt, in der alles Theater und das Theater alles ist, begreife ich nicht. Ich kann mir viele Bilder machen, aber kein Bild.

Das Bild des apolitischen Künstlers ist scheinbar deutlich und klar, wenn man das Bekenntnis Reinhardts liest: „Ich will nicht über Politik sprechen. Ich wüsste wirklich nichts, was mir ferner läge, nichts, dem ich ferner bleiben möchte." – Aber kann man denn fernbleiben und in festlichen Oasen irgendwo auf der Welt oder hinter scheinbar schützenden Theatermauern den Menschen so einfach Freude machen, wenn draußen die Hölle los ist? Konnte man das je? Konnte denn wirklich der Maximilian Goldmann einfach so in Wien leben, beheimatet auf der 4. Galerie des Burgtheaters, ohne z. B. davon zu lesen oder zu hören und darunter zu leiden, dass ein christlich-sozialer Abgeordneter – schon vor der Jahrhundertwende – über die Juden im Niederösterreichischen Landtag u. a. sagte: „Warum soll dieses Volk, dieses gottverfluchte Gesindel nicht vom Erdboden ausgerottet werden!" – und dass sein Parteigenosse namens Anton Jedlicka vorgeschlagen hat, die Juden in Sonderzügen nach Triest zu verfrachten, um sie dort in der Adria zu ersäufen? – Eine Orgie von Antisemitismus!

Arthur Schnitzler, der das alles natürlich sehr genau wusste, schrieb 1897 an Olga Waissnix: „Denken Sie, in letzter Zeit verstimmt mich auch der Antisemitismus sehr stark – man sieht doch eigentlich mit merkwürdiger Ruhe zu, wie man einfach aus dem Geburtsgrunde von Millionen Menschen nicht für voll genommen wird. Ich habe ein so starkes Rachebedürfnis gegenüber diesem Gesindel, dass ich sie mit Ruhe persönlich hängen würde. Es wird bald wieder Zeit, die Tragödie der Juden zu schreiben."

Hatte Max Reinhardt in Wien je ein solches Rachebedürfnis – insgeheim?

Es ist doch wohl so, dass der temperamentvolle und dynamische Max Reinhardt auch in der von Arthur Schnitzler benannten merkwürdigen Ruhe verharrte, wenn es um gesellschaftliche und politische Vorgänge ging; auch die „Judenfrage" überschritt offenbar die Grenze zu dem barocken Zauberreich seines Theaters nicht. Er führte sein Leben anscheinend jenseits der Geschichte, auch in der Stadt seiner Jugend, „an der er mit allen Fasern seines Lebens hing" (Gusti Adler) und in die er nach 1920 mit Heimweh zurückkehrt und die er 1943 in Amerika so ungetrübt als singendes und klingendes Wien beschreibt, wie es der Heimatfilm oder die Tourismus-Werbung nicht eindrucksvoller könnten: Die Stadt „war voll von Musik [...]. Auf den Straßen sangen Bettler zur Drehorgel [...]. Auf den großen Märkten, [...] wurden Blumen, Früchte und Kräuter in ganz bestimmten uralten Melodien angepriesen. [...] und in den Weinhügeln der Umgebung, in denen Mozart, Beethoven, Haydn, Brahms, Schubert spazieren gingen, spielte das picksüße Hölzl zum Tanz auf." Und Gustav Mahler und Johann Strauß und die Philharmoniker und ... und ... „und die Krone von allem war das Burgtheater [...]." – Ein Traum von Wien!

Um auf die Phantomfragen zurück zu kommen: Man kann, wenn man das liest, doch nicht ganz ausschließen, dass Max Reinhardt, hätte er heimkehren können, auch jeden Menschen hier geliebt hätte, wie Helene Thimig; ob er auch so wiedergeliebt worden wäre, das muss man bezweifeln. Die Idolisierungen wären gescheitert, mit denen man bis heute so gut leben kann. Auch Christus kam Dostojewskis Großinquisitor sehr ungelegen.

Das Bild des viel geliebten Max Reinhardt, der seinerseits die Schauspieler liebte, malten die Schauspieler vom Regisseur, dem Magier, in den wärmsten Farben, selbst dann, wenn sie große Rollen fast ohne Proben übernehmen mussten und der Meister sie nie angeschaut hat. Liebesbeziehungen in absentia. – Die überschwänglichen Schilderungen befleißigen sich oft eines religiösen Vokabulars, wie es auch in Reinhardts Sprache immer wieder auffällt.

So schreibt Alexander Granach in seiner Autobiographie „Da geht ein Mensch": „Wir lauschten Reinhardt, wie junge Chassidim ihrem Wunderrabbi lauschten." Ähnliches hörte ich vom freundlich milden Hans Thimig, von seinem cholerischen Bruder Hermann, der oft in der Kantine gallige Verbiesterungen an den Mann brachte, aber zärtlich von Max Reinhardt sprach, oder kämpferisch, wenn er Reinhardt als leuchtendes Gegenbeispiel für die miese Gegenwart ins Feld führte. – Ernst Deutsch, Attila Hörbiger, Paula Wessely ergänzten mir dieses Bild von Max Reinhardt – und auch Heinz Hilpert, in dessen zwei Burgtheater-Inszenierungen ich spielen durfte.

Es ist bemerkenswert, dass die Schilderungen der Probenarbeit, auch die des sprachmächtigen Alexander Granach, kaum tatsächliche Beschreibungen der Arbeit bieten, sondern fast immer nur ihre Bewertung: wunderbar, suggestiv, verständnisvoll, auf jeden individuell eingehend usw. – was übrigens selbstverständlich ist, auch bei einem mittelmäßigen Regisseur. – Wie dem auch sei: Das Liebes-Bild ist das beständigste und nicht zu bezweifelnde Reinhardt-Bild.

Man hörte damals den Alten zu, ohne beschreibbare Folgen für die eigene Arbeit, und man las auch alles Mögliche, lachte über Kerrs „Reklamowitz-Klimbimsky", fand Kraus in seinem Hass auf Reinhardt niederträchtig, Ihering klug, nahm zur Kenntnis, dass Melchinger Reinhardt für den „Begründer des antiillusionistischen Theaters" hielt, Julius Bab ihm die „höchste Vollkommenheit des illusionistischen Theaters" bestätigte, Piscator dieses Theater eine „Plattform für die Behandlung menschlicher Einzelprobleme" nannte, Fehling sich über das „gesellschaftlich Gestrige" und das „Vordringlichwerden des Kommerziellen im Reinhardt-Konzern" empörte usw. usw. Man las auch Reinhardt-Texte, nicht nur die im Seminar verordneten, plagte sich mit fremdem Pathos, schwer begreifbaren Vergleichen, las vom *Heil*, von der Bühne als *Heiligtum*, von der *Vorsehung*, von der *mystischen Stille*, begriff damals nicht wie der große Magier 1924 sagen konnte: „Die Kirche, insbesondere die katholische Kirche, ist die wahre Wiege unseres modernen (!) Theaters" – oder rätselte, wie sich ein fatales Vokabular in Reinhardts Sprache einschleichen konnte: „Freilich, wenn germanische, wenn stammverwandte Kunst an unser Herz schlug, läuteten unsere tiefsten Glocken" – oder was die Erkenntnis eigentlich besagt, „dass besonders nordische Schauspieler, auf den Proben, in denen sie nicht im Kostüm spielen, stärker wirken." Wie kam es zu solchen unverständlichen ‚Erkenntnissen'?!

Das vielgestaltige Phantom machte und macht die Suche nach dem ‚Vorbild' Max Reinhardt schwierig. Das müsste aber im Reinhardt-Seminar angeboten werden.

Freund und Feind, jedermann kann Reinhardt für sich in Anspruch nehmen. Realistisches und manieristisches Theater, Ensemble- und Startheater, Repertoire- und Stagionebetrieb, kleines Kammerspiel und das Theater der 5000, langfristig konzeptionelles Theater und kurzatmige Eventkultur, alles kann man sich von Reinhardt bestätigen lassen. – Ist das ein Vorwurf?

Tatsächlich hat doch Reinhardt nahezu alles für ihn Denkbare mit unendlicher Kraft und vorbildlicher Hingabe verwirklicht, jeweils mit der begleitenden Theaterphilosophie, die immer so glaubwürdig war, dass der folgende Widerspruch einfach eingemeindet werden konnte. „In seiner Regiekunst kamen alle Antriebe und Richtungen zur Geltung, zur Ausgeburt", schreibt Berthold Viertel und er stellt die entscheidende Frage: „was war das Gemeinsame in diesem Reichtum der Formen, ein Gestaltungsprinzip, das eigentlich Reinhardtsche, die besondere Note des Allregisseurs?" – und Viertel beantwortet die Frage nicht.

Untersteht man sich, am Reinhardt-Seminar Schauspiel und Regie zu unterrichten, dann sollte man nach dieser Antwort suchen. Diese Suche, stellt man sie intelligent und phantasievoll an, ist ertragreich für die Lernenden und die Lehrenden.

Wenn man die Antwort aber findet, dann hat man dumm gesucht und ist einmal mehr auf die Sprechblasen reingefallen und auf die Sprüche an der Wand im Palais Cumberland. – Der Respekt vor der farbigsten Theaterbegabung aller Zeiten (Ihering) fordert doch wohl, dass die nach ihm benannte Schule nicht nur als immer noch ziemlich gute Schule respektvoll eine Etiketten-Tradition fortführt, deren künstlerischer Auftrag sich in handwerklichen Rezepturen erschöpft. Nein, H a l - t u n g ist gefragt. Die Suche nach dem ‚Reinhardtschen', wie Viertel es nennt, kann hilfreich sein, sie zu gewinnen. Dabei darf sich das Reinhardt-Seminar weder von dem Bewahrungs-Gerede der ewig Gestrigen noch von dem sklerotischen Fortschritts-Geschwätz der ewig Heutigen beirren lassen und deren flattrige Beliebigkeit nicht mit der widersprüchlichen Vielfalt Reinhardts verwechseln. Dann taugt er jedenfalls als Vorbild – nicht als Muster für bestimmte Theaterformen und nicht für heute glaubwürdige szenische und schauspielerische Gestaltung, aber eben als Vorbild im Sinne der Worte von Heinz Hilpert: „Große Vorbilder schaffen Ehrfurcht vor dem Beruf, vor dem Bild des Menschen und des Menschlichen."

So trifft man vielleicht nach den Begegnungen mit dem Phantom schließlich auf das Bild eines Menschen – den man zu begreifen versucht. – Den Herrn B. aus der Rembrandtstraße und seine Treue zu seinem Falstaff habe ich schließlich auch begriffen.

Beitrag zu dem Katalog der Reinhardt-Ausstellung des Wiener Theatermuseums „Ambivalenzen. Max Reinhardt und Österreich", 2004.

38 Veruntreute Jahre?
Verspätete Erinnerungen

„Eine Chronik schreibt nur derjenige, dem die Gegenwart wichtig ist."
(Johann Wolfgang von Goethe)

Ende der dreißiger Jahre fragte ein junges Mädchen in Berlin bei der Schauspielschule des Deutschen Theaters an, ob sie als ‚*privilegierter Mischling ersten Grades*' Unterricht erhalten könne. – Die Frage wurde verneint.

Der jungen Fragestellerin, die auch in der für sie völlig aussichtslosen Lage ihren Lebenswunsch, Schauspielerin zu werden, nicht aufgeben wollte, gelang es schließlich, bei der großen Reinhardt-Schauspielerin Lucie Höflich Privatunterricht zu nehmen. Das war erlaubt; auch zur staatlichen Abschlussprüfung würde sie zugelassen werden; allerdings würde sie nie einen Ausweis der Reichstheaterkammer bekommen, der die unerlässliche Voraussetzung für jede Tätigkeit an einem deutschen Theater war.

Nach dem abschlägigen Bescheid der 1905 von Max Reinhardt gegründeten Schauspielschule hatte die junge Berlinerin zunächst versucht, Unterricht bei der jüdischen Schauspielerin Ilka Grüning zu nehmen, die auch eine Reinhardt-Schauspielerin gewesen war, nun Auftrittsverbot hatte und sich mit Privatstunden über Wasser hielt. Als Ilka Grüning erfuhr, dass die junge Bewerberin, die ihr Grillparzers Hero vorgesprochen hatte, ebenfalls rassisch minderwertig war, verweigerte sie den Unterricht. Sie wollte sich der Aussichtslosigkeit dieser Ausbildung nicht aussetzen.

Lucie Höflich nahm die junge Schülerin an. Nach zwei Jahren absolvierte sie die staatliche Abschlussprüfung, beantwortete zufriedenstellend die theoretischen Fragen:

1. Welches sind die Geburtstage von Hitler, Göring *und* Goebbels? *2. Wie lauten die Königsdramen* Shakespeares? *3. Wo befindet sich die Reichskulturkammer?* – Sie füllte den Fragebogen in der Rubrik ‚*Arische Abstammung?*' vorsätzlich schwer leserlich aus, sprach vor, nahm neuerlich zur Kenntnis, dass sie keine Chance hatte, einen Reichstheaterkammerausweis zu erlangen und schlug sich gesetzwidrig ohne dieses Papier auf abenteuerliche Weise schließlich und endlich auf obskuren Wanderbühnen im Erzgebirge durch ein gefährdetes Leben und war in all der kaum vorstellbaren Armseligkeit glücklich, Theater spielen zu können.

Nach dem Krieg wurde die junge *Lebenskünstlerin* eine berühmte Brecht-Schauspielerin. Sie war die erste Frau, die am Burgtheater inszeniert hat. Sie bekam die Kainz-Medaille für eine Sternheim-Inszenierung und arbeitete fast zehn Jahre lang kontinuierlich an diesem Haus.

Über ihr junges Schauspielerinnenleben in der nationalsozialistischen Schreckenszeit hat sie ein aufregendes kleines Buch mit dem Titel „Die Nische des Insekts" geschrieben, das kurz vor ihrem Tod 1999 erschien.

Der Name dieser bemerkenswerten Frau ist Angelika Hurwicz. – Ihr Tod und ihr kostbares Buch fanden in Wien keine Beachtung.

Ich erfuhr von diesen Abenteuern der jungen Angelika Hurwicz schon – oder erst – 1980, als sie an einem langen Abend mit Manès Sperber, Leopold Lindtberg, Manfred Inger und anderen Freunden diese Zeit, in der ihr Leben ständig bedroht war, vollkommen unprätentiös schilderte und von den kaum vorstellbaren Erlebnissen auf den obskuren Wander-Schmieren im Erzgebirge erzählte, witzig und noch nach Jahrzehnten dankbar und glücklich darüber, dass sie damals überlebte und Schauspielerin sein durfte. Sperber war von ihren Anekdoten fasziniert, reagierte wie so oft mit vollendet erzählten jüdischen Witzen – und sprach von seinem Bruder Milo, der fernab von den verschwiegenen Tälern des Erzgebirges zur gleichen Zeit in London versuchte, sich seinen Lebenstraum zu erfüllen und Theater zu spielen.

Sperber hatte mich schon 1962 auf das Reinhardt-Seminar angesprochen, an dem sein Bruder Milo studiert hatte. Eine deutschsprachige Theater-Karriere blieb Milo Sperber durch die Nazidiktatur verwehrt. Manès Sperber sprach immer sehr respektvoll über die Arbeit seines Bruders, aber es war doch so, wie es die Sperber-Biographin Mirjana Stancic schreibt, dass Milo Sperber „sich nur sehr mühsam in der Konkurrenz mit den britischen Kollegen behaupten konnte". „Als Max-Reinhardt-Schauspieler in Wien und auf deutschsprachigen Bühnen wäre hingegen einer Karriere bestimmt nichts im Wege gestanden." (Mirjana Stancic)

Vielleicht wäre das ja so gewesen. Jedenfalls hat mich die brüderliche Anteilnahme für das Leben Milos *auf den Trümmern seiner Illusionen* immer bewegt und mir bewusst gemacht, dass ja nicht nur Lehrer des Seminars, sondern natürlich auch Studenten, die Mitglieder dieses ‚Ordens', dieser ‚großen Familie', dieses ‚gewaltigen Theaterensembles' (Festschrift zum fünfzigjährigen Jubiläum des Reinhardt-Seminars) zu den Opfern des Naziregimes gehörten. Man muss es wohl für unabsichtliche Lässigkeit und darf es wohl nicht für Zynismus halten, wenn es in der besagten Festschrift heißt: „Ich möchte an diesen festlichen Tagen unseres Jubiläums den Seminaristen in aller Welt die Erinnerung an ihre Seminarzeit wachrufen und sie alle bitten: Haltet unserem Seminar die Treue! Kommt immer wieder zurück an die Spielstätten eurer Jugend!"

Sind da die Opfer des Naziterrors und der Entjudung auch aufgefordert, an die *Spielstätten* ihrer verlorenen Jugend zurückzukehren? – Bis zu diesem Jubiläum hat das Reinhardt-Seminar nie der ermordeten, drangsalierten, verjagten, um ihre Träume betrogenen Opfer unter seinen Mitgliedern gedacht. Das dreißigjährige Jubiläum, fand unter der Ägide von Dr. Niederführ statt, der sich inzwischen in einen alten vertrauten Mitarbeiter Reinhardts und einen Verehrer des Meisters verwandelt oder zurückverwandelt hatte. In der „Wochenpresse" ließ sich derselbe Dr. Niederführ in einem Jubiläumsartikel so darstellen: „Das Portrait Max Reinhardts, als dessen Assistent Niederführ mehr als jeder andere von jenem undefinierbaren ‚Reinhardt-Geist' aufnehmen konnte, hängt nicht nur als Dekorationsstück in seinem Arbeitszimmer." Alle beschworen unter der Leitung dieses wandlungsfähigen Mannes den Geist

Reinhardts bei jeder pädagogischen Gelegenheit; man stellte fest, dass die Lehre Max Reinhardts ‚*gültiger und lebendiger sei als jemals*‘, predigte die alten Sprüche von den ‚*Königen der Bühne*‘, dass ‚*nicht Verstellung die Aufgabe des Schauspielers sei, sondern Enthüllung*‘, dass die ‚*stärkste Macht des Komödianten die absolute Wahrheit*‘ sein müsse – und servierte in reichem Maße diese und andere moralische Leckerbissen. Es hätte uns damals schon interessiert, wann sich unsere Lehrer eigentlich *verstellt* hatten: Vor 1938? Nach 1938? Nach 1945? Hatten sich manche gar mehrmals verstellt? Und wo lag da für uns *Komödianten* die *absolute Wahrheit*?

Natürlich waren Pädagogen, denen ihre Leitbilder so heillos durcheinander geraten waren, ihrerseits so gar keine Vorbilder. Wir hielten uns an den damals oft zitierten – und bis heute gültigen – Grundsatz aller Lernbegierigen: *Man kann immer lernen, entweder von den Lehrern – oder an den Lehrern.* Aber es gab auch die erste Kategorie, die Lehrer, die man ein Leben lang dankbar nicht vergisst, z. B. den verehrten *Zizzi* (Zdenko) Kestranek, einen genialen Sprachlehrer. Der redete nie über seine Vergangenheit, und wir wussten gar nicht, dass er seinerzeit den rassischen Ansprüchen seines damaligen Chefs, der nun wieder sein Chef war, nicht entsprochen hatte und das Seminar verlassen musste. – Und da war der gestrenge Hans Jaray, dessen Wertschätzung allerdings eines Tages einen deutlichen Riss bekam, als er zwei Stunden lang im dramatischen Unterricht eine Szene zwischen Troilus und Cressida aus „Der Trojanische Krieg findet nicht statt" von Giraudoux unter dem Motto arbeitete: *Wie spielt man* Shakespeare. Diese erstaunliche Verwechslung von Shakespeare und Giraudoux war uns so peinlich, dass weder die agierenden noch die zuschauenden Studenten den fatalen Irrtum aufklärten. Wir wollten den geschätzten Lehrer nicht kränken und spielten mit. Solch ein Ausrutscher war damals ein weitaus brisanteres Gesprächsthema unter den Seminaristen als irgendwelche moralische Fragen nach den politischen Metamorphosen der einstigen Reinhardt-Mitarbeiter.

Diese kleine Peinlichkeit in der kleinen Welt des Seminars war wohl eine entfernte Verwandte der großen Peinlichkeit, die damals draußen in der großen Welt das Klima in der kollaborierenden Gesellschaft der Aufrichtigen und der Wendehälse, der Remigranten und der alteingesessenen Antisemiten bestimmte und die Tabuisierung der jüngeren Vergangenheit beförderte, jener „unheilvollen Vergangenheit", wie Milan Dubrovic in seinem Erinnerungsbuch „Veruntreute Geschichte" schreibt, „deren bis in die Gegenwart weiterwirkenden Probleme […], über die das verschämte Schweigen der älteren Generation gebreitet liegt, oder die, von einer emsig betriebenen Camouflage verformt, verzerrt dargestellt werden." – Die Opfer genierten sich für die Täter, die sich nicht genierten; die Schrecken der Vergangenheit verkümmerten zu Peinlichkeiten, und die Opfer schwiegen schamvoll über die Peinlichkeiten. – Natürlich ist dieser Vergleich zwischen dem kleinen Malheur und der großen Malaise unangemessen; er ist sogar unzulässig; er ist tatsächlich nur eine Assoziation, die Ausdruck der Hilflosigkeit ist, diese unbegreifliche Allianz zu begreifen.

Vielleicht war die ‚verschwätzte Wiener Mischluft‘, von der Anton Kuh 1925 gesprochen hatte, in den fünfziger und sechziger Jahren besonders ‚*duselig*‘ und das

‚Mischpochale' in arisierter Besetzung wieder auferstanden, vielleicht war es die nachlebende Variation auf die ‚verschwommene, verschmierte Zeit' in anderer Tonart. – Hilde Haider-Pregler stellt dieses Zitat von Hilde Spiel über die Jahre 1933 – 1938 an den Anfang ihrer Arbeit über das „Exilland Österreich", das ‚Asylland wider Willen'. – Übrigens ist in diesem aufschlussreichen Text auch nachzulesen, dass sofort nach dem ‚Anschluss' im Burgtheater „nationalsozialistische Ensemblemitglieder auf die Beurlaubung ihrer wenigen jüdischen Kollegen drängten" – was den Karrieren und der allgemeinen Beliebtheit dieser ambitionierten Rassisten nach dem Krieg keinen Abbruch tat und auch einer pädagogischen Tätigkeit am Seminar im Geist von Max Reinhardt nicht im Wege stand.

In diese verschwiemelte Atmosphäre der Wiener ‚Mischluft' ist wohl immer wieder einmal eine Bö Frischluft hineingefahren; aber im Palais Cumberland boten die dicken Mauern der Reinhardt-Tradition Schutz vor allzu starker Zugluft, und es gab keine peinlichen Fragen an die Traditionalisten nach den geheimnisvollen Jahren, in denen ihnen der Name *Max Reinhardt* nicht, oder nur abfällig, oder nur hinter vorgehaltener Hand über die braunen Lippen gekommen war.

Als ich 1958 an der Universität eine Seminar-Arbeit über die Neue Wiener Bühne machen musste, war ich bald von diesem mir bis dahin unbekannten Theater begeistert, das unter seinem Direktor Emil Geyer von 1911 bis 1922 den modernsten Spielplan aller Wiener Theater hatte. Dem Begründer der nationalsozialistischen Theaterwissenschaft verdanke ich also seltsamerweise meine erste Bekanntschaft mit Emil Geyer, dem großen Unbekannten, dessen Name laut Hilde Haider-Pregler in den Handbüchern des Theaters fehlt, und der 1938 von Dr. Niederführ aus dem Seminar ‚entfernt' und später in Mauthausen ermordet wurde.

In den Selbstdarstellungen des Seminars anlässlich des fünfzigjährigen Jubiläums wurde sein Name nicht erwähnt. In den Zeitungen kam der Name vor, auch der von Paul Kalbeck, einem anderen großen Unbekannten, aber Geyer wurde als Stellvertreter an der Seite Niederführs genannt; der kam allerdings, obwohl er dem Seminar schon längst nicht mehr angehörte, in der Festschrift ausführlich zu Wort. Er schildert liebevoll die idyllische Zusammenarbeit mit seinem verehrten Meister bei den „Sommernachtstraum"-Proben mit Seminaristen 1932 im Park von Kleßheim. Die romantische Reminiszenz gipfelt sogar in einer Anekdote: Der große Magier hielt in seiner Manie, dass alle Welt Theater sei und daher inszenierbar, den Dr. Niederführ offenbar für einen kleinen Magier und machte ihn für das Wetter verantwortlich: „Dr. Niederführ, es regnet ja noch immer!"

Neben solchen Verklärungen widmete man sich vor 25 Jahren der traditionellen Idolisierung Reinhardts, raffte dazu die entsprechenden Zitate zusammen und erinnerte sich stolz an die heroische Wiederaufbauzeit nach dem Krieg. Aber die vergessenen Jahre und die verschwiegene Schuld fielen weiterhin dem Peinlichkeits-Gebot zum Opfer.

Es ist bemerkenswert, dass die derzeitige Leitung des Seminars sich entschieden hat, nach 60 Jahren die frische Zugluft der Erinnerung an die Vergessenen in die

‚*duselige Mischluft*' wehen zu lassen. Solche Frischluft führt geradeswegs zu der entscheidenden Gegenwartsfrage: *Warum und wozu will ich in Zukunft welches Theater wie machen?* – Und wenn ich das weiß: *Wie soll ich mich dafür ausbilden?*

Die elementare sogenannte *handwerkliche* Ausbildung des Schauspielers und des Regisseurs muss wohl gerade in Zeiten eines wuchernden Dilettantismus im deutschen Sprachraum außer Streit stehen; ihre Methodik natürlich nicht – und auch das Bild vom Menschen nicht, das sich Lehrende und Lernende machen. Das Menschenbild ist vom Weltbild nicht zu trennen. Die Suche danach beseelt das Handwerk, und wenn sie schöpferisch ist, ermöglicht sie die Wandlung vom Handwerk zur künstlerischen Gestaltung. – Das Seminar kann jedenfalls ohne eine fatale Kunst-Universitäts-Attitüde das leisten, wofür Giorgio Strehler seinem Lehrer Louis Jouvet dankt: „Ich verdanke ihm den Mut, das Theater auch in seinen elenden Aspekten zu akzeptieren, als ‚tägliche Arbeit' und nicht als ‚göttliche Kunst'. Von ihm habe ich die Liebe ‚zum Handwerk als Handwerk' (mit allen immanenten Gefahren) gelernt und den demütigen Stolz, das Handwerk auszuüben und ‚gut auszuüben'".

In den wenigen Texten Emil Geyers, die ich kenne, finde ich eine Bestätigung dieses Strehlerschen *Pragmatismus,* der eine zutiefst humane Tugend ist. Man darf sie vorbildlich nennen. Aus diesen und anderen Gründen empfiehlt es sich, neben dem Idol Max Reinhardt auch Vorbilder wie Emil Geyer und Paul Kalbeck und andere Vergessene nicht nur beim Namen zu nennen und in Listen anzuführen, sondern sie endlich kennen zu lernen und sie in die Suche nach dem Menschenbild einzuschließen.

Fritz Kortner hat in einem nachgelassenen Text über Max Reinhardt geschrieben, der Liebesdienst, den man Toten erweisen solle, bestehe darin, das noch mit uns Lebende von dem wirklich Gestorbenen zu unterscheiden und sich kritisch zu fragen: Was hat überlebt, was ist überlebt. – Das ist eine Jubiläumsfrage, die hier gestellt, aber nicht beantwortet werden kann. Jedenfalls kann sich die Berufung auf Max Reinhardt nicht auf zwei berühmte Reden beschränken. Die reiche, farbige und widersprüchliche Existenz des Leopoldskroner Schlossherrn, der einmal ein kämpferischer Revolutionär war, sollte nicht auf eine Zitatensammlung eingeschrumpft werden. Der Respekt vor dem großen Namensgeber gebietet dem Seminar und seinem Kollegium, sich kritisch die Frage zu stellen, ob denn Max Reinhardt und seine Theater-Weltsicht tatsächlich das Grundmaß des heutigen Theaterverständnisses des Seminars ist, oder ob vielleicht der berühmte Name Max Reinhardt Seminar nur noch so viel aussagt, wie der bekannte Name des bekannten säuerlichen Herings über das politische Genie Bismarcks oder der bekannte Name der bekannten süßlichen Marzipankugel über das musikalische Genie Mozarts. – Vielleicht wird eine glaubwürdige neue Antwort gefunden.

Alle Versuche, ideelle und programmatische künstlerische Fragen anzusprechen, die über handwerkliche Rezepturen hinausgehen, geraten schnell in Gefahr, sich in einer pathetischen fremdartigen Sprache zu versteigen. Dieses Pathos kennzeichnet auch die Sprache Max Reinhardts, nicht nur in den berufsethischen Äußerungen, sondern vor allem in der Darstellung seiner jugendlichen Theater-Träume, die bei den ersten Theatererlebnissen aufblühten. Man denke nur an die geradezu verzückten Schilderungen von der 4. Galerie des Burgtheaters, wo er, wie er schreibt, geboren wurde. – Auch der Reinhardt-Schauspieler Alexander Granach beschreibt sein frühes Theatererlebnis mit 14 Jahren in Lemberg: „Hier […] vor Deinen Augen, in drei kurzen Stunden, verändern sich Menschen und Welten und das ganze Leben! Welch ein zauberisches Wunder!!! […] Das ist die Welt, wo ich hingehöre!"

Auch die ‚nüchterne' Angelika Hurwicz gerät bei der Schilderung ihres ersten Theatererlebnisses in ein romantisch-religiöses Vokabular. Sie hat Ibsens „Die Frau vom Meer" gesehen, ist tief beeindruckt und schreibt von „steigernder Aufregung", vom „Wunder", das sie erfasste, und träumt ihren Lebenstraum: „Ohne dass ich es in Worte hätte fassen können, empfand ich den Dienst an solcher Offenbarungskunst als geheiligt und glaubte mich berechtigt, alle erdenklichen Mittel dafür einzusetzen."

1985 inszenierte Angelika Hurwicz im Akademietheater „Die Frau vom Meer". In einem langen Brief hatte sie für die Aufnahme dieses Stückes in den Spielplan plädiert. Der Brief war klug, phantasievoll und auffallend emphatisch; er offenbarte eine tiefe Beziehung zu diesem Ibsen-Stück. Ich wusste damals nicht, dass es vor mehr als vier Jahrzehnten ihren brennenden Wunsch, Schauspielerin zu werden, entfacht hatte und ihren Traum vom Theater noch immer beflügelte.

Drei Menschen, die den Träumen ihrer Jugend treu geblieben sind; drei Lebensläufe, die in nichts zu vergleichen sind außer in der bedingungslosen Liebe zum Theater. – Sie hatten alle drei keine andere Wahl.

Das Reinhardt-Seminar hat die glückhafte Verpflichtung, Leuten dieser Art die Tore offen zu halten und den Träumen und Hoffnungen der Jungen Gastfreundschaft zu gewähren.

> Beitrag zur Festschrift „Die vergessenen Jahre" anlässlich des 75. Jahrestages der Eröffnung des Max Reinhardt Seminars, 2004.

39 Das Reinhardt-Seminar 2004
Gedanken zum Jubiläum

„Im archaischen Glauben der Griechen, dass die Erinnerung die Mutter der Musen ist, drückt sich eine fundamentale Einsicht in das Wesen der Kunst und des geistigen Vermögens aus."
(George Steiner: „Von realer Gegenwart")

An einem Sonntagvormittag, auf den Tag vor zwei Monaten, kamen im Theater SPIELRAUM in Wien in der Kaiserstraße ungefähr 150 Menschen zusammen, um des 20. Todestages von Leopold Lindtberg zu gedenken.

Die Leiterin dieses Theaters, die ein lesenswertes Buch über Lindtberg geschrieben hat, führte durch ein reiches Programm ohne jegliche Alte-Zeiten-Ideologie von der üblicherweise besseren Vergangenheit. Viele Besucher blieben mehrere Stunden, hörten und sahen Leopold Lindtberg auf Ton- und Filmdokumenten und wurden zum ersten oder zum wiederholten Mal von seinem so außerordentlichen Film „Die letzte Chance" ergriffen.

Aus diesem einen guten Grund saß man in dem historischen Erika-Kino, dem heutigen Theater SPIELRAUM; öffentlich wunderte sich niemand, dass man nicht im Burgtheater saß. Das hatte eine Matinée für Leopold Lindtberg abgelehnt: *Man interessiere sich nicht für tote Regisseure; das Burgtheater sei schließlich kein Mausoleum.* Einen solchen schlüssigen Nachweis von rigoroser Modernität wollte die kleine Versammlung in der Kaiserstraße nicht erbringen; sie erinnerte sich. Immerhin war Leopold Lindtberg über viele Jahre ein Protagonist des Wiener Theaterlebens und hat die Geschichte des Burgtheaters wesentlich mitgestaltet, die ohne seine künstlerische und intellektuelle Integrität weniger glücklich verlaufen wäre.

Andererseits gehörte Lindtberg nie zu den *Fettaugen*, die auf jeder Gesellschaftssuppe oben schwimmen und wurde daher nie in die große Koalition der Wiener Lieblinge aufgenommen; dazu war er zeitlebens zu unbestechlich, zu intellektuell, hatte zu viel *Gedächtnis*, und demzufolge zu viel *Gesinnung* und hatte sich somit keinen Anspruch auf einen populären Erinnerungswert erworben.

Dass Leopold Lindtberg nie Burgtheaterdirektor geworden ist, das dürfte allerdings bei den zuständigen staatlichen Instanzen eher ähnliche schlechte Gründe gehabt haben wie im Fall von Max Reinhardt. 1922 hatte Robert Musil noch von dem *Kriegsvolk der Antisemiten* gesprochen, *das ausrückt, um die heilige Stätte* Burgtheater *vor Reinhardt zu schützen*. Nach der Nazizeit haben die Antisemiten auch in Wien ihre einstige verbale Aufrichtigkeit verloren.

An die Stelle des offenen Kampfes war die Amnesie getreten. Und auf der anderen Seite schien das alte Erinnerungsgebot der jüdischen Tradition verloren gegangen zu sein.

Die Erinnerungsverweigerung blühte nach dem Zweiten Weltkrieg auf, vor allem in ihrer politischen Variation. Aber auch im kulturellen Bereich erweist sich immer wieder ihre heilsame Wirkung. So erspart sie verunsichernde Vergleiche und senkt die Hemmschwelle für die stärkende Selbstüberschätzung; sie begünstigt den Pakt mit dem Zeitgeist und trägt dazu bei, dass der allgemeinen diffusen Modernitätsideologie die Luft nicht ganz und gar ausgeht.

Nun hat sich die Leitung des Reinhardt-Seminars entschlossen, das über sie gekommene Jubiläum nicht wieder zum üblichen euphorischen Jubilieren zu nutzen, sich nicht wieder hinter den schützenden Mauern der sogenannten Reinhardt-Tradition in Sicherheit zu bringen und dieses Mal keinen weiteren Beitrag zur traditionellen Erinnerungsverweigerung zu leisten. Das ist offenbar nicht überall auf Zustimmung gestoßen. Aber mir gefällt das.

Aus diesem Grund bin ich der Bitte nachgekommen, hier zu sprechen; ich habe das auch getan, weil ich einen der Vergessenen, derer anlässlich dieses Jubiläums zum ersten Mal gedacht wird, schon seit meiner Studienzeit kannte – oder sagen wir besser: weil ich seither von seiner Existenz wusste: Emil Geyer.

Der war nicht nur ein Vorkämpfer der modernen Literatur und ein mutiger Theatermann, sondern auch ein vorbildlicher Lehrer, ein reich begabter künstlerischer Mensch, als Statthalter Max Reinhardt loyal verbunden, aber nicht sein Vasall. – Ein guter Mensch war er wohl obendrein; glaubwürdige Zeugnisse gibt es dafür. Heute sitzen hier auf der Bühne Menschen, die Emil Geyer noch als Lehrer erleben durften.

Wenn ich mir anmaße, neben diesen überlebenden Zeugen der letzten Jahre des Reinhardt-Seminars vor dem ‚Anschluss' an dieser Stelle überhaupt über die Vergangenheit zu reden, dann nur deshalb, weil ich versucht habe, an diesem Reinhardt-Seminar zu lernen und zu lehren und weil ich bei diesen Versuchen zum unfreiwilligen Teilhaber dieser Vergangenheit geworden und in ihre Werte und in ihre bis heute virulenten Unwahrheiten in zweifacher Hinsicht verwickelt war und bin – damals als Lernender von den Lehrenden, jetzt als Lehrender von den Lernenden herausgefordert, das Nachdenken nicht aufzugeben.

In den Jahren nach der Staatsvertragsunterzeichnung hatte die Mehrheit unserer älteren Lehrer ihre politischen Wechseljahre zum Teil mit gehöriger germanischer Chuzpe längst überwunden.

1945 waren 50 bis 60 Prozent der Universitäts- und Hochschullehrer in Österreich im Zuge der Entnazifizierung entlassen worden. Bis 1950 kehrten aber fast alle auf ihre Posten zurück. Einige Jahre später war nur noch so am Rande davon die Rede, dass die in Wien für die Theaterwissenschaft und für die Schauspielkunst hauptverantwortlichen Erziehungsberechtigten gläubige Nationalsozialisten und praktizierende Antisemiten gewesen waren, keine Mitläufer. Für uns Studenten stand so kurz nach dem Ungarnaufstand die Vergangenheit nicht auf der politischen Tagesordnung; sie meldete sich erst einige Jahre später zu Wort, vor allem im Zusammenhang mit dem „Borodajkewycz-Skandal".

Aus Deutschland kommend, fiel mir auf, dass die frisch behauptete Opferrolle Österreichs eine latente antideutsche Stimmung implizierte, auch unter den enttäuschten postgermanischen Ostmärkern. Schließlich hatten die nördlichen Brüder ihnen den ganzen Schlamassel eingebrockt, hatten ihre Gesinnungsgenossen aus der Ostmark oft mit einiger Arroganz nicht auf gleicher Blaue-Augen-Höhe behandelt – und hatten den guten alten und bewährten österreichischen Antisemitismus dadurch desavouiert, dass sie die deutschnationalen und christlichsozialen antisemitischen Verbalorgien, wie sie viele Jahrzehnte vor dem ‚Anschluss' in der politischen Öffentlichkeit und in der einschlägigen Presse gang und gäbe waren, in die Tat umgesetzt hatten. Nun, nachdem das alles vorbei war, nahm man behutsam den einheimischen Antisemitismus als nicht so unliebenswerte alte österreichische Spezialität vor der aufdringlichen deutschen Forderung nach der sogenannten Vergangenheitsbewältigung ein bisschen in Schutz, da man sich, wie Friedrich Torberg das pointiert formulierte, schon deshalb von der nazistischen Vergangenheit „mit reinem Gewissen distanzieren darf, weil ja, beispielsweise in Österreich wirklich niemals ‚Judensau' gesagt wurde wie in Deutschland, sondern immer nur ‚Saujud'!"

Der verbale österreichische Antisemitismus hatte sich schon zur Zeit des fünfjährigen Jubiläums des Reinhardt-Seminars immer mehr zu einer bedrängenden Lebensrealität verdichtet und im staatlichen kulturellen Bereich zu erheblichen Einschränkungen geführt. Während z. B. Max Reinhardt, der das Wohlwollen des „Ständestaates" genoss, bei diesem ersten Jubiläum in seiner letzten Premiere am Seminar neben Kurt Schuschnigg in der Kaiserloge des Schlosstheaters sitzen durfte, musste Leopold Lindtberg ganz andere Erfahrungen machen. In dem eingangs erwähnten Buch „Alles in Szene setzen, nur sich selber nicht" von Nicole Metzger kann man nachlesen, wie es Lindtberg nach der Machtergreifung in Deutschland 1933 nicht mehr gelang, in Österreich ein Engagement zu bekommen. Ewald Balser, der sich beim Burgtheaterdirektor Röbbeling für ihn eingesetzt hatte, schrieb ihm nach Paris: „Mein lieber Leopard, es fällt mir entsetzlich schwer, auf Deinen Brief aus Paris zu antworten. Röbbeling sagte mir ganz klar, er könne es sich zur Zeit einfach nicht leisten, einen jüdischen Regisseur zu engagieren. Bei Schauspieler-Engagements verhält es sich genau so. Ernst Ginsberg musste von R. auch mit einem diesbezüglich negativen Bescheid weggehen." – Sogar die Österreichische Länderbühne engagierte schon Jahre vor dem ‚Anschluss' nur ‚arische' Menschen „bis zum letzten Bühnenarbeiter", wie deren Direktor an Dr. Niederführ schrieb; rassische Unsauberkeiten wurden der braven Provinzbevölkerung schon 1936 nicht mehr zugemutet.

In welchem Ausmaß, auf welche Weise und wenn, ab wann der Seminarwart Dr. Niederführ, der 1937 zum Stellvertreter von Emil Geyer avancierte, schon vor 1938, den herrschenden Strömungen entsprechend, tatsächlich bewirken konnte, dass nur wenige jüdische Studenten am Reinhardt-Seminar aufgenommen wurden, sei dahingestellt; jedenfalls rühmte er sich dessen 1938 kurz nach dem ‚Anschluss'. Dieselbe Zahl, die Dr. Niederführ dem Reichsdramaturgen damals mitgeteilt hatte, hat er dann auch an sein Parteiblatt lanciert. Dort war im Rahmen einer Kritik des „Sommernachtstraums", der letzten Inszenierung des Reinhardt-Seminars von Paul Kalbeck, dessen Name verschwiegen wurde, zu lesen: „Weiters ist die Feststellung bemerkenswert, dass diese Schule schon vor den Tagen des Umbruchs bei 70 Schülern nur 10 Nichtarier in ihren Reihen hatte." – In derselben Kritik wird übrigens die Geschichte des Seminars schamlos umgelogen. Da heißt es: „Das Schauspiel- und Regieseminar Schönbrunn steht unter der bewährten, langjährigen Leitung von Parteigenossen Doktor Niederführ. Vor vielen Jahren hat Jude Max Reinhardt den gründenden Schülern der Akademie aus Reklamegründen sein Protektorat versprochen, doch Geld oder sonstige Hilfe hat er niemals zur Verfügung gestellt. Auch zeigte er an dem Institut wenig Interesse und die jungen Gründer waren ganz auf ihre eigene Kraft angewiesen, weshalb das Schauspielseminar zu Unrecht in Wien zum Reinhardt-Seminar gestempelt wurde. Es war interessant zu beobachten, wie Pg. Niederführ mit wenigen Kollegen den schweren Kampf um die Anstalt durchführte und ihr Weltruf verschaffte. Dr. Niederführ bediente sich mit großem Erfolge der nationalsozialistischen Erziehungsmethoden im Wesen der Volksgemeinschaft."

Dass die Geschichte des Reinhardt-Seminars nach 1938 derart umgelogen wurde, ist selbstverständlich; dass die Reste dieser Lügen bis in unsere Zeit gehalten haben, das ist ziemlich unerträglich. – Auch Schweigen und Vergessen sind Lügen, Lügen der sanften aber hinterhältigen Art, die jede Glaubwürdigkeit derer, die damit gut zurechtkommen, ausschließen. – Unkenntnis und Gedächtnisschwäche mögen tatsächlich einiges entschuldigen, sie sind aber nicht gerade eine Qualifikation für Professoren, in Zukunft schon gar nicht mehr, nachdem der wissenschaftlich fundierte Text von Peter Roessler über die vergessenen Jahre in der heutigen Festschrift gedruckt und allgemein zugänglich ist. Seine hervorragende Arbeit produziert keine Meinungen, sondern vermittelt Kenntnisse und ermöglicht damit Erkenntnisse, für die auch ich zu danken habe.

Wir Lehrer von heute haben kaum einen Grund, uns den moralisch und politisch beschädigten Kollegen überlegen zu fühlen. Inwieweit unsere Glaubwürdigkeit den Ansprüchen unserer Studenten standhält, das ist eine noch unbeantwortete Frage. Die Antwort wird wahrscheinlich zeigen: Geyer und Kalbeck sind auch heute nicht die Norm.

Die fatale Idolisierung Reinhardts, die bis heute über alle weltanschaulichen Grenzen hinweg weiter betrieben wird, nicht nur am Reinhardt-Seminar, macht es so schwer, sich von diesem doch bedeutendsten deutschen Theatermann des 20. Jahrhunderts ein anhaltendes Bild zu machen, das als Vorbild heute angenommen werden kann und das die Kortner-Frage: *Was hat überlebt, was ist überlebt?* beantworten würde. – Das alte griechische Wort ‚eidolon' bedeutet übrigens auch *Trugbild* oder *Götzenbild*.

Die Idolisierung verstellt auch den Blick auf die Menschen in Reinhardts Nähe, die – in mancher Hinsicht diesem ebenbürtig – seine Phantasien und seine Pläne ermöglicht und verwirklicht haben und die mit ihren völlig autarken Lebensleistungen dem *großen Magier* mit seiner genialen eklektizistischen Begabung quasi als menschliche Schatzkammern zur Verfügung standen. – Das wurde immer unzureichend gewürdigt. Phantome und Idole haben eben keine Stellvertreter; große Zauberer haben nur schattenhafte Assistenten, die ihnen aus dem Dunklen den Zylinder reichen, aus dem die großen Meister im gleißenden Scheinwerferlicht dann die Kaninchen zaubern.

Natürlich war und ist die Idolisierung keine Domäne des Reinhardt-Seminars. In dem schönen Katalog der derzeitigen Ausstellung „Wien – Stadt der Juden. *Die Welt der Tante Jolesch*" im Jüdischen Museum hat das Theater-Kapitel den Titel „Der Imperator und die Komödianten" und beschränkt sich auf den überirdischen Zauberer Reinhardt, der mit Picasso verglichen wird. Die Namen Geyer und Kalbeck kommen nicht vor. – Schade, dass die Tante Jolesch die beiden nicht gekannt hat.

In der Festschrift des Reinhardt-Seminars können Sie hingegen über die Vergessenen viel erfahren.

Dieser Blick in die Vergangenheit hat freilich nur dann einen Sinn, wenn er nicht nur historische Interessen befriedigt, sondern vorrangig der gegenwärtigen und der zukünftigen Arbeit am Reinhardt-Seminar das Maß anlegt und schöpferische Impulse auslöst. Wenn wir die Vorbild-Frage nicht nur an Max Reinhardt, sondern auch an die Vergessenen richten und die dabei nicht – gewissermaßen zur Wiedergutmachung – ihrerseits idolisieren.

Fritz Kortner sagt bewundernd von dem noch nicht vierzigjährigen Berliner Regisseur Max Reinhardt, er sei „der Beauftragte seiner inneren Vorstellung und ihr Zwangsvollstrecker" gewesen.

Schauspieler, die sich vielleicht mit Wehmut an den auch im Seminar meist zitierten Satz Reinhardts erinnern, dass sie nämlich die Könige der Bühne seien, hauen des öfteren, dieser Erinnerung folgend, in Kantinen und Kaffeehäusern mutig auf den Tisch und rebellieren gegen die erlittenen Zwangsvollstreckungen von Regisseuren, um sich danach in der Probenarbeit wieder als willfährige Handlanger den Zwangsvollstreckern zur Verfügung zu stellen. Die entthronten Könige, aber auch hoffnungsvolle Seminaristen sollten bedenken: Kortner nannte Reinhardt in seinem Bericht über ihre Zusammenarbeit 1911 deshalb einen *Zwangsvollstrecker*, weil der sich unspekulativ und mit bedingungsloser Rigorosität und unbegrenzter Arbeitslust seinen künstlerischen Vorstellungen hingab und sich nicht am Feuilleton und anderen Karriere-Bequemlichkeiten orientierte. – Kortner fand das vorbildlich, auch dann noch, als er längst „in dem Reinhardt bekämpfenden Lager" stand, wie er das formulierte, und als leidenschaftlicher Gegner des alten Reinhardtschen Theaters dennoch gegen den Vatermord an seinem einstigen Vorbild plädierte; er wandte sich gegen die damaligen Jungen – so wie viele Jahre später gegen die Achtundsechziger – die sich im Besitz des *Alleinseligmachenden* wähnten. Das sei gegen die *Urgesetze*, aus denen jede *Gesetzmäßigkeit* gefolgert werden kann; das *Alleinseligmachende* sei die *Absage an die Herkunft*, sei *Hochverrat am Kontinuum des Lebens*. „Alleinseligmachung – in deinem Lager herrscht Vernichtung!"

Dieser Ausruf Kortners ist letzten Endes ein Appell an die schöpferische Erinnerung, und er findet seinen Widerhall im Programm dieses Jubiläums, in dessen Mittelpunkt Menschen stehen, die im Namen einer alleinseligmachenden Ideologie großes Leid erfahren haben.

Im Theater – und von dem spricht Kortner ja vorrangig – verkürzt die grassierende Novitätensucht zwar die Lebensdauer des jeweiligen Alleinseligmachenden und verwandelt diesen Moloch in einen Schwarm von Eintagsfliegen, andererseits wächst gerade deshalb die Angst, in der schrankenlosen Austauschbarkeit von Inhalten und Formen endgültig die Orientierung zu verlieren und in dem Wust von Beliebigkeiten unterzugehen; mit ihr wächst die Sehnsucht, zu entdecken oder gesagt zu bekommen, wo es langgeht, *wo Gott wohnt*.

Auch die Studenten am Reinhardt-Seminar möchten das wissen – und bekommen keine Antwort – können keine bekommen. Aber vielleicht werden sie ermutigt, ihre Suche besser gerüstet fortzusetzen.

Jedenfalls wird die Begegnung mit den Vergessenen Mut zu einem Theater machen, das sich auf die Welt und auf den Menschen bezieht – und nicht auf Hochglanzzeitschriften, die auf die Frage, wo Gott wohnt, monatlich eine Adresse anbieten – und nicht auf andere Theater, um inzestuöses Theater-Theater zu machen, in dem, wie Robert Musil das nannte, „Kettenauffassungen" und „Effekttraditionen" produziert werden – und „die Magie eines Panoptikums vom Hörensagen".

In dieser Begegnung wird sich ein Bild vom Theater abzeichnen, in dem Mut keine Frage des Marketings ist, in dem man sich der Liebe zu einem unverfälschten Text nicht schämen muss, in dem der Zuschauer als mitschöpferischer Partner geachtet wird und ihm nicht Interpretationen von Interpretationen um die Ohren gehauen werden, die ihn zu einem Dechiffrierspezialisten degradieren, sondern in dem ihm die Freiheit gewährt wird, die Schauspieler und Regisseure für sich auch in Anspruch nehmen: die Freiheit seines Denkens, seiner Empfindungen und seiner Phantasie, so dass sich das fragmentarische Bühnenkunstwerk erst im Kopf des Zuschauers vollendet. Dann ist er in die neu geschaffene Welt eingeladen – als intelligenter Gast und nicht als lernbehinderter Nachhilfeschüler.

Es bedarf ausgewiesener professioneller Qualitäten, um die Aufgaben solcher Gastgeberschaft gut zu bestehen. Max Reinhardt und die vergessenen Lehrer, die am Anfang der Tradition des Reinhardt-Seminars stehen, haben im Zentrum des Lehrplans die sogenannte handwerkliche Ausbildung etabliert; sie ist bis heute die unbestrittene zentrale Aufgabe des Seminars und macht seinen guten Ruf aus.

Natürlich ist ein künstlerisches Handwerk mehr als eine Summe eingeübter Fertigkeiten. Um den geistigen und künstlerischen Anspruch an das Handwerk anzudeuten, wie er am Anfang der Seminar-Geschichte wohl empfunden wurde, möchte ich abschließend eine große Schauspielerin zitieren, die diesen Anspruch wunderbar formuliert hat. Therese Giehse schrieb 1945: „– Ja, ich kann Ihnen sagen, dass das Technische so beherrscht werden muss, dass es weder mir noch dem anderen aufstößt – weder durch Virtuosität noch durch Stümperei –, dass das Künstlerische von einer Menschlichkeit getrieben werden muss, die stets versucht, Himmel und Hölle zu verstehen, zu erkennen und die Erkenntnis durch die Gestalt zu befreien. So – da haben wir's –, ich schreibe da ein schwulstig klingendes Rezept hin –, und dabei ist's mir bitter ernst. Vor allem mit der Menschlichkeit."

... und dabei ist's mir bitter ernst. Vor allem mit der Menschlichkeit.
Ein guter Satz. Ein Grundgedanke dieses Jubiläums.

Festrede anlässlich der Jubiläumsfeierlichkeiten
im Schönbrunner Schlosstheater am 18. Juni 2004.

40 Von Beruf: Werner Schneyder
„Der hat's verdient!"

„Endlich einmal einer, der es verdient hat. Endlich ein bösartiger, ein genialer Schwarzmaler, realistischer Phantast oder phantastischer Realist, der da in die Kränze kommt, kein voreilig Versöhnter und Wolkenkuckucksheimbewohner, sondern ein Beobachter, Flaneur, reisender Krieger. Der Preis wird ihn nicht verderben und nicht daran hindern, unseren Konkordanz-Heuchlern die Wörter im Mund umzudrehen, oder diese ihnen in den Hals zurückzustopfen".

Diese Sätze sagte der Schweizer Störenfried Niklaus Meienberg unter dem Titel: „Der hat's verdient!" vor Jahren anlässlich der Verleihung des Zürcher Kulturpreises an einen anderen Schweizer Störenfried, den Autor Jürg Federspiel.

Ich mute Dir, lieber Werner, diesen aus der Schweiz ausgeliehenen Text zu, weil für mich Niklaus Meienberg ein unglücklicher Bruder im Geist von Dir ist und weil er sich in diesen Sätzen eigentlich selbst beschreibt und dieser Text auf irritierende Weise mit Dir zu tun hat. Außerdem ist es für den Redner unverfänglicher, aus der Deckung eines Zitats die Rede zu eröffnen.

Du bist nun also auch ‚in die Kränze gekommen'.

Das freut die einen und wurmt die anderen und alle werden herzlich gratulieren und so oder so sagen: „Der hat's verdient!" – Ich soll's auf Deinen Wunsch öffentlich sagen – und natürlich noch ein paar Sätze dazu, über Deine Biographie, die alle hier kennen, und über Dein Werk, das so vielfältig und umfangreich ist, dass man in der Kürze der Zeit nur Plattitüden verbreiten kann, die auch schon alle kennen.

Sei's drum. Ich scheitere gern für Dich, wenn auch mit ein wenig Verwunderung über Dein ehrendes Vertrauen, mit dem Du mich da vor allen Deinen guten Freunden auszeichnest.

Wir sind seit den leidenschaftlichen Diskussionen gegen Ende der fünfziger Jahre, vor allem wohl im Zwölfapostelkeller, über Gott und die Welt und Samuel Beckett, immer in Ruf- oder Sichtweite unsere verschiedenen Wege gegangen, in wechselnder Entfernung voneinander, so dass wir uns immer wieder neu begegnen konnten, oft mit gemeinsamen Freunden, manches Mal auch zu herrlichen Festen, z. B. zu Silvesterfeiern, z. B. mit Cecily und Axel Corti in eurem Salzburger Haus, wo solche Nächte, vor allem dank Ilses wunderbaren Künsten als unübertreffliche Gastgeberin, tatsächlich zu unvergesslichen Sternstunden freundschaftlichen Zusammenseins wurden.

Solche privaten Reminiszenzen an diese schönen Oasen der Freundlichkeit unter Eurer Obhut sind an dieser Stelle vielleicht nicht so ganz angebracht; sie gehören aber doch zur ersten Station dieser Laudatio; denn zu Deinen vielen bemerkenswerten Begabungen gehört, mit den anderen untrennbar verbunden, auch die zur Freundschaft. Sie ist zu rühmen an diesem Tag wie vieles andere, das Dich auszeichnet. – Wie schade, dass Dich heute unser Freund Thomas Pluch nicht loben kann.

Nun beanspruche ich als Laudator, der nichts vom Boxen versteht, kein ausgewiesener Feinschmecker, ein Operetten-Laie, kein renommierter Kabarett-Fachmann, auch kein Kenner der Gesinnungsbranche ist, zur Eindämmung meiner Unzuständigkeit die Legitimation als Freund II. Grades. Beschreiben könnte man diese Legitimation mit Worten von Joachim Ringelnatz, die der an einen Freund gerichtet hat:

„Uns trennt wohl vieles,
Doch nicht viel,
Gewiss nicht das Ziel,
Ich meine die Vorstellung unseres Zieles."

In dem kleinen Buch „Vom Nachlassen der Schlagkraft" – darüber hat Werner Schneyder schon vor mehr als einem Vierteljahrhundert geschrieben – findet sich eine zwischen Altersweisheit und bitterer Resignation schwankende Betrachtung mit dem Titel „Freunde"; da heißt es: „Ich habe ein paar. Sie sind so alt wie ich oder älter. Sie werden sich nicht mehr ändern, sie werden nichts mehr ändern. Keiner von ihnen hat einen jungen Freund. Sie sterben. Das heißt: Sie leben in ihrer Generation." Und an anderer Stelle: „Da umgeben einen nun alte Freunde und haben nur einen Gedanken: sich an dem zu rächen, der noch auswendig weiß, was sie einmal geredet haben. So sitze ich da und male mir manchmal aus, wer von den Autoren meiner oder der nächsten Generation das Zeug zu einem Chef einer neuen Reichsschrifttumskammer haben könnte. Es fallen mir gar nicht so wenige ein."

Ein spröder Text voller Enttäuschung, der vom unverstellten Pessimismus des lebensfrohen Werner Schneyder Zeugnis ablegt. Wenn die neuen alten Freunde so wären, wie er sie in diesen traurigen Sätzen beschreibt, dann würde er heute das Goldene Ehrenzeichen des Landes Wien angesichts einer Versammlung verliehen bekommen, die vorwiegend aus Moribunden besteht. Vielleicht ist das ja auch so; kurz nachdenken könnte man immerhin darüber; auch bei einer so festlichen Angelegenheit – auch über die bittere Erkenntnis unseres Laureaten, die er immerhin in einer Hochzeit seiner kabarettistischen Karriere, während der Zusammenarbeit mit Dieter Hildebrandt, so formuliert hat: „Man wird zur angesehenen Firma einer Gesinnungsbranche, ist aber kein Freund mehr."

Die offenbare Verzweiflung über die Schwierigkeiten der Freundschaft und die kleine Wut angesichts des wachsenden Opportunismus der ‚alten jungen' Freunde auf der einen Seite und auf der anderen die Einsamkeit des „Sendboten einer Generation", der in der Rolle des „Hofnarren" missionarisch „in das System" eingedrungen ist, weil er an „Veränderung von außen" nicht glaubt, haben mich schon vor Jahren irritiert, haben mich aber auch für den so selbstbewussten und so verwundbaren Generationsgenossen eingenommen.

Jedenfalls ist der Hofnarr eine sehr humane, sehr einsame Figur, auch wenn er als Hinterbliebener eines ausgestorbenen Berufsstands beim Heurigen und in Gesellschaften schon wegen seiner unterhaltsamen exotischen Singularität ein gern gehörter Gast ist, der lautstark zu verschweigen sucht, dass er sich nach freundschaftlicher und liebevoller Geborgenheit sehnt. Dann kann er sich an Musik betrinken und wäre lieber Fritz Wunderlich.

Die kleine Wut des enttäuschten Freundes hat eine große starke Schwester: die Wut des nicht gefügigen Zeitgenossen Werner Schneyder. Auch die ist heute zu rühmen.

Das ist die zweite Station dieser Laudatio.

In den „Gesammelten Ansichten" hat Werner Schneyder unter dem Titel „Wut und Liebe" 1985 dieses Gedicht veröffentlicht:

„Diese Wut
nicht lieben zu können
weil soviel wütend macht.
Diese Liebe
wütend sein zu können
weil man lieben will.
Zum einen ohne das andere
nicht fähig und nicht berufen.
Kein Programm.
Ein Leben"

Ein Leben – nicht das Programm: ‚Nur die Wut nicht verlieren!' Max Frisch hat in seinem kleinen Schwank „Die große Wut des Philipp Hotz" die Passivität des Intellektuellen verspottet, der unter diesem Motto redet und redet, aber nicht handelt und der schließlich nach der großen Wut genau da ankommt, wo er vor der Wut schon war.

Der Vorzug des schreibenden Satirikers ist der, dass sein Reden die wirksamste Art zu handeln ist.

Werner Schneyder spricht in seinem schönen Buch über den ‚merkwürdig gerechten' Menschen Erich Kästner von der „Anmaßung, von einer Schreibmaschine aus der Welt zu widersprechen". Diese Anmaßung beruht auf dem Glauben an die „Erreichbarkeit des Menschen". Den hat – oder hatte? – Werner Schneyder wie Erich Kästner, dessen Definition des Satirikers er zitiert: „Ihn plagt die Leidenschaft, wenn irgend möglich das Falsche beim richtigen Namen zu nennen."

Dieser Definition bleibt Werner Schneyder nichts schuldig. Seine schöpferische Wut bestimmt die ideelle Welt seiner wichtigen Texte und ihren Pulsschlag. Die Wut des Schriftstellers Werner Schneyder erlöst sich wohl nicht nur in diesem klugen und liebevollen Buch über Erich Kästner aus Verzweiflung und Depression; bei mancher Gelegenheit wächst sie zum Zorn heran, aber sie degeneriert kaum je zum Ärger und vor allem: Sie verkommt nie zum Hass. Das verhindert freilich die Teilnahme an den hierzulande so beliebten Vernichtungsfestspielen des Hassens und Schimpfens und kostet den alten Narren ‚künstlerisches' Ansehen in der hochkulturellen Gesellschaft. In die Schneydersche Gourmet-Sprache übersetzt, heißt das: Unser Laureat versäumt es, die intellektuelle Feinschmecker-Schickeria mit delikaten Hass-Leckerbissen zu verwöhnen. Er verordnet stattdessen eine karge Diät des aufklärerischen kritischen Nachdenkens. Da ist der Genuss von anderer Art.

Über die geringen Chancen solchen Glaubens an die ‚vernünftige' Erreichbarkeit des Menschen hierzulande wurde ich vor vielen Jahren aus gegebenem Anlass von einem bedeutenden Repräsentanten der ortsansässigen Hochkultur wohlwollend aufgeklärt. Der hilfreiche Mann wies mich darauf hin, wie leicht und nachhaltig man mit unangenehmen Analysen, intellektuellen Argumenten, also mit konkreter Kritik die Wiener Kulturgesellschaft gründlich vergrämen und verärgern kann. Sein gut gemeinter Rat lautete wörtlich: „Du musst ihnen in die Goschen brunzen, dann schlürfen sie deinen Urin."

Diese klare Erkenntnis hat sich in der Folge immer wieder als richtig erwiesen. Ich konnte aber keinen Nutzen daraus ziehen. Mir lag das nicht. Ich teile den Glauben von Werner Schneyder an die Erreichbarkeit des Menschen mit anderen Mitteln – und ich glaube auch, dass die Hasskultur der Satire die Luft nehmen könnte. Aber es geht in diesem Zusammenhang nicht um die Chancen der Satire, sondern um viel mehr. ‚Hasskultur' ist nämlich ein Unwort, weil Hass nichts mit Kultur zu tun hat. Hass ist keine literarische Kategorie. Hass ist eine faschistische ‚Tugend', das ist außerhalb Österreichs unbestritten.

Ohne den Glauben an die ‚vernünftige Erreichbarkeit des Menschen' ist Kabarett und ist auch Theater, so wie wir es verstehen, nicht möglich, auch wenn sich die Zweifel an dieser Maxime gelegentlich zu Krisen auswachsen.

Das Kabarett war immer in „jener permanenten Krise, die immer die vorangegangene große Zeit zu überwinden hatte" schreibt Werner Schneyder, der nun als Protagonist einer vergangenen großen Zeit, von der Obrigkeit geehrt und ausgezeichnet, deren Überwindung beobachtet. Er sieht in seinen Nachfolgern wie in seinen Vorgängern und in seinen Vorbildern Tucholsky und Kästner Verbündete. Er leidet nicht unter Gedächtnisschwund und entspricht gar nicht der Definition von Thomas Mann, dass Künstler Säulenheilige seien, die im Grunde genommen nichts von einander wissen wollen. Werner Schneyder ist Gebrauchsschriftsteller.

Als Werner Schneyder anfing zu schreiben, gab es noch Ideologien, dann kam wieder einmal *eine Umkehrung der Vorzeichen*; mit diesen Worten hatte schon ein Menschenalter zuvor der von Werner Schneyder verehrte Herbert Ihering seine Zeit charakterisiert und geschrieben: „Jeder Stumpfsinn zäumt sich revolutionär auf. Jede Gleichgültigkeit putzt sich liberal heraus. Es ist die Zeit des geringsten Widerstandes, die jeden Skandalmacher und Maulaufreißer zu Ehren bringt."– Dann kamen die subversiven Moden, die sich gegen nichts mehr richteten; nun umwabert eine neue Beliebigkeit den Satiriker; man kann alles sagen – oder auch nichts; es ist egal.

So präsentiert sich zum Beispiel ein sehr konservativer Politiker als Verehrer der neuen Nobelpreisträgerin und erklärt ausdrücklich, dass er auch das großartig findet und bewundert, was die geschätzte Dichterin in Interviews gesagt hat, wo sie z. B. das „entsetzlich – klerikal – faschistische – provinzielle Österreich" geißelt. Die Akademie lobt ausdrücklich diese Geißelung, der „Spiegel" fragt anschließend: „Wer hasst Österreich nicht?" und das „profil" titelt: „Mit Sprachgewalt und Österreich-Hass zum Literaturnobelpreis". Warum nicht – aber wieso begeistert das einen so patriotischen Politiker? Was soll die arme Dichterin denn noch alles sagen, bis sie von solchen Verehrern verstanden wird! – Ich wünsche mir dazu einen Text von Werner Schneyder, vielleicht auch etwas Musikalisches, ein Duett zwischen der Dichterin und dem Patrioten.

Ich komme zur dritten und letzten Station dieser Laudatio.

Der erste leibhaftige Kabarettist, den ich kennen gelernt habe, war Rudolf Weys, der Vater meines gleichnamigen Freundes, ein verehrungswürdiger Mann, Verfasser vieler kostbarer Texte, Begründer der Literatur am Naschmarkt und Hausautor des Wiener Werkels. Er erzählte uns oft uneitel und unprätentiös vom Kabarett der Jahre 1930 bis 1945. Ich hörte zum ersten Mal etwas über Jura Soyfer und Peter Hammerschlag. Seit diesen Erzählungen verbindet sich für mich mit ‚Kabarett' der Begriff ‚Mut'.

Daher möchte ich nach dem Lob auf die Humanität, die sich in der Freundschaftsbegabung manifestiert, und auf die schöpferische Wut des Werner Schneyder auch noch ein paar Worte über seinen Mut sagen. Das scheint zunächst angesichts von Bücherverbrennungen, Berufsverboten, Verhaftungen, Folterungen und Ermordungen in der Vergangenheit eine deplacierte Unternehmung zu sein. Allerdings werden immer wieder in unserer demokratischen Gesellschaft die Opfer der faschistischen und der kommunistischen Verfolgungen bedenkenlos verhöhnt, weil sich z. B. auch beleidigte Großkünstler gern und wehleidig als Opfer staatlicher Repression und als Schicksalsnachfolger der historischen Opfer gerieren. Sie setzen sich damit de facto in den Vergleich mit dem Leid der tatsächlichen Opfer, bauen sich Pappkameraden auf, die sie mit mutigen Texten oder mutigen Inszenierungen bekämpfen, was sie von mutigen Kritikern als mutig preisen lassen.

Es verhält sich mit diesem Mut wie mit dem Nonkonformismus. Die Mehrheit der Hochkulturgesellschaft hält sich für mutige Nonkonformisten und erklärt die Minderheit zu konventionellen Weichlingen. – Wir erinnern uns an die Iheringsche Umkehrung der Vorzeichen. – Carlo Schmid hat einmal von den Zeiten gesprochen, *als Mut noch kein Kalkül war.*

Der Mut des Werner Schneyder besteht nun gerade darin, auf den gut verkäuflichen kalkulierten Mut zu verzichten und sich zu einer Minderheit der Hochkulturgesellschaft zu bekennen: Er spielt Boulevard, inszeniert Operette, findet Ayckbourn einen großen Autor, hält Professionalität und das sogenannte Handwerk nicht für kunstfeindlich oder für ein antiquiertes Hilfsmittel der Phantasielosen, sieht Texte nicht als Steinbrüche an und nimmt Thomas Bernhard ernst und beim Wort, z. B. in einem gar nicht satirischen aufklärerischen Essay. Er setzt sich damit bewusst Schmähungen aus, denn er weiß, dass die Mehrheit der Hochkulturgesellschaft, nachdem die alten Tabus wie alte schimmlige Nüsse geknackt sind, neue Tabus braucht und z. B. ihre Großschriftsteller tabuisiert und die neuen Tabubrecher diffamiert, obwohl ja ansonsten das Tabubrechen zu einer unterhaltsamen lieben Gewohnheit geworden ist. – Da scheitert dann auch Werner Schneyder – so wie andere auch – mit seiner politischen Aufklärung über das völlig apolitische Stück „Heldenplatz", was vor kurzem in einem einschlägigen Magazin bestätigt wurde. Da hieß es im Rahmen der Ankündigung einer Uraufführung eines neuen *mutigen* Polit-Dramas, das eine neue „Heldenplatz"-Sensation zu werden verspreche: „Heldenplatz war der Glücksfall Theater gewordener Politik und Politik gewordenen Theaters." Dazu Nestroy: „Ich lass mir meinen Aberglauben durch keine Aufklärung rauben".

Von ähnlich durchschlagender Erfolglosigkeit, an der Werner Schneyder auch mit fabelhaften Texten beteiligt war, erwies sich der Kampf österreichischer Schriftsteller, Kabarettisten, Theaterleute und anderer intelligenter Menschen, gegen den berühmtesten österreichischen Politiker, dem allerdings jetzt gerade die Partei abhanden kommt. Aber Werner Schneyder ist es gelungen, eine bleibende Wortschöpfung zu hinterlassen, die treffsicherer war als alles andere, nämlich den „Marktlückennazi"; ein satirisches Meisterwort, so vielschichtig, dass nicht nur die Zielperson getroffen wird, und so ambivalent, dass es Gedankenfolgen über die ganze Gesellschaft und auch über die antifaschistischen Kämpfer in Gang setzt; ein Schneyder-Wort par excellence.

Tatsächlich versorgte ja Jörg Haider, der Marktlückennazi, die kritischen Geister des Landes mit ergiebigem Stoff. Er war ein Themen-Mäzen sondergleichen; eine Marktlücke schloss sich. Dann förderte er die mehr oder weniger moderne österreichische Kunst durch blöde Plakate und andere dümmliche Aktionen. Und so päppelten die einen ihr pygmäisches Lieblingsobjekt zu einem Politriesen auf; die anderen erwiesen ihm die Ehre, ihn mit Österreich zu verwechseln. Und alle Marktlücken waren geschlossen.

Werner Schneyder hat bei allen solchen politischen Satire-Attacken nie einen Mut-Bonus beansprucht und ist immer mit seinem gewöhnlichen Alltagsmut ausgekommen, der aber keine so häufige Tugend ist und jedenfalls nichts mit den albernen Mut-Attitüden der großen Angeber zu tun hat.

So viel zum Mut des Werner Schneyder.

Er hat sich selbst als Meinungsträger von Beruf bezeichnet. Ich habe diese Berufsbezeichnung für meine Laudatio ernst genommen, obwohl ich seine Einschätzung nicht teile, und habe der ‚Gesinnungsbranche' meine Reverenz erwiesen. Ich habe mich schuldig gemacht, indem ich von künstlerischen Dingen geschwiegen habe, den literarischen Anspruch, die hohe Musikalität, die schauspielerische Begabung einfach jetzt nur erwähne, die großartigen Partnerschaften mit erstklassigen Musikern und vor allem die mit Dieter Hildebrandt, dem geliebten ‚Lebensmenschen' nicht dargestellt habe, die man mit Fug und Recht einen Glücksfall der deutschsprachigen Kabarett-Geschichte nennen muss, der einem gütigen Schicksal und Kurt Weinzierl zu danken ist.

Und am Ende ist auch noch die Vita, die hier alle kennen, sehr vernachlässigt worden. Wenigstens noch in aller Kürze: Werner Schneyder wurde am 25. Jänner 1937 in Graz geboren, hat Publizistik und Kunstgeschichte studiert, hat promoviert, wurde später ein berühmter Kabarettist, hat ein Dutzend Bücher und noch keine Autobiographie geschrieben.

Er hat viele Berufe ausgeübt, von denen er nicht will, dass man sie aufzählt, wahrscheinlich deshalb, weil in unseren Breiten nur ein Hallodri so viele Berufe hat und ein Dichter und Denker nicht auch Ringrichter und Sportmoderator gewesen sein darf, zumal wenn er darunter nicht gelitten und keine Verzweiflung zur Verfügung hat, die er in schwer verständlicher Literatur verarbeiten kann. Daher bekommt er in der „Zeit" keine Literaturkritik, zum Ausgleich aber heute das Goldene Ehrenzeichen des Landes Wien. Soweit die Kurzbiographie.

Ich hoffe, lieber Werner das Ehrenzeichen macht Dir mindestens so viel oder sogar mehr Freude als eine „Zeit"-Kritik.

Das meiste bleibt ungesagt. Kein Programm – ein Leben. Lieber Werner, ich wünsche Dir viel Glück mit Deiner wiedergewonnenen Jugendliebe, dem Theater. Du bist nun auch noch Schauspieler geworden, ein stiller, der zuhören kann, der Menschen und keine Texte spielt. – Ist das nun Dein letzter Beruf? Diese Frage ist müßig. Für mich hattest Du eigentlich immer nur einen Beruf: Du bist von Beruf Werner Schneyder, eben kein Programm – ein Leben, und Du hast Dir diesen Beruf geschaffen und ihn gestaltet, begleitet und geschützt von Deiner Frau Ilse, die wir heute vermissen.

Einen Deiner schönsten Texte hast Du für sie zum Abschied geschrieben. Sie würde heute am herzlichsten sagen: „Der hat's verdient."

> Laudatio auf Werner Schneyder im Wiener Rathaus aus Anlass der Überreichung des Goldenen Ehrenzeichens der Stadt Wien am 17. März 2005.

41 Theatergedanken
Eine überflüssige Rede

„Le superflu, chose très nécessaire"
(Voltaire)

Sehr geehrter Herr Landeshauptmann,
liebe Frau Intendantin,
meine Damen und Herren!

Das alte deutsche Wort ‚Kropf' hat eine lange wechselreiche Geschichte und über die Zeiten in einigen Redensarten und Sprichwörtern auf vielfältige Weise überlebt, durchaus nicht nur als Benennung der auffälligen Verdickung des Halses an der Vorderseite, sondern auch in mancher nicht pathologischen Bedeutung. So spricht man in der Schweiz vom „Kropf leeren", wenn man *alles Bedrückende und Verärgernde aussprechen und sich dadurch erleichtern* kann. In der „Neuen Zürcher Zeitung" konnte man z. B. lesen: „Am Montag hat der Nationalrat die angekündigten Werkschließungen zum Anlass genommen, um den wirtschaftspolitischen Kropf zu leeren". Ziemlich beklemmend ist hingegen das Bild aus der Umgangssprache: Jemand plage sich mit dem Reden derart, dass er so wie manche Vögel die Nahrung für ihre Jungen jeden Satz aus dem Kropf *herauswürgen* müsse. – Aber man begegnet diesem Wort auch im Zusammenhang mit ausgelassener Lebensfreude: Man lachte sich einen Kropf, wie man sich bucklig lachte. – Und ein verliebter Pinzgauer Bauer, so heißt es, schwöre einen Eid darauf, „es wer kein schöner Bild auf erden, dann eine Pinzger beurin mit eim großen Kropf – soll sie den net haben, er meint, […] sie hette ihre glider nit alle." Goethe schrieb freilich aus dem Wallis, *die scheuslichen Kröpf hätten ihm ganz und gar üblen Humors gemacht.*

Nach heutigem Verständnis ist ein menschlicher Kropf jedenfalls keine Zierde, und wenn er schon nichts Böses ist, so ist er doch, wie das Sprichwort sagt, zumindest etwas Überflüssiges.

Damit komme ich zu meiner Aufgabe, anlässlich dieser feierlichen Eröffnung des Landestheaters Niederösterreich eine Theater-Rede zu halten. Hat man das Alter und einige Erfahrung als redender Akteur und vor allem als zuhörendes Opfer des bei solchen feierlichen Anlässen üblichen rhetorischen Bekenntniskunstgewerbes, so ist es eben kein Wunder, wenn einem sofort der Satz in den Sinn kommt, etwas sei so überflüssig wie ein Kropf.

Ist der fatale Verdacht einmal da, so wird man ihn auch so schnell nicht wieder los; da hilft es wenig, dass man das alte deutsche Wort in die Vergangenheit und in die Schweiz verfolgt und auf der Palette seiner möglichen Bedeutungen nach befreienden

Ausflüchten sucht. Es gibt kein Entkommen vor den vier Worten: *überflüssig wie ein Kropf*. – Aber das freundliche Angebot, eine Festrede zu halten, wurde nun einmal aus Solidarität mit dem mutigen Unterfangen, ein Schauspieltheater zu gründen und es in die Zukunft zu entlassen, angenommen. Also bleibt einem nur, entschlossen gegen den fatalen Verdacht anzureden.

Zum Trost könnte man von Augustinus wissen, *dass das Überflüssige nichts schade*, und von Voltaire, *dass das Überflüssige sogar höchst notwendig sei*. Solchermaßen gestärkt könnte man dann wieder einmal versuchen, übers Theater zu reden.

Soll das Überflüssige nun einen Sinn haben, so scheint es paradoxerweise geboten, über das zu reden, worüber sowieso geredet wird; denn worüber heftig geredet wird, darüber wird auch nachdrücklich geschwiegen – z. B. über Provinzialismus, über Opportunismus und über das sogenannte deutsche Regietheater, diesen „wollüstigen Dauerkonflikt", wie die „Süddeutsche Zeitung" die Auseinandersetzung über dieses Thema merkwürdigerweise nannte.

Dieser Konflikt und die öffentliche Diskussion darüber setzen das in Gang, was in der Soziologie als *Schweigespirale* bezeichnet wird. Das heißt: Der Einzelne zieht es vor, keine Meinung zu äußern, von der er annimmt, dass sie ihn von der vermuteten Mehrheit isolieren könnte. Neben dieser opportunistischen Variante gibt es aber auch die, dass der Nachdenkliche, der Zweifelnde, der nicht in Schlagworten denkt, entweder einfach zu spät kommt, oder schweigt, weil er keine Chance in einer lauten Diskussion mit den Selbstsicheren sieht.

Auf diese Weise wird die Wahrscheinlichkeit immer größer, dass die ursprüngliche Minderheitsmeinung, nicht weil sie zeitgemäßer, klüger, attraktiver ist, sondern weil sie eben massiv geäußert wird, die Vorherrschaft gewinnt und die vermeintliche Mehrheit schließlich in eine tatsächliche verwandelt wird. Aber vermutlich ist im Allgemeinen nicht diese gewissenhafte intellektuelle Zögerlichkeit, sondern ganz einfach der gewöhnliche Opportunismus, die herrschende Ideologie der Ideologielosigkeit, die Hauptursache dafür, dass sich die Schweigespirale dreht. Vielleicht wäre der Versuch nicht völlig überflüssig, sie für einen Moment anzuhalten und ein paar Worte über das Theater und den Opportunismus zu sagen, der die Welt des Theaters so wesentlich mitgestaltet und hier vielleicht sogar mehr an- und ausrichtet als in anderen Lebensbereichen, selbst in politischen. Aber ist das ein Thema für eine ordentliche *Festrede*, die doch lobend, bejahend, bestätigend sein und auf Wunsch-Sätze mit den Wendungen. *Also, in diesem Sinne* … oder: *So möge denn* … hinauslaufen sollte?

Der Opportunismus ist allerdings ein Allerweltsthema, hervorragend geeignet, mit allseits abgenickten Binsenweisheiten allgemeine Zustimmung zu erlangen. Jedermann bringt schließlich Opportunisten einige Verachtung entgegen. Auch Opportunisten verachten das opportunistische Verhalten der anderen Opportunisten. Es gibt also keine Solidarität unter den Opportunisten, es sei denn im Schweigen. Aber ein längeres gemeinsames Schweigen wäre noch weniger ein akzeptabler Programmpunkt bei der feierlichen Eröffnung eines Landestheaters als eine Rede, die den Feierlichkeits-Geboten ebenfalls nicht entspräche.

Eine solche Rede müsste z. B. von der Frage ausgehen, ob denn die alten oft zitierten Fragen noch immer gelten, z. B.: Wozu überhaupt Theater?

Vor zwei Jahren gab der Deutsche Bühnenverein eine lesenswerte Sammlung mehr oder weniger eloquenter kleiner Essays unter dem Titel: „Muss Theater sein?" heraus und spannte den Bogen der *Fragen, Antworten* und *Anstöße* von den Problemen der *Globalisierung* bis hin zur Milchmädchenrechnung des *Outsourcing*. Ehrenwerte Texte von Theatermenschen über das „Theater zwischen Globalisierung und Mediengewittern" sind da zu lesen, die den sparwütigen und privatisierungssüchtigen Politikern vorsorglich die Argumente abschnüren und den Kulturabbau wenigstens verlangsamen sollen. Das Genre des besagten Bekenntniskunstgewerbes wird bei dieser Gelegenheit um einige Nuancen bereichert.

Alle diese Fragen hat der Niederösterreichische Landtag ganz einfach durch eine Tat mutig beantwortet; also sind die Fragen heute kein Thema mehr. Vielleicht war bei der Gründung des Landestheaters auch gar kein Mut notwendig; umso rühmenswerter für das Land! Vielleicht haben die Politiker den ihrerseits nicht benötigten Mut mitsamt den alten Fragen vertrauensvoll an die Theaterleute weitergegeben.

Dem neuen Schauspieltheater wurde mit Recht keine programmatische Last aufgebürdet. Das gewährt Freiheit und bewahrt im Übrigen auch vor kleinen und größeren Lächerlichkeiten. So hat z. B. ein österreichisches Landestheater vor Jahren, als es noch üblicher war, eine Spielzeit unter ein Motto zu stellen, der brisanten Aktualität des Kalten Krieges politisch verantwortungsvoll Rechnung getragen, indem es unter der Überschrift „Österreich und der Osten" als Eröffnungspremiere den „Bettelstudenten" herausbrachte.

Und das Burgtheater, mit geradezu revolutionärem aufklärerischen Anspruch zum ‚Teutschen National Theater' erhoben, wurde am 8. April 1776 mit dem Stück „Die Schwiegermutter" von Franz Fuss eröffnet. Noch manche andere Beispiele könnten die Erkenntnis befördern, dass nicht nur Festreden, sondern auch andere anspruchsvolle dem Theater gewidmete theoretische Vorgaben und verbale Anstrengungen der Gefahr ausgesetzt sind, unter den Bann der eingangs zitierten sprichwörtlichen Redensart zu geraten.

Übrigens war das Burgtheater von 1776 bis 1810 ein Mehrspartentheater; dann wurden „die deutschen Schauspiele von den ungleich kostspieligeren Vorstellungen der Opern und Ballette getrennt", aus zwei Gründen, einmal „um den Besuch des Nationalschauspiels für ein breiteres Publikum erschwinglich zu machen", zum anderen, weil „das Nationaltheater wegen seiner Baufälligkeit für aufwendige Aufführungen nicht mehr geeignet war." Um wie viel besser steht das Niederösterreichische Landestheater da!

Das Burgtheater hat bis jetzt 195 Jahre ohne den Schutz des Musiktheaters überstanden. Eine solche lange Zukunft ist nun auch dem Landestheater in St. Pölten von Herzen zu wünschen.

Um bei diesem manchem wohl als unpassend erscheinenden Vergleich, der natürlich der ehemaligen Burgtheaterdramaturgin Isabella Suppanz gewidmet ist, noch kurz zu verweilen, sei angemerkt, dass der Spielplan der St. Pöltener Eröffnungssaison in der Kategorie ‚literarischer Anspruch', statistisch gesehen, deutlich über dem 200-jährigen Durchschnitt der Burgtheater-Spielpläne liegt, die weit bis ins 20. Jahrhundert hinein von literarischer Alltagsware dominiert wurden. Höchstens ein Fünftel der in 200 Jahren gespielten Stücke ist der sogenannten ‚gehobenen Literatur' zuzurechnen. Es war also eine falsche Etikettierung oder jedenfalls ein haltloser Euphemismus, das Burgtheater als *Hort der Klassik* zu bezeichnen. Aber Klischees dieser Art sind widerstandsfähig und in Österreich anscheinend besonders zählebig. Das meinte jedenfalls Egon Friedell, der 1920 schrieb: „Es genügt in Österreich, dass einer irgendwann einmal sich ein Etikett ergattert hat, z. B. ‚der beste Sprecher des Parlaments' oder ‚die feinste Feder Wiens', und von da an kann er dann Zungenlähmung bekommen und paralytisch werden: er bleibt bis zu seinem Tode der beste Sprecher und die feinste Feder."

In dem Wiener Irrgarten der Klischees und der falschen Etiketten trifft man natürlich auch auf den sklerotischen Begriff ‚Provinz'. Der Inbegriff der kulturellen Provinz ist für den nasalen Kultur-Wiener vorrangig St. Pölten gewesen. Zahlreiche Witze belegen eine hauptstädtische Arroganz, die in den letzten Jahren wohl allmählich schlaffer geworden ist und sich in eine Überheblichkeit einer ewig modernen Mehrheit gegenüber der Minderheit derer gewandelt hat, die sich in die Einheitsfront der als Innovateure Etikettierten nicht einreihen können oder wollen. Diese Phalanx schüttet ihre Verachtung inzwischen eher über die renitenten Nonkonformisten in der ihr vertrauten Metropole aus als über Unbekannte in der so nahen aber fremden Provinzstadt, die ja auch eine Hauptstadt geworden ist und gar als Bischofssitz internationale Aufmerksamkeit gewonnen hat. Der Theaterstadt St. Pölten billigt man in Wien wohl noch immer eher den Status eines Reservats zu, in dem es den Ureinwohnern gestattet ist, auch alte knorrige Theaterbräuche zu pflegen.

Der deutsche Theaterautor Moritz Rinke beklagt in der erwähnten Publikation des Bühnenvereins, dass die sogenannten Provinztheater zumeist *negativ beurteilt* werden, *nichts Besonderes* und eben nicht *metropolitan* seien, „was unheimlich arrogant ist gegenüber drei Viertel unserer Zunft, die nicht in den Hitlisten der Feuilletons auftauchen." So richtig das ist, so wahr die eingestandene Erkenntnis ist, *dass die deutsche Kultur schon in London und Paris keiner wirklich haben will*, was eben nicht unbedingt mit der Globalisierung der Kultur und eben auch des Theaters in Einklang zu bringen ist, so unverständlich scheint die Forderung nach der *Globalisierung von unten*. Das ganze Globalisierungsgerede erinnert jedenfalls an den alten Wunsch von Botho Strauß, einen *Ausweg aus der Sackgasse der Globalisierung* zu finden. – Schon die Überschrift von Rinkes Text „Globaler Kopf und lokaler Hintern" macht skeptisch, weist sie doch der Provinz den Körperteil zu, der nicht einmal bei Theaterleuten als die Quelle des Denkens und der Phantasie gilt. Das lässt ganz von ferne den Verdacht aufkommen, das lokale Theater wäre am besten doch so eine Art Erholungsraum, geradezu eine Kuschelecke, wo man sich von den intellektuellen Strapazen erholen kann, während in der großen Welt die globalisierten Fetzen fliegen.

Aber wahrscheinlich täte man dem kleinen Text von Rinke Unrecht, wenn man ihn so unnachsichtig interpretierte – und in diesem Zusammenhang womöglich auch noch an den allsommerlichen Auszug der Wiener Theaterbürger in die niederösterreichischen Festspielorte dächte, die den Zwängen des modernen Theaters zu entfliehen trachten, so wie man anderenorts und in früheren Zeiten sich aus der sittenstrengen Gemeinde davonschlich, um vor den Toren der Stadt, außerhalb ihrer Grenzen, unauffällig ein Bordell zu besuchen. – Dieser etwas abwegige Vergleich aus alter Zeit ist insofern falsch, als heute der erotomanische Theaterbürger auch innerhalb der Stadtgrenzen schon mit einem einfachen Wahlabonnement zufrieden gestellt werden kann.

Der durchaus nicht überflüssigen Textsammlung des Deutschen Bühnenvereins, in dem die Fragen besser sind als die Antworten, weitere Aufmerksamkeit zuzuwenden, hieße, ihr hier in Österreich allzu viel Ehre zu erweisen, obwohl alle die beschriebenen Probleme und deren Lösungsversuche mit der üblichen Österreich-Verzögerung, die allerdings immer kürzer wird, hier ankommen werden – oder schon da sind. Dafür sorgen die selbstbewusste Unterwürfigkeit des österreichischen Feuilletons unter die großmeisterlichen Vorgaben des sogenannten überregionalen deutschen Feuilletons und die ehrfürchtige Gefolgschaft des hiesigen metropolitanen Theaters, das der scheinbar verpflichtenden ästhetischen Beispielhaftigkeit des deutschen Provinztheaters Ex-Cathedra-Qualitäten beimisst.

Von Zeit zu Zeit macht das Feuilleton dann, auch hierzulande, das, was es nach einer gewissen Zeit immer tut: es begeht Kindesweglegung und entrüstet sich über die selbst herbeigeschriebenen sinnbefreiten Interpretationsblähungen; dann befürchtet z. B. „Die Zeit" plötzlich, *dass das Publikum zum Dechiffriersyndikat degradiert wird*, und mahnt das Theater, es müsse sich sorgen, *dass es nicht zum Ort für hoch trainierte Cliquen verkommt.*

Manchmal meutert auch in Österreich ein Verzweifelter. So rief vor ein paar Jahren Peter Turrini sogar nach staatlichem Schutz vor den *deutschen Regiezwergen*, da ihm das Feuilleton nicht helfen werde, habe er doch „bestimmte Höhen der Unverständlichkeit nicht erklommen", ohne die das Feuilleton seine Anerkennung nicht gewähre. Da erinnert man sich an den Karl-Kraus-Satz. „Zu meinen Glossen ist ein Kommentar notwendig, sonst sind sie zu leicht verständlich." Turrinis Zorn gipfelte in der sarkastischen Forderung: „Um dieses deutsche Verbrechen adäquat zu beantworten, bin ich für einen Aufmarsch von Staatsanwälten an den Theaterpforten."

Solche Ausbrüche sind selten. Im Allgemeinen herrscht öffentliche Ruhe. Es dreht sich die Schweigespirale. Selbst der deutsche Bundespräsident, der es vor kurzem wagte, diese konformistische Ruhe zu stören und auf einer Schillerfeier für ‚Werktreue' im Theater zu plädieren, wurde sofort erbost zur Ordnung gerufen. Seine ein wenig seltsame Argumentation war nun wirklich kein intellektuelles Glanzstück, und man muss sie so tatsächlich kaum akzeptabel finden, gerade dann nicht, wenn man den Begriff der ‚Werktreue' den Reaktionären und den chronischen Modernisten nicht überlassen will, die ihn sich in Wahrheit brüderlich teilen, weil sie aufeinander angewiesen sind. Aber dennoch war die Empörung über die präsidiale Ruhestörung, die vom Zentralorgan „Theater heute" gleich zum „Ärgernis des Jahres" befördert wurde, symptomatisch lächerlich.

Bei der aufgeregten Diskussion über das sogenannte deutsche Regietheater, den „wollüstigen Dauerkonflikt", kann man sich des Eindrucks nicht erwehren, dass der Schillersche Begriff der ‚Gedankenfreiheit', über den auch Alfred Polgar sinniert hat, von manchen Kombattanten in zweifacher Hinsicht ganz wörtlich genommen wird, einmal im Sinn von: frei von Gedanken zu sein, zum anderen: frei, Gedanken zu haben – aber nicht frei, sie auch zu äußern. Die Einschüchterung durch Modernität in der Nachfolge der Einschüchterung durch Klassizität übt, um mit Nestroy zu reden, ihr ‚narkotisches Recht' aus. Und der Opportunismus feiert fröhliche Urständ. Hinter vorgehaltenen Händen wehklagen viele Schauspieler in den Kantinen und Kaffeehäusern über ein Theater, das es ohne sie gar nicht gäbe; und sie unterbrechen gelegentlich die Klagen und geben Interviews, in denen sie über dasselbe Theater des Lobes voll sind. Und Abonnenten, zumeist kultivierte Leute, von der alten bürgerlichen Angst befallen, beim Fortschritt nicht dabei zu sein und als Fossilien einer durch Dummheit, Phantasielosigkeit und Prüderie gekennzeichneten Theaterkultur aus grauer Vorzeit dazusitzen, sind zu allem bereit und werten jeden Widerspruch als Fortschrittsvereitlung. Dabei überhören sie die Klage eines Alt-Modernen wie Ivan Nagel, der schon vor Jahren geklagt hat: „Ich vermisse den Schock des Erkennbaren, Wiedererkennbaren."

Im „Spiegel" lobte vor kurzem der Journalist Matthias Matussek, lange Zeit Auslandskorrespondent des Magazins, dem bei einer Ibsen-Premiere in Hamburg der Kragen platzte, die unendlichen Nehmerqualitäten des deutschen Abonnenten. Er habe, so beklagt der Verfasser, diese Qualitäten nicht, er sei ein *Waschlappen, habe den Krieg nicht mitgemacht und sei lange nicht im deutschen Stadttheater gewesen, sei völlig außer Übung, nervenschwach.* „Dafür habe ich viel Theater in London gesehen. […] Man setzt sich, die Lichter gehen aus, und es findet statt, was auf dem Programm steht. Zum Beispiel ‚Henry IV.' […], und man versteht tatsächlich, was er sagt. Im ehrgeizigeren deutschen Stadttheater ist das anders."

Auch der geniale Opportunist Johann Nepomuk Nestroy hatte schon festgestellt, es sei unglaublich, was ein Abonnent so alles aushält. Diese Feststellung könnte natürlich auch aus unserer Zeit stammen und man könnte bei anderer Gelegenheit darüber nachdenken, wie es denn möglich sei, dass das gutbürgerliche, vorwiegend noch immer katholische Wiener Publikum daheim und in Gesellschaft auf gepflegte Konversation, zivilisierte Ausdrucksweise und kultiviertes Benehmen Wert legt und seine dogmatischen Päpste und Kirchenfürsten verehrt, im Theater aber, wie in einem fremden Land, sich von den ordinärsten Worten auf sprachgewaltigem Nobelpreisniveau begeistern lässt, während es mit kunstverständigem Interesse die Genitalien der Schauspieler besichtigt, die als unverzichtbare Signale der Avantgarde erkannt werden. Allerdings könnte man dazu mit Nestroy wieder sagen: „Es ist alles uralt, nur in andrer Gestalt."

Der Opportunismus, der im Theater verhindert, dass sich mehrere Menschen während oder nach einer Vorstellung bemerkbar machen, die es wagen, deutlich vernehmbar zu gestehen, dass sie des Kaisers neue Kleider gerade nicht gesehen und die Inszenierung nicht verstanden haben, ist der übliche. Gebildet, wie man ist, weiß man, dass in der Vergangenheit das Publikum gelegentlich vor der Moderne versagt hat. Aus nackter Angst, als Dürrkopf aus der Geschichte zu purzeln, will man sich unter gar keinen Umständen eine solche Blöße geben. So wächst mit dem Grad des Unverständnisses die Kunst-Vermutung. Der common sense und das Selbstbewusstsein eines angelsächsischen Zuschauers, der etwas Unverständliches zunächst einmal für Blödsinn hält, steht dem Zuschauer in unseren Breiten nicht allzu oft zur Verfügung.

So ist gewährleistet, dass er als einzelner Publikus, den Nestroy deutlich vom Publikum unterschied, in der Menge Geborgenheit findet, wenn diese, egal ob sie anscheinend nichts oder tatsächlich irgendetwas verstanden hat, im gleichen Kunstverdacht schwelgt wie der Publikus. Schwelgt das Publikum nicht, sondern nur der Publikus, so fällt dem die elitäre Rolle des Kenners zu, der etwas vom modernen Theater versteht; schwelgt der Publikus nicht, aber das Publikum, läuft er Gefahr, als altmodischer Banause dazustehen. Fazit: Schwelgen lohnt sich. Opportunismus bewahrt den modernen Kunstbürger im Zweifelsfall vor Blamagen und der fühlt sich im Einklang mit einem sehr beliebten Bestseller-Autor, der festgestellt hat, man habe vor 20 Jahren, wenn man von einem modernen Theaterstück nichts verstanden habe, gebuht; heute hingegen verstehe man wiederum nichts, applaudiere aber. „Es gibt also doch einen Fortschritt im kulturellen Leben." (E. Kishon)

Wäre das heute keine Festrede, dann müsste man natürlich auch Politiker erwähnen, die erkannt haben, wie preisgünstig man mit schlechthinnigem Schwelgen mühelos in den Zaubermantel der Moderne schlüpfen kann. Und dann nähme es nicht wunder, dass ein führender werteversessener konservativer Politiker dieses Landes für die österreichische Nobelpreisträgerin schwärmt und ganz ausdrücklich auch deren ungewöhnlich kritische Österreich-Bewertungen als Quelle seines Entzückens benennt. Die gefallen dem konservativen Politiker sehr, und er ruft mit diesem hemmungslosen Gruß an die Moderne keineswegs Unmut oder unüberhörbares kabarettistisches Gelächter hervor, nein, der radikale Widerspruch ruft keinen solchen hervor, er rutscht ganz einfach die Schweigespirale hinunter.

Das Wort der Dichterin wird offenbar nicht ernst genommen – oder durch Zustimmung entkräftet.

Wenn dem so ist, warum sollte dann ein so von Herzen der modernen Kunst zugetaner Politiker mehr zur Texttreue verpflichtet sein als der kongeniale Regisseur?

Sollte man, wie gesagt, bei anderer Gelegenheit darüber einmal nachdenken, so wäre man plötzlich über die *Texttreue* bei der *Werktreue* und schließlich und endlich bei dem angeblich *wollüstigen Dauerkonflikt* angekommen. Dieses Thema wäre nun allerdings geeignet, jeden Festakt zu schmeißen, schon einmal deshalb, weil man so lange reden müsste wie Fidel Castro.

Aber, um nicht so ganz und gar in die Schweigespirale zu geraten, müsste man doch zumindest der Vermutung Raum geben, dass wohl gerade deutschsprachige Regisseure unter der offenbar schwer erträglichen Selbsterkenntnis leiden, dass sie anders als die *schöpferischen* Autoren nur einen, wie Kortner es formulierte, *kunstnahen* Beruf ausüben. Das verletzt das Selbstwertgefühl und ruft offenbar das Bedürfnis hervor, aller Welt klarzumachen, dass der moderne Regisseur doch einen kolossalen Wissensvorsprung von Jahrzehnten oder Jahrhunderten gegenüber immer weiter zurückfallenden Textgebern wie Goethe oder Grillparzer oder Raimund hat. Zugleich gerät das durch diesen Vorsprung gewonnene Selbstbewusstsein wieder ins Wanken, weil dem Nachdenkenden die Erkenntnis nicht erspart bleibt, über die der deutsche Historiker Christian Meier in seinem Buch „Das Verschwinden der Gegenwart" Lesenswertes schreibt, dass nämlich „jede frühere Gegenwart [...] ungleich mehr über ihre Zukunft wusste als unsere heutige Gegenwart, [...]." Diesen Gedanken könnte man nachgehen, sie wären der Rede wert, ebenso wie die Vermutung Meiers in seinem Essay „Läuft der Zeit die Zeit davon?": „Vielleicht laufen sogar die Zusammenhänge aus, in denen man Geschichte haben kann. Der Verzicht auf Zusammenhangsknüpfung, dem man an vielen Stellen, etwa in der vorwaltenden Form der Theaterregie, begegnet, könnte dafür symptomatisch sein."

Alle diese gedankenschweren Überlegungen sind in einer ordentlichen Festrede, wie gesagt, fehl am Platze und können auch den einleitenden Kropfvergleich nicht außer Kraft setzen. Heute sollte eben nur die Heiterkeit der guten Hoffnung auf eine glückliche Zukunft herrschen. Und die wünsche ich dem Landestheater Niederösterreich, Isabella Suppanz und allen Menschen, die ihre Kraft und ihre Begabung diesem Theater widmen. Und dem Publikum wünsche ich den *Schock des Erkennbaren, des Wiedererkennbaren.*

So möge denn ... in diesem Sinne etc. ... toitoitoi!

Festrede in St. Pölten aus Anlass der Gründung des Landestheaters Niederösterreich am 14. Oktober 2005.

42 Michael Kehlmann
Abschied

Liebe Dagmar, lieber Daniel,
ich möchte versuchen, mit ein paar Worten dem brüderlichen Freund Mischa Kehlmann Adieu zu sagen – vorbei an der Hilf- und Sprachlosigkeit, die einem beim Tod eines nahen Menschen befallen; zumal wenn man sich schuldig fühlt, diese Nähe zu selten bestätigt zu haben.

In der letzten Woche war ich in Galizien, der Heimat von Joseph Roth, in einer Welt, die mir Mischa Kehlmann vor 40 Jahren eröffnet hat. Ich habe in diesen Tagen oft an ihn gedacht und auch an diesen Abschied:

Lieber Mischa, Du hast wunderbares Glück gehabt in Deinem Leben, in vielem, vor allem aber in der Liebe Deiner Frau und Deines Sohnes. Du bist, in Liebe fürsorglich behütet, von Deiner großartigen Frau aus dem vergehenden Leben geleitet worden – und von dem *besten Sohn der Welt*, wie ihn seine Mutter nennt. Natürlich hat sie Recht. Und natürlich wäre Dir zu wünschen gewesen, dass Du den Weg Deines Sohnes noch lange hättest verfolgen können, um Dein Glück vollkommen zu machen. Aber Dein Weg ist zu Ende.

Die Spuren Deiner reichen Lebensleistung und Deiner Arbeit werden nicht verwehen, so lange die Lichter auf den Bühnen der Erinnerung nicht verlöschen. Du bleibst der geheime Botschafter Kakaniens, akkreditiert bei allen, die Dich wertschätzen. Die anderen sind verzichtbar.

Manchmal bist auch Du gescheitert und hast Verletzungen erlitten, wie das ist, wenn einer schon von Berufs wegen intelligent, phantasievoll und sensibel sein muss – und empfindlich ist.

Aber, so heißt es bei Kraus, „wer seine Haut zu Markt getragen hat, hat mehr Recht auf Empfindlichkeit, als wer sich dort ein Kleid erhandelt hat."

Du hast zeitlebens Deine Haut zu Markte getragen und hast dabei trotz Deiner brillanten Sprach- und Sprechfähigkeit Deine Lebensgeheimnisse bewahrt und Deine Menschenwürde und die der anderen nie angetastet. Und wir haben das Glück, das bezeugen zu können.

„Was war, ist. Das ist der tiefe Sinn des Geschehens," sagt Schnitzler. Ich glaube das.

Friedrich Heer, ein großer Ungeduldiger, wie Du es warst, Mischa, sprach von der *Dankbarkeit gegenüber dem Gelebten* und davon, dass er in seinem Leben viel *Trost aus dem Lande der Toten* erfahren habe, aus jenem fernen Land, in das Dir unser Freund Milo Dor so bald gefolgt ist.

Trost aus dem Lande der Toten erfahren – vielleicht gelingt uns das mit Eurer Hilfe auch. Vielleicht ist das Glück ein Perfekt. Bei Fontane erweist sich das Glück in der Erinnerung. Da heißt es: „Erinnerung ist viel, ist alles. Und die habe ich nun und bleibt mir und kann mir nicht mehr genommen werden. Und ich fühle ordentlich, wie mir dabei leicht zu Mute wird."

Aber das ist noch ein weiter Weg. Noch sind wir unendlich traurig – unendlich traurig.

Adieu, Mischa.

                              Rede am Grab auf dem Friedhof in Mauer am 13. Dezember 2005.

43 Annemarie Düringer
Flügel an den Füßen?

Es naht die Zeit, da Annemarie Düringer ihren zehnten Burgtheaterdirektor überstanden haben wird. Vor über 50 Jahren ist nach dem gestrengen Urteil der heute zu lobenden Doyenne „der vielleicht letzte ordentliche Direktor des Hauses" (Zitat Düringer von 2003) aus seinem Amt geschieden. Aus diesem Verdikt könnte man schließen, dass die Laureatin nun alle ihre Hoffnungen auf ihren 11. Direktor setzt, wohl wissend, dass viele mithoffen. So ist es die Regel seit mehr als 200 Jahren.

Der letzte „ordentliche Direktor" war übrigens Josef Gielen, ein intelligenter Theatermann von hohen Graden und zudem ein anständiger Mensch. Thomas Mann wagte den Begriff der *Künstleranständigkeit* in seinem Fontane-Essay. Von der kann auch bei Gielen die Rede sein. Allerdings ist hier zunächst einmal nur die ganz gewöhnliche menschliche Anständigkeit gemeint, die Karl Kraus in seiner optimistischen Feststellung anspricht, die da lautet: „Auch ein anständiger Mensch kann, vorausgesetzt, dass es nie herauskommt, sich heutzutage einen geachteten Namen schaffen." Es spricht jedenfalls sehr für unsere Laureatin, wenn sie diesen Mann in besonderer Weise achtet. Das wäre schon einmal eines Lobes wert.

Dem Regisseur Gielen danke ich mein Burgtheaterengagement, durfte ihm assistieren und spielte unter seiner Regie. Ich teile also aus Voreingenommenheit und aus Kenntnis Annemarie Düringers Wertschätzung dieses unbestechlichen, unprätentiösen und manchmal so gallebitteren Mannes. Trotzdem frage ich mich, wie es wohl die anderen noch lebenden Nachfolger Gielens auch täten, wenn sie denn Annemarie Düringers Memoiren gelesen und Gielen gekannt hätten, warum sie alle nach dem Urteil unserer Doyenne sich nicht als „ordentliche Direktoren" qualifizieren konnten; vielleicht zieht jeder für seine Person das Urteil in Zweifel, klammert sich vielleicht an das Wörtchen „vielleicht" – der letzte ordentliche Direktor – oder unterstellt dem Adjektiv ‚ordentlich' eine schweizerische Enge, auf die man als Künstler, für den man ja gehalten werden will, so gar keinen Wert legt.

Ich vermute allerdings, dass die Ursache für die richterliche Rigorosität unserer Jubilarin darin liegt, dass in ihr eine geheime Sehnsucht schwelte und vielleicht noch immer nicht ganz erloschen ist, nämlich so jemand wie die Neuberin des Burgtheaters zu sein. Und man kann doch nicht ausschließen, dass sie das Zeug zu einer Prinzipalin gehabt und sich nicht auf einen geheimen Traum und die Würde einer Doyenne hätte beschränken müssen. – Ihre Tätigkeit als Ensemble-Vertreterin und z. B. ihre ‚Management-Etüden', die in einem Brief von Kortner an Haeusserman zur Sprache kamen, könnten diese Vermutungen bestärken, selbst dann, wenn dabei das schauspielerische Eigeninteresse das Hauptmotiv gewesen wäre; auch das stünde einer Prinzipalin zu. In dem besagten Kortner-Brief heißt es: „Meine Frau und die Düringer befinden sich in einer lebhaften Korrespondenz über meine Burgtheatersituation. Frau Düringer, [...] vertritt die Meinung, die Absprache, die Sie in Wien mit mir getroffen haben, gelte, und Sie würden mich sofort anrufen. Nun haben Sie mich noch nicht angeläutet. Wie steht die Düringer nun da! Sollen die Damen weiter korrespondieren, oder reden wir miteinander [...]."

Man kann sich auch noch immer vorstellen, dass Annemarie Düringer eine Streitschrift zur Verteidigung des Schauspielerstandes gegen die Direktoren und Regisseure schreibt, so wie die erste deutsche Prinzipalin Catherina Elisabeth Velten 1701 die erste deutsche Streitschrift gegen die Diffamierungen des Theaters und des Schauspielerstandes durch die christlichen Kirchen verfasste. Die Energie und der Kampfeswille wären der Düringer wohl zuzutrauen. – Aber sie wird den Prinzipalinnen-Verdacht vermutlich weit von sich weisen.

Allerdings gibt es den Beruf des Prinzipals gar nicht mehr. Der Prinzipal ist auf den Hund gekommen; er lebt nur noch in degenerierter Form als Direktor oder Intendant weiter, und solche Leute scheint die großartige Nestroy-Schauspielerin, die Annemarie Düringer nämlich auch ist, so einzuschätzen wie der Direktor Nestroy, der als Schauspieler Pitzl in „Umsonst" unter allgemeinem Beifall Theaterdirektoren *Genievernichter* oder *Kunstmörder* und *Schauspielerhautüberdieohrenabzieher* genannt hat.

Wenn ich nun als ehemaliger Direktor der Annemarie Düringer von ihr als Laudator ausersehen wurde, dann ist das nur erklärbar, weil ich eben ehemalig bin und weil ich den Direktoren-Malus wahrscheinlich als Schauspieler-Kollege und als Regisseur einigermaßen ausgleichen kann. Außerdem habe ich die geeigneteren Laudatoren überlebt, bin aber nach einigen gemeinsamen Burgtheaterjahrzehnten doch alt genug, um als zuständiger Zeitgenosse und Theater-Zeuge zu fungieren. Schließlich habe ich seit ihrer Isabella in Lindtbergs „Maß für Maß"-Inszenierung 1956 die Düringer in fast allen ihren Burgtheaterrollen gesehen, habe die tatsächlich unbeschreibliche und tatsächlich unvergessliche Katharina in Shakespeare's „Heinrich V." erlebt, die für mich eine schauspielerische Sensation war; ich habe in München ihre legendäre Klara Hühnerwadel bewundert, in einer klugen Inszenierung von Schweikart, die mir Wedekind erschlossen und wohl dazu beigetragen hat, dass dieser Autor, der vor 1977 nur mit einem Einakter im Burgtheater zu Wort gekommen war, mit seinen wesentlichen Werken in unseren Spielplan aufgenommen wurde. Auch da war Annemarie Düringer wieder dabei.

In dieser Zeit war die Laureatin schon längst die *schwierige Düringer*. Sie erlebte laut eigener Darstellung die Metamorphose vom *netten Schweizer Mädchen*, das auf der Bühne *freudig jodelte*, zu einer ernsthaften Schauspielerin, die nachdenkend ihre Rollen erarbeitet und die *Flügel an den Füßen* verloren hat, in den Berliner „Räuber"-Proben mit Fritz Kortner. Annemarie Düringer war die gefeierte Amalia dieser Inszenierung. Sie nannte diese Arbeit eine *Lektion fürs Leben*. „Zum ersten Mal wurde ich angehalten, zu denken, was ich redete", schreibt sie.

Das ist natürlich eine heftige Übertreibung in der Verehrung des Mythos ‚Kortner' – so wie Annemarie Düringer auch dem Mythos ‚Burgtheater' ihren emphatischen

Tribut zollt, wenn sie die alten Zeiten glorifiziert und z. B. das alte Nachkriegsensemble als Familie beschreibt. Bei diesem Vergleich wäre jedenfalls zu bedenken, dass auch die Atriden eine Familie waren.

Es ist nicht anzunehmen, eine erfolgreiche Schauspielerin, die Annemarie Düringer 1959 schon war, wäre über zehn Jahre lang unter Regisseuren wie Herbert Waniek, Ernst Lothar, Walter Felsenstein, Josef Gielen, Berthold Viertel und Leopold Lindtberg ohne Nachdenken und ohne ernsthafte Arbeit über die Runden gekommen. – Wie so viele Theatermenschen ist sie Mythos-anfällig und opfert in diesem Fall zehn Jahre Erfolg und die Arbeit so vieler bemerkenswerter Regisseure auf dem Altar ihrer Kortner-Verehrung. Sie will diesen Wendepunkt in ihrem Schauspielerleben deutlich machen und dann ist sie eben geradezu unerbittlich rigoros.

Solche Radikalität ist durchaus ein Markenzeichen dieser lebenslang erfolgreichen Schauspielerin – und geheimen Prinzipalin. Ihr Bekenntnis zu dem sperrigen Kortner, dessen fanatische Gegnerschaft gegen das infantile Überrumpelungstheater so aufregend aktuell ist, überzeugt wie das zu dem strengen galligen Gielen.

Über das ‚Denkproblem' in der Theaterarbeit, das die Düringer für sich in Anspruch nimmt, gibt es einen deutlichen Text von Kortner: „Der Denkwurm bohrt gerade dann in meinem Kopf, wenn ich von meiner kunstnahen Berufsarbeit absorbiert bin. Immer wieder wird mir rügend nahegelegt, das doch so kunstferne Denken mir aus dem Kopf zu schlagen. Aber gerade dann stellt es sich unerbittlich ein." Und das verstört die *Kunstdunstler*, wie Kortner die beliebten Denk-Verweigerer nennt.

Ich stelle dankbar fest, dass wir, liebe Annemarie, in unserer gemeinsamen Arbeit auf der Bühne ganz gut mit den jeweiligen Denkwürmern zurechtgekommen sind, von der ersten schauspielerischen Zusammenarbeit in O'Neill's „Der Strohhalm" bis hin zu meiner Inszenierung von Ionescos „Die Stühle" – 37 Jahre später.

Das Grundthema der wesentlichen Düringer-Figuren ist für mich die Einsamkeit auf der gesamten Skala zwischen ihrer möglichen Überwindung und ihrer unauflöslichen Erstarrung, also zwischen Ella Borkman und der Alten bei Ionesco. Bei Nestroy entfaltet sich dieses Existenzproblem in einer tragikomischen Groteske und anstelle einer lebensbedrohenden Erstarrung kommt es zu einer kuriosen Verpuppung. Die liebeswahnsinnige Anastasia Mispel in „Umsonst" spinnt sich durch aberwitzige Anstrengungen, ihrer Einsamkeit zu entkommen, immer mehr in den Kokon ihrer Armseligkeit ein. Wie die Düringer diesen verzweifelten Kampf gegen Kurt Sowinetz und Karlheinz Hackl verliert, das kann keine Schauspielerin der Welt komischer spielen als sie.

Aber, so könnte man dem befangenen Laudator vorwerfen, wer ist schon Anastasia Mispel gegen Claire Zachanassian oder Frau Zittel! Wo bleibt in dieser Eloge die Frau von Stein, warum hört man nichts von Fräulein Alice und der Lavinia oder von der Arkadina – und darf man die Bernarda Alba nicht erwähnen, und die heute Fünfunddreißigjährigen werden ihre Schneekönigin vermissen. Usw. usw. ... Und was ist überhaupt mit der Filmkarriere! Was ist zur Zusammenarbeit mit Siodmak zu sagen, was zu der mit Fassbinder ... usw. usw.

Ein so reiches, ein so überbordendes schauspielerisches Leben ist ganz einfach eine Zumutung für einen Laudator, der nur deshalb auf Verständnis hoffen darf, weil die Unlösbarkeit seiner Aufgabe klar erkennbar ist und die Laureatin in ihrem Leben schon so viel Gutes über sich mit anhören musste, dass sie auf ausführliche Elogen heute nicht mehr angewiesen ist. Andererseits wartet hier ein kundiges Publikum, das mindestens so viel weiß wie der Redner, mehr oder weniger geduldig auf den Höhepunkt dieses festlichen Vormittags, nämlich die Überreichung des Goldenen Ehrenzeichens und nimmt die Laudatio als notwendiges retardierendes Element in Kauf; im günstigsten Fall gewissermaßen wie ein gesprochenes Streichquartett.

In fünf, in zehn Jahren und so fort, wenn wieder Ehrungen und Auszeichnungen für Annemarie Düringer anstehen, dann müssen sich die Laudatoren weitaus mehr biographische Mühe geben, um vergessene Gestalten und versunkene Ereignisse auf die Bühne der Erinnerungen zu rufen.

Bei der Laudatio auf Annemarie Düringer anlässlich der Überreichung des Reinhart-Ringes im Jahre 1974 war die Aufgabe noch vergleichsweise leicht. Aber der damalige Redner, den sie sich mutig gewünscht hatte, stellte das ‚Amt' eines Düringer-Laudators unter höchste Ansprüche. Er sprach sie von jeglichem Opportunismus frei und bettete das Lob auf ihre schauspielerischen Qualitäten in einen kleinen kulturpolitischen Essay von der kritischen Art, für die er in Österreich infame Verleumdungen, Verfemung und Hass erdulden musste. Dieser Mann, der neben Gielen und Kortner die besondere Wertschätzung der Düringer genießt, was sie auszeichnet, dieser Mann war vielleicht der mutigste Mensch, den es in Österreich damals gab, der größte intellektuelle Luxus, den sich das Burgtheater in seiner Geschichte jemals geleistet hat: Es war sein Chefdramaturg Friedrich Heer, der kostbare *Sonderfall von Fremdheit* in unserem Theater.

Diesen Mann habe ich vor drei Tagen aus ganz anderem Anlass vermisst; da hätte ich mir Worte im Geist dieser Düringer-Laudatio gewünscht, in der es u. a. heißt: „Wien ist eine schwere Stadt. Eine harte Stadt. Nicht selten eine grausame Stadt: erbarmungslos gerade gegen seine schöpferischen Kinder."

Ich kannte diese Laudatio natürlich schon, als vor drei Tagen Michael Kehlmann, begleitet von einer leicht überschaubaren Schar von Freunden, unbeachtet von den Kulturinstitutionen dieser Stadt und von den vielen Menschen, die ihm unendlich viel zu verdanken haben, in Mauer zu Grabe getragen wurde. Ein Vergessener, der in dieser Stadt ähnliche Diffamierungen erfahren musste wie Friedrich Heer, so wie dieser der großen Wiener Koalition der Lieblinge nicht angehörte, aber wie Heer ein großer Österreicher war, wie man so sagt. Vor drei Tagen war ein Schandtag für das kulturelle Wien, hätte der Laudator von 1974 gesagt und noch einiges mehr. Aber das gehört wohl nicht hierher; denn heute ist ein anderer Tag; heute ist ein guter Tag, ein Ehrentag für die Kulturstadt Wien und für Annemarie Düringer.

Ihre Verbundenheit mit dieser Stadt, die ja auch die Stadt von Friedrich Heer ist und in der nun einmal das Burgtheater steht, macht ihr Leben aus – auch wenn sie sich im Alter wieder tief von der Sprache ihrer Kindheit berührt fühlt, was sie vor kurzem bei einer Filmarbeit in der heimatlichen Schweiz entdeckte. Und so schließt sich der Kreis in der Sprache, die der fundamentale Lebensbeweis ist. Annemarie Düringer nennt die Sprache ihre Existenzberechtigung. Sie kämpft dafür, dass die Sprache nicht zu einem *lächerlichen Requisit* oder *chorischen Phänomen* (Botho Strauß) auf der Bühne verkommt. Ich wünsche ihr, dass ihren antiquierten Ansichten die Zukunft gehört.

Weiteres muss hier ungesagt bleiben.

Und wenn man zum Schluss noch einmal Fritz Kortner fragen ließe: „Wie steht die Düringer nun da?" – dann kann, das Gesagte und das Ungesagte zusammengefasst, die Antwort nur lauten: Mit Recht wunschlos glücklich über das Goldene Ehrenzeichen des Landes Wien.

Laudatio im Rathaus aus Anlass der Überreichung des Goldenen Ehrenzeichens des Landes Wien an Annemarie Düringer am 16. Dezember 2005.

44 Wege der Erinnerung

„Das Geheimnis der Welt ist das Sichtbare, nicht das Unsichtbare."
(Oscar Wilde)

Am 14. April 1956 frühmorgens ging ein Student, der ich gewesen sein soll, seinen alltäglichen Weg von der Rembrandtstraße über die Augartenbrücke den Schottenring hinauf zur Universität.

In der Nacht war die Börse ausgebrannt, brannte wohl noch immer; aber die Feuerwehr hatte die heroische Phase ihres Kampfes schon beendet. Hoch oben über der Loggia war Neptun in seinem Viergespann die Flucht vor den Flammen nicht gelungen. Die stürmischen Pferde, gejagt von panischer Angst vor dem Feuer, schienen unmittelbar vor dem Absturz in den Abgrund der Ringstraße in albtraumhafter Erstarrung versteinert. Offenbar war auch der Gott den Gesetzen der Schwerkraft unterworfen. Das ließ ihn schwach und armselig erscheinen und verwandelte seine herrische Gestik in eine Pose der Hilflosigkeit. – So sah es der Student, wenn ich mich recht erinnere, der erst an diesem Unglückstag erfuhr, dass der theatralische Herr da hoch oben kein anderer als Neptun war, an dem er sechs Wochen lang achtlos vorbeigelaufen war. – Mit den immer dünner werdenden Rauchschwaden schienen auch die letzten göttlichen Ansprüche des einsamen Wagenlenkers zu entschwinden.

Was zum Teufel hatte der mächtige Meeresgott auch da oben auf der Börse verloren? Hatte Theophil Hansen ihn statt Merkur aufs Dach seines Prunkbaus gebeten, damit er die spielerische Zufälligkeit des Börsengeschäftes symbolisiere? Schließlich hatte Neptun lange vor seiner Einbürgerung in Rom noch als Poseidon mit Zeus und Hades um die Aufteilung der Welt gewürfelt, mit dem bekannten Ergebnis. In manchen Überlieferungen heißt es auch, die großen Drei hätten gelost. Wie auch immer, die Herrschaft über die Meere und seine Handelswege passten wohl in die wirtschaftlichen Träume der inzwischen sehr *merkantilischen* Monarchie. Die ungezügelten Umtriebe des amourösen Wüstlings Neptun, der bekanntlich nicht einmal vor der Medusa zurückschreckte und auch die schwängerte, wenn auch in Pferdegestalt, dürften hingegen bei der Bestellung zum Börsen-Gott keine ausschlaggebende Rolle gespielt haben. Hingegen scheinen die erotischen Plackereien bei dem müder gewordenen, ältlichen Neptun mit dem ‚Moses-Kopf', der sich auf dem Michaelerplatz in angestrengter Schönheit den erstaunten Betrachtern präsentiert, doch deutliche Spuren hinterlassen zu haben. In dem Wandbrunnen „Die Macht zur See", ungefähr an der Stelle, wo einmal das alte Burgtheater stand, sitzt der strapazierte Gott sogar und scheint den hochdramatischen Tumult um sich herum mehr zu beobachten, als ihn zu beherrschen. – Der Student, dessen Weg des Öfteren auch über den Michaelerplatz zur Batthyanystiege in das Institut für Theaterwissenschaft führte, beachtete die beiden Brunnen so wenig wie die einschüchternden Herkules-Figuren mitsamt ihren Wundertaten neben den Durchgängen zum Kuppelbau.

Ich muss also mit Bedauern gestehen, dass der Student an all den zahllosen Skulpturen dieser Stadt lange Zeit wenig Interesse und Gefallen fand, so wenig wie an den Denkmälern. *Das sozusagen Geistige der Denkmäler verwittere ungemein rasch, schon nach kurzer Zeit hätten sie ihre Idee ganz verloren, ihr Inhalt rinne aus. – Aber sie dienten doch dem Stadtbild als Schmuck und Zier.* Hätte der Student damals diese Gedanken Alfred Polgars gekannt, er hätte ihnen wie denen von Karl Kraus über ein zu bauendes Kainz-Denkmal aus vollem Herzen zugestimmt. – Schmuck und Zier, das sind ästhetische Werte, keine religiösen, keine philosophischen, keine politischen. Diente der Brunnen-Neptun also nur der Zier des Michaelerplatzes, oder der Börsen-Gott nur zum Schmuck des Gebäudes? Oder verkörpern sie nicht doch zur Unzeit österreichische Weltmachtansprüche in antiker Verkleidung? Und warum zeigt sich der Gott der Meere noch ein zweites Mal auf dem Dach der Börse? Denn hoch über dem Börse-Platz stürmt ein anderer Neptun in entgegengesetzter Richtung in die Versteinerung. Ursprünglich befand sich da oben auch Zeus alias Jupiter, der andere von den drei großen Spielern; nur Hades, der die Unterwelt erwürfelt oder gelost hatte, war hier offenbar immer unerwünscht, obwohl gerade der am 14. April 1956 am rechten Platz gewesen wäre.

Solche Gedanken machte sich an diesem Unglückstag natürlich niemand von den Voyeuren auf dem Schottenring. – Das sterbende Gebäude wurde in der üblichen Weise begafft; auch der Student schaute eine lange Weile eher gedankenlos zu, versäumte irgendwelche Vorlesungen oder Seminare, traf aber später noch genügend ahnungslose Kollegen an, denen er das vermeintlich Aufregende erzählen konnte. Allerdings hatte sein Augenzeugenbericht nur mäßigen Erfolg, denn – das wusste man schon – es war kein Mensch ums Leben gekommen. So ein richtiges Unglück war das also nicht. Auch der Student hatte keine Empfindung von Sensation. Er hatte als Kind Bombennächte in Stendal erlebt und seine Geburtsstadt Magdeburg wenige Tage nach ihrer völligen Zerstörung gesehen.

Nun aber schien es ihm, als fordere die fremde Stadt mit diesem Brand-Unglück von dem Neuankömmling mehr Aufmerksamkeit und Anteilnahme für sich. Der Student war erst sechs Wochen zuvor von München nach Wien gekommen, wo er keinen Menschen kannte. Er wollte hier zwei Auslandssemester studieren; die wurden damals in der Bundesrepublik angerechnet; vor allem aber war er gekommen, um die Stadt kennenzulernen; dieses Vorhaben war allerdings bisher nur ein solches geblieben, von den bescheidenen Erkundungen auf dem besagten Weg von der Rembrandtstraße zum Michaelerplatz einmal abgesehen. Die Orientierung an der fremden Universität, die Besuche bei der Fremdenpolizei und die Pflege erster Bekanntschaften hatten ihn in Anspruch genommen – und eine Zeit lang auch die Querelen der Zimmersuche. Zwar hatte er gleich am Tag seiner Ankunft mit Hilfe des „Neuen Österreich" und eines windigen Vermittlers in der Nußdorferstraße eine Unterkunft in der Rembrandtstraße gefunden, die er allerdings nur bezogen hatte, weil es an diesem kalten Februar-Tag in Strömen regnete und es schon dunkel geworden war. Gleich am nächsten Tag wollte der Student ein anderes Zimmer suchen und den

Vermittler zur Rede stellen, der ihm statt des Einzelzimmers ein halbes Doppelzimmer angedreht hatte. In dem zweiten Bett lag bei seiner Ankunft Franz Schubert. So hieß der Tischlergeselle, der die andere Hälfte des Zimmers gemietet hatte.

Als der Student am nächsten Morgen nach den Strapazen des Vortages endlich munter wurde, war er allein im ‚Schubert-Zimmer', wie die Vermieter diesen Raum zu seiner Verwirrung genannt hatten. Die ganze Wohnung war leer; alle Bewohner waren schon zur Arbeit, auch der dritte Untermieter, ein Donaufischer, der das Privileg eines Einzelzimmers genoss und der wohl für den Grundgeruch in der Wohnung verantwortlich war. Da es wieder regnete und die Inskription erledigt werden musste, beschloss der Student, die Wohnungssuche auf den nächsten Tag zu verschieben. Aber es regnete auch am nächsten Tag und am übernächsten auch. Die zögerliche Suche brachte keinen rechten Erfolg. So blieb der Student vorläufig in der Rembrandtstraße und blieb schließlich sechs Jahre, nachdem er entdeckt hatte, dass Franz Schubert ein angenehmer Zeitgenosse war, und die einsichtigen Wirtsleute dem Donaufischer wegen des Geruchs gekündigt hatten. So war ein Einzelzimmer frei geworden. Überhaupt erwiesen sich die ‚alten Bezdiekas' als liebenswerte und grundfreundliche Menschen. *Philemon und Baucis vom Donaukanal*, wie wir sie später nannten; sie Kaffeeköchin am Praterstern, er Bäckereiarbeiter bei Anker. Sie umsorgten Franz Schubert und den Studenten mit großer Herzlichkeit.

Das alles war an jenem 14. April schon auf gutem Wege; allerdings gab es noch längst nicht das vertrauliche Verhältnis der späteren Jahre.

***

Im folgenden Herbst kam es zu einer wesentlichen Änderung in den Wege-Gewohnheiten des Studenten. Er musste eine Monatskarte der Wiener Stadtwerke erwerben, da die bedeutende Verlängerung seines alltäglichen Weges über die Universität hinaus bis zur Babenbergerstraße und weiter in die Penzinger Straße und nach Schönbrunn das unumgänglich erforderte. Der Student studierte nun auch am Reinhardt-Seminar, was zur Folge hatte, dass er den vertrauten Schottenring seither vorwiegend aus der Straßenbahn erlebte und an der Brand-Ruine fortan vorbeifuhr – und noch lange Zeit, ohne es zu wissen, auch an der größten und berühmtesten Brandstätte des Schottenrings, ja von ganz Wien. Schräg gegenüber von der Börse klaffte damals eine Baulücke. Die war 1945 durch die Bombardierung des sogenannten ‚Sühnhofs' aufgerissen worden. Der war an der Stelle erbaut worden, wo das 1874 eröffnete Ringtheater gestanden hatte, das am 8. Dezember 1881 vollständig ausgebrannt war. Über 400 Menschen hatten den Tod gefunden.

Die Erinnerung an diese täglich passierte Baulücke und damit an das schreckliche Unglück verlor sich übrigens im weiteren Lebenslauf des Studenten nicht aus seinem Gedächtnis; denn er wurde 1959 Schauspieler am Burgtheater, später dann Regisseur und schließlich auch Direktor und musste sich oft leidvoll mit den extensiven Brandschutz- und Sicherheitsbestimmungen auseinandersetzen, deren Rigorosität auf die traumatischen Erfahrungen der seinerzeit zuständigen Behörden mit dem Ringtheaterbrand zurückzuführen ist. – Einige der für die Einhaltung dieser Vorschriften zuständigen Ministerialbeamten beriefen sich im Zweifelsfall gern explizit auf diese Katastrophe, manche derart leidenschaftlich, als seien sie selber an diesem 8. Dezember 1881 nur knapp mit dem Leben davongekommen; andere argumentierten mit jener wuchernden Phantasie, die Pyromanen zu fanatischen Feuerwehrleuten werden lässt. Gelegentlich verstärkte auch die Furcht vor aktuellen Bedrohungen die allgemeine Ringtheater-Angst, wie zum Beispiel in der RAF-Zeit.

Ich erinnere mich an eine technische Endprobe von Gorkijs „Sommergästen" Ende der 70er Jahre. Da verlangte der gestrenge Vertreter der Obrigkeit die weitere Imprägnierung eines Heuhaufens auf der Bühne, obwohl kein Feuer, nicht eine einzige Kerze in dieser Vorstellung vorgesehen waren und die bedauernswerten Schauspieler, die mit diesem mittlerweile von Chemikalien verseuchten Heuhaufen in Berührung kamen, bereits unter starken allergischen Reaktionen und tränenden Augen litten. Gegen unsere Proteste trumpfte der ministerielle Schutzgeist mit der finalen Frage auf: „Und was machen Sie, wenn jemand aus einer Loge einen Molotowcocktail auf das Heu wirft?!" Auf den Einwand, dass potentielle Molotowcocktail-Werfer vielleicht eher eine Aggression auf das bürgerliche Theaterpublikum haben könnten als auf Heu, und solche Bösewichter es folglich wahrscheinlich vorziehen würden, ihr explosives Mitbringsel ins Parkett zu schleudern, erwiderte der unnachgiebige Ministerialrat: „Fürs Parkett bin ich nicht zuständig."

Diese anekdotische Abschweifung könnte zu dem kleinen philosophischen Resümee verleiten, dass nämlich große historische Ereignisse eher in vergänglichen kleinen Geschichten enden als in unvergänglicher Literatur – im Falle des Ringtheaterbrandes mit den bescheidenen Ausnahmen von Schnitzlers Novelle „Fritzi", „Alles gerettet" von Qualtinger und Merz und den „Memoiren" des Ringtheater-Dramaturgen und Dramatikers dieses Hauses: Ludwig Ganghofer. – So wie große historische Ereignisse sind auch bedeutende historische Persönlichkeiten vor dem Abstieg in die Niederungen der alltäglichen Nebensächlichkeiten nicht gefeit. Da hilft das imposanteste Denkmal nicht und nicht die schönste Skulptur. Es ist den Bildhauern der sogenannten Gründerzeit nicht gelungen, all die griechischen und römischen Götter auf ihrem Weg vom Olymp auf die Operettenbühnen dieser Welt und weiter in die Werbebranche lange aufzuhalten. Nachdem ihnen ihre urgewaltige Herrschaft über den Kosmos, ihre Brutalität, ihre Niedertracht und Hinterhältigkeit, ihre Rachsucht und Mordlust, ihr Kannibalismus, ihre dummdreisten Eitelkeiten und manche dunklen Geheimnisse im Laufe der Jahrtausende irgendwie abhanden gekommen waren und ihre edlen Eigenschaften übrig blieben, legten einige dieser göttlichen Herrschaften, solchermaßen geläutert, im 19. Jahrhundert auf ihrem Weg durch die Geschichte auf der Ringstraße in Wien gewissermaßen eine Zwischenstation ein, um vorübergehend als gesittete Symbol-Beamte in die Dienste der Habsburger Monarchie zu treten. – Und nun saßen und standen, schwebten und tänzelten, thronten und posierten die mythischen Damen und Herren in vielerlei Gestalt als Zitate von Zitaten vor, auf und in den prächtigen Gebäuden des 19. Jahrhunderts, die ihrerseits Zitate von Zitaten waren – Glieder in einer langen Kette von Missverständnissen. Jedenfalls kamen seinerzeit all die steinernen Wiener dem Studenten so vor.

**

Als der Student damals mit der Straßenbahn am Burgtheater noch vorbeifuhr, hielt er übrigens auch den hoch oben auf der Balustrade thronenden Apoll irrtümlich für einen Wiener, nämlich für Joseph II., der seinen Untertanen auf der Ringstraße gnädig zuwinkt. Schließlich war dessen Zuständigkeit für das Burgtheater auch offenkundiger als die Apolls.

Nachdem der Student Schauspieler geworden war und geheiratet hatte, wohnte er im 3. Bezirk, fuhr nun den Ring in der anderen Richtung entlang, wunderte sich ein wenig über die geflügelten Pferde auf der Oper. Da repräsentierte seltsamerweise das Dichter-Ross Pegasos gleich in doppelter Gestalt die romantische und die klassische Dichtung. Die sitzen, so heißt es, auf je einem Pegasos auf Sockeln – wie auf Startrampen, so scheint es, wohl um zum Parnass abzufliegen. Oder sind sie nicht vielleicht doch gerade gelandet? Das wäre sinnvoller. – Hätte der junge Schauspieler in diesem Fall Alfred Polgars Glosse „Warum brauchen Engel Flügel?" damals schon gekannt, er hätte auch der von Herzen zugestimmt und sich über den Gedanken amüsiert, dass wir Irdischen uns gleichsam an den Überirdischen versündigen und ihrer Unbegreiflichkeit Abbruch tun, weil wir es offenbar für notwendig erachten, dass sie zur Fortbewegung in der Luft auf ein *System von biegsamen Rippen und Federn* angewiesen seien. Polgars philosophische Frage trifft auf all die gefiederten Wesen aus einer anderen Welt zu, die auf den Dächern Wiens Halt gemacht haben.

Der junge Schauspieler stieg nun am Burgtheater aus. Dort begann bald eine glückliche Zeit für den Haus-Apoll, denn es wurde ein Antike-Zyklus gespielt. Der junge Schauspieler durfte im „Ödipus", in der „Antigone" und in der „Elektra" von Sophokles mitwirken und das Privileg genießen, Fritz Wotruba kennenzulernen, der die Ausstattung für diese Stücke gestaltete.

Ich erinnere mich gut an eine Kostümprobe für den Orest. Wotruba sprach bei dieser Gelegenheit wieder einmal leidenschaftlich und an diesem Tag im Hanuschhof besonders ausführlich über die Wahrhaftigkeit und die unermessliche Kraft der archaischen Welt im Gegensatz zu all der „Klassik-Scheiße" – vor allem in Wien. Damit waren der Klassizismus und andere Missverständnisse der griechischen Klassik gemeint. Wotruba zerriss wie Herakles diese Kette der Missverständnisse. Das beeindruckte den jungen Schauspieler außerordentlich, ramponierte aber auch seine damalige Winckelmann-Verehrung, die freilich eher eine lokalpatriotische Solidarität war. Der Student hatte seine Kindheit in Stendal verbracht und Winckelmann war wohl so ziemlich der einzige berühmte Sohn dieser Stadt; den hätte sich der junge Schauspieler gern als heimatliches Leitbild in der Fremde unbeschädigt bewahrt;

aber nach den Wotruba-Gesprächen war nun nichts mehr mit der „edlen Einfalt und der stillen Größe" zu holen und schon gar nichts mehr mit den zumeist auch noch römischen Stiefkindern der Winckelmannschen Antike in den Straßen und auf den Dächern Wiens, was den jungen Schauspieler allerdings keineswegs schmerzte; denn die *geliehenen Götter* waren ihm noch immer fremd geblieben, und ihre Rolle als heidnische oder atheistische Staatssymbole (wie z. B. die Parlaments-Athene) in einem so katholischen Land war ihm weiterhin rätselhaft. Hingegen wirkte Wotrubas ansteckende Allergie aufs *Klassische* besonders auf einen jungen Burgschauspieler geradezu befreiend. – Übrigens dauerte diese Kostümprobe unverhältnismäßig lange, weil Wotruba sein ursprüngliches Kostümkonzept grundlegend ändern musste. Bein- und Armschienen erlaubten keine normale Bewegung und keinen Gang in seinem Bühnenbild. So opferte Wotruba einigermaßen widerwillig seine bildhauerische Überzeugung den pragmatischen Bühnenanforderungen und fluchte: „Das ist ja die Scheiße, dass Ihr Euch bewegen müsst!" Das war seine klare kunsttheoretische Aussage zur *Statik der Bewegung*, die all die rasenden Quadrigen auf den Dächern hält, aber sie beantwortet die Frage des naiven Beobachters, warum die alle weg und wohin sie eigentlich wollen, nicht.

Als das Burgtheater ein paar Jahre später mit dem „König Ödipus" in Athen gastierte, konnte sich der junge Schauspieler angesichts der im Herodes-Atticus-Theater völlig deplacierten Wotruba-Dekoration des Verdachts nicht erwehren, dass der verehrte Wiener Herakles die Kette der Missverständnisse auch nicht wirklich zerrissen hatte. Das war eine wichtige Lektion, eine von vielen im Lauf der Jahre, die ihn lehrte, die übliche besserwisserische Überheblichkeit der jeweiligen Gegenwart gegenüber allem Vergangenen klarer zu durchschauen und die meisten sogenannten Missverständnisse als *Erkenntnisse auf Zeit* zu begreifen, eben auch die des 19. Jahrhunderts mit seinem scheinbar orientierungslosen Eklektizismus. Hermann Bahrs rigorose Bloßstellung der *ruchlosen Moderne* jener Epoche, die in der Vergangenheit aller Kunst nur *einen ungeheuren Steinbruch von Motiven* sah, entsprach durchaus der Einschätzung des Studenten, verlor aber nach und nach an Attraktivität zugunsten von Bahrs Komplementär-Gedanken über die Ringstraßenkultur, *dass sich niemals Ohnmacht von einer so bezaubernden Anmut, Kühnheit und Würde gezeigt habe, niemals Nichtssagendes von einer so hinreißendem Beredsamkeit gewesen sei.* Und der junge Schauspieler, der einmal Geschichte studiert hatte, begann auch zu lernen, die Rolle der Geschichtsschreibung als letzter Instanz immer mehr in Frage zu stellen, sie eben als *Weltsicht von erklärter Vorläufigkeit* zu verstehen und in der Kunst, vor allem in der Literatur, die wahren, zuverlässigen, ungefälschten Dokumente und Urkunden einer Zeit zu erkennen. So veränderte sich allmählich das Verhältnis des halbfremden Wieners aus Magdeburg gegenüber der Ringstraße und den *geliehenen Göttern*.

***

Als der ehemalige Student schließlich nicht mehr mit der Straßenbahn, sondern im Dienstauto über den Ring fuhr, weil er Burgtheaterdirektor geworden war, hatte das zunächst keinen Einfluss auf das Verhältnis zu den *geliehenen Göttern*. Zwar war das Wissen über die Stadt, auch das verzichtbare, im Lauf der Jahre angewachsen, natürlich weit über das Maß hinaus, das dem Studenten mit seinen ursprünglichen Plänen für die zwei Auslandssemester je vorstellbar erschienen war; aber das vermehrte Wissen wurde immer wieder durch die Göttin Fama verunsichert, der völlig verwienerten und einflussreichsten unter den *geliehenen Göttinnen*, deren Macht bis heute ungebrochen ist. – Mit ihren widersprüchlichen Kompetenzen könnte sie eigentlich auch als Schutzheilige des Journalismus reüssieren.

Dem Theaterdirektor wurde bald und lange vor seiner Ehemaligkeit klar, dass auch die Theater-Historiker fast ausnahmslos die Fama hofierten. Es folgten nicht nur die Verfallsdaten ihrer *Erkenntnisse auf Zeit* in immer kürzeren Rhythmen aufeinander, sondern die Erforschung der künstlerischen Wirklichkeit wurde von der Geschichte des künstlerischen Marketings und des medialen Widerhalls abgelöst. So hat das journalistische Gerangel um das vermeintlich Nennenswerte die seltsamsten Folgen: Schwimmende Inseln der Beliebigkeit werden zum Festland der Kunst erklärt; den lautesten Windmachern wird eine Aura künstlerischen Mutes angeklebt und ihre Winde werden mit Theaterereignissen verwechselt. Der große göttliche Windmacher Boreas ganz oben auf dem Dach des Burgtheaters bläst vielleicht in diesem Sinn symbolträchtig die verbrauchte Luft aus dem Theater in alle Welt hinaus. Und vielleicht thront Apoll da oben, weil er auf einer schwimmenden Insel geboren wurde. – Übrigens zeigt der große göttliche Windmacher auf dem Dach trotz seiner erniedrigenden Entlüftungsaufgaben keine Symptome der Entwürdigung, eher gute Laune und kraftvollen Übermut. Seine Aufgabe schien ihm Freude zu machen. Sein Anblick bestätigte beispielhaft die alte *Erkenntnis auf Zeit*, dass die Götterdämmerung im 19. Jahrhundert einen heiteren Charakter hatte, dass die der heilen Welt abträglichen wahnwitzigen alten Geschichten der Theogonie unter Verschluss geblieben und die Chronisten der alten Götter Homer und Hesiod, Vergil und Ovid ins Dunkel einer fernen Vorzeit abgedrängt worden waren. Die geliehenen Götter hatten tatsächlich in bewährter österreichischer Manier die guten Seiten ihrer chaotischen Vergangenheit nach den Regeln der Gefälligkeit zur Schau gestellt, so dass ihrer Pragmatisierung als Symbolbeamte der Monarchie wirklich nichts mehr im Wege gestanden war.

***

Nachdem die Theaterphotographin Christine de Grancy uns in der Zeit meiner „Sommergäste"-Inszenierung aufs Burgtheaterdach gestiegen war, hatte sie die nähere Bekanntschaft mit Boreas vermittelt. In der Folgezeit begab sie sich auf Entdeckungsreise über die Dächer und öffnete auch mir nach und nach die Augen für diese seltsame und fremde Welt. Sie führte mich in die *Landschaft für Engel* und später zu den *Heiligen* und den *Hallodris* und den *Lemuren* und erzählt nun von den Macht-

Spielen, welche die Ohnmächtigen da oben stellvertretend für uns spielen. – Wie immer sie ihre Figuren-Landschaft benennen mag, für mich sind ihre Bilder nichts anderes als die „Metamorphosen der Grancy". – Sie hat nämlich die *geliehenen Götter verwandelt*. Sie hat sie von ihrem jahrhundertealten Ballast befreit, ihnen behutsam ihre imperialen Masken abgenommen und uns von dem Zwang erlöst, ihre alten furchtbaren Geschichten an die Gegenwart heran zu erklären. Sie hat den Gedanken von Oscar Wilde, dass das Sichtbare das Geheimnis der Welt sei, in Kraft gesetzt. Sie hat die zeitlose Anmut und die Gelassenheit ihrer Figuren, z. B. der Fortuna in der Rotenturmstraße, des Helios und der Athene auf den Museumskuppeln, ja selbst des Husaren am Kohlmarkt zu neuem Leben erweckt und ihre Gegenwärtigkeit sichtbar gemacht. Vor allem aber hat sie die Blicke der geliehenen Götter entdeckt und sie alle in Kinder der Mnemosyne verwandelt, der Mutter der Musen, der Göttin des Gedächtnisses, der in Wien an keiner Stelle ein Platz eingeräumt wurde.

Das konnte ihr gelingen, weil sie die Figuren in ihrer Welt, sich neben, hinter, vor und zwischen ihnen bewegend, photographiert hat. In gleicher Weise wie sie im Theater auf der Bühne mitten in der Szene ihre Bilder gemacht und damit die Perspektive der Abzubildenden erfunden hat, so wie man die Wahrheit erfinden muss. Es gelingt ihr sozusagen zu zeigen, was die Figuren sehen, die sie ‚abbildet'. Die Blicke von oben auf die Straßen und Plätze, vom Belvedere, vom Burgtheater und anderen Gebäuden, macht die da unten zu Beobachteten und die da oben zu Zeugen, zu Mitwissern für das, was da unten geschieht. So stehen die da oben gewissermaßen Spalier an der Straße der Erinnerung und wachen als Adoptivkinder der Mnemosyne über das Geschehene. Und da alles, was geschieht, schon im nächsten Augenblick Erinnerung ist und nur dadurch, wie Schnitzler es sagt, das Dasein überhaupt erst möglich ist, sind die Wege der Erinnerung Wege des Lebens.

***

Wenn heute ein alter Mann, der ich bin, wieder mit der Straßenbahn über den Ring fährt, vorbei an den alten Bekannten vor den Gebäuden und auf den Dächern, oder auch zu Fuß unterwegs ist, dann kehrt eben Vergangenes in die Gegenwart zurück, fernab von allem nostalgischen Geduselt, einfach so als Teil des Lebens. Ich denke an Menschen, die mich einmal sehr beeindruckt haben und die es nicht mehr gibt. Beim Hotel am Parkring erinnere ich mich an strapaziöse Gespräche und lange alkoholische Abende mit Oskar Werner und denke an freundliche Gespräche im Café Imperial mit Canetti oder mit Dürrenmatt, an die letzte Geburtstagsfeier von Adrienne Gessner in ihrer Wohnung auf der anderen Seite des Rings gleich gegenüber, oder an meinen ersten Besuch bei Alma Seidler ein paar Häuser weiter in Richtung der Oper, um mit ihr über die Amme in meiner Inszenierung von Strindbergs „Vater" zu reden. Wenige Jahre später musste ich meine erste Totenrede für sie halten, bevor wir ihren Sarg um das Burgtheater geleiteten und Apoll ihr einen letzten Gruß zuwinkte. – An der Opernkreuzung kommt mir die Demonstration gegen Borodajkewycz im Jahr

1965 ins Gedächtnis, die dort eskalierte; hinter der Oper kam ein Mensch zu Tode.
– Ich denke an den ersten Spaziergang mit Manès Sperber auf dem kurzen Weg vom Burgtheater zum ‚Batzenhäusl' gegenüber der Universität, der lange dauerte, weil Sperber immer wieder temperamentvoll stehen blieb, um wesentliche Teile seiner Rede oder unseres Gesprächs nicht zu zergehen. Er hatte seinen Freund Manfred Inger und mich am Bühnentürl nach einer „Egmont"-Vorstellung abgeholt, die ihm nicht übermäßig gefallen hatte. Das war 1962 und war der Beginn einer freundschaftlichen Beziehung bis zu seinem Tod 1985.

Und dann am Schottenring unterwegs, vorbei an der neuerstandenen Börse und dem alten Bekannten Neptun, lösen sich aus dem Durcheinander der Erinnerungen Gedanken an die zahllosen Spaziergänge mit Rupi Weys, der in der Gonzagagasse wohnte und so intelligent und belesen war wie kein anderer. Das war während der Studienjahre, als ich noch in der Rembrandtstraße wohnte. Wir brachten uns oft mehrmals am Abend gegenseitig nach Hause, weil es immer noch etwas zu reden gab. Der vergessene Rupi Weys, der ein großer Dramaturg wurde und der Mentor von Václav Havel im Burgtheater gewesen ist, war der Sohn des vergessenen Rudolf Weys, der ein großer Kabarettist und Schriftsteller war. – Kein Platz für Mnemosyne.

Und am Donaukanal, am Ende des Weges über den Ring, dort wo er 1956 täglich begonnen hatte, erinnere ich mich an die alten Bezdiekas und denke mir ein schönes Denkmal für sie aus.

Beitrag zu einem geplanten Wien-Buch von Christine de Grancy, 2007.

45 Joachim Bißmeier
Statt einer Laudatio – ein Brief

Lieber Jochen,
einem alten Kollegen von uns, der sich in die Politik verirrt hat, ist anscheinend angesichts Deines 70. Geburtstages aufgefallen, dass Dir womöglich auch so bemerkenswerte Verdienste um Kunst und Wissenschaft in Österreich anzurechnen sind wie der berühmten Uschi Glas, und er zog aus dieser Erkenntnis kraft seines Amtes den Schluss, Dich für diesen schönen Orden vorzuschlagen, über den sich schon Nestroy entsprechende Gedanken gemacht hatte.

Vielleicht hat der desertierte Kollege aber auch gar nicht an die genannte Ordensschwester gedacht, und Du bist ihm zum Beispiel anlässlich der Verleihung des Ordens an Václav Havel eingefallen. Das wäre doch was! An dessen Seite gehörst Du ja.

Vielleicht hat sich der inzwischen verflossene Staatssekretär, der einmal ein sehr guter Schauspieler war, auch nur ganz einfach daran erinnert, dass Du über sehr viele Jahre herausragend mitverantwortlich warst für die geistige Haltung und die künstlerische Prägung des Burgtheaters. Bis Du es verletzt, aber ungebeugt und mutig, unfähig zum üblichen Schauspieler-Opportunismus verlassen hast.

Für dieses Erinnerungsvermögen wäre Franz Morak zu danken, zumal das in dieser Hauptstadt der Amnesie nichts Selbstverständliches ist; immerhin muss man, wenn man sich ein wenig ausführlicher über das in den 70er und 80er Jahren in dieser Stadt einmal real existierende politische Theater informieren will, über die damalige durchaus nicht rhetorische ‚Ostpolitik' des Burgtheaters, über Deine wichtige Mitwirkung dabei, für die Havel's Vanek-Figur in Deiner Gestaltung beispielhaft steht, zu einem Buch der amerikanischen Autorin Carol Rocamora greifen. Das Buch mit dem Titel „Acts of Courage – Václav Havel's Life in the Theatre" ist in New York erschienen. – Die österreichische Theaterwissenschaft hat dazu nichts zu sagen und beteiligt sich lieber an der Verwechslung von weltanschaulichen und politischen Haltungen und ihren ästhetischen Ausprägungen mit gut organisierten medialen Marketing-Aktionen, von medialen Attitüden mit der Text- und Bühnenrealität. Spekulatives Kalkül, das später dazu führte, um die Aufführung des bedeutenden, aber völlig apolitischen Stückes „Heldenplatz" herum pseudopolitische Skandälchen jenseits der Bühne unter Mitwirkung der „Kronen Zeitung" und der üblichen reaktionären Hohlköpfe zu inszenieren, hat es in unserer gemeinsamen Zeit nicht gegeben. Politische Effekthascherei und das Kokettieren mit zuarbeitenden Lobbyisten in den Feuilletons kannten wir nicht. In diesem anderen politischen Theater warst Du einer der wesentlichen Überzeugungstäter. Die heute dominierende Maxime ‚Design oder Nicht-Sein' war für Dich auch damals nicht die Frage.

Du warst immer ‚*fontanisch*' bescheiden, ohne *Großmannssucht* und *feierliche Wesensüberspannung*, von der Thomas Mann in seinem schönen Essay „Der alte

Fontane" diesen ausdrücklich freispricht. – Ja, ‚*fontanisch*' das heißt für mich auch ‚*bißmeierisch*'. Nun weiß ich natürlich, dass Vergleiche sich im Allgemeinen dadurch auszeichnen, dass sie hinken; manche kommen auch gleich auf Krücken daher oder sitzen gar gelähmt im Rollstuhl. Trotzdem, die Fontane-Assoziationen sind nicht so abwegig. Jedenfalls könnte man Dir eine Laudatio wünschen, die der Sympathie-Erklärung von Thomas Mann an den alten Fontane nahekommt, liebe- und achtungsvoll, auch kritisch, den ganzen Künstler-Menschen aufhebend.

Das kann natürlich niemand auch nur annähernd zu Wege bringen. Daher ist es vielleicht statthaft, sich kurz in diesem Essay aufzuhalten und darin fremdzugehen – und durchaus bezüglich zu zitieren: „ […] Fontane's Bescheidenheit wurzelte tiefer als im Sozialen, sie war ein Ergebnis jener letzten Künstlerskepsis, die sich gegen Kunst und Künstlertum selber richtet und von der man sagen kann, dass alle Künstleranständigkeit in ihr beruht."

Über die Künstleranständigkeit des Jochen Bißmeier wäre viel zu sagen. Sie birgt einen radikalen Anspruch, der freilich den allgemeinen ‚Genie-Erwartungen' des 19. Jahrhunderts, denen die Kunst-Spießer von heute immer noch anhängen, und dem kurzatmigen Modernitätsgegacker des Feuilletons fundamental widerspricht.

Liest man in dem verkappten „Bißmeier-Essay" von Thomas Mann noch ein bisschen weiter hin und her, so kommt man natürlich neben den Vergleiche provozierenden Passagen auf manches, das so gar nichts mit Dir, lieber Jochen, zu tun hat. Die quietistische Quengelei des ewig alten Fontane ist Dir sicher fremd – und so eindrucksvoll Du als alter Schauspieler in Stücken von Arthur Schnitzler oder Thomas Bernhard, den Du nach sehr unanständigen und verletzenden Herabsetzungen durch diesen Autor erstaunlicherweise dann doch gespielt hast, auch sein magst, so erinnernswert ist Dein, wie ich denke: fortlebendes jugendliches Candide-Temperament geblieben; jedenfalls kann man von Dir nicht sagen, Du habest „es eilig gehabt, alt zu werden, um recht lange alt zu sein", wie Thomas Mann es bei Fontane vermutet. Aber, wie gesagt, ansonsten ist da viel Bißmeierisches zu lesen, z. B. von der Arbeit, die „frei von den der Idee widersprechenden Eigenschaften und Angewöhnungen des Künstlers" zu sein habe, „in Anbequemung und Rücksicht auf den Stoff", der den Stil vorgibt. Und vieles andere, nicht so einfach und kurz Zitierbares.

Übrigens ist auch von Orden die Rede. Schon mit 57 Jahren hatte Fontane zwei Orden, und er meinte: „Es fehlt nur noch zweierlei: Geheimer Rat und Tod. Des einen bin ich sicher, auf den anderen verzicht' ich allenfalls." Fontane schätzte die Orden sehr und schrieb: „Man kriegt die Orden für andere … Wäre ich ein gesellschaftlich angesehener Mann, ein Gegenstand von Huldigungen oder auch nur Achtung […], so bedeutete mir solche Auszeichnung […] so gut wie nichts. Angesichts der Tatsache aber, dass man in Deutschland und speziell in Preußen nur dann etwas gilt, wenn man ‚staatlich approbiert' ist, hat solch ein Orden wirklich einen praktischen Wert: man wird respektvoller angeguckt und besser behandelt." Auch Goethe sei der Meinung gewesen, schreibt Thomas Mann, dass Titel und Orden sehr nützlich seien; *sie hielten manchen Stoß ab.*

In Deinem Fall, lieber Jochen, käme der heutige Orden in der *fontanischen* Hinsicht zu spät. Dein Ansehen hast Du längst gewonnen, die *Stöße* hast Du sozusagen ungeschützt durch Orden und Ehrenzeichen allein kraft Deiner Begabung, Deiner Intelligenz, Deiner Integrität abgewehrt oder ausgehalten. Da kann also von Nützlichkeit nicht mehr die Rede sein; nur noch von ehrenvoller Auszeichnung, die Du genießen mögest, so wie alle die Gratulationen und guten Wünsche aus diesem Anlass, denen ich mich – leider in Abwesenheit – von ganzem Herzen anschließe.

Freilich wäre noch viel zu sagen – dass ich gern an unsere Zusammenarbeit seit 1966 denke, an unsere gemeinsamen Begegnungen mit Cechov, Strindberg und Büchner – dass ich mich auch mit Vergnügen an manches ‚Unkünstlerische' erinnere, an unsere Lachkrämpfe nach dem Widerruf des Galileo Galilei in Brechts gleichnamigen Stück, die wir allabendlich – in einer etwas seltsamen Inszenierung mit Curd Jürgens – gemeinsam mit Peter Striebeck durchstehen mussten –, dann später mein Kampf um tragische Dramatik in Strindbergs „Vater" gegen die ‚Lachwurzen' Alma Seidler und Joachim Bißmeier, die sich angesichts der Vorbereitung der Zwangsjacke für den Rittmeister Richard Münch immer am Abgrund hysterischer Kicherei entlang hangelten – und viel Anekdotisches mehr. Und natürlich vergesse ich unsere Telephonate nach den Havel-Premieren nicht, in denen wir mit unseren Freunden Klaus Juncker, Rupi Weys und Joachim Bruss versuchten, Havel in Prag oder in Hrádecek zu schildern, wie seine jeweilige Vorstellung verlaufen war, wie das Publikum reagiert hatte etc. – etc. Wie gesagt, da wäre noch manches zu erwähnen, vielleicht auch manches Versäumte zu benennen. Da Du aber eine andere, sicher umfassende und kompetente Laudatio am 2. Mai zu hören bekommst, bleibt es dieses Mal bei diesem Brief. Für das gemeinsame Erinnern gibt es vielleicht bald wieder einmal eine schöne Gelegenheit wie die bei unserem gemeinsamen Berlin-Aufenthalt im vergangenen Oktober anlässlich des Havel-Symposions zu seinem 70. Geburtstag.

Mit herzlichen Grüßen von einem *Halbfremden* an einen anderen *Halbfremden* beende ich diesen Torso einer nicht gehaltenen Laudatio. – Thomas Mann nannte Fontane einen Halbfremden und diese Bezeichnung können wir Halb-Wiener beide in Anspruch nehmen. Auch das verbindet uns wohl.

Achim

  Brief aus Anlass der Auszeichnung von Joachim Bißmeier mit dem Ehrenkreuz für
            Wissenschaft und Kunst, April 2007.

46 Ernst Jacoby
Auf der Suche

„Der Mensch kennt nur sich selbst, insofern er die Welt kennt,
die er nur in sich und sich nur in ihr gewahr wird."
(Johann Wolfgang von Goethe: „Bedeutende Fördernis durch ein einziges geistreiches Wort")

1945, Ende April oder Anfang Mai, nachmittags, saß eine Gruppe von 4 oder 5 oder 7 Jungen in Stendal in der Altmark vor dem Tangermünder Tor auf einer steinernen Balustrade über der Uchte, die unter der Straße, die in die Stadt führte, hindurch rinselte, und beobachtete den endlosen Zug Tausender deutscher Soldaten, der sich von Osten kommend durch die Stadt wälzte. Sie waren vor den Russen über die Elbe in die amerikanische Kriegsgefangenschaft geflohen.

In diesem Menschenstrom schwammen in unregelmäßigen Abständen Lastwagen wie alte Kähne vorbei. Manche hatten keine abdeckenden Planen und so versuchten die Jungen auf der Balustrade, die Verwundeten zu zählen, die dicht bei dicht auf den Ladeflächen saßen oder lagen. Lässige GIs eskortierten in lockeren Abständen scheinbar gelangweilt diesen seltsam lautlosen Vorbeimarsch.

Allerdings konnte von einem Marsch nicht die Rede sein. Diese dahinkriechende Schlange verstörte die Jungen, denn sie hatten bisher auf den Straßen oder in den Wochenschauen nur deutsche Soldaten gesehen, die stramm marschierten oder draufgängerisch kämpften, und Verwundete, die adrett verbunden und freudig erregt in Wunschkonzerten saßen oder tief und männlich ergriffen bei Beethoven.

Nun aber latschten diese heruntergekommenen Jammergestalten ganz undeutsch dahin. – Waren die Helden alle gefallen und nur die da übrig geblieben? Nein, natürlich nicht, denn diese Soldaten, das wussten die Jungen auf der Balustrade, waren von ihrem Kampf gegen die Russen lediglich erschöpft und nun auf dem Wege zu Kasernen oder irgendwelchen Lagern, um sich zu erholen und wieder zu Kräften zu kommen und dann vereint mit den Amerikanern und Engländern die Bolschewisten aus Deutschland zu vertreiben. Seit die weißen Fahnen in Stendal gehisst worden waren, hatte sich in der Stadt der Glaube an einen solchen Endsieg zweiter Klasse ausgebreitet und auch die Jungen auf der Balustrade erreicht und ihre kleinen Weltbilder wieder einigermaßen ins Lot gebracht, so dass sie mit gedämpftem Erstaunen dies unwürdige Defilee auf der Tangermünder Straße beobachteten. Was sie da sahen, bestätigte ihre brisanten Informationen über eine solche glückliche Fortsetzung des Krieges bis zu einem für Deutschland doch noch siegreichen Ende: schließlich marschierten die ehemaligen Feinde, deren Brutalität und hemmungsloser Deutschenhass ja jedem Kind eingebläut worden war, offenbar völlig verwandelt, geradezu kameradschaftlich neben den Erholungsbedürftigen her, bedrohten sie nicht, taten ihnen nichts, begleiteten sie, so schien es, eher zu ihrem Schutz in ihre Quartiere.

Die Jungen vor dem Tangermünder Tor malten sich in ihrer Phantasie diese unmittelbar bevorstehende Fortsetzung des Krieges in heldischen Farben aus, zumal der – Gott sei Dank! – nur jenseits der Elbe stattfinden würde. Sie waren im Übrigen überzeugt, dass mittlerweile alle Menschen in Stendal diese unmittelbar bevorstehende Wendung der Geschichte erwarteten und darüber so dachten wie sie. Schließlich hatten diese 9- oder 10-jährigen Kinder ihre aufregenden Informationen von den Erwachsenen, von denen merkwürdigerweise nur sehr wenige an diesem späten Nachmittag auf der Tangermünder Straße zu sehen waren.

Einer von diesen Jungen auf der Balustrade war ich, geb. '35.

Geb. '33, das war 1945 eine andere Generation als wir, obwohl uns viele Lebenserfahrungen verbanden, nicht nur das qualvolle Jucken der dicken braunen Wollstrümpfe, aber zwei Jahre Pimpfen-Erfahrung, und die ohne die demütigenden Strumpfhalter, das war ein kaum aufholbarer Vorsprung. Eine Welt! Damals. Später sind geb. '33 und geb. '35 zu einer Generation verschmolzen, und heute sind aus diesen Kindern der Nazizeit alte Männer geworden, denen allmählich die Zukunft abhanden kommt. Vielleicht leben geb. '33 und geb. '35 sogar noch die zehn oder zwölf Jahre, die sie damals alt waren, als sie die geschundenen Soldaten beobachteten, damals auf den Straßen von Kaltennordheim oder hinter den Gardinen des Pfarrhauses – oder auf der Balustrade vor dem Tangermünder Tor in Stendal. Aber diese gleiche Zeitspanne als Lebensrest wird eher erbärmlich kurz und bedeutungslos sein, verglichen mit dem zeitreichen Lebensanfang, als die Jungen der Geschichte begegneten und an Wunderwaffen, Werwölfe und bekehrte Feinde glaubten, die eine Niederlage in einen Sieg zu verwandeln helfen – *und man sich nach den Toten, die sich entfernen, nicht umgesehen hat,* wie es in Ernst Jacobis Autobiographie „geb. '33" heißt.

Später haben wir uns dann umgesehen und sind wie Orpheus ohne Eurydike in unsere jeweilige kleine Gegenwart zurückgekehrt und haben damit angefangen, uns zu erinnern, an das, was war. Dann auch an die Erinnerungen daran. Ernst Jacobi spricht von der *Quälerei mit dem Erinnern.* Aber er tut es, hat es auch aufgeschrieben, Gott sei Dank, und nennt das Ganze einen *Rechenschaftsbericht.* – Aber gegen welche Schuld schreibt er an? Wessen verdächtigt er sich? Hat er sich unter Anklage gestellt? – Ja. Er bezichtigt sich des Überlebens. Das Urteil: Schuldig. Die Strafe: Lebenslanges Erinnern. Der Rechenschaftsbericht ist die Urteilsbegründung. Der Angeklagte ist sein eigener Richter und gewährt keine Amnestie? – Amnestie heißt: Nicht-Erinnern.

Mnemosyne ist die Göttin der Erinnerung; sie ist die Mutter der Musen, also der Künste, auch der Kunst des Schauspielers, sofern die denn eine ist. Folgerichtig wäre dieser Erinnerungstext von Ernst Jacobi in seinem ethischen und künstlerischen Anspruch von seiner Theaterarbeit nicht zu trennen. Und so ist es auch. Beide stehen unter der Vormundschaft der Mnemosyne. Das Schreiben ist gewissermaßen die Fortsetzung der Schauspielerei mit anderen Mitteln. Die großen Gestalten der Theater- und Filmarbeit des Ernst Jacobi, die Emile Zola und Alexander März, die Shalimov und Ebenwald, Moebius und Thomas Stockmann und all die vielen anderen waren und sind mehr als die Geschöpfe seiner Phantasie, mehr als die Produkte seiner schauspielerischen Begabung; sie waren und sind seine Lebensgefährten und legen Zeugnis ab über den Außenseiter Ernst Jacobi, so wie dieser Erinnerungstext es tut. Sie halten ihm die Treue und sind in „geb. '33" gegenwärtig, auch wenn sie hier nicht leibhaftig auftreten und ihren besonderen biographischen Platz nicht beanspruchen.

In einer Zeit, in der fast täglich in irgendeiner Gerede-Sendung irgendwelche bekannte oder unbekannte Prominente, noch pubertierende oder schon vergreiste, ihre just erschienenen Memoiren in irgendeine Kamera halten, um mit Hilfe irgendwelcher Talkmaster ein bisschen Aufmerksamkeit für ihre literarischen Eintagsfliegen aufzutreiben, erhebt sich „geb. '33" hoch über diesen Riesenschwarm von Bagatellen in die Höhen eines poetischen Anspruchs, verzichtet auf die penible Darstellung der außerordentlichen Karriere vom RIAS-Knaben zu einem wesentlichen Schauspieler seiner Zeit und wagt ein großes Risiko, eines von der Art des Ernst Jacobi. Die Bequemlichkeit einer gefälligen Schauspieler-Autobiographie, und sei sie sogar selbst geschrieben, konnte die Sache des Abenteurers Ernst Jacobi nicht sein. Seine Eitelkeit ist von höherer Art. Er gehörte nie zu den *intellektuellen Beiseitestehern*, wie Nestroy die geistig Genügsamen nannte; er hat sich niemals in seiner Karriere häuslich niedergelassen und hat sich bis heute auf seinen Erfolgen nicht zur Ruhe gesetzt. Er ist immer unterwegs gewesen, immer, ohne ein *Ideal vor dem Kopf* zu haben, auf der Suche nach Menschen, Menschenwürde, Gerechtigkeit, lebenswerten Zeiten, nach dem Unwiederholbaren und nach dem, was immer da sein sollte und einen im Innersten zusammenhält. – Eine solche zentrale Kraft, die alle seelischen und geistigen Energien bündelt, hat er sich, wie ich glaube, in der Sprache erschlossen, in seiner Sprache, die nur ihm gehört, unter deren Schutz er lebt. Auf dem Wege zu ihr ging Jacobi viele Jahre durch die geliehenen Sprachen des Schauspielers und spürte in ihnen seiner Sprache nach. Er genoss sozusagen vorübergehend die Gastfreundschaft der fremden Texte, lernte von seinen Gastgebern, erlag aber nicht den Verlockungen der angebotenen Sprachen, sondern setzte seine Suche fort und begann schließlich zu schreiben, Hörspiele zunächst und nun diesen Erinnerungs-Text, in einer gesprochenen rhythmischen Sprache, in einem Hörbuch der besonderen Art: der Lesende hört die Sprache des Autors.

So dokumentiert dieser sogenannte Rechenschaftsbericht nicht nur eine allmählich versinkende Zeit, sondern eben auch die Sprache eines Außenseiters, der gegen Ende eines langen Weges innehält und sich erinnert, bevor es noch einmal weitergeht, um das letzte Ziel zu erreichen. Die unablässige Suche nach der eigenen Sprache, das so gar nicht anpasserische Verhalten Jacobis gegenüber den geliehenen Sprachen und andererseits seine Resistenz gegenüber den jeweiligen Mode-Terminologien bezeugen nicht weniger eindringlich als seine realen Lebenshaltungen, wie z. B. seine Treue zu Egon Monk, dass er hochgradig immun ist gegen den üblichen Opportunismus, diese Berufskrankheit der Schauspieler, die geradezu pandemisch unter ihnen wütet und der sie in erschreckendem Ausmaß zum Opfer fallen; sie finden dann ihre eigene Sprache nicht mehr, irren in den geliehenen Sprachen ihrer Figuren umher, strecken sich willig nach der Decke irgendwelcher Regieeinfälle, geben ihren Verstand am Regiepult ab und finden diesseits ihres Berufes zumeist mit einem austauschbaren Jargon das Auslangen. Sie legitimieren den Satz von Max Frisch, dass man die Schauspieler lieben müsse, weil man sie sonst nicht aushalte. – Ernst Jacobi war auf emotionale Zuwendungen dieser Art nicht angewiesen. Er stand nie vor der Wahl, seinen Beruf zu wechseln und den eines Lieblings zu ergreifen. Er hatte auch gar nicht das Zeug dazu. Es reichte ihm, ernst genommen zu werden. Das weiß ich.

Ich hatte als Direktor am Burgtheater und dann am Zürcher Schauspielhaus 15 Jahre lang, also viel länger, als wir 1945 alt waren, das Privileg genossen, Ernst Jacobi engagieren zu können. Als Regisseur erlebte ich in diesen Jahren eine tiefe Arbeitsfreundschaft mit dem ‚schwierigen' Schauspieler, auch noch in der Zeit, als Ernst Jacobi sich anderenorts vom Theater, das ja schon unterwegs war zum großen Firlefanz, immer mehr zurückzog. Unsere glückhafte Zusammenarbeit legitimiert mich nun zu diesem Nachwort und führt mich gleichzeitig in Versuchung – der es an dieser Stelle zu widerstehen gilt – in nostalgische Erinnerungen an diese guten Jahre abzuirren, verführt auch von einem großen Staunen über die fremde Kindheit in einer mir vertrauten Zeit. Vor allem und im Besonderen aber beinahe irritiert von einem an Ungläubigkeit grenzenden Staunen darüber, dass der kleine Ernst aus den kleinen Orten mit den Dürrenmatt-Namen Großbösendorf und Kaltennordheim derselbe Mensch gewesen sein soll, der später als der Moralphysiker Möbius aus „Les Ceresiers" auftrat, der Ur-Wiener Professor Ebenwald gewissermaßen dieselbe DNA hat wie der einstige RIAS-Sängerknabe, der verstörte junge Mann, der mit seiner sterbenden Mutter Italienisch lernte, später als der überflüssige Lebejüngling, der vertrackt alberne Redillon in der Welt des ewigen Wahnsinns von Georges Feydeau auftaucht – etc. – etc. Einem solchen Staunen mag einige ‚unprofessionelle' Naivität anhaften, aber naives Staunen ist eben auch eine Quelle der Theater-Phantasie. Ernst Jacobis Erinnerungstext zeigt es an und seine künstlerische Arbeit belegt es, dass er das nicht enden wollende Staunen aus seiner Kindheit in sein späteres Leben und seine Arbeit herübergerettet hat, das Staunen über die Welt, dass sie so ist, wie sie zu sein scheint, über die Menschen, dass sie nicht anders sind, als sie es sind, und darüber, dass irgendwer so etwas wie das Glück doch wider Erwarten zulässt und man in die Nähe davon kommen kann, wenn auch spät.

Ende der zwanziger Jahre, als das große Unglück schon heraufzog, hatte Max Reinhardt in einer berühmten Rede seinen *Glauben an die Unsterblichkeit* des Theaters bekundet, das der *seligste Schlupfwinkel* für diejenigen sei, „die ihre Kindheit heimlich in die Tasche gesteckt und sich damit auf und davon gemacht haben, um bis an ihr Lebensende weiterzuspielen." Diese Rede offeriert in ihrer grandiosen Wirklichkeitsverweigerung eine fatale Gelegenheit zu unangenehmen Missverständnissen, die in der Folge auch weidlich genutzt wurde. Die einen verwechseln ihre Kindheit mit ihrer Pubertät und stecken die in die Tasche und schleppen sie bis ins hohe Alter mit, und die anderen fühlen sich mit ihren tragbaren Elfenbeintürmchen in Schlupfwinkeln wohl und verwenden Reinhardts Text zur kitschigen Selbstbespiegelung des Schauspielerstandes. Folgt man den Gedanken Reinhardts aber in kritischem Abstand, dann tragen sie zu der Erkenntnis bei, dass die Kindheit in der Lebensarbeit eines Schauspielers in besonderer Weise gegenwärtig bleibt. – Und so ist „geb. '33" keine fragmentarisch verkürzte Darstellung eines schmalen Lebensabschnitts, gewissermaßen nach dem dramaturgischen Muster *der angeschnittenen Figur* von Max Frisch, von der Ernst Jacobi schreibt, sondern zeigt umfassend das ganze Leben eines Schauspielers. Der Autor behauptet zwar, er habe seinen Rechenschaftsbericht auf 1945 konzentriert, als mit dem Ende der Nazi-Zeit auch seine Kindheit endete, aber da kann man ihm widersprechen: Seine Kindheit wird erst enden, wenn einmal alles vorbei sein wird.

Wenn nun in meine Erinnerungen die Erinnerungen eines anderen alten Mannes einfließen, der in einigen langen kurzen Jahren gemeinsamer Arbeit ein vertrauter Weggefährte war, dann mündet am Ende das Staunen über die fremde Kindheit des *halbfremden* Ernst Jacobi und ihr vermeintliches Ende im Wiedererkennen des Vertrauten im Unbekannten und die Frage: „Wer ist Ernst Jacobi?" nähert sich einer vorläufigen Antwort.

Goethe setzt übrigens seine Gedanken über die Möglichkeiten der Selbsterkenntnis in dem eingangs zitierten Text „Bedeutende Fördernis durch ein einziges geistreiches Wort" folgendermaßen fort: „Am aller fördersamsten aber sind unsere Nebenmenschen, welche den Vorteil haben, uns mit der Welt aus ihrem Standpunkt zu vergleichen und daher nähere Kenntnis von uns zu erlangen, als wir selbst gewinnen mögen." Für Goethe gewährt der Dialog die höchste Form der Erkenntnis, die man über sich und die Nebenmenschen erlangen kann. In keiner Beziehung zwischen denkwilligen Menschen kommt das sich gegenseitige Identifizieren je zu einem Ende. Auch der nachdenkliche Schauspieler versucht, seine Figuren und ihre Mit- und Gegenspieler, so lange er mit ihnen lebt, immer genauer zu identifizieren und seine intellektuelle und emotionale Kenntnis von ihnen immer weiter zu vervollkommnen. Der sich nicht begnügende, nicht resignierende Wille, den *Nebenmenschen* zu erkennen und sich in ihm, und wohl auch die *zwanghafte Lust*, dabei *genau zu sein*, sind die wesentlichen Elemente der Dialog-Begabung eines Schauspielers.

Ernst Jacobi ist ein dialogischer Schauspieler par excellence. Und so trat er auf meiner Erinnerungsbühne bisher fast immer in Begleitung von Norbert Kappen z. B., von Erika Pluhar, Martin Benrath, Maria Becker oder anderen *Nebenmenschen* auf.

In ganz anderem Zusammenhang ist in „geb. '33" von dieser *zwanghaften Lust, genau zu sein*, die Rede; dem entspricht an anderer Stelle der Hinweis auf den gleichermaßen nachdrücklichen Vorsatz, sich nicht noch einmal sagen zu müssen: *„ich hab mir nichts dabei gedacht"*. Der Zwang, nicht vergessen zu dürfen und zu können, bestimmt die moralisch politische Lebensmöglichkeit des sich persönlich schuldig fühlenden Ernst Jacobi. „Die Grube", wie er schreibt, *habe sein Leben als Erwachsener geprägt; die Grube, in die Menschen liefen, wissend und sehend, dass sie dort erschossen werden würden.* Diese Mitteilung ist bei ihm alles andere als eine kostenlose moralische Attitüde; das Mit-Leiden lässt ihn tatsächlich nicht frei und bezeugt seine grundtiefe Ernsthaftigkeit nicht nur darin, den *Nebenmenschen* zu erkennen und sich in ihm, sondern eben auch seine Zeit, seine Welt und seine Geschichte, und auch das mit zwanghafter Genauigkeit, ziemlich unnachgiebig. Aber seine Rigorosität gegenüber den Nebenmenschen verbirgt sich im Allgemeinen hinter freundlicher zäher Behutsamkeit. Er ist als Suchender wohl ein Fundamentalist, aber einer ohne Dogmen, der sich seinen Blick auf die Welt nicht von Wegweisern verstellen lässt.

Als Schauspieler hat er allerdings die besondere Gabe, Figuren zu vergegenwärtigen, die von ihren Prinzipien besonders arg bedrängt werden und sich angestrengt durch ihre fundamentalistischen Weltanschauungen hindurch ackern, aber schließlich doch in ihren starren Überzeugungen stecken bleiben, die als Narren an der Realität abprallen und dann in auswegloser Absurdität ein oft sehr komisches Ende finden. Aufgrund seiner grundtiefen Ernsthaftigkeit verfügt Ernst Jacobi, gerade weil er so gar keine Neigung zum Faxentheater hat und schon als Student seinen Leon von Grillparzer partout nicht auf den Hintern fallend zum Bühnenleben erwecken wollte, über eine starke vis comica. Er war immer imstande, seine Fundamentalisten ins Gelächter zu führen, sie sogar dem Ausgelacht-Werden preiszugeben und ihnen doch am Ende nicht ihre Würde und ihre Rechte zu nehmen. Er desavouierte sie nicht, weil er ihre unauflösbare Widersprüchlichkeit respektierte und sie nicht in gut zitierbaren Definitionen auflöste. Stellvertretend für diese Spezies sei hier der Thomas Stockmann von Ibsen genannt, der am Ende des Stückes „Ein Volksfeind" von Ibsen sagt: „Die Sache ist die, der stärkste Mann der Welt ist der, der ganz allein steht." Ernst Jacobi entließ mit diesem Schlusssatz die Zuschauer in die Frage, ob dieser norwegische Narr nicht womöglich doch ohne Einschränkung Recht habe und was für ein Mensch er denn nun tatsächlich sei, das heißt, der Zuschauer wird herausgefordert, seine Identifikationsarbeit fortzusetzen. Ein solches Theater gibt keine Antworten, sondern macht Fragen virulent und erlaubt nicht, in einem nebulösen *Sowohl-als-auch* unterzutauchen. Nur als Segelflieger ist Ernst Jacobi vorsätzlich in eine Nebelwand geflogen; trotz des glücklichen Ausgangs dieses Abenteuers meidet er seither Nebelwände jeglicher Art. Seine zwanghafte Lust, genau zu sein, bewahrt ihn vor dem Nebulösen nicht nur auf der Bühne, sondern auch vor jeglichem Theatergeschwätz, dem ausgeleierten deutschsprachigen Theaterjargon, mit seinen gängigen Kofferbegriffen, in die man alles, was nur hineingeht, hineinstopfen und in beliebiger Auswahl ganz nach Bedarf wieder auspacken kann. Die üblichen Verdunklungsbegriffe wie z. B. *Regietheater* oder *Werktreue*, wie *Innovation* oder *Zeitlosigkeit* als Wertmaß passieren ihm nicht. Sein Erinnerungstext ist im Übrigen ein Plädoyer für die nicht abzulösende Zeitgebundenheit allen Geschehens und damit auch seiner glaubwürdigen theatralischen Interpretation, Vergegenwärtigung, Verwirklichung –

oder wie immer man das nennen mag, was die Theatermenschen seit Jahrtausenden versuchen.

Die zwanghafte Lust, genau zu sein, macht das Erinnern wahrscheinlich wirklich zu einer *Quälerei*. Man ist den Launen des Gedächtnisses ausgesetzt, dass z. B. die Typenbezeichnung einer Volksempfängerröhre (VCL 11!) bereithält, aber keine Auskunft mehr gibt, ob man bei der Beerdigung des Vaters auf dem Waldfriedhof in Dahlem war oder nicht. Aber Ernst Jacobi hat sich seinem Urteil ‚lebenslanges Erinnern' unterworfen und mit gewohnter Disziplin die Quälerei auf sich genommen. Dass er das alles in diesem Text „geb. '33" festgehalten hat, das könnte am Schluss zu der Vermutung führen, er werde vielleicht sein lebenslanges Urteil aufheben und sich doch eine späte Altersamnestie gewähren. Aber das ist eher unwahrscheinlich, denn alte Leute bestehen auch jenseits einer Schuldfrage, wie Ernst Jacobi sie sich stellt, auf ihren Erinnerungen und halten sie fest, allein schon, um dem resignierenden ‚Nun-kommt-nichts-mehr' das hoffnungsvolle ‚Aber-da-war-was!' entgegenzusetzen und aus dem Labyrinth der Erinnerungen den Ausgang zu finden, der Trost und Ruhe verheißt und zu der willkommenen Erkenntnis führt, dass alles, was einmal da war, nicht verloren gehe, ganz im Sinne Schnitzlers, der den Wert der Gegenwart darin sah, dass sie im nächsten Augenblick zur Erinnerung werde: „Was war, ist." So gelingt es den Alten vielleicht, sich des fortdauernden Lebens zu vergewissern, oder gläubig davon zu träumen und noch einmal das Glück des Angehört-Werdens zu genießen. Vielleicht begleitet den Schreibenden sogar die Hoffnung, sein erinnertes Leben könne ihn überleben, seine vorübergehende Unsterblichkeit ein wenig verlängern. Man schreibe doch immer *gegen das ausrinnende Stundenglas*.

Auch „geb. '33" ist ein Text gegen den Tod, und wenn er auch eine Rechtfertigung ist, dann ist er nach meinem Verständnis die Rechtfertigung eines bestandenen Lebens, die niemandem geschuldet ist, aber jeden etwas angeht, wann immer seine Zeitgenossenschaft beginnt, die Nachgeborenen, geb. '65 z. B. oder geb. '95 oder erst recht die Überlebenden aus der Mitte der Weißen Jahrgänge, geb. '35, denen die eigenen Erinnerungen *neustark vor die Augen treten* und die sich unversehens auf der Balustrade vor dem Tangermünder Tor in Stendal wiederfinden, als sie den geschundenen Soldaten des besiegten Naziheeres nachschauten, die seltsam lautlos, wie in einem Stummfilm, an ihnen vorüberzogen.

Nachwort zur Autobiographie von Ernst Jacobi „geb. '33", Oktober 2007.

47 Robert Meyer

„Der Komiker Valentin ist ein Nestroy"

Der Komiker Robert Meyer ist ein Valentin und ein Nestroy. Punktum. – Nur, dass der Schauspieler Robert Meyer eigentlich gar kein Komiker ist und andererseits Valentin und Nestroy den Josef Meissner in Klaus Pohls „Altem Land" und den Professor Ebenwald in Arthur Schnitzlers „Professor Bernhardi" nie und nimmer hätten spielen können. Und viele andere Meyer-Rollen auch nie und nimmer.

Somit erweist sich die Variation des Satzes von Alfred Kerr „Der Komiker Valentin ist ein Nestroy" als Unsinn von Valentinscher Qualität, das heißt: Es ist viel Wahres dran. Aber man muss sich eine Weile bei dem Gedanken aufhalten, um ihm auf die Schliche zu kommen.

Die verqueren Vergleiche sind ja in der Sprachwelt der beiden genialen Autoren der komischen deutschen Literatur die Wirklichkeit gestaltenden Elemente. In ihren Labyrinthen des Widersinns hält sich der Sinn versteckt und lauert auf seine Entdeckung. Die Kerr-Variation wäre also nicht illegitim. Allerdings wird der dritte, der kleine Bruder der drei Brüder im Geiste, doch einem ziemlich strapaziösen Vergleich ausgesetzt, ist er doch, auch wenn er einige sehr schöne Couplet-Strophen geschrieben hat, nur ein *Interpret*. Aber selbst wenn man der Meinung ist, Interpretation sei nur die *Verbeugung der Mittelmäßigkeit vor dem Genie,* so müsste man doch dem nennenswerten Schauspieler zugute halten, dass er sich mit Haut und Haaren, mit Leib und Seele einbringt und seine ganze Existenz bei einem solchen Vergleich in die Waagschale zu werfen hat. Er darf also eine Sonderstellung unter den Interpreten beanspruchen und auf den *kunstnahen* (Kortner) Charakter seiner Menschen-Darstellung verweisen, ohne die auch eine Welt schaffende Sprache menschenleer bliebe. Da kann man Karl Kraus, der nun einmal, geht es um Nestroy, zwangsläufig zitiert werden muss, durchaus nicht folgen, wenn er sagt, *der habe nur Kopf und nicht Gestalt, die Rolle sei ihm nur eine Ausrede, um sich auszureden.* Selbstverständlich finden die absurden komischen Sprachvirtuositäten Nestroys – und auch Valentins – ihre Erfüllung erst in der dramatischen Situation. Die szenische Qualität ihrer Sprachen erfordert zu ihrer Vollendung komödiantische Schauspieler, die über die entsprechende Intelligenz und ein kongeniales Sensorium für diese vertrackte Sprachvirtuosität verfügen und somit imstande sind, diese Sprachen schicksalsfähig zu machen und sie im wahrsten Sinne des Wortes *mit Leben zu erfüllen.*

Ein solcher Schauspieler ist Robert Meyer. Einer von einigen – wenigen. Was aber macht den bayerischen Schauspieler Robert Meyer zu einem beachtlichen Nestroyspieler von besonderer Art?

Alfred Kerr spricht in seinem anfangs zitierten Text von der „bayerischen Talmudik" Karl Valentins. Eine ungewöhnliche Diagnose. Aber es handelt sich in diesem Fall keineswegs um einen verqueren Vergleich, sondern um eine sehr kluge Analyse. Salcia Landmann schreibt über die Talmudtechnik des jüdischen Witzes: „Und schließlich wirkt das überscharfe Talmuddenken mit seinen abenteuerlich komplizierten, wirklichkeitsfernen Konklusionen schon für sich allein erheiternd, gleichgültig, ob es von Denkfehlern durchstreut ist oder nur durch seine Überspitztheit zu falschen Resultaten führt […]. Wobei man allerdings manchmal nicht recht weiß, ob man lachen oder weinen soll." – Es wäre wohl lohnenswert, dieser Verwandtschaft nachzuspüren. Man stieße auf die Aufklärung, die den Machtlosen die verzweifelte Hoffnung auf ein verständlicheres und damit besseres Leben verheißt.

Und so lachen wir denn als Opfer über andere Opfer einer offenbar misslungenen Schöpfung, weil diese armseligen Kreaturen sich am Rande des Abgrunds mit läppischen Mitteln, die wir in der befristeten Beobachterrolle natürlich souverän durchschauen, in Sicherheit bringen wollen und sich aus dem großen Chaos und den kleinen Untergängen herauszureden versuchen. All die *sprachverbuhlten* (Karl Kraus) komischen Existenzen klammern sich in ihrer Not an die Grammatik und suchen Halt in der Ordnung der Sprache, wenn es sonst schon keine gibt; sie hoffen verzweifelt auf einen neuen Anfang, an dem, wie es heißt, das Wort war.

Die gebotene Kürze dieses Textes, der schließlich nur ein paar Gedanken eines Arbeitspartners von Robert Meyer festhalten soll, erlaubt wohl die apodiktische Behauptung, Robert Meyer habe die bayerische Talmudik mit dem rabulistischen wort- und weltzerklaubenden Nestroy-Kosmos vereint und nachdrücklich bewiesen, dass *der Höllentanz der Vernunft zwischen den Polen des Irrsinns* – so hat Kurt Tucholsky Valentins Komik beschrieben – in Nestroys Wien nach derselben Choreographie getanzt wird. Diese Komik mit ihren talmudischen und ihren infernalischen Elementen gibt manchmal oberflächliche und oft tiefgründige Auskunft über eine absurde Welt, wie sie sich bei vielen Autoren eröffnet, mit denen sich Robert Meyer auseinandergesetzt hat – von Gogol und Gorkij bis Vitrac und Feydeau, von Goldoni und Nestroy bis Lenz und Pinter, von Hauptmann und Schnitzler bis O'Casey und Pohl zum Beispiel. – Viele der von Robert Meyer gespielten Figuren der genannten Autoren reihen sich in den *Höllentanz* ein und entpuppen sich als die tragischen Verwandten von Pitzl und Titus Feuerfuchs – *in einer Welt, die, eine Komödie sei für die, die denken, und eine Tragödie für die, die fühlen* (Horace Walpole).

Wenn Josef Meissner seiner Muttel wehleidig vorgreint: „Nee, nee nee! Man möchte oft die Lust am Leben und Ordnen verlieren", wenn Cepurnoj seiner geliebten Lisa gesteht: „Es war, als sei der Mechanismus meiner Seele plötzlich eingerostet. Ich komme mir so sinnlos vor, Eliza Fedorovna, wenn Sie mir nicht helfen […] gehe ich zugrunde wie ein Mistkäfer" – dann ist die Welt Nestroys in der Nähe und Pitzls Lebensphilosophie schließt diese und andere Figuren aus Robert Meyers Rollenrepertoire ein: „Zu was die Plag und das Gfrett? s'Leben is sein Lebtag nicht wert, daß man sich so's Leben abifrißt, um sich's Leben zu erhalten." Aber wahrscheinlich ist Nestroy der pessimistischste von allen diesen Autoren. Wenn der alte Brunner im „Kampl" (eine zukünftige Rolle von Robert Meyer) seine Lebenszukunft so beschreibt: „Es ist einmal einer auf den Ruinen von Karthago gesessen, was er gemacht hat, weiß niemand – das wird in Zukunft meine Beschäftigung sein", dann tut sich endgültig das Tor in die ewige Absurdität dieser Welt auf. – Das sogenannte absurde Theater hat diese grundlegende Absurdität der menschlichen Existenz ins Groteske veräußerlicht und sich dabei aus gutem Grund von Feydeau und Valentin die Komik ausgeborgt. Nestroy wurde übersehen.

Robert Meyer ist mit seinem Welt- und Menschenbild bei Nestroy gut aufgehoben. Er hat seine Menschen prägend gestaltet; inwiefern der Christopherl, der Pitzl, der Titus oder auch der Gustav, der Läuffer, der Boris Nicolaevic Cepurnoi ihrerseits Robert Meyer geformt und seine Lebenserfahrungen bereichert haben, das hier aufklären zu wollen, wäre vermessen – und am Ende unmöglich. Jedenfalls erfüllte er die Forderung Peter Brooks an den nennenswerten Schauspieler, *dass er nicht nur das darstellen dürfe, was er versteht, sondern vielmehr ermöglichen müsse, dass die Rolle all das in ihm zum Klingen bringt, was er allein niemals erschließen könnte.*

In den 70er und 80er Jahren ist Robert Meyer auf dem Wege vom Eleven zu einem wertvollen und zentralen Schauspieler des Burgtheaters von wesentlichen Regisseuren begleitet worden; er war Partner von Strehler, Dorn, Lindtberg, Wood – und vor allem von den seinerzeit in Wien angepöbelten „Ost-Regisseuren" wie Dresen, Palitzsch, Hurwicz, Besson, Langhoff und Schroth – und anderen von Neuenfels bis Ljubimov. Seine Intelligenz, sein wachsendes Selbstbewusstsein, seine schauspielerische Begabung und seine Professionalität ersparten Robert Meyer die beiden schlimmsten Berufskrankheiten der Schauspieler: die opportunistische Unterwürfigkeit, oft gepaart mit Kantinenmut, und andererseits das intellektuell verbrämte Bockbeinisieren. Er strebte den bei braven Bürgern hochangesehenen Titel eines *Schwierigen* nie an; er arbeitete einfach. So erwiesen sich die Begegnungen mit den verschiedenen Regisseuren als sehr fruchtbar.

Im deutschen Sprachraum, wo Dilettantismus und Unverständlichkeit auf dem Theater immer wieder hohes Ansehen genießen, setzt sich ein Künstler, dem handwerkliches Können attestiert wird, ja leicht dem Vorwurf biederer Solidität und Fortschrittsfeindlichkeit aus. Solchen Verdächtigungen entgeht auch Robert Meyer nicht. Allerdings hat er in seiner Arbeit bei aller handwerklichen Akkuratesse immer Raum für Phantasie gelassen; er hat der Versuchung der Fertigteil-Schauspielerei fast immer widerstanden; er musste nicht mit platten Komikertricks oder sogenannten Einfällen Phantasie-Defizite kaschieren; er war nie aus Mangel originell. Intuition war für ihn nicht die Ausrede der Dummen.

Alles, was hier andeutend über den Schauspieler Robert Meyer zu sagen versucht wurde, ließe sich abschließend noch einmal auf Schlagworte nach dem Muster des Kerr-Zitats verkürzen: Der Valentin-Meyer ist ein Nestroy-Schauspieler, ein Gorkij-, ein Feydeau- und ein Schnitzler-Schauspieler, ein Molière-, ein Lenz- und ein Pohl-Schauspieler – und – und – und.

Im Übrigen bewahrte Robert Meyer seine Skepsis gegenüber den klügelnden Fortschritts-Spießern und Avantgarde-Simulanten. Er nahm nie an Gesinnungswettläufen teil und hat erkannt, dass den permanenten Tabu-Brechern inzwischen die Tabus ausgegangen sind und dass mittlerweile die ärgsten Philister die dankbarsten Kunden der Provokateure sind; er stößt sich folglich weiterhin nicht an der Feststellung von Max Frisch, die da lautet: „Das Theater hat einen Hang zum Sinn."

Außerdem verzichtete er auf die üblichen, hierzulande eine Künstler-Karriere zuverlässig befördernden Österreichbeschimpfungen, die für moderne Geister obligatorisch sind, und ersparte sich und anderen das fatale Schauspieler-Philosophieren über die Kunst, das Leben und die Liebe in entsprechenden Interviews oder populärem Getalke. Nun bleibt der Nachwelt womöglich auch noch eine Autobiographie von Robert Meyer erspart, weil es dieses frühe Buch über ihn gibt und man als Schauspieler nach dem autobiographischen Roman „Da geht ein Mensch" von Alexander Granach sowieso keine Autobiographie mehr schreiben kann. Und für eines der peinlichen Rechtfertigungsbücher abgetakelter Theaterleute wird er hoffentlich auch in ferner Zukunft als ehemaliger Direktor keinen Anlass haben. Und nie wird er mit seinem Lebensautor sagen müssen:

„Wer zählt die Grabsteine meiner Hoffnungen." (Nestroy)

Dieser Beitrag zu dem Buch hat keinen theaterwissenschaftlichen Wert und erhebt auch sonst keinen Anspruch auf Bedeutung. Für Nekrolügen ist es noch zu früh; trotzdem hat sich der Verfasser auf die guten *Eigenschaftsqualitäten* des Titelhelden ohne Mühe konzentriert, wohl wissend, dass es keine unschuldigen Erinnerungen gibt. Und so ist dieser Text fundamental subjektiv und nichts anderes als eine verkappte Danksagung eines Regisseurs an einen Schauspieler für eine wunderbare 25jährige Zusammenarbeit. – Und das ist keine Erinnerungsfälschung.

    Beitrag zum Buch von Robert Meyer „Wenn das keine Kunst is ...", 2007.

48 Jiří Gruša

Mein bisschen Tschechien

„eine spinne im Herbst
band bäume zusammen"
(Jiří Gruša: „Wandersteine Anfänge")

Zu den jedem Erst-Besucher Wiens von kundigen Kennern dieser Stadt vermittelten Informationen aus dem Kanon des touristischen Halbwissens gehört zweifellos der geschichtsträchtige Hinweis auf die vielen tschechischen Familiennamen im Wiener Telephonbuch. Auch mir wurde 1956 dieses Grundwissen bald zuteil, nachdem mich eine ziemlich diffuse Neugier nach Wien zum Studieren verschlagen hatte, in ein befreites Land, aus dem die Russen gerade abgezogen waren, ein Märchen-Land für einen einigermaßen naiven Jüngling, der aus Ostdeutschland stammte und dem ein solches Wunder für seine Heimat völlig unvorstellbar war. Es hieß damals, die österreichische Regierung habe dieses Wunder vollbracht, weil sie die russische unter den Tisch gesoffen habe. Verglich man auf Photos und in Wochenschauen die österreichischen mit den westdeutschen Politikern, so schien diese populäre, aber wohl doch recht waghalsige weltpolitische Erklärung als nicht so abwegig und die westdeutsche Adenauerregierung in dieser Hinsicht als unbegabt und völlig chancenlos.

Bald schien dieses Wunder in Gefahr zu geraten, weil der Kalte Krieg in Ungarn blutig wurde. Flüchtlinge kamen in großer Zahl, und an der Universität und am Reinhardt-Seminar gab es auf einmal ungarische Studenten.

Bis dahin waren für den gewöhnlichen Politik-Konsumenten, der nicht der KPÖ zugetan war, Menschen von ‚*hinter dem Eisernen Vorhang*' exotische Wesen von einem fernen fremden Kontinent, Opfer, Täter oder etwas dazwischen, im Zweifelsfall Spione, man wusste das nie so genau, jedenfalls keine real existierenden Oppositionellen; die konnte man sich nur in Lagern und Gefängnissen vorstellen, von den wenigen Ausnahmen abgesehen, die durch eine erlittene Verfolgung legitimiert waren, als Emigranten die Freiheit des Westens halbwegs unverdächtigt zu genießen. Solche Einzelfälle änderten freilich nichts daran, dass grundsätzliches Misstrauen gegenüber Ostmenschen eine gebotene staatsbürgerliche Tugend war. Den ungarischen Flüchtlingen gegenüber vernachlässigte man damals diese allgemeine Bürgerpflicht, verbuchte ihnen ihren Aufstand auf der Habenseite, verzieh ihnen die Gefährdung des kalten Friedens und amnestierte sie pauschal von dem üblichen Verdacht. Ihnen gewährten die Österreicher aber tatsächlich eine bis heute hierzulande nicht wiederholte hilfreiche Gastfreundschaft.

Als Kind hatte ich russische Soldaten auf freundliche Weise erlebt, Ostdeutsche waren mir vertraut, aber andere Ostblock-Menschen hatte ich nicht kennengelernt; und nun gab es also auf einmal leibhaftige Ungarn in dem Teil des Palais Cumberland, in dem das Reinhardt-Seminar residierte. Schon vorher konnte man von dessen Park aus auf dem Nachbargrundstück gelegentlich leibhaftige Tschechen, bzw. Tschechoslowaken entdecken. Das waren natürlich keine österreichischen Telephonbuch-Tschechen, sondern echte Kommunisten; denn dort befand sich im anderen Teil des Palais Cumberland die Botschaft der ČSSR; deren Angehörige waren für uns Studenten unerreichbare, fremdartige Wesen hinter Stacheldraht und Sichtblenden. Manchmal konnte man ihnen ziemlich nahe kommen, wenn man ihnen zufällig auf dem kurzen Weg von ihren Autos zum Eingang in die Botschaft auf der Penzinger Straße fast begegnete. Sie waren immer in Eile, immer konzentriert, mit ihren ernsten Funktionärsgesichtern, durch die der Eiserne Vorhang mitten hindurch ging – lebende Klischees, tatsächlich, anscheinend oder scheinbar. – Wer weiß. Den Erinnerungsfälschungen kann sich niemand entziehen. Aber vielleicht wird das damals falsch Gesehene richtig erinnert, und vielleicht sind viele Klischees auch wirklichkeitsträchtiger als unverwechselbare individuelle Erkenntnisse, die schließlich auch eine end- und allgemeingültige Formulierung beanspruchen, die dann wiederum das Zeug dazu hätte, als Klischee Karriere zu machen. Wie dem auch sei, das bisschen Tschechoslowakei in der Penzinger Straße war für uns Studenten damals so fremd und so weit entfernt wie das ganze Böhmen und Mähren und die große unbekannte Stadt Prag.

Die Nachbarschaft mit der kleinen Tschechoslowakei in Penzing veranlasste uns nicht, uns unseres erbärmlichen Unwissens über die große zu schämen, das nicht nur bei uns paar nördlichen Deutschen durch Stichworte wie *böhmische Mehlspeisen*, *Emil Zatopek*, und *Schwejk*, *Naziverbrechen*, *Heydrich* und *Lidice*, *Sudetendeutsche*, *Gottwald* und *Schauprozesse* hinreichend beschrieben wäre. Kafka und der ungeliebte Schulautor Adalbert Stifter, auch Smetana oder Rilke, Werfel und die große deutschsprachige Prager Literatur, das alles stammte aus einem verlorenen Land, einem in der Nachbarschaft zu ortenden Atlantis, das mit dem tschechoslowakischen Palais Cumberland nicht das Geringste zu tun hatte und fernen Zeiten zugehörte. In denen spielte Grillparzers „König Ottokar", ein sperriges Stück, mit einem häufig zitierten patriotischen Monolog in völlig verknorpelter Sprache. Mit diesem Standard-Werk der heimischen Klassik war 1955 das Burgtheater wiedereröffnet worden, zur Freude der rechten österreichischen Reichshälfte. Die erhaben traurige Aufführung war lange im Spielplan und gefiel uns Studenten nicht; die Geschichte drang nicht zu uns durch und konnte jedenfalls unserem stabilen Unwissen über Böhmen und Mähren nicht viel anhaben.

Wäre damals an einem Sommerabend bei einem der gelegentlichen Gartenfeste des Reinhardt-Seminars eine geheimnisvolle Gestalt aus dem Halbdunkel des Penzinger Parks aufgetaucht und hätte dem schüchternen Studenten vorausgesagt, dass er nach vier Jahrzehnten als Lehrer mit seinen Studenten bei ähnlicher Gelegenheit wieder in diesem Park sein würde und dann das geheimnisvolle Nachbarhaus in dem bisschen Tschechien nebenan all seine Unheimlichkeit verloren hätte, dass er als ehemaliger Direktor des Burgtheaters vielmehr ein willkommener Gast in diesem Haus sein und dort von einem liebenswürdigen tschechischen Botschafter freundlich empfangen würde, einem wahrhaften Weltbürger, einem Schriftsteller von europäischem Rang, einem beispielhaften Nicht-Opportunisten, einem unprätentiös mutigen Mann, der die demokratische Geschichte seines Landes weit über seine diplomatische Tätigkeit hinaus mitgestaltet hat, der zudem ein guter Freund seines Staatspräsidenten war, der seinerseits für zehn Jahre Hausautor des Burgtheaters gewesen war, das er sein „Muttertheater" nannte – dann hätte der Student einen solchen Propheten natürlich für unheilbar geistesgestört erklärt.

Vielleicht hätte der Student die persönlichen Voraussagen, die seine berufliche Zukunft betrafen, insgeheim sogar mit der ihm zur Verfügung stehenden Eitelkeit zwar für völlig unwahrscheinlich, jedoch rein theoretisch nicht für absolut ausgeschlossen gehalten – aber kraft des ihm zur Verfügung stehenden Verstandes hätte er den politischen Teil einer solchen Vorhersage, dass nämlich das kommunistische Weltreich noch in dem Jahrhundert untergehen und das geheimnisvolle Gebäude in der Penzinger Straße 11–13 sich in ein gastliches Haus verwandeln werde, ohne Wenn und Aber als illusionistisches Hirngespinst abgetan.

Ein Vierteljahrhundert später sah der ausgebürgerte Jiří Gruša zum ersten Mal den Park des Palais Cumberland. Das Burgtheater hatte gerade ein großes Staatsgastspiel in der Sowjetunion am Tag der vorgesehenen Abreise abgesagt, weil das bereits erteilte sowjetische Visum für den jüngst ausgebürgerten Pavel Landovský wieder zurückgezogen worden war. Jiří Grušas schon zwei Jahre zuvor ausgebürgerter Kollege Pavel Kohout, der seit drei Jahren Dramaturg am Burgtheater war, und dessen Frau zeigten ihm Wien; als sie Schönbrunn verließen, machte ihn Jelena Kohout auf die Gebäude *da links hinter den Bäumen* aufmerksam: „[…] ‚da arbeiten die Sičáci (die Zischer – was im Tschechischen Schufte bedeutet), die uns expatriieren.' Ich schaute flüchtig in den Garten hinein, konnte nichts entziffern", schreibt Jiří Gruša in seinem Text „Wahrheit singt". Wahrscheinlich konnte er in der Entfernung das Reinhardt-Seminar von der Botschaft gar nicht unterscheiden, und wäre er näher gekommen, so wäre er bei Tageslicht sicher nicht auf eine so abstruse Idee gekommen, in den Park eine geheimnisvolle Gestalt hineinzuphantasieren, die ihm durch den Zaun den Namen des Hausherrn dieser Botschaft in den Jahren 1998 – 2003 zugeflüstert hätte; und wäre das doch geschehen, dann hätte Jiří Gruša den Park-Propheten wohl eher für einen Zischer aus einem kommunistischen Prognostik-Institut gehalten, der ihn auftragsgemäß verhöhnen sollte, wenn er ihm schon sonst nichts anhaben konnte.

Wäre und *hätte* und *hätte* und *wäre*, diese Orgie von Konjunktiven bekundet natürlich nichts anderes, als das bis heute nicht enden wollende Staunen darüber, dass das Unmögliche von 1956 ein paar Jahrzehnte später möglich war und Hirngespinste Wirklichkeit wurden, unter anderem auch deshalb, weil sich die Geschichte *in außergewöhnlichen Zeiten* eben *Pannen* wie Václav Havel und Jiří Gruša leistet.

So etwas wie einen kleinen Irrtum der Geschichte hatte sich Havel genannt, *ein spezifisches Produkt einer außergewöhnlichen Zeit;* er wiederholte diese Einschätzung in Wien im Jahre 2005 in einem Podiumsgespräch mit seinem Freund Jiří Gruša zum Thema „*Die Macht der Mächtigen oder Die Macht der Machtlosen?*". – Der Einbruch der Künstler und Philosophen in die reservierten Räume der sogenannten praktischen Politik, die man gewöhnlich die ‚Tagespolitik' nennt und ihr mit dieser Bezeichnung eigentlich von vornherein nur kurzatmige Akteure ohne phantasiebestimmten Zukunftsanspruch zuordnet, jedenfalls keine Lyriker, Dramatiker, Essayisten und Roman-Autoren, ist natürlich der Sonderfall in einer außergewöhnlichen Zeit. Ohne das radikale praktische, ideologische und moralische Versagen der Mächtigen, die sich als der große Irrtum der Geschichte erwiesen hatten, und andererseits ohne die intellektuelle Kompetenz der Machtlosen, ihre ethische und künstlerische Integrität und ihren Willen, die Welt menschlicher zu gestalten und das Individuum wieder als oberste gesellschaftliche Instanz einzusetzen, wäre der *kleine Irrtum* nicht möglich gewesen.

Havel erinnerte seinen Freund in diesem Podiumsgespräch in Wien an *jenes merkwürdig befreiende Gefühl, das man in Zeiten des Kommunismus hatte*, wenn man sich gesinnungstreu und kompromisslos verhielt und sich keine *klebrigen Hände* machte, wie es die damaligen Gegenwartsopportunisten taten. Wenn man *den guten Dingen einfach deswegen diente, weil sie gut sind* und nicht, weil es sich später einmal auszahlen sollte und man so ein paar Jahre später Präsident, Minister oder Botschafter werden konnte. Solch ein Zukunftsopportunismus wäre damals allerdings schon aus Mangel an entsprechender Zukunft keine Option, sondern so aussichtslos und unglaubwürdig gewesen wie die dahinphantasierten Konjunktiv-Prognosen im Cumberland-Park. Noch schien die Kluft zwischen Gegenwart und Zukunft unüberwindbar, die Optimisten aller Zeiten gewarnt hatte. Die Wahrheiten der Dissidenten konnten sie nicht überbrücken; sie waren noch zu gefährlich und nach 1968 noch gefährlicher geworden; sie blieben noch lange nicht mehrheitsfähig, denn die für den politischen Erfolg notwendigen Mitläufer stellen sich frühestens knapp vor den Siegen ein. Und die waren nicht abzusehen, 1968, 1977 und viele weitere Jahre lang nicht. Da waren Opferbereitschaft und Mut vonnöten, damals im Osten, Tugenden, die im politischen Leben im Westen kaum noch gefordert waren.

Vielleicht hatte die damals in den kulturellen Bereichen der Bundesrepublik anwachsende Konjunktur des Adverbs und des Adjektivs „mutig" unter anderem auch damit zu tun, dass man insgeheim und ein bisschen neidisch den Mut derer bewunderte, die für ihre Überzeugungen Emigration, Ausbürgerung und Gefängnis riskierten, ihre Existenz, ihre Freiheit, ihre Zukunft in die Waagschale warfen, während man selber mitsamt der ständigen Forderung nach der gesellschaftlichen Relevanz der Künste auf den Lippen oft genötigt war, sich obrigkeitliche Pappkameraden aufzubauen, gegen die man dann *mutig* zu Felde ziehen konnte. Die Erfolgreichen unter den jungrevolutionären Politik-Benützern dieser Zeit blieben bis in ihr hohes Alter Champions in dieser Variation des Schattenboxens. Fritz Kortner sagte damals, *diese jungen Leute wollten gar keine Revolution, denn sonst würden sie ja nicht zum Theater gehen*. Aber sie gingen, und so wurde vor allem das Theater die Heimstatt dieses West-Mutes.

Man brach in Serie mutig ein Tabu nach dem anderen, nahm dankbar als höchste Auszeichnung das Epitheton ‚mutig' – oder auch ‚radikal' – von Kritikern entgegen, die ihrerseits ‚mutig' waren, weil sie den ‚Mut' der Kritisierten in ihren bürgerlichen Zeitungen ‚mutig' lobten. Man erklärte sich dauernd gegenseitig für ‚mutig'. Es gab immer wieder ‚mutige' Inszenierungen mit ‚radikalen Bildfindungen' in neuen ‚Sehweisen', die jeweils auch wieder ‚mutig' sein mussten. ‚Mutig' wurde das Label des sogenannten Regietheaters. ‚Mutig-Sein' war medienkonform und eine Frage des Marketings. ‚Mutige' Kulturpolitiker waren ‚mutig', weil sie ‚mutige' Intendanten beriefen, die dann gut bezahlt eine ‚mutige' Opposition gegen die sich nach der Ernennung als repressiv herausstellende Obrigkeit betrieben, was dieser wiederum sehr willkommen war, weil es eine neue Gelegenheit ergab, sich ‚mutig' und liberal zu zeigen. So konnte man mit Carlo Schmid den Zeiten nachtrauern, in denen Mut noch keine *Frage der Geschicklichkeit* war, wie er das einmal genannt hatte, oder froh darüber sein, dass er nur auf der Bühne notwendig war, dem Wunsch von Joachim Ringelnatz entsprechend, dass man unbedingt Mut haben, ihn aber hoffentlich nicht beweisen müsse.

Dieser Theater-Mut war, wie gesagt, nicht der Mut von Havel, Gruša und den anderen Dissidenten. Er erschien wie eine Persiflage auf die moralische Stärke und die Unbeugsamkeit der ‚Kollegen' im Osten. „Ein 68er aus der ehemaligen Tschechoslowakei und ein 68er aus Deutschland, das sind zwei unterschiedliche Identitäten", stellte Jiři Gruša fest. *Den guten Dingen einfach deshalb dienen, weil sie gut sind, die Freiheit zuallererst als Machtkategorie des Individuums und nicht der Gesellschaft begreifen,* das waren damals im Westen wenig attraktive Maximen, die viel zu brav und so gar nicht links im Sinne der Achtundsechziger waren, keine Tabubrüche und keine ästhetischen Innovationen. – Andererseits konnten viele ruhebedürftige neudemokratische Bürger nicht einsehen, dass durch Gedichte, Romane, Essays und irgendwelche Menschenrechtstexte der kalte Frieden gestört und ihre eigene Sicherheit womöglich gefährdet werden sollte. – Für die dritte *gesellschaftlich relevante* Gruppe, nämlich die Spezies von Antikommunisten, die aus intellektuellem Mangel dem Kommunismus nichts als das ‚Anti' entgegenzusetzen hatten, waren die Dissidenten oft nur willkommene, effektvoll einzusetzende Argumentations-Figuren, bei denen man sich obendrein gratis und franko Haltungen zur eigenen moralischen Nachrüstung ausborgen konnte.

Das war so ungefähr die politische Gemengelage in der kulturellen Öffentlichkeit Wiens, als die tschechische Episode 1976 am Burgtheater begann. In den Hochzeiten der ‚Wiener Melange' vor 1968 konnte der gewöhnliche, die Freiheit gratis liebende Demokrat seine wohlfeile Gesinnung schon mit der Beförderung oder herzlichen Billigung der Schließung eines kommunistischen Theaters unter Beweis stellen oder beim sogenannten Brecht-Boykott seine Überzeugungen stählen. Das war nun anders. Die Irritationen der Achtundsechziger Revolution waren mit der üblichen Österreich-Verzögerung und den entsprechenden Verschleißerscheinungen und gehörig verzollt mittlerweile auch in Wien angekommen. Sie gerieten allerdings hier in einen ‚Opferstaat des Nationalsozialismus'. Es gab hier keine *Vergangenheitsbewältigung*, ein zentrales Anliegen der Achtundsechziger, aber es gab die „Kronen Zeitung". In der wurde die Opfer-Theorie gewissermaßen verdoppelt. Der erste Kulturredakteur des Blattes qualifizierte nämlich die Entnazifizierung als *Verbrechen an den Nationalsozialisten* und setzte sie mit deren Verbrechen quasi gleich.

Diese Ungeheuerlichkeit war damals nicht so ungeheuerlich, wie sie uns heute erscheint. Der Rahmen, aus dem sie nicht fiel, war Teil des Bildes. In meiner Studentenzeit stand z. B. die Theaterausbildung am Reinhardt-Seminar und an der Universität unter der Leitung alter Nationalsozialisten und bewährter Antisemiten, die gemeinsam mit Opfern der Nazizeit und mit jüdischen Remigranten unter dem schützenden Dach des Antikommunismus viribus unitis die westlichen Werte verteidigten. Ihre ideologische Heimat fand diese spezielle ‚Wiener Melange' in der „Kronen Zeitung". Die prügelte munter auf alles ein, was ihr als links erschien oder gar aus dem Osten kam. Dabei erwischte sie denn auch mal einen toten Monarchisten, wie den Ostjuden Joseph Roth, dessen „Radetzkymarsch" der ‚linke' Michael Kehlmann 1965 verfilmt hatte. Kehlmann hatte in geradezu blasphemischer und, wie man glaubte, im Sinne des Autors *zersetzender antiösterreichischer Weise* den Kaiser im Nachthemd auftreten lassen. In den Augen der Werte-Bewahrer spielte der spärlich bekleidete alte Herr in diesem unwürdigen Gewand der kommunistischen Weltverschwörung direkt in die Hände. Der Nachthemd-Kaiser wurde wochenlang skandalisiert. Und blieb für lange Zeit ein Symbol für den grassierenden Werteverlust. – An dieser uns heute grotesk erscheinenden Affäre ist jedenfalls beispielhaft zu erkennen, dass von einer vorrevolutionären Epoche hierzulande in den 60er Jahren wahrlich nicht die Rede sein konnte. Die Lage war also eine andere, als Jiří Gruša sie in Berlin 1967 bei seinem ersten Westaufenthalt erlebte.

In der ein paar Jahre später folgenden Kreisky-Ära wurde auch die Kulturpolitik in Österreich einigermaßen durchlüftet. Damals war ein tatsächlich politisches Theater ohne lächerliche Oppositions-Attitüden möglich, das primär auf der Bühne und nicht in den Medien stattfand.

Die „Charta 77", unsere Bewunderung für die Unterzeichner und die Empörung über ihre Verfolgung hatten wesentlich dazu beigetragen, dass sich unsere Solidarität mit den Dissidenten im Rahmen unserer, vielleicht ein wenig hochtrabend sogenannten ‚Ostpolitik' zu einem konzeptionellen Grundsatz entwickelte. (Ohne Klaus Juncker vom Rowohlt-Verlag und ohne den Dramaturgen Rudolf Weys wäre dieses Programm nicht zustande gekommen. Und auch der hervorragende Übersetzer und hilfreiche Vermittler Joachim Bruss ist aus unseren ‚tschechischen Jahren' nicht wegzudenken.) Diese ‚Ostpolitik' war von der Überzeugung geleitet, dass Zusammenarbeit nützlicher ist als Solidaritätsadressen, und Boykottieren, Sich-Abgrenzen, gegenseitige Unkenntnis und Sprachlosigkeit nicht geeignet sind, die Welt zu verändern. Und wir wussten, dass die Mächtigen, wie Havel das gesagt hatte, das Wort fürchten, nicht das Schweigen. Wir planten daher in unserem Spielplan auch die Zusammenarbeit mit Theaterleuten aus dem Osten, vorrangig mit solchen, die in ihrer Heimat keine beruflichen Möglichkeiten mehr hatten (von Adolf Dresen bis Jurij Ljubimov), aber auch mit einigen wenigen, die daheim wohl gelitten waren (von Manfred Wekwerth bis Thomas Langhoff). – Der Anfang unserer Planung wurde vom tragischen Tod des tschechischen Regisseurs Alfred Radok überschattet. Er starb in Wien, wo er Vorbereitungsarbeiten für die Havel-Uraufführungen durchführte. Er war 1968 aus der Tschechoslowakei emigriert. –

Gastspiele ergänzten dieses Ost-Programm, erstaunlicherweise auch in Bratislava und Prag. Solche Staatsgastspiele wurden immer umständlich vorbereitet, d. h. mehrere Delegationen von ausgesuchten ‚Spezialisten' reisten z. B. aus der DDR oder aus der Sowjetunion an, um unsere Stückauswahl für die Gastspiele in den Aufführungen zu überprüfen. Die ‚Spezialisten' hatten meistens den dringenden Wunsch, eine Aufführung von Havel, Kohout oder Landovský zu sehen und tuschelten uns ihre Kartenwünsche meistens einzeln und vertraulich ins Ohr. – Ein anderes Beispiel für die ideologische Gefährdung der kommunistischen Funktionäre bot sich bei unserem ersten Gastspiel in Ostberlin. Am Eröffnungsabend im Berliner Ensemble wurde deutlich, dass die Linientreue der SED-Granden, die den weit überwiegenden Teil des Auditoriums stellten, auch schon 1979 nur ein Wunschtraum des Zentralkomitees war. Der Abend war der österreichischen Literatur gewidmet. In einem völlig unpolitischen Nestroy-Text fielen die Worte „… Mauer des Missvergnügens …" und der Satz: „I weiß nicht, i kann mach'n was i will, i kann nicht rot werd'n." Jeweils brach stürmisches Gelächter und donnernder Applaus los. Die Günstlinge des SED-Regimes zeigten im Schutz der Theaterdunkelheit unfreiwillig ihre wahre opportunistische Gesinnung. – Banale anekdotische Erlebnisse dieser Art wurden für uns zu kleinen politischen Erkenntnissen.

Unsere ‚Ostpolitik' war übrigens auch von dem Programm der „Österreichischen Gesellschaft für Literatur" inspiriert. 1962 hatte Wolfgang Kraus – lange vor der Kreisky-Befreiung – diese so erfolgreiche Institution gegründet und viele Schriftsteller aus dem Ostblock nach Wien eingeladen (übrigens schon 1965 Václav Havel) und stiftete zwischen ihnen, jungen österreichischen Autoren und den großen ‚alten' Emigranten (Erich Fried, Manès Sperber, Elias Canetti) fruchtbare Kontakte.

In dieser eher muffigen Zeit war Wolfgang Kraus ein mutiger Mann: – Wir brauchten 1977 keinen Mut mehr. Wir arbeiteten ‚machtkonform', sogar ‚marktkonform', allerdings nicht ‚medienkonform'; das war in Wien damals noch ein Unterschied. Dabei stellte sich bald heraus, dass es, um einen Satz von Jiří Gruša zu modifizieren, tatsächlich leichter ist, nicht ‚machtkonform' künstlerisch zu arbeiten als nicht ‚medienkonform'. Und so brauchte es auch einige Zeit, bis wir die unbeschreiblichen Hetzkampagnen und Verleumdungen der „Kronen Zeitung" als Auszeichnung begreifen konnten. Wir wurden in bestellten Leserbriefen z. B. als ‚Hirntrotteln' bezeichnet und teilten solche Schmach z. B. mit Elias Canetti, dessen ‚antiösterreichische' „Komödie der Eitelkeit" wir zu spielen gewagt hatten, die so wie der Autor und die Direktion in besagtem Blatt als ‚Scheißdreck' qualifiziert wurde. Selbst die Programmhefte wurden nicht verschont und als „Anlage der Prawda" oder als „ultralinke Hassergüsse" bezeichnet.

Einmal musste ich auf Anraten der Obrigkeit doch einen Prozess gegen den Protagonisten der „Kultur"-Journalisten dieses unsäglichen Kleinformats führen, den einzigen, den ich je angestrengt habe. Der blindwütige Kämpfer gegen die Verbrechen an den Nationalsozialisten und für den bedauernswerten Rudolf Heß hatte meine Direktion mit dem Husák-Regime gleichgesetzt (nachdem er mich zuvor ausgiebig mit Goebbels verglichen hatte). In einer abenteuerlichen Kritik über die Uraufführung von Pavel Kohouts Stück „Maria kämpft mit den Engeln" schrieb der seltsame Mann: „ […] das Burgtheaterregime unter Bennings Führung schließt hervorragende Mitglieder seines Hauses vom Bühnenleben aus, ähnlich dem Prager Regime. Auch über die derzeitige Burgtheaterleitung könnte man einen ‚Bericht über die Beisetzungen in Böhmen' schreiben, den der vom Prager Regime ausgeschlossene Theaterdirektor František Pavlíček in Form eines Monodramas für die Chramostova geschrieben hat. Man braucht lediglich Wien für Böhmen einzusetzen." Als Pavel Kohout gegen diese Diffamierung schriftlich protestierte, geriet auch er in das Visier des Kampfblattes.

Der Hass auf die Direktion traf also indirekt auch unsere tschechischen Partner; aber im Allgemeinen machte diese bis heute fremdenfeindliche und antieuropäische Zeitung, die wie die Nationalsozialisten dem ‚gesunden Volksempfinden' huldigt, das sie bei Bedarf auch erfindet, einen Bogen um die Dissidenten, ließ aber bei günstiger Gelegenheit die Maske fallen und schürte ähnlich wie später in der Temelin-Angelegenheit, die antitschechischen Ressentiments in dieser Stadt mit den vielen österreichischen ‚Telephonbuch-Tschechen'. Das Engagement von Pavel Landovský bot dafür einen willkommenen Anlass. Tendenz der Attacken: Der sei eine Schande für das Burgtheater, weil er nun endgültig der hehren deutschen Burgtheater-Sprache böhmakelnd den Todesstoß versetze. Die „Kronen Zeitung" öffnete die Schleusen, und es ergoss sich eine Flut von hasserfüllten antitschechischen Briefen auch in das Direktionsbüro. Das kulminierte nach einem Fernseh-Interview von Landovský.

Dieser großartige Schauspieler wurde in einer für ihn tragischen und in jeder Hinsicht schwierigen Situation schamlos diffamiert.

Ich hatte diese Variation des hierorts so beliebten Fremdenhasses bis zu der Landovský-Affäre nicht erlebt, erinnerte mich aber an frühere, eher anekdotische Harmlosigkeiten wie die in einem small talk in der deutschen Botschaft aufgeregt dargebotene Empörung über die Verschandelung eines deutschen Klassikers durch den tschechischen Regisseur Otomar Krejča. Der hatte am Burgtheater noch in der Direktion Klingenberg „Faust" inszeniert und mit seiner Arbeit die Entrüstung einer nobel verheirateten Dame, die nach 1968 aus der Tschechoslowakei nach Wien gekommen war, entfacht. Den wilden operettenhaft geböhmakelten Satz: „Was machen die mit u n s e r n Geete!!" habe ich noch im Ohr. 1981 blieb es leider nicht bei amüsanten Anekdoten.

Wir alle mussten damals dazulernen, dass offenbar auch viele ‚Telephonbuch-Tschechen' vom morbus austriacus gründlich infiziert waren. Die neuen Erfahrungen trugen wieder ein wenig dazu bei, mein einstiges Unwissen über Böhmen, Mähren und die Folgen weiter zu destabilisieren. Das konnte damals allerdings schon längst nicht mehr mit den alten Stichworten beschrieben werden. Mein bisschen Tschechien war seit den Traumzeiten im Palais Cumberland natürlich ständig größer geworden. Die Erkenntnis, dass es auch heute immer noch nur ein Bisschen ist, verdanke ich vor allem Jiří Gruša. Seine Texte, die ich zum Teil erst mit unverzeihlicher Verspätung kennengelernt habe, sind Botschaften aus einem Großreich der Kultur. Was in dem noch alles zu entdecken und erkunden wäre, das hat er mir allein schon in seinen unter dem sehr bescheidenen Titel „Gebrauchsanweisung für Tschechien" erschienenen Liebeserklärungen an unser gemeinsames Europa mit der gelassenen Brillanz eines Alfred Polgar verlockend vor Augen geführt. Auch diese ‚kleinen' Texte sind wunderbare *Spinnennetze*, die tschechische, deutsche und österreichische *Bäume zusammenbinden* und so wie die Romane oder die Gedichte belegen, dass Jiří Gruša eine der unaufdringlichen, aber unverzichtbaren Leitfiguren auf der Suche nach eben diesem gemeinsamen Europa sein kann, ‚unterwegs' *zu Hause* und *glücklich heimatlos*, ein citoyen européen, wie es für mich zum Beispiel Manès Sperber war, mit dem ich befreundet sein durfte. Aber ich will mich nicht in Vergleichen verirren. Jiří Gruša gehört sowieso schon zu den beachtenswerten Menschen, meine ich, die allzu oft ausgiebig verglichen werden. Er ist eben ein ganz anderer als Havel und nicht nur ‚Weggefährte'; ihre Freundschaft ehrt den einen gleichermaßen wie den anderen. Gruša schreibt eben nicht, wie ich mir mit meiner bescheidenen Kenntnis zu sagen erlaube, *à la* Orwell, *à la* Kafka, *à la* Hašek oder *à la* Hrabal oder *in der Nähe zu* Günter Grass, oder *im Tonfall ähnlich wie* Czesław Miłosz, Zbigniew Herbert *oder* Joseph Brodsky, *etc., etc.* Die Reihe dieser Vergleichs-Zitate wäre noch leicht fortzusetzen. Und so ehrenvoll Vergleiche mit Havel oder mit Musil zum Beispiel auch sein mögen, am Ende allen Vergleichens bleibt ein einziger Vergleich übrig, der alle anderen in sich einschließt: Jiří Gruša schreibt wie Jiří Gruša und handelt wie Jiří Gruša. – So unspekulativ ein Leben lang bei sich zu bleiben, dazu war und ist der alte Mut aus früheren Zeiten, von denen Carlo Schmid sprach, notwendig.

Dieser Text ist dem Mut des radikalen Nicht-Opportunisten Jiří Gruša mit Respekt gewidmet.

Es ist ermutigend, dass Jiří Gruša seine europäischen Ideale in die Ausbildung junger Diplomaten einbringen und sich auch an dieser Stelle weiterhin dafür einsetzen kann, dass Europa nicht den Dauernörglern und den politischen Jämmerlingen anheimfällt, die eine demokratiedumme Gesellschaft von selbstgefälligen National-Provinzlern auf den Weg bringen wollen.

Es ist ermutigend, dass Jiří Gruša seinen alten Kampf für die Freiheit des Wortes und gegen Hass und Gewalt als Präsident des Internationalen P.E.N.-Clubs fortsetzt. Und das von einer Stadt aus, in der die Fremdenfeindlichkeit immer mehr politisches Ansehen gewinnt und Hass und Gewalt von vielen feinschmeckerischen Kunstbürgern als literarische Delikatessen genossen werden. Jiří Gruša hat das Leben gelehrt, dass Hass und Gewalt keine ästhetischen Kategorien sind, sondern totalitäre ‚Tugenden'. Seine Heimatlosigkeit ist auch in diesem Fall eine glückliche.

Manès Sperber wollte seiner Autobiographie ursprünglich den Titel geben: „Die ewige, die unmögliche Heimkehr". Heinrich Böll sagte in seiner Büchner-Preis-Rede zu Sperber, es sei doch die Heimat der verlorenen Augenblicke, in die man zurück möchte, und er stellt die Frage, was denn überhaupt ein Zuhause sei, „wo wir doch wüssten, dass wir auf dem Sekundenzeiger wohnen". Ich glaube, dieses Bild gefällt dem Jubilar.

In Erinnerung an alle Unmöglichkeiten, die möglich geworden sind, seit ich vor mehr als 50 Jahren zum ersten Mal aus dem Park des Palais Cumberland in das bisschen Tschechoslowakei nebenan geschaut habe, und dankbar für die stattgefundenen und in Erwartung der noch bevorstehenden Vergrößerung meines bisschen Tschechiens durch den unvergleichlichen Autor Jiří Gruša, wünsche ich ihm und uns in herzlicher Verbundenheit, dass er noch viele Jahre Bäume mit Spinnennetzen zusammenbinden möge. Und das bei bester Gesundheit.

Zu der vielleicht anmaßend wirkenden Formel: *mit herzlicher Verbundenheit,* legitimiert mich ein bisschen gemeinsame Heimat: Wir sind am selben Fluss geboren, er in Pardubice, ich in Magdeburg, wir haben als Kinder an der Elbe gespielt, ich früher, Jiří Gruša später. Und jetzt leben wir wieder am selben Fluss, an dem wir nicht zu Hause sind – aber glücklich heimatlos.

Beitrag zur Festschrift „Antworten" zum 70. Geburtstag von Jiři Gruša, 2008.

49 Erika Pluhar

Der ganz gewöhnliche Anstand

Verehrte Pluhar-Gemeinde,
auf Ihren Programmzetteln steht, es gäbe keine Pause. Das ist falsch; es gibt eine Pause; ich bin die Pause; ich bin die Unterbrechung eines rasanten und unterhaltsamen Abends; ich halte eine Rede:

Liebe Erika,
wir pflegen von Zeit zu Zeit Reden übereinander zu halten, an Geburtstagen, bei Ordens- oder Titelverleihungen z. B. und irgendwann wird wohl eine Grabrede diesen schönen Reigen beschließen; darauf bestehe ich schon aus Revanche dafür, dass ich schon wieder – d. h. nach nur fünf Jahren – eine Rede aus Anlass Deines Geburtstages halten müssen darf.

Diese große Ehre stürzt mich in rhetorische Bedrängnis, weil ich nämlich nicht so recht weiß, handelt es sich dieses Mal um die zweite Chance nach einem ersten nicht ganz geglückten Versuch zu Deinem 65. Geburtstag, oder willst Du mich aus Sympathie allmählich zu einem versierten Redner aufbauen, der dann beim Fünfundsiebzigsten oder beim Achtzigsten als ein vielleicht gerade noch überlebender Kenner des älteren Burgtheaters seiner Aufgabe als Laudator der Theater-Schauspielerin Erika Pluhar endlich gewachsen sein wird.

Im ersten Fall sollte ich dankbar sein; im zweiten müsste ich Dich schon aus biologischen Gründen dringlich vor so haltlosem Optimismus warnen. Allerdings würde ich gut verstehen, wenn Du umgehend mit den Geburtstagsvorbereitungen für 2014 und 2019 beginnst; denn nach den wunderbaren Pluhar-Tagen in Lissabon, den schon jetzt legendären festlichen Abenden mit Deinen berührenden Filmen, Deinen vielen bemerkenswerten Freunden, die Du mit Deiner warmherzigen Gastfreundschaft beglückt hast, nach diesem mit noch so vielen Adjektiven der Begeisterung nur unzulänglich zu beschreibenden Höhepunkt all Deiner bisherigen Geburtstagsfeiern werden die zukünftigen nur unter Auferbietung aller denkbaren planerischen und phantasievollen Kräfte den Vergleich mit 2009 standhalten können.

Und nun auch noch diese Gala im ehrwürdigen Brucknerhaus! Welche Kulturhauptstädte stehen 2014 und 2019 überhaupt zur Verfügung? – Da warten große Aufgaben auf Deinen fürsorglichen Impresario Haimo Fritsch.

Dagegen ist meine heutige rednerische Not natürlich nur eine lächerliche Lappalie, auch wenn die dritte Möglichkeit, warum ich wieder mit einer Geburtstagsrede betraut wurde, zwar die schmeichelhafteste, aber auch die schwierigste ist. – Sollte meine heutige Berufung darauf beruhen, dass die vorhergehende die Erwartungen einigermaßen erfüllt hat, dann wäre ich erst recht in der Klemme. Schließlich lässt mein rednerischer Ehrgeiz nicht zu, mich zu wiederholen. Andererseits: Wenn das

Wichtige damals zutreffend und schlüssig gesagt wurde, warum sollte ich es jetzt nicht wiederholen, sondern partout aus Eitelkeit neu und wahrscheinlich schlechter formulieren, nur damit es eben neu ist?

Diese Frage ist letzten Endes eine kulturphilosophische und eine des modernen Theaters, nämlich die, was denn das Neue am Neuen sei, ob das Neue überhaupt neu ist, und wenn, wie lange das Neue das Neue ist und ob nach dem Neuen wieder das Neue kommt, ob das *Neue* tatsächlich nur das *Vergessene* sei, ob das *Manko an Gedächtnis*, das Schnitzler seiner Heimatstadt attestiert hatte, dabei eine größere Rolle spielt als die vorsätzliche Amnesie – oder umgekehrt.

Das sind auch Themen und Fragen der Erika Pluhar, nachzulesen in ihren Reden. Sie ist nämlich nicht nur Schauspielerin, Filmregisseurin, Schriftstellerin, Sängerin und Liedermacherin, sondern eben auch eine intelligente Rednerin. – Aber das ist schon wieder nichts Neues! Sie wissen ja, dass sie, um mit Nestroy zu sprechen, keine ‚intellektuelle Beiseitesteherin' und kein ‚Geistespony' ist – und eine Opportunistin schon gar nicht, keine ‚Jenachdemerin', wie Wilhelm Busch – allerdings nur in der männlichen Form: ‚Jenachdemer' – Menschen mit allzu schlaffen Haltungen und allzu elastischen Überzeugungen genannt hat.

Natürlich müsste an dieser Stelle von der politischen Haltung und der unbestechlichen Solidarität der Schauspielerin Erika Pluhar die Rede sein, wie ich sie vor allem in meiner Direktionszeit erleben durfte. – Aber nicht deshalb, weil Kunst durch Gesinnung Qualitäten gewinnen, oder Gesinnung durch Kunst legitimiert werden könnte. Heinrich Böll nannte es *einen Betrug, wenn ein Autor ob seiner guten Gesinnung gelobt werde. Schulterklopfen sei das peinlichste Honorar*. Nein, ausschließlich deshalb sollte hier von Haltung die Rede sein, weil die Pluhar unteilbar die Pluhar ist; es stehen nicht mehrere Versionen ‚Pluhar' zur Wahl; es ist immer die eine Pluhar, die spielt, singt, redet, schreibt – oder eben eine Haltung hat. Haltung-Haben ist keine Gottesgabe, man hat sie nur, wenn man sie selber aktiv gestaltet – lebenslang. Man beschreibt immer alles an ihr, wenn man nur etwas beschreibt. In „Zur schönen Aussicht" von Horváth sagt eine Frau (Ada von Stetten): „Ich bin nämlich eigentlich ganz anders, aber ich komme so selten dazu." – Diese Dame ist das Gegenteil von der Pluhar.

Wenn man kein inzestuöses Theater-Theater machen will oder kann, dann ist die Welt außerhalb des Theaters das Lebensthema der Theatermenschen. So war das in unserer Burgtheaterzeit, als wir politisch mangels Beweisen schuldig gesprochen wurden und die Hetzkampagnen der „Kronen Zeitung" sich ins Groteske steigerten. Aber, wie gesagt, davon war 2004 die Rede; heute können wir also aus den genannten Gründen darauf verzichten, die stürmischen Exzesse des Kleinformats und seines Star-Kritikers noch einmal anzuführen, der einstens mühelos die Entnazifizierung mit dem Holocaust verglichen hatte und z. B. anlässlich unserer Premiere von der „Ermittlung" von Peter Weiss in einem Leitartikel die Freilassung von Rudolf Heß forderte. – Meine Eitelkeit erlaubt es mir auch heute nicht, den für mich schmeichelhaften Slogan zu verschweigen, der, auf breiten Streifen gedruckt über die Theaterspielpläne auf den Litfaßsäulen geklebt, die Aufforderung verkündete: *Benning und Pluhar nach Moskau!*

Dieser Aufforderung kamen wir dann später nach – allerdings nicht im Sinne der Plakateure – als wir mit unseren „Sommergästen", die übrigens der Präsident der Gesellschaft der Freunde des Burgtheaters als *kommunistisches Machwerk* empfohlen hatte, tatsächlich im Moskauer Künstlertheater mit großem Erfolg gastierten. – Christine de Grancy, die ja zum „Sommergäste"-Ensemble gehörte und in Moskau und Petersburg dabei war, machte ihre ersten Russland-Photos, die eine schöne Eröffnung ihres photographischen Meisterwerks über Russland wurden.

Heute zeigt die ‚vorsätzliche Amnesie', die nahezu alle Erinnerung an diese seltsamen Vorgänge zugedeckt hat, gelegentlich schon Risse, durch die Gedächtnisreste in die Öffentlichkeit zurückkehren. So hat z. B. Daniel Kehlmann in einem Interview in einer Wiener Zeitung einige Begebenheiten aus dieser Zeit deutlich beim Namen genannt; übrigens auch Personen, durchaus nicht verklausuliert, gut erkennbar, auch in der *verschwiemelten Wiener Mischluft* (Anton Kuh). Er spricht u. a. von seinem Vater Michael Kehlmann, den man einen großen Österreicher nennen darf, der eine zentrale Gestalt der österreichischen Fernsehgeschichte, Kabarettgeschichte, der Wiederentdecker von Horváth und Roth war, der in Wien zwischen den Stühlen der Intriganten landete, dessen Tod die Gemeinde Wien ignorierte und nicht einmal einen Kranz schickte, unsere Gemeinde, in der wir eine politische Haltung haben – oder auch nicht.

Am Rande sei vermerkt, dass unser kleinformatiger Kritiker hingegen in einem Ehrengrab der Gemeinde Wien auf das Jüngste Gericht warten darf. Daniel Kehlmann hat berechtigterweise heftige Reaktionen auf seine Anwürfe erwartet. Es gab aber gar keine. Die echolose Stadt schluckt das Unangenehme lautlos. Der Ruhm des erfolgreichen Autors stopft offenbar den betroffenen Kulturbürgern das Maul. Eine Erfahrung, die Erika Pluhar natürlich auch schon machen konnte.

In den 70er und 80er Jahren war das noch nicht so. Nicht nur weil der Ruhm der Pluhar inzwischen immer mehr gewachsen ist, sondern weil man in der Kreisky-Zeit unter der zuverlässigen Obhut des Unterrichtsministers Fred Sinowatz, dem erst in den Nachrufen von Freund und Feind halbwegs Gerechtigkeit widerfahren ist, kein besonderer Mut vonnöten war, schon gar nicht gegenüber der Obrigkeit. Der ganz gewöhnliche Anstand reichte aus.

‚Der ganz gewöhnliche Anstand' ist ein Markenzeichen der Pluhar. Ich schätze an Theaterleuten – und wiederhole das hier gern – was Thomas Mann die *Künstleranständigkeit* nannte. Er spricht davon in seinem Fontane-Essay und meint damit die „Künstlerskepsis, die sich gegen Kunst und Künstlertum selber richtet und von der man sagen kann, dass alle Künstleranständigkeit in ihr beruht." Diese Skepsis ist der Pluhar zueigen; die bewahrt sie, meiner Meinung nach, bei allem Genießen von Erfolgen vor Zufriedenheit und Selbstgefälligkeit; sie ist die Triebfeder ihrer Vielseitigkeit, sie ist letzten Endes die Ursache dafür, dass sie das Fremdtexttheater vor zehn Jahren aufgegeben hat.

Sie schuf in ihrer schauspielerischen Arbeit den Raum für den unantastbaren Rest von Fremdheit gegenüber der Figur, für den Respekt vor dem unauflösbaren Geheimnis des darzustellenden Menschen. Dieser Rest von Fremdheit, nennen wir das halt so, machte für mich die künstlerische Arbeit mit Erika Pluhar so wertvoll.

Vielleicht ist das auch der Freiraum – und das gälte jedenfalls für die Liedermacherin in gleicher Weise wie für die Schauspielerin – für den *großen geheimem Schmerz, mit dem,* wie Ingeborg Bachmann sagt, *der Mensch vor allen anderen Geschöpfen ausgezeichnet ist.*

Vor zehn Jahren hat dieser Schmerz einen Namen bekommen: Anna.

In dem Essay „Die Wahrheit ist dem Menschen zumutbar" von Ingeborg Bachmann heißt es: „[…] Es ist auch mir gewiss, dass wir in der Ordnung bleiben müssen, dass es den Austritt aus der Gesellschaft nicht gibt und wir uns aneinander prüfen müssen, dass unsere Kraft weiter reicht als unser Unglück […]."

Es ist eine große Freude für uns alle, dass wir die Grenzen Deiner Kraft nach Deinen 70 Jahren nicht wahrnehmen können.

Liebe Erika, ich habe in der 3. Person gesprochen und bemerke nun, dass ich trotzdem die ganze Zeit zu Dir gesprochen habe, was mir das Publikum verzeihen möge; vielleicht bin ich ihm viele Informationen schuldig geblieben, jedenfalls den Gästen, die von weit hergekommen sind, aus Vilnius vielleicht oder von jenseits des Äquators, die also unter Umständen noch nicht alles von Dir und über Dich wissen. Für diese bedauernswerten Unwissenden nur noch so viel:

Also: Erika und ich, wir kennen uns seit 52 Jahren. Das legitimiert mich als Redner. Wir waren Kollegen am Reinhardt-Seminar und wurden dort von ehemaligen Nationalsozialisten in trauter Gemeinschaft mit Remigranten und anderen Opfern der braunen Diktatur unter der Leitung des alten Kämpfers Dr. Niederführ künstlerisch ausgebildet, wenn man das so nennen darf. Wir Studenten nannten ihn in seiner zweiten nunmehr demokratischen Regierungszeit Dr. Nietenführ. Sonst fiel uns damals nichts ein. Die tausendjährige Vergangenheit einiger unserer Lehrer, war allerdings kein Thema für uns – so wie für die ganze Gesellschaft dieser Zeit nicht. Politisch waren wir in einer Weise unbetamt, wie man es heute lieber verschweigen würde.

Wir waren sehr jung, und das Jahr hatte damals noch mindestens lange 24 Monate. Heute, wo wir mit höchstens 12 kurzen Monaten auskommen müssen, wissen wir natürlich alles besser, können dafür manches andere nicht begreifen.

Nach unserer Seminarzeit wurden wir ans Burgtheater engagiert. Der Kritiker Hans Weigel wertete unser Engagement als schlagenden Beweis für die totale direktoriale Unfähigkeit des vom ihm heftig befehdeten Ernst Haeusserman, unseres Entdeckers. Wir überstanden dies und anderes und blieben vier Jahrzehnte an diesem widersprüchlichen Institut, das Egon Friedell bekanntlich ein *Monument des österreichischen Schwachsinns* genannt hat. Erika Pluhar wurde schnell ein sehr erfolgreiches Mitglied des Ensembles. Darauf näher einzugehen bedeutete, dass Sie noch länger auf das warten müssten, weswegen Sie hergekommen sind. Nur so viel: Die Arbeiten mit Leopold Lindtberg, Peter Hall und Harold Pinter, mit Erwin Axer und Peter Palitzsch waren Erika Pluhar besonders wichtig. Unsere Zusammenarbeit bei den „Sommergästen", beim „Kirschgarten", beim „Monat auf dem Lande", bei „Kinder der Sonne" war fruchtbar. – Aber auch an die wunderbar versponnene, mit mutiger Selbstironie sanft überzeichnete skurrile Frau von Cypressenburg erinnere ich mich besonders gern. – „Die Kinder der Sonne" blieben über zehn Jahre im Spielplan; mit Deiner herrlichen Elena Nikolaevna hast Du Dich vor zehn Jahren vom Burgtheater verabschiedet. Das waren die goldenen Zeiten des Regietheaters; anschließend kam dann das Regisseurtheater.

Einem Theaterskeptiker, der über Deinen ‚Verzicht' ins Grübeln käme, könnte an dieser Stelle auch die bekannte Kainz-Anekdote einfallen, laut der Kainz den Faust mit der Begründung abgelehnt habe, *den könne nur ein wirklich bedeutender Mensch spielen, aber ein wirklich bedeutender Mensch werde nicht Schauspieler.* – Oder?

Ich habe vor fünf Jahren noch gehofft, dass Du wieder Fremdtexttheater spielen wirst, einfach auch deshalb, weil ich es gut gefunden hätte, wenn jemand wie Du, der einfach kraft seiner Existenz für den ganzen manieristischen Firlefanz nicht zu haben wäre, auf die Bühne zurückkehrte. Heute weiß ich: Gerade Fische, die fliegen gelernt haben, wollen nicht mehr in diesen Traumberuf zurück. – Nun folgst Du ‚nur' noch jenseits der Fremdtexte dem Motto Dürrenmatts, dass die Kunst darin bestehe, das Menschenwürdige zu lernen. Das klingt so altmodisch, ist aber von radikaler moderner Brisanz.

Liebe Erika, ich möchte mit einem korrigierten Selbstzitat von 2004 schließen: „In Nestroys Stück ‚Heimliches Geld, heimliche Liebe' sagt der Dachdeckergeselle Kasimir Dachl zu der ihm gar nicht genehmen ältlichen Frau Lärminger: ‚Ich schätze mich glücklich, erst jetzt Ihre Bekanntschaft zu machen.'" Wenn man älter wird, wächst das Verständnis für dieses Zitat. Unsere Bekanntschaft ist au contraire von anderer Art: Ich schätze mich glücklich, schon vor 52 Jahren Deine Bekanntschaft gemacht zu haben, und ich schätze mich seit 52 Jahren glücklich.

Rede zum 70. Geburtstag im Rahmen der „Pluhar-Gala" im Brucknerhaus in Linz am 10. März 2009.

50 Heinrich Schweiger
23. 7. 1931 – 14. 7. 2009

In seinem autobiographischen Roman „Da geht ein Mensch" schreibt der Reinhardt-Schauspieler Alexander Granach: „Das Leben im Theater ist nicht nur farbenreich und abwechselnd, es ist lang. Man lebt ja viel länger als ein einfacher Sterblicher. Wie kurz und eintönig ist so ein gewöhnliches menschliches Leben im Vergleich mit dem eines Schauspielers." Das eine nennt er das freudige, das andere das arme Leben und entwirft in einer wundersamen Zeiten-Rechnung die zauberische Welt des Theaters, in der die Uhren anders gehen und die mathematischen Regeln nicht gelten; er träumt von den „vielen, vielen Jahren, die ein Schauspieler in seinen Rollen leben kann. Zum Beispiel:

Lear ist	112	Jahre alt
Mephisto	50	
Hamle	30	
Franz Moor	25	
Shylock	60	
Othello	40	

Das macht zusammen 317 Jahre, die man glatt in einem Jahr als richtiger Schauspieler leben kann. […] Ein Schauspieler kann also sechsmal so alt werden wie die chinesische Weltrechnung und fünfmal so alt wie die christliche."

Heinrich Schweiger hat das geschafft, die *vielen Leben in einem*, und ist am Ende ein paar Jahrtausende älter geworden als Alexander Granach, dessen Bruder im Geiste er war. Man darf ihn wohl so nennen, weil jedenfalls der junge Heinrich Schweiger dessen fundamentalistischen Theater-Glauben teilte, und beide sich einem Orden zugehörig fühlten, dem der angebetete Max Reinhardt die Regeln gegeben hatte. Der Begriff geisterte am Wiener Reinhardt-Seminar bis in die Gegenwart hinein.

Der Ewigkeitsanspruch der Kunst, zu der die Ordensbrüder bedenkenlos auch das Theater zählten, der Glaube, dass die Kunst den Tod besiegen könne – sie sei eben kein Zeitvertreib, sondern Tod-Vertreib, wie Franz Werfel sagte – dieser Glaube entsprach den Ordensregeln, desgleichen Granachs tollkühner Versuch, ein Stück Ewigkeit in die Schauspielerei hineinzurechnen und dem Tod einen Streich zu spielen.

Für Heinrich Schweiger waren schon lange vor seinem Alter Gefährdungen in der Nähe des Todes ein Lebensthema, wenn auch nicht wie im Fall ‚Granach' ein vorsätzlich herbeigeführtes.

Der hatte ja tatsächlich sein Leben für das Theater aufs Spiel gesetzt und sich seine krummen Beine brechen und begradigen lassen, um die großen Figuren des Welttheaters nicht mit seinem Makel zu entwürdigen. Granach hatte für den Fall des Misslingens dieser lebensbedrohlichen medizinischen Gewaltmaßnahme in seinem Krankenzimmer eine Pistole verborgen, um sich zu erschießen. Zur Rechtfertigung seines ungeheuerlichen Entschlusses verrechnete er die möglichen *armen 70 Jahre* mit den *freudigen Tausenden Jahren* seiner gelebten Phantasie. In dieser bedingungslosen Hingabe an die Lebensform ‚Theater' sind für mich die unvergleichlichen Schauspieler Alexander Granach und Heinrich Schweiger Brüder im Geiste, vereint in meiner Phantasie – in einem unbekannten Land.

Heinrich Schweiger hat ähnliche Lebensbedrohungen immer kämpferisch überwunden und davon nie viel Aufhebens gemacht, sondern in späterer Zeit, als der ‚Orden' längst säkularisiert war, es geliebt, seine großen Siege zu komischen Anekdoten zu verkleinern.

Vor 44 Tagen hatte er dann keine Chance mehr; der alte Gefährte rächte sich heimtückisch für die verlorenen Kämpfe und die Granach-Rechnung über das Leben des Schauspielers Heinrich Schweiger musste abgeschlossen werden.

Nun sind wir ganz auf unsere Erinnerungen angewiesen, wenn wir ihm nahe kommen wollen. – Aber: „Wer tot ist, der ist sehr tot."

Wir lehnen uns heute noch einmal gegen diesen grausamen Satz von Arthur Schnitzler auf und stemmen uns gegen das Vergessen, öffentlich und gemeinsam, in einem an diesem Theater üblichen Ritual, das es nicht erlaubt, der bekannten Aufforderung von Karl Kraus nachzukommen, die da lautet: *Wer etwas zu sagen habe, der trete vor und schweige.* – Also setzen wir uns der Hilflosigkeit von Nachrufen aus.

Heinrich Schweiger starb am 14. Juli 2009 in Salzburg, hochmittags. Die Zwölf-Uhr-Glocken der Salzburger Kirchen läuteten seinen Abschied ein. Seine Frau und seine Tochter haben ihn in das Ende seines Lebens in Liebe begleitet.

Die Nachricht von diesem unerwarteten Tod bestürzte Tausende Menschen; sie durchdrang das sommerliche Festspiel-Gerede und nahm ihm für lange Augenblicke den Atem.

Die einen, die wussten, wer da gestorben war, wurden von ihren Erinnerungen an diesen geachteten Mann ergriffen. Heinrich Schweiger trat ihnen noch einmal ‚neukräftig vor die Augen' (Goethe), denn der Tod verleiht dem Gedächtnis Flügel. In diesem Land, in dem auch Theatererlebnisse vererbt werden, erinnerten sich viele.

Die wenigen, die Heinrich Schweiger nie *erlebt* hatten und nur ahnten, wer da gestorben war, erfuhren aus den schnellen Nachrufen einige Lebensdaten eines offenbar wesentlichen Schauspielers, dessen Theaterkunst auf den Bühnen der Erinnerungen eine Zeitlang weiterleben und ihm die seinem Berufsstande zugemessene vorübergehende Unsterblichkeit gewährleisten werde.

Schon mit 17 Jahren kam er vom Reinhardt-Seminar an die Josefstadt, so war zu lesen und zu hören, *und wurde schon ein Jahr später an das Burgtheater engagiert, übernahm als erste Rolle von* Oskar Werner *den Kinderkönig im „Turm". Schon mit 23 Jahren sei ihm in einer legendären Aufführung der „Komtess Mizzi" an der Seite von* Paula Wessely *der Durchbruch gelungen.* Von Marchbanks mit Werner Krauß ist noch die Rede, dann von „Don Carlos", „Richard III.", „Othello" und einigen anderen Rollen aus Schweigers riesigem Repertoire. Dem Burgtheater sei er fast 60 Jahre lang treu geblieben – von kurzzeitigen Seitensprüngen nach München, Berlin,

Düsseldorf und Hamburg abgesehen, *denn sein Heimweh sei stets stärker gewesen als der Charme internationaler Erfolge.* – Dürre Stichworte einer fulminanten Karriere; Zeitsprünge, in denen das Leben verschwindet – Misere der Nachrufe.

Seine zahlreichen Film- und Fernsehrollen, so konnte man weiterhin erfahren, waren nur *Ausflüge,* denn *allabendlich auf der Bühne zu stehen im direkten Kontakt mit dem Publikum,* das sei seine *wahre Leidenschaft* gewesen, die allerdings in den letzten Jahren durch seine *Allergie auf das Regietheater* ziemlich getrübt worden sei. Zwangsläufig wurde ihm mit pietätvoller Kulanz eine altbackene Theaterideologie nachgerufen. Verständnisvoll und freundlich, wie bei Todesfällen üblich, aber eben mit der gönnerhaften Nachsicht der Überlebenden.

Hier soll nicht von dem „wollüstigen Dauerkonflikt" des deutschen Theaters die Rede sein, wie ein deutscher Kritiker schon vor Jahren den zählebigen arthritischen Streit um des nackten Kaisers alte und neue Kleider euphemistisch genannt hatte, dessen *rasender Stillstand* gerade durch Daniel Kehlmann leicht in Bewegung geriet, weil der in das stachelige Nest der Salzburger Festspiele das Kuckucksei einer Regietheater-Rede gelegt hatte. Es sollte aber doch erwähnt werden, dass Heinrich Schweiger diesen urdeutschen Verdunklungsbegriff ‚Regietheater' für das konformistische moderne Theater in unseren Breiten tunlichst vermieden hat. Ein Schauspieler, der z. B. mit Berthold Viertel, Walter Felsenstein, Josef Gielen, Rudolf Noelte, Fritz Kortner und anderen Regie-Berserkern zusammengearbeitet und sich ertragreich mit Regisseuren wie Leopold Lindtberg oder Adolf Dresen auseinandergesetzt hat, die zu der im deutschsprachigen Theater raren Spezies der intelligenten Intellektuellen gehörten, ein solcher Schauspieler konnte mit dem beliebten Verdunklungsbegriff gar nichts anfangen und hätte ihn im Zweifelsfall als Etikett für das sogenannte ‚alte Theater' reklamiert.

Schon der blutjunge Reinhardt-Seminarist war, wie bereits erwähnt, in eine durchaus unkritische Begeisterung für den Namenspatron seiner Schule, den Urvater jeglichen Regietheaters, hineingeraten und ist diesem schönen Irrtum ein Leben lang treu geblieben, mit unerschütterlicher Naivität, die neben anderen widersprüchlichen Eigenschaften zu den prägenden Lebenskräften des Heinrich Schweiger gehörte.

Die Treue gegenüber den Träumen seiner Jugend verkam aber nicht zu einer nostalgischen Duselei, sondern beflügelte seine Sehnsucht nach einer Theater-Zukunft, in der das Neue als das Vergessene erkannt werden würde und die Zuschauer im Theater nicht mehr so oft *den Schock des Erkennbaren, Wiedererkennbaren* vermissen müssen, wie ein in die Jahre gekommener Protagonist der deutschen Theater-Moderne das ausgedrückt hat (Ivan Nagel).

Dass Heinrich Schweiger mit all seiner Theaterbesessenheit und seiner Lust an schauspielerischer Hingabe und der Sehnsucht nach weiteren Granach-Jahrhunderten am Ende, als der Vorrat seiner Hoffnungen immer geringer wurde, sozusagen den Bühnenboden unter den Füßen verloren hatte, dass ihm, wie es Bruno Ganz auch für sich beklagt hat, *das Theater schließlich vollkommen weggerutscht war,* darunter hat er sehr gelitten. Es gibt schriftliche Äußerungen von ihm, die seinem Schmerz Ausdruck verleihen und andererseits seine schwer verständliche Treue gegenüber seinen frühen Vorbildern bekunden, als sei die Zeit stehen geblieben und Alexander Granach unter den Lebenden. Wieder und noch immer nennt er in einem traurigen Text den Schauspieler Werner Krauß, den Antisemiten, ein Vorbild, obwohl er aufgrund seiner Herkunft, seiner Erziehung und seiner ganzen Lebens-Haltung gegen jede Spielart des Faschismus und des Rassismus gefeit war, obwohl er wusste, dass sein Idol Krauß das Idol Reinhardt – sagen wir einmal: ‚unanständig' behandelt hat.

Heinrich Schweigers Lehrerin Helene Thimig, *die alle Menschen liebte*, wie sie nach ihrer Rückkehr aus der Emigration mitteilte, ebnete ihm den Weg in diesen gröbsten seiner Widersprüche und bestärkte ihn offenbar in dem Reinhardtschen Glauben an die absolute geschützte politische Exterritorialität des Theaters. (In meiner Direktionszeit geriet dann dieser Glaube ins Wanken.)

Heinrich Schweiger kapselte solche Widersprüche in sich ein und löste sie ein Leben lang nicht auf. Aber er fügte sie in seine erkämpfte innere Ordnung ein. Schließlich unterwarf er sich seinen Vorbildern nicht blind und befreite sich vor allem aus der frühen Okkupation durch den dämonischen Verführer Werner Krauß. Seinem Leidensbruder Oskar Werner gelang das nicht; der führte noch viele Jahre lang mit himmelwärts gerichtetem Blick lange Dialoge mit dem angebeteten Übervater.

Die Lebensmöglichkeiten von Oskar Werner und Heinrich Schweiger sind in vieler Hinsicht vergleichbar; dass sie so ungleich verliefen, ist dem Umstand geschuldet, dass der eine die Kraft und den Willen hatte, sein Leben nicht in einer Scheinwelt zu führen und es zu bewältigen und auch zu altern, während der andere, in ewiger Jugend gefangen, lange vor seinem Tod sein Leben verlor: *weltvergessen* und *zielverloren*.

Weltvergessen und zielverloren, das ist Heinrich Schweiger nie gewesen, in keinem seiner Leben die ihn alle als *aufrührerischen Bewahrer* auswiesen.

Ich hatte das Privileg, Heinrich Schweiger nicht nur in einem seiner Leben zu begegnen.

Nach seinem Tod sind mir fast 50 Jahre *neukräftig vor die Augen getreten. – Sich erinnern heiße, eine Ordnung in die Dinge lügen*, hat Michael Köhlmeier gewarnt. Ich erinnere mich trotzdem, in Unordnung: an den ephebischen Mortimer und den Troilus, die ich als Student in München gesehen habe, ich denke an die ersten Begegnungen in Wien 1960, „Kirschgarten", Gielen-Inszenierung, Lopachin und Trofimov; im selben Jahr „Was ihr wollt", unsere erste Begegnung mit dem späteren Freund Paul Angerer, der ein wunderbares Narrenlied für den Heini geschrieben hat und der heute für ihn spielt. Und immer noch im selben Jahr das grandiose Duo Schweiger und Werner in Anouilhs „Becket oder die Ehre Gottes", eine Lindtberg-Inszenierung; dann „Elektra" von Sophokles (Sellner), Aigisthos und Orestes. und ... und ... und ...

Und ich denke mit Dankbarkeit an die ertragreiche Zusammenarbeit in meiner Direktionszeit, die insbesondere in der Arbeit mit Adolf Dresen ihre außergewöhnliche Qualität erwies. Adolf Dresen und Heinrich Schweiger waren einander zutiefst wesensfremd, haben aber in der Arbeit bewundernswert zueinander gefunden. Das kann man nachlesen in Dresens Brief „An das Iphigenie-Ensemble" – ein glückhaftes Zeugnis schöpferischer Regiearbeit über die Premiere hinaus. Die Vorstellung bedurfte besonderer Betreuung, da sie besonders vielen Gastspiel-Belastungen ausgesetzt war (mehrere Wochen Arbeiterkammertournee, Vorstellungen in Meran, Belgrad [Bitef], zahlreichen deutschen Städten zwischen Hamburg und Frankfurt, in Tel Aviv, Jerusalem und Haifa, in Moskau und Leningrad). Dresen kämpfte gegen die drohende Routine in dieser Vorstellung unter dem Motto: *Alles, was reproduziert wird, stirbt.* Er kritisierte auch den Thoas von Heinrich Schweiger, beklagte eine Tendenz zum Sicheren und Lauten, das zu korrigieren wäre. Er erinnerte: „Die Figur hatte zugleich Entsetzliches und Rührendes, und zwar gerade, weil da nichts Markiges war [...]. Sie hatte Würde ohne Kalk, Schwere ohne Gravität. Der Erniedrigte, Beleidigte, Zurückgestoßene war von solcher Kraft, dass das Publikum, das ja zur anderen Partei gehört, die seine nehmen konnte." Dieser kritische Text ist auch eine Hommage an den großen Schauspieler Heinrich Schweiger, der die seltene Kraft hatte, krasse Widersprüche in sich vereinen zu können. Dieser Brief ist abgedruckt in Dresens Essay-Band „Wieviel Freiheit braucht die Kunst?", einem der wichtigsten Theater-Bücher nach dem Zweiten Weltkrieg – und daher in Österreich unbekannt.

Der starke auswärtige Erfolg der „Iphigenie" war für uns eine willkommene Kompensation für die politischen Pöbeleien und die Hetzkampagnen gegen die Aufführung und den Regisseur in Wien. Die Zusammenarbeit zwischen Dresen und Heinrich Schweiger fand bald ihre Fortsetzung in der „Dreigroschenoper". Unsere Asien-Tournee mit diesem Stück, die uns nach Hongkong, Singapur, Tokio, Nagoya und Osaka führte, unser Abend im Kabuki-Theater in Tokio – wir waren die ersten ‚Weißen', die in diesem National-Heiligtum auftreten durften – das bleibt den noch Überlebenden unvergesslich.

Natürlich denke ich heute auch an die so glückliche Zusammenarbeit in meinen Inszenierungen.

Max Reinhardt, das erste von Schweigers großen Vorbildern, hat geschrieben, *das Theater bezahle seine höchsten Augenblicke auf der Bühne mit dem Leben. Es bleibe nichts als ein Abglanz zurück.* – Der ist in Stichworten nicht beschreibbar. Daher nur das: Ich schulde Heinrich Schweiger ein hohes Maß an Freude und Erfüllung in meinem Beruf. Wir haben gemeinsam auf der Bühne den „Fall ‚Mensch'" (Anton Kuh) zusammen mit Gorkij, Cechov, Schnitzler und Nestroy und Feydeau verhandelt. – Und unsere Gastspiele mit den „Sommergästen" im Künstlertheater in Moskau am Anfang und der „Professor Bernhardi" im Nationaltheater in Prag am Ende – das bleiben lange Momente in den unordentlichen Erinnerungen.

Wenn man keine *Ordnung in die Dinge lügt*, dann drängen sich neben die Erinnerungen an die künstlerischen Leistungen und Ereignisse auch die an scheinbar Banales aus dem profanen Leben, aus der *Umgebung* des Berufs.

Zu der *Umgebung* von Heinrich Schweigers Schauspielkunst gehören all seine wunderbaren Geschichten, seine Freundschaft mit dem Wein, sein extensives Photographieren, seine Bandaufnahmen. Schon in den 60er Jahren schleppte er schwere voluminöse Bandgeräte mit sich herum. Er wollte immer etwas festhalten. – Er wollte schon immer das Leben festhalten.

Seine Geschichten, die besten mit Kurt Sowinetz und Rudolf Rhomberg als Partnern, sind Legion und gehören unabdingbar zu seiner Biographie. Es ging dabei immer um menschliche Schwächen, auf die seine komischen Attacken abzielten. – Ich glaube übrigens, dass er den Zugang zu seinen großen Bühnen-Figuren über die Schwächen und nicht über deren Stärke gefunden hat. – Schwäche bekämpfte er bei sich und verulkte sie bei anderen. Auch viele Schauspielkollegen – von Gusti Wolf bis Heinz Reincke – wurden Opfer seines Schabernacks und waren am Ende meistens stolz darauf, in einer Schweiger-Geschichte gut besetzt worden zu sein. – Stieß er auf berufliche Schwächen bei Kollegen, vor allem bei Regisseuren, unter denen er litt, dann konnte die Komik auch versiegen und aggressiver Schärfe Platz machen. So verbot er einem unglücklichen Regisseur von „Urfaust" (Heinrich Schweiger spielte den Mephisto) schlicht und einfach den Mund, befahl dem verdutzten Mann, die Proben nicht mehr zu stören; er sei nur aus Versehen engagiert worden; der Direktor habe sich verschaut und ihn mit jemand anderen, einem richtigen Regisseur, im Bühnenjahrbuch verwechselt.

Nun kommt die Zeit, in der Schweiger-Geschichten erfunden werden.

Vielleicht ein wenig getröstet von der wundersamen Theater-Rechnung Alexander Granachs verabschiede ich mich mit Bewunderung für Heinrich Schweigers Bühnen-Jahrtausende, dankbar für seine Freundlichkeit, sein Vertrauen und die jahrzehntelange schöne Zusammenarbeit, mit Respekt vor seinem widersprüchlichen Leben und seinem tief versiegelten Geheimnis, das, wie Max Reinhardt verlangte, ein Schauspieler immer bewahren müsse, und mit Anteilnahme für seine Familie, vor allem für seine Frau Ursula Stenzel. Sie hat ihn, wenn es nur möglich war, auf unseren Tourneen begleitet. Sie gehörte gewissermaßen zum Ensemble. Sie war sein guter Geist. Er wusste das. Sie war seine *schönste Zuflucht* geworden. So hat er früher das Theater bezeichnet. Er meinte damit nicht eine biedermeierliche Nische, die Schutz vor der Welt und den fremden Zeiten bietet, sondern er suchte Zuflucht aus Lebensnot, vielleicht im Sinne des alten Gedankens, *dass wir die Kunst haben, um die Wahrheit zu ertragen* (Nietzsche) – oder das eigene schwierige Leben.

Heinrich Schweiger hat nun seine letzte Zuflucht gefunden.

Rede zum Tod von Heinrich Schweiger auf der Feststiege des Burgtheaters am 27. August 2009.

51 Elias Canetti

Erinnerungen in Ruse

Es ist für mich ein Erlebnis der besonderen Art, hier in Ruse über Elias Canetti zu sprechen, *den großen Sohn dieser Stadt*, wie man das so sagt, als habe je eine Stadt ein Kind gezeugt oder geboren.

Ich folge mit dieser kleinen Hommage der Aufforderung von Freunden, die wissen, dass ich eine Zeit lang Canetti erlebt habe und sein freundliches Wohlwollen genießen durfte, und die daraus den leichtfertigen Schluss gezogen haben, ich hätte auch die Kompetenz, hier in seiner Geburtsstadt Rustschuk das Wort zu ergreifen.

Rustschuk – das war für mich zunächst ein Ort der Phantasie im Land der Literatur, entworfen von einem großen Schriftsteller als „eine wunderschöne Stadt für Kinder", in der man „an einem Tag sieben oder acht Sprachen hören" konnte und in der in sechs Kinderjahren, wie Canetti schrieb, alles, *was er später erlebt habe, schon einmal geschehen war*. Eine geheimnisvolle Märchenstadt, in der die Uhren anders gingen und in der seltsame exotische Menschen lebten, umlauert von Wölfen.

In den letzten Tagen konnte ich mich endgültig davon überzeugen, dass es Ruse wirklich gibt und Rustschuk wirklich gab.

Zugegeben, ganz so drastisch war meine geographische Unkenntnis schon längere Zeit nicht mehr; sie schrumpfte bald nach der Lektüre von Canettis Buch „Die gerettete Zunge" gehörig ein, z. B. durch die eindrucksvollen Reise-Essays, die Rüdiger Wischenbart unter dem Titel „Canettis Angst" 1994 veröffentlicht hat. Aber auch dieser versierte Journalist gesteht vor seinem ersten Ruse-Besuch, *dass er diesen Ort unter dem Namen Rustschuk eigentlich nur aus den Kindheitserinnerungen von Elias Canetti kannte*. Dann ist in seinem damals aktuellen Bericht freilich auch von „Ekoglasnost", von der „Ruse-Lunge" und anderen nun gar nicht mehr märchenhaften Realitäten die Rede.

Nach dieser quasi realistischen Aufklärung kam mir Canettis Rustschuk allmählich abhanden; aber einige Zeit später feierte die entschwundene Stadt des großen Dichters eine behutsame Wiederauferstehung durch die „Biographie eines Flusses", die Claudio Magris über die Donau geschrieben hat, in der er Rustschuk und Ruse vereint. Der poetische Wissenschaftler, der über lange Zeit ein von Canetti akkreditierter Freund war, begibt sich in Ruse auf die Suche nach der Vergangenheit, verschweigt aber die damalige Gegenwart dieser Stadt, die er in den 80er Jahren kennenlernte, und schreibt z. B., *Ruse sei eigentlich ein kleines Wien, wo man sich zu Hause fühle*, „in der vertrauten Atmosphäre eines soliden und arbeitsamen Mitteleuropa, zwischen dem alten, ausdrucksvollen merkantilen Wohlstand des Flusshafens und der düsteren Imposanz der Schwerindustrie. In den Straßen und Plätzen finden sich Winkel, die man aus Wien oder Fiume kennt, die beruhigende Einheitlichkeit des Donaustils." – Dann ist von dem *kleinen Bukarest* die Rede, *der reichsten Stadt*

Bulgariens, von *der türkischen Konditorei ‚Teteven'* und anderem historisch Bemerkenswerten. So bleibt sein Ruse ein nostalgisches Zeugnis der Vergangenheit und seine damalige Gegenwart verborgen.

Claudio Magris beschäftigt sich aber auch mit der alten Frage, ob Canetti vorsätzlich die Macht über die Vergangenheit dieser Stadt ergriffen und das reale Rustschuk in seine Canetti-Monarchie annektiert hat, oder ob seine erinnerte Welt in all ihrer Widersprüchlichkeit ein Ergebnis der *Erinnerungsfälschung* ist, die Schnitzler *die ohnmächtige Rache des Gedächtnisses an der Unwiederbringlichkeit allen Geschehens* nannte. Magris bestärkt den Verdacht, dass Canetti Rustschuk als erste Station seines Lebenslaufs bei der *Konstruktion seines Selbstportraits* an der lebendigen Realität dieser Stadt vorbei entworfen habe und *diese in der Beschreibung erstarren lasse – und somit seine Autobiographie gleichermaßen zu viel und zu wenig über Ruse sage.*

Jedenfalls schützte Canetti sein erinnertes Ruse vor allen Einbrüchen fremder Wirklichkeit. Claudio Magris berichtet, dass er Canetti aus Ruse eine Ansichtskarte geschickt habe, dieser aber einen solchen Beleg für das Eindringen in seine Privatsphäre gar nicht schätzte und darin den Versuch sah, ihn in seiner Vergangenheit aufzuspüren. Auch habe er einen Brief der Frau Grazia Ara Elias, die auch in Ruse geboren war und sich noch an die Familie Canettis erinnerte, mit keiner Zeile beantwortet, „vielleicht beunruhigt darüber, dass irgendjemand anderer auf jenes Bild von Ruse Anspruch erheben und eigene Rechte geltend machen könne, [...] auf all das, was er vielleicht als seinen ausschließlichen Besitz betrachtete, nachdem er einmal darüber geschrieben hatte."

Später, im Jahr 1992, kurz vor der Premiere von Veza Canettis „Oger" im Schauspielhaus Zürich, antwortete Canetti der bulgarischen Germanistin Penka Angelova, die ihn zu ihrem ersten Canetti-Symposion eingeladen hatte, aber offen und freundlich, wie Sven Hanuschek in seiner Canetti-Biographie von 2005 berichtet: „Es bedeutet mir viel, dass man in Rousse" – so schreibt er es nun – „an mich denkt. Die Stadt, in der ich die ersten sechs Jahre meines Lebens verbracht habe, hat nach mehr als 80 Jahren nichts von ihrer Kraft und Farbigkeit in meiner Erinnerung verloren.
Ich habe noch einen besonderen Grund, warum ich den Bulgaren dankbar bin. Ich denke an die Haltung des ganzen Volkes während des letzten Krieges. Als es darum ging, die Juden in den sicheren Tod zu schicken, haben sich die Bulgaren wie ein Mann dagegen erhoben und das Leben vieler Tausende von Menschen gerettet. Unter den Geretteten befanden sich auch nahe Verwandte von mir." – Erst nach seinem Tod konnte die Internationale Canetti-Gesellschaft in Ruse gegründet werden. Zu seinen Lebzeiten sollte Ruse für ihn trotz aller Freude darüber, dass man dort an ihn denkt, wohl unangetastet das von ihm erinnerte Rustschuk bleiben.

Meine Vorfreude auf diese Reise in seinen Geburtsort hat meine Erinnerungen an Elias Canetti wieder mit neuem Leben erfüllt und mich noch einmal zu diesen alten Gedanken geführt.

Aber die Neugier auf die gegenwärtige Stadt ist wohl, über das historische Interesse hinausgehend, das andere wesentliche Motiv dieser Reise nach Ruse, das es eben wirklich gibt, auch wenn Rustschuk wohl für alle Zeit ein phantastischer Ort im Reich der Weltliteratur bleiben wird, auf den gewöhnlichen geographischen Karten unauffindbar.

Dem genialen Gründer dieser fabulösen Stadt gilt heute meine Ehrerbietung anlässlich des Besuchs im realen Ruse – und mein persönlicher Dank an ihn – als Umkehrung des alten jüdischen Fluchs: *Nicht gedacht soll seiner werden!* Es soll heute seiner gedacht werden.

Nur der Umstand, dass ich zu Lebzeiten Canettis zehn Jahre lang Direktor des Burgtheaters in Wien und später in Zürich Direktor des Schauspielhauses war, befugt mich dazu, der freundlichen Aufforderung zu diesem Grußwort nachzukommen.

Schon in Canettis Kindheitserinnerungen an Rustschuk taucht das Phantom ‚Burgtheater' auf, von dem seine Mutter geradezu besessen war, deren Jugend sich zwischen Wien und Bulgarien abgespielt hat. *Wien sei ihre Religion gewesen*, schreibt Canetti, *das Burgtheater die Sehnsucht ihres Lebens.* Seine Eltern sprachen deutsch, ihre Geheimsprache, die Elias nicht verstand, „die Sprache ihrer glücklichen Schulzeit in Wien." – Weiter heißt es in der „Geretteten Zunge": „Am liebsten sprachen sie vom Burgtheater, da hatten sie, noch bevor sie sich kannten, dieselben Stücke und dieselben Schauspieler gesehen und kamen mit ihren Erinnerungen darüber nie zu Ende. Später erfuhr ich, dass sie sich unter solchen Gesprächen ineinander verliebt hatten."

In diesen Tempel ihrer geliebten Geheimsprache pilgerten die Eltern Canettis, *die beide für ihr Leben gern Schauspieler geworden wären.* – Der später fragwürdige Gedanke, das Burgtheater sei ein ‚Hort der deutschen Sprache', war damals noch nicht nationalistisch geprägt, sondern die berühmte Bühne war in dem vielsprachigen, dialekt-bestimmten Wiener Alltag wohl der einzige Ort, wo man das vermeintlich reine Hochdeutsch vollendet hören zu können glaubte.

Nicht nur die Mutter Canettis, sondern später auch seine Frau Veza maßen anscheinend dem Burgtheater eine überfordernde Bedeutung zu. *Sie habe*, so berichtet Canetti, *fast mehr als er selber eine Aufführung der „Komödie der Eitelkeit" an diesem Haus herbeigesehnt und das eine Zeit lang sogar zur Bedingung gemacht, überhaupt wieder in Wien zu erscheinen.* – Als dann am 5. Mai 1979 die Premiere stattfand, war Veza Canetti schon 16 Jahre tot – und Canetti war so alt wie ich heute.

Als junger Schauspieler hatte ich Canetti mehrfach in der Gesellschaft für Literatur erlebt; er war dort seit 1962 einer der häufigsten Gäste, liebevoll betreut von Wolfgang Kraus, der mir übrigens bis zum Ende meiner Direktionszeit hilfreich nahe stand. Im Mai 1978 habe ich dann Canetti kennengelernt, am Tag vor seiner Lesung im Palais Wilczek. Wir führten abendliche Gespräche über die geplante Inszenierung der „Komödie der Eitelkeit".

Schon im April dieses Jahres hatte Reinhard Urbach, Chefdramaturg in meiner Direktion, der in besonderer Weise Canettis Vertrauen genoss, die erste Canetti-Matinee in unserem sogenannten kleinen Haus, dem Akademietheater, gestaltet; der folgte dann am 28. April 1979 die zweite, an der Canetti mitwirkte, die als Einführung in die „Komödie der Eitelkeit" angelegt war. Am 5. Mai hatte das Stück in der Inszenierung von Hans Hollmann, der zum ersten Mal am Burgtheater arbeitete, seine Premiere. – Diese war spannungsvoll erfolgreich. Beim Schlussapplaus verbeugte sich Canetti mehrfach, und der kleine Mann verwandelte sich in einen Bühnenriesen.

Canetti war augenscheinlich sehr glücklich an diesem Abend, noch bei der Premierenfeier jugendlich wach, geradezu euphorisch, eine lange Nacht durch. Er hatte das Burgtheater erobert, das mythische Traumziel seiner Eltern, von dem er als Kind in Ruse fast 70 Jahre zuvor zum ersten Mal gehört hatte. – Es war sehr berührend, ihn so voller Freude zu erleben.

Der österreichische Germanist Gerald Stieg, der in der Nacht nach der Premierenfeier an mehreren Orten mit Canetti noch intensive Gespräche führte, hat berichtet, dass Canetti damals ernsthaft erwogen habe, sich in Wien niederzulassen. Das lange nächtliche Gespräch bis in den Morgen hinein, habe diesen Plan zum Inhalt gehabt. Am 9. Mai abends löste sich diese Überlegung in Nichts auf; die Euphorie brach zusammen, Canetti wollte sofort Wien verlassen.

Er hatte die dritte Vorstellung besucht, saß in der Direktionsloge und erlebte einen, wie er glaubte, ‚antisemitischen' Skandal, tumultuöse Szenen im Parkett, geifernde Proteste gegen sein Stück. Die Logentür wurde aufgerissen, er wurde schändlich beschimpft. Er wollte sofort abreisen.

Es gelang, ihn zu beruhigen und Reinhard Urbach konnte ihn von öffentlichen Erklärungen abhalten, die das reaktionäre Spektakel nur aufgewertet hätten. Wir waren natürlich alle empört, aber nach ähnlichen Erfahrungen bei anderen Produktionen nicht mehr so verwundbar, und bewerteten die Lümmelei nicht so dramatisch wie der aus seiner Euphorie abstürzende Dichter.

Wir arbeiteten damals in einer schwierigen ‚Atmosphäre'. Einerseits gewährleistete die liberale Kulturpolitik der Ära Kreisky mit dem bedeutenden Unterrichtsminister Fred Sinowatz alle notwendigen Freiheiten, andererseits stürzte sich die Opposition mit aller ideologischer Vehemenz und mit der Hilfe der „Kronen Zeitung" auf die Kulturpolitik. Dadurch wurde der reaktionäre Teil des Publikums, den Canetti dann den „alt-idiotischen" nannte, zu allen möglichen Protesten ermuntert, die z. B. auch Pinters „Heimkehr" im Akademietheater trafen.

Natürlich standen – und stehen wohl noch immer – Nazis und Antisemiten, die in Wien übrigens nicht unbedingt identisch sind, zusammen mit anderen Alt-Idioten in ausreichender Auswahl für solche Aktionen zur Verfügung. – In der Direktionszeit meines Nachfolgers wurden sie mit Geschick zum publizistisch wirksamen Skandal-Machen v o r bestimmten Premieren eingesetzt. Es liegt nahe, in diesem Zusammenhang noch einmal Gerald Stieg zu dem Canetti-Tumult zu zitieren, der sich übrigens in den folgenden Vorstellungen nicht wiederholte. Er schreibt, *das authentische Publikum, organisiert oder instinktiv, habe sich diese Vivisektion seiner selbst aus dem Jahre 1934 nicht gefallen lassen,* denn: „Es ist erträglicher, sich von Thomas Bernhard ununterbrochen als katholisch-nationalistisch beschimpfen zu lassen, als das echte österreichische Antlitz im Spiegel zu sehen."

Nach guter Wiener Art schmolz übrigens die zweifellos deutliche Distanz zwischen Canetti und der Wiener Kultur-Bürgerschaft 1981 nach der Verleihung des Nobelpreises dahin; er wurde de facto eingebürgert, wurde ‚unser' Elias Canetti und einige Jahre später ganz selbstverständlich Ehrenbürger der Stadt Wien – und die Vorstellungen seiner „Hochzeit", die 1985 im Akademietheater herauskam, gingen ohne Störungen über die Bühne.

Die Gespräche zur Vorbereitung dieser Inszenierung fanden im März 1985 in Zürich in der berühmten Klosbachstraße statt. Reinhard Urbach, der im Auftrag der Stadt Wien auch Angelegenheiten der Verleihung der Ehrenbürgerschaft mit Canetti abzusprechen hatte – eine heikle Mission, da der nicht uneitle Kandidat diese Würdigung in geteilter Freude gemeinsam mit Fritz Hochwälder genießen sollte – und ich waren für einige Stunden, viel länger, als wir das vorgesehen hatten, Gäste des blendend gelaunten Dichters, der uns wie ein komödiantischer Springteufel Stockholmer Kuriositäten anlässlich der Nobelpreis-Verleihung und ein festliches Treffen der Pour-le-Mérite-Ordensträger mit Damen in ständigem Rollenwechsel vorspielte. Es war sehr komisch.

Von solchen komödiantischen Ereignissen berichten viele Canetti-Zeugen, auch von seinen Rollenspielen am Telephon. Erzählt man ebenfalls davon, so gerät man zwangsläufig in den Verdacht, Canetti-Erlebnisse von anderen zu annektieren. Auch von seiner Freundlichkeit, seiner Bescheidenheit, seiner spröden Herzlichkeit, seinem unprätentiösen Anteil-Nehmen reden viele Menschen, die ihn gekannt haben. – Ich auch.

Seine Biographie bekundet freilich: Er war im landläufigen Sinne immer wieder durchaus kein guter Mensch. Oft ein ‚Menschenfresser', in vielfacher Bedeutung, nicht nur im literarischen Sinn, wie es Ruth von Mayenburg beschreibt. – Canetti und seine Frau Veza hatten sie und ihren Mann Ernst Fischer 1934 in ihrer Wohnung in der Ferdinandstraße in Wien freundschaftlich aufgenommen und ihnen mutig Schutz vor politischer Verfolgung geboten.

Das alles kann man in den „Erinnerungen und Reflexionen" des dankbaren Ernst Fischer nachlesen. Nicht bei Canetti. Ich hatte Fischers Buch gelesen, bevor mir Canetti wirklich ein Begriff wurde. Ernst Fischer, den ich bei Dorothea Neff und Eva Zilcher 1970 kennenlernte, hat mir damals sein autobiographisches Buch geschenkt, das mich sehr beeindruckt hat. Ernst Fischer war Kommunist, ein brillanter Schriftsteller und ein hochgebildeter Mann und trotz dieser unpassenden Voraussetzungen nach 1945 der erste Unterrichtsminister der Zweiten Republik.

Wenn ich an diese ferne ‚Bekanntschaft' mit Ernst Fischer zurückdenke, dann gelingt es mir nur schwer, in meiner Erinnerung zu dem Menschen vorzudringen, den ich 1970 erlebt habe. Mein Gedächtnis hat ihn quasi in eine Figur Canettis verwandelt, wider mein besseres Wissen. Ähnlich ergeht es mir übrigens auch mit Fritz Wotruba, auch eine bedeutende Gestalt aus Canettis Leben. – Ich hatte ihn 1960 kennengelernt; er stattete den mehrjährigen Antike-Zyklus des Burgtheaters aus, in dem ich bis zum Orest mehrere Rollen gespielt habe. Ich erinnere mich an seine wunderbaren abenteuerlichen, meist autobiographischen Anekdoten, seine ziemlich eigenwilligen Sophokles-Kommentare und -Interpretationen in der Kantine mit uns Schauspielern und an seine anekdotenträchtige Arbeit als bildhauerischer Kostümbildner. – Diese beiden Männer waren sehr gute Freunde und intime Kenner Canettis, beide mussten eine sehr wechselvolle Beziehung mit Canetti durchmachen, beide waren tot, als ich Canetti persönlich kennenlernte. Die Erinnerungen an diese drei Menschen bringen mein Gedächtnis in Unordnung und bestätigen mir die Gefährdung durch die unausweichliche Erinnerungsfälschung, von der schon die Rede war.

Canetti hat Fischer im Gegensatz zu Wotruba in seiner Autobiographie nicht erwähnt; der hatte gewagt, sein Werk „Masse und Macht" zu kritisieren: Canetti sprach daraufhin von der „Wohltat, die er mir mit seiner Ablehnung von ‚Masse und Macht' erwies." Dann heißt es sogar, er könne „nur mit Ekel an Fischer zurückdenken".

Canetti war fähig, alte Freundschaften einfach durchzustreichen, aus guten und aus schlechten Gründen, aber immer rigoros. Wie viele künstlerische Menschen lebte Canetti *viele Leben in einem;* er bekannte sich zur ‚Verwandlung'; er konnte *durchstreichen und weitergehen*. Mit diesen Worten schließt Edgar in Strindbergs „Totentanz" sein bisheriges Leben ab. – Strindberg war übrigens ein Lieblingsautor seiner Mutter.

Trotzdem bewahrte Canetti die Einheit seines Lebens und die konsolidierte sich in seiner Menschenfreundlichkeit, so empfand und empfinde ich seine tiefe Widersprüchlichkeit – und ich weiß nicht, ob seine Freundlichkeit auch ein Selbstschutz war – oder eine Maske. Magris unterstellt das, wenn er zum Beispiel vermutet, dass Canetti den jahrzehntelangen Nicht-Erfolg seines wichtigsten Buches „Die Blendung" *und seine Randexistenz mit einer Festigkeit ertragen habe*, „die vielleicht hinter seiner freundlichen Bescheidenheit das unzweifelhafte, geradezu anmaßende Bewusstsein der eigenen Genialität verbarg."

Vielleicht war die Freundlichkeit des alten Mannes auch eine ganz andere als die in früheren Jahren, vielleicht war sie einfach die Freude daran, noch zu leben und wenigstens einen geliebten Menschen um sich zu haben, vielleicht war sie eine Waffe gegen die verrinnende Zeit, vielleicht war sie ein Ausdruck der Weisheit, vielleicht war sie nur ein Zeichen der Dankbarkeit und dauerte wohl auch nicht den ganzen Tag über – wie auch immer: Für mich war Canettis Freundlichkeit nichts anderes als eben Freundlichkeit. Ich bin dankbar für seine Zuwendung und ich bin so anmaßend, seine Freundlichkeit so zu nennen, die ich besonders in meiner Zürcher Zeit von ihm erfahren habe.

Ich durfte ihn in der Klosbachstraße besuchen. Hier wurde die Aufnahme von Veza Canettis Stück „Oger" in den Spielplan des Schauspielhauses besprochen, hier habe ich ihm den Regisseur Werner Düggelin als Regisseur des „Oger" zugeführt. Canetti besuchte mich im Theater am Tag der Premiere von „Oger" mit seiner Tochter Johanna; nach der Vorstellung saßen wir lange zusammen, mit Thomas Hürlimann und mit Schauspielern der Aufführung, und es gab auch an diesem Abend die Gespräche, die meine Zürcher Zeit wertvoll gemacht haben.

Auch die Gespräche am Havel-Abend im Schauspielhauskeller in der vorangegangenen Spielzeit gehörten dazu. Zu meiner großen Freude hatte Canetti meine Einladung zu unserer Nacht mit Václav Havel im Schauspielhaus angenommen. Havel kam im November 1990 als Staatspräsident nach Zürich und besuchte ein Fest, das wir zu seinen Ehren im Schauspielhaus veranstalteten. Hier hatte auch zur Eröffnung meiner Zürcher Direktionszeit die bis heute letzte deutschsprachige Uraufführung eines Havel-Stückes („Sanierung") stattgefunden. Diese Uraufführung hatten wir während der letzten Haft von Václav Havel vorbereitet.

Es war ein denkwürdiger Abend am 22. November 1990, an dem nicht nur das Ensemble des Zürcher Schauspielhauses, sondern auch Regisseure und Schauspieler der Wiener Havel-Inszenierungen, u. a. Joachim Bißmeier und Michael Kehlmann mit dem ‚neuen' Staatspräsidenten zusammentrafen, aber auch Politiker wie Moritz Leuenberger, Verleger wie Klaus Juncker und Daniel Keel und vor allem zahlreiche Autoren. Friedrich Dürrenmatt, Jürg Federspiel, Rolf Hochhuth, Franz Hohler, Thomas Hürlimann, Hugo Loetscher, Golo Mann, Niklaus Meienberg waren unserer Einladung gefolgt – und eben auch Elias Canetti.

Canetti war an diesem Abend zunächst gar nicht sichtbar (er ist außer mit Federspiel auch auf keinem Photo zusammen mit prominenten Kollegen zu sehen); ich zweifelte schon, ob er nach der Begrüßung geblieben war. Als sich die Gesellschaft ein wenig verlaufen hatte und auch Dürrenmatt gegangen war, den Canetti bekanntlich nicht schätzte, er hat ihn sogar „erstaunlicher Dummheit" geziehen, da trat Canetti eindrucksvoll auf den Plan, sprach lange mit Havel, mit dem Fürsten Schwarzenberg, der nun tschechischer Kanzler war und in den Jahren zuvor diskret und wirksam ‚unseren Dissidenten' ein hilfreicher Schutzpatron war, mit Werner Weber und Thomas Hürlimann, mit Joachim Bißmeier und mir und blieb bis zum späten, bzw. frühen Ende des Festes, voller Vitalität und in bester Laune.

Am 31. Mai 1992 fand die „Oger"-Uraufführung statt. Wieder hatte sich wie in Wien 1979 ein Lebenskreis Canettis geschlossen; dort war er in den Traumort seiner Eltern, das Burgtheater, heimgekehrt; hier in Zürich war Veza Canettis Traum, ihren „Oger", den sie für ihr wichtigstes Werk hielt, auf der Bühne zu sehen, wenigstens für Canetti in Erfüllung gegangen. Canetti war also stellvertretend in die Träume seiner Eltern und seiner Frau Veza eingetreten, als Erbe ihrer Sehnsucht.

Canetti war überglücklich, dass der „Oger" endlich gespielt wurde. Es sei vielleicht *das Schönste, was in seinem Leben passiert sei, dass Veza endlich Gerechtigkeit widerfuhr.* „Die gelbe Straße" war erschienen, der „Oger" uraufgeführt. „Noch vor zwei Jahren kannte man Veza nur aus der Schilderung in der ‚Fackel im Ohr'. Jetzt ist sie selber wieder da und hat ihre eigene Stimme", jubelte er.

In der Nacht nach der Premiere erlebte ich Canetti zum letzten Mal. Ich verließ Zürich 1992. Seine Bitte und auch die von Thomas Hürlimann, doch am Schauspielhaus zu bleiben, konnte ich leider nicht erfüllen, weil die Stadt Zürich den Vertrag nicht einhielt. Der offene Brief, den Canetti in diesem Zusammenhang an Werner

Weber, den Präsidenten des Verwaltungsrats der Schauspielhaus AG geschrieben hat, empfinde ich als die höchste Ehrung, die mir in meinem Berufsleben zuteil wurde. Dieser Brief ist für mich ein wesentliches Zeugnis für die Beziehung zwischen Canetti und mir; er macht verständlich, warum es mir ein großes Bedürfnis ist, ihm hier an seinem Geburtsort für alle Begegnungen und Gespräche zu danken – und für diesen Brief. Deshalb erlaube ich mir die Eitelkeit, diesen Brief zu zitieren:

„Lieber Herr Professor Weber,
meine alte Liebe zu dieser Stadt, die in früher Jugend entstand, gibt mir den Mut zu diesem Brief.
Wo immer in meinem Leben von Zürich die Rede war, sprach man auch von seinem Theater. Vielleicht ist man sich nicht immer dessen bewusst, wie sehr zum Ruhm Zürichs in der Welt auch sein Theater gehört.
Ich bin bestürzt über die Vorstellung, dass Achim Benning einmal nicht mehr hier sein könnte. Er vereinigt hohes Können mit Besonnenheit und Lauterkeit des Wesens, eine Verbindung, die unter Theaterleitern nicht häufig ist. Ich spreche hier aus, was ich ihm zwar nie sagen würde, was ich aber seit langem über ihn denke. Wie viel das bedeuten kann, merkt man erst, wenn es nicht mehr da ist.
Ich wünschte, ich könnte ihn dazu bereden, an diesem durch seine Unzerstörbarkeit gesegneten Ort zu bleiben.
Mit bestem Gruß
Ihr Elias Canetti"

Sie werden nun nach diesen Zeilen gut verstehen, dass ich mit Aufregung nach Ruse gekommen bin, dass es mich sehr bewegt, in der Stadt von Canettis Kindheit zu sein und dass ich, nur mit den Befugnissen ausgestattet, die ich in diesem Grußwort angedeutet habe, doch der Aufforderung nachgekommen bin, hier zu Ehren von Elias Canetti das Wort zu ergreifen.

Bei meinem Aufenthalt im Februar 1995 in Zürich, wo ich „Der Schein trügt" von Thomas Bernhard inszenierte, besuchte ich mit Wolfgang Gasser Canettis Grab in Fluntern, wo er in unmittelbarer Nachbarschaft von James Joyce liegt. Ein dünnes Kreuz nannte seinen Namen. Auf der Querleiste lagen kleine Steine. Wir legten zwei dazu.

Vortrag in Ruse im Theaterhaus-Kammersaal am 19. September 2009.

52 Reinhard Urbach

Ein Brief an Peter Michael Braunwarth

Wien, 29. Oktober 2009

Lieber, verehrter Herr Professor Braunwarth,
leider muss ich Sie enttäuschen. Ihrem freundlichen Ansinnen, mich mit einem Erinnerungstext in die Schar der Gratulanten einzureihen, die Reinhard Urbach zu seinem 70. Geburtstag gebührend zu feiern versuchen, war ich am Ende doch nicht gewachsen. Nicht nur die Kürze der mir zur Verfügung stehenden Zeit, die für einen kurzen Text schon gar nicht reichte, kann ich als Entschuldigung meines Scheiterns anführen, sondern auch die besondere Schwierigkeit, überhaupt einen angemessenen Text zustande zu bringen; schließlich war Reinhard Urbach ein ganz wesentlicher Partner in meinem beruflichen Leben, für den ich große Achtung empfinde und dem ich Dank schulde.

Das lässt sich nicht in der einen oder anderen kurzatmigen Erinnerung unterbringen, zumal der Jubilar eher anekdotenresistent ist. Außerdem wäre die Last des Nicht-Gesagten für die kleinen Geschichten zu groß.

Hätte ich ausreichend Zeit gehabt, hätte ich in Erwägung gezogen, für eine Würdigung den Titel „Die Gebrüder Urbach" zu wählen, denn ich musste lange glauben, dass die Person, die unter dem Namen ‚Urbach' ganztägig Dramaturg am Burgtheater war, einen Zwillingsbruder oder Doppelgänger hat, der im ‚Literatur-Betrieb' Wiens eine wichtige tagfüllende Rolle spielte, wissenschaftlich arbeitete, Bücher las, schrieb oder herausgab – und das alles in der seriösesten und anspruchsvollsten Weise: Beide Urbachs waren nachweislich keine Bluffer. Sie bewältigten zusammen ein Arbeitspensum, das ein Mensch allein nicht schaffen konnte. Die Vermutung eines Doppelgängers war also keine romantische Phantasterei, hatte nichts mit E.T.A. Hoffmann oder Dostojevskij oder gar mit Robert Louis Stevenson zu tun und nichts mit lustigen Irrtümern und Verwechslungen wie in der „Komödie der Irrungen", nein, sie war sozusagen der realistische Ausweg aus dem rational Unerklärbaren; denn 2x1 ist nicht 1 und zweimal ‚ganztägig' nicht ein Tag; das ist schließlich eine mathematische Grundregel.

Selbst wenn man dem Gedanken von Egon Friedell über die ‚Komplementseele' folgte, von der er schreibt, sie sei *die legitime und wahrhaft herrschberechtigte Schwester unserer Alltagsseele,* so würde sein Hinweis auf den unheimlichen Doppelgänger, den ‚Anderen', bei der Lösung des Urbach-Geheimnisses auch nicht weiter helfen, selbst wenn dieser ‚Andere' nicht nur in der Schauspielkunst, von der Friedell spricht, sondern auch in der dramaturgisch–literarischen Arbeit seinen Part übernähme. Der ‚Andere' hätte jedenfalls nicht die Macht, die Zeit zu verdoppeln.

Freilich hätte man in diesem Zusammenhang mit der dem Jubilar angemessenen Gründlichkeit der Frage nachgehen müssen, ob nun die *Alltagsseele* dem Theatermenschen, die *Komplementseele* dem Mann der Literatur zuzurechnen wäre – oder umgekehrt, oder abwechselnd, oder am Ende jedem Zwilling je eine *Alltags-* und je eine *Komplementseele*. Eine heillose Komplikation wäre die Folge gewesen und man wäre bei der Lösung des Urbach-Rätsels auch mit Friedell nicht wirklich weitergekommen, selbst bei ausreichender Zeit nicht. Womöglich hätte man nach all den analytischen Anstrengungen mit der Doppelgänger-Theorie am Ende nicht ausschließen können, dass der eine Urbach doch mit dem anderen Urbach identisch ist; wenn nämlich beide nachts nicht geschlafen haben, dann wäre die genannte mathematische Grundregel nicht außer Kraft gesetzt. Dieser Verdacht wird jedenfalls durch ein Geständnis weitgehend bestätigt, das mir in Form eines Briefes vorliegt, der dem „Tagebuch 1909 – 1912" von Arthur Schnitzler beilag, das mir der womöglich einzige Urbach anlässlich meiner „Danton"-Premiere 1982 geschenkt hat; darin heißt es: „…hier ein Produkt meiner Nachtstunden (die Überwachung der Schnitzler-Tagebuchausgabe). Um es deutlich zu sagen: was Dir die Inszenierungen sind, ist mir das Büchermachen (wenn schon nicht -schreiben), also die Berufung als Nebenjob. Mit anderen Worten: Wichtig ist, dass Zeit bleibt für weniger Vergängliches als den täglichen Kram." Dieser schriftliche Beweis wurde durch einige alltägliche Indizien bestätigt, z. B.: Auf Dramaturgie-Sitzungen praktizierte der womöglich einzige Urbach regelmäßig den napoleonischen Kurzschlaf, den er ohne körperliche Nachlässigkeiten vollendet beherrschte und immer dann einschob, wenn solche Sitzungen, wie das bei Sitzungen so ist, ihre intellektuellen Pausen hatten, viel geredet und wenig gesagt wurde, Diskussionen sich im Kreise drehten oder im Nebensächlichen verplätscherten. Wurde es wieder wichtiger, kehrte der womöglich einzige Urbach, von geheimnisvollen Kräften geleitet, wieder ins Diesseits des schnöden Theaterlebens zurück und war à tempo wach und höchst konzentriert.

Ein anderes Indiz war seine gelegentliche Blässe, die wohl so manches Mal Erschöpfung signalisierte. Saß der womöglich einzige Urbach dann vor einer weißen Wand, so waren oft Brille und Schnurbart wertvolle Orientierungshilfen bei der Ortung seines Gesichts.

Neben diesen oberflächlichen Indizien für die Arbeitsnächte, gegen die Doppelgänger-Theorie und für das anstrengende Doppelleben des einen Urbach hätte man natürlich vor allem die angemessen gründlichen Nachweise aus geistigen und künstlerischen Bereichen anführen und auf die fernen Zeiten eingehen müssen, als das Nachdenken noch geholfen hat, und auch auf die Eigentümlichkeit des Burgtheaters, das sich gelegentlich in seiner Geschichte einen beträchtlichen intellektuellen Luxus leistete. Man hätte in diesem Zusammenhang erwähnen können, dass Friedrich Heer bis 1983 im Burgtheater Asyl gefunden hatte und der Dramaturgie angehörte, als Reinhard Urbach 1977 kam und hier ein hervorragendes, phantasievolles, denk- und schreibfähiges Dramaturgenensemble wesentlich mitgestaltete.

Hätte ich Zeit gehabt, verehrter Herr Professor Braunwarth, hätte ich die Doppelgänger-Theorie zu diesem Schluss geführt. Hätte ich noch mehr Zeit gehabt, hätte ich sie wahrscheinlich wieder gestrichen und auf den Titel „Die Gebrüder Urbach" verzichtet, weil mir das alles zu geschwätzig und zu prätentiös gewesen wäre. Dann hätte ich vielleicht unter dem Titel „Urbach – 1977 – 1986" meine Hommage an den unbeschreiblichen Fleiß des Jubilars und meinen Dank für seine so fruchtbare dramaturgische Arbeit ohne diesen umständlichen Aufwand zuwege gebracht.

Vielleicht hätte ich mich auch darauf beschränkt, gemeinsame Canetti-Erinnerungen aufzufrischen. Schließlich bin ich als Nutznießer des ungewöhnlichen Vertrauensverhältnisses, das Reinhard Urbach und Elias Canetti verband, zu der so freundlichen Bekanntschaft mit Canetti gekommen, die ich vor allem in meiner Zürcher Zeit erleben durfte – bis hin zur Uraufführung von Veza Canettis „Oger" und bis ich die Stadt verließ, weil die sich nicht vertragskonform verhielt. – Canetti setzte sich in einem offenen Brief, der für mich die höchste Auszeichnung in meinem beruflichen Leben ist, für mein Verbleiben in Zürich ein. Diese Ehrung verdanke ich letzten Endes Reinhard Urbach. – Aber vielleicht wäre ich nicht so pathetisch-sentimental geworden und hätte meiner Eitelkeit nicht nachgegeben und mich doch darauf eingelassen, anekdotenhafte gemeinsame Begegnungen mit Canetti zu schildern, irgendwie in Verbindung gesetzt mit meinen Erlebnissen in Ruse, wo ich gerade war. Natürlich sind mir dort meine Erinnerungen an Canetti und Reinhard Urbach wieder *neukräftig vor die Augen* getreten. Aber die Spuren Canettis in dieser gelassenen Stadt sind spärlich, fremd und desolat. Canettis „wunderschöne Stadt für Kinder", dieser fabulöse Ort der Phantasie im Reich der Literatur, dieses ferne Rustschuk bleibt im realen Ruse ohne „Die gerettete Zunge" verborgen. Im Café Griensteidl wäre Rousse freilich ein schöner Anlass für belebende Altherren-‚Weißt-Du-noch'-Gespräche mit Reinhard Urbach, aber dafür hätte er sicher kaum Zeit, weil er wieder ‚Bücher macht'.

Hätte ich die Gabe, zum Beispiel den langen Spätnachmittag im März 1985 in der Klosbachstraße in Zürich realistisch zu schildern, als wir beide ein paar Stunden bei Canetti verbrachten, dann hätte ich auch das versucht. – Wir hatten Canetti besucht, weil wir Vorgespräche für die Inszenierung der „Hochzeit" am Akademietheater führen wollten und weil Reinhard Urbach außerdem im Auftrag der Stadt Wien Angelegenheiten der bevorstehenden Ernennung Canettis zum Ehrenbürger abzusprechen hatte. Canetti, der ja Wien nach dem antisemitischen Skandal bei der dritten Aufführung seiner „Komödie der Eitelkeit" im Jahr 1979 jahrelang gemieden hatte, war auch dank der klugen Diplomatie von Reinhard Urbach an diesem Tag geradezu fröhlich und bot uns im Rahmen langer Gespräche ein großartiges Unterhaltungsprogramm. Wir waren ein begeistertes Publikum.

Ich hätte aber auch aus einer anderen Schriftsteller-Wohnung von gemeinsamen Erlebnissen berichten können. Es wäre wieder in der Schweiz gewesen, dieses Mal in Basel, wo wir in der Wohnung von Rolf Hochhuth in mehrtägiger gemeinsamer Arbeit die „Judith" des Gastgebers für das Burgtheater zu adaptieren, bzw. in eine Leseaufführung hinein zu retten versuchten. Wir scheiterten ganz und gar und plagten uns anschließend noch lange mit der fatalen Erinnerung an den berüchtigten englischen ‚Historiker' David Irving herum, der eines Nachmittags Rolf Hochhuth besuchte, was uns zu einer Spaziergang-Pause verhalf. Eine absurde Begegnung.

Auch die Basel-Tage wären ein folgenreicher Anlass für lange ‚Weißt-Du-noch-Gespräche'. Solche Beschwörungen gemeinsamer Erlebnisse bieten ja meistens eine Plattform, auf der viele Laudatoren, Gratulanten, Festtags- und Grabredner es nicht schaffen, nicht über sich selbst zu reden. Das hätte ich natürlich zu vermeiden versucht und auch auf alle ‚ostdeutschen' Solidaritätsbekundungen von Magdeburger zu Weimaraner verzichtet, die beide trotz beträchtlicher Veräußterreicherung ‚Halbfremde' in diesem Land geblieben sind – und bleiben wollen, wie ich annehme.

Aber so ganz ohne Erinnerungen kann niemand an seinem 70. Geburtstag davonkommen, auch wenn der Jubilar trotz seines Intim-Verhältnisses zu Arthur Schnitzler und seiner exquisiten Kenntnis von dessen Tagebüchern, die als die *Lehrbücher der Erinnerung* gelten, selber sehr erinnerungsscheu zu sein scheint; vor allem deshalb, so glaube ich, weil ‚Erinnern' auch ‚Innehalten', ‚Pause-Machen' bedeutet; aber Reinhard Urbach ist sicher an der Arbeit und dabei macht er eben sehr ungern Pausen, auch wenn er jetzt hoffentlich nachts schläft, sein Doppelleben aufgegeben hat und die ‚Berufung' kein ‚Nebenjob' mehr und das ‚weniger Vergängliche' wieder sein Hauptberuf geworden ist. – Aber die Arbeit am ‚weniger Vergänglichen' erhebt ja sogar den nachdrücklichen Anspruch auf zukünftige Erinnerung.

In Zürich war mein Verwaltungsratspräsident Werner Weber, ein bedeutender Mann der Literatur, der sich große Verdienste um das Zürcher Schauspielhaus erworben hat. In meiner Rede zu seinem Abschied sagte ich ihm: „Verehrter Herr Professor Weber, [...] vielleicht hat das Theater für Ihre E h e mit der Literatur nur eine geringe Rolle gespielt, aber die Literatur war für Ihr V e r h ä l t n i s mit dem Theater bestimmend." Natürlich kann man diese Sätze nicht simpel auf Reinhard Urbach übertragen, für den das Theater wahrlich keine geringe Rolle gespielt hat; ob als wiederholter Seitensprung oder als festes Verhältnis neben der Literatur-Ehe – oder ist er gar ein Bigamist? – das sei dahingestellt. Jedenfalls wäre mir zu Urbach Weber eingefallen, und am Rande eines angemessenen Geburtstagstextes hätte doch aus einem solchen Vergleich der eine oder andere vernünftige Gedanke entstehen können. – Was Schnitzler für Urbach, war für Weber Fontane. Fontanes Satz: „Erinnerung ist viel, ist alles" könnte auch von Schnitzler sein.

Am Ende eines dem Jubilar angemessenen Geburtstagstextes hätte ich Reinhard Urbach mit Fontane eine gute und lange Zukunft gewünscht.

Damit, sehr verehrter Herr Professor Braunwarth, beende ich meine umständliche Absage und bitte Sie um Verständnis. Toitoitoi für Ihre Festschrift!
Ihr
Achim Benning

Beitrag zu einer Festschrift von Peter Michael Braunwarth
für Reinhard Urbach aus Anlass seines 70. Geburtstages 2009.

53 Toleranz – Gleichgültigkeit – Beliebigkeit – Zufall oder der Triumph des Opportunismus

Die Veranstalter haben mich zu diesem kleinen Exkurs wohl deshalb eingeladen, damit ich über Erfahrungen mit diesen Begriffen und deren Realisationen in meinem Lebensbereich etwas sage. Ich werde versuchen, diesen Erwartungen zu entsprechen, in Stichworten, ohne proklamatorischen oder systematischen Anspruch philosophischer oder soziologischer Art, den ich mir nicht anmaße.

Ich habe mich beruflich mit Menschen und mit Sprache beschäftigt, d. h. ich bin meinem heutigen Thema ausführlich und vielfältig begegnet, vor allem als Burgtheaterdirektor, aber auch als Direktor des Zürcher Schauspielhauses. Solche Funktionen beinhalten grundsätzlich im Spannungsfeld zwischen Obrigkeit und Publikum einen nicht konfliktfreien Umgang mit politischen Instanzen und mit den Medien.

In Zürich blieben mir wienerische Presse-Erfahrungen erspart; dafür waren die Erlebnisse mit der verknorpelten Kulturbürokratie, die sich nicht einmal vertragsgetreu verhielt, gerade nach der freien und geschützten Zusammenarbeit mit einer liberalen Obrigkeit in Wien einigermaßen enttäuschend. Hier wurde sogar versucht, auf die künstlerische Arbeit Einfluss auszuüben, ein im Wien der Kreisky-Zeit völlig undenkbarer Vorgang.

Diese wenigen autobiographischen Stichworte sollen lediglich darauf hinweisen, dass die folgenden Überlegungen, wie angekündigt, durch subjektive Erlebnisse vorbelastet sind, wie harmlos und kaum erwähnenswert die im Vergleich mit weitaus bemerkenswerteren Beispielen von Toleranz und Intoleranz, von Gleichgültigkeit und Opportunismus auch sein mögen.

Meine konkreten Erfahrungen mit der abwesenden Toleranz, der eigenen und der der anderen, haben jedenfalls meinen Respekt und andererseits meine Skepsis gegenüber diesem anspruchsvollen Haltungs- und Handlungsbegriff vertieft und mich gelehrt, wie unendlich schwer es ist, sich diesem unnahbar erscheinenden „Ideal" anzunähern, ihn gar zur Maxime des eigenen Handelns zu machen, und wie verlockend die Annehmlichkeit bleibt, Opportunismus, Gleichgültigkeit, Desinteresse, Bequemlichkeit, Feigheit und Überzeugungsmangel als Tugenden zu kostümieren und sie in der Maske der Toleranz vorzuführen.

Weil ich weiß, dass ich vor solchen Verlockungen nicht gefeit war und bin, versuche ich eben durch kritische Nachfragen dem Ideal auf der Spur zu bleiben oder sie notfalls wiederzufinden, die eigenen konkreten Erfahrungen einzuordnen und auf die Maskierungen nicht reinzufallen; denn ich halte die Toleranz für einen zentralen Lebenswert.

Toleranz I

Öffnet sich ein vielschichtiger Begriff nicht so ohne weiteres einer vermittelbaren Einsicht, so wird üblicherweise erst einmal eine etymologische Schneise durch den Dschungel der Definitionen und Interpretationen geschlagen. Dann folgt üblicherweise dem etymologischen der historische Annäherungsversuch, der mit der Hoffnung lockt, man könne einem alten Begriff wie die ‚Toleranz' auf seinem langen Weg durch die Geschichte folgen und dann unterwegs so gut kennenlernen, dass man sich ihm in der Gegenwart wie einem alten Bekannten anvertrauen kann. Es gibt solche Versuche in Hülle und Fülle. Die Flut an einschlägiger Literatur war schon im 18. Jahrhundert unübersehbar. Die Forschung zählt z. B. allein zwischen 1695 und 1790 mehr als 450 bemerkenswerte Aufklärungs- und Toleranz-Schriften, nebenbei gesagt bei einem Prozentsatz von 85 % Analphabeten. 200 Jahre Literatur sind dazugekommen und nun bieten, in letzter Zeit durch die anschwellenden Islam-Diskussionen und hierzulande durch eine ausgeprägte Fremdenfeindlichkeit beschleunigt, in rasant steigender Anzahl immer mehr Lexika, historische, philosophische, theologische, soziologische Bücher, Magazine, Essays, Artikel und Kommentare ein derartig umfangreiches Informationsmaterial, dass jeder, der sich nicht zu einem weitreichenden Leseverzicht entschließen kann, Gefahr läuft, sich dumm zu lesen.

Die geäußerte Vermutung, es handle sich bei der Toleranz um einen unnahbaren Begriff, steht also allem Anschein nach in krassem Gegensatz zu dieser erdrückenden Menge von Gedrucktem jeder Art zu diesem Thema und der überbordenden heutigen Konjunktur dieses Wortes und seiner außerordentlichen Popularität. Die Frage drängt sich auf, ob die Toleranz auf dem Discount-Markt der Ideen der alte aufklärerische Grundbegriff geblieben ist, der gewissermaßen zum Verkaufsschlager wurde, oder ob er ausgeronnen und ausgemergelt nur noch als Billigware verramscht wird.

Unbestritten ist: Die Idee der Toleranz ist, unter welchem Namen und in welcher Form sie auch immer konkret in der Geschichte in Erscheinung getreten ist, jedenfalls seit der Antike eine ethische Grundforderung der Menschen gewesen. Erst die monotheistischen Religionen erklärten sie zur Untugend. Seit der Konstantinischen Wende im 4. Jahrhundert war vor allem das real existierende Christentum für viele Jahrhunderte die Religion der Intoleranz. – Selbst Luther meinte noch, man müsse den lieben Gott für Toleranz um Entschuldigung bitten.

Im 16. Jahrhundert kam die ‚Toleranz' als Lehnwort in die deutsche Sprache. Schon der flüchtige Blick auf die Bedeutungsvarianten ermöglicht die konventionelle Standard-Unterscheidung in die aktive (dulden, zulassen), die passive (erdulden, ertragen) und die kreative Toleranz (respektieren, anerkennen), die jeweils keinen Lebensbereich ausschließt.

Die Toleranz ist von Anfang an ein spannungsgeladener Begriff mit einer dynamischen Binnenopposition, wie die Begriffsgeschichte das nennt. Damit ist gemeint, dass dieser Begriff – so wie auch die ‚Aufklärung' – Widersprüche in sich einschließt, in diesem Fall: die Achtung der Menschenrechte, die Frieden stiftende Kraft, die Unantastbarkeit der inneren Freiheit, die demokratische Überzeugung und auf der anderen Seite die Tendenz zur Zwangsbeglückung, die Anmaßung, den ‚neuen Menschen' schaffen zu können, elitäre und überhebliche, wenig demokratische Grundhaltungen; denn Aufklärung und Toleranz sind von oben nach unten gerichtet und beanspruchen Überlegenheit, nicht nur im gesellschaftlichen, sondern auch im individuellen Bereich. Der Aufklärende setzt voraus, dass der Aufzuklärende dümmer, oder sagen wir unwissender ist als er. – Der Tolerante hat die Freiheit und vor allem die Macht, tolerant zu sein; dem Schwachen, dem Wehrlosen, dem Unterdrückten, der das Leben nur als Überleben begreifen kann, dem ist diese Tugend weitgehend versagt. Er kann sich nur darnach sehnen, Toleranz zu erfahren. An diese obrigkeitliche Toleranz denkt Goethe, wenn er in den „Maximen und Reflexionen" sagt: „Toleranz sollte eigentlich nur eine vorübergehende Gesinnung sein. Sie muss zur Anerkennung führen. Dulden heißt beleidigen."

Diese kurzen Überlegungen zeigen, dass es sich bei der Toleranz, salopp gesagt, um einen Sammelbegriff handelt, dessen Qualität als Haltungs- und Handlungsbegriff an Genauigkeit sehr zu wünschen übrig lässt, in dem z. B. der technische Terminus ‚Toleranz', der medizinische ‚Selbsttoleranz' und der sicherheitspolitische ‚Null-Toleranz' Unterschlupf finden. Nur der Steigerungsbegriff ‚Tolerantismus', der Maria Theresia zugeschrieben wird, die damit die ihrer Meinung nach völlig übertriebene Toleranz gegenüber den Protestanten bezeichnete, ist nicht in den Sprachgebrauch eingegangen.

Die Widersprüche und die diffuse Ungenauigkeit von Begriffen begünstigen aber bekanntermaßen deren Karriere als Schlagworte, Parolen, Slogans und modische Leitbegriffe in der Öffentlichkeit, vorzugsweise in der Werbung und im Vulgär-Journalismus, aber auch in der Politik und in der grassierenden Talk- und Geschwätz-‚Kultur'. Hier bürgt die Beliebigkeit für den Erfolg – und so ist der Toleranzbegriff, wie gesagt, zu einer Konjunktur-Parole avanciert. Vorzugsweise tritt er heute unter dem Namen „Dialog-Bereitschaft" auf.

Dialog

Allerorten werden im Namen der Toleranz Dialoge geführt oder eingefordert. Fast immer handelt es sich dabei um Dialoge zwischen Institutionen, nicht zwischen Individuen.

Es gibt Dialoge zwischen Ost und West, Nord und Süd, Brüssel führt mit Washington einen Dialog, die Nato spricht mit Moskau, der Dialog mit dem Iran muss stattfinden, der Papst sucht den Dialog mit der Orthodoxie und dem Islam, die Politik will den Dialog mit der Kunst – etc., etc. – Jedenfalls wird dem Dialog immer wieder eine Frieden stiftende Kraft zugetraut, die den Sieg der Toleranz über Aggression und Hass gewährleisten kann. Da vermutlich eine Mehrheit der Menschen solche paradiesischen Zustände herbeisehnt und die Friedenspflicht der Wahrheitspflicht überordnet, wächst die Inflation der Dialoge, auch wenn in vielen Fällen über ihnen das alte Gesprächsmotto von Nestroy stehen könnte, das lautet: „Wir werd'n uns schon zusammenseparieren."

Das ursprüngliche Wunder, die Leben und Welt stiftende Sensation der radikalen Begegnung des Menschen mit dem Menschen, die als gestalteter Dialog mit Aischylos in die europäische Kulturgeschichte eingetreten ist, hat in diesem Bereich seine magische Kraft verloren und befindet sich auf dem Rückzug.

Eine kurze Rückbesinnung auf die „erquickliche" (Goethe) Energie des menschlichen Gesprächs scheint daher an dieser Stelle sinnvoll zu sein.

„Kommt, reden wir zusammen, wer redet ist nicht tot." – Diese Aufforderung des atheistischen Pastorensohnes Gottfried Benn, sich des Lebens im Gespräch zu versichern, ist wohl nicht weit entfernt von den Worten Martin Luthers, dass der, mit dem Gott redet, eben dadurch, dass Gott mit ihm redet, unsterblich sei.

Der Gedanke, das Gespräch sei ein fundamentaler Lebensbeweis und folgerichtig ein wesentliches und erquickliches Element aller Lebensbeziehungen, steht schon am Anfang der Überlieferung. Platon glaubt an die magische Urkraft der gesprochenen Sprache und wertet sie höher als die geschriebene.

„In dem Dialog ‚Phaidros' erhebt Platon durch den Mund des Sokrates heftige Einwände gegen die übermäßige Verwendung der Schrift: So habe schon der ägyptische Pharao Thamus dem Gott Theuth, der ihm die Erfindung der Schrift angeboten hatte, entgegnet, diese Erfindung werde die Erinnerung nicht stärken, sondern das lebendige Gedächtnis der Seele schwächen und nur eine tote Scheinweisheit überliefern. Ein schriftlicher Text sei ein totes Abbild einer lebendigen Rede. […] Nur zum Spiel oder zur Erinnerung für das eigene vergessliche Alter werde daher ein weiser Mann sein Wissen der Schrift anvertrauen, im Ernst aber nur im mündlichen Dialog mit einem geeigneten Gegenüber es wie einen Samen weitergeben." (Manfred Kraus „Platon")

Trotz einiger Vorbehalte folgt Goethe dem Mitgenossen Platon eigentlich unerwartet in der Bevorzugung des gesprochenen Wortes. So heißt es in den „Maximen und Reflexionen" über Literatur und Sprache: „Über die wichtigsten Angelegenheiten des Gefühls wie der Vernunft, der Erfahrung, wie des Nachdenkens soll man nur mündlich verhandeln."

Goethe erweitert hier den philosophischen Themenbereich des didaktischen Dialogs, spricht von den *Angelegenheiten des Gefühls* und meint wohl das, was Aristoteles als *seelische Widerfahrnisse* bezeichnet hat. Bei ihm heißt es: „Gesprochene Worte sind Symbole seelischer Widerfahrnisse und geschriebene Worte Symbole gesprochener Worte."

Am Rande sei vermerkt, dass die unterschiedliche Wertung des gesprochenen und des geschriebenen Wortes in vielen, eben auch in nicht philosophischen Bereichen vorgenommen wird, u. a. auch im administrativen Zusammenhang: So hat das gesprochene Wort z. B. im habsburgischen Theaterland Österreich die geballte Aufmerksamkeit der Zensur immer wesentlich stärker erregt als das geschriebene. Der umfangreiche Zensurakt über Schnitzlers „Professor Bernhardi" gibt darüber eindrucksvoll Auskunft. Das 1912 in Berlin erschienene Buch war erlaubt, eine Aufführung blieb in Österreich bis 1918 verboten. Der „Reigen"-Skandal ist ein anderes markantes Beispiel für die Angst vor dem gesprochenen Wort.

Schon im 19. Jahrhundert hatte z. B. Nestroy neben den üblichen Querelen, seine Stücke durch die Zensur zu bekommen, vorrangig Probleme mit der Aufführungspraxis. Extemporieren, ein typisches Element des Volkstheaters, war ausdrücklich verboten. Als Nestroy sich 1826 in Brünn nicht an dieses Verbot hielt, wurde sein Vertrag von Staats wegen annulliert. So kam er übrigens nach Wien.

Aber kehren wir nach dieser österreichischen Randbemerkung in die europäische Frühzeit zurück, in der viele Jahre vor den großen Komödien des Aristophanes der gestaltete Dialog auf die Welt kam und nach gar nicht so langer Zeit seine erste Vollendung erreichte.

Der Dialog zwischen zwei Bühnenfiguren ist die revolutionäre Neuerung in der Geschichte des Theaters, die Welt und Leben stiftende Sensation der Begegnung des Menschen mit dem Menschen in der totalen Konzentration aufeinander, die der Tritagonist eigentlich beeinträchtigt, weshalb es auch trotz der Anzahl von drei Schauspielern zunächst beim Dialog von zwei Personen bleibt; das ist so bis in die Zeiten des Realismus; z. B. sind bei Cechov die großen Gesellschaftsszenen im Grunde ein kompliziertes, verschachteltes System von Dialogen.

Der Dialog der Theaterdichter, *der Ureinwohner des Abendlandes*, wie Botho Strauß sie nennt, ist der überprüfbare Beispielsfall für die Möglichkeiten des freien menschlichen Gesprächs.

Natürlich gab es schon frühzeitig nach der Geburt des Dialogs und fortwährend bis ins 20. Jahrhundert in der Literatur und auf der Bühne auch Gespräche zwischen Göttern und Menschen, zwischen allegorischen Figuren, auch solchen im Totenreich und zwischen Tieren, z. B. die „Totengespräche" des Lukian, oder Wielands „Dialoge im Elysium", oder das „Triptychon" von Max Frisch.

Wiederum am Rande sei bemerkt, dass Nestroy, ebenfalls Autor einer Reihe von im Volkstheater üblichen Götter-, Geister- und Feen-Dialogen, die Tiere und die Verstorbenen denn doch für stumm hielt. So heißt es im „Schützling": „ … – aber die Würmer können nicht reden, sonst verrateten sie's vielleicht, wie grässlich langweilig den Toten das Totsein vorkommt."

In der Flut der Dialog-Literatur, die erst im 19. Jahrhundert abnimmt, gibt es auch den Dialog-Roman (moderne Beispiele: „Der Stechlin" von Theodor Fontane oder „Der Zauberberg" von Thomas Mann); aber dabei handelt es sich um zitierte Dialoge, d. h. nicht um Dialog-Texte, die erst durch die gesprochene Sprache im Zusammenspiel mit dem gleichzeitig zu beobachtenden Gesamtkomplex von Zeichen, Worten und Gesten und der Ausstrahlung der betreffenden Menschen ihre vollkommene Verwirklichung erreichen und beim Zuhören und Beobachten durch Dritte so viel über die Welt auszusagen imstande sind wie über die Redenden und über die Schweigenden. Zuhören und Schweigen sind die wesentlichen schöpferischen Elemente eines freien Dialogs. Zuhören können ist eine hohe und seltene Tugend. Sie bedarf der Geduld. – Für Aristoteles war die Geduld ein Teil der Tapferkeit.

Der populäre Sprachkritiker Wolf Schneider weist darauf hin, dass die Erde mehr ein Planet der offenen Münder als der offenen Ohren sei. *Nicht wenige Ehen oder*

Freundschaften, so schreibt er, *seien ein Pakt zu dem Zweck, einander das Glück des Angehörtwerdens zu verschaffen. – Die wichtigsten Zuhörer in der Religionsgeschichte seien die Jünger von Buddha, Jesus und Mohammed gewesen.* Hätten sie nicht gut zugehört, wären die Religionen nicht entstanden, denn Buddha, Jesus und Mohammed haben nichts geschrieben.

Die Kunst des Bühnen-Dialogs wurde im Laufe der Geschichte des europäischen Theaters immer komplizierter, differenzierter und ich denke, auch anspruchsvoller. Revolutionäre in dieser Kunst der *Ureinwohner des Abendlandes* waren Cechov im 19. und Beckett im 20. Jahrhundert. Dieser ‚klassische' Dialog hat auch auf der Bühne seinen Rückzug angetreten.

Schon 1989 hat Botho Strauß in seiner Büchner-Preis-Rede gesagt, eine Inszenierung sei „gegenwärtig oft nur ein privatpsychopathisches Unternehmen, das maßgeblich von Illiteraten bestimmt wird, die überhaupt gar nichts lesen, nicht einmal das Stück, das sie gerade vor sich haben [...]. Entsprechend wird die Sprache als lächerliches Requisit oder chorisches Phänomen benutzt. Die Fähigkeit, einen Dialog zu entfalten und zu einem spannenden Verfahren zu machen, ist verschwunden, so wie ein Kunstwerk ausstirbt."

Dieses Urteil mag man teilen oder nicht; Tatsache ist, dass die Sprache im Theater und im öffentlichen Leben auf dem Rückzug ist und damit der Dialog, auch wenn allerorten noch so viel gequasselt wird. – Und die moderne deutsche Theaterwissenschaft gibt dem Ganzen den passenden Überbau: Nach Erika Fischer-Lichte tritt an die Stelle des *Werks* das *Ereignis,* an die des *Textes* die *Aufführung,* der *Sinn* ist die *Materialität,* das *Spiel* die *Feedback-Schleife,* die *Erzählung* werde zu *Rhythmus* und zu *Time Brackets.*

Gleichzeitig mit dem Niedergang des Bühnendialogs gibt es im öffentlichen Leben eine wahnwitzige Dialog-Konjunktur. Sie reicht von den degenerierten Abkömmlingen des Dialogs, den Interviews mit ihrer Meinungsdiarrhö bis zu den permanenten Talk-Sendungen und ihrem Selbstdarstellungsgequatsche. Im Privatleben droht der Dialog vor den Fernsehschirmen, den Playstations und im Chat oder Facebook zu versiegen – und im modernen Theater steht der öffentlichen institutionellen Dialog-Konjunktur der weitgehende Niedergang des individuellen Dialogs gegenüber. So erklärt z. B. Elfriede Jelinek, sie finde Dialoge „banal und sinnlos"; sie setzt die „Sprachfläche" an ihre Stelle.

Von dem ‚Bühnentod' des Dialogs kann hier nicht ausführlicher die Rede sein; nur so viel: Der Abwesenheit des Dialogs entspricht oft das Plädoyer für den Hass, die emotionalste und gefährlichste Form der Intoleranz, auch in der Variation des Selbsthasses, den Friedrich Heer den „morbus austriacus" nannte.

Und in der Tat gibt es in der österreichischen Literatur dafür prägnante Beispiele, die bemerkenswerterweise gerade konservative Kultur-Bürger und Politiker erfreuen. Bieten diese Bürger und Politiker ein besonders eindrucksvolles Beispiel für Toleranz? – Der Verdacht auf ganz gewöhnlichen Opportunismus in Kostüm und Maske der Toleranz liegt nahe und die Vermutung, dass solche Politiker wie viele andere

Kunstbürger einfach nur Angst davor haben, die Avantgarde zu verpassen und als intolerante Spießer zu gelten, die hinter der Zeit herhinken und beim Fortschritt nicht dabei sind. Dieses Spießerrisiko wird im kulturellen Bereich durch prophylaktische Zustimmung vermindert, und die geht ganz gut als Toleranz durch.

Allerdings läuft der solchermaßen tolerante Kunstbürger Gefahr, sich den Zorn der professionellen Tabubrecher zuzuziehen, da er sich einfach alles gefallen lässt, im Zweifelsfall jubelt und den Provokateuren auf diese Weise die erhofften Skandale vermasselt. Dann sind die „Kronen Zeitung" und die FPÖ die letzte Hoffnung der Tabu-Brecher und die erweisen sich im Allgemeinen als zuverlässige Partner und enttäuschen die Hoffnung auf Intoleranz nicht. Der frohgemute Opportunismus der Toleranzdarsteller trübt offenbar deren Blick derart, dass diese Moderne-Konformisten übersehen, dass der Hass kein Stimulans für ästhetische Genüsse, sondern eine faschistische ‚Tugend' ist, ein Vernichtungsaffekt laut Brockhaus. Hass lässt keine Toleranz zu.

Aber man schenkt solchen Kunstbekenntnissen wohl eine falsche Aufmerksamkeit, wenn man sie in ethische Zusammenhänge stellt; sie dienen eben nur der Image-Pflege; dabei sind Inhalte und sogenannte Werte beliebig und austauschbar, und es brächte den Toleranzdarstellern und Schattenboxern keinen öffentlichen Mehrwert, wenn sie die Kunst beim Wort nehmen und dann beim eigenen Wort genommen werden. – In einem tatsächlichen Dialog nimmt man aber einander beim Wort und leistet der Beliebigkeit nicht vorsätzlich Vorschub.

Im Jahr 1930 hatte der bedeutende deutsche Kritiker Herbert Ihering von der Umwertung aller Werte gesprochen, vom Fortschritt als der Maske für die wütendste Reaktion und davon, dass sich jeder Stumpfsinn als revolutionär aufzäume. Die lähmende Gleichgültigkeit putze sich als liberal heraus; alles sei Name, alles sei Tarnung. – Allerdings müsste man heute wohl eher von der Beliebigkeit aller Werte als von ihrer Umwertung sprechen.

Gleichgültigkeit und Beliebigkeit

Die aktive, kräftezehrende Toleranz lebt von Werten und in der Auseinandersetzung mit Werten; wenn die ihre Verbindlichkeit verlieren, droht die Toleranz zur Gleichgültigkeit zu versanden und sich im Beliebigen wohnlich einzurichten. Wenn alles gleich gültig ist, dann wird eben alles gleichgültig – ein altes Wortspiel, das heuer zum Signet des Steirischen Herbstes avanciert ist. Dabei verliert der eigentlich negative Begriff des Beliebigen, begünstigt durch Entwicklungen in philosophischen und künstlerischen Bereichen, insbesondere in der Folge der sogenannten Postmoderne, die selber nicht mehr schlüssig zu definieren ist, weitgehend seinen Makel und gewinnt alte Bedeutungsinhalte zurück, die von ‚Beliebung' ausgehen und Beliebtes bezeichnen; wenn nun das Beliebte zur Handlungsmaxime wird, dann schlägt die Stunde des Opportunismus.

Neben der lähmenden Gleichgültigkeit, die sich als Liberalität herausputzt, bildet vor allem der hemmungslose Opportunismus den fruchtbaren Nährboden für den

Siegeszug der Beliebigkeit. Dann geht zwar nicht alles (everything goes), sondern nur alles, was nutzt und Vorteile bietet – oder wenigstens das Image aufpoliert. Die ‚Werte' werden zur Austauschware. Dann ist der Staat gegenüber den Künsten liberal, weil sie ihm völlig ‚wurscht' und nur als Werbeträger oder Kostenfaktor von politischer Bedeutung sind. Dann bejubeln die ärgsten Reaktionäre die Avantgardisten oder die, welche von den Medien zu solchen erklärt werden, und stellen ihre ‚Modernität' unter Beweis und zur Schau; die Klerikalen ergötzen sich an kleinen Blasphemien und die Rebellen tanzen verklärt auf dem Opernball. Die konservativsten Zeitungen leisten sich das fortschrittlichste Feuilleton, in denen Redakteure ausgiebig Ideologien huldigen dürfen, die im benachbarten Politik- und Wirtschafts-Ressort zu fristlosen Entlassungen führen würden. – Kein Triumph der Toleranz, sondern eine Orgie der Beliebigkeit.

Botho Strauß stellt in seinem Artikel „Der Konflikt" („Spiegel", 7/2006) die Frage, *in welche Zukunft wir eigentlich unsere alten zivilen Werte predigen;* er meint allerdings, man könne sich fragen, „ob die erfolgreichen Abwehrkämpfe, die das christliche Europa einst gegen den Ansturm der arabischen Mächte führte, von heute aus gesehen nicht umsonst gewesen sind". Strauß ist sehr skeptisch, was die westliche Dialog-Fähigkeit betrifft, da wir ja nicht bloß eine *säkulare,* sondern weitgehend eine *geistlose Gesellschaft* seien. Strauß hält den Konflikt mit dem Islam für unlösbar, dafür aber für *fest umrissen; er beende die Periode der ‚neuen Unübersichtlichkeit':* „Mit der westlichen Einfühlung in einen unüberwindlichen Antagonismus, sakral/säkular, ist die herrschende Beliebigkeit, sind Synkretismus und Gleich-Gültigkeit in eine Krise geraten. Vielleicht darf man sogar sagen: Wir haben sie hinter uns. Es war eine schwache Zeit!"

Ich glaube aber, dass in den meisten Bereichen der Lebensgestaltung, in den Künsten und in den gelebten Alltagswerten die „Unübersichtlichkeit" und die Beliebigkeit noch lange nicht abgedankt haben. Jedenfalls gewinnen auch die Geschwister der Beliebigkeit immer mehr öffentliche Beachtung, nämlich der Zufall und im Extremfall das Chaos – von Odo Marquards „Apologie des Zufälligen" bis hin zu Stefan Kleins Bestseller „Alles Zufall – die Kraft, die unser Leben bestimmt". – Auch der „Spiegel" widmete vor einiger Zeit der Zufalls-Frage eine Titelgeschichte mit der Überschrift „Der Schatten Schicksal".

Zufall

Auch der Zufalls-Begriff hat eine verwirrende Vorgeschichte. So schrieb z. B. Friedrich der Große 1773 an Voltaire: „Je mehr man altert, desto mehr überzeugt man sich, dass seine heilige Majestät der ‚Zufall' gut drei Viertel der Geschäfte dieses miserablen Universums besorgt." – Dagegen erhob Schiller den Zufall zum existenziellen Geheimnis: „Und was als blindes Ohngefähr uns dünkt, gerade das steigt aus den tiefsten Quellen." – Am rigorosesten hat das der Romantiker Novalis ausgedrückt: „Willkür und Zufall sind die Elemente der Harmonie." – Und Nestroy brachte ein

Hoch auf den Zufall aus: „Dem Zufall danken wir alles, dem seelenguten Kerl, dem der menschliche Eigendünkel fast immer das Verdienst abstreit'. Lassen wir ihn leben. Der Zufall lebe hoch!"

Der Zufall bietet allerdings dem Opportunisten keine Orientierung; dem Zufall wohnt ein Geheimnis inne, das ihn vor dem Opportunisten schützt; die Beliebigkeit kann der Opportunist hingegen mitgestalten. Die Beliebigkeit ist also das eigentliche Terrain des Opportunismus.

Ein Modebegriff aus der Umgebung der Beliebigkeit ist die ‚Flexibilität', die heute wie ein Allheilmittel für Abhängige gehandelt wird. Auf diesen soziologischen Aspekt sei hier nur am Rande hingewiesen. Die Soziologie wertet (wie die Biologie und die Wirtschaftswissenschaften) den Opportunismus grundsätzlich nicht als moralische Kategorie. Sicher ist Richard Sennetts ‚flexibler Mensch' eine prototypische Erscheinung des zeitgenössischen Opportunismus. Der miese und menschenfeindliche Modebegriff „Flexibilität" hat eben, darauf weist Sennett hin, nichts mehr mit dem alten Begriff „flexibility" zu tun, der ursprünglich von der einfachen Beobachtung abgeleitet war, dass ein Baum sich zwar im Winde biegen kann, aber nach dem Sturm in seine ursprüngliche Gestalt zurückkehrt. Heute, so schreibt Sennett, konzentriere sich die Flexibilität „jedoch vor allem auf die Kräfte, die den Menschen verbiegen" – also zum Opportunisten machen, zum Jasager, Feigling, Liebediener, Duckmäuser, Weichling, Speichellecker, zum Schleimscheißer oder Arschkriecher, zum Wendehals – oder wie die vielen Mitglieder der Opportunisten-Familie sonst noch heißen mögen.

Der Soziologe Alphons Silbermann beschreibt in seinem kleinen Standardwerk „Von der Kunst der Arschkriecherei" zahlreiche Varianten opportunistischen Verhaltens mit Beispielen aus der Kulturgeschichte, u. a. das „opportunistische kriecherische Verhalten" von Richard Wagner und nennt z. B. das Werk des Adolph von Knigge „Über den Umgang mit Menschen" ein „Kompendium der Willfährigkeit, eine Anleitung zur Kriecherei". Die Radikalität dieser Interpretation mag zutreffen oder nicht, aber die Grundbegabung des Menschen zum Opportunismus würde eine Anleitung zur Kriecherei eigentlich überflüssig machen. Der gewöhnliche, erfolgreiche Opportunist ist im Allgemeinen Autodidakt.

Opportunismus

Der Opportunismus ist eine Art Weltreligion, die kein Ansehen genießt, nicht einmal bei ihren praktizierenden Anhängern.

Es gibt offenbar keine moralische Solidarität unter den Opportunisten. Da aber wohl doch nicht alle Menschen bedingungslose Opportunisten sind, kommt man um die Frage nicht herum: Wann ist wer ein Opportunist? – Ideologisch lässt sich das nicht bestimmen; denn der Opportunismus ist ja die Ideologie der Ideologielosigkeit. Da die Opportunisten auch kein Glaubensbekenntnis für den Opportunismus ablegen, könnte man sie nur an ihren Taten erkennen; aber ist jemand, der gelegentlich opportunistisch handelt schon ein richtiger Opportunist? – Schließlich stempeln Not-Lügen noch niemanden zum Lügner, und es wird auch nicht jeder Gelegenheitstrinker zum Alkoholiker. – Aber wo ist die Grenze, soll heißen: die Schamgrenze zwischen dem opportunen und dem opportunistischen Handeln?

Anscheinend stehen nur die Extremfälle weit diesseits oder jenseits der schwer erkennbaren Demarkationslinie außer Streit. Am leichtesten fällt die Feststellung: Dieser oder jener ist kein Opportunist. Der zählt dann meistens schon zu den Helden. Die Geschwister Scholl waren es nicht; Grüninger war es nicht; Václav Havel war es nicht – zum Beispiel, der als Bürger und Schriftsteller *in der Wahrheit lebte* – so pathetisch darf man das tatsächlich sagen. – Und der Politiker Václav Havel? Anlässlich seines letzten Staatsbesuchs in der Bundesrepublik sagte er in einem Interview: *Die Politik müsse von der Wahrheit ausgehen.* Das ist noch immer ein hoher und seltener moralischer Anspruch, aber er impliziert nicht mehr das *Leben in der Wahrheit.*

Die sogenannte Wahrheit verträgt sich anscheinend nicht mit dem Opportunitätsanspruch der Politik. Das Sprichwort: „Wer die Wahrheit sagt, muss ein schnelles Pferd haben" ist schlechterdings eine Maxime erfolgreichen politischen Handelns; denn wer hat schon ein schnelles Pferd.

In Havels Theaterstücken besteht allerdings das Personal vorwiegend aus Opportunisten. Er sah in ihnen die eigentlichen Stützen der undemokratischen Gesellschaft – und steht damit in der Tradition von Gogol und Schnitzler, deren Stücke „Der Revisor" und „Professor Bernhardi" zu den großen Opportunismus-Komödien der Weltliteratur gehören.

Im reichen Figuren-Reigen von Schnitzlers Meisterwerk tauchen biedere Handwerker und fulminante Virtuosen des Opportunismus in einer dramaturgisch grandios geflochtenen ‚Vernetzung' auf. Da gibt es z. B. den abgeklärten Pragmatiker, den Hofrat Winkler. *Immer richtig, d. h. nicht opportunistisch zu handeln,* so belehrt der Hofrat Bernhardi nach seiner Haftentlassung, das habe drastische Konsequenzen: „[...] Wenn man immerfort das Richtige täte, oder vielmehr, wenn man einmal in der Früh, so ohne sich's weiter zu überlegen, anfing', das Richtige zu tun und so in einem fort den ganzen Tag lang das Richtige, so säße man sicher noch vorm Nachtmahl im Kriminal."

Diesem quasi *pragmatischen Opportunismus* steht in Schnitzlers Stück der zynische *Karriere-Opportunismus* des Unterrichtsministers Flint gegenüber, der als Assistenzarzt durch das Verschweigen der richtigen Diagnose, die er als einziger wusste, einen Menschen sterben ließ, um den Start und den schnellen Anstieg seiner Karriere zu befördern. Und er verteidigt diese Schweinerei mit selbstsicherem Pathos.

Flints phantastisch egozentrische Argumentation erklärt den auf ein ethisches Ziel gerichteten Opportunismus zur höchsten Moral und geht tatsächlich über Leichen. – So denken viele, so reden wenige. Die bekennenden Opportunisten sind in der Minderheit.

Schnitzler nannte seinen „Professor Bernhardi" eine politische Komödie. Die von Schnitzler gezeigten Opportunisten suhlen sich vorzugsweise im antisemitischen Morast dieser Zeit. Der Antisemitismus ist sozusagen das zeitgemäße Schmiermittel für die Mechanik der Karrieren und des allgemeinen gesellschaftlichen Aufstiegs. Weniger drastisch formuliert, kann man sagen: Das Stück handelt – auch – von der opportunistischen Benutzbarkeit des Antisemitismus. – Ein Thema, das uns in Österreich noch immer geläufig ist, obwohl die heutigen Antisemiten im Gegensatz zu ihren Glaubensbrüdern in der Schnitzler-Zeit partout nicht mehr ‚Antisemiten' genannt werden wollen.

Viele Jahre später hat man Schnitzler selbst mit dem fragwürdigen Mut der Nachgeborenen Opportunismus vorgeworfen. Der hatte 1897 in einem Brief an Olga Waissnix geschrieben, *man sehe doch eigentlich mit merkwürdiger Ruhe zu, wie man einfach aus dem Geburtsgrunde von Millionen Menschen nicht für voll genommen werde.* „Es wird bald wieder Zeit, die Tragödie der Juden zu schreiben." (1897!)

Tatsächlich war der unbeschreiblich aggressive und widerliche Antisemitismus im Wien der Jahrhundertwende damals verbal schon ganz auf der Höhe von Julius Streicher und dem übelsten Nazi-Faschismus. In der Entstehungszeit des „Professor Bernhardi", also zwischen 1899 und 1911, ist zum Beispiel die christliche Tageszeitung „Deutsches Volksblatt" vom späteren Nazi-„Stürmer" kaum, jedenfalls nicht in Sachen fanatischer antisemitischer Hetze zu unterscheiden. Schnitzler habe, so lautete der spätere Vorwurf, in seinem Stück dieses grauenhafte Phänomen verharmlost. Der Komödien-Dichter hätte ein politischer Kämpfer sein sollen. Schon die österreichische Zensur hat diesen ‚Harmlosigkeits-Vorwurf' eindrucksvoll widerlegt. Aber könnte man denn, selbst dann wenn die Opfer sich ducken, überhaupt von Opportunismus reden? – Nein!

Auch Manès Sperber hat diese Frage bewegt. Er anerkennt Schnitzler aber grundsätzlich als moralische Instanz und schreibt z. B. 1982: „Für Arthur Schnitzler empfanden wir Respekt. […] Im Gegensatz zu vielen angesehenen Kollegen, hatte er bald nach Kriegsbeginn die damals allgemein gewordene Hasspropaganda eindeutig abgelehnt. Unser Respekt galt also dem geistigen und moralischen Anstand des Dichters, nicht seinem Werk. […] In der Tat war dieses nicht aktuell, es gehörte einer leichtsinnig selbstmörderischen Welt, der Vorkriegszeit, an."

Später hat Sperber sein Urteil über das Werk gründlich revidiert, aber er spricht in diesem Zusammenhang eben nicht von der *merkwürdigen Ruhe.*

Es besteht auch die Möglichkeit, dass man bei dieser Frage auf den Opportunismus der Fragenden stößt, der zeitgenössischen und vor allem auf den der nachgeborenen, die oft, wenn sie ihren eigenen moralischen Ansprüchen nicht gewachsen sind, diese mit besonderem moralischen Tremolo in die Vergangenheit transferieren – oder sie in der Gegenwart an dafür scheinbar ‚zuständige' Menschen delegieren. Diese Auserwählten werden dann an die Front der Meinungsproduktion entsandt, während die anonymen Opportunisten in voller Deckung mit gedämpften Stimmen das Kampfgeschehen aus der Etappe kommentieren. Die an der Front, das können schlechthin Erfolgreiche sein, Talkmaster, Schlagersänger, Sportler, Köche und andere wichtige Stützen unserer Gesellschaft, auch Politiker, oder Priester und eben auch Künstler und da vorzugsweise Schriftsteller, die gewissermaßen dazu verpflichtet sind, „der immanenten Idee des eigenen Lebens mit Treue zu dienen", wie Schnitzlers Flint das formulierte. Geht es aber um Taten und nicht um das inflationäre Absondern von Meinung, so sieht das ganz anders aus. Schriftsteller als handelnde Politiker sind kaum erwünscht und selten erfolgreich. Havel ist bis jetzt eine der wenigen Ausnahmen; Carlo Schmid z. B. scheiterte auf hohem Niveau; Maxim Gorkij z. B. ging im Stalinismus unter.

In Russland war und ist übrigens der moralische Anspruch an den Autor in besonderer Weise ausgeprägt. Die kommunistische Diktatur bemühte sich deshalb rigoros und vorrangig um die prominenten Autoren, um deren gesellschaftlichen Einfluss zu nutzen, oder anders gesagt: um möglichst viele Opportunisten hinter den gleichgeschalteten Vorbildern zu scharen. Stalin beschäftigte sich persönlich mit mehr Autoren, als viele demokratische Staatsführer überhaupt beim Namen kennen. Dieses Wichtig-Nehmen von Literatur endete für die willigen und vergewaltigten Vorbilder oft tödlich – oder in der *Zerstörung der Persönlichkeit*, wie sie Maxim Gorkij erlitten hat. Der mutige Dichter der frühen revolutionären Jahre endete als opportunistischer Funktionär des Stalinismus.

Als junger Dramatiker hat Gorkij, der russischen Tradition von Gogol, Ostrovskij und Cechov folgend, unvergängliche opportunistische Schwächlinge auf die Bühne gebracht und den individuellen moralischen Anspruch an den Schriftsteller, dem er selber sein Leben lang nicht entkam, thematisiert und theatralisch dargestellt. So sieht sich der Dichter Shalimov in den „Sommergästen" dem Vorwurf ausgesetzt, dass er die hohen Ansprüche der von ihm verehrten Wawara Michailovna nicht erfülle, die mit einem schauerlichen Spießer verheiratet ist und ein elendes Leben führt, voller Sehnsucht nach einer besseren Welt, für die eben ein Dichter zuständig ist. Wenigstens muss er die Träume am Leben erhalten. – Auf einem Ausflug, auf dem die verzweifelte Frau den eleganten Elogen des flirtenden Dichters ausgesetzt ist, eskaliert die spannungsgeladene Beziehung:

> „WAWARA: Wenn ich glaubte, ich ersticke an der Banalität meines Lebens, dann habe ich an Sie gedacht, und ich hatte wieder Hoffnung. Und nun sind Sie gekommen, und sind genau so wie alle anderen. – Ist es wirklich unmöglich, seine innere Kraft zu bewahren?
> SHALIMOV: Erlauben Sie! Warum stellen Sie an mich so hohe Ansprüche! Alle lebt ihr so, wie es euch gefällt, aber ich, weil ich ein Schriftsteller bin, soll so leben, wie ihr es wollt!"

In unseren Breiten delegiert man heutzutage seine moralischen Ansprüche vor allem im politischen Bereich. So lautete in der „FAZ am Sonntag" die erste Frage in einer neuen Kolumne: „Fragen Sie Reich-Ranicki":

„Sollen wir von unseren Schriftstellern verlangen, dass sie ihre Ansichten zu aktuellen politischen Fragen öffentlich verkünden?"

Der Literatur-Papst antwortet: „Das Vorurteil ist alt und besonders in Deutschland verbreitet: Schriftsteller seien befugt und verpflichtet, sich öffentlich zu aktuellen politischen Fragen zu äußern. Es gibt jedoch nicht den geringsten Anhaltspunkt für die Vermutung oder gar Überzeugung, dass Schriftsteller von Politik mehr verstehen als Juristen oder Geistliche, Journalisten oder Politiker. – Goethe hat die Rolle und die Bedeutung der Französischen Revolution überhaupt nicht begriffen. Von der Meinungsfreiheit, immerhin einem nicht unwichtigen politischen Problem, wollte er nichts wissen, er glaubte, sie wäre eher schädlich als nützlich. Als 1914 der Weltkrieg ausbrach, waren nahezu alle deutschen Schriftsteller für diesen Krieg – auch Thomas Mann – […]. Den Dichter Benn hat das Dritte Reich fasziniert, wenn auch nicht lange. Der Dichter Brecht war nie Kommunist, aber die Sowjetunion hat er sehr wohl unterstützt und besungen. – […]. Es versteht sich, dass die Schriftsteller ebenso wie alle anderen Bürger das Recht haben, uns ihre politischen Ansichten bekanntzumachen. Aber sie sollten nicht vergessen, dass zu der vom Grundgesetz garantierten Meinungsfreiheit auch das Recht gehört zu schweigen."

Das Recht zu schweigen, das nimmt gemeinhin in allen Gesellschaften die Mehrheit für sich in Anspruch. Der Begriff „schweigende Mehrheit" scheint ein Pleonasmus zu sein. Natürlich kann das öffentliche Schweigen auch Ausdruck von Weisheit oder Klugheit sein, von Mut oder Verweigerung, und somit der Forderung von Manès Sperber „Weniger Meinung, mehr Wissen!" Rechnung tragen. – Aber das opportunistische Schweigen, das von den Mächtigen beliebig interpretiert werden kann, gefährdet die Demokratie. Brechen Diktaturen zusammen, so berufen sich jedenfalls alle Opportunisten, die eine Diktatur überhaupt erst ermöglicht haben, auf ihr Schweigen und beanspruchen als ‚Mitläufer' oder gar als geheime Widerständler' ihren moralischen Freispruch mangels Beweisen und appellieren an die Toleranz der Opfer.

Damals in der Zeit des ‚Fin de Siècle' wurde die staatsgefährdende Brisanz in der Darstellung des real existierenden exzessiven Opportunismus, der innerhalb der politischen Kaste und in den führenden Gesellschaftskreisen wucherte und eben auch das Universitäts- und Gesundheitswesen nicht verschont hatte, vom Staat und seiner obersten Zensurbehörde als so gefährlich eingestuft, dass eine Aufführung, wie erwähnt, des „Professor Bernhardi" in Österreich bis 1918 verboten war. (Die Uraufführung fand 1912 in Berlin statt.) – Heute wäre eine Bewertung dieser Art völlig undenkbar, nicht weil der Staat so tolerant und liberal ist, sondern weil es in dieser Zeit der allgemeinen Beliebigkeit völlig egal ist, was Literatur und Theater treiben, weil sie für die Politik völlig bedeutungslos sind.

Ist es gelegentlich einmal nicht egal, so wird die gute alte Zensur durch öffentliche Zwecklügen oder meistens durch Verschweigen ersetzt. Das ist die wirksamste Zensur der heutigen Medien-Obrigkeit, die längst die Rolle früherer staatlicher Instanzen übernommen hat, vorrangig im kulturellen Bereich, aber nicht nur dort. Diese neue Zensur gibt vor, was in die Geschichte aufgenommen wird, sie reguliert die Erinnerung, sie beansprucht das Verfügungsrecht über das Gedächtnis, sie befördert die allgemeine Amnesie. Sie ist effizienter als die alten Zensur-Behörden. – Das Schweigen ist in diesem Fall eine nachhaltige Spielart der Intoleranz.

In der Demokratie wäre die vernehmbare Intoleranz gegenüber der Intoleranz besonders gefordert, und gegenüber der Beliebigkeit und der Gleichgültigkeit, die Missgeburten sowohl der Toleranz wie der Intoleranz sind. Am Ende ist ihnen ihre Herkunft nicht mehr anzumerken.

Schnitzler hat *die Duldsamkeit gegenüber der Unduldsamkeit als das Schlimmste von allen Verbrechen* bezeichnet; *Unduldsamkeit sei das geringere*.

Toleranz ist im Sinne Lessings jedenfalls vorrangig ein „frecher" kämpferischer Begriff. In einer Studie zur „Strategie von Lessings Streitschriften" schreibt Wolfram Mauser unter dem Titel „Toleranz und Frechheit" über Lessings *Ästhetik der Frechheit* und darüber, dass die *Frechheit des Geistes* – der Begriff stammt von Jean Paul – eine wesentliche Voraussetzung für Lessings Toleranzkämpfe gewesen sei.

Wenn sich die Toleranz nicht an der Grenze der Intoleranz bewegt, läuft sie Gefahr, dass sie, wie Herbert Marcuse sagt, repressiv wird, indem sie alles Bestehende toleriert. – Er verlangt, dass die Toleranz „wieder die Idee werden muss, die sie war, nämlich ein parteiliches Ziel, ein subversiver, befreiender Begriff und ebensolche Praxis", wenn die Menschenwürde und die Menschenrechte bedroht werden. Das bedeutet: Bereitschaft zu Konflikten und die Befreiung von der *Angst vor dem Denken*.

Der Kampf gegen die Intoleranz in den Köpfen bedarf einer *subversiven Argumentation*, folgt man der Beurteilung des Philosophen Hubert Schleichert in seinem unterhaltsamen Buch „Wie man mit Fundamentalisten diskutiert, ohne den Verstand zu verlieren". Subversive Argumentation bedeutet, dass man die Ideologie z. B. von fremdenfeindlichen Nationalisten und die Dogmen von religiösen Fundamentalisten so lange und so unerbittlich scharfzeichnet, dass sie an die Grenzen ihrer Plausibilität stoßen und mit Hilfe ihrer eigenen Logik in die Absurdität gekippt werden, d. h. dass man nicht etwa Toleranz predigt, sondern sich die Argumente der Intoleranz zunutze macht.

Schleichert bezeichnet das Lachen als eine besonders wirksame subversive Kraft im Kampf gegen die Intoleranz. Er weist mit Recht darauf hin, dass Ideologien aller Art und Religionen das Lachen hassen oder zumindest verachten. Jede Diktatur verfolgt den politischen Witz gnadenlos und in religiösen Diktaturen werden Witze über das Heilige oder die Heiligen und Karikaturen als kriminelle Akte behandelt. Im Mittelalter konnte man für die Behauptung, Jesus habe auch gelacht, auf den Scheiterhaufen kommen. Damals war die Deformation der Gipfel des Komischen, man lachte über Krüppel und über die Bösen; so wurde der Teufel zur komischen Figur mit Pferdefuß und Buckel und anderen Defekten. Er wurde eine Karikatur; die ist immer ein Versuch der Entmachung. Offenbar ist diese mittelalterliche Vorstellung von Komik vor allem in der heutigen muslimischen Welt immer noch wirksam, und das Lachen wird im Zweifelsfall immer noch als Auslachen empfunden.

„Die Angst vor dem Lachen ist die Angst vor dem Denken." Schleicherts Kollege Odo Marquard bestätigt diese Diagnose mit anderen Worten. In seiner „Apologie des Zufälligen" schreibt er, *die Lachbereitschaft sei eine Konkretion von Toleranz und*

Lachen und Weinen seien leistbare Respektierungen von der Freiheit und der Würde des Menschen.

Nur am Rande sei vermerkt, dass der weise jüdische Witz, der in besonderer Weise die Waffe der Wehrlosen gegen die Intoleranz der Mächtigen war, untrennbar zur Geschichte der europäischen Toleranz gehört und ein einmaliger Ausdruck der Sehnsucht nach Toleranz ist.

Ich glaube, der jüdische Witz versöhnt die Toleranz mit der Beliebigkeit, die Sehnsucht nach Ordnung mit dem Zufall, den Traum von der besten aller Welten mit der Wirklichkeit. Seine Frieden stiftende Kraft ist die Weisheit, die eben höher ist als alle Vernunft und es zulässt, dass diese im Witz der Unzulänglichkeit überführt wird.

Carlo Schmid, der geistreiche Schriftsteller und Sozialdemokrat, spricht in seinem exquisiten kleinen Essay über den jüdischen Witz von einer „Melancholie eigener Prägung, etwas wie Trauer darüber, dass Anspruch und Realität sich offenbar nie decken und man, um wenigstens ‚im Wort' bestehen zu können, darauf angewiesen ist, Spiegelgefechte mit der Wahrheit zu führen."

Toleranz II

Es scheint so zu sein, dass die Intoleranz leichter erkennbar ist als die Toleranz und sich eher einer Definition öffnet. – Die Begriffsgeschichte lehrt, dass die Definition eines Begriffs über seinen Gegenbegriff diesen schärfer konturiert und die Annäherung befördert; sie beschäftigt sich auch mit den sogenannten Feindbegriffen. Das sind z. B. die Hellenen und die Barbaren, später dann die Christen und die Heiden, die Gläubigen und die Ungläubigen, die Menschen und die Unmenschen, die Übermenschen und die Untermenschen, die Einheimischen und die Fremden. Und genau diese Feindbegriffe sind sozusagen die Notrufe nach der Toleranz – die auch hierzulande gehört werden sollten, wo der Antisemitismus eine besonders ‚reiche' Geschichte hat und Fremdenfeindlichkeit, Nationalismus und Menschenverachtung im Parlament eine starke und vorlaute Lobby haben. Da wäre kämpferische Intoleranz angesagt.

Auch in der Vergangenheit war in Österreich die Toleranz oft zu passiv als Dulden, Erdulden und Verdrängen, als „merkwürdige Ruhe" in Erscheinung getreten, sonst gäbe es in Wien vielleicht einen Sigmund-Freud-Ring und eine kleine Lueger-Gasse und nicht umgekehrt, und der ‚Spruch' des radikal opportunistischen Bürgermeisters, dass er den Tag herbeisehne, an dem der letzte Wiener Jude ausgestopft im Prater als Rarität ausgestellt werde, könnte nicht als lustige Anekdote gehandelt werden.

Trotzdem lässt Schnitzler seinen immer wieder missverstandenen „Professor Bernhardi" nach allem Erlebten am Stückschluss ausrufen: „Ich will meine Ruhe haben!" – Ist er erschöpft? Resigniert er? Verdrängt er?

Schnitzlers „Professor Bernhardi" wurde immer wieder mit Lessings „Nathan", dem deutschen Toleranz-Stück par excellence verglichen. Lessing hatte dieses ‚Menschheitsgedicht' geschrieben, ohne Hoffnung, dass es jemals aufgeführt würde. Er schrieb seinem Bruder: „Genug, wenn er sich mit Interesse lieset, und wenn unter tausend Lesern nur Einer daraus an der Evidenz und der Allgemeinheit seiner

Religion zweifeln lernt." Rolf Hochhuth sagte dazu in seiner Lessing-Rede im 200. Todesjahr im Akademietheater 1981: „‚Zweifeln lernen': kürzer ist nie die Grundvoraussetzung, human zu werden, das heißt duldsam gegenüber dem Anderen, dem Fremden in Worte gefasst worden! Beginnt doch alle politische Humanität damit, dem zu misstrauen, was man für Wahrheit hält, das heißt: mit dem Verzicht, die eigenen Ansichten dem anderen aufzudrängen, das heißt leider immer *besiegen* zu wollen! Denn Friede hält nur, wer nicht bekehren will."

Die Rezeptionsgeschichte von Schnitzlers „Bernhardi" und Lessings „Nathan" ist durch ähnliche Missverständnisse, vorsätzliche und unabsichtliche, gekennzeichnet. Auch die Opportunisten sind über beide Stücke hergefallen. Jedenfalls ist die Beliebtheit beider Stücke bei Normal-Antisemiten auffallend.

Lessings „Nathan" wurde nach 1945 besonders gern von ehemaligen Nazis inszeniert und gespielt. Und das nicht nur, weil die Neo-Demokraten ihre frische Alibi-Liebe zur Toleranz entdeckt hatten, sondern weil dieser Jude Nathan – ähnlich wie der noble Akademiker Bernhardi – als vereinzelte Ausnahme-Gestalt verstanden, bzw. bereitwillig missverstanden wurde. (Im „Bernhardi" sagt der peinliche Gynäkologe Professor Filitz: „Gegen anständige Juden gibt es keinen Antisemitismus.") Den edlen, sich gut benehmenden, freundlichen und machtlosen und so weisen Juden Nathan verbrennt man natürlich nicht. Dass aber ein armseliger, ungebildeter, fremdartiger, vielleicht unangenehmer und sogar übel riechender Ostjude den gleichen Anspruch auf den Genuss der Menschenrechte, auf Humanität und tolerantes Verständnis und auf die Respektierung seiner Menschenwürde hat wie der edle und weise Nathan, solche anstrengende Toleranz stand und steht für solche Benützer Lessings nicht zur Debatte. Sie suchten die bequeme Toleranz und wollten sich ihre Ruhe mit „Nathan" erkaufen.

Schon kurz nach der Nazizeit war die Maske der Toleranz wieder ein geschätzter Modeartikel, der im Laufe der Zeit zu einem wohlfeilen Massenartikel im Supermarkt der Ideen geworden ist, wie es am Anfang dieser Überlegungen vermutet wurde, die ja von der Absicht ausgingen, *dem Ideal auf der Spur zu bleiben oder sie wiederzufinden.*

Wer nun von den vergeblichen Versuchen, den Begriffen ‚Toleranz' und ‚Opportunismus' wirklich nahe zu kommen, enttäuscht ist und wem so praktische Definitionen wie *Zweifeln-Lernen, Achtung der Menschenrechte, Friedenspflicht geht vor Wahrheitspflicht, Respekt vor der Meinung und der Haltung anderer, Ablehnung von Fundamentalismus, Unvoreingenommenheit auch in ästhetischen Fragen etc.* noch immer zu allgemein sind, wer also noch immer schlüssige und gebrauchsfertige Definitionen ohne Wenn und Aber erwartet, der könnte sich vielleicht am Ende in seiner Unzufriedenheit darauf einlassen, diese Begriffe tatsächlich nur als ‚mots valise', als Kofferworte zu akzeptieren. So nennt man im Französischen einen Begriff, in den man wie in einen Koffer alles Nützliche hineintun und das jeweils Gewünschte nach Bedarf wieder auspacken kann. Dieser einleuchtende Begriff erinnert an eine Geschichte aus „Der kleine Prinz" von Saint-Exupéry; in der bittet der kleine Prinz den Piloten, ihm ein Schaf zu zeichnen. Der Pilot versucht es. Der kleine Prinz ist sehr unzufrieden mit dem Schaf; auch mit allen weiteren, die der Pilot für den kleinen Prinzen zeichnet. Der verlangt: „Ich will ein Schaf, das lange lebt!" Der Pilot kann seinen Freund nicht zufrieden stellen und zeichnet schließlich eine Kiste und sagt dem kleinen Prinzen, das Schaf, das er wolle, stecke in der Kiste. Das Gesicht des jungen Prinzen leuchtet auf, und er sagt, dieses Schaf sei ganz so, wie er es sich gewünscht habe.

Vielleicht mobilisiert gerade der Verzicht auf die genaue, scheinbar unmissverständliche, gebrauchsfertige Definition die Vorstellungskräfte und schenkt der Phantasie die Freiheit. Im Falle des kleinen Prinzen ist das jedenfalls so. Freilich gewinnt die Kiste ihre magische Kraft erst, wenn viele Versuche, das richtige Schaf zu zeichnen, vorausgegangen sind. – Und es ist zu befürchten, dass die Zauberkraft der Kiste für immer versagt, wenn nicht genügend Schafe gezeichnet werden, bevor man sich endgültig ihrer Magie anvertraut. Diese Befürchtungen rechtfertigen vielleicht auch die Bemühungen.

Vielleicht ist das aber für manchen nur eine literarische Ausflucht und gar nicht hilfreich bei dem Bemühen, auf die Maskierungen der Toleranz nicht hereinzufallen. Für die anspruchsvollen Unzufriedenen käme dann noch eine literarische Ausflucht von höherer Art infrage, nämlich eine Aufforderung Lessings:

„Jeder sage, was ihm Wahrheit dünkt, und die Wahrheit selbst sei Gott empfohlen."

Vortrag in der Volkshochschule Hietzing im Rahmen des WERTE-Programms am 9. Oktober 2009.

54 Maria Becker
Eine Laudatio

Liebe Maria,
ohne amtliche Funktion und ohne jedweden Auftrag von irgendwem, nur auf Deinen Wunsch noch einmal auf dieser Bühne stehend, nehme ich mir die Freiheit heraus, die angesagte Laudatio nicht zu halten. Wer bin ich, dass ich mir unter so vielen Berufenen anmaßen könnte, Dich zu würdigen und zu loben – auch noch *feierlich* zu loben; denn seltsamerweise wird *laudatio* zumeist als *feierliche Rede* übersetzt – so auch im Brockhaus – *zur Würdigung einer lebenden Person*. Noch feierlicher ist in der Antike nur eine *laudatio funebris*. Sie ist die wichtigste Gattung der römischen Rhetorik. In den Genuss dieser höchsten Stufe der Redekunst kommt der Laureat oder die Laureatin freilich nie, wie man vermuten darf. Das ließe sich ändern, wenn die zuständigen Institutionen, die Fest- und Jubelkomitees sich entschließen könnten, den beachtenswerten Vorschlag von Alfred Polgar zu folgen, dekadische Geburtstage und Ehrungen jeglicher Art grundsätzlich vorzuverlegen, damit die Jubilare mehr davon haben und ihnen *die Auffrischung des Bewusstseins einer langen und kompakten „Gewesenheit"* möglichst weitgehend erspart bleibe, die laut Polgar etwas Quälendes an sich habe.

In seinem geradezu revolutionären kleinen Aufsatz mit dem Titel „Verschiebung der Jubliäen nach vorn" schreibt der Wiener Autor mit Schweiz-Erfahrung, die Jubelopfer könnten dann im Idealfall *in Morgenstimmung den Abend ihres Lebens begehen.* – Das ist ein schöner, humaner Gedanke, auch wenn dieses Bild sehr gewagt ist, weil es von dem Glücksempfinden von Frühaufstehern ausgeht.

Jedenfalls wäre, liebe Maria, in diesem Sinne der vorauseilenden Lebensfreude nicht das Geringste dagegen einzuwenden, nach Alfred Polgars Rezept heute Deinen 100. Geburtstag zu feiern. Wenn der dann kalendarisch kommt, bleibt immer noch genug Zukunfts-Denken übrig, wie es zum Beispiel die Dir wohlbekannte Kollegin Rosa Albach-Retty vorgelebt hat, die sich zu ihrem 100. Geburtstag vom Burgtheater eine Rolex-Armbanduhr gewünscht und dann, wie man hörte, die Garantiedauer von fünf Jahren als zu kurz bemäkelt hatte. Die Lieblingspartnerin von Josef Kainz wurde 106 und musste tatsächlich ein Risiko-Jahr mit ihrer Uhr überstehen.

Es ist nun nicht anzunehmen, dass die Angst um die nicht mehr garantierte Zeitmessung der alten Dame das letzte Lebensjahr vergällt oder gar ihre Abberufung beschleunigt hat. Die Recherchen für meine *laudatio funebris* ergaben 1980 nichts dergleichen. Allerdings ist die Vermutung nicht von der Hand zu weisen, dass so um den 100. Geburtstag herum vielleicht wieder einmal ein Schub die Zeitempfindung verzerrt und ein lebenswilliger Mensch in diesem Alter sich gegen die hastenden Stunden stemmt, indem er mit Hilfe einer besonders zuverlässigen und präzisen Uhr die Flucht der Zeit aufzuhalten versucht.

Das wäre ein geradezu Schweizerischer Gedanke, der aufgrund seiner nationalen Qualität durchaus geeignet wäre, den Verwaltungsrat und die Direktion des Schauspielhauses dringend zu veranlassen, sich umgehend mit den Finanzierungsproblemen eines sinnvollen Geschenks zu Deinem 100. Geburtstag zu beschäftigen, wenn Du, liebe Maria, und wir alle uns heute auch mangels Kenntnis oder Beachtung der Reformvorschläge von Alfred Polgar seitens des Festkomitees mit der Feier Deines 90. Geburtstages begnügen müssen.

Vielleicht ist das aber auch gut so, denn erstens bist Du mit bewundernswerter geistiger Klarheit und mit Deiner alterslosen Willensstärke sowieso in der Lage, Deine Jubeltage zeitgerecht zu genießen, und zweitens ist die Forderung Polgars in Deinem Fall seit langem zu einem guten Teil erfüllt, da Du zufolge Deiner menschenlebenslangen Berühmtheit schon seit Jahrzehnten zahllose würdigende *Nachrufe bei Lebzeiten* hören oder lesen durftest oder musstest. Und so sind auch die Dir gemäßen großen Adjektive von *wunderbar* und *faszinierend* bis *einzigartig*, *singulär* und *grandios*, von *überwältigend*, *legendär* und *begnadet* bis *unvergesslich* längst verbraucht.

Jeder ernstzunehmende Laudator geriete allein schon dadurch in einen nahezu auswegslosen sprachlichen Notstand. Wenn der nun auch noch hätte hören müssen, dass selbst ein Großmeister der Sprache wie Peter von Matt lapidar feststellt: „Die Stimme. Diese Stimme. Man sollte sie beschreiben können. Es geht nicht." – dann müsste jeder Redner demütig verstummen.

Noch katastrophaler wäre die Lage für einen Laudator jedoch, wenn Du, liebe Maria, in den österreichischen Ordensregen geraten wärest.

Hättest Du das Burgtheater nach dem Kriege nicht nach nur drei Jahren wieder verlassen – vielleicht weil Du tatsächlich eine vorzeitige Einsargung befürchtet hast und nicht nur deshalb, weil Du einer alten bräunlichen Burg-Heroine, einer Nazine, wie Du sie nanntest, die Hand küssen solltest, – dann wären die Auszeichnungen, die Dir anderenorts zuteil wurden, längst von zahllosen österreichischen Orden und Ehrenzeichen verschiedener Art und aller Klassen geradezu zugehängt worden, und die Lektüre Deiner Visitenkarte nähme mehr Zeit in Anspruch, bis man endlich nach all den Titeln zu dem *Ehrennamen* „Maria Becker" vordringen würde.

Andererseits wäre aber zu befürchten gewesen, dass Du, liebe Maria, in dieser Welthauptstadt des Opportunismus und der Vergesslichkeit mit all Deinen ungemütlichen Qualitäten zwischen den Stühlen gelandet wärst. In der Großen Koalition der Wiener Lieblinge hättest Du wahrscheinlich keine Aufnahme gefunden. ‚Liebling', das ist in Wien nämlich ein Beruf, der Dir nicht liegt und den es in Zürich, glaube ich, gar nicht gibt. Ich vermute, Du wärst nicht koalitionsfähig gewesen. In meinen Augen ein Manko, das zu den Eigenschaften gehört, die Dich in ganz besonderer Weise auszeichnen und die Deine Lebenshaltung und Deine künstlerischen Überzeugungen bestimmt haben.

Auch in der Arbeit auf der Bühne warst Du in diesem Sinne nicht koalitionsfähig.

Deine ganz und gar theaterfremde Unfähigkeit zum Opportunismus, gepaart mit Deinen bedeutenden theatralischen Gaben machen den Sonderfall ‚Maria Becker' aus.

Dieser gesegneten Mesalliance kann man nun auch in Deinem Buch „Mein Leben" nachspüren, mit dem Du alle überforderten Laudatoren erlöst und ihnen mit Charme und Eloquenz endgültig das Maul stopfst. Es bleibt ihnen nur das Wünschen und das Danken, wenn sie Grund dafür haben.

Ich habe alle Gründe dafür, die ein später Arbeitspartner und ein bewundernder Freund aus der Ferne nur haben kann, der heute erfüllt und getragen von gemeinsamen Erinnerungen an gemeinsame Weggefährten und gemeinsame Erlebnisse dankbar seinen Respekt bekunden möchte.

Am Reinhardt-Seminar haben wir uns als Studenten um zwanzig Jahre verpasst, hatten aber trotzdem noch einige gemeinsame Lehrer. Wir sind dieser Geschichte 2005 gemeinsam mit Robert Freitag auf der Bühne des Schönbrunner Schlosstheaters noch einmal begegnet. Du hast dort zum 75jährigen Jubiläum eine berührende Rede gehalten. Sie ist mir in Erinnerung geblieben wie Deine schöne Rede 1984, als wir auf dieser Bühne gemeinsam mit Erwin Leiser Leopold Lindtberg, der uns wohl bis heute viel bedeutet, geehrt und verabschiedet haben.

Seither ist ein kurzes Vierteljahrhundert voller Erinnerungen vergangen; ein paar Zürcher Jahre waren dabei, vielleicht kaum einer Rede wert und jedenfalls in Gesprächen besser aufgehoben als in einer öffentlichen Hommage. Trotzdem sind sie mir auch heute Abend gegenwärtig, in Bildern, Geschichten und anhängenden Gedanken.

Ich sehe noch das Glück in Deinen Augen, als Dir nach einer Endprobe von unseren „Physikern" Friedrich Dürrenmatt im Vorderen Sternen zubrummte, Du seist für ihn trotz der Giehse die denkbar beste Mathilde von Zahnd.

Ich höre Dich Václav Havel lesen, im Akademietheater in Wien, einige Jahre später in Prag, wo wir kurioserweise auf dem Hradschin, aufgeboten durch einen großzügigen Schweizer Pressekonzern, gemeinsam mit Klaus Juncker vom Rowohlt-Verlag eine Havel-Hommage gestalteten, während sich unser frisch gebackener Präsident auf das Schloss Lany zurückgezogen hatte, um nicht in die Nähe der von dem Schweizer Konzern bei dieser Gelegenheit auf den Weg gebrachten neuen tschechischen Boulevard-Zeitung zu geraten.

Ich denke an ein langes Gespräch zwischen Dir und Karl Paryla im Schauspielhaus-Keller nach irgendeinem Fernseh-Interview über das Schweizer Theater, in dem durch Eure zuvor bekundete Dankbarkeit für die Rettung vor den Nazis schmerzliche Erinnerungen an die Ängste und Demütigungen in der kommunistisch-jüdischen Theater-Nische in dieser sehr fremden Stadt an die Oberfläche drangen. Ich hörte, wie Ihr oft gelitten habt in dieser großen Zeit des Zürcher Schauspielhauses, deren Ruhm erst voll erblühte, als sie vorbei war. Da entdeckten auch die von Hitler und Goebbels sogenannten ‚Gottbegnadeten' – unter diesem Terminus wurden einstens die für die Nationalsozialisten unentbehrlichen Künstler aufgelistet – ihrerseits die Attraktivität des Schauspielhauses und des Schweizer Franken und wurden wieder Eure Kollegen.

Du hast dann, liebe Maria, Deinen bemerkenswerten Brief an Oskar Wälterlin geschrieben und in Erinnerung an die Zeit der Bedrängnis unzeitgemäße Ansprüche an die Ensemblepolitik gestellt und Dich vom Schauspielhaus getrennt.

Ja, auch Deine Bereitschaft zum unzeitgemäßen Denken und Handeln zeichnet Dich aus – bis heute. Deine antiopportunistische Ablehnung des scheinbar modernen Theaters bezeugt das. So radikal Dein Unverständnis für jeden realitätsfremden Firlefanz des manieristischen Theater-Theaters auch sein mag, so unnachsichtig Du auch bis heute darauf bestehst, im Theater, wie Ivan Nagel das nannte, *den Schock des „Wiedererkennbaren"* zu erleben, so antiquiert also und aus der Zeit gefallen Deine Weltanschauung des Theaters heute auch immer sein mag, so überzeugend ist Deine Haltung durch Deine ganze Existenz beglaubigt. Die kopfschüttelnden Nachfahren, die sich auf der Höhe ihrer Zeit wähnen, sollten bedenken, dass hier eine Schauspielerin sich *bekennt*, die im wahrsten Sinne des Wortes um ihr Leben gespielt hat, in einer Zeit und an einem Ort, wo Versagen und Misserfolg Ausweisung und Tod bedeuten konnten.

Ich hatte den Vorzug, ohne mich auf historisches Verständnis zurückziehen zu müssen, mit Dir eine gegenwartsgesättigte Zusammenarbeit zu erleben und Deine ermutigende Solidarität zu genießen. Mit solchen Privilegien bin ich bei meinem Scheitern in Zürich verwöhnt worden, so reichhaltig, dass mir diese Jahre – den Bemühungen des Verwaltungsrats zum Trotz – in der angenehmsten Erinnerung verbleiben. Ich glaube nicht, in diesem Fall ein Opfer der Schnitzlerschen Erinnerungsfälschung zu sein.

Wenn ich Dir heute dafür meinen Dank sagen darf, dann gilt der auch den wunderbaren Schauspielerinnen und Schauspielern und hervorragenden Mitarbeiterinnen und Mitarbeitern dieses Hauses, von denen zu meiner großen Freude heute einige Überlebende anwesend sind, um Dir die Ehre zu erweisen. Auch sie gehören zu den Privilegien. Sie repräsentieren so wie Du das bessere, das erinnernswerte Zürich, das Elias Canetti in seinem ‚Theater-Brief' an Werner Weber 1991 „einen durch seine Unzerstörbarkeit gesegneten Ort" nannte.

Ja, Werner Weber zum Beispiel. Er war ähnlich wie Friedrich Heer am Burgtheater der größtmögliche intellektuelle Luxus, den sich ein Theater leisten kann. Die Zusammenarbeit mit ihm war ein Privileg.

Auch die Zusammenarbeit mit Thomas Hürlimann war ein besonderes Privileg im Zürich der damaligen Zeit. „Der letzte Gast" und „Der Gesandte" sind Kostbarkeiten der Schweizer Theater-Literatur, die dem Schauspielhaus zur Ehre gereichen.

Ja, überhaupt das Schauspielhaus; seine privilegierte Lage damals: Von dort konnte man in cirka zehn Minuten zu Fuß Canetti in der Klosbachstraße oder Max Frisch im Stadelhofen oder auch Daniel Keel in der Sprecherstraße erreichen und freundliche Aufnahme finden. Welch ein Luxus! – Privilegien über Privilegien.

Du, liebe Maria, bist für mich das Symbol dieser Zürcher Privilegien und die Allegorie der geheimen Theaterstadt Zürich, die der öffentlichen Theaterstadt Wien in Rivalität verbunden ist. Mag Österreich sich der Schweiz in Theater-Angelegenheiten auch überlegen fühlen, so neidet es doch der Schweiz die Wunderwaffe der Volksabstimmung, die nun den Ruhm der Schlacht am Kahlenberg zu verdunkeln droht. Hat doch die Schweiz im Abwehrkampf gegen den Islam jetzt die Nase vorn. Sie hat erreicht, dass ihren Bürgern der freie Blick auf das Matterhorn nicht durch Minarette verstellt wird, während Österreich den Kampf gegen die Burka gerade erst eröffnet hat. Wie auch immer: Zürich und Wien sind nicht nur in Theaterangelegenheiten Rivalinnen.

Mit dieser durchaus überflüssigen aberratio kann und darf selbst eine ungewollte Laudatio nicht enden. Es bleibt ja noch das Wünschen.

Liebe Maria, ich wünsche Dir viele glückliche Jahre und hoffe, dass Du *die Wut nicht verlierst*. Ich wünsche uns allen, dass die Verantwortlichen die Vorschläge von Alfred Polgar ernsthaft bedenken, damit wir uns möglichst alle an diesem Ort wiedersehen.

Nun folgt eine Fanfare von Johann Sebastian Bach, zu dessen Musik Du nie eine Beziehung hattest, wie Du sagst. Ich hoffe, das hat keine symbolische Bedeutung für diese ‚Laudatio'.

Festrede zum 90. Geburtstag von Maria Becker im Schauspielhaus Zürich
am 28. Januar 2010.

55 Das Burgtheater 1976 – 1986
Ebenbild und Widerspruch in der Kreisky-Zeit

Meine Damen und Herren,
wenn Sie sich dem Burgtheater frontal und erwartungsvoll nähern, begrüßt Sie von der Balustrade ein steinerner Herr mit imperialer Geste. Sie könnten ihn für Joseph II. halten, wenn Sie nicht wüssten, dass es kein anderer als Apoll ist, laut Karl Kraus der Lieblingsgott der Wiener, der auf seiner Reise durch die Geschichte da oben auf dem Burgtheater in die Dienste der Habsburger und ihrer kulturellen Großmachtträume getreten ist – allerdings erst 112 Jahre nachdem der Aufklärungs-Kaiser geruht hatte, das Theater nächst der Burg zum ‚teutschen Hof- und Nationaltheater' zu erheben.

Hätten Sie Zeit und Muße auf ihrem Weg ins Burgtheater, kämen Sie nun, gebildet, wie Sie es als Burgtheater-Besucher nun einmal sind, vielleicht auf den Gedanken, Apoll sei auf dem Burgtheater vor allem deshalb am rechten Ort, weil er die Herrschaft der klassischen Dichtung in diesem Hause, insbesondere die der Antike, aller Welt zu verkünden habe. Sollten Sie ein Kenner der Geschichte des Burgtheaters sein, so müssten Sie dann Mitleid mit dem erfolglosen Gott empfinden, denn die klassische Dichtung hat im Spielplan des Burgtheaters von Anbeginn an nur eine marginale Rolle gespielt. Die Eröffnung des ‚Teutschen Hof- und Nationaltheaters' mit den Werken „Die Schwiegermutter" und „Die Indianische Witwe" hat sich in seiner Geschichte durchaus als programmatisches Spielplan-Signal erwiesen und nicht als atypischer Zu- oder Unfall. Ganz besonders selten hatte der Burgtheater-Apoll die Gelegenheit, seine antike Dichter-Klientel zu repräsentieren. Erst in den 60er und 70er Jahren des 20. Jahrhunderts war ihm als Botschafter der Antike eine kurze Karriere beschieden; aber mehr als 100 Jahre saß er da oben in dieser Funktion auf verlorenem Posten. In dem der Historie verfallenen 19. Jahrhundert kam es unter der Schutzherrschaft von Apoll im neuen Haus zu keiner einzigen Neuinszenierung eines griechischen Dichters.

Machte die Begeisterung für die Antike vor den Toren des Theaters Halt? Warf der nahende ‚klassikfeindliche' Naturalismus seine Schatten voraus? Oder hatte sich die Emphase wegen mangelnder Bodenhaftung schon bald verflüchtigt? – Bis heute zählen die *normalen* Besucher des Burgtheaters die *alten Griechen* nicht zu *ihren Klassikern* und fordern sie auch nicht ein. Das tat auch jene seltsam gebildete Dame nicht, die sich gegen Ende der 70er Jahre den Protesten gegen das vermeintlich kommunistisch gewordene Burgtheater und die dort umherschwirrenden *roten Bazillen* schriftlich anschloss und ihre empörten Zeilen mit der fordernden Frage beschloss: „Wo bleiben unsere Klassigger?!"

Diese Frage hätte sich der Burgtheater-Apoll mit größerer Berechtigung stellen können, denn er hatte kaum eine Gelegenheit, seine griechische Dichter-Klientel zu repräsentieren.

Während Ihnen solche Gedanken durch den Kopf irrten, hätte vielleicht ganz oben auf dem Dach des ehrwürdigen Hauses der übermütige Boreas, der Gott der Winde, plötzlich Ihre Aufmerksamkeit erregt. Seine Gesichtszüge könnten Sie freilich aus der Ferne nicht gut ausmachen; nur dass sie nicht habsburgisch sind, ist deutlich erkennbar. Schließlich ist Boreas ja auch ein wilder Gott mit einem Hang zu sexuellen Orgien. Wenn Sie die Bilder der außerordentlichen Wiener Photographin Christine de Grancy kennen, die all die heidnischen Götter des katholischen Kaiserreichs portraitiert hat, dann gehörten die auf den Dächern, auf den Gesimsen und Balustraden und in den Nischen und Portalen auf die Ewigkeit wartenden Gestalten mitsamt dem pausbäckigen Boreas längst zu Ihrem vertrauten Wiener Bekanntenkreis.

Aber wenn dem so wäre, fiele es Ihnen wahrscheinlich besonders schwer, sich mit der peinlichen Tatsache abzufinden, dass der göttliche Windmacher da oben auf dem Burgtheater die Belüftungsanlage reguliert. Was für eine Demütigung für einen Gott, der einst die Griechen vor den Persern rettete und die Mysterien von Eleusis begründet haben soll! Gerade er, der Herrscher der Winde, ist auf dem Theaterdach hilflos wie ein Wetterhahn den Wiener Winden ausgesetzt. Welch ein eklatanter Widerspruch zwischen dem Mythos und der Realität – da oben auf dem Theaterdach!

Sollten Sie also, meine Damen und Herren, irgendwann einmal, als Sie sich dem Burgtheater erwartungsvoll näherten, von solchen überflüssigen Gedanken befallen worden sein, und womöglich dadurch verwirrt eine großartige Vorstellung fast oder tatsächlich versäumt oder eine öde Veranstaltung leider doch noch rechtzeitig erreicht haben, dann wären Sie jedenfalls, so oder so, mitten in unser Thema hineingeraten, gewissermaßen von außen her, über das mythologische Fassaden-Programm, von den göttlichen Ebenbildern und Widersprüchen auf dem Dach zu den irdischen unter dem Dach, denen heute unsere Aufmerksamkeit gelten soll.

‚Ebenbild und Widerspruch in der Kreisky-Zeit' lautet der Titel unserer Abendunterhaltung, d. h. mehr als 200 Jahre Ebenbild und Widerspruch mit besonderer Berücksichtigung von zehn Jahren. – Der Titel dieses Vortrags ist ein Plagiat, der Vortrag ist es nicht. In diesem Fall handelt es sich nämlich nur um ein fragmentarisches Eigen-Plagiat vom Titel unseres Burgtheater-Buches, das 1986 am Ende meiner Direktionszeit unter dem Titel „Burgtheater Wien 1776 – 1986. Ebenbild und Widerspruch – Zweihundert und zehn Jahre" erschien. Der Titel kündigte den Versuch an, für zehn Theater-Jahre Zeugnis abzulegen und das durchaus im geschichtlichen Zusammenhang zu tun, so wie wir ihn 1986 begriffen haben, in Kenntnis des viel zitierten Satzes von Bernhard von Brentano, *„nur Dummköpfe und Spinnen produzierten aus sich selbst heraus"*.

Das Burgtheater-Buch von 1986 sollte außerdem all denen, die diese zehn Jahre miterlebt hatten, einfach beim Erinnern helfen. Eine Reihe von kompetenten und schreibfähigen Autoren, u. a. unser Hausautor Václav Havel, haben sich damals nach einem einleitenden Essay des Chefdramaturgen Reinhard Urbach unter dieser thematischen Vorgabe der heiklen Aufgabe unterzogen. Ich nenne sie heikel, weil Theater-Bücher von Theaterleuten so wie deren Selbstdarstellungen jeglicher Art sich fast immer am Rande peinlicher Selbstaufwertungen bewegen. Viele Beispiele zeigen, wie vorteilhaft es für ihre Verfasser gewesen wäre, wenn sie ihre Werke der Öffentlichkeit vorenthalten hätten.

Das wohlbegründete Misstrauen gegen Theater-Bücher haben wir uns bei der Arbeit an unserem Buch, wie ich denke, zu seinem Vorteil bewahrt. – Skepsis begleitet auch diesen Vortrag, den ich, wie Sie, verehrte Zuhörer, wohl schon kritisch vermerkt haben, auf allen möglichen Umwegen aus diesem Grunde nicht zu halten versuche.

Heute kommt gegenüber 1986 noch erschwerend hinzu, dass die damals frischen Erinnerungen an das unmittelbar Erlebte inzwischen gealtert und nun Erinnerungen an Erinnerungen geworden sind. Das Thema würde jetzt einen Historiker verlangen. Ich bin aber nur ein befangener Zeitzeuge, der Horror professioneller Historiker, unter denen bekanntlich der Vergleich kursiert, jemand lüge wie ein Zeitzeuge. Erwarten Sie also von mir nicht, was Sie von einem Historiker fordern müssten.

Siegfried Lenz hat in einem klugen Essay mit dem Titel „Geschichte erzählen – Geschichten erzählen" geschrieben, *dass Geschichte eine Weltsicht von erklärter Vorläufigkeit sei, mit Einsichten auf Zeit, ein Fundus von Ängsten, Taten, Irrtümern und Träumen, den wir mit wechselnden Resultaten befragen.* Alle Geschichte habe die Tendenz in Geschichten aufzugehen. Die Erzählung, d. h. die erzählte Geschichte nötige nicht, sie mache Angebote.

Ich denke, das gilt auch und gerade für die Theater-Geschichte und entspricht der tiefen Skepsis der Theaterleute gegenüber der Theaterwissenschaft, sofern diese sich nicht auf soziologische, rein organisatorische, budgetäre und sonstige materielle Aussagen eingrenzt, die plausibel darstellbar sind. Im Übrigen interessiert sich die Theaterwissenschaft allem Anschein nach für die Theatergeschichte nicht mehr.

Ich werde mich bei meinem heutigen Versuch auf wenige thematische Angebote im Sinne von Siegfried Lenz beschränken, die man in Zuordnung zu dem Generaltitel des Vortrags so benennen könnte: ‚Vortönender Widerhall' – ‚Konzepte' – ‚Kampagnen' – ‚Vorsätzliche Amnesie'. Die zunächst als ziemlich kryptisch erscheinende Rätselhaftigkeit dieser Stichworte wird sich, wie ich hoffe, im Laufe dieses kleinen Diskurses in einfache Einsichten auflösen. – Über ‚Kunst' und Inszenierungen rede ich also nicht, über ‚Regietheater' und andere beliebte Kautschuk-Begriffe auch nicht, sondern vorrangig über die kulturpolitischen Aspekte unseres Theater-Konzepts.

Am Don-Quichotte-Kampf gegen die gnadenlose Vergänglichkeit der Theaterkunst werde ich also nicht teilnehmen; auch ich misstraue wie die meisten Schauspieler und Regisseure der gestalteten Theatergeschichte, die oft nur die lineare Verlängerung einer längst vergilbten veröffentlichten Meinung ist; *denn die Historiker stellen sich meistens hinter den Journalisten an.* – Ich halte es also mit den Theaterleuten und setze wie sie, vielleicht auch deshalb, weil ich Theaterwissenschaft studiert habe, im Zweifelsfall eher auf die Geschichten, die kleinen und die großen Mythen und Legenden. Alte Kritiken, selbst Video-Aufzeichnungen und andere ‚Dokumente' sind trügerische Quellen und bestenfalls für die ergiebig, die im Theater dabei waren und über ein Erinnerungskapital verfügen. Die eigentlichen Ereignisse, die unwiederholbaren glückhaften Momente des Theaters, bleiben fast ausnahmslos das Geheimnis derer, die in diese Erlebnisse eingeschlossen waren.

Dieses Geheimnis ist im glücklichen Fall nur mit Mitteln der Kunst darstellbar.

Vorträge kann man jedenfalls über Theatererlebnisse nicht halten und muss hinnehmen, dass das Theater, wie Max Reinhardt das gesagt hat, *seine höchsten Momente mit dem Leben bezahlt* – und dann ganz einfach nicht mehr da ist. Reale Überlebenschancen bei den Nachgeborenen hat neben dem ‚Drum-Herum', den Voraussetzungen und den Folgen, in Wien vor allem das Theater um das Theater. Das überragt und überdauert hierzulande oft die tatsächlichen Bühnenereignisse beträchtlich, inklusive aller Missverständnisse, Halbwahrheiten und Lügen, die durch häufige mediale Wiederholungen schließlich zu Wahrheiten mutieren. Dieser Eintopf gewinnt irgendwann die Qualität eines öffentlichen Gedächtnisses; in dem geht das kollektive der Theater-Besucher unter. Das öffentliche Gedächtnis bietet gerade in der Theaterstadt Wien, wo sogar Theatererlebnisse vererbt werden und man sich an Vorstellungen erinnert, die man gar nicht gesehen hat, keine zuverlässigen historischen Auskünfte. Außerdem ist das sogenannte ‚öffentliche Gedächtnis' noch stärker dem Gedächtnisschwund und der vorsätzlichen Amnesie ausgesetzt als das individuelle. Darüber kann man bei Schnitzler viel erfahren, der den Mangel an Gedächtnis in seiner Heimatstadt mit deren Mangel an politischer Gesinnung in Verbindung sah.

Die Flucht in die Anekdoten und Zitate ist eine zwangsläufige Folge dieses Dilemmas und erklärt die Karriere der Zitate und Anekdoten als beliebter Geschichts- und Erlebnis-Ersatz, der sich in Wien vorzugsweise in der Form stereotyper Niedergangsklagen präsentiert. Die klingen im *vortönenden Widerhall* wie ein cantus firmus durch die Burgtheater-Jahrhunderte.

Robert Musil sprach vom Zettelkasten als Symptom eines Zeitalters. Jedenfalls sind die Zettelkästen aller Burgtheater-Beschreiber und -Historiker zu allen Zeiten der Geschichte dieses Hauses überfüllt mit Verfalls- und Untergangsklagen. – In der Kreisky-Zeit erreichten sie einen Höhepunkt und scheinen seither zu verebben, während die öffentliche Gedächtnisschwäche pandemisch anwächst.

Der leidenschaftliche Pessimismus, der die Überzahl der historischen Burgtheater-Zitate kennzeichnet, könnte geradezu die Vermutung aufdrängen, die ich schon 1986 geäußert habe, dass es einen tiefen, geheimnisvollen Zusammenhang zwischen der Geschichte des Burgtheaters und der des Begriffs gibt; denn seltsamerweise ist der trübe Sinn, wie die Alten die zwanghafte Sicht auf die dunklen Seiten des Lebens nannten, im Jahr 1776, also im Gründungsjahr des Burgtheaters, zum ersten Mal als Begriff ‚Pessimismus' nachweisbar. Aber wahrscheinlich ist diese Vermutung nur eine Spitzfindigkeit, die lediglich die ganz einfache Tatsache überdeckt, dass negative Nachrichten die besseren sind und gallige Formulierungen den attraktiveren Zitierwert aufweisen. Diese Unkenrufe zu zitieren, lässt außerdem teilhaben am kritischen Nimbus der scharfzüngigen Verfasser und kommt auch noch der wienerischen Neigung entgegen, sich allzu aufwändiges Nachdenken und allzu anstrengende komplexe Fragen durch ‚treffende' Zitate vom Halse zu schaffen. Es stünde z. B. der Satz von

Egon Friedell zur Verfügung, der klipp und klar konstatiert, *das Burgtheater sei ein Monument des österreichischen Schwachsinns*. Damit wäre für alle Zeiten alles erklärt. Die Widersprüche wären die Symptome eines jahrhundertelangen Siechtums und der Patient das Ebenbild seiner chronischen Krankheit. Man müsste nur noch über die Variationen dieses Faktums reden – und wäre auch auf diesem Umweg endgültig beim angekündigten Thema angekommen.

Allerdings könnte man noch einmal von der Überlegung aufgehalten werden, Apoll throne auf dem Burgtheater in seiner Eigenschaft als Herr über die wichtigsten Orakel-Stätten, der Kassandra die Gabe der Weissagung verliehen hat, freilich mit dem bekannten Handicap, dass ihr niemand ihre Untergangsprophezeiungen glaubt. Vielleicht rächt sich Apoll auf diese Weise für seine sonstige Erfolglosigkeit auf dem Theaterdach, gewissermaßen als Gott der Zettelkästen. Dann stünde auch Karl Kraus, der Star aller Zettelkästen und deren Hauptlieferant, unter dem Schutz des Gottes. Seine prophezeienden Urteile übertreffen naturgemäß alle anderen an Rigorosität und ewiger Aussichtslosigkeit. Da heißt es z. B.: „Ich sage ja nichts anderes als dass das Burgtheater nur Vergangenheit und keine Zukunft hat. Dass es war, ist traurig, dass es ist, ist ein Malheur, und dass es sein wird, eine Katastrophe."

Auch Anton Kuh, der Kraus wegen der peinlichen Virtuosität seiner Formulierungen angegriffen hatte, war ein brillanter Zitatenlieferant und trug lustvoll seinen Teil zum üblichen Burgtheater-Pessimismus bei, z. B. mit einer Analyse, die prototypisch für die Jahrhunderte durchziehenden Untergangstexte ist, die schließlich mit Thomas Bernhards „Holzfällen" ihren Höhe-, bzw. Tiefpunkt erreichten, der sich seinen trüben Sinn und seinen Gram darüber von der Seele schrieb, dass er nicht Burgtheaterdirektor geworden war, sondern eben ich es wurde, was bedauerlicherweise zu dem bekannten Boykott führte. Der wird übrigens von einigen Bernhard-Aposteln inzwischen weggelogen. – Anton Kuh schrieb: „Das Burgtheater, einst ein Kulturfaktum von Belang, hat sich zu einer Druckerschwärzenbelästigung ersten Ranges herausgewachsen. Es lebt, seit es als Bühne seine Bedeutung verlor, nur noch vom Geheimnis- und Nichtigkeitsreiz des Wortes ‚Krise'."

Auch die Theaterleute gewöhnten sich schließlich an den Begriff ‚Krise'. Berthold Viertel z. B., ein kluger und ‚moderner' Regisseur, lobte den Burgtheaterdirektor Josef Gielen so: „Du ringst nun, teurer Josef, bald das dritte Jahr mit dem trügerischen Element, das sich seit jeher, ich glaube, seit der Gründung, die ‚Krise des Burgtheaters' nennt."

Josef Gielen war ein sehr erfolgreicher Direktor, de facto, nicht bei der Presse. Gielen starb 1968. Bald war nicht mehr die Rede von ihm. Viertel hatte ihn den anonymsten Burgtheaterdirektor genannt, den er kenne. Ein solches Lob der Anonymität, das uns heute als ein vernichtendes Urteil oder als lächerlich verfehlter Blindgänger-Begriff in der eitlen Welt des Theaters erscheint, war damals noch nicht so abwegig. Heinz Hilpert sprach z. B. davon, dass Anonymität das Signum wahrhaft großer Regiearbeit sei. Solche Begriffe wurden 1976 noch nicht grundsätzlich verlacht. Auch ein anderer irrläuferischer Begriff nicht, der 1986 in unserem Burgtheater-Buch auftauchte, und der heute bei den der Moderne verschworenen Kunstbürgern keine Chance mehr hätte, nämlich die ‚Anständigkeit'. Reinhard Urbach zitierte Alfred Polgar, übrigens auch ein bedeutender Zitatenlieferant, mit den Sätzen: „Programm wäre dann […] gutes, interessantes Theater zu machen, mit den Menschen der Zeit für die Menschen der Zeit. Ein Theater, dem nichts heilig wäre als die Kunst, also eben deshalb ein bis ins letzte anständiges Theater." – In meinem Buch-Text kam Thomas Mann zu Wort mit dem Zitat über Theodor Fontane: „Aber Fontane's Bescheidenheit […] war ein Ergebnis jener letzten Künstlerskepsis, die sich gegen Kunst und Künstlertum selber richtet und von der man sagen kann, dass alle Künstleranständigkeit in ihr beruht."

Skepsis und Zweifel waren uns geläufig. Das ‚Theater des Zweifels', das Herbert Ihering in den 1920er Jahren für angemessen hielt, schien uns in der Blütezeit des Kalten Krieges wieder zeitgemäß zu sein und spielte eine wichtige Rolle in unseren konzeptionellen Überlegungen. Damit standen wir durchaus im Widerspruch zu den betont optimistischen Tendenzen der sogenannten Kreisky-Zeit. Skepsis und Zweifel an den tradierten Wiener Theater-Erwartungen waren natürlich auch damals nicht gerade populär. Heute wären sie, wenn es sie denn gäbe, eventfeindliche Behinderungen. Sie sind aber längst der grassierenden Großmäuligkeit zum Opfer und aus der Zeit gefallen. Herbert Ihering ist von Cassius Clay abgelöst worden.

Den Zitaten-Schatz haben Skepsis und Zweifel nicht vermehrt oder erweitert, aber die Macht der alten Zitate auch nicht gemindert, deren Inflation erst mit Weigel und Torberg verebbte. Das Feuilleton wurde unjüdischer und schwerfüßiger; die nachfolgenden kritischen Damen und Herren waren witzloser, angestrengter und kleinhorizontiger; sie zu zitieren macht keinen rechten Spaß mehr.

Nach den unsäglichen Attacken Weigels auf Ernst Haeusserman kam es in der Zeit meines Vorgängers Gerhard Klingenberg zu dümmlichen Anpöbelungen wegen des Engagements ausländischer Regisseure, gepaart mit dem albernen Vorwurf, er habe die ‚Adelsrepublik der Künstler' in eine ‚Republik der Proleten' verwandelt.

1975, im Jahr meiner Ernennung, löste eine gesetzwidrige Veröffentlichung des Vorberichts einer Rechnungshof-Prüfung eine beispiellose Kampagne gegen die Bundestheater und besonders gegen das Burgtheater aus, die zu einem vorzeitigen Ende der Direktionszeit meines Vorgängers beitrug und die Arbeit der designierten Direktion erschwerte. Neben diesen eigentlich der Regierung geltenden Attacken (1975 waren Nationalratswahlen) blieb der übliche cantus firmus gewohnt trübsinnig, aber relativ moderat. Damalige Kritiker-Sätze lauteten z. B. so: „Für mich war 1973 das Traurigste: die Situation des Wiener Burgtheaters." Oder: „Das Burgtheater lebt nicht, es siecht dahin." (1974) Oder: „Hoffnung ist das einzige, was der Burg geblieben ist." (1975) – das erinnerte an den schönen Nestroy-Satz: „Die Zukunft bietet Hoffnungen, aber wie zur Zukunft gelangen ohne sie." – So hätte 1975 auch unser Arbeitsmotto lauten können, wären wir auch vom trüben Sinn befallen gewesen, was wir aber nicht waren.

In den folgenden Jahren wurden die Untergangs-Prophezeiungen durch die begleitenden persönlichen Verunglimpfungen, politischen Diffamierungen und antideutschen Untergriffe wieder ‚attraktiver'.

Als Burgtheater-Direktor begegnete ich zum ersten Mal in meinem Leben persönlichem Hass, vorwiegend in dem miserablen Deutsch der „Kronen Zeitung" – aber nicht nur dort. Auch die seriöse Tageszeitung wünschte mich mit Adolf Dresen *auf die Feuerschaufel* („Auf die Feuerschaufel, Herr Minister!"). – Viele Journalisten schwiegen hörbar, wenige nahmen uns damals gegen diese Hasskampagnen hör- und nachlesbar in Schutz. Sigrid Löffler war eine von den wenigen – und wurde daraufhin prompt ihrerseits beschimpft. Andere Zeitungen lobten uns sozusagen an den persönlichen Diffamierungskampagnen, manchmal sogar an den Hetzartikeln ihrer Chefredakteure vorbei. Wohlmeinende nannten uns ‚stille Revolutionäre'. Auch das gab es.

Es gab aber auch grotesk-komische Erregungen im Rahmen des heute lächerlich erscheinenden antikommunistischen Kulturkampfs, z. B. die über den roten Zwischenvorhang in meiner „Kirschgarten"-Inszenierung mit der roten Pluhar: Die seriöse Tageszeitung fand die Bestätigung für meine verwerfliche Gesinnung in diesem roten Vorhang, der so rot war, wie rote Theatervorhänge überall auf der Welt rot sind. Der große Fritz Heer fühlte sich in seiner Fassungslosigkeit daraufhin bemüßigt, einen sehr schönen Aufsatz über „Die Heilsfarbe Rot" zu schreiben. Der wurde in der seriösen Tageszeitung offenbar nicht gründlich gelesen, denn die Rot-Allergie blieb längere Zeit unheilbar.

Später hatte sie sich dann zu einer gesteigerten Empfindsamkeit veredelt und den sensiblen Rezensenten meiner „Platonov"-Inszenierung noch zehn Jahre nach meiner Direktionszeit in einer schmeichelhaften Kritik zu der gesellschaftspolitisch brisanten Frage veranlasst: „Polemischer Witz grüßt diskret: Was wohl die rote Plastik-Kehrichtschaufel in einem gesellschaftlichen Untergangs-Szenario bedeuten mag?" Was also? – In der Premiere hatte ein Schauspieler kurz nach Vorstellungsbeginn versehentlich ein Glas vom Tisch gestoßen, das zerbrach. Die umherliegenden Scherben waren nicht ungefährlich. Der umsichtige Inspizient schickte eine Statistin, die im Stück eine Bedienstete spielte, mit einer schnell von der Requisite beschafften Kehrschaufel auf die Bühne, und die Statistin beseitigte unauffällig die gläserne Gefahr. Soweit, so gut. Aber die Schaufel war rot! Das beflügelte den interpretatorischen Verdacht.

Übrigens war Hans Haider, der wohlmeinende Rezensent des „Platonov", das sei um der Gerechtigkeit willen vermerkt, insofern ein Sonderfall des sogenannten Wiener Kulturjournalismus, als er sich so ziemlich als einziger konkret und nachlesbar an die Havel-Zeit des Burgtheaters erinnerte und noch immer erinnert und dieser Erinnerung nicht nur als Journalist, sondern auch als Kurator von Ausstellungen in Prag und in Wien über Havels „Muttertheater" Ausdruck verlieh. Ansonsten hätte sich der historisch interessierte Wiener Theaterfreund über diese Havel-Jahre nur im Ausland kundig machen können. Dagegen offenbarte sich die allgemeine österreichische Gedächtnisschwäche z. B., als das Burgtheater im Jahr 2000 mit meiner Inszenierung von „Professor Bernhardi" in Prag gastierte und der österreichische Botschafter freundlicherweise zu einem Empfang gebeten hatte. Er hielt eine Rede über die schlechthinnig völkerverbindende Kraft der Kultur, die in diesen schwierigen Temelin-Zeiten kalmierend auf die immer wieder so gespannte Beziehung zwischen Wien und Prag wirken könne. Havels Wien-Beziehung fiel ihm nicht ein. Frau Freimanová, die anwesende persönliche Referentin des Präsidenten Havel, der damals schwer krank war, fragte sich und mich, wieso der Herr Botschafter offenbar gar nichts über die Leistungen Österreichs und eben auch des gastierenden Burgtheaters für die tschechischen Dissidenten wisse. – Soweit der kleine Ausflug in einen der vielen österreichischen Distrikte der Vergesslichkeit.

Diese kleine Abschweifung ist ja nur die Folge der Erinnerung an den unwienerisch erinnerungsstarken Rezensenten des „Platonov", der sich natürlich 1996 sicher auch daran erinnerte, dass die Rot-Pirsch schon längst abgeblasen und ich ja schon seit Jahren, noch vor dem Ende meiner Direktionszeit, nämlich ungefähr mit dem Ende der Kreisky-Regierung (nach 1983), in den österreichischen Medien zum Reaktionär mutiert war, jedenfalls nach der Meinung jener, die mich bis dahin als rote Bazille oder Ähnliches erkannt hatten.

Ich nannte diesen Vorgang 1986 die „Überholungs-Reaktion"; vielleicht kein sehr glücklicher Ausdruck; ich meinte damit, dass die Vorwürfe von gestern die Forderungen von heute und morgen geworden waren, wobei sie immer radikaler wurden. Die fanatischen Gegner des deutschen Regietheaters diffamierten jahrelang den, der ohne missionarischen Glaubenseifer dieses Theater zum ersten Mal – voller Skepsis – ins Land ließ, als „Förderer des deutschen Provinz- und Fäkaltheaters". Plötzlich wechselten fast alle Kämpfer und Kämpferinnen die Front und forderten mit demselben Fanatismus die Inthronisierung ihrer bisherigen Feindbilder. Die wurden flugs in Vorbilder umgekrempelt. Die Aggression verwandelte sich in inbrünstige Verehrung.

Da war Amnesie vonnöten, um diese Metamorphose zu bewältigen. Außerdem war der alte Hass seinen Produzenten und seinen stillen Genießern peinlich geworden, freilich nicht allen. Auch diese Peinlichkeit war nur durch Vergessen zu bewältigen. Sie blieb ein wesentliches Motiv für die durchdachte, schließlich konsequent betriebene vorsätzliche Amnesie. Diese hier und heute ausführlicher darzustellen, ginge über unser Thema hinaus, ganz abgesehen davon, dass Peinlichkeiten, Hass und Vergesslichkeit so kurz vor dem Abendessen für Sie, meine Damen und Herren, keine Appetit anregenden Themen sind; schon deshalb, aber nicht nur deshalb, sollen sie hier auch keinen ungebührlichen Raum einnehmen.

Die vielen guten Erfahrungen dieser Zeit, die wunderbaren Begegnungen in dieser Stadt, das Privileg mit so vielen allerersten Schauspielern, Regisseuren, Bühnenbildnern, Musikern und hervorragenden Mitarbeitern in allen Theaterbereichen zusammenarbeiten zu dürfen, die Erfolge im In- und Ausland, die Solidarität des Ensembles, der Technik und vor allem der überwiegenden Mehrheit des Publikums, das unser Theater zum bestbesuchten Repertoiretheater des deutschen Sprachraums gemacht hatte, die einschränkungslose Unterstützung der Regierung, des Bundeskanzlers und vor allem des Ministers Fred Sinowatz, das alles lässt die Schatten des Hasses verblassen. Das alles war auch in dieser Zeit immer lebensbestimmender als die vergeblichen medialen Vernichtungsversuche – und ist auch erinnernswerter als die kriegerischen Attacken einiger Oppositionspolitiker, vor allem der FPÖ, aber leider auch der ÖVP (in der es allerdings sogar einen ‚Dissidenten' gab, der nun ein mutiger Verleger ist!), die sich als mutige Kämpfer an der Kulturfront des Kalten Krieges verdient machen wollten.

Die glaubten wohl tatsächlich, das Burgtheater als Hort der nationalen und christlichen Werte gegen den Ansturm des Weltkommunismus in Gestalt linksextremer Dramaturgen und in der Wolle gefärbter marxistischer Regisseure verteidigen zu müssen. Diese kleinen österreichischen McCarthys pflegten dabei den alten Rechtsbrauch der Problem-Demokraten, nämlich den, mangels Beweisen schuldig zu sprechen. Korrekterweise sei angeführt, dass sich einige kalte Krieger später für die Kollateralschäden entschuldigten; freilich immer nur persönlich, diskret, nicht öffentlich. Auch ihnen war am Ende alles ein bisschen peinlich und sie wollten schließlich nichts mehr davon wissen. Daher wurde die Peinlichkeit auch bei ihnen ein entscheidendes Motiv der vorsätzlichen Amnesie.

Das Burgtheater blieb im Zeichen des Kalten Krieges über Jahre ein dauerhaftes politisches Thema – im Gegensatz zu den punktuellen, befristeten Polemiken und Affären, wie z. B. dem Skandal um die „Staatsoperette", dem gerade im Literaturhaus eine Ausstellung gewidmet wurde. In dem Ausstellungskatalog wird übrigens die Sprachregelung der vorsätzlichen Amnesie nicht eingehalten. Dieser Sonderfall ist erstaunlich und ich möchte ihn mit einem Zitat würdigen: „Benning ist durch das nachfolgende Mediengetöse unter Claus Peymann in den Geruch gekommen, eine politisch und ästhetisch ‚verzopfte' Theaterpolitik betrieben zu haben. Doch der Wind, der Benning von Anfang an – als deutsche Machtübernahme wurde schon sein Amtsantritt empfunden – entgegenschlug, war damals noch um einiges rauer – und auch gestriger."

Die Heftigkeit dieses Kulturkampfes hing wohl auch damit zusammen, dass viele Politiker der Opposition angesichts der Dominanz Kreiskys in den großen politischen Bereichen glaubten, eher in der Kulturpolitik als auf anderen Politikfeldern punkten zu können und beim vielumworbenen kleinen Mann politische Sympathien zu gewinnen. Die Nachwehen dieses Glaubens zeigten sich noch viele Jahre später in den dümmlichen Plakataktionen der FPÖ gegen Jelinek und Peymann und die moderne Kunst. Diese kulturpolitische Variante der Fremdenfeindlichkeit wurde schließlich von der innenpolitischen abgelöst; nun richten die Asylanten die gute alte österreichische Kultur mitsamt ihren christlichen Werten zugrunde.

In den damaligen Glaubenskämpfen feierte das ganze in 200 Jahren Burgtheater-Geschichte angewachsene Repertoire der Klischees, der Widersprüche und des Mythos-Vokabulars im widersprüchlichen Gegeneinander und konfusen Durcheinander eine turbulente Fortsetzung, bzw. eine gar nicht fröhliche Wiederauferstehung. Noch einmal schossen die alten Burgtheater-Konflikte ins Kraut und kulminierten vermutlich zum letzten Mal in ihrer Geschichte.

Der ‚Mythos-Transfer', den der Germanist Johannes Sachslehner in seinem Burgtheater-Essay „Hier sind wir noch eins…" klar beschreibt, überdauerte mehr als 200 Jahre, und so vertraten auch die beharrenden gesellschaftlichen Kräfte in der Kreisky-Zeit die alten Mythen. Vom cantus firmus der Untergangsklagen war schon die Rede. Der Mythos, der sie auslöste oder aufnahm, statuierte gegen den trüben Sinn z. B.: „Führerrolle in der deutschen Theaterkunst", „Sendung", „Mission", „Musterbühne", „österreichische Akropolis", „österreichisches Eleusis", „Sinnbild", „Kraftquelle", „Merkzeichen Österreichs" (zitiert nach Sachslehner); das war das geistige Waffenarsenal, aus dem sich die Kultur-Krieger fleißig bedienten. Der Widerspruch zwischen der jeweiligen Realität und dem die Zeiten überdauernden Mythos begleitete den von der Hysterie des Kalten Krieges angeheizten neuerlichen Kampf ums Burgtheater bis an das Ende der Kreisky-Zeit.

Die späteren Konflikte um das Burgtheater waren dagegen Nachzugsgefechte; die alten Gegner waren mehr oder weniger abhanden gekommen oder zu Pappkameraden degeneriert, die man allerdings noch brauchte, um die Illusion des brisanten politischen Theaters zu kreieren. Die üblichen „Marktlücken-Nazis" (Werner Schneyder) und ihre Substituten standen dafür wieder einmal zur Verfügung und erfüllten ihre Skandal-Pflichten. Man war anscheinend zur Deklaration der eigenen politischen Haltung vor allem auf den Themen-Mäzen Jörg Haider angewiesen; er versorgte die Künstler und Intellektuellen mit Erregungsstoff und gab schließlich weitgehend vor, worüber man sich als anständiger Mensch zu empören hatte. Es schien, als wäre man zur Schärfung des eigenen Profils geradezu aufeinander angewiesen und pflegte wechselseitig die nützliche Symbiose nach Kräften.

Das politische Theater der Jahre 1976–1986 war dagegen ideologisch weitgehend autark und nicht auf das thematische Mäzenatentum von rechts angewiesen; seine Verankerung und seine Ziele waren internationaler – nicht primär ‚innenpolitisch' bestimmt – ganz in Übereinstimmung mit unserem konzeptionellen Grundsatz der ‚Weltoffenheit'. Dieses reale politische Theater fand auf der Bühne statt, nicht auf Pressekonferenzen und nicht bei gut organisierten Skandalen vor Premieren. Es war ‚außenpolitisch' durch den Widerspruch zwischen der Dissidenten-Politik und der Pflege vernünftiger Beziehungen zu den staatlichen Institutionen in den undemokratischen Partner-Ländern, vor allem der DDR, gekennzeichnet. Dieser Spagat gelang mit entsprechender Hilfe einiger Politiker, vor allem aber der Regierung und auch des Bundespräsidenten Dr. Kirchschläger ohne große Pannen, abgesehen vielleicht von den Problemen bei „Schloss Wetterstein" von Frank Wedekind mit dem Regisseur B. K. Tragelehn und dem Bühnenbildner Einar Schleef. Schleef hatte bald nach seiner Ankunft in Wien die originelle Eingebung, Herrn Honecker einen lustigen Brief mit Absender ‚Burgtheater' zu schreiben und ihn aufzufordern, umgehend gewisse Änderungen in der DDR durchzuführen. Sollte das nicht geschehen, würde er, Einar

Schleef, nicht zurückkehren. Diese Aktion brachte zwar Herrn Honecker nicht zur Einsicht und die DDR nicht ins Wanken, aber schließlich „Schloss Wetterstein" zu Fall und den Regisseur in beträchtliche Schwierigkeiten, behinderte aber die Zusammenarbeit mit der DDR-Künstleragentur nur kurzfristig, so dass wir im Rahmen der staatlichen Abkommen einen großen Gastspielaustausch mit dem Berliner Ensemble und dem Moskauer Künstlertheater durchführen und gleichzeitig z. B. Schauspieler wie Jürgen Hentsch oder Regisseure wie Adolf Dresen oder Jurij Ljubimov engagieren konnten, die in ihrer Heimat keine Arbeitsmöglichkeit mehr hatten.

Staatliche Funktionäre dieser Länder, die zu Verhandlungen nach Wien kamen, besuchten hier inoffiziell und sehr diskret und sogar ‚geheim' die Vorstellungen ihrer verfemten Ostblock-Landsleute. Vor allem Havel-Vorstellungen standen auf ihren Wunschlisten. Gelegentlich schlichen auch Mitglieder der ČSSR-Botschaft ins Akademietheater. Es kam sogar dazu, dass wir wegen unserer Dissidenten-Politik und der direkten Zusammenarbeit mit Kohout, Landovský und Havel als Kriegshetzer auf der Titelseite der „Rude Pravo" landeten, und das Burgtheater gleichzeitig in Prag und Bratislava mit Handkes „Wunschlosem Unglück" und mit Grillparzers „Sappho" in der Inszenierung des Havel-Schauspielers Joachim Bißmeier gastierte. Olga Havel saß im Zuschauerraum; Václav Havel war im Gefängnis. Diese ausverkauften Gastspiele wurden vor Ort mit den Worten angekündigt: „Heute keine Vorstellung."

Auch in Wien kam es zu politischen Unmöglichkeiten ähnlicher Art. Z. B.: Die Botschafter der Bundesrepublik und der DDR nahmen gemeinsam an der Premierenfeier nach Manfred Wekwerths Inszenierung des „Prinzen von Homburg" teil. Dem DDR-Botschafter war aber der private Umgang mit seinem westdeutschen Kollegen untersagt. Nachdem an diesem Abend Photos gemacht worden waren, die beide fröhlich vereint zeigten, rief mich am nächsten Morgen mein Botschafter Horst Grabert an und ersuchte mich mit den Worten: „Wir wollen doch nicht, dass unser Schramm nach Hause fahren muss", unbedingt dafür zu sorgen, dass kein Bild veröffentlicht wird. – So etwas war damals nur in Wien möglich.

Wenn tatsächlich, wie Siegfried Lenz sagt, die Geschichte die Tendenz habe, in Geschichten aufzugehen, dann könnte man z. B. auch die unmögliche Geschichte von unserer Festwochenaufführung des Stücks „Every Good Boy Deserves a Favour" von Tom Stoppard und André Previn im Theater an der Wien erzählen. Sie war übrigens der Hauptanlass für das Zerwürfnis zwischen dem damaligen Stadtrat für Kultur Dr. Zilk und der Burgtheater-Direktion. Und das kam so: Zilk hatte uns gedrängt, für die Festwochen eine Produktion herauszubringen. Da wir überlastet waren, sträubten wir uns zunächst dagegen, schlugen aber dann bald und gern das Stück von Tom Stoppard vor, das wir uns allein nicht leisten konnten, weil dafür ein großes Orchester notwendig war. Zilk war begeistert, da er Stoppard, der auch unser Hausautor und mit Havel gut befreundet war, für einen flotten Boulevard-Autor hielt. Das vorgeschlagene Stück wurde offenbar daraufhin im Kulturamt nie gelesen. Es war aber ein hochpolitisches Stück, das in einem sowjetischen Irrenhaus spielte, in dem Dissidenten weggesperrt waren und gefoltert wurden. Als der russische Ministerpräsident Tichonov zu Besuch kam, stellte sich heraus, dass die Russen, bzw. die Tschechen, dieses Stück sehr wohl gelesen hatten und seine Absetzung verlangten, anderenfalls die befreundeten Oststaaten die Festwochen boykottieren würden. Das war wegen des Musikprogramms durchaus eine gefährliche Drohung. Zilk war bitterböse auf uns, weil wir ihn, seiner Meinung nach, hinterhältig getäuscht hätten. Das stimmte nicht. Wir haben natürlich nicht angenommen, dass niemand von seinen Mitarbeitern das Stück liest.

Der DDR-Kulturminister Hans Joachim Hoffmann wandte sich in dieser Angelegenheit an seinen Kollegen Sinowatz und legte ihm das Dilemma der DDR dar, die nach Möglichkeit wegen ihrer guten Beziehungen zu Österreich an diesem Boykott nicht teilnehmen wollte.

Es kam zu einem Geheimtreffen zwischen Sinowatz und Hoffmann in Wien im Hotel Bristol, zu dem Robert Jungbluth und ich gebeten wurden. Ich musste dort schriftlich erklären, dass Stoppards Stück völlig unpolitisch und im Übrigen die Sowjetunion gar nicht gemeint sei. Die DDR nahm aufgrund dieser wahrheitswidrigen und völlig unsinnigen Erklärung an dem Boykott nicht teil. Die Aufführung mit dem ORF-Symphonieorchester wurde ein großer Erfolg. – Zilk konnte das kaum beruhigen.

Auch diese Geschichte konnte nirgends auf der Welt außer in Wien passieren. – Nun könnte es weitergehen mit dem Geschichten-Erzählen, z. B. mit der Absage unseres großen Gastspiels in Moskau und Leningrad am Tage der Abreise und des Staatsbesuchs von Minister Sinowatz, weil die Russen offenbar auf Drängen der Tschechen das Visum für Pavel Landovský am Vortag zurückgezogen hatten. Aber diese und alle anderen Geschichten lassen wir heute im Dunkel des Vergessenseins ruhen, in dem die Ausnahmezeit eines tatsächlich politischen Theaters seit langem versunken ist, so wie diese zehn Theaterjahre in ganz erstaunlichem Ausmaß der Gedächtnisschwäche und der vorsätzlichen Amnesie anheimgefallen sind. Die Literaturwissenschaftlerin Konstanze Fliedl nennt sie in ihrer Schnitzler-Monographie „Poetik der Erinnerung" auch die herrschaftliche Amnesie, die das totale Verfügungsrecht über die Gegenwart sicherstellen soll.

Die markigen Sprüche von Claus Peymann, vor ihm sei alles hier „Scheiße" gewesen, „Steinzeit"; im Burgtheater hätten *gelangweilte alte Lemuren müde den Vorstellungsenden entgegen gedämmert, die Direktion Benning sei nicht in den Diensten der DDR gestanden, sondern noch viel schlimmer, fest im Griff der Schönbrunner Lodenmafia gewesen*, usw. alle diese und andere bis heute wiederholten Narreteien bekunden nicht nur den endgültigen Sieg von Cassius Clay über Herbert Ihering, sie signalisieren unmissverständlich den Herrschaftsanspruch über die Gegenwart mittels aktiver Amnesie. Vom Verfügungsrecht über die Gegenwart wird das über die Vergangenheit abgeleitet. (So kam es übrigens auch zum Quasi-Verbot unseres den heutigen Titel gebenden Burgtheaterbuchs; d. h.: Der Bundestheaterverband veranlasste auf Verlangen der Direktion, dass dieses Buch ab September 1986 – vorläufig, wie es zunächst hieß – im Bereich der Bundestheater nicht mehr ausgelegt und verkauft werden durfte – und das, obwohl der Verkauf im Finanzierungsplan dieses Buches eingeplant war.)

In diesem Sinn ist wohl auch der Versuch unserer Nachfolge-Direktion zu verstehen, selbst die Burgtheater-Beziehungen zu Václav Havel zu annektieren. Claus Peymann hat 1989, also mit einiger Verspätung, plötzlich eine Solidaritätserklärung für Havel unterschrieben und sich damit in die große Schar der nachträglichen Dissidenten-Förderer und der seit 1989 jählings aus dem Boden schießenden Havel-Freunde eingereiht, deren Solidarität in den kritischen Jahren zuvor verborgen geblieben war. Auch bei der Hetze der „Kronen Zeitung" gegen Pavel Landovský traten die nachträglichen Dissidenten-Freunde nicht in Erscheinung. Und kaum jemand wunderte sich damals über eine Umfrage des ‚Fessl-Instituts', bei der die Mehrheit der österreichischen Bevölkerung sich strikt gegen die Hilfe für die Dissidenten und ihre Förderung ausgesprochen hatte, da solche Solidarität die kommunistischen Staaten unnötig gegen das neutrale Österreich aufbringen würde.

Die Havel-Annexion scheiterte aber 1989 endgültig an der Vertragstreue des Rowohlt-Verlages und seines Leiters Klaus Juncker. Das Burgtheater hatte versucht, mithilfe eines lukrativen Angebots die Rechte für die Uraufführung von Havels Stück „Sanierung", die mit dem Zürcher Schauspielhaus vereinbart war, doch noch nach Wien zu ziehen. Die Uraufführung fand aber in Zürich in der Inszenierung von Joachim Bißmeier statt. Bald danach (1990) kam es zu dem legendären Havel-Fest im Zürcher Schauspielhaus mit vielen Autoren, von Dürrenmatt bis Canetti, von Hochhuth bis Golo Mann und anderen. Da wurde in Zürich die Burgtheater-Zeit von Václav Havel gefeiert, wovon naturgemäß in Wien keine Notiz genommen wurde.

Wie auch immer: Nicht die kuriosen Sprüche des allseits beliebten und im Grunde urwienerischen Theater-Missionars und grandiosen „Medien-Zampanos" (Ulrich Weinzierl) verdienen besondere Aufmerksamkeit, sondern eine Kulturgesellschaft, die solchen, sie selber disqualifizierenden ‚Diagnosen' Ex-Cathedra-Qualitäten zubilligt, selbst den *vortönenden Widerhall* produziert und dann blasiert oder mit kellnerhafter Unterwürfigkeit dazu schweigt und nicht einmal nachfragt, ob der große Missionar das Burgtheater aus der Steinzeit in die Bronze- oder Eisenzeit geführt oder gleich übergangslos in die Neuzeit katapultiert hat. Darauf legte sich jedenfalls die „Kronen Zeitung" fest und schrieb nach jahrelanger, fast pausenloser Hetze gegen meine Direktion, bereits drei Wochen nach Beginn der ersten Spielzeit Peymanns, ohne dass der eine einzige Wiener Produktion herausgebracht hatte, *er habe das Burgtheater aus seinem Dornröschenschlaf endlich wach geküsst.* Wahrscheinlich handelte es sich bei dieser Diagnose nur um eine kleine Gefälligkeit gegenüber dem ehemaligen Ombudsmann des staatstragenden Kleinformats und dem nunmehrigen Unterrichtsminister. Trotzdem ist das Ganze doch so abenteuerlich, dass man aus dem Staunen nicht so leicht wieder herauskommt, auch wenn man aus der Nachkriegszeit noch lebendig in Erinnerung hat, dass Wendehälse in Wien derart wendefähig sind, dass die zum Vergleich stehende Vogelart dagegen geradezu steifnackig wirkt.

Dass erst nach zwei Jahren entgegen den vorangegangenen Triumphmeldungen die nun zuständige Ministerin einräumt, dass die Besucherzahlen und die prozentuelle Auslastung in Burg- und Akademietheater nach der ‚Steinzeit' zurückgegangen sind, lässt das Staunen wohl in Bewunderung für eine exzellente Öffentlichkeitsarbeit übergehen. Diese war, das ist einzuräumen, zuvor tatsächlich steinzeitlich gewesen, aus Unvermögen, durch Fehleinschätzungen und aufgrund der antiquierten Überzeugung, dass das Theater über die Bühne und nicht über die Medien in die Öffentlichkeit zu wirken hat.

Wir haben daher sogenannte ‚Skandale' nicht medial maximiert, weil wir deren ‚halbidiotischen' Verursachern kein zusätzliches Forum bieten wollten. So haben wir z. B. den Canetti-Skandal 1979 sozusagen leise behandelt und der Chefdramaturg Reinhard Urbach hat den Autor davon abgehalten, heftig und spektakulär auf die antisemitischen und nationalistischen Pöbeleien zu reagieren, die Canetti bei der dritten Vorstellung seiner „Komödie der Eitelkeit" erleben musste. – Nach dem Premieren-Erfolg hatte Canetti, in rührender Weise vom Burgtheater-Mythos seit seiner Kindheit in Ruse tief beeindruckt, noch darüber nachgedacht, wieder nach Wien zu ziehen. Nach den ekligen Tumulten im Parkett und der körperlichen Bedrohung des Autors in der Direktionsloge verwandelte sich die Euphorie in eine Wien-Phobie, die lange anhielt. Das hatte ein kleiner reaktionärer Teil des Burgtheater-Publikums erreicht, den Canetti später den ‚alt-idiotischen' nannte.

Natürlich hätten wir es wunderbar gefunden, wenn Canetti sich wieder in Wien niedergelassen hätte, nicht nur aus menschlichen Gründen, vielmehr vor allem deshalb, weil Canetti kein zufälliger Gastautor des Burgtheaters, sondern der einzige Überlebende einer ‚versäumten' Literatur aus der Vornazizeit des 20. Jahrhunderts war. Zu den ‚Versäumten' gehörten neben Canetti auch Broch und Musil, auch Wedekind und Sternheim, ja sogar Sudermann mit seinem hochpolitischen Stück „Der Sturmgeselle Sokrates". Sie alle waren ‚Programm'.

Aber nun droht der vorgesehene kulturpolitische Diskurs von unserer unzeitgemäßen Öffentlichkeitsarbeit und Presse-Politik am Schluss in künstlerische Fragen abzugleiten, und die sind heute nicht unser Thema. Das lautet: ‚Ebenbild und Widerspruch in der Kreisky-Zeit'. Das Ergebnis, nach Lenz: ein Diskurs von erklärter Vorläufigkeit, der zu dem Schluss geführt hat: Das Ebenbild des Burgtheaters sind seine Widersprüche.

Zu dieser Erkenntnis wären Sie, verehrte Damen und Herren, wohl auch ohne diesen Vortrag gekommen, wenn Sie sich denkbereit und erwartungsvoll dem Burgtheater vor einer Vorstellung genähert und die Zeit gefunden hätten, einige Aufmerksamkeit dem Habsburger Götter-Personal auf dem Dach zu schenken. Hätten Sie dann nach der Vorstellung, um eine Theater-Erfahrung reicher, beglückt oder enttäuscht, noch einen abendlichen Spaziergang durch den Volksgarten Richtung Hofburg gemacht, dann wäre Ihr Blick vielleicht auf eine Göttergestalt hoch oben auf der Hofburg gefallen. Gebildet, wie Sie es eben als Burgtheater-Besucher nun einmal sind, wüssten Sie, dass es sich um die Göttin Fama handelt, die den Ruhm der Habsburger aller Welt zu verkünden hat. Allerdings ist diese doch einigermaßen zweifelhafte Dame laut Ovid die Botin der Wahrheit u n d der Lüge, zuständig für Gerüchte, den falschen Ruhm und die üble Nachrede, den Tratsch und auch den vortönenden Widerhall. Es käme Ihnen nun vielleicht der überflüssige Gedanke, dass sich die Dame auf dem Dach des Burgtheaters zu Hause fühlen könnte. Der große Umfang ihres göttlichen Ressorts würde auch ausschließen, dass jemand auf die Idee käme, Boreas, der große Windmacher, blase von da oben den Ruhm des Hauses und nicht dessen verbrauchte Luft in alle Himmelsrichtungen. Dann läge die Zuständigkeit dafür eindeutig bei der Fama.

Wenn Sie, meine Damen und Herren, nun tatsächlich die Arbeiten der erwähnten Photographin Christine de Grancy kennen, dann würden Sie sich jetzt an das unvergessliche Bild von der scheinbar über die ganze Stadt hin schwebenden Göttin erinnern, die Wien zu beherrschen scheint. – Tatsächlich wurde die frisch restaurierte Göttin mit einem Hubschrauber an ihren angestammten Platz zurück geflogen. Dieses Bild würde Sie in Ihrer Phantasie bestärken, sich diese vielseitige Göttin auf dem Dach des Burgtheaters vorzustellen. Sie ist schließlich eine echte Wienerin – Apoll nur ein mäßig integrierter Ausländer.

Auf dem weiteren Nach-Hause-Weg fiele Ihnen beim letzten Nachdenken über die Habsburger Götterwelt vielleicht noch auf, dass Sie in Wien nie eine Statue der Mnemosyne, der Göttin des Gedächtnisses und der Mutter der Musen gesehen haben.

Auch diesem überflüssigen Gedanken würden Sie wahrscheinlich keine weitere Bedeutung beimessen.

Vielen Dank für Ihre Aufmerksamkeit – so unmittelbar vor einem festlichen Abendessen.

Rede in der Österreichisch-Deutschen Kulturgesellschaft am 13. April 2010.

Anhang

Editorische Notizen

Die für dieses Buch ausgewählten ‚Anlasstexte' sind teils gekürzt, teils minimal korrigiert wiedergegeben, auch in der Titelgebung. Wiederholungen sind zu einem Teil belassen worden, da der Zusammenhang innerhalb der einzelnen Texte, die sich über 35 Jahre an ganz unterschiedliche Adressaten gerichtet haben, das erforderlich macht.

Die bibliographischen Angaben und ergänzenden Anmerkungen beschränken sich auf wenige notwendige Informationen.

Abkürzung: M: unveröffentlichtes Manuskript

Wien 1976 – 1986

1   Burgtheater – 201. Jahr – Gedanken nach dem Jubiläum
    Erschienen in: die republik. Beiträge zur österreichischen Politik. 12 Jg. (1976), H. 2, S. 24–27. Wiederabdruck: Reinhard Urbach und Achim Benning (Hrsg.): Burgtheater Wien 1776 – 1986. Ebenbild und Widerspruch. Zweihundert und zehn Jahre (Abk:. Burgtheater Wien 1776-1986), Wien: Verlag Anton Schroll & Co 1986, S. 217-219.
    Dem auf dieser Pressekonferenz verteilten Text war eine „Erklärung" vorangestellt, in der u. a. darauf hingewiesen wurde, dass trotz der Vorverlegung des Direktionsantritts um ein Jahr – was eine Halbierung der Vorbereitungszeit bedeutete – die Direktion die kommende Saison nicht als „Interimsspielzeit" verstehe, *ein Terminus der angesichts einer 200-jährigen Geschichte einerseits und im allgemeinen recht kurzer Direktionsperioden eher lächerlich sei.*
    Unmittelbar nach der Ernennung im Februar 1975 hatte Benning folgende kurze Erklärung abgegeben (Auszug): „[…] Meine Direktionszeit wird im günstigen Fall vier Jahre dauern und nicht länger, denn ich bin von Beruf Schauspieler und Regisseur, und ich werde 1981 zu diesem Beruf – hoffentlich unbeschädigt – zurückkehren. […]
    Ich möchte mich bei dieser ersten Erklärung auch nicht zu einem ‚künstlerischen Glaubensbekenntnis' versteigen, aber vielleicht kann ich doch sagen, dass […] ich möchte, was der vorbildliche Theatermann Heinz Hilpert 1932 so sagte: ‚Ich möchte, soweit es in meinen Kräften steht, dahin wirken, dass beim Theater wieder das Bild wichtiger ist als der Rahmen, der Dichter und seine Atmosphäre wichtiger als die aktive Behandlung des Publikums, der zum Ganzen gereifte Schauspieler wichtiger als der proteische Versteller wird. Ich möchte, wenn ich es kann, ein Helfer der Dichter und ein Förderer der Schauspieler sein.'"

2   Rückblick – Ausblick – Utopie (Titel von der Redaktion vorgegeben)
    Erschienen in: Kurier 6. 9. 1976. Wiederabdruck: Burgtheater Wien 1776 – 1986, S. 217.

3   Wohin geht das heutige Burgtheater? (Titel von der Redaktion vorgegeben)
    Erschienen in: Oberösterreichische Nachrichten 18. 1. 1977.

4   Alma Seidler – 8. 6. 1899 – 8. 12. 1977 *(M 1977)*
    Alma Seidler hatte in Bennings erster Strindberg-Inszenierung („Der Vater" / 1974) die Rolle der Amme gespielt.

5   40. Jahrestag der Besetzung Österreichs – Eine Matinee *(M 1978)*
    Diese Gedenkmatinee wurde gemeinsam mit dem Bundesministerium für Unterricht und

Kunst und dem Dokumentationsarchiv des österreichischen Widerstandes veranstaltet. Nach Reden des Bundespräsidenten Rudolf Kirchschläger und des Bundesministers für Unterricht und Kunst Fred Sinowatz wurde unter der Leitung von Otto Tausig eine Textmontage zur Vorgeschichte und zur Annexion Österreichs durch das nationalsozialistische Deutschland am 12. 3. 1938 dargeboten.

6 Pressekonferenz vom 2. Mai 1978 *(Unveröffentlichtes Protokoll 1978)*
7 Verleihung der Ehrenurkunde des Yad Vashem an Dorothea Neff *(M 1980)*
Dorothea Neff – geb. 1903 in München, gest. 1986 in Wien – rettete ihrer jüdischen Freundin Lili Wolff das Leben; sie versteckte sie unter Gefährdung ihres eigenen Lebens zwischen 1941 und 1945. – Dorothea Neff war eine bedeutende Schauspielerin, vor allem im Ensemble des Neuen Theaters in der Scala und dem des Volkstheaters. – Die Verleihung der Ehrenurkunde des Yad Vashem fand auf Wunsch von Dorothea Neff – auch zum Zeichen ihrer Solidarität mit der politisch angefeindeten Direktion Benning – im Akademietheater statt. Benning war oft zu Gast bei Eva Zilcher und Dorothea Neff in der Taubstummengasse und verdankte ihnen u. a. auch die Bekanntschaft mit Ernst Fischer und Erwin Ringel.

8 Verleihung der Josef Kainz-Medaille 1980
Erschienen in: Burgtheater Wien 1776–1986, S. 225f.
9 Was erwarten Sie vom Burgtheater? *(M 1982)*
10 Friedrich Heer – 10. 4. 1916 – 18. 9. 1983
Erschienen in: Norbert Leser: Heer-Schau. Briefe an und über Friedrich Heer. Wien, Graz, Köln: Böhlau 1985, S. 45f.
Weitere Reden bei der Trauerfeier hielten Christian Broda, Fred Sinowatz und Heinz Fischer.

11 Leopold Lindtberg – 1. 6. 1902 – 18. 4. 1984
Erschienen in: Burgtheater. Saison 1984/85. Planungen, Heft I, S. 84–89.
Wiederabdruck in: Burgtheater Wien 1776 – 1986, S. 230–232; sowie in: Akademie der Künste, Berlin (Hrsg.): Leopold Lindtberg, Regisseur. 1902 – 1984. (Red.: Dagmar Wünsche). Berlin 1990. S. 12–16.
Bei der Trauerfeier für Leopold Lindtberg im Schauspielhaus Zürich am 25. April sprachen Maria Becker, Achim Benning und Erwin Leiser.

12 Manfred Inger – 1. 1. 1907 – 25. 7. 1984
Erschienen in: Burgtheater. Saison 1984/85. Planungen, Heft II, S. 87–90.
Manfred Inger war ein enger Freund von Manès Sperber. Durch ihn lernte Benning Sperber 1962 nach einer gemeinsamen Vorstellung von „Egmont" kennen, die Sperber im Burgtheater besucht hatte. In den folgenden 22 Jahren kam es zu zahlreichen gemeinsamen Treffen. Es entstand eine enge Verbindung auch zu Sperber.

13 Norbert Kappen – 1. 2. 1928 – 23. 8. 1984 – Ein Briefwechsel mit Karl Fruchtmann
Erschienen in: Burgtheater. Saison 1984/85. Planungen, Heft II, S. 91–98.
Norbert Kappen, geboren am 1. Februar 1928 in Gelsenkirchen, starb am 23. August 1984 in Klosterneuburg durch Selbstmord. Im Herbst dieses Jahres sollten die Proben für „Nathan" mit Norbert Kappen in der Titelrolle und in der Regie von Thomas Langhoff beginnen.
Benning-Inszenierungen mit Norbert Kappen waren: James Joyce „Die Verbannten" (Rolle: Richard Rowan); Maxim Gorkij „Sommergäste" (Rolle: Sergej Vasiljevic Basov); Georges Feydeau „Einer muss der Dumme sein" (Rolle: Pinchard); „Dantons Tod" (Rolle: Georg Danton). Karl Fruchtmann, geb. 1915 in Meuselwitz/Thüringen; gest. 10. 6. 2003; Verhaftung durch die Nationalsozialisten 1936, Konzentrationslager Sachsenburg und

Dachau; 1937 ‚Freikauf' und Exil nach Palästina; lebte in Israel, London und New York; 1958 Rückkehr nach Deutschland, Bremen; seit 1962 Fernsehregisseur; viele bedeutende Filme, u. a.: „Kaddisch nach einem Lebenden" – 1969 (mit Rudolf Wessely in der Hauptrolle); Österreichische Erstaufführung seines Holocaust-Films „Zeugen" im Burgtheater am 11. 5. 1985; Theaterinszenierungen in Bern, Zürich, Berlin, Düsseldorf, Wuppertal, Hamburg und in Wien, u. a. die Uraufführung von Martin Walsers „In Goethes Hand" im Akademietheater 1982. – Janet Fruchtmann malte das Bild von Norbert Kappen, das in die Ehrengalerie des Burgtheaters aufgenommen wurde.

14   Adrienne Gessner – Kein Hasard-Spiel *(M 1985)*
Adrienne Gessner, 1896 – 1987; gemeinsam mit ihrem Mann Ernst Lothar im amerikanischen Exil 1939 – 1946; seit 1955 gehörte sie dem Ensemble des Burgtheaters an. – Ernst Lothar (1890 – 1974), Schriftsteller, Regisseur, Theaterdirektor (Theater in der Josefstadt); Mitbegründer der Salzburger Festspiele; Regisseur u. a. am Burgtheater; Ehrenmitglied des Burgtheaters.

15   Burgtheatertag „Insel der Seligen" – „Identität und Verdrängung in der Zweiten Republik 1945 – 1955 – 1985 – ?"
Erschienen in: Dokumentation des Burgtheatertages vom 11. 5. 1985 (Sonderprogrammheft zum Burgtheatertag am 20. 10. 1985 / Teil 2).
Anschließend sprachen Rolf Hochhuth, Josef Haslinger und Bruno Kreisky.
Die Burgtheatertage waren ganztägige Veranstaltungen bei freiem Eintritt (der Verzicht auf die vorgeschriebene „Tagesgangente" war eine erhebliche bürokratische Hürde bei der Genehmigung durch das Finanzministerium) mit einem umfangreichen Programm. Im Zentrum standen bestimmte ‚Burgtheater-Themen', die auf vielfältige Weise behandelt wurden (Reden, Vorstellungen, Filme, Szenen, Lesungen, Diskussionen).
Im Programm der „Insel der Seligen" finden sich z. B. „Die Ermittlung" von Peter Weiss und von Karl Fruchtmann der Film „Zeugen", der bei dieser Gelegenheit zum ersten Mal in Österreich gezeigt wurde. Am Nachmittag gestaltete das Ensemble Kabarett-Szenen unter dem Titel „Besatzungsmächte – Spezis-Bazis-Nazis" (u. a. mit Andrea Eckert, Bibiana Zeller, Robert Meyer, Erwin Steinhauer und Herbert Probst) und am Abend wurde die patriotische Revue „Nix is fix" der „Schmetterlinge" mit Willi Resetarits uraufgeführt. Die Teilnehmer an den begleitenden Diskussionsprogrammen waren z. B. die Mitglieder der Lagergemeinschaft Auschwitz Franz Danimann, Anna Sussmann, Hermann Langbein; außerdem: Erika Weinzierl, Gerhard Jagschitz, Anton Pelinka, Peter Jankovic, Josef Haslinger, Fritz Csoklich, Axel Corti u. a. Ferner wurde die Ausstellung „Emigranten – Remigranten" eröffnet.

16   Burgtheatertag 1955 – 1985 – 20. Oktober 1985 – 30. Jahrestag der Wiedereröffnung *(M 1985)*
Anschließend sprachen Vizekanzler a. D. Fritz Bock und Bundesminister Herbert Moritz. Das ganztägige Programm war nachmittags den Kindern gewidmet (u. a. „Enrico und seine Tiere" mit Heinz Zuber) und endete mit einem „Gala-Abend ‚Theater BURG Theater'" (Lieder und Texte von Nestroy bis Brecht).

17   Blanche Aubry – 24. 2. 1921 – 9. 3. 1986 *(M 1986)*
18   An das Publikum
Erschienen in: Burgtheater. Saison 1985/ 86. Planungen, Heft II, S. 3–7.
19   Burgtheater – 211. Jahr
Erschienen unter dem Titel ‚211. Jahr' in: Burgtheater Wien 1776–1986, S. 51–56.

Zürich 1987 – 1992

20   Theater in Zürich 1987 *(M 1987)*
21   Warum überhaupt Theater
      Erschienen in: Schauspielhaus Zürich. Programmvorschau. Saison 1989/90. I, S. 5–11.
22   Eine Revolution ist nicht absehbar
      Erschienen in: Schauspielhaus Zürich. Programmvorschau. Saison 1989/ 90. II, S. 5f.
23   Theater in Zürich – wozu?
      Erschienen in: Schweizer Monatshefte, 70. Jahr, Heft 5, Mai 1990, S. 433–443. Nachdruck in: Schauspielhaus Zürich. Programmvorschau. Saison 1990/91. I, S. 85–99.
24   Eröffnung des Kultursymposiums 90 im Schauspielhaus Zürich
      Erschienen in: Schauspielhaus Zürich. Programmvorschau. Saison 1990/91. II, S. 95–97. Wiederabdruck in: Bulletin, Mitteilungen des Schweizer Bühnenverbandes 21 –1991, S. 9–10.
      Das Kultursymposium war eine Veranstaltung der Roten Fabrik, des „Kulturboykotts 700" und des Schauspielhauses. Der Kulturboykott von 1991 als unmittelbare Reaktion auf die Fichenaffäre richtete sich als „Aufruf zum Schweigen" unter dem Motto „Keine Kultur für den Schnüffelstaat!" gegen die geplante, sehr konservative Gestaltung des offiziellen Schweizer Kulturprogramms zu den 700-Jahr-Feiern. Max Frisch sprach von einem „verluderten Staat", *mit dem ihn nichts mehr verbinde als ein roter Reisepass.*
25   Ahnungsgarantien
      Erschienen in: Schauspielhaus Zürich. Programmvorschau. Saison 1990 /91. II, S. 5–8.
26   Friedrich Dürrenmatt – 5. 1. 1921 – 14. 12. 1990 *(M 1991)*
      Nach dieser einleitenden Rede sprach Hans Mayer; es folgte eine Lesung unter dem Titel „In memoriam Friedrich Dürrenmatt" mit Christiane Hörbiger, Hans Christian Blech, Ernst Jacobi und Sara Capretti. (Thomas Hürlimann schrieb einen Nachruf auf Friedrich Dürrenmatt unter dem Titel „Da stirbt, als wär's ein Stück von ihm, Friedrich Dürrenmatt". In: *Schauspielhaus Zürich. Programmvorschau. Saison 1990/91. II, S. 10–13.*)
27   Alles ist gesagt, nichts ist gesagt
      Erschienen in: Schauspielhaus Zürich. Programmvorschau. Saison 1991/92. I, S. 5–11.
28   Lorbeerbaum und Bettelstab
      Erschienen in: Schauspielhaus Zürich. Programmvorschau. Saison 1991/ 92. II, S. 5–7.
29   Statt einer Bilanz
      Erschienen in: Schauspielhaus Zürich. Programmvorschau. Saison 1991/92. II, S. 103–105.
30   Werner Weber – Abschied *(M 1992)*
      Werner Weber, 1919–2005. 1951–1973 Feuilleton-Chef der NZZ. 1973–1987 Professor für Literaturwissenschaft an der Universität Zürich. 1980–1992 Verwaltungsratspräsident der Schauspielhaus AG. – Er berief Benning zum Direktor des Schauspielhauses Zürich. Seine Unterstützung war in jeder Hinsicht für Benning außerordentlich wertvoll, z. B. bei der Durchsetzung der letzten Uraufführung eines Max-Frisch-Stückes („Jonas und sein Veteran"), das wegen seiner antimilitaristischen Haltung auf starken Widerstand im Verwaltungsrat stieß. – Frisch nahm das mit Freuden zur Kenntnis, und die letzten gegenseitigen Vorbehalte zwischen Frisch und Weber, die ihre Ursache im berühmten ‚Zürcher Literaturstreit' von 1967 hatten, lösten sich auf.

Wien 1998 – 2010

31 In den Spiegel greifen – Notizen zu Arthur Schnitzlers „Professor Bernhardi"
Erschienen in: Programmbuch des Burgtheaters Nr. 200, S. 159–168.

32 Michael Kehlmann – Der unbekannte österreichische Regisseur *(M 2000)*
Michael Kehlmann, geb. 1927, wurde 1944 in das KZ Maria Lanzendorf eingeliefert; nach dem Krieg Matura und Studium (Germanistik und Philosophie); er stand am Anfang der Joseph-Roth- und Horváth-Renaissance in der Nachkriegszeit; ab 1950 Zusammenarbeit mit Helmut Qualtinger und Carl Merz; leitete das Kleine Theater im Konzerthaus; er war ein wesentlicher Mitgestalter der österreichischen Kabarettszene (Gerhard Bronner – der wie Benning bei der Beerdigung Kehlmanns diesen würdigte – Georg Kreisler, Louise Martini, Peter Wehle u. a.). – In der Folge war Kehlmann vorwiegend als Filmregisseur tätig; 1975 war er wie auch Thomas Bernhard Kandidat für die Burgtheaterdirektion. Die dann erfolgte Ernennung von Benning, trübte die Freundschaft der beiden, die seit Anfang der 1960er Jahre nach einigen Engagements Bennings in Kehlmann-Filmen entstanden war, in keiner Weise. Kehlmann inszenierte in der Direktionszeit Bennings sowohl am Burgtheater als auch am Schauspielhaus Zürich.

33 Adolf Dresen – 31. 3. 1935 – 11. 7. 2001 – Ein Briefwechsel mit Andreas Dresen *(M 2001)*
Adolf Dresen war der erste Regisseur aus der DDR, der eine langfristige Genehmigung für seine Arbeit in Österreich bekam. Er wurde als ‚Hausregisseur' an das Burgtheater engagiert, folgte aber 1981 einem Angebot, die Direktion des Frankfurter Schauspielhauses zu übernehmen. Nach kurzer Zeit gab er aus Enttäuschung über das ‚formalistische' *Theater heute*-Theater die Schauspielarbeit auf und widmete sich ausschließlich der Opernregie und dem Schreiben. Eine verabredete Zusammenarbeit in Zürich sagte er nach langem Zögern aus diesem Grunde ab. Wichtige Publikationen: *Siegfrieds Vergessen. Kultur zwischen Konsens und Konflikt.* Berlin: Ch. Links 1992. – *Wieviel Freiheit braucht die Kunst? Reden Briefe Verse Spiele 1964 bis 1999.* Hrsg. von Maik Hamburger mit einem Essay von Friedrich Dieckmann. (Recherchen 3). Berlin: Theater der Zeit 2000. – *Die Leere zwischen den Sternen. Geschichten, Gedichte & Träume.* Hrsg. v. Maik Hamburger, Renate Rätz und Alexander Weigel. (Archiv-Blätter 20). Berlin: Akademie der Künste 2010.

34 Georg Schuchter – 5. 12. 1952 – 29. 9. 2001
Erschienen unter dem Titel „Was war, ist" in: Peter Stephan Jungk (Hrsg.): Georg Schuchter – ganz Träumer, ganz Draufgänger. Wien: Czernin-Verlag 2002, S. 54–58.

35 Oskar Werner – Der Andere
Erschienen in: Ulrike Demski und Christiane Mühlegger-Henhapel (Hrsg.): Oskar Werner – „Welch einen sonderbaren Traum träumt' ich …" 1922 – 1984. Wien: Verlag Christian Brandstätter / Österreichisches Theatermuseum 2002, S. 126–137.

36 Matthias Kralj – Spuren lesen und Fährten legen
Erschienen in: Matthias Kralj – scene in Kostumi. Hrsg. Slowenisches Theatermuseum, Mestni trg 17, Lubljana, Slowenien 2003, S. 23–26 (Ausstellungskatalog).

37 Das Phantom – Begegnungen mit Max Reinhardt
Erschienen in: Edda Fuhrich, Ulrike Demski und Angela Eder (Hrsg.): Ambivalenzen. Max Reinhardt und Österreich. Wien: Verlag Christian Brandstätter / Österreichisches Theatermuseum. 2004, S. 184–189.

38 Veruntreute Jahre? – Verspätete Erinnerungen
Erschienen in: Peter Roessler, Günter Einbrodt und Susanne Gföller (Hrsg.): Die vergessenen Jahre. Zum 75. Jahrestag der Eröffnung des Max Reinhardt Seminars. Wien: Max Reinhardt Seminar 2004, S. 53–61.

Angelika Hurwicz (1922 – 1999); wichtige Zusammenarbeit mit Brecht (u. a. Grusche in „Der Kaukasische Kreidekreis" – UA); Inszenierungen u. a. in Frankfurt, Köln, Zürich und London; sie war die erste Regisseurin in der Geschichte des Burgtheaters und arbeitete kontinuierlich am Burgtheater während der Benning-Direktion (u. a. „Tabula Rasa", 1913, „Das Fossil" und „Der Snob" von Carl Sternheim; „Professor Bernhardi" von Schnitzler; „Der Hofmeister" von Lenz; „Die Frau vom Meer" von Ibsen). Sie wurde mit der Kainz-Medaille ausgezeichnet.

39 Das Reinhardt-Seminar 2004 – Gedanken zum Jubiläum
    Erschienen in: Peter Roessler und Susanne Gföller (Hrsg.): Erinnerung. Beiträge zum 75. Jahrestag der Eröffnung des Max Reinhardt Seminars. Eine Dokumentation. Wien: Max Reinhardt Seminar 2004, S. 9–14.
40 Von Beruf: Werner Schneyder *(M 2005)*
    Rudolf Weys, Dr. jur. geb. 1870 in Graz, gest. 1978 in Wien. Buchhändler, Autor, Kritiker, Kabarett-Direktor, Mitbegründer und Hausautor der Kleinkunstbühne Literatur am Naschmarkt. Freundschaft mit Milan Dubrovic. Rudolf Weys war der Vater des Studienkollegen von Benning Rudolf Weys, der später als Burgtheaterdramaturg und Übersetzer ein enger Mitarbeiter Bennings war. Benning verkehrte in der Familie Weys in der Gonzagagasse seit seiner Studienzeit.
41 Theatergedanken – Eine überflüssige Rede *(M 2005)*
42 Michael Kehlmann – Abschied *(M 2005)*
43 Annemarie Düringer – Flügel an den Füßen? *(M 2005)*
44 Wege der Erinnerung *(M 2007)*
45 Joachim Bißmeier – Statt einer Laudatio – ein Brief *(M 2007)*
    Begleitbrief:
    Lieber Jochen,
    ich hatte bereits einiges geschrieben, nachdem mich Barbara schon vor längerer Zeit auf eine Laudatio für Dich angesprochen hatte. Das habe ich nun knapp vervollständigt, da ich es nicht wegwerfen wollte, und schicke es Dir, sozusagen als Gratulationsbrief in Überlänge. Es tut mir wirklich sehr leid, Dir bei dieser Verleihung nicht die Ehre erweisen und meine Verbundenheit mit Dir nicht in persona bekunden zu können. Schließlich bist Du wahrscheinlich der Schauspieler, den ich mit seiner ganzen Existenz mir am nächsten empfunden habe, wie man so sagt: wesensverwandt, ohne dass wir je in schulterklopfende Kumpel-Nähe geraten sind, wie sich das eben für *Halbfremde* geziemt.
    Also nochmals: herzliche Gratulation, gute Wünsche für Barbara und Dich und vielleicht auf bald – im „Ruf des Lebens"?
    Großgmain, 26. April 2007
46 Ernst Jacobi – Auf der Suche
    Erschienen in: Ernst Jacobi: „geb. '33". Berlin: Transit Buchverlag 2008, S. 227–235.
    Rollen von Ernst Jacobi in Benning-Inszenierungen: Shalimov (Maxim Gorkij „Sommergäste"); Redillon (Georges Feydeau „Einer muss der Dumme sein"); Moebius (Friedrich Dürrenmatt „Die Physiker"); Dr. Ebenwald (Arthur Schnitzler „Professor Bernhardi"); Dr. Thomas Stockmann (Henrik Ibsen „Ein Volksfeind"); Anton Antonowitsch (Nicolai Gogol „Der Revisor").
47 Robert Meyer – „Der Komiker Valentin ist ein Nestroy"
    Erschienen in: Robert Meyer: „Wenn das keine Kunst is … ". Erinnerungen. Aufgezeichnet von Wolff A. Greinert. Wien: Amalthea-Verlag 2007, S. 71–76.
48 Jiří Gruša – Mein bisschen Tschechien
    Erschienen in: Wolfgang Greisenegger und Wolfgang Lederhaas (Hrsg.): Antworten – Jiří

Gruša zum Siebzigsten. Klagenfurt: Wieser-Verlag 2008, S. 17–37.

Jiří Gruša, Schriftsteller, Diplomat, Politiker, gehörte wie sein Freund Václav Havel zu den *Staatsfeinden und subversiven Elementen* in der ČSSR; Unterzeichner der Charta 77; Ausbürgerung 1981; nach der *samtenen Revolution* Botschafter in Deutschland, 1998–2004 in Wien; anschließend Direktor der Diplomatischen Akademie in Wien; 2004–2009 Präsident des internationalen P.E.N.-Clubs. – Die Bekanntschaft mit Achim Benning entstand erst nach 1998 in Wien; Gruša gehörte nicht zum engeren Kreis der am Burgtheater *beheimateten* Dissidenten (Havel, Kohout, Landovský), betonte aber oft seine Verbundenheit mit dieser Burgtheater-Zeit. Ein Beispiel dafür ist die folgende Buchwidmung für Benning aus dem Jahr 2004: „Dem Mann, dem wir in Prag so viel zu verdanken haben – sein Jiří Gruša." – 2004 erschien auch sein Buch „Glücklich heimatlos".

49 Erika Pluhar – Der ganz gewöhnliche Anstand *(M 2009)*
50 Heinrich Schweiger – 23. 7. 1931 – 14. 7. 2009 *(M 2009)*
51 Elias Canetti – Erinnerungen in Ruse *(M 2009)*
    Wiederholung dieses Vortrags in modifizierter Fassung in Ulm in der Europäischen Donau-Akademie am 6. März 2010.
52 Reinhard Urbach – Ein Brief an Peter Michael Braunwarth
    Erschienen in: Peter Michael Braunwarth (Hrsg.): Festschrift für Reinhard Urbach aus Anlass seines 70. Geburtstages. Wien 2009.
    Peter Michael Braunwarth: Literaturwissenschaftler, Österreichische Akademie der Wissenschaften; Hrsg. u. a. von Arthur Schnitzlers Tagebuch, gemeinsam mit Reinhard Urbach.
53 Toleranz – Gleichgültigkeit – Beliebigkeit – Zufall oder der Triumph des Opportunismus *(M 2009)*
    Vortrag an der Volkshochschule Hietzing am 9. 10. 2009 im Rahmen der internationalen Grundtvig-Lernpartnerschaft „SUVAL – Separating and unifying values: trails of west-eastern values – Was uns trennt und was uns eint".
54 Maria Becker – Eine Laudatio *(M 2010)*
55 Das Burgtheater 1976 – 1986 – Ebenbild und Widerspruch in der Kreisky-Zeit *(M 2010)*

Biographische Notizen

Abkürzungen: B: Bühnenbild; K: Kostüme; R: Regie; M: Musik; D: Dramaturgie.

Benning, Achim (Hans Joachim)

Schauspieler, Regisseur, Theaterdirektor, Universitätsprofessor.
Ehrenmitglied des Burgtheaters.
Verh. mit Osgith, geb. Steiner; Kinder: Martin, Anja, Hannah.
Geb. 20. Jänner 1935 in Magdeburg; Eltern: Werner/Ingenieur und Lieselotte, geb. Reinhardt; Kindheit in Magdeburg und Stendal / Altmark; 1946 Wechsel in die britische Besatzungszone nach Vienenburg / Harz; dann Braunschweig; dort Besuch der Gaußschule; 1955 Abitur.
1955/56 Studium an der Universität München: Geschichte, Germanistik und Theaterwissenschaft. 1956–1960 Fortsetzung dieses Studiums an der Universität Wien; Abschluss mit dem Absolutorium; Dissertation „Komik und Groteske im expressionistischen Drama" nicht abgeschlossen.
1956–1959 Schauspiel-Studium am Max Reinhardt Seminar.
1959 Engagement am Burgtheater als Schauspieler und Regieassistent, ab 1971 auch als Regisseur; 1976–1986 Direktor des Burgtheaters.
1986–1999 Regisseur am Burgtheater.
1987–1997 Regisseur am Zürcher Schauspielhaus.
1989–1992 Direktor des Zürcher Schauspielhauses.
1993–2003 o. Univ.-Prof. für Regie an der Universität für Musik und darstellende Kunst Wien, Max Reinhardt-Seminar.
2003–2005 nach der Emeritierung Lehrtätigkeit in Rollengestaltung.

Rollen am Burgtheater u. a.:
1960 Trofimov (Cechov „Der Kirschgarten" – R: Josef Gielen)
1961–1963 Brackenburg (Goethe „Egmont" – R: Leopold Lindtberg)
1962 Seminarist (Anouilh „Die Grotte" – R: Axel von Ambesser)
1962 Karlstatt (Hauptmann „Florian Geyer" – R: Heinz Hilpert)
1962–1963 Fred Nicholls (O'Neill „Der Strohhalm" – R: Joseph Glücksmann)
1963 Orestes (Sophokles „Elektra" – R: Gustav Rudolf Sellner)
1963 Peter Niles (O'Neill „Trauer muss Elektra tragen" – R: Erich Neuberg)
1963–1967 Ferdinand (Grillparzer „Ein Bruderzwist in Habsburg" – R: Kurt Horwitz)
1964 Malcolm (Shakespeare „Macbeth" – R: Günther Rennert)
1964 Der Irre (Strindberg „Nach Damaskus" – R: Franz Reichert)
1964–1965 Wächter (Eugène Ionesco „Der König stirbt" – R: Helmuth Matiasek)
1965 Major (Miller „Zwischenfall in Vichy" – R: Rudolf Steinboeck)
1965–1966 Mann der Widerstandsbewegung (Roman Brandstaetter „Der Tag des Zorns" – R: Wolfgang Liebeneiner)
1966 Erwin (Grass „Die Plebejer proben den Aufstand" – R: Kurt Meisel)

1970–1971 Bürgermeister (Dürrenmatt „Der Besuch der alten Dame" – R: Gerhard Klingenberg)
1972–1976 Pangloss (Voltaire „Candide" – R: Roberto Guiccardini)
1973–1976 Harpagon (Molière „Der Geizige" – R: Jean Paul Roussillon)
Insgesamt mehr als 50 Rollen am Burgtheater.

Inszenierungen

1966 Mrożek „Tango" – Staatstheater Braunschweig
B: K: Matthias Kralj
1966 Cechov „Ivanov" – Studio des Burgtheaters im Akademietheater
B: Josef Eugen Bosch K: Ursula Schöffler
1967 Nash „Der Regenmacher" – Landestheater Salzburg
B: Lois Egg
1968 Lessing „Minna von Barnhelm" – Landestheater Salzburg
B: Matthias Kralj
1971 Hildesheimer „Mary Stuart" – Akademietheater
M: Alexander Steinbrecher B: Rudolf Hausner K: Leo Bei
1973 Strindberg „Der Vater" – Akademietheater
M: Alexander Steinbrecher B: Matthias Kralj K: Leo Bei D: Rudolf Weys
1974 Joyce „Verbannte" – Akademietheater
M: Alexander Steinbrecher B: Matthias Kralj K: Leo Bei D: Rudolf Weys
1974 Hauptmann „Der rote Hahn" – Burgtheater
M: Alexander Steinbrecher B: Matthias Kralj K: Leo Bei D: Rudolf Weys
1977 Strindberg „Totentanz" – Akademietheater
M: Anton Gisler B: K: Hans Kleber D: Heiner Gimmler
1978 Strindberg „Der Pelikan" – Akademietheater
M: Dieter Kaufmann B: Matthias Kralj K: Xenia Hausner D: Heiner Gimmler
1979 Gorkij „Sommergäste" – Burgtheater
M: Fred Jakesch, Tom Telepak, Luke Tobin, Georg Wagner B: Matthias Kralj K: Leo Bei D: Rudolf Weys
1980 Feydeau „Einer muss der Dumme sein" – Akademietheater
M: Alexander Steinbrecher B: K: Herbert Kapplmüller D: Gerd Leo Kuck
1982 Büchner „Dantons Tod" – Burgtheater
M: Anton Gisler B: Matthias Kralj K: Leo Bei D: Bruno Hitz / Klemens Renoldner
1983 Cechov „Der Kirschgarten" – Burgtheater
M: Antonio D'Almeida B: K: Herbert Kapplmüller D: Rudolf Weys
1984 Pohl „Das Alte Land" – Burgtheater
M: Peter Mazzuchelli B: Matthias Kralj K: Leo Bei D: Bruno Hitz / Gerd Leo Kuck
1985 Nestroy „Heimliches Geld, heimliche Liebe" – Akademietheater
Couplet-Texte: Wolfgang Teuschl
M: Robert Opratko B: Matthias Kralj K: Leo Bei D: Volker Klotz / Reinhard Urbach

1985 Feydeau „Ein Klotz am Bein" – Akademietheater
   M: Antonio D'Almeida B: K: Herbert Kapplmüller D: Rudolf Weys / Bruno Hitz
1985 Ibsen „John Gabriel Borkman" – Burgtheater
   M: Dieter Kaufmann / Peter A. Egger B: Matthias Kralj K: Barbara Wolf D: Oliver vom Hove
1986 Turgenev „Ein Monat auf dem Lande" – Burgtheater
   B: Matthias Kralj K: Leo Bei D: Bruno Hitz / Rudolf Weys
1987 Albee „Empfindliches Gleichgewicht" – Thalia Theater Hamburg
   B: K: Xenia Hausner D: Rudolf Weys
1987 Nestroy „Umsonst" – Burgtheater
   Vorspiel und Couplets von Wolfgang Teuschl
   M: Robert Opratko / Anton Gisler B: Matthias Kralj K: Barbara Wolf D: Konrad Schrögendorfer
1987 Dürrenmatt „Die Physiker" – Schauspielhaus Zürich
   M: Christoph Marthaler B: Raimund Bauer K: Dorothea Wimmer D: Joachim Johannsen
1988 Lessing „Nathan der Weise" – Wiedereröffnung des Prinzregententheaters in München
   M: Rudolf Gregor Knabl B: Jörg Zimmermann K: Barbara Wolf D: Gerd Jäger
1988 Feydeau „Der Floh im Ohr" – Theater in der Josefstadt Wien
   M: Alexander Steinbrecher / Robert Opratko B: K: Herbert Kapplmüller D: Rosina Raffeiner
1988 Gorkij „Kinder der Sonne" – Akademietheater
   M: Roland Batik B: Raimund Bauer K: Dorothea Wimmer D: Rudolf Weys / Ulrike Zemme
1988 Cechov „Onkel Vanja" – Schauspielhaus Zürich
   M: Roland Batik / Armin Brunner B: Herbert Kapplmüller K: Barbara Wolf D: Bruno Hitz
1989 Nestroy „Der Schützling" – Burgtheater
   Couplet-Texte: Wolfgang Teuschl / Fritz Schindlecker
   M: Robert Opratko B: Matthias Kralj K: Barbara Wolf D: Konrad Schrögendorfer
1989 Schnitzler „Professor Bernhardi" – Schauspielhaus Zürich
   B: Gisbert Jäkel K: Nicole Géraud D: Reinhard Palm
1989 Feydeau „Ein Klotz am Bein" – Schauspielhaus Zürich
   M: Antonio D'Almeida B: K: Herbert Kapplmüller D: Peter Wilcke
1990 Hürlimann „Der letzte Gast" – Schauspielhaus Zürich
   M: Daniel Fueter B: Beatrix von Pilgrim K: Ursula Renzenbrink D: Maik Hamburger
1990 Ibsen „Ein Volksfeind" – Schauspielhaus Zürich
   B: Raimund Bauer K: Barbara Wolf D: Hans-Rüdiger Schwab
1991 Feydeau „Hotel Ultimus" – Akademietheater und Burgtheater
   M: Robert Opratko / Alexander Steinbrecher B: K: Herbert Kapplmüller D: Reinhard Palm / Rita Thiele
1991 Hürlimann „Der Gesandte" – Schauspielhaus Zürich
   M: Daniel Fueter B: Raimund Bauer K: Barbara Wolf D: Beat Schläpfer

1991 Schnitzler „Der Ruf des Lebens" – Schauspielhaus Zürich
M: Daniel Fueter B: Matthias Kralj K: Joachim Herzog D: Peter Wilcke
1992 Gogol „Der Revisor" – Schauspielhaus Zürich
M: Daniel Fueter B: Herbert Kapplmüller K: Barbara Wolf D: Martin Kreutzberg
1992 Bernhard „Vor dem Ruhestand" – Schauspielhaus Zürich
M: Daniel Fueter B: Matthias Kralj K: Annette Pach D: Reinhard Palm
1992 Cechov „Onkel Vanja" – Akademietheater
M: Daniel Fueter B: Herbert Kapplmüller K: Joachim Herzog D: Ulrike Zemme
1993 Feydeau „Die Dame vom Maxim" – Schauspielhaus Zürich
M: Willi Haselbek B: Herbert Kapplmüller K: Andrea Bernd D: Reinhard Palm
1995 Bernhard „Der Schein trügt" – Schauspielhaus Zürich
M: Daniel Fueter B: Matthias Kralj K: Andrea Bernd D: Reinhard Palm
1995 Cechov „Platonov" – Akademietheater
M: Georg Wagner B: Raimund Bauer K: Dorothea Wimmer D: Konrad Kuhn / Ulrike Zemme
1996 Nestroy „Einen Jux will er sich machen" – Burgtheater
M: Georg Wagner B: K: Maria-Elena Amos D: Konrad Kuhn
1997 Ostrovskij „Wölfe und Schafe" – Schauspielhaus Zürich
M: Willi Haselbek B: Matthias Kralj K: Andrea Bernd D: Martina Leidig
1998 Schnitzler „Professor Bernhardi" – Burgtheater
B: K: Herbert Kapplmüller D: Peter Roessler / Konrad Kuhn
1999 Schnitzler „Das weite Land" – Akademietheater und Burgtheater
M: Roland Batik B: Ferdinand Wögerbauer K: Andrea Bernd D: Astrid Thomessen
1999 Ionesco „Stühle" – Akademietheater
M: „Wilde Kammermusik" /Clementine Gasser/Peter Lössl B: Matthias Kralj K: Leo Bei D: Hermann Beil

Theater-Texte
(In dieses Buch nicht aufgenommen)
1   Rede zur Eröffnung der Ausstellung „Walter Felsenstein"
    Im Burgtheater 5. 11. 1976 (M 1976)
2   Rede zum Tod von Ewald Balser
    Trauerfeier auf der Feststiege des Burgtheaters am 27. 4. 1978 (M 1978)
3   Rede zur Verleihung des Alma-Seidler-Ringes an Paula Wessely
    Auf der Bühne des Burgtheaters am 26. 6. 1978 (M 1978)
4   Rede zur Verleihung der Ehrenmitgliedschaft an Heinz Moog
    Auf der Bühne des Burgtheaters am 27. 6. 1978 (M 1978)
5   Erhard Buschbeck
    Vorwort zum Katalog der Ausstellung „Erhard Buschbeck" (1. 2. 1979) im Burgtheater
6   Hilde Wagener
    Vorwort zum Katalog der Ausstellung „Hilde Wagener" (6. 12. 1979) im Burgtheater

7   Rede zum Tod von Rosa Albach-Retty
    Auf der Feststiege des Burgtheaters am 3. 9. 1980 (M 1980)
8   Hermann Thimig
    Vorwort zum Katalog der Ausstellung „Hermann Thimig" (18. 12. 1980) im Burgtheater
9   Warum Theater? – 25-jähriges Bestehen des Kornmarkttheaters in Bregenz
    Fest-Rede am 28. 2. 1981 in Bregenz
    Erschienen in: Reinhard Urbach und Achim Benning (Hrsg.): Burgtheater Wien 1776–1986. Ebenbild und Widerspruch. Zweihundert und zehn Jahre (Abk. Burgtheater Wien 1776–1986), Wien: Verlag Anton Schroll & Co 1986, S. 219–224.
10 Rede zum Tod von Adolf Rott
    Trauerfeier auf der Feststiege des Burgtheaters am 14. 10. 1982 (M 1982)
11 „Der Kirschgarten" von A. Cechov. Notizen zum Stück
    Erschienen in: Programmheft Burgtheater, Saison 1982/83, H. 4 (Premiere am 27. 2. 1983). Wiederabdruck in: Burgtheater Wien 1776–1986, S. 130–136.
12 Über das Burgtheater oder Zweifel und Erwartungen oder Der Wille zum Theater in einer 207-jährigen Krise (M 1983)
13 Rede zur Ehrung von Lieselotte Schreiner, Hilde Wagener und Fred Liewehr
    Im Burgtheater am 26. 9. 1984 (M 1984)
14 Rede aus Anlass der Festvorstellung von „Olympia" (Franz Molnar) für Fred Liewehr
    Im Akademietheater am 4. 11. 1984 (M 1984)
15 Rede zur Verleihung des Titels ‚Kammerschauspielerin' an Trude Ackermann und Sigrid Marquard
    Im Burgtheater am 26. 4. 1985 (M 1985)
16 Rede zur Ehrung von Heinz Reincke
    Nach einer Festvorstellung von „Der Hauptmann von Köpenick" im Burgtheater am 28. 5. 1985 (M 1985)
17 Rede zur Ehrung von Richard Eybner aus Anlass seines 90. Geburtstages
    Festvorstellung von „Freiheit in Krähwinkel" im Burgtheater am 17. 3. 1986 (M 1986)
18 Rede für Attila Hörbiger
    Zum 90. Geburtstag von Attila Hörbiger. Aufnahme des Portraits von Attila Hörbiger in die Ehrengalerie des Burgtheaters am 21. 4. 1986. (M 1986)
19 Zum 60. Geburtstag von Daniel Keel
    Erschienen in: Tintenfaß. Das einmalige Magazin. Nr. 60. Daniel Keel und Rudolf C. Bettschart zum 60. Geburtstag am 10. Oktober 1990, S. 254–256.
20 Notate zum „Spiegel" (M 1998)
21 Gedanken zur Neugestaltung des Studienplans für das Fach „Regie" am Reinhardt-Seminar (M 2002)
22 Rede zum 65. Geburtstag von Erika Pluhar
    In der Galerie Westlicht am 28. 2. 2004 (M 2004)
23 Notate zum „Dialog" (M 2004)

24 Der Dialog mit den Nebenmenschen – Mutmaßungen über Paul Kalbeck
    Erschienen in: Judith Pór-Kalbeck (Hrsg.): Paul Kalbeck – ein Poet der Regie. Der Lebensweg eines Wieners. Wien: Verlag Lehner 2005, S. 214–225.
25 Notate zu „Toleranz und Witz" (M 2005)
26 Dank
    Rede aus Anlass der Verleihung des Goldenen Ehrenzeichens des Landes Wien
    Am 15. 3. 2006 im Rathaus (M 2006)
27 Anmerkung zu Christine de Grancy
    Mai 2006 (M 2006)
28 Rede zur Verleihung des Professorentitels an Matthias Kralj
    Am 11. 12. 2007 im Theatermuseum (M 2007)

Peter Roessler

Univ.-Prof. Dr.; geboren 1958 in Wien, Studium in Wien und Berlin (Theaterwissenschaft, Germanistik, Philosophie und Geschichte). Professur für Dramaturgie am Max Reinhardt Seminar, Universität für Musik und darstellende Kunst Wien. Mitherausgeber und Redakteur von Zeitschriften, zahlreiche Vorträge, Vorstandsmitglied der Theodor Kramer Gesellschaft. Veröffentlichungen zu Theater und Literatur; Beiträge zu Dramaturgie, Regie- und Schauspielkunst, Exil- und Nachkriegstheater, Rückkehr, Fragen des zeitgenössischen Theaters, Film. Aufsätze u. a. zu Arthur Schnitzler, Paul Kalbeck, Berthold Viertel, Alfred Polgar, Ferdinand Bruckner. Mitherausgeber der Essays Berthold Viertels sowie von Büchern über Berthold Viertel, Exiltheater, Theater und Geschichte, Wiener Theater nach 1945, Rezeption des Exils, Geschichte des Max Reinhardt Seminars, Subjekt des Erinnerns.

Personenregister

A
Achternbusch, Herbert 25
Adler, Gusti 210, 213
Albach-Retty, Rosa 324
Albee, Edward 67, 353
Angelova, Penka 296
Angerer, Paul 292
Anouilh, Jean 194, 292, 351
Arens, Peter 51, 187
Ariès, Philippe 116
Aristophanes 311
Aristoteles 310, 311
Arndts, Angelica 51
Aubry, Blanche 115, 116, 117
Auernheimer, Raoul 209
Augustin, Elisabeth 32
Axer, Erwin 28, 46, 132, 288
Ayckbourn, Alan 233

B
Bab, Julius 214
Bach, Johann Sebastian 328
Bachmann, Ingeborg 287
Bahr, Hermann 256
Balser, Ewald 122, 194, 224, 354
Balthoff, Alfred 8
Barnay, Ludwig 100
Barrault, Jean-Louis 27, 123
Bauer, Jochen 62
Bauer, Raimund 38, 67, 353, 354
Baum, L(yman) Frank 23
Beauvoir, Simone de 25
Becker, Jurek 103
Becker, Maria 45, 51, 68, 94, 267, 325, 328, 345, 350
Beckett, Samuel 115, 229, 312
Beer-Hofmann, Richard 174
Beethoven, Ludwig van 213, 263
Bei, Leo 204, 352, 353, 354
Beil, Hermann 44, 354
Benjamin, Walter 147
Benn, Gottfried 319
Benrath, Martin 51, 267
Benson, Stephan 187

Bernhard, Thomas 26, 49, 65, 67, 155, 233, 261, 298, 302, 333, 348, 354
Besson, Benno 27, 46, 120, 272
Bettschart, Rudolf C. 69, 355
Bezdieka, Agnes 253, 259
Bezdieka, Franz 253, 259
Birbaumer, Ulf 68
Bircher, Urs 46, 47, 50, 51, 68, 69
Bismarck, Otto von 220
Bißmeier, Joachim 33, 34, 47, 260, 261, 262, 301, 339, 341, 349
Blaha, Paul 63
Blech, Hans Christian 34, 160, 347
Bock, Fritz 113, 346
Böcklin, Arnold 81
Böll, Heinrich 127, 283, 285
Bond, Edward 25
Bondy, François 52, 153
Bondy, Luc 126
Borodajkewycz, Taras 223, 258
Bosse, Jürgen 27
Brahm, Otto 208
Brahms, Johannes 213
Brandauer, Klaus Maria 34, 66
Braunwarth, Peter Michael 303, 304, 306, 350
Braxton, Lola 62
Brecht, Bertolt 23, 86, 96, 116, 128, 147, 150, 154, 155, 208, 210, 211, 216, 262, 278, 319, 346, 349
Brentano, Bernhard von 178, 330
Broch, Hermann 24, 123, 342
Brock-Sulzer, Elisabeth 94
Broda, Christian 345
Brodsky, Joseph 282
Bronnen, Arnolt 210
Brook, Peter 72, 128, 136, 139, 141, 142, 145, 151, 193, 272
Bruss, Joachim 262, 279
Büchner, Georg 24, 36, 42, 107, 149, 150, 200, 205, 262, 283, 312, 352
Buczolich, Rudolf 33, 34
Burckhard, Max 24, 209
Busch, Wilhelm 285
Busek, Erhard 17, 20, 62, 63, 83

357

C

Calderón de la Barca, Pedro 24
Canetti, Elias 12, 24, 47, 52, 69, 127, 135, 164, 258, 280, 295, 296, 299, 301, 305, 327, 342
Canetti, Johanna 135, 300
Canetti, Veza 48, 135, 164, 296, 297, 299, 300, 301, 305
Capretti, Sara 160, 347
Carroll, Lewis 58
Castro, Fidel 242
Cechov, Anton P. 23, 35, 36, 59, 101, 121, 128, 129, 139, 148, 186, 204, 208, 262, 293, 311, 312, 318, 351, 352, 353, 354, 355
Celan, Paul 170
Charmatz, Richard 172
Chramostová, Vlasta 281
Clay, Cassius 334, 340
Coburn, D. L. 25
Cocteau, Jean 58
Corti, Axel 229, 346
Corti, Cecily 229
Courbet, Gustave 97
Csoklich, Fritz 346
Czibulka, Anton 65

D

Dalberg, Wolfgang Heribert Reichsfreiherr von 90
Danimann, Franz 346
Demski, Ulrike 348
Deutsch, Ernst 109, 213
Dieckmann, Friedrich 65, 348
Dinescu, Mircea 144
Dor, Milo 177, 244
Dorn, Dieter 78, 272
Dorst, Tankred 25, 48, 52, 70, 116
Dostojevski, Fedor. M. 213, 303
Dresen, Adolf 16, 23, 27, 28, 29, 50, 65, 66, 69, 120, 126, 149, 181, 183, 272, 280, 291, 292, 293, 335, 339, 348
Dresen, Andreas 181, 183, 348
Dubrovic, Milan 218, 349
Düggelin, Werner 48, 300
Düringer, Annemarie 34, 67, 246, 247, 248, 249, 250, 349

Dürrenmatt, Friedrich 25, 45, 47, 48, 133, 141, 152, 156, 159, 160, 161, 258, 266, 288, 301, 326, 341, 347, 349, 352, 353
Duse, Eleonora 81

E

Eckert, Andrea 32, 346
Eckhardt, Fritz 177
Eder, Angela 348
Egli, Röbi 187
Eichendorff, Joseph von 81
Eidlitz, Karl 80, 81
Einbrodt, Günter 70, 348
Ekhof, Conrad 151
Elias, Grazia Ara 296
Emerson, Ralph Waldo 87
Ende, Michael 23
Endres, Ria 48
Enzensberger, Hans Magnus 205
Estermann, Josef 53
Euripides 121
Exinger, Peter 53, 68, 69, 70

F

Fabricius, Hintz 8
Falckenberg, Otto 208
Fassbinder, Rainer Werner 248
Federspiel, Jürg 47, 229, 301
Fehling, Jürgen 38, 214
Felsenstein, Walter 248, 291, 354
Feydeau, Georges 36, 47, 106, 170, 266, 271, 272, 293, 345, 349, 352, 353, 354
Fischer, Ernst 72, 299, 300, 345
Fischer, Heinz 345
Fischer-Lichte, Erika 312
Fleißer, Marieluise 23
Fliedl, Konstanze 174, 340
Fontane, Theodor 59, 96, 127, 128, 129, 138, 168, 169, 199, 244, 261, 262, 286, 306, 311, 334
Frankenberg, Emanuela von 32, 34, 51, 187
Freimanová, Anna 336
Freitag, Robert 326
Freitag, Wolfgang 68
Freud, Sigmund 321
Fried, Erich 280
Friedell, Egon 77, 78, 89, 90, 150, 191, 239, 287, 303, 304, 333
Friedrich der Große 314
Friedrich, Götz 16, 27, 120

Frisch, Max 25, 45, 46, 50, 52, 68, 69, 132, 139, 141, 146, 150, 160, 161, 169, 170, 187, 231, 266, 267, 273, 311, 327, 347
Frischenschlager, Friedhelm 16, 62
Fritsch, Haimo 284
Fritsch, Regina 32
Fröhlicher, Hans 48
Fruchtmann, Karl 4, 102, 104, 111, 345, 346
Fueter, Daniel 187, 353, 354
Fugard, Athol 25
Furgler, Brigitta 32
Fuss, Franz 238
G
Gabriel, Erich 67
Ganghofer, Ludwig 254
Ganz, Bruno 291
García Lorca, Federico 23
Garrick, David 74
Gasser, Wolfgang 34, 302
Gatti, Armand 25
Gessner, Adrienne 4, 108, 109, 177, 258, 346
Geyer, Emil 23, 56, 208, 209, 210, 212, 219, 220, 223, 224, 225, 226
Gföller, Susanne 67, 70, 348, 349
Giehse, Therese 227, 326
Gielen, Josef 193, 246, 248, 249, 291, 292, 333, 351
Gimmler, Heiner 12, 352
Giraudoux, Jean 218
Glas, Uschi 260
Gobert, Boy 84
Goebbels, Joseph 19, 212, 216, 281, 326
Goethe, Johann Wolfgang von 7, 19, 20, 21, 24, 61, 66, 81, 87, 90, 151, 189, 200, 203, 216, 236, 243, 261, 263, 267, 290, 309, 310, 319, 351
Gogol, Nikolai 49, 164, 271, 316, 318, 349, 354
Goldoni, Carlo 100, 271
Göring, Hermann 216
Gorkij, Maxim 19, 23, 35, 36, 40, 41, 42, 59, 66, 67, 88, 106, 203, 205, 208, 254, 271, 272, 293, 318, 345, 349, 352, 353
Gottschlich, Hugo 18
Gottwald, Klement 275
Grabert, Horst 339
Granach, Alexander 213, 221, 273, 289, 290, 291, 292, 294

Grancy, Christine de 257, 258, 259, 286, 330, 343, 356
Grass, Günter 146, 282, 351
Greinert, Wolff A. 349
Grillparzer, Franz 19, 112, 124, 141, 160, 211, 216, 243, 268, 275, 339, 351
Gruber, Josef 63
Gruner, Michael 27
Grüning, Ilka 216
Grüninger, Paul 49, 316
Gruša, Jiří 134, 274, 276, 278, 279, 280, 282, 283, 349, 350
Gundolf, Friedrich 170
H
Hackl, Karlheinz 32, 34, 184, 248
Hacks, Peter 25
Haeusserman, Ernst 101, 109, 211, 212, 246, 287, 334
Haider, Hans 335
Haider, Jörg 234, 338
Haider-Pregler, Hilde 219
Hall, Peter 123, 288
Hamburger, Maik 48, 51, 65, 69, 191, 348, 353
Hammerschlag, Peter 233
Handke, Peter 25, 174, 339
Hands, Terry 27
Hanuschek, Sven 296
Hašek, Jaroslav 282
Haslinger, Josef 111, 346
Hauptmann, Gerhart 23, 48, 271, 351, 352
Hausner, Rudolf 38, 67, 352
Hausner, Xenia 38, 67, 352, 353
Havel, Olga 339
Havel, Václav 12, 25, 26, 27, 28, 47, 52, 65, 85, 128, 129, 130, 142, 143, 146, 159, 164, 259, 260, 262, 276, 277, 278, 279, 280, 282, 301, 316, 318, 326, 330, 335, 336, 339, 341, 350
Haydn, Joseph 213
Hebbel, Friedrich 121, 156, 157
Heer, Friedrich 4, 12, 13, 61, 93, 101, 110, 171, 244, 249, 304, 312, 327, 335, 345
Heger, Grete 51
Heine, Heinrich 121, 168, 200
Hellmann, Lillian 48
Heltau, Michael 34
Henisch, Peter 17, 63

Hentsch, Jürgen 339
Herbert, Zbigniew 282
Herbst, Irene 187
Herterich, Franz 118
Herzog, Joachim 187, 354
Hesiod 257
Heß, Rudolf 281, 285
Heydrich, Reinhard 275
Hildebrandt, Dieter 230, 234
Hildesheimer, Wolfgang 13, 61, 67, 352
Hilpert, Heinz 9, 95, 96, 113, 142, 196, 206, 208, 213, 215, 333, 344, 351
Hirzenberger, Hakon 187
Hitler, Adolf 110, 175, 216, 326
Hitz, Bruno 12, 37, 61, 64, 66, 352, 353
Hochhuth, Rolf 13, 25, 47, 48, 49, 111, 301, 305, 306, 322, 341, 346
Hochwälder, Fritz 115, 299
Hofer, Brigitte 66
Hoffmann, E.T.A. 303
Hoffmann, Hans Joachim 340
Hoffmann, Hilmar 30, 65
Hoffmann, Paul 66
Höflich, Lucie 216
Hofmannsthal, Hugo von 81, 174, 195
Hohler, Franz 47, 301
Hollmann, Hans 27, 298
Homer 257
Honecker, Erich 338, 339
Hörbiger, Attila 25, 26, 64, 177, 213, 355
Hörbiger, Christiane 160, 347
Hörbiger, Maresa 34
Horváth, Ödön von 23, 177, 179, 211, 285, 286, 348
Hove, Oliver vom 12, 64, 68, 353
Hrabal, Bohumil 282
Huber, Martin 64, 65
Hübsch, Wolfgang 33
Hürlimann, Thomas 12, 25, 47, 48, 49, 52, 61, 69, 70, 132, 144, 148, 156, 157, 164, 170, 189, 191, 300, 301, 327, 347, 353
Hurwicz, Angelika 16, 27, 30, 40, 66, 120, 135, 175, 217, 221, 272, 349
Husák, Gustáv 281
I
Ibsen, Henrik 12, 23, 30, 35, 49, 59, 157, 221, 241, 268, 349, 353
Iden, Peter 123, 124

Iffland, August Wilhelm 151, 196
Ihering, Herbert 14, 73, 90, 92, 127, 128, 141, 146, 147, 148, 178, 180, 199, 214, 215, 232, 233, 313, 334, 340
Inger, Manfred 4, 6, 61, 99, 100, 101, 109, 177, 217, 259, 345
Ionesco, Eugène 248, 351, 354
Irving, David 306
Ivan, Franz 63
J
Jacobi, Ernst 5, 51, 160, 264, 265, 266, 267, 268, 269, 347, 349
Jagschitz, Gerhard 346
Jandl, Ernst 25
Jankovic, Peter 346
Jaray, Hans 218
Jedlicka, Anton 212
Jelinek, Elfriede 25, 312, 337
Jesserer, Gertraud 34
Jessner (Jeßner), Leopold 38, 96, 161
Jirková, Jitka 134
Jonasson, Andrea 34
Joseph II. 72, 82, 255, 329
Jouvet, Louis 89, 95, 220
Joyce, James 105, 156, 302, 345, 352
Juncker, Klaus 70, 262, 279, 301, 326, 341
Jungbluth, Robert 19, 61, 63, 64, 66, 340
K
Kafka, Franz 275, 282
Kainz, Josef 4, 19, 63, 86, 200, 252, 324, 345
Kalbeck, Paul 37, 56, 67, 219, 220, 225, 226, 356
Kalser, Erwin 95, 97, 98
Kappen, Norbert 4, 34, 101, 102, 105, 106, 107, 267, 345, 346
Kapplmüller, Herbert 38, 67, 352, 353, 354
Karge, Manfred 67
Kästner, Erich 231, 232
Kathrein, Karin 22, 64
Keel, Daniel 52, 69, 301, 327, 355
Kehlmann, Dagmar 244
Kehlmann, Daniel 67, 177, 286, 291
Kehlmann, Michael 5, 177, 180, 244, 249, 279, 286, 301, 348, 349
Keim, Franz 209, 211
Keller, Gottfried 151, 164
Kerr, Alfred 214, 270
Kerr, Charlotte 133

Kerry, Otto 109
Kerszt (Kerst), Alexander 177
Kestranek, Zdenko 218
Kindermann, Heinz 45, 209, 210, 211, 212
Kindl, Adolf 63
Kipphardt, Heiner 25
Kirchschläger, Rudolf 338, 345
Kishon, Ephraim 242
Kislinger, Harald 25
Klein, Stefan 314
Kleist, Heinrich von 24, 50, 187, 196, 197, 205
Klingenberg, Gerhard 9, 15, 27, 33, 43, 123, 281, 334, 352
Klotz, Volker 13, 36, 127, 352
Knigge, Adolph von 315
Koch, Hansgeorg 66
Köhlmeier, Michael 292
Kohout, Jelena 276
Kohout, Pavel 19, 25, 26, 63, 131, 134, 276, 280, 281, 339
Kortner, Fritz 37, 220, 225, 226, 227, 243, 246, 247, 248, 249, 250, 270, 277, 291
Kott, Jan 11, 118, 123
Krahl, Hilde 34
Kralj, Matthias 5, 38, 41, 42, 187, 201, 202, 203, 204, 205, 206, 209, 348, 352, 353, 354, 356
Kraus, Karl 19, 20, 59, 79, 86, 87, 91, 113, 124, 141, 148, 150, 153, 168, 192, 200, 240, 244, 246, 252, 270, 271, 290, 329, 333
Kraus, Manfred 310
Krauß, Werner 194, 196, 212, 290, 292
Kraus, Wolfgang 280, 297
Kreisky, Bruno 5, 11, 16, 20, 42, 62, 66, 111, 279, 280, 286, 298, 307, 329, 330, 332, 334, 336, 337, 338, 342, 346, 350
Krejča, Otomar 27, 281
Kretzen, Friederike 48
Kreutzberg, Martin 51, 354
Kröger, Ute 53, 68, 69, 70
Kronlachner, Hubert 48
Kuck, Gerd Leo 12, 53, 66, 166, 167, 352
Kückelmann, Gertrud 196
Kuh, Anton 211, 218, 286, 293, 333
Kutscher, Arthur 208
L
Laederach, Monique 48

Landmann, Salcia 271
Landovský, Pavel 25, 26, 34, 134, 276, 280, 281, 339, 340, 341, 350
Langbein, Hermann 346
Lange, Hartmut 25
Langer, Walter 33
Langheim, Götz von 115, 117
Langhoff, Matthias 67
Langhoff, Thomas 27, 280, 345
Laube, Heinrich 73, 90, 91, 119, 122
Lec, Stanislaw Jerzy 207
Ledig-Rowohlt, Heinrich Maria 133
Leiser, Erwin 326, 345
Leitenberger, Ilse 19
Lenau, Nikolaus 81
Lenz, Jakob Michael Reinhold 21, 25, 30, 123, 271, 272, 342, 349
Lenz, Siegfried 331, 339
Lessing, Gotthold Ephraim 72, 175, 320, 321, 322, 323, 352, 353
Leuenberger, Moritz 49, 69, 301
Lichtenberg, Georg Christoph 192
Lietzau, Hans 27, 149
Lindtberg, Leopold 4, 23, 28, 34, 35, 45, 65, 66, 94, 95, 96, 97, 98, 101, 194, 195, 217, 222, 224, 247, 248, 272, 288, 291, 292, 326, 345, 351
Ljubimov, Jurij 27, 272, 280, 339
Loetscher, Hugo 47, 48, 301
Löffler, Peter 167
Löffler, Sigrid 20, 21, 22, 52, 61, 64, 70, 335
Lohner, Helmuth 88
Lothar, Ernst 108, 109, 248, 346
Lothar, Hanns 190
Lueger, Karl 93, 321
Lukan, Sylvia 34
Lukian 311
Luther, Martin 308, 310
M
Magris, Claudio 295, 296, 300
Magritte, René 57
Mahler, Gustav 213
Mainusch, Herbert 67
Malton, Leslie 51
Mann, Golo 47, 301, 341
Mann, Heinrich 161, 200
Mann, Thomas 129, 200, 232, 246, 260, 261, 262, 286, 311, 319, 334

Manteuffel, Felix von 51
Marcuse, Herbert 320
Marcuse, Ludwig 121
Maria Theresia 309
Marivaux, Pierre Carlet de Chamblain de 24
Marquard, Odo 314, 320
Marx, Karl 29
Masur, Kurt 144
Matt, Peter von 48, 325
Matussek, Matthias 241
Matz, Johanna 18
Mauser, Wolfram 320
Mauthe, Jörg 86
Mayenburg, Ruth von 299
Mayer, Hans 160, 347
McCarthy, Joseph R. 337
McNaughton, Colin 64
Meienberg, Niklaus 47, 49, 69, 229, 301
Meier, Christian 243
Meinrad, Josef 116
Melchinger, Siegfried 214
Merz, Carl 254, 348
Messemer, Hannes 177
Metternich, Klemens Wenzel Lothar Fürst von 121, 146
Metzger, Nicole 224
Meyer, Robert 33, 34, 270, 271, 272, 273
Millenkovich, Max von 209, 210
Miller, Arthur 13, 23, 131, 207, 351
Miller, Jonathan 57, 70
Miłosz, Czesław 282
Mitterer, Felix 48
Mittermayer, Manfred 65
Mock, Alois 105
Molière 24, 116, 120, 141, 160, 164, 208, 272, 352
Monk, Egon 266
Montaigne, Michel Eyquem Seigneur de 116
Morak, Franz 260
Moritz, Herbert 346
Mozart, Wolfgang Amadeus 213, 220
Mrożek, Sławomir 25, 352
Mühlegger-Henhapel, Christiane 348
Muliar, Fritz 34, 116
Müller, Heiner 133
Münch, Richard 262
Muschg, Adolf 48, 154, 155, 156
Musil, Robert 24, 58, 77, 119, 120, 123, 124, 139, 143, 176, 180, 210, 222, 227, 282, 332, 342

N
Nabokov, Vladimir V. 164
Nagel, Ivan 241, 291, 327
Nagiller, Rudolf 64
Neff, Dorothea 8, 85, 299, 345
Nestroy, Johann Nepomuk 94, 123, 141, 153, 155, 156, 160, 161, 162, 163, 164, 165, 190, 203, 211, 234, 241, 242, 247, 248, 260, 265, 270, 271, 272, 273, 280, 285, 288, 293, 309, 311, 314, 334
Neuber, Friederike Caroline = Neuberin 246
Neuenfels, Hans 27, 126, 272
Niederführ, Hans 208, 209, 210, 212, 217, 219, 224, 225, 287
Nietzsche, Friedrich 191, 196, 294
Nimmerrichter, Richard (Staberl) 17, 18
Noelte, Rudolf 27, 208, 291
Norèn, Lars 25
Novalis (Hardenberg, Friedrich Freiherr von) 314

O
O'Casey, Sean 23, 271
O'Neill, Eugene 248, 351
Omar, Salih 68
Orth, Elisabeth 34, 106
Orwell, George 282
Ostrovskij, Alexander 318, 354
Otto, Teo 95
Ovid 257, 343

P
Pahr, Willibald 66
Palitzsch, Peter 16, 27, 48, 272, 288
Pallenberg, Max 199
Palm, Reinhard 47, 51, 353, 354
Parschalk, Volkmar 64, 66
Paryla, Karl 326
Paul, Jean 320
Pavlíček, František 281
Pelinka, Anton 346
Peter, Friedrich 15, 16, 62, 83, 84
Pevny, Wilhelm 16, 17, 25, 62, 63
Peymann, Claus 26, 43, 44, 67, 68, 120, 337, 340, 341
Pfoser, Alfred 66
Picasso, Pablo 204, 226

Pinter, Harold 25, 48, 133, 271, 288, 298
Piscator, Erwin 95, 210, 214
Platon 7, 310
Platt, Josefin 32, 88
Pluch, Thomas 229
Pluhar, Erika 34, 267, 284, 285, 286, 287, 288, 335, 350, 355
Podewils, Christina von 133
Pohl, Klaus 25, 37, 48, 66, 132, 270, 271, 272, 352
Polgar, Alfred 14, 59, 75, 186, 241, 252, 255, 282, 324, 325, 328, 334, 356
Politzer, Heinz 207
Polt-Heinzl, Evelyne 14, 62, 63, 68
Pór-Kalbeck, Judith 67, 356
Potyka, Fritz 20
Poussin, Nicolas 81
Previn, André 339
Probst, Herbert 33, 346
Q
Qualtinger, Helmut 177, 254, 348
R
Racine, Jean 141, 160
Radok, Alfred 280
Raffael 129
Raimund, Ferdinand 24, 58, 243
Rakusa, Ilma 47
Ramspeck, Jürg 52, 69
Rätz, Renate 348
Rautenstrauch, Johann 90
Rehberg, Hans-Michael 51
Reich-Ranicki, Marcel 318
Reik, Theodor 176
Reimann, Viktor 17, 18, 19, 20, 21, 22, 63
Reincke, Heinz 294, 355
Reinhardt, Max 54, 56, 96, 207, 208, 209, 210, 211, 212, 213, 214, 215, 216, 219, 220, 221, 222, 223, 224, 225, 226, 227, 266, 267, 289, 292, 293, 294, 332, 348
Reinthaller, Ulrich 32
Renoldner, Klemens 12, 352
Reyer, Walter 18, 194
Rhomberg, Rudolf 294
Rieck, Eva 51, 187
Riese, Hans-Peter 65
Rilke, Rainer Maria 190, 200, 275
Ringel, Erwin 345
Ringelnatz, Joachim 230, 278

Rinke, Moritz 239, 240
Röbbeling, Hermann 224
Rocamora, Carol 65, 260
Roessler, Peter 225, 348, 349, 354, 356
Roller, Alfred 99
Ronconi, Luca 27
Roth, Joseph 177, 179, 244, 279, 286, 348
Rubens, Peter Paul 81
Rudolf, Leopold 177
Rühl, Helmut 32
Rühle, Günther 125, 126
Rühmann, Heinz 207
S
Sachs, Nelly 170
Sachslehner, Johannes 45, 68, 120, 338
Saint-Exupéry, Antoine de 322
Salten, Felix 210
Saphir, Moritz Gottlieb 122
Sartre, Jean-Paul 116
Savary, Jérôme 23, 27
Schaaf, Johannes 27
Scharoff, Pjotr 194
Schauer, Johannes 34
Schiller, Friedrich 24, 40, 72, 90, 96, 150, 207, 241, 314
Schirach, Baldur von 209
Schläpfer, Beat 51, 353
Schleef, Einar 338, 339
Schleichert, Hubert 320
Schlösser, Rainer 209
Schmid, Carlo 127, 233, 278, 282, 318, 321
Schmidt, Alfred Paul 25
Schneider, Hansjörg 47
Schneider, Michael 14
Schneider, Wolf 311
Schneyder, Ilse 229, 235
Schneyder, Werner 229, 230, 231, 232, 233, 234, 235, 338, 349
Schnitzler, Arthur 171, 172, 174, 175, 178, 185, 186, 187, 188, 192, 200, 209, 210, 211, 212, 213, 244, 254, 258, 261, 269, 270, 271, 285, 290, 293, 296, 304, 306, 310, 316, 317, 318, 320, 321, 322, 327, 332, 340
Scholl, Geschwister (Hans und Sophie) 316
Scholz, Roman Karl 17
Schomberg, Hermann 194, 207
Schopenhauer, Arthur 121

Schramm, Gerhard 339
Schröder, Friedrich Ludwig 151
Schrögendorfer, Konrad 12, 353
Schroth, Christoph 27, 272
Schubert, Franz 253
Schubert, Franz (Komponist) 199, 213
Schuchter, Gabriele 32
Schuchter, Georg 32, 51, 184, 185, 186, 188, 348
Schumann, Robert 81
Schuschnigg, Kurt 224
Schwab, Hans-Rüdiger 51, 61, 353
Schwarz, Jewgenij 23, 47, 116
Schwarzenberg, Karl 301
Schweiger, Heinrich 34, 195, 289, 290, 291, 292, 293, 294, 350
Schweikart, Hans 208, 247
Seidler, Alma 80, 81, 258, 262, 344
Seiltgen, Ernst 16
Seledec, Walter 15
Selge, Edgar 51
Sennett, Richard 315
Seurat, Georges 97
Shaffer, Peter 25
Shakespeare, William 17, 40, 57, 141, 160, 164, 194, 201, 207, 216, 218, 247, 351
Silbermann, Alphons 315
Sinowatz, Fred 11, 15, 16, 17, 20, 26, 61, 62, 63, 66, 286, 298, 337, 340, 345
Siodmak, Robert 248
Skoda, Albin 195
Smetana, Bedřich 275
Sonnenthal, Adolf von 120
Sophokles 24, 121, 255, 292, 300, 351
Sowinetz, Kurt 33, 34, 248, 294
Soyfer, Jura 233
Speiser, Kitty 32, 34
Sperber, Manès 6, 59, 61, 82, 99, 100, 101, 121, 135, 173, 217, 259, 280, 282, 283, 317, 319, 345
Sperber, Milo 217
Sperr, Martin 25
Spiel, Hilde 219
Stancic, Mirjana 217
Stein, Peter 41, 140, 151, 166, 248
Steiner, George 222
Steinhauer, Erwin 32, 346
Stendhal 128

Stenzel, Ursula 290, 294
Stern, Oliver 32
Sternheim, Carl 23, 30, 216, 342, 349
Stevenson, Robert Louis 303
Stieg, Gerald 298
Stifter, Adalbert 275
Stingl, Alfred 92
Stoppard, Tom 25, 131, 339, 340
Strauß, Botho 25, 149, 239, 250, 311, 312
Strauß, Johann 213
Strehler, Giorgio 27, 123, 138, 142, 220, 272
Streibel, Robert 177
Streicher, Julius 317
Striebeck, Peter 262
Strindberg, August 12, 23, 35, 42, 59, 67, 186, 187, 205, 258, 262, 300, 344, 351, 352
Strittmatter, Thomas 48
Strnad, Oscar 99
Stroux, Karlheinz 27, 100
Sudermann, Hermann 23, 100, 342
Suppanz, Isabella 55, 238, 243
Sussmann, Anna 346
Sydow, Max von 196
Szczypiorski, Andrzej 144
Szondi, Peter 40
T
Tabori, George 48
Tausig, Otto 345
Thimig, Hans 213
Thimig, Helene 212, 213, 292
Thimig, Hermann 355
Thurm, Katrin 135, 187
Tichonov, Nikolaj Aleksandrovič 340
Tikkanen, Märta 25
Torberg, Friedrich 224, 334
Tragelehn, B. K. 338
Tucholsky, Kurt 232, 271
Turgenev, Ivan 35, 36, 120, 128, 148, 353
Turrini, Peter 17, 63, 240
U
Uhlen, Gisela 51, 191
Ungar, Leopold 13
Urbach, Reinhard 12, 61, 63, 64, 65, 66, 297, 298, 299, 303, 304, 305, 306, 330, 334, 342, 344, 350, 352, 355
Urban, Peter 12

V

Vajda, Mihály 146
Valentin, Karl 270, 271, 272
Velten, Catharina Elisabeth 247
Vergil 257
Viertel, Berthold 89, 196, 212, 214, 215, 248, 291, 333, 356
Vilar, Jean 74, 137
Vitrac, Roger 23, 271
Voltaire 236, 237, 314, 352

W

Waechter, F. K. 23
Wagner, Richard 121, 315
Waissnix, Olga 212, 317
Waldheim, Kurt 25
Walpole, Horace 271
Walser. Martin 25, 346
Walser, Robert 140
Wälterlin, Oskar 326
Waltz, Christoph 51
Wander, Maxi 25
Wandruszka, Adam 13
Waniek, Herbert 248
Weber, Werner 46, 52, 69, 166, 168, 169, 170, 301, 302, 306, 327, 347
Wedekind, Frank 23, 208, 247, 338, 342
Weigel, Alexander 334, 348
Weigel, Hans 287
Weinzierl, Erika 346
Weinzierl, Kurt 234
Weinzierl, Ulrich 67, 68, 341
Weiss, Peter 25, 285, 346
Wekwerth, Manfred 16, 19, 27, 280, 339
Welbat, Douglas 48
Welles, Orson 196
Wendt, Albert 47
Wendt, Ernst 127, 141, 147, 152, 166, 192
Werfel, Franz 175, 275, 289
Werner, Oskar 144, 189, 190, 191, 192, 193, 194, 195, 196, 197, 198, 199, 200, 258, 290, 292
Wessely, Paula 25, 26, 213, 290, 354
Wessely, Rudolf 33, 346
Weys, Rudolf (Rupi) (jun.) 12, 40, 41, 67, 106, 205, 209, 259, 262, 279, 352, 353
Weys, Rudolf (sen.) 211, 233, 259, 349
Wiechert, Ernst 196
Wieland, Martin 311
Wilcke, Peter 51, 187, 354
Wilde, Oscar 251, 258
Wildgans, Anton 210
Wille, Ulrich 49
Wille, Ulrich II. 49
Williams, Tennessee 23
Winckelmann, Johann Joachim 255, 256
Wischenbart, Rüdiger 295
Wolf, Gusti 294
Wolff, Lili 345
Wolter, Charlotte 120
Wood, Peter 272
Wotruba, Fritz 255, 256, 299, 300
Wunderlich, Fritz 231
Wurm, Franz 48, 164

Z

Zadek, Peter 16
Zankl, Horst 27
Zatopek, Emil 275
Zeidler, Hans Dieter 51, 187
Zeller, Bibiana 346
Zilcher, Eva 8, 299, 345
Zilk, Helmut 86, 339, 340
Zola, Emile 265
Zorn, Fritz 48, 156
Zörner, Rudolf 63
Zuckmayer, Carl 208

Weitere Titel zu Theater und Literatur

Doris A. Karner
Lachen unter Tränen
Jüdisches Theater in Ostgalizien und der Bukowina

Theaterspuren Bd. 1

ISBN: 978-3-902494-06-1

Jürgen Bauer
No Escape
Aspekte des Jüdischen im Theater von Barrie Kosky

Theaterspuren Bd. 2

ISBN: 978-3-902494-34-4

www.edition-steinbauer.com

EDITION STEINBAUER

Simon Usaty
„Ich glaub' ich bin nicht ganz normal"
Das Leben von Armin Berg

Theaterspuren Bd. 3

ISBN: 978-3-902494-37-5

Hermann Schlösser
Die Wiener in Berlin
Ein Künstlermilieu
der 20er Jahre

ISBN: 978-3-902494-51-1

www.edition-steinbauer.com